Ethiktransfer

Prof. Dr. Hans Ruh gewidmet

Christof Arn

Ethiktransfer

Mitgestaltung von organisationalen und gesellschaftlichen
Strukturen durch wissenschaftliche ethische Reflexion

Verlag Rüegger

Vom gleichen Autor bereits früher erschienen:

HausArbeits*Ethik*
Strukturelle Probleme und Handlungsmöglichkeiten rund um die Haus- und Familienarbeit in sozialethischer Perspektive.
633 Seiten / A4 (2000) CHF 69.40 / EUR 44.50 (D)
ISBN-10: 3-7253-0682-6 • ISBN-13: 978-3-7253 0682-4

Die Bedeutung der Haus- und Familienarbeit ist gross, vielleicht grösser als diejenige der Erwerbsarbeit. Jedenfalls vereint die Haus- und Familienarbeit mehr Arbeitsstunden auf sich als die Erwerbswelt. Während aber Untersuchungen über die Erwerbswelt bereits ganze Bibliotheken füllen, ist in der Forschung der Leistungsbereich der Hausfrauen und Hausmänner in seiner enormen Bedeutung eine Entdeckung der Gegenwart – in verschiedenen Disziplinen.

Bibliografische Information der Deutschen Bibliothek
Die Deutsche Bibliothek verzeichnet diese Publikation in der Deutschen Nationalbibliografie; detaillierte bibliografische Daten sind im Internet über http://dnb.ddb.de abrufbar.

Materialien zum Buch: www.ethiktransfer.ch

© Verlag Rüegger • Zürich / Chur 2006
www.rueggerverlag.ch
info@rueggerverlag.ch
ISBN-10: 3-7253-0853-5
ISBN-13: 978-3-7253-0853-8
Umschlag und Grafiken: Marcel Künzi, www.mkmk.ch
Lektorat: Marianne Ulmi, www.kopfwerken.ch
Druck: Südostschweiz Print AG, Chur

Publiziert mit Unterstützung des Schweizerischen Nationalfonds zur Förderung der wissenschaftlichen Forschung.

Inhaltsverzeichnis

A Thema und Vorgehen — 9
1 Beispiele ethik-relevanter Handlungsfelder — 10
2 Hintergründe — 11
3 Zur Definition von «Ethiktransfer» — 12
4 Stossrichtungen — 14
5 Vorgehen und Aufbau — 16

B Exploration I: Angewandte Ethik — 21
1 Vorgehen für die Exploration I — 21
2 Reflexionen zu Ethiktransfer Bereichsethiken — 22
3 Reflexionen zu bestimmten Formen praktischer Umsetzung — 69
4 Resultat der Exploration I – Überleitung — 100

C Exploration II: Weitere Grundlagen — 103
1 Reflexionen zum Transferbegriff — 104
2 Hermeneutische Ethik — 109
3 Kohärentismus und Überlegungsgleichgewicht — 120
4 Systemische Überlegungen zu Ethiktransfer — 130
5 Soziologische Kritik der Ethik und Ethik der sozialen Strukturen — 154
6 Ethik, Machbarkeit und Pelagianismus – eine Randbemerkung — 168
7 Resultat der Exploration II — 176

D Exploration III: Expertinnen- und Experteninterviews — 179
1 Methodik und Vorgehen — 179
2 Ergebnisse nach Kategorien — 188
3 Resultat der Exploration III — 267

E Ein Theorievorschlag — 269
1 Definition des Gegenstands «Ethiktransfer» — 270
2 Übersicht über die Elemente der Theorie — 270
3 Erläuterung der Theorieelemente — 272
4 Resultat und Ansatzpunkte für Weiterentwicklungen — 303

F Dimensionen der Qualität — 305
1 Eingrenzung der Aufgabe und Vorgehen — 305
2 Vorfindliche Bewertungshinsichten — 307
3 Systematisierung der Kriterien — 320
4 Resultat — 339

G Anwendungsbeispiele als Überprüfung von Theorie und Kriterien — 343
1 Überprüfung der Transfertheorie an drei Organisationen — 343
2 Resultat — 382
3 Überprüfung der Beurteilungskriterien in der Praxis — 383
4 Resultat — 385

H Zusammenfassung und Metareflexionen — 389
1 Zusammenfassung — 389
2 Metareflexion der Methodik — 391
3 Ertrag für die Disziplin der Ethik — 391
4 Ertrag für die Handlungsfelder — 393
5 Ausblick — 394

I Anhänge — 397
1 Experteninterviews — 397
2 Befragung von Organisationen — 399

J Literaturverzeichnis — 407

> Anwendungen sind aber der Ernstfall
> moralischer Praxis *und* ethischer Theorie.
>
> Wils 2006, 139

Vorwort

Strukturen – seien es solche in Unternehmen und anderen Organisationen, seien es solche unserer Gesellschaft insgesamt – ausgehend von ethischer Reflexion mitzugestalten, ist die Thematik dieser Untersuchung. Wie ist eine solche Mitgestaltung möglich und was ist dabei zu beachten? Die Überlegungen richten sich einerseits an die Disziplin der Ethik, andererseits an Fachpersonen, welche in Prozesse der Um- bzw. Neugestaltung von Strukturen involviert sind. Die Fokussierung auf Strukturen in Organisationen und Gesamtgesellschaft folgt dem Vorschlag von Reiner Anselm (2005), im «zukünftigen Kurs der Ethik» stärker die «organisationalen Kontexte» zu berücksichtigen. Zugleich möchte die vorliegende Untersuchung dazu beitragen, den «Gesprächsfaden» zwischen Ethik[1] und Sozialwissenschaften wieder «neu zu knüpfen» (a.a.O.).

Die Beschäftigung mit diesem Thema brachte mich in Kontakt mit zahlreichen Personen rund um die Thematik. In verschiedenen Gesprächen fiel auf, dass der Untersuchungsgegenstand sich nicht von selbst versteht, und zwar in doppelter Hinsicht.

Erstens ist der Fokus auf Strukturen – was eben auch heisst: für einmal weg von den Individuen – unter ethisch Interessierten bisweilen ungewohnt. Dem ist so, obwohl sich ein Verständnis von Sozialethik explizit als Ethik der Strukturen bereits weitgehend durchgesetzt hat. Zweitens ist «angewandte Ethik» in aller Regel noch nicht faktische «Anwendung von Ethik». Nach realen Möglichkeiten zu fragen, wie ethische Reflexion in der Gestaltung von Strukturen zur Wirksamkeit gebracht werden kann, ist nicht grundsätzlich neu, aber als grundsätzliche Frage neu – und aktuell: Einerseits wird zunehmend noch deutlicher, wie schicksalshaft die konkreten, organisationalen und gesamtgesellschaftlichen Strukturen für Menschen und Natur sind und wie wichtig somit konkrete Umsetzung ethischer Einsichten auf der strukturellen Ebene ist. Andererseits sind, unter anderem angesichts spriessender «Ethik-Firmen», fundamentale, kritische Fragen an bestimmte Formen praktischer Umsetzung zu stellen.

Für Schnellleserinnen und Schnellleser wurden in den drei Explorationen (Kapitel B bis D) diejenigen Textabschnitte mit einer Linie graphisch hervorgehoben, in welchen die grundlegenden Überlegungen für die Theorie und das Kriteriensystem (Kapitel E und F) zusammenfassend formuliert sind. Konzentriert man sich nach der Lektüre des ersten Kapitels, das eine Übersicht über Gegenstand, Methode und Aufbau bietet, auf diese Textabschnitte, steht einer pareto-optimierten Lektüre dieser Untersuchung nichts im Wege.

Das Forschungsprojekt «Ethiktransfer» wurde vom Schweizerischen Nationalfonds mit der Finanzierung als Projekt Nr. Nr. 1115-067718 ermöglicht. Dafür bedanke ich mich an dieser Stelle sehr. Ich erhielt damit die Möglichkeit, mich mit einem Gegenstand zu befassen, der mich nicht nur interessierte, sondern zunehmend auch faszinierte und der dies weiterhin tut.

---

[1] Angewandte Ethik – vermutlich Ethik überhaupt – steht und fällt generell mit der Qualität des Austauschs mit den Sozialwissenschaften. Eine Stärkung dieses Austauschs scheint für die evangelische Ethik in besonderem Mass anzustehen, wie Anselm an dieser Stelle betont. Dennoch besteht in dieser Hinsicht kein prinzipieller Unterschied zwischen der evangelischen und der katholischen bzw. zwischen der evangelischen und der philosophischen Ethik, sondern ein gradueller.

Prof. Dr. Johannes Fischer und Prof. Dr. Adrian Holderegger danke ich für die kritische Auseinandersetzung mit der Anlage dieses Projekts. Prof. Dr. Adrian Holderegger hat darüber hinaus als Mitgesuchsteller das Projekts massgeblich begleitet und mit verschiedenen Gesprächen zur Weiterentwicklung während der Laufzeit beigetragen. Für motivierende Impulse und ertragreiche Gespräche bedanke ich mich bei Prof. Dr. Hans Ruh, dessen systematische Umsetzungsaktivitäten mich nach wie vor beeindrucken, nicht weniger aber auch bei PD Dr. Markus Huppenbauer, Prof. Dr. Alfons Bora und dem Kolloquium in Bielefeld, Prof. Dr. Dietmar Mieth und dem Kolloquium in Tübingen sowie Dr. Ruth Baumann-Hölzle.

Speziellen Dank richte ich an die neun Fachpersonen, die ich als Expertinnen und Experten interviewen durfte und die aus methodischen Gründen anonym bleiben. Sie trugen entscheidend zu dieser Untersuchung bei. Ebenso bedanke ich mich bei Dr. Andrea Arz de Falco für die Unterstützung bei der Portraitierung der Fachstelle Angewandte Ethik im Bundesamt für Gesundheit, bei Dr. Roger Busch in derselben Art für die Information über die Tätigkeit des Instituts «Technik Theologie Naturwissenschaften» und bei Dr. Elisabeth Höller für die Gespräche über den von ihr begründeten ethisch-ökologischen Fonds «prime value».

Für Beratung und breite Unterstützung bedanke ich mich bei meiner Frau, Sina Bardill, für aufwändige Textkorrekturen und inhaltliche Hinweise bei meiner Mutter Rahel Arn und bei Vreni Mühlemann. Die finale Form des Textes ist der redaktionellen Arbeit von Marianne Ulmi zu verdanken – und das Aufrechterhalten der immer noch einmal grundsätzlicheren Kritik meinem langjährigen Freund Michael Magaró.

Mit dieser Publikation verbindet sich die Hoffnung, dass sowohl ethische Reflexion von Strukturen als auch ethische Reflexion von Transferprozessen an Selbstverständlichkeit gewinnen und die Disziplin der Ethik so auf den von Reiner Anselm vorgeschlagenen Kurs kommt.

A Thema und Vorgehen

«Praktische Umsetzung» wissenschaftlicher ethischer Reflexion wird zunehmend zum Thema. Im wissenschaftlichen Diskurs hat die sogenannte «angewandte Ethik» stark an Bedeutung gewonnen. Dennoch wird weiterhin immer wieder eine zu geringe Praxisrelevanz der wissenschaftlichen Arbeit bemängelt. Der wachsende «Ethikbedarf» bleibe grossteils ungedeckt, es fehle massiv an ethischer Orientierung in unserem raschen gesellschaftlichen und technologischen Wandel.
Folglich werden mancherorts die konkreten Umsetzungsbemühungen verstärkt. Doch wird auch Kritik an bestimmten Formen von praktischer Umsetzung laut. Von «Vermarktung» und «Instrumentalisierung» der Ethik ist die Rede, oder auch von fragwürdiger Delegation von Verantwortung an Ethikgremien.
Der Wunsch nach mehr praktischer Relevanz von wissenschaftlicher Ethik und eine kritische Haltung gegenüber den konkreten Formen praktischer Umsetzung schliessen einander nicht aus. Vielmehr möchte diese Untersuchung zu beidem beitragen: Indem sie mit dem Entwurf des Konzepts „Ethiktransfer" eine Theorie für die Umsetzung wissenschaftlich ethischer Reflexion in soziale Strukturen entwickelt und Qualitätskriterien für solche Prozesse einführt.
Transfer ist zunächst ein unklarer Begriff. Er wird in verschiedenen Zusammenhängen verwendet, kann unterschiedliche Bedeutungen annehmen und wird, je nach Verwendungszweck, verschieden definiert. Immer jedoch geht es beim Transfer (auch) um einen Ortswechsel von Inhalten.
Diese noch unscharfe Abgrenzung des Transferbegriffs ist für die ersten Kapitel dieser Untersuchung sogar hilfreich. So können in den Kapiteln B, C und D alle Formen «praktischer Umsetzung» im Blick bleiben. Ganz unterschiedliche Prozesse und Organisationen können betrachtet werden, die zu einem solchen Ortswechsel beitragen, zu einer «konkreten Umsetzung ethischer Reflexion» im weitesten Sinne eben. Um mit präzisen Begrifflichkeiten arbeiten zu können und um Missverständnissen vorzubeugen, wird der Begriff des «Transfers» selber, speziell die Bezeichnung «Ethiktransfer», in diesen Kapiteln allerdings noch weitgehend vermieden und allgemeiner von («konkreter») bzw. «praktischer») «Umsetzung» gesprochen.
Zu Beginn des Kapitels E wird dann ein präziser Begriff von «Ethiktransfer» entwickelt. Der Untersuchungsgegenstand wird enger gefasst und das Gebiet ab Kapitel E eingegrenzt.

> Die vorliegende Untersuchung befasst sich zunächst in einem weiten Sinn mit «praktischer Umsetzung» von Ethik. Nach einer Bestandesaufnahme in Form dreier Explorationen wird in diesem Feld ein Teilgebiet definiert. Es wird mit dem Begriff «Ethiktransfer» bezeichnet und als Untersuchungsgegenstand gefasst.

Wie angesprochen werden zwei Ziele verfolgt: Erstens soll eine Theorie des Ethiktransfers entwickelt werden, die unter anderem helfen soll, mehr, d. h. zusätzliche und auch neuartige Umsetzungen dieser Art zu installieren. Zweitens sollen Qualitätskriterien für Ethiktransfer etabliert werden, damit diese Transferprozesse selber ethisch verantwortet werden können.

A Thema und Vorgehen

Kurz: Diese Untersuchung möchte zu mehr und besserem Transfer beitragen, indem Ethiktransfer (als Teilgebiet der Umsetzung von Ethik ganz allgemein) zum Forschungsgegenstand gemacht und reflektiert wird.

1 Beispiele ethik-relevanter Handlungsfelder

In den vergangenen Jahren wurden an verschiedenen Orten Institutionen aufgebaut, in denen praktische Umsetzung von Ethik eine wichtige Rolle spielt. Die folgenden Beispiele illustrieren die Dynamik dieses Trends, noch ohne diese Entwicklung zu analysieren oder zu bewerten:
Bereits vor zwei Jahrzehnten begann der Aufbau des interfakultären Zentrums «Ethik in den Wissenschaften» (IZEW) an der Universität Tübingen, dem 1990 die formelle Gründung folgte[1]. Sein Programm beschreibt das Zentrum wie folgt: «Am IZEW wird das Programm einer ‹Ethik in den Wissenschaften› verfolgt, das die Frage der Verantwortung bereits in den Wissenschaften selbst thematisiert.»[2] Der Begriff «Verantwortung» zeigt, dass das IZEW nicht auf der Ebene der Theorie alleine bleiben will, sondern dass ein Einfluss auf das konkrete Handeln im Feld der (naturwissenschaftlichen) Forschung angestrebt wird – nämlich Einfluss darauf, was und wie geforscht wird und welche (naturwissenschaftlichen) Erkenntnisse technologisch wie umgesetzt werden und so unser Leben und unsere Umwelt verändern sollen.
2000 wurde die «PEWI GmbH – Praktische Ethik – Forschung, Beratung» gegründet.[3] Ihre «Leistungen» sind «Produkte praktischer Ethik, angewendet auf konkrete politische, wirtschaftliche, sozialpolitische, entwicklungspolitische, ökologische und globale Problemstellungen.» Die Direktion für Entwicklung und Zusammenarbeit (DEZA) des eidgenössischen Departements für auswärtige Angelegenheiten (EDA) beispielsweise erteilte der PEWI GmbH den Auftrag, einen «Werteprozess» in dieser Organisation einzuleiten, grundlegend zu verankern und zu implementieren. Massgeblicher Leiter der Organisation ist Hans-Balz Peter, ehemaliger Leiter des Instituts für Sozialethik im Schweizerischen Evangelischen Kirchenbund und Honorarprofessor für Sozialethik in Bern.
Auch die «Schweizerische Nationalkommission Justitia et Pax» ist eine Institution, welche als Kommission der Katholischen Kirche zu sozialethischen Fragen eine Mittlerfunktion zwischen (theologisch-) ethischer Reflexion und konkreten Handlungsfeldern einnimmt.
Als häufigste Form von Bemühungen, konkreten Einfluss auf Handlungsfelder auszuüben, haben die Ethikkommissionen eine grosse Verbreitung erreicht. Allein für die Schweiz ist ihre Anzahl auf gegen 200 zu schätzen (Rippe 1999, 359). Diese Zahl ist besonders eindrücklich, wenn man bedenkt, wie jung die Erscheinung solcher Gremien ist.
Wie diese Beispiele zeigen, gibt es unter den Organisationen, die praktische Umsetzung ethischer Reflexion zu ihren Aufgaben zählen, universitätsgebundene, unternehmerisch organisierte sowie kirchengebundene. Diese drei Typen von Anbindungen können auch miteinander

---
[1] www.kath-theol.uni-tuebingen.de/index.php?id=114, Entnahmedatum 12. Okt. 2005.
[2] www.izew.uni-tuebingen.de/izew, Entnahmedatum 12. Okt. 2005.
[3] Die folgenden Angaben beziehen sich auf elektronische Dokumente, welche direkt bei der PEWI GmbH, Bernstrasse 5 B, CH-3032 Hinterkappelen/Bern erhältlich sind.

kombiniert vorkommen: Das Institut «Technik Theologie Naturwissenschaften» in München beispielsweise ist eng mit Kirche, Universität und Unternehmen verbunden.[1]
Speziell die unternehmerisch organisierten Institutionen scheinen eine beachtliche Dynamik zu entwickeln. So gibt es allein in Zürich vier verschiedene solche Institutionen: das Institut für Philosophie (IPE) der Fritz Allemann Stiftung, das von einem Verein getragene Institut «Dialog Ethik», der ethische Fonds «prime value» und die «ethik im diskurs GmbH». Eine «Stiftung für angewandte Ethik», ebenfalls Zürich, ist bereits wieder von der Bildfläche verschwunden.[2]

2 Hintergründe

Vermutlich zeigt sich in der Zunahme von Umsetzungsaktivitäten nur die Spitze eines Eisbergs. Weniger sichtbar sind die Kräfte, welche die Zunahme dieser Aktivitäten erwirkt haben. Sie gründen 1. in verändertem Orientierungsbedarf, der in verschiedenen Handlungsfeldern entstanden ist, 2. in inneren Motivationen der Disziplin der Ethik und 3. in strukturellen Transferanreizen seitens der Universitäten.

1. Der aktuell ausgeprägte, wertebezogene Orientierungsbedarf in den Handlungsfeldern[3] ist unter anderem verursacht durch
- Umwälzungen in der Gesellschaft, speziell in der Wirtschaft,
- komplexe Arbeitsteilung und entsprechend unklare bzw. intransparente Verantwortungsstrukturen,
- schwerwiegende Entscheidungen und Risiken, beispielsweise als Folge neuer Technologien,
- Wandel von Moral bzw. Moralen und
- Annahmen, «Ethik» liesse sich gewinnbringend in Unternehmen und anderen Organisationen «einsetzen».

2. Parallel dazu hat sich der wissenschaftliche, ethische Diskurs den Handlungsfeldern angenähert und dieses Interesse im «turn to applied ethics», in der Ausarbeitung von «Bereichsethiken», in die Tat umgesetzt. Dies darf nicht nur als Reaktion auf einen erhöhten bzw. veränderten Orientierungsbedarf, der an die wissenschaftliche Ethik quasi von aussen herangetragen wird, verstanden werden. Die gesamte Tradition der Ethik ist von Interesse an Wirksamkeit geprägt, wenn auch je nach Zeit und je nach Richtungen und Themenbereichen mehr oder weniger stark. Die theologische Ethik hat zudem aufgrund ihrer organisationalen Verbindung mit kirchlichen (und dadurch indirekt mit weiteren Institutionen) einen vorgegebenen Bezug zu verschiedenen Handlungsfeldern und damit eine besondere Tradition von Austausch mit Handlungsfeldern und einen Fundus an entsprechenden Reflexionen.

---

[1] Die Aufzählung könnte erweitert werden, beispielsweise um das Sozialinstitut der katholischen Arbeitnehmerinnen- und Arbeitnehmerbewegung der Schweiz und das Institut für Theologie und Ethik ITE des Schweizerischen Evangelischen Kirchenbundes als kirchengebundene Organisationen, oder um die stark transferorientierte Institution «civis» als Unternehmensberatungseinheit u.a.m. Eine vollständige Liste solcher Institutionen liegt nicht vor, auch nicht für die Schweiz.
[2] Der Eindruck einer generellen Zunahme von Umsetzungsaktivitäten bestätigt sich nicht überall. Insbesondere an einzelnen Universitäten wirken sich Sparmassnahmen und neue Prioritätensetzungen dämpfend auch auf bereits etablierte Transferinstitutionen aus, so beispielsweise in der Technikfolgenabschätzung (Schmittel 1999, 500).
[3] Exemplarisch für eine Aufzählung solcher «Motivatoren» z.B. Lenk und Maring (1998, 33), Düwell (2001, 65–166) oder Rippe (1999b, 11 mit Stichwort «Ethikbedarf»).

3. Der Anreiz, ja bisweilen Druck auf Universitäten und andere Hochschulen, um «Anwendung» ihrer Wissensbestände besorgt zu sein, nimmt zu. Er hat zwei Wurzeln. Die eine besteht darin, dass kritische Strömungen die «Verantwortung» der Wissenschaft einfordern und von ihr verlangen, zur Lösung anstehender Probleme beizutragen. Die andere ist ökonomischer Art: Im Zuge der Dominanz des ökonomischen Paradigmas werden auch die Hochschulen nach ihrem «Output» gefragt, der in einem angemessenen Verhältnis zum beachtlichen finanziellen «Input» zu stehen habe. Die Hochschulen müssen ihren Etat legitimieren.

Diese drei Gruppen unterschiedlicher «Motivatoren» konkreter Umsetzung sollen hier vorerst ohne Wertung nebeneinander stehen. Sie werden später, im Rahmen des Vorschlags einer Theorie des Ethiktransfers, ausführlicher zu besprechen sein.[1]

Dieser kurze Blick unter die «Wasseroberfläche» hin zu den «Motivatoren», die, bildlich gesprochen, den «Eisberg» der Umsetzungsanstrengungen trägt, zeigt, wie relevant, ja brisant die Thematik ist. Man wird mit einer weiteren Verstärkung des Trends zu Umsetzungen rechnen dürfen bzw. müssen. Die Divergenzen unter den Kräften deuten ausserdem bereits an, dass es mit grossen Herausforderungen verbunden ist, Umsetzungsprozesse «verantwortlich» zu gestalten. Mit dem Begriff der Verantwortung ist nun auch angesprochen, dass die Gestaltung von Umsetzungsaktivitäten selbst eine eminent ethische Dimension hat.[2]

3 Zur Definition von «Ethiktransfer»

Forschende in der Ethik empfinden eine geringe Umsetzung ihrer Ergebnisse insbesondere dann als Mangel, wenn sie Probleme thematisieren, von denen sie sich persönlich betreffen lassen. Je mehr zudem in bestimmten Handlungsfeldern der Bedarf nach Orientierungshilfen wächst und Anfragen um wissenschaftlich-ethische Hilfestellung gestellt werden, desto stärker wird man sich wünschen, Umsetzungsmöglichkeiten genauer zu kennen und Transferprozesse besser zu verstehen. *Eine Theorie der praktischen Umsetzung von Ethik ist als Erstes gefragt.*

Ein solcher Wunsch verbindet sich mit einer kritischen Einstellung zu Umsetzungsanstrengungen. Mit der stärkeren Verbreitung etwa von Ethikkommissionen oder auch kleinen Ethik-«Firmen» stellt sich nun auch nachdrücklich die Frage nach der Qualität solcher Umsetzungsprojekte. Verkommt nicht da und dort die Bezeichnung «Ethik» zum Etikettenschwindel? *Qualitätskriterien für die konkrete Umsetzung von Ethik sind als Zweites gefragt.*

---

[1] Die Veränderungen im Orientierungsbedarf werden unten Seite 258 und folgende, die institutionellen Transferanreize im Kontext der wissenschaftssoziologischen Überlegungen unten Seite 272 und folgende unter «3.1 Wissenschaftlicher ethischer Diskurs» vertieft.

[2] Diese Hinweise zur Relevanz gelten für die philosophische und die theologische Ethik. Einige Beobachtungen sprechen dafür, sie für theologische Ethik noch etwas höher zu gewichten. Erstens hat sie im Unterschied zur philosophischen, wie bereits erwähnt, mit der Kirche bzw. den Kirchen einen «Körper», der in alle Handlungsfelder hineinreicht. Dies äussert sich auch darin, dass es die genannten primär kirchengebundenen Institutionen mit Transferfunktionen gibt, während die Philosophie keinen solchen organisationalen Ausgangspunkt hat, ausser der Universität, an der aber die Theologie ebenso verankert ist. Zweitens zeigen die wenigen diesbezüglich vorliegenden statistischen Daten, dass die theologische Ethik beispielsweise in Ethikkommissionen deutlich stärker vertreten ist als die philosophische Ethik. Es gibt somit Indizien dafür, dass deren Involvierung in Transferaktivitäten auch im nicht kirchennahen Bereich faktisch grösser ist. Eventuell könnten als weitere Punkte ein stärkeres Interesse an praxisnahen Themen in der theologisch-ethischen Forschung und ein genuin theologisches Interesse an Bedeutung für menschliches Leben und Zusammenleben genannt werden, doch ist hier der Unterschied zur Philosophie nicht eindeutig, da der «turn to applied ethics» übergreifend seine Wirkung entfaltet.

3 Zur Definition von «Ethiktransfer»

Weder eine Theorie noch Qualitätskriterien können allerdings gegenwärtig für das gesamte, unscharf umrissene Gebiet der Umsetzung von Ethik hergeleitet und formuliert werden. Angesichts des unausgereiften Standes der Forschung zu dieser Thematik wäre eine so umfassende Aufgabe nicht zu leisten. Daher wird der Fokus ab Kapitel E eingegrenzt. Bis dahin, bis vor die Formulierung von Theorie und Kriterien, bleibt allerdings das weite Feld von praktischer Umsetzung noch insgesamt im Blick. Im Kapitel E wird Ethiktransfer als ein Teilgebiet praktischer Umsetzung ethischer Reflexion definiert. Für dieses kleinere Gebiet können nun eine Theorie und Qualitätskriterien entwickelt werden.

Diese Eingrenzung und Profilierung des Untersuchungsgegenstands geschieht, indem enge Begriffe sowohl a) von «Ethik» als auch b) von «Transfer» eingeführt werden.

a) Man kann den Begriff der «Ethik» im Sinne von Reflexion von Moral so weit fassen, dass auch alltägliche Überlegungen zu Entscheidungen darunter fallen können. Der Begriff wird nun jedoch eng gefasst im Sinne «wissenschaftlicher Ethik» mit ihren spezifischen Ansprüchen an Methodenreflexion und Berücksichtigung des aktuellen Standes der wissenschaftlichen Diskussion.[1]

> Wenn eine Aktivität als «Ethiktransfer» bezeichnet wird, so impliziert dies den Anspruch, dass an den wissenschaftlichen ethischen Diskurs angeschlossen wird und dass der Transfer diesem gegenüber zu verantworten ist.

b) Als Maximalvariante liessen sich unter den Transferbegriff alle Aktivitäten fassen, welche zu einer Diffusion von Information aus dem wissenschaftlichen ethischen Diskurs hinaus in beliebige andere Bereiche führen. Demgegenüber wird eine enge Begriffsbestimmung vorgenommen, die vergleichbar ist mit derjenigen des «Technologietransfers», der auf manifeste technische «Innovationen» zielt.

> Von «Transfer»[2] wird in dieser Untersuchung gesprochen, wenn eine *strukturelle* Veränderung in einem Handlungsfeld angestrebt wird.

Mit einer solchen engen Definition – sie wird im Kapitel E genauer ausgeführt – stellen sich zwei zentrale Fragen:

> 1. Inwieweit und wie *können* Reflexionen aus dem wissenschaftlichen ethischen Diskurs in die Prozesse der Gestaltung gesellschaftlicher und organisationaler Strukturen einfliessen?

> 2. Inwieweit und wie *sollen* Reflexionen aus dem wissenschaftlichen ethischen Diskurs in Prozesse der Gestaltung gesellschaftlicher und organisationaler Strukturen einfliessen?

---

[1] Diese Entscheidung wird unten Seite 276 ausführlicher behandelt werden.
[2] «Transfer» meint nicht einfach «Transport», also das Bewegen einer Sache von hier nach da. Der Transferbegriff wird weder in Psychologie und Pädagogik noch in Forschungen zum Wissenstransfer in einem solchen unidirektionalen Sinn verstanden. Transfer setzt generell Kommunikationsprozesse voraus, welche als solche prinzipiell bidirektional sind. Obwohl (und wie noch zu zeigen sein wird: weil) Transfer gleich weiter unten definiert werden wird als «strukturelle Veränderung in einem Handlungsfeld», somit als Wirkung in die eine Richtung, ist auch mit Wirkungen in die andere Richtung zu rechnen: Ethiktransfer wird Erfahrung und Wissen aus den Handlungsfeldern in den wissenschaftlichen ethischen Diskurs bringen und dies wird dort seine Wirkung entfalten (vgl. unten Seite 104 und folgende).

Diese Fragen implizieren bereits eine Reihe von Vorannahmen, die zu explizieren und kritisch zu reflektieren sind. Hauptziel der Untersuchung ist es jedoch, diese beiden Fragestellungen auf je angemessene Art zu beantworten – selbstredend nicht definitiv, aber in Form eines differenzierten Vorschlags und Beitrags zum Diskurs.

> 1. Die erste Frage soll mit einem *Vorschlag einer Theorie des Ethiktransfers* beantwortet werden.
>
> 2. Die Antwort auf die zweite Frage soll in Form eines *Kriteriensystem für eine normative Beurteilung konkreter Formen von Ethiktransfer* geschehen.

4 Stossrichtungen

4.1 Komplementär zur «Moralpädagogik»

Mit der profilierten Definition von Transfer entsteht eine klare Abgrenzung von der sogenannten Moralpädagogik (vgl. unten Seite 293 und folgende). Moralpädagogik, Moralpragmatik, Werteerziehung und weitere verwandte Begriffe umreissen ein Forschungsgebiet zwischen Ethik und Pädagogik. Sein Gegenstand war ursprünglich die Untersuchung von Vermittlung moralischen Haltungen im Rahmen der obligatorischen Schulstufen. In den letzten Jahren wurde das Gebiet erweitert und umfasst nun allgemein die Förderung einer höheren Reflexionsfähigkeit und Selbständigkeit des moralischen Urteils in der Bildung aller Altersgruppe. Dementsprechend wäre «Ethikpädagogik» oder «Ethikbildung» treffender. Dennoch ist die Bezeichnung «Moralpädagogik» gebräuchlich geblieben.

Moralpädagogik kann somit in einem klar definierten Verhältnis zu Ethiktransfer gesehen werden: Beide zielen auf Wirksamkeit des wissenschaftlichen ethischen Diskurses in Handlungsfeldern. Moral- bzw. Ethikpädagogik im weiten Sinn wirkt, indem sie Einfluss auf Individuen nimmt, während Ethiktransfer sich auf Strukturen ausrichtet. Präziser: Moralpädagogik nimmt Einfluss darauf, wie sich Individuen in einem als gegeben vorausgesetzten strukturellen Rahmen zwischen unterschiedlichen Optionen entscheiden. Ethiktransfer nimmt Einfluss auf diese Rahmenbedingungen, schafft neue Optionen und veränderte Anreize. Beide Arten, auf menschliches Verhalten Einfluss zu nehmen, sind voneinander unterscheidbar, wenn auch nicht trennbar. Die beiden Möglichkeiten, Wirksamkeit zu entfalten, verhalten sich komplementär und synergetisch zueinander.

Die Vorstellung eines grundsätzlichen Primats der Moralpädagogik vor dem Ethiktransfer – etwa deswegen, weil ja Individuen letztlich über die Gestaltung der Strukturen entscheiden und weil sie sie letztlich ausfüllen – ist falsch. Richtig ist, dass Individuen über die Gestaltung der Strukturen entscheiden und sie ausgestalten, aber richtig ist ebenso, dass die Strukturen die Menschen erziehen – Sozialisation wird das genannt –, dass die sozialen Strukturen den Handlungen der Menschen zu einem grossen Teil die Bedeutung geben, und besonders, dass sie über die Entscheidungen der Individuen vielleicht mehr bestimmen als diese selbst. Zwar kann und soll man vermittels von Moral- bzw. Ethikpädagogik Ethiktransfer leisten, man kann aber auch vermittels von Ethiktransfer Werthaltungen vermitteln. Nicht selten konterkarrieren problematische strukturelle Anreize moralpädagogische Bemühungen. In diesem Fällen ist Ethiktransfer die Voraussetzung gelingender Moralpädagogik. Es gibt folglich keinerlei generelle Prävalenz unter diesen beiden Arten, Wirksamkeit zu entfalten.

Die Fokussierung auf Ethiktransfer ist doppelt kompensatorisch: Erstens wird bisher Ethik überhaupt oft mit einer Ethik des individuellen Handelns gleichgesetzt, während eine Ethik der sozialen Strukturen alias «Sozialethik» als deren Teilgebiet verstanden wird (jedenfalls eher so als umgekehrt). Zweitens ist mit der Moralpädagogik ein Forschungsgebiet zur Umsetzung von Individualethik definiert worden, während dies für die Umsetzung der Strukturenethik bisher fehlte. Die Entscheidung, sich auf Ethiktransfer zu konzentrieren, ist wie erwähnt zunächst arbeitsökonomisch bedingt. Ethikpädagogik und Ethiktransfer gemeinsam und in ihrem Verhältnis zueinander ausführlich zu untersuchen, wäre sehr wohl interessant. Einige Überlegungen dazu werden speziell am Beispiel der Umweltethik angestellt werden.

4.2 Prozessorientierung und Beurteilungskriterien

Eine weitere primär arbeitsökonomische Fokussierung wird für die Qualitätskriterien vorgenommen. Diese Kriterien sollen Organisationen, Gremien bzw. Projekte, in deren Rahmen Ethiktransfer geleistet wird, nicht umfassend beurteilen, da auch das beim gegenwärtigen Stand der Forschung nicht zu leisten wäre.

Eine umfassende Beurteilung müsste mindestens drei Aspekte berücksichtigen:

Erstens könnte man – dies geschieht in den informellen Diskussionen unter Ethikerinnen und Ethikern, aber auch darüber hinaus, wohl am häufigsten – die *moralischen Überzeugungen* beurteilen, von welchen in einer konkreten Ethiktransfer-Institution ausgegangen wird.

Zweitens wäre es eine Möglichkeit zu erwägen, wie positiv oder negativ die *Wirkungen* einer konkreten Form von Ethiktransfer sind.

Drittens kann man den bewertenden Blick auf die Art des Transferprozesses werfen. So kann eine reflexive, normative Beurteilung der Organisationsweise und der Abläufe des Ethiktransfers selbst vorgenommen werden, im Sinne einer reinen «Verfahrensethik»: *Wie sind die Strukturen und Prozesse der Organisation bzw. des Projektes, welches Ethiktransfer zu seiner Aufgabe macht, definiert? Was für Kriterien gibt es, um diese Strukturen und Prozesse zu beurteilen?*

Von diesen drei möglichen Aspekten wird der letzte gewählt. Er umfasst die beiden erstgenannten Aspekte teilweise, aber bei weitem nicht vollständig. Auch diese Fokussierung ist nicht nur eine notwendige Beschränkung der Thematik, sondern auch eine gewählte Prioritätensetzung. Die Wahl ergibt sich aus der Thematik der Untersuchung insgesamt: Da «Austauschprozesse» (vgl. unten Seite 297) der Hauptgegenstand der Untersuchung sind, liegt es nahe, nach Bewertungsmöglichkeiten für diese Prozesse an sich, d.h. für deren Organisationsweise und Abläufe, zu suchen.

4.3 Strukturenethik als Verantwortungserweiterung

Der Untersuchungsgegenstand «ethische Reflexion von Prozessen des Transfers ethischer Reflexion» ist abstrakt und rekursiv, insofern darin Ethik teilweise über sich selbst nachdenkt. Man kann diesen Gegenstand der Metaethik (im Sinne der Fundamentalethik) zuordnen (vgl. unten Seite 393).

Normative Ethik hingegen wird ab Kapitel F betrieben, wenn es darum geht, unterschiedliche Formen von Ethiktransfer zu beurteilen. In dieser Beurteilung werden Werte wie Transparenz, Vermeidung von Fundamentalismus, Involvierung der Betroffenen usw. wichtig sein. Dies ergibt durchaus ein positionelles Profil, auch wenn die Kriterien bewusst nicht als geschlossenes Bewertungssystem konzipiert werden, und obwohl nicht die moralische Grundausrichtung von Organisationen, die Ethiktransfer leisten, beurteilt wird. Die Beurteilung unterschiedlicher Formen von Ethiktransfer im Kapitel F ist Stellung nehmend, normativ, «parteilich» im weitesten Sinn.

Damit werden die Individuen auf eine Verantwortung angesprochen, die über das individuelle Handeln hinausreicht. Diese Verantwortung scheint öfter verdunkelt zu werden, speziell in denjenigen theologischen Kontexten, in denen das individuelle Heil und damit tendenziell eine individualistische Perspektive ins Zentrum gestellt wird.[1] Aber auch in ganz anderen Zusammenhängen muss es keine Selbstverständlichkeit sein, Verantwortung für die Gestaltung von Strukturen zu reklamieren. Luhmann etwa, als Spezialist für solche Strukturen, sah dafür keinen Bedarf und war ein bissiger Kritiker der Ethik.[2]

Dennoch: Eine begründete Ablehnung menschlicher Verantwortung für die Gestaltung sozialer Strukturen findet sich im ethischen Diskurs kaum. Was vielmehr über weite Strecken fehlt, sind Überlegungen dazu, wie Menschen diese Verantwortung wahrnehmen können. Welche Hebel gibt es, um solch ein nicht enggeführtes Verantwortungsgefühl praktisch umzusetzen? In dieser Untersuchung werden eine ganze Reihe von Möglichkeiten dafür aufgezeigt werden. Damit bewegt sich der Fokus von einer tendenziell individualistischen Ethik zu einer integralen Ethik, die Strukturenethik einschliesst. Vor allem aber ergibt sich daraus eine Bewegung über eine individuell enggeführte Verantwortung hinaus: hin zu einer real verpflichtenden, da praktikablen, integralen Verantwortung des Menschen, die Strukturenverantwortung mit umfasst.

5 Vorgehen und Aufbau

Eine Untersuchung zu Ethiktransfer ist in zweierlei Hinsicht relevant: Sie ist bedeutsam *als Beitrag zum wissenschaftlichen ethischen Diskurs*, beispielsweise als Selbstreflexion der Disziplin oder hinsichtlich des Verhältnisses von Begründung und Anwendung. Genauso sind eine Theorie und ein Kriteriensystem *dienlich für die Praxis des Ethiktransfers* und damit auch inter-

---

[1] Dass eine individualistische Engführung theologischer Ethik sich mit der Breite der theologischen Tradition und der biblischen Schriften insgesamt keinesfalls verträgt, belegt etwa der Satz: «Der Sabbat ist für den Menschen gemacht, nicht der Mensch für den Sabbat». Auch wenn die Kirche diese Aussage rasch in einen Kontext christlicher Abgrenzung von der jüdischen Woche umgepflanzt hatte: Die christliche Verantwortung ist gerade auch eine Verantwortung für Strukturen.

[2] Vgl. dazu unten Seite 154 und folgende unter «5 Soziologische Kritik der Ethik und Ethik der sozialen Strukturen».

essant für Fachpersonen unterschiedlicher Disziplinen und Professionen, die Interesse daran haben, ethische Reflexionen in die Gestaltung von Strukturen in ihren Handlungsfeldern einfliessen zu lassen. Dementsprechend soll die vorliegende Untersuchung sowohl für in der Ethik Forschende als auch für an der Umsetzung ethischer Reflexionen in die Praxis Beteiligte Erkenntnisse generieren und vermitteln. Dafür ist ein gewisses gegenseitiges Entgegenkommen notwendig. Erstere werden in dieser Publikation einiges an ethischem Fachwissen, das ihnen schon bestens bekannt ist, wieder vorfinden und gegebenenfalls überlesen, dafür Interessantes aus den Anwendungsfeldern erfahren, während Letztere die eine oder andere elementare Information über ethische Methodik vermissen werden und sich eventuell andernorts kundig machen müssen. Doch birgt, wie die Auseinandersetzung mit Ethiktransfer als einem gegenseitigen Austausch- und Kommunikationsprozess zwischen wissenschaftlicher Ethik und Fachwissen in den Handlungsfeldern zeigen wird, diese Begegnung für beide Seiten ein beachtliches Potenzial.

Kombination von und Wechsel zwischen Theorie- und Praxisorientierung schlagen sich im Vorgehen und im Aufbau der Untersuchung nieder. Diese lässt sich in drei Hauptteile gliedern:

- Bestimmung des Standes der Forschung
- Entfaltung von Theorievorschlag und Kriteriensystem
- Prüfung von Theorievorschlag und Kriteriensystem an der Praxis.

Für Bestimmung des Forschungsstandes muss eine spezielle Methodik gewählt werden, auf die nun kurz einzutreten ist.

5.1 Stand der Forschung als Exploration

An den Stand der Forschung anzuschliessen, ist für die Thematik des Ethiktransfer aus zwei Gründen schwierig: *Erstens wegen der Fülle der Erfahrungen, Hinweise und Reflexionen und zweitens wegen deren Dispersität.*
1. Die angewandte Ethik bzw. die Bereichsethiken definieren sich durch die Nähe zur Praxis des jeweiligen Bereichs. Allerdings widmet sich die Mehrzahl der Untersuchungen primär der Frage, wie Normen für dieses Handlungsfeld zu finden und zu begründen sind, weniger der Frage, ob und wenn ja, wie diese normativen Positionen wirksam werden können. Es geht auch in der «angewandten Ethik» mehr um Begründung als um Anwendung. Dennoch: Nicht wenige Publikationen äussern sich zumindest am Rande zur Frage der Umsetzung. Zudem untersucht faktisch doch eine nennenswerte Minderheit von Texten Transferprozesse, wenn beispielsweise Ethikgremien oder ethisch-ökologische Fonds untersucht werden. Transfer ist im Grunde – in unterschiedlicher Intensität und in verschiedenster Art und Weise – in allen Bereichsethiken Thema, auch wenn generell mehr die Begründung anwendungsorientierter, normativer Ethik, weniger deren faktische Anwendung in der Praxis, im Zentrum steht. Daraus ergibt sich eine prinzipiell nicht zu bewältigende Fülle.
2. Die Äusserungen zu Umsetzungsfragen werden jedoch allermeist primär mit dem begründungsorientierten Hauptthema der jeweiligen Untersuchungen in Verbindung gebracht, nicht mit einem übergreifenden Diskurs über praktische Umsetzung. Wo die Umsetzungsthematik

angesprochen wird, fehlen in der Regel prinzipielle Überlegungen dazu. Der Fokus bleibt eng auf die Frage der Umsetzung genau dieser hoch spezifischen ethischen Einsichten gerichtet, die in den jeweiligen Publikationen entwickelt werden. Auf Umsetzungsüberlegungen zu anderen ethischen Einsichten in anderen Publikationen wird kaum Bezug genommen, obwohl teilweise frappante Analogien bestehen. Diese Partikularität, diese Unverbundenheit der Vielzahl von Umsetzungsreflexionen, ist bereits innerhalb der einzelnen Bereichsethiken ausgeprägt. Zwischen den Bereichsethiken fehlen Verbindungen der Umsetzungsreflexionen völlig. Um nur ein einziges Beispiel zu nennen: Das Wissen über Umsetzung, das sich die Umweltethik durch Verknüpfungen mit Umweltpsychologie angeeignet hat, wird weder in der Wirtschafts- und Unternehmensethik noch in der Medizinethik berücksichtigt, obwohl diese Erkenntnisse weitestgehend auf die Umsetzungsfragen in diesen Bereichsethiken zu übertragen wären. In der Wirtschafts- und Unternehmensethik und in der Medizinethik finden sich eigene Reflexionen zur Umsetzung, die wiederum ausserhalb dieser Bereichsethiken nicht bekannt sind – und die teilweise ähnlich ausfallen.[1]

Die Vielzahl von Reflexionen zu Umsetzungsfragen im ethischen Diskurs insgesamt stehen somit bis jetzt weitgehend unverbunden nebeneinander. Sie sind dispers.

> Praktische Umsetzung ist ein Thema, das im wissenschaftlichen ethischen Diskurs nicht als Strang von Beiträgen, die aufeinander Bezug nehmen, erscheint. Es zeigt sich überwiegend in Form weitgehend vereinzelter, nur teilweise zu kleinen Gruppen verbundener Reflexionen. Mit dieser Untersuchung an den Stand der Forschung anzuschliessen, heisst darum, von diesen vielen verschiedenen, oft unverbundenen und daher nicht systematisch recherchierbaren Stellen, an denen diese Thematik im ethischen Diskurs auftaucht, auszugehen.

Beides, Menge und Unverbundenheit, zwingen zur Bescheidenheit, was die Ansprüche an eine Erhebung des Standes der Forschung betrifft. Die Erhebung des Standes der Forschung wird in jedem Fall lückenhaft, *explorativ* bleiben.

Man kann aus einem solchen Befund den Schluss ziehen, eine Forschung zu diesem Thema sei nicht möglich, da die Grundlagen fehlen. Die Fragestellung sei höchstens mit verminderten Ansprüchen an Wissenschaftlichkeit zu bearbeiten und dem guten Ruf in der scientific community nicht zuträglich.

Dieser Schluss wäre nicht falsch. Dennoch: Ein solches Verständnis von wissenschaftlichem Arbeiten bedeutet, dass viele sachlich wichtige Themen unbearbeitet bleiben. Gerade praxisnahe Fragestellungen, die im schnellen aktuellen Wandel der Gesellschaft oft relativ kurzfristig neu auftreten, können typischerweise nicht auf dem Hintergrund eines konsolidierten Standes der Forschung bearbeitet werden. Die Expertinnen- und Experteninterviews in der dritten Exploration werden zeigen, dass eine Haltung, die diese Themen von einer wissenschaftlichen Bearbeitung ausschliesst, zu den entscheidenden Verhinderungsgründen praktischer Umsetzung allgemein und des Ethiktransfers im Speziellen gehört.

---

[1] Solche Ähnlichkeiten und Unterschiede unter den Bereichsethiken im Umgang mit Umsetzungsfragen sind Thema in der ersten Exploration, Kapitel B.

In dieser Arbeit werden zwei andere Schlüsse gezogen aus dem Befund, dass kein Stand der Forschung im traditionellen Sinn erhoben werden kann:
Erstens wird die Schwierigkeit transparent gemacht und auf den Anspruch, den Stand der relevanten Diskussion vollumfänglich zu erfassen, ausdrücklich verzichtet. Dies bedeutet, dass die Resultate der Untersuchung mit der entsprechenden Vorsicht zu geniessen sind. Die Hauptleistung dieser Untersuchung hinsichtlich des Forschungsstandes wird somit darin bestehen, dazu beizutragen, dass sich ein Teildiskurs über Ethiktransfer bildet. Weitere Untersuchungen können sich darauf beziehen. Damit wird es einfacher werden, einen umfassenden Stand der Forschung zu erheben. Das wichtigste Resultat dieser Untersuchung für die scientific community wird daher nicht in der stabilen Begründung der inhaltlichen Ergebnisse liegen, sondern darin, die Grundlagen dafür wesentlich zu verbessern, sodass andere Untersuchungen zu neuen und stabiler begründeten inhaltlichen Erkenntnissen zu praktischer Umsetzung von Ethik allgemein kommen können.
Zweitens entbindet dieser Befund aber nicht davon, methodisch möglichst geschickt mit der Fülle der zu berücksichtigenden Informationen umzugehen. Es bedarf eines auf diese Situation spezialisierten, ausgesprochen heuristischen Vorgehens, das sich grundlegend unterscheidet von der Methode, wie der Stand der Forschung zu einem Thema erhoben wird, das im Diskurs nicht dispers, sondern weitgehend zusammenhängend auftritt.
Die Heuristik wird optimiert, indem mit drei unterschiedlichen Zugängen möglichst viele – und vor allem möglichst viele verschiedene – dieser dispersen, relevanten Reflexionen erfasst werden. Im gleichen Zug werden sie auch verknüpft.

> In einer ersten Exploration werden ausgewählte Bereichsethiken auf Reflexionen zu praktischer Umsetzung und speziell zu Ethiktransfer hin befragt (Kapitel B). In der zweiten Exploration werden die gewonnenen Erkenntnisse gezielt ergänzt um Begriffsklärungen, Reflexionen und Konzepte, deren herausragende Bedeutung für die Thematik des Ethiktransfers sich in der ersten Exploration zeigte (Kapitel C). Die dritte Exploration geschieht in Form von Expertinnen- und Experteninterviews (Kapitel D). Die Methodik der einzelnen Explorationen wird jeweils zu Beginn des Kapitels erläutert.

Der dritte, unkonventionelle Zugang erwies sich als optimale Ergänzung für einen sinnvollen Umgang mit dem quasi fehlenden Stand der Forschung. Er bringt die Praxis der konkreten Umsetzung im Allgemeinen und des Ethiktransfers im Speziellen ins Spiel und macht es möglich, relevante Überlegungen und Erfahrungen einzubeziehen, die (noch) nicht in Publikationen vorliegen.

5.2 Weiteres Vorgehen und Gesamtaufbau

Diese Explorationen legen Grund für den Theorievorschlag (Kapitel E) und einen Vorschlag von Beurteilungskriterien (Kapitel F). Theorievorschlag und Beurteilungskriterien werden anschliessend an Fallbeispielen, d.h. an konkreten Organisationen, die Ethiktransfer leisten, geprüft (Kapitel G). Im Schlusskapitel (Kapitel H) werden verschiedene Metareflexionen angestellt.

Somit wechseln sich abstrahierende Theoriebildung und Annäherung an ausgewählte Projekte und Aktivitäten mehrfach ab. Die Beschäftigung mit den Beispielen von Ethiktransfer, wie auch die Expertinnen- und Experteninterviews, führen nahe an konkrete Projekte und Aktivitäten. Davor, dazwischen und danach sind die Überlegungen abstrakter und grundsätzlicher. Es entsteht eine grössere theoretische Distanz zum Untersuchungsgegenstand. Damit vollzieht sich in dieser Untersuchung eine pendelnde Vermittlung zwischen distanzierter und abstrakter Theoriebildung und genau nachvollziehendem Betrachten von Handlungen und Prozessen. Diese Bewegung ist, wie sich im Weiteren genauer zeigen wird, auch für den Ethiktransfer selbst von zentraler Bedeutung.

konkrete Projekte und Aktivitäten	Kapitel	abstrahierende Theoriebildung
	A	Thema und Vorgehen
	B	Angewandte Ethik
	C	Weitere Grundlagen
Experteninterviews	D	
	E	Ein Theorievorschlag
	F	Dimensionen der Qualität
Anwendungsbeispiele	G	
	H	Metareflexionen

Tabelle 1: Aufbau der Untersuchung

Das Vorgehen lässt sich als heuristisch-hermeneutisch etikettieren, ergänzt um Prüfungen der Ergebnisse an der Praxis. Heuristisch ist das Vorgehen insofern, als von vornherein klar ist, dass nur ein Bruchteil der prinzipiell vorhandenen relevanten Informationen gesichtet werden kann. Die Vielfalt der gewählten Zugänge – Literatur, Interviews und Fallbeispiele – sollen dazu beitragen, dass möglichst breit vorhandene Informationen und Reflexionen in die Untersuchung einfliessen.

Einem hermeneutischen Zirkel folgt diese Vorgehensweise insofern, als die Verstehensprozesse aus diesen unterschiedlichen Teilen der Untersuchung sich gegenseitig befruchten und beeinflussen, zumal sie einander während der Projektlaufzeit nicht chronologisch folgten, sondern alle drei Explorationen zeitgleich unternommen wurden – und auch schon erste theoretische Konzepte voraussetzen. Die folgenden Kapitel resultieren faktisch aus einem mehr zirkulären als linearen Prozess des Verstehens und Beurteilens von Ethiktransfer.

Als gelungen darf diese zirkuläre Verbindung von Praxis- und Theorieorientierung bezeichnet werden, wenn sich zum Schluss sagen lässt: Es gibt nichts Praktischeres als eine gute Theorie.[1]

---

[1] Dieses Zitat wird verschiedenen Grössen zugeschrieben, unter anderen Albert Einstein.

B. Exploration I: Angewandte Ethik

1 Vorgehen für die Exploration I

Ziel der ersten Exploration ist es, den Stand der Diskussion in der angewandten Ethik aufzunehmen. Die angewandte Ethik als Teilgebiet der Disziplin der Ethik befasst sich besonders stark mit Fragen praktischer Umsetzung und bietet eine Vielzahl relevanter Texte zur Thematik. Angesichts dessen konzentriert sich diese erste Exploration auf ausgewählte Bereichsethiken und auf den deutschen Sprachraum. Letzteres gilt im Wesentlichen auch für die zwei anderen Explorationen. Dabei wird nach dem Prinzip der theoretischen Sättigung vorgegangen, welches in der sozialwissenschaftlichen Interview-Forschung für den Umgang mit potenziell grossen Textmengen entwickelt wurde (Flick 2002, 104): Man beginnt damit, die eigenen Fragen an ausgewählte Texte zu richten, findet erste Antworten, beendet die Analyse dieser Texte, wenn sie für die Fragestellung zunehmend weniger hergeben, wendet sich dann nächsten, heuristisch sinnvoll ausgewählten Texten zu und so weiter, bis eben nicht nur für die einzelnen Texte, sondern auch insgesamt «theoretische Sättigung» erreicht ist, d.h. kaum mehr neue Erkenntnisse zum Thema gewonnen werden. Dieses Prinzip, das für die Entwicklung und Auswertung einer Sequenz qualitativer Interviews entwickelt wurde und sich dort seit längerem bewährt, wird folgendermassen auf die Exploration des Diskurses in der angewandten Ethik übertragen: Die Untersuchung beginnt in einer Bereichsethik und befasst sich mit Texten, die sich mit praktischer Umsetzung beschäftigen. Dies wird fortgeführt, solange wesentliche Erkenntnisse zu Ethiktransfer gefunden werden. Sobald sich der Erkenntnisgewinn abschwächt, werden in einem nächsten Bereich einschlägige Publikationen gesucht usw. Dabei wird jeweils die bereichsübergreifende Relevanz jeder Erkenntnis herausgearbeitet, bevor ein nächster Beitrag in einem Bereich oder ein nächster Bereich angegangen werden. So zeigt sich, ob eine neue bereichsübergreifende Erkenntnis gewonnen werden konnte oder ob lediglich eine bereits verzeichnete Einsicht bestätigt wird.

Da es darum geht, möglichst viele verschiedene transferrelevante Reflexionen wahrzunehmen, ist es sinnvoll, öfters das weniger Bekannte besonders zu beachten. Dies führte zur Entscheidung, zunächst den Bereich der Umweltethik (2.1), dann den Bereich der Wirtschaftsethik (2.2) und schliesslich das Feld der ethisch-ökologischen Fonds (2.3) zu bearbeiten.

In der angewandten Ethik gibt es auch (kleinere) Diskursstränge zu bestimmten Transfermethoden, zu Arten und Weisen und zu konkreten Formen der praktischen Umsetzung ethischer Reflexionen: zu Ethikgremien, zu ethischen Gutachten und zur ethischen Beratung etwa. Im Sinne der Suche nach theoretischer Sättigung wird auch mit diesen Themenfeldern gleich verfahren wie mit den Bereichsethiken: Drei Transfermethoden (Ethikgremien unter 3.1, Ethikberatung unter 3.2, ethisches Gutachten unter 3.3) werden nach für Ethiktransfer generell relevanten Einsichten genauer abgesucht.

Entscheidend für das Verständnis dieser Methodik ist, dass es im Folgenden *nicht* um eine Darstellung des Standes der Forschung der einzelnen Bereichsethiken oder der einzelnen Transfermethoden geht, also nicht um einen Stand der Forschung zur Umweltethik oder zu

Ethikgremien! Vollständigkeit wird auf einer anderen Ebene angestrebt: Die Bereichsethiken und die Publikationen zu bestimmten Methoden praktischer Umsetzung bilden quasi den Raum, aus dem möglichst *alle* für eine allgemeine Theorie und eine allgemeine Beurteilung des Ethiktransfers *relevanten Reflexionen* zusammengetragen werden sollen. Wenn sich eine für Ethiktransfer relevante Reflexion in diesem «Raum» an verschiedenen Stellen findet (beispielsweise im Kontext der Umweltethik und im Bereich der Medizinethik) reicht es völlig aus, sie an einem Ort aufzuspüren.

Unvollständig bliebe die Exploration zum Thema Ethiktransfer in den verschiedenen Texten, die sich mit praktischer Umsetzung von Ethik befassen, somit nicht dann, wenn eine bestimmte, relevante Publikation dazu nicht erwähnt ist, sondern wenn *deren inhaltlicher Beitrag zum Thema in keinem anderen Teil der drei (!) Explorationen* vorkommt. Ganz erreicht wird diesbezüglich wohl die Vollständigkeit nicht, aber sie ist angestrebt.

Das methodische Vorgehen in diesem Kapitel führt damit auch und gerade zu einer Verschränkung unterschiedlicher Teildiskurse in der angewandten Ethik, so dass etwa deutlich werden kann, was medizinethische Kommissionen vom ethisch-ökologischem Investment lernen können, was ethische Unternehmensberatung von der Politikberatung lernen kann usw.

2 Reflexionen zu Ethiktransfer Bereichsethiken

2.1 Umweltethik

Aus der Umweltethik sollen einige Topoi herausgegriffen werden, welche sich mit Fragen praktischer Umsetzung beschäftigen und für eine Theorie des Ethiktransfers oder für die Entwicklung von Beurteilungskriterien für Ethiktransfer wesentlich sind[1]:

- Analog zur Diskussion in der Wirtschaftsethik über die Frage, ob eher die Wirtschaftssubjekte (Unternehmen) oder die Rahmenordnung mit ethischen Werten anzusprechen seien[2], gibt es in der Umweltethik (bzw. in ihrem Umfeld) die Diskussion über die Frage, ob eher Einstellungsveränderungen («Umweltbewusstsein») bei den Individuen oder Anreize über Strukturen (z.B. «Lenkungsabgaben») zu Verhaltensänderungen führen. Die Diskussion in der Umweltethik hat dabei den Vorteil, dass auch auf empirische Untersuchungen zurückgegriffen werden kann, während sich die entsprechende Diskussion in der Wirtschaftsethik ganz auf theoretische Untersuchungen abstützen muss. (2.1.1)
- Die in der Umweltethik besonders ausgeprägte Interaktion zwischen verschiedenen Disziplinen sowie zwischen Wissenschaft und Praxis kann auch zu praxisgekoppelten Forschungsprojekten führen. Diese können ebenfalls unter dem Aspekt, dass damit Ethiktransfer betrieben wird, reflektiert werden. (2.1.2)

---

[1] Es geht hier weniger um die Diskussion verschiedener ethischer Positionen – u.a. Anthropozentrismus versus Physiozentrismus (vgl. kurz Potthast 2002, 288–289; Eser/Potthast 1999, 59–64; 87–92) – die für die Umweltethik unter Ethikerinnen und Ethikern vielleicht bekannter ist, sondern die Umweltethik als angewandte Ethik wird spezifisch befragt nach Reflexionen, die für die Frage des Ethiktransfers von besonderer Bedeutung sind.

[2] Vgl. unten Seite 35 und folgende unter «2.2.1 Eigenverantwortungs-Ethik, Unternehmens-Ethik oder Rahmenordnungs-Ethik?».

- Umweltethik ist stark mit (öffentlichen) Dialogen verbunden. Eine interessante Variante, ethische Metareflexion einzubringen, liegt in der Moderation und geschickten Organisation von Dialogen zu konkreten, lokalen umweltethischen Fragen. (2.1.3)
- Auf dem Hintergrund dieser breiten Transfererfahrung sind auch die Reflexionen zur Verortung der Ethik nicht nur im Verhältnis zur Praxis, sondern zugleich im Verhältnis zu anderen Disziplinen, interessant. Auch wenn sie hier für die Umweltethik vorgenommen werden, so sind sie paradigmatisch für die Verortung der wissenschaftlichen Ethik im Rahmen von Projekten praktischer Umsetzung generell (2.1.4).

2.1.1 Umweltbewusstsein oder Anreiz?

«... most people say that they are willing to do a great deal to help curb pollution problems and are fairly emotional about it, but in fact, they actually do fairly little and know even less.»

Homburg und Matthies (1998, 161) zitieren diese Aussage aus einer der «ältesten Studien zum umweltschützenden Handeln», die Maloney und Ward im Jahr 1793 publizierten. Ihre Beobachtungen scheinen eine ganze Serie von Untersuchungen ausgelöst zu haben. In der Folge entstand die «Umweltpsychologie», die im Wesentlichen diese Aussage nur bestätigen kann: Homburg und Matthies (a.a.O., 124) zeigen mit Bezug auf eine Anzahl entsprechender Untersuchungen, dass sich das Umweltverhalten von Personen je nach Untersuchung zu 12% bis 35% aus ihrem jeweiligen Umweltbewusstsein erklären lässt. Vereinfacht ausgedrückt: Würde es gelingen, von 100 Leuten, die indifferent oder negativ zur Abfalltrennung eingestellt sind, 50 zu einer positiven Einstellung zu bringen – was schon eine grosse Leistung wäre –, so würden in Folge dieser gelungenen Überzeugungsarbeit im besseren Fall 18, im schlechteren Fall 6 ihr Verhalten ändern. Dieser kaum umstrittene wissenschaftliche Konsens über die «beobachtete geringe Einstellungs-Verhaltens-Konsistenz» (a.a.O., 128) löste in der Wissenschaft eine Suche nach anderen Determinanten und in der Praxis eine Kritik an der «Umweltpädagogik» als Umweltschutzmassnahme aus.

Es ist nicht anzunehmen, dass die geringe Wirksamkeit von Einstellungsveränderungen auf umweltbezogene Handlungen beschränkt ist. Der grosse Abstand zwischen Einstellungen und Handlungen ist für das Selbstverständnis der Ethik von fundamentaler Bedeutung: Individualethik – Bewusstmachung von persönlicher Verantwortung, Klärung und eventuell Veränderung individueller moralischer Überzeugungen usw. – ist bedeutsam als (Selbst-) Aufklärung, aber (zumindest alleine) ein wenig geeignetes «Mittel», um die eigentlichen Ziele der Bereichsethiken – Schutz der Natur in der Umweltethik, sinnvolle Güterproduktion und -verteilung in der Wirtschaftsethik, Respektierung von Menschenwürde und gerechter Mitteleinsatz in der Medizinethik usw.[1] – zu erreichen.

---

[1] Die Ziele können auch anders definiert sein. Das Problem besteht unabhängig davon.

> Man kann nicht von einer massgeblichen «Selbstwirksamkeit» persönlicher ethischer Einsichten ausgehen. Einsichten alleine sind wenig geeignet, Ziele von Bereichsethiken zu verwirklichen.[1]

Die Suche nach den anderen 65% bis 88% der das Umweltverhalten bestimmenden Faktoren brachte verschiedene weitere Determinanten und moderierende Drittvariablen zu Tage (Homburg und Matthies a.a.O., 129–132) und Kaiser (1996):

- Verantwortungsattribution: Fühlt sich eine Person für die Bewältigung der Umweltprobleme persönlich verantwortlich?
- Kontrollüberzeugung: Wie weit ist eine Person von der Wirksamkeit persönlicher Umweltschutzmassnahmen überzeugt?
- Bewusstheit von Handlungskompetenzen
- Wissen und Fähigkeiten: Wie weit ist konkretes Handlungswissen (etwa über die Möglichkeit, bestimmte Wertstoffe einer Wiederverwertung zuzuführen) vorhanden?
- Verhaltensangebote: Verhaltenserleichternde Umgestaltungen der Situation (z.B. Verringerung der Entfernung zum Alpapiercontainer; höhere Frequenz der Altstoffabholung) bewirken Verhaltensänderungen
- soziale Normen: Wird sozialer Druck zu umweltfreundlichem Verhalten wahrgenommen, so kann dieser das Umweltverhalten zu 42% erklären (nach einer Untersuchung von Kastenholz, 1994, zitiert bei Homburg und Matthies (1998, 131)

Diese weiteren Determinanten haben zur Entwicklung komplexer Erklärungsmodelle für umweltfreundliches Verhalten geführt, die das lineare Modell, das vom Umweltbewusstsein zum Umweltverhalten führte, ersetzen. Es entstanden eine Reihe von empirisch oder theoretisch fundierten Strukturmodellen. Hellbrück und Fischer (1999) greifen in ihrem Lehrbuch zur Umweltpsychologie aus der Vielzahl dieser Modelle dasjenige heraus, das auch bei Hirsch (1993) und bei Homburg und Matthies (a.a.O., 160) prominent erscheint. Es stammt von Fietkau und Kessel und scheint sich seit dessen Publikation 1981 im Verlauf der gesamten Debatte zu bewähren. Ich gebe im Folgenden das Schema in der Fassung von Homburg und Matthies wieder. Sie bezeichnen darin auch die Ansatzpunkte für Veränderungen.

---

[1] Der Beitrag von Kaiser und Weber (1999) zeigt wesentliche Punkte exemplarisch, wenn man ihn kritisch liest. Die Autoren möchten darin eine Position vertreten, wonach die Umwelteinstellung doch entschieden schwerer wiege, als im aktuellen wissenschaftlichen Diskurs angenommen. Um dies zu zeigen, hält er zwar zunächst fest, dass «beim Kauf biologisch produzierter Lebensmittel auch Dinge wie Preis, prinzipielle Verfügbarkeit und das vorhandene Alternativangebot eine Rolle spielt», also strukturelle Rahmenbedingungen. Aber gerade deshalb möchte er nur die Wirkung der Umwelteinstellung auf denjenigen «Anteil das Verhaltens, der von der Person tatsächlich beeinflusst werden kann», betrachten. Nun ist es natürlich möglich, in Untersuchungen über die Wirkkraft unterschiedlicher Massnahmen, Preise und andere strukturelle Anreize und Widerstände methodisch als Variablen zu kontrollieren. Sobald man sie aber kontrolliert, d.h. methodisch-statistisch konstant hält, wird damit ihre Wirkkraft unter der Hand schon methodisch unterdrückt. Dass aber dann, wenn man – pointiert gesprochen – alle anderen Variablen als die Umwelteinstellung methodisch ausschliesst, die Bedeutung dieser einen, übrig bleibenden Variable gross ist, überrascht wenig. Auch wenn Kaiser und Weber interessante Beiträge zu Sache und Methodik vorlegen (unterschiedliche Bedeutung der Umwelteinstellung für low und high cost Verhaltensweisen, Verantwortlichkeit als moderierende Variable usw.), müssen sie doch festhalten: «Richtig ist dabei sicherlich, dass der effektivste Weg, ökologisches Verhalten zahlenmässig auf breiter Basis – also bei möglichst vielen Menschen – hervorzubringen, darin besteht, situative Verhaltensbarrieren zu beseitigen beziehungsweise situative Handlungserleichterungen zu schaffen [...] Eine andere Möglichkeit, ökologisches Verhalten zu fördern, besteht darin, unökologisches Verhalten mit Hilfe von situativen Verhaltensbarrieren zu erschweren» (a.a.O., 199).

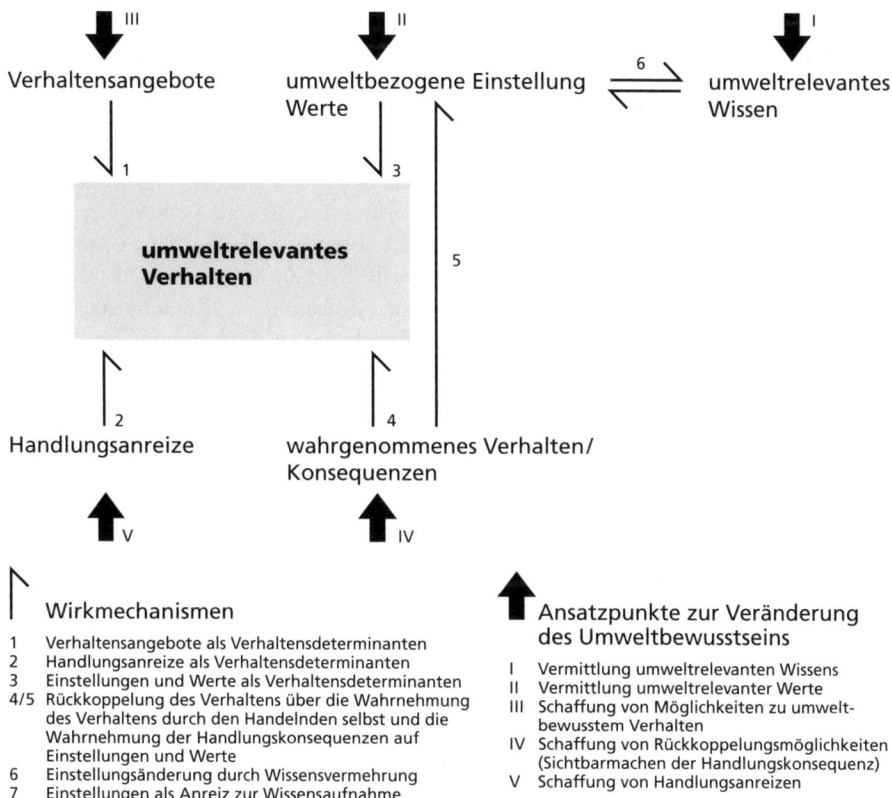

Grafik 1: Einflussschema für umweltbewusstes Verhalten
(nach Fietkau und Kessel, 1981, zit. nach Homburg und Matthies 1999, 160)

Dieses Schema kann sowohl die Positionen, welche die ökonomischen Rahmenbedingungen bzw. monetären Anreize als zentral einschätzen (z.B. Diekmann 1996), wie die Positionen, welche die Bedeutung von Motivationen durch Bildung und Erziehung betonen (z. B. Ernst 1997; Frech/Halder-Werdon/Hug 1997), integrieren. Insgesamt rücken aber in letzter Zeit die eher auf strukturelle Veränderungen ausgerichteten Ansätze stärker ins Zentrum (Holderegger 1997; Peter 1997, 95; Kornwachs 1997, 23; Diekmann 1997; 1996; Dunlap/Catton 1992; div. Angaben auch bei Kaiser 1996, 44).

Im Schema sind links die strukturellen Faktoren («Verhaltensangebote» bezeichnet das Set der strukturell überhaupt ermöglichten Handlungen; «Handlungsanreize» können positiver wie negativer Art sein) und rechts die individuellen Faktoren (Einstellungen und Werte einerseits sowie die aus Erfahrung wahrgenommenen Konsequenzen eigenen Handelns andererseits) zu finden. Entsprechend den eingangs wiedergegebenen Resultaten von Untersuchungen zur «geringen Einstellungs-Verhaltens-Konsistenz» ist damit zu rechnen, dass die Bedeutung der strukturellen Faktoren für die tatsächlich ausgeführten Handlungen wesentlich grösser – doppelt bis mehrfach so gross – ist als die Bedeutung individueller Faktoren. Dieses Ungleichgewicht ändert jedoch nichts daran, dass die Handlungen als Produkt beider Determinanten zu verstehen sind und dass die Umwelteinstellung gerade dann von grösserer Bedeutung ist, wenn die strukturellen Bedingungen besonders ungünstig sind (Kaiser 1999, 199).

Unterstellt man, dass dieses Prinzip auch für andere Bereichsethiken gilt, ergeben sich verschiedene Konsequenzen für die Frage des Ethiktransfers. Erstens wird die Fokussierung auf strukturelle Veränderungen bestärkt. Letztlich wird aber das Verhalten der Personen von diesen beiden Ebenen bestimmt. Das Strukturmodell (bzw. die Strukturmodelle) der Umweltpsychologie bietet eine Theorie, in deren Rahmen Bedeutung und Zusammenhänge der beiden Ebenen verstanden werden können. Diese Einsicht wird im Vorschlag für eine Theorie des Ethiktransfers an der Stelle aufgenommen werden, an der generell das Verhältnis zwischen Ethiktransfer (Verändern von Verhaltenangeboten und Anreizen) und Moralpädagogik (im weiten Sinn einer «Ethikpädagogik», d.h. der Einflussnahme auf Einstellungen) bestimmt wird.[1]

Die Debatte über die Determinanten des Umweltverhaltens zeigt einen zweiten für den Gegenstand dieser Untersuchung zentralen Punkt: In dieser Debatte spielen die verschiedenen umweltethischen Positionen – «Anthropozentrismus versus Physiozentrismus» beispielsweise – nicht die geringste Rolle.

> Fragt man nach den Möglichkeiten, ethische Prinzipien bzw. moralische Überzeugungen faktisch zur Wirksamkeit zu bringen, so macht es in vielen Fällen keinen Unterschied, um welche ethischen Prinzipien bzw. moralischen Überzeugungen es dabei geht.

Dies bedeutet, dass auch die Frage des Ethiktransfers keine Frage ist, die für unterschiedliche ethische Positionen je separat behandelt werden müsste. Sie kann als übergreifendes Thema untersucht werden.

In der Umweltethik wurde erkannt, dass dieses übergreifende Thema eine eigene, hohe Relevanz hat (Vogt 2002). Bislang wurde dieses Thema vor allem umweltpsychologisch untersucht, d.h. deskriptiv. Die Frage nach den Möglichkeiten, Wirksamkeit zu erreichen, ist jedoch auch eine ethische Frage und wird im Rahmen dieser Untersuchung (auch) als solche behandelt werden (speziell im Kapitel 6).

2.1.2 Kombination von Forschung und Praxisprojekten als Ethiktransfer

In der Kombinationen von Forschung und Praxisprojekten lassen sich die Schwierigkeiten, welche primär mit den auffällig unterschiedlichen Interessen dieser beiden Bereiche zusammenhängen, geradezu mit Händen greifen, aber ebenso auch die Erfolge. Im Bereich der Umweltethik finden sich eine Vielzahl solcher Projekte. Ein erstes soll etwas ausführlicher dargestellt werden, weitere kürzer, jeweils in Hinblick auf Erfahrungen und Einsichten, welche für die Frage des Ethiktransfers von besonderer Bedeutung sind.

---

[1] Vgl. unten Seite 291 und folgende unter «3.2.3 Unterscheidung von Ethiktransfer und Moral- bzw. Ethikpädagogik».

Projekt Verkehrsberuhigung Giessen

Giessen litt stark unter seiner Verkehrssituation. Die Studierenden trugen entscheidend zum hohen Verkehrsaufkommen bei. Dieses Problem sollte angegangen werden, aber nicht allein politisch, sondern kombiniert mit einem Forschungsprojekt. Das Forschungsteam half bei der Entwicklung der Massnahmen mit – u.a. durch das Erarbeiten einer besseren Datengrundlage, die seitens von Vertretern der öffentlichen Verkehrsunternehmen bemängelt wurde – und koppelte eine Vorher-Nachher-Studie an die Einführung dieser Massnahmen. Es trat für ein Massnahmenkonzept ein, welches die Einführung eines Semestertickets, einer neuen Buslinie und einer Bewirtschaftung des Parkraumes an der Universität vorsah. Die ersten beiden Massnahmen konnten realisiert werden, allerdings waren dafür auf der Kostenseite 83 Verhandlungen mit unterschiedlichen Akteuren zu verbuchen. Kynast, Schmidt und Bamberg (2002, 117) schreiben dazu: «Bei Kooperationen mit der Praxis sind [...] Moderationsfähigkeiten zwischen den unterschiedlichen Interessengruppen bei Verhandlungen gefragt und äusserst wichtig. Speziell diese Voraussetzung ist bei normalen Uni-Projekten weder notwendig noch vorhanden.» Und:

> «Wissenschaftler haben normalerweise die Rolle von Beratern oder Evaluatoren. In diesem Fall war unser Team aber auch der Motor für die Entwicklung der Massnahmen. Dies führte zu einer bis an die Grenze führenden zeitlichen und organisatorischen Belastung des Teams und erforderte ganz andere Fähigkeiten wie Mediation, Moderation und Motivation. Ohne diese Fähigkeiten hätte die Fortsetzung des Projektes an vielen Stellen in Frage gestanden.» (a.a.O., 120)

> Transferprojekte verlangen von Wissenschaftlerinnen und Wissenschaftlern zusätzliche Kompetenzen wie Mediation, Moderation und die Fähigkeit, zu motivieren.[1]

Das Projekt konnte erfolgreich beendet werden, mit Gewinn für die Praxis ebenso wie als Forschungsprojekt:
In der Praxis bestätigt sich die *hohe Wirksamkeit struktureller Massnahmen:* «Nach Einführung des Semestertickets zeigt sich, dass die Pkw-Nutzung um 14 Prozentpunkte gefallen war. Entsprechend erhöhte sich der Anteil an Uniwegen, die mit öffentlichen Verkehrsmitteln zurückgelegt wurden. Die Busnutzung stieg von 1994 bis 1995 von 9,1 auf 18,9% und blieb danach auf etwa diesem Niveau. Der Anteil an Wegen, die mit der Bahn zurückgelegt wurden, stieg von 4,9 auf 12,0%. Es wird deutlich, dass die Einführung des Semestertickets tatsächlich zu einem massiven Umstieg von früheren Pkw-Nutzern auf den ÖPNV geführt hat» (a.a.O). Die zweite Intervention, die neue Buslinie, hatte hingegen eine viel geringere Wirkung, die sich nur in ausgewählten Subgruppen feststellen liess. Die Reflexion des Prozesses zeigt ausserdem exemplarisch, «dass restriktive Massnahmen wie Parkraumbewirtschaftung sehr viel schwieriger zu realisieren sind als Massnahmen, die wie das Semesterticket einen neuen Gegenwert bringen.»

---

[1] Dies wird von verschiedenen Seiten ausdrücklich bestätigt, unter anderem bei allen im Folgenden dargestellten Kombinationsprojekten sowie in den Expertinnen- und Experteninterviews (vgl. unten Seite 244 unter «2.6.1 E Kommunikations-Kompetenz»).

An zwei Stellen ist ein besonderer Gewinn für die ethische Forschung zu vermerken:
1. Die von Kynast, Schmidt und Bamberg in ihrem Artikel sehr anschaulich gezeigten Krisen in all den Problematiken der Zusammenarbeit mit unterschiedlichen Interessengruppen, welche an mehreren Stellen beinahe das gesamte Projekt – und damit auch den Forschungsprozess – zum Scheitern gebracht hätten, zeigen die Komplexität der «Praxis», die aber in der Ethik in aller Regel nicht wahrgenommen wird. Mit Transferprojekten kann die angewandte Ethik entscheidende Informationen über Handlungsfelder gewinnen. Dies bedeutet, dass praktische Umsetzungen allgemein und Ethiktransfer im Speziellen einen gegenseitigen Austauschprozess mit sich bringen und Wirkungen in beide Richtungen entfalten, auch wenn die Wirkung in einer Richtung im Vordergrund steht.[1]

> Transferprojekte sind geeignet, in den Bereichsethiken ein viel präziseres Bild von den betreffenden Handlungsbereichen zu gewinnen, als es den ethischen Reflexionen in aller Regel zugrunde gelegt wird.

2. Die Autoren entwickelten im Verlauf dieses Projekts so genannte «Aktionshypothesen». Damit sind vor der Intervention zu formulierende Hypothesen über die Wirkung gemeint, hier z.B.: «Nach Einführung des Semestertickets steigt bei den Studierenden im Durchschnitt die wahrgenommene Zutreffenswahrscheinlichkeit des Attributs ‹preiswert› auf die Busnutzung bei Hochschulwegen deutlich an» (a.a.O., 118). Dass vermehrt mit diesem «in der Forschung völlig ignorierten» Typ von Hypothesen gearbeitet werden sollte, ist eine wichtige methodische Einsicht (vgl. auch Bamberg/Gumbl/Schmidt 2000).

> Die Kombination von Forschung mit Transferprojekten kann offenbar forschungsmethodische Innovationen auslösen.

Weitere Projekte

Blöbaum, Matthies, Hunecke und Höger (2002) konnten in einer Kooperation mit dem Verkehrsverbund Rhein-Ruhr (VRR) die Wirkung eines «Schnuppertickets» testen. Nachdem es zunächst schwierig war, überhaupt einen Praxispartner zu finden, übernahm dieser Partner, einmal gefunden, nun neben den Kosten dieses Tickets auch diejenigen einer zusätzlichen Befragung. Als Ergebnis auf der Seite der Forschung konnte u.a. ein «additiver Einfluss von Einstellungs- und Situationsfaktoren» nachgewiesen werden. Ebenso liess sich zeigen, «dass die kurzfristige Gabe von Schnuppertickets langfristige verhaltensändernde Effekte haben kann» (a.a.O., 124). Für die Praxis wurde so u.a. die Absicht des Ministers für Umwelt und Verkehr Baden-Württemberg bestätigt und präzisiert, «dass wir von der allgemeinen ÖPNV-Werbung wegkommen müssen zur fast schon individuellen Ansprache potentieller Kunden» (a.a.O., 128).

Als hemmender Faktor seitens der Wissenschaft gegenüber Forschungs-Praxis-Kooperationen wird in diesem Projekt angesprochen, dass «allzu nahe Kontakte zur Praxis von WissenschaftlerInnen im universitären Kontext zwar mittlerweile gewünscht, jedoch keineswegs wissenschaftlich anerkannt» (126) werden. Dieser Faktor wird als systemimmanent betrachtet und

---

[1] Dies wird vertieft im Theorievorschlag Seite 297 und folgende unter «3.3 Austauschprozesse», basierend auf den Überlegungen zum Transferbegriff Seite 104 und folgende.

verbindet sich mit dem «Konflikt zwischen wissenschaftlichem Interesse und den ernst zu nehmemden Anliegen der Praxispartner». Wichtig sei es, der oft beklagten fehlenden (wissenschaftlichen) Anerkennung der Praxisarbeit nicht selbst zu unterliegen: «Eine gewinnbringende Kooperation zwischen Wissenschaft und Praxis kann sicher nur gelingen, wenn wir als WissenschaftlerInnen die Interessen des Praxispartners nicht nur ernst nehmen, sondern ebenso wertschätzen wie das eigene Forschungsinteresse.»

> Das Wissenschaftssystem verhält sich ambivalent zu Transferaktivitäten. Solche sind zwar «inzwischen gewünscht», gelten aber nicht als wissenschaftliche Leistungen und können daher berufsbiographisch dysfunktional sein.[1]

Die Autorinnen und Autoren schätzen wiederum die Bedeutung der Kommunikation als sehr hoch ein und legen grosses Gewicht auf frühe Kontaktnahme mit der Praxis. Die Einreichung des Projektes gilt als spätest möglicher Zeitpunkt für den ersten Kontakt. Richtigerweise soll der Praxispartner bereits in die Konzeption des Forschungsprojektes einbezogen werden. Als Problem wird angesprochen, «dass während der üblichen Laufzeit selbst bei schnell durchgezogenen Projekten (z.B. 2 Jahre) sich bei den Praxispartnern häufig Abteilungen umstrukturieren, Ansprechpanrter ändern» (127). Die schnelle Entwicklung in der Praxis kollidiert mit dem Beharrungsvermögen eines Forschungsprojektes während seiner Laufzeit.

Ein genau umgekehrtes Tempoproblem wird im Kontext einer Forschung-Praxis-Kooperation bezüglich Standortwahl für eine Abfalldeponie angesprochen[2]: Forschende möchten in der Regel möglichst schnell publizieren, was dem Bedürfnis seitens der Praxis, Prozesse abzuschliessen, vielleicht sogar zu evaluieren und zu revidieren, bevor Information nach aussen dringt, sehr zuwider laufen kann. Eben diese «teilweise sehr gegensätzlichen» Interessen der Hochschule bzw. der Forschung auf der einen Seite und der Verwaltung bzw. Politik auf der anderen Seite wurden zur Ursache für eine «Medienpanne» (Baumann 1998a, 213):

> «Das Bedürfnis der Wissenschaftler, möglichst schnell zu publizieren, steht oft im Widerspruch zu den Interessen der Verwaltung. Es ist nicht das erste Mal, dass sich an solchen Fragestellungen ein Konflikt entzündete. Man wird sich in Zukunft fragen müssen, ob eine Zusammenarbeit mit Hochschulen noch möglich ist, wenn es diesen nicht gelingt, die – berechtigten – «Publikationswünsche» zu zähmen. Es ist für die Verwaltung einfacher, mit privaten Büros als mit der Hochschule zusammenzuarbeiten, da die Beratungsbüros gewohnt sind, die nötige Verschwiegenheit einzuhalten.»

Im Rahmen einer Forschungs-Praxis-Kooperation zu regionalen Klimaschutzprogrammen betonen Gruber, Homburg, Irrek, Kristof und Prose (2002) ebenfalls die grundlegende Bedeutung der Kommunikation als Bedingung für eine gelingende Kooperation mit der Praxis:
- genaue Kenntnis der Interessen und des Bedarfs der Zielgruppen in der Praxis
- gute Anpassung der Kommunikation an die Voraussetzungen der Zielgruppen (Vorwissen, Sprache, Umfang) und Nutzung geeigneter Medien und Kommunikationswege

---

[1] Diese Einsicht bestätigt sich auch in anderen Zusammenhängen (vgl. gleich unten im Rahmen der Forschungs-Praxis-Kooperation zu regionalen Klimaschutzprogrammen der Hinweis auf die Förderpraxis) und wird unten Seite 272 unter «3.1 Wissenschaftlicher ethischer Diskurs» ausführlicher besprochen.

[2] Das Projekt wird unter dem nächsten Titel separat besprochen, weil es eine eigene Form des Ethiktransfers darstellt. Der Hinweis auf die Differenz im Tempo gehört jedoch bereits an diese Stelle.

- institutionalisierte Kontinuität des Dialogs
- Zusammenarbeit bereits bei der Konzeption des Projekts
- Interdisziplinarität der Forschung

Die Autorinnen und Autoren sprechen darüber hinaus einen weiteren Punkt an: Die Forschungspolitik könnte die Verzahnung wissenschaftlicher Erkenntnisse durch eine angepasste Förderpraxis stärker unterstützen, ebenso wie seitens der Praxis der Anreiz für den Einbezug der Forschung verstärkt werden könnte.

Kals, Becker, Russel, Ittner und Montada (2002) betonen in ihrem Kurzbericht über die Praxiskontakte im Verlauf eines psychologischen Forschungsprojekts zu den «Motiven umweltschützenden Handelns» wiederum «die grosse Bedeutung des Dialogs mit Praxispartnern. Sie erwähnen dabei speziell «die prägnante und allgemein verständliche Darstellung von Forschungsergebnissen».

Mit diesen Einsichten ist der Punkt erreicht, an dem die Beschäftigung mit Texten zur Kombination von Forschungs- und Praxisprojekten mehr Bestätigungen bereits gewonnener Einsichten zu Ethiktransfer zu Tage fördert, als dass neue hinzukommen. Das ist, entsprechend der gewählten Methodik, der Moment, sich einem neuen Topos zuzuwenden.

Zusammenfassend lässt sich sagen, dass Forschungs-Praxis-Kooperationen zwar gerade für die Bereichsethiken, welche als normative Ethiken ja auf Veränderung und Intervention ausgerichtet sind, besonders nahe liegen, aber ganz offensichtlich keine Selbstverständlichkeit sind, die quasi glatt von der Hand ginge. Vielmehr zeigen sich gerade in diesen Kooperationen die unterschiedlichen, teilweise gar gegensätzlichen Systemrationalitäten, denen die beiden Partner unterworfen sind. Die entstehenden Widersprüche können, ja müssen mit erhöhten Sozialkompetenzen und mit kritischen Reflexionen der Anreizmechanismen auf beiden Seiten kompensiert werden. Da ein Projektverlauf gemäss Planung nicht den wahrscheinlichen, sondern den unwahrscheinlichen Fall darstellt, ist eine neue Qualität von Flexibilität seitens der Forschenden gefragt, kombiniert mit der Entschlossenheit, gerade Krisen und Umbrüche (gegebenenfalls sogar Abbrüche) zum Gegenstand der Reflexion und auch der Publikation zu machen.

Der Gewinn solcher Projekte macht die besondere Herausforderung jedoch offenbar wett. Für die ethische Forschung stehen spezifische, gewichtige inhaltliche und methodische Erkenntnisse in Aussicht. Da aus Kombinationsprojekten dieser Art nicht ein Erkenntnisgewinn alleine, sondern ebenso eine Wirkung in einem Handlungsfeld resultiert, steht dem grösseren Aufwand ein möglicher doppelter Erfolg gegenüber. Damit ist ein Transferweg angesprochen, der in der Ethik ausserhalb des Umweltbereichs noch wenig genutzt wird:

> Ein Transfer von Forschungsresultaten aus der Wissenschaft in die Praxis kann erreicht werden, indem Forschungsprojekte von Anfang an mit konkreten Praxisprojekten kombiniert werden.

2.1.3 Moderation und Strukturierung des Dialogs als «wertfreie» praktische Umsetzung von Ethik

Kommunikationsorganisation war die Aufgabe der wissenschaftlichen Ethik im Rahmen des Teilprojekts «Vorbeugendes Konfliktmanagement, das im Gesamtrahmen des Polyprojektes

«Risiko und Sicherheit technischer Systeme» der Eidgenössischen Technischen Hochschule (ETH) Zürich durchgeführt wurde. Dieses Teilprojekt hatte die praktische Umsetzung eines Mitwirkungsverfahrens zum Gegenstand. Dazu wurde eine Kooperation mit dem Baudepartement des Kantons Aargau eingegangen (zum Ablauf des Projekts, wie er in den nächsten Abschnitten beschrieben wird, vgl. Renn/Kastenholz/Schild/Webler/Wilhelm 1998b, 107–109).

Der Kanton Aargau stand vor der Aufgabe, im östlichen Kantonsteil Abfalldeponien zu planen. Aufgrund von zum Teil heftigen Protesten der Bevölkerung gegen die geplante Deponie in Suhr und wegen akuter Umweltprobleme mit den Altlasten zweier ehemaliger Deponien war das Baudepartement der Meinung, man müsse die Bevölkerung umfassend und frühzeitig in das Planungsverfahren der Deponie Aargau Ost einbeziehen.

Das Baudepartement wählte zunächst in einem mehrstufigen Verfahren elf mögliche Standorte aus. Zum selben Zeitpunkt erfolgte eine Übereinkunft zwischen dem ETH-Polyprojekt «Risiko und Sicherheit technischer Systeme» und dem Baudepartement des Kantons Aargau, für die zweite Evaluationsphase zusammen mit Vertretern der betroffenen Gemeinden ein Verfahren des kooperativen Dialogs zu initiieren und zu betreuen. Ziel war die weitere Reduktion auf zwei bis vier Standorte und das Aushandeln von Konditionen bzw. politischen Ausgleichsstrategien. Für die Bürgerbeteiligung stellte das Baudepartement rund 150'000 Schweizer Franken zur Verfügung. Die Arbeit der Moderatoren und die Begleitforschung wurde von der ETH Zürich im Rahmen des Polyprojektes übernommen. Die Gesamtkosten werden auf 400'000 Schweizer Franken geschätzt.

Renn und Webler (1998) brachten als Vertreter der ETH ein «Modell des kooperativen Diskurses» ein, das auf den drei Elementen «Wertbaumverfahren», «Gruppendelphi» und «Bürgerforen» beruht. Dieses Modell wurde an die Situation angepasst: Eine Behördendelegation (je ein Behördenmitglied der betroffenen Gemeinden zusammen mit dem kantonalen Baudirektor) und vier parallele Bürgerkommissionen (je zwei Bürgerinnen und Bürger aus den Standortgemeinden plus ein Moderator) wurden eingerichtet. Der inhaltliche Diskurs fand primär in den Bürgerkommissionen statt und umfasste die drei genannten Elemente. Am Ende des Prozesses kamen die Kommissionen zu recht übereinstimmenden Beurteilungen der verschiedenen Standorte. Wie dieses Resultat allerdings in die politische Entscheidung über einen Standort einfliesst, scheint nicht mehr in die monographische Publikation zum Forschungsprojekt Eingang gefunden zu haben. Zum Zeitpunkt des Abschlusses der Publikation waren noch sechs Standorte in der Evaluation (Baumann 1998b, 240).

Das Verfahren wurde insgesamt von allen Beteiligten positiv eingeschätzt, und zwar gerade auch von den Vertretern jener Gemeinden, die schliesslich am stärksten als Standort empfohlen wurden (Schild/Wilhelm 1998, 155). Rückblickend wurden dennoch folgende Punkte als verbesserungswürdig betrachtet (Schild, Wilhelm, Renn 1998, 181–183):

- Die Bürgerbeteiligung sollte unabhängig von Behörden möglich sein,
- die nicht direkt am Prozess beteiligte Bevölkerung sollte einbezogen werden (über Medien, Informationsveranstaltungen usw.) und
- eine Verminderung des Zeitdrucks wäre für die Qualität des Resultats wichtig.

Diese drei Schwächen «wären verbesserungswürdig, haben das Projekt aber keineswegs zum Scheitern gebracht. Das konstruktive Klima in den Kommissionen und der gemeinsame

Wunsch nach Kooperation halfen, diese strukturellen Schwachpunkte zu überwinden und zu einem einvernehmlichen, qualitativ hochstehenden Ergebnis zu gelangen.»
Die schlechtesten Noten erhält das Projekt vom eigentlichen «Praxispartner». Weiter oben wurde die «Medienpanne» genannt, welche aus dieser Perspektive als repräsentativ für die Schwierigkeit der Zusammenarbeit mit der Wissenschaft angeschaut wird. Obwohl Baumann (1998a, 214) als Vertreter dieser Perspektive wiedergibt, dass das Verfahren laut einem Kommissionsmitglied beinahe «Demokratie in Reinkultur» sei, obwohl er das Ergebnis als «sachlich begründet» und obwohl er prinzipiell diese Form von Mitwirkung als mögliche Alternative zu den traditionellen Entscheidungsprozessen sieht, schliesst er seine Beurteilung folgendermassen:

> «Ob in solch politisch sensiblen Projekten eine Zusammenarbeit mit den Hochschulen möglich ist, muss im Raum stehen gelassen werden, da doch die Interessen der Hochschule bzw. der Forschung auf der einen Seite und der Verwaltung bzw. Politik in solchen Fragen teilweise sehr gegensätzlich sind.»

Diese Dissonanz kann nun, wie der ganze Prozess, verschieden interpretiert werden. Im Folgenden wird eine Interpretation hinsichtlich der Frage des Ethiktransfers versucht.
Der Beteiligungsprozess schafft generell und grundsätzlich eine enorme Transparenz. Gerade Kritikerinnen und Kritiker können über längere Zeit fragen und nachfragen. Manipulationen durch einseitige Informationen seitens bestimmter Interessengruppen, auch seitens der Verwaltung, werden stark erschwert. Dasselbe gilt für Argumentationen. Die Erstellung eines «Wertbaumes» schafft eine grosse Transparenz über wertbezogene Gründe und macht natürlich indirekt auch deutlich, welche Positionen nicht auf intersubjektive Werte bezogen, sondern von Partikularinteressen geleitet sind. Auch auf der normativen Ebene werden Manipulationen erschwert.
Diese Transparenz und Neutralität des Verfahrens würde, wenn, wie von Baumann angesprochen, ein privates, von der Verwaltung bezahltes Büro anstelle einer Hochschule die Diskursorganisation übernehmen würde, empfindlich vermindert. Entsprechend dürften zwar die Konflikte zwischen Kanton und Diskursorganisation geringer sein. Allerdings würde die Bevölkerung, jedenfalls die kritische – und um diesen Teil ging es im Beteiligungsverfahren primär – die Parteilichkeit aufgrund der finanziellen Abhängigkeit sofort erkennen und ein solches Vorgehen als PR-Massnahme interpretieren. Möchte die Verwaltung – oder eine andere grössere Unternehmung – also eine Bürgerbeteiligung organisieren, welche als solche anerkannt wird, braucht sie einen unabhängigen, starken Partner, der, im Falle von Parteilichkeit, einen Ruf zu verlieren hätte. Man könnte den Konflikt also auch als Indiz dafür interpretieren, dass diese Unabhängigkeit tatsächlich bestand, könnte ihn also als Beleg für das Gelingen der Projektes seitens der Wissenschaft verstehen, auch wenn Renn selbst bei sich als Moderator mangelnde Neutralität kritisiert (Renn/Kastenholz 1998, 224).
Interpretiert man den Prozess in dieser Art, zeigt sich darin ein Transfermodell und zugleich eine Dienstleistung, die anzubieten spezifisch die Ethik geeignet ist: Moderation und Strukturierung eines wertebezogenen Dialogs.

> Je transparenter das relevante Wissen, je besser und übersichtlicher strukturiert die Argumente im öffentlichen Raum präsent sind, desto weniger Raum für Manipulationen und desto grösser also die Wahrscheinlichkeit, dass sachliche und reflektiert-wertbezogene Gründe einen Einfluss auf die Entscheidungen ausüben. Man kann daher eine Organisation des Dialogs z.B. nach den Kriterien Fairness, Kompetenz, Legitimation und Lerneffekte, wie im vorliegenden Projekt, zu einer bestimmten strittigen Frage als Ethiktransfer verstehen.

Diese Transferart ist insofern interessant, als dass hier nicht auf das Thema bezogene, konkret-inhaltliche, wertbezogen-normative Informationen als Inhalt des Transfer im Zentrum stehen, sondern die spezifisch ethische «Methodenkompetenz» des Umgangs mit Werten in einem konkreten Entscheidungsfindungsprozess. Transferiert wird also ethische Methodik, zugeschnitten auf eine bestimmte Aufgabe.[1]

> Die wissenschaftliche Ethik könnte aus mehreren Gründen besonders geeignet sein, eine solche Dialogorganisation als «Dienstleistung» anzubieten.[2]

Zum ersten ist die Fähigkeit, mit Kombinationen von Faktenwissen und Werten umzugehen, die spezifische, tagtäglich geübte Kompetenz der Ethik. Zum zweiten ist ihr Ruf sensibel. Parteilichkeit könnte (müsste!) den Verlust der eigenen Handlungsfähigkeit im Wissenschaftssystem bedeuten. Zum dritten hat die wissenschaftliche Ethik eigene Ressourcen, welche ihr eine prinzipielle (zumindest eine graduelle) Unabhängigkeit vom Auftraggeber ermöglichen. Auch darin unterscheidet sie sich vom privaten «Büro», das für den Auftraggeber vordergründig attraktiver sein könnte. Eine solche finanzielle Unabhängigkeit können private Organisationen wie Beratungsfirmen prinzipiell nicht haben. Diese drei Gründe lassen die wissenschaftliche Ethik in diesem spezifischen Dienstleistungsgebiet als weitgehend konkurrenzlos erscheinen – abgesehen natürlich von der Konkurrenz innerhalb der wissenschaftlichen Ethik selbst. Es könnte sich ein interessantes Tätigkeitsgebiet eröffnen, das als eine der Transfermethoden in den Vorschlag für eine Theorie des Ethiktransfers (Kapitel E) einfliessen wird.
Ein weiterer Punkt kommt dazu, der sich im besprochenen Beispiel gut zeigt: Die Tatsache, dass solche Dienstleistungsprozesse im Rahmen eines Forschungsprojektes in einer Publikation (oder in mehrere) enden, bedeutet indirekt auch die prinzipielle und generelle Zugänglichkeit des gesamten Prozesses für die Öffentlichkeit, zumindest im Rückblick. Das grosse Interesses der Wissenschaftlerinnen und Wissenschaftler an baldiger Publikation bringt gewissermassen eine Transparenzgarantie mit sich.

---

[1] Die Optimierung des Dialogs war hier die spezifische Aufgabe der Wissenschaft und dementsprechend finanziell dotiert, mit Kompetenzen ausgestattet und methodisch ausdifferenziert. Weiter unten bei den Ethikkommissionen wird nochmals auf diese Funktion der Ethik zurückzukommen sein, wobei sich zeigen wird, dass ein Beitrag zur Optimierung des Diskurses auch ohne Verantwortung für die Gesamtorganisation eines Dialogs und ohne die entsprechenden weitreichenden Kompetenzen auf anderer Ebene möglich ist.
[2] Moderation und Strukturierung des politischen Dialogs ganz allgemein werden auch im Kontext der Ethikgremien öfter als Aufgabe der Ethik gesehen. Rippe (1999a, 361) votiert engagiert: «Es ist ein nicht ganz zu überwindendes Problem moderner Demokratien, dass sich Bürger wenig informieren, dass sie rein moralisch expressive Urteile fällen, durch Rhetoriker beeinflusst werden und selbst zu rhetorischen Mitteln greifen. Aber es gibt Mittel, diesen Schwächen der Demokratien entgegenzuwirken. Eines dieser Mittel ist die Förderung eines öffentlichen Ethikdiskurses durch die Schaffung von Ethikkommissionen.»

2.1.4 Verortung der Ethik

Die Bedeutung und spezifische Rolle der Ethik als Disziplin in konkreten Transferprojekten und im interdisziplinären Kontext muss prinzipiell in jeder Bereichsethik bestimmt werden und sieht prinzipiell gleich aus. In der Umweltethik ist diese Verortung der Ethik in Bezug auf die Praxis in Folge der Erfahrung mit Umsetzungsprojekten gefestigt. Ich gebe dazu ein ausführliches Zitat wieder (Theobald 1998, 388–389):

> «Die Notwendigkeit der Unterscheidung von normativem Orientierungs- und empirisch-naturwissenschaftlichem Faktenwissen für eine rational begründete Umweltbewertung wird in jüngster Zeit auch von nicht-philosophischer Seite immer stärker betont. So stellt das Umweltgutachten 1994 des Sachverständigenrats für Umweltfragen fest, dass das Einbeziehen einer eigenständig normativen Komponente für die Bestimmung von Umweltqualitätszielen über die naturwissenschaftliche Forschung hinaus unerlässlich sei (SRU 1994, 16), und die moderne Ökosystemforschung unterscheidet hinsichtlich Fragen der Umweltbewertung explizit zwischen empirischer ‹Sachkenntnis über den zu beurteilenden Gegenstand› und ‹Wertbewusstsein› (wobei Letzteres im Rückgriff auf nur teilweise intersubjektiv überprüfbare Massstäbe als Begründung einer ‹Stellungnahme› dient) (Fränzle 1992, 1). Umweltbewertung (einschliesslich ihrer Konsequenzen für das Wirtschafts- und Gesellschaftssystem) setzt demnach voraus, dass ‹empirisch-deskriptive Sätze der Naturwissenschaften› (Verfügungswissen) und ‹normative Sätze› (Orientierungswissen) – klar voneinander getrennt – aufeinander bezogen werden müssen (vgl. Graduiertenkolleg ‹Integrative Umweltbewertung› 1995, 4 ff.). Die Begründung und Formulierung umweltrechtlicher Normen erscheint so als das Ergebnis eines Transfer- bzw. Kommunikationsprozesses, der ethische, juristische, ökonomische und soziale Erwägungen ebenso wie ökosystemare und technische Erkenntnisse integriert (Alexy 1991, 286 f.).
> [...]
> Aus Gründen methodischer und systematischer Klarheit sollte man bei der Erörterung dieser komplexen Transferproblematik mit dem ethischen Diskurs beginnen; denn er erweist sich als grundlegend für alle anderen Bereiche: Sowohl Rechts- wie Wirtschafts- und Sozialwissenschaften besitzen eine ethische Komponente, und selbst die Basisannahmen der Naturwissenschaft schliessen eine – wie die moderne Wissenschaftstheorie gezeigt hat – im weitesten Sinne ‹normative› Dimension mit ein (vgl. Deppert et al. 1988; Habermas 1969; Hübner 1993). Umgekehrt ist jede Ethik, insofern sie sich anwendungsbezogen gibt, auf die Kenntnis umfassender Zusammenhänge sowie empirischer Fakten (vgl. Bayertz 1991, 29) angewiesen und verfolgt so prototypisch einen genuin interdisziplinären Anspruch (ebda., 39): Sie muss, um anwendbar zu sein, den Menschen als sowohl in rechtliche wie in ökonomische und soziale Wirkungszusammenhänge eingebunden verstehen und gleichzeitig über ein empirisches Wissen hinsichtlich des gesetzmässigen Funktionierens der Welt verfügen, wie es ihr nur die (Natur-)Wissenschaft an die Hand geben kann.»

In dieser Darstellung wird das Spezifikum der Ethik im Unterschied zu den deskriptiven Wissenschaften herausgearbeitet, um davon ausgehend a) die spezifische, d.h. auch unersetzliche

Praxisrelevanz und damit den Ort der Ethik für die Praxis zu bestimmen und b) die notwendige Interdisziplinarität[1] jeglicher anwendungsgerichteten Ethik aufzuzeigen. Verallgemeinert man diese Verortung generell auf praktische Umsetzungen von Ethik, so klärt dies den spezifischen Beitrag der Ethik im Rahmen von Transferprojekten.

Für die Qualität von Ethiktransfer ist entscheidend, dass sich die wissenschaftliche Ethik darin auf die Bearbeitung der Werte- und Normenbezüge konzentriert und hinsichtlich des weiteren, notwendigen Fachwissens mit anderen wissenschaftlichen Disziplinen und Fachleuten aus der Praxis kooperiert.

Zur Verortung der Ethik gehört nicht nur die Bestimmung der spezifischen Bedeutung der Ethik in Transferprojekten, sondern auch die Bestimmung der spezifischen Bedeutung des Transfers für die Ethik. Transferaktivität und die damit verbundene Interdisziplinarität haben offenbar umgekehrt eine inspirierende und korrigierende Funktion für den Reflexionsprozess im wissenschaftlichen ethischen Diskurs selbst. Denn die ethische Reflexion ist kein «geschlossenes System von Werten und Normen», das «den Weg weist» und «führt», «weil sie von ihrem Anspruch selbst her ein unabgeschlossener Denk-Prozess ist, der im Bezug zu Praxis und zu den Realwissenschaften die Grundlagen ständig neu re-formulieren muss.» (Holderegger 1997, 10). «Praxis» und «Realwissenschaften» haben daher einen konstitutiven Ort in der wissenschaftlichen Ethik. Sie gehören mit zu den Generatoren dieser Wissenschaft und der Bezug zu ihnen ist offenbar konzeptuell unverzichtbar.

2.2 Wirtschafts- und Unternehmensethik

Aus dem grossen Diskursstrang der Wirtschafts- und Unternehmensethik[2] werden zwei Topoi herausgegriffen und vertieft bearbeitet, welche für das Thema des Ethiktransfers von grundlegender Bedeutung sind: Die Frage nach dem «systematischen Ort» der Ethik (2.2.1) und die Diskussion von Abzweckung versus Wirkungslosigkeit (2.2.2).

2.2.1 Eigenverantwortungs-Ethik, Unternehmens-Ethik oder Rahmenordnungs-Ethik?

Die Ansichten über den angemessenen systematischen Ort der Wirtschaftsethik lassen sich auf einer Geraden zwischen zwei Extremen verorten. Am einen Ende des Kontinuums stehen Positionen, welche sich gegen «Ordnungsstaat», «Polizei», «kodifiziertes Recht» und «ordnungspolitische Sanktionen» richten und «rechtliche Regulierungen» prinzipiell als «ein Stück Preisgabe dessen, was uns als Menschen auszeichnet: der Fähigkeit, uns selbst zu bestimmen» verstehen (Zimmerli 1994b). Der systematische Ort der Wirtschaftsethik ist dann das Individuum, allenfalls die Unternehmung (vgl. auch de George 1990 u.a.), aber auch darin wieder primär der einzelne Mensch. Am anderen Ende des Kontinuums gilt: «Der systematische Ort der Moral in einer Marktwirtschaft ist die Rahmenordnung» (Homann/Blome-Drees 1992,

---

[1] Bzw. Transdisziplinarität, vgl. Holderegger 1997a, 11.
[2] Man kann die Wirtschaftsethik so breit fassen, dass darunter relativ ausführlich auch Themen wie Drogen, Familie, Kunst und Medien behandelt werden können (Korff u.a. 1999, Bd IV).

35).[1] Das unternehmerische Gewinnstreben kann dann sogar als «sittliche Pflicht» (a.a.O., 51) gesehen werden, was im Grunde bedeutet: als die sittliche Pflicht schlechthin. Firmen bzw. deren Management werden in diesem Konzept von Dilemmasituationen zwischen Profitsteigerung und Umweltschutz, zwischen Gewinn und menschenfreundlichen Anstellungsbedingungen freigesprochen und auf das Gewinnstreben verpflichtet. Falls aus ethischen Gründen die Dinge in Sachen Umweltschutz, Anstellungsbedingungen oder in anderen Hinsichten sich anders entwickeln sollten, als sie es tun, sind keine moralischen Appelle an Firmen und Manager gefragt, auch nicht an Aktionäre, sondern es wären an der Rahmenordnung Änderungen vorzunehmen: Statt von den einzelnen Unternehmen zu erwarten, dass sie aus ethischen Gründen auf Spielzüge verzichten, die ihnen materielle Vorteile bringen würden, werden die Spielregeln für alle Unternehmen verändert.

Von den meisten Autoren werden solche Extrempositionen kaum so einseitig vertreten. Für das Thema des Ethiktransfers sind sie instruktiv, weil sich die Polarität zwischen Moral- bzw. Ethikpädagogik und Ethiktransfer – wie sie in der Einleitung erläutert und in Aufnahme von Texten aus der Umweltethik vertieft wurde – analog beschreiben lässt. Die Moral- bzw. Ethikpädagogik ist der Königsweg der Umsetzung, wenn man das Individuum als systematischen Ort der Wirtschaftsethik versteht. Die Wahl fällt auf Ethiktransfer, wenn man die ökonomische Rahmenordnung als systematischen Ort sieht.

Ausgehend von diesen Extrempositionen lassen sich nun Differenzierungen finden, einerseits in der Bestimmung von Zwischenpositionen und andererseits indem ein dritter systematischer Ort der Wirtschaftsethik aufgewiesen wird.

Eine «Mittelstellung» (Nutzinger 1996) zwischen den stilisierten Typen lässt sich in den unterschiedlichsten Facetten gestalten. Man kann etwa, wie Steinmann und Löhr (1991, 1994), weiterhin die Rahmenordnung als systematischen Ort der Wirtschaftsethik sehen, ohne deswegen für die Unternehmen Gewinnstreben als sittliche Pflicht zu sehen. Gewinnorientierung ist zwar im Regelfall richtig, doch sollen Firmen moralisch verpflichtet sein, mit Schwächen der Rahmenordnung sinnvoll umzugehen. Oder man kann umgekehrt beim Individuum ansetzen, dieses als systematischen Ort der Wirtschaftsethik sehen, somit von seiner moralischen Verantwortung ausgehen, dabei aber darauf achten, «den guten Willen der Individuen zu verantwortlichem Handeln nicht zu überfordern, sondern durch ‹institutionelle Rückenstützen› zu stärken» (Ulrich 2002, 295).

Ein Beispiel, wie eine ethisch-moralische Aufgabe zunächst im individualethischen Sinne beim Unternehmen lag und später von der strukturellen Ebene übernommen wurde, ist in der Schweiz der Schutz vor sexueller Belästigung. Ulrich hatte diesen schon 1997 (1997a, 454–455) als Element verantwortlicher Firmenführung dargestellt, als individualethische Verantwortung der Führungspersonen also. Es war ein Surplus, dass ethisch gefordert war, unabhängig von der Frage, wie die ökonomische Kosten-Nutzen-Bilanz dieses Schutzes aussehen würde. Seit wenigen Jahren wird nun dieser Schutz vor sexueller Belästigung gesetzlich verlangt. Alle Unternehmen müssen entsprechende Vorkehrungen treffen. In diesem Sinn können «Ethikmassnahmen in der Unternehmungspraxis» (Ulrich/Lunau/Weber 1996; Ulrich/Thielemann 1992; Staffelbach 1991; Center for Business Ethics 1986 und 1992; zu Konzepten für

---

[1] Auch nach Wieland (1998, 32) ist die «individuelle Tugend» zwar unverzichtbar in der Wirtschaft, aber dennoch «nicht der geeignete Ansatzpunkt für eine Unternehmensethik».

Unternehmensethik vgl. u.a. Kuhn 1993; Enderle 1991; De George 1990) von gesetzlichen Vorschriften abgelöst werden. Umgekehrt können gegenläufige Prozesse, etwa die Entstehung von neuen unternehmerischen Freiräumen durch die sogenannte Globalisierung (Altvater/Mahnkopf 1999, 90–124) oder die rasante Verbreitung der IT (Holderegger/Hodel/Lüthi 1999 und 1995) neue Orte individualethischer Verantwortung in Unternehmen entstehen lassen. Die Polarität der beiden systematischen Orte der Wirtschaftsethik muss somit nicht als Entweder-Oder verstanden werden, sondern es sind auch Positionen denkbar, die unterschiedliche moralische Aufgaben zu unterschiedlichen Zeiten der einen oder der anderen Ebene zuordnen. Der systematische Ort ist dann doppelt kontextsensitiv, nämlich jeweils themen- und zeitspezifisch zu bestimmen.

> Für die Thematik des Ethiktransfers bedeutet dies, dass jeweils zu entscheiden ist, ob ein bestimmtes, ethisch relevantes Problem in einem bestimmten historischen Kontext ausschliesslich oder tendenziell auf der strukturellen Ebene und somit über Ethiktransfer anzugehen ist, oder ob es ausschliesslich oder tendenziell auf der individuellen Ebene und dementsprechend mittels Moral- bzw. Ethikpädagogik einer Verbesserung zugeführt werden soll.

Ulrich (a.a.O.) zeigt weiter, dass es nicht um zwei systematische Orte geht, sondern um drei Ebenen der Implementierung ethischer Einsichten. Er unterscheidet «Wirtschaftsbürgerethik», «Unternehmensethik» und «Ordnungsethik» (vgl. ausführlich auch Ulrich 1997, 289–459):
1. Ebene: «In der Wirtschaftsbürgerethik geht es darum, die Wirtschaftsakteure in allen ihren wirtschaftlichen Rollen als integre Bürger anzusprechen und in die Pflicht zu nehmen: Als reflektierende Konsumenten und Kapitalanleger ebenso wie als kritisch-loyale ‹Organisationsbürger› (Steinmann/Löhr 1994, 60, 162ff.)». Wir befinden uns damit exakt auf der Ebene der Moralpragmatik bzw. Moralpädagogik (vgl. unten Seite 291 unter «3.2.3 Unterscheidung von Ethiktransfer und Moral- bzw. Ethikpädagogik»)
2. Ebene: Von den Unternehmen ist «die autonome Selbstbindung an Grundsätze der Geschäftsintegrität im Umgang mit allen Stakeholdern (Anspruchsgruppen) und der republikanisch-ethischen Mitverantwortung für das Gemeinwohl (Corporate Citizenship) zu fordern» (Ulrich, a.a.O., 296). Wir befinden uns damit auf der Ebene von Organisationen.
3. Ebene: «In der Ordnungsethik geht es vor allem darum, einem ordnungspolitischen Ökonomismus entgegenzuwirken, der Ordnungspolitik auf effiziente Wettbewerbspolitik (Offenhaltung der Märkte und wirksamer Wettbewerb) reduziert, und die nötigen normativen Vorgaben an eine lebens- und gesellschaftsdienliche Marktwirtschaft zu reflektieren» (a.a.O., 295). Ulrich hält in diesem Zusammenhang fest, dass sich mit der Globalisierung der Wirtschaft die ordnungspolitischen Aufgaben auf die supranationale Ebene verschieben, wo sie allerdings noch nicht hinreichend institutionalisiert sind.
Für die übergeordnete Frage des Ethiktransfers kann diese Unterscheidung der drei Ebenen «Individuum», «Organisation» und «Rahmenordnung» ausgeweitet werden, über den Bereich der Wirtschaft hinaus. Im Bereich der Politik können die Parteien und Interessenverbände auf der Ebene der Organisationen angesiedelt werden, während das politische System die

Rahmenordnung für sie vorgibt. Analog lässt sich für die Wissenschaft und weitere Bereiche der Gesellschaft verfahren.

> Damit wird deutlich, dass Ethiktransfer mit dem Ziel, Wirkung auf der strukturellen Ebene zu entfalten, dies auf zwei unterschiedlichen Ebenen tun kann: Auf der Ebene der Strukturen, welche durch Organisationen vorgegeben werden und auf der Ebene der Rahmenordnung, innerhalb derer Personen wie Organisationen arbeiten.

Die Polarität zwischen Ethiktransfer und Moral- bzw. Ethikpädagogik sowie die unterschiedlichen Kombinationsmöglichkeiten beider angesichts eines bestimmten Problems in einem bestimmten Kontext wird so noch komplexer: Es ist auch zu erwägen, ob, wenn Wirkung auf die Strukturen ausgeübt werden soll, eine Veränderung der Rahmenordnung oder der Struktur von Organisationen intendiert wird – oder eine Kombination davon. Die im Titel vorgelegte Unterscheidung «Eigenverantwortungs-Ethik, Unternehmens-Ethik oder Rahmenordnungs-Ethik» ist somit nicht als Wahlzwang, sondern als Auswahlpalette mit allen Mischvarianten zu verstehen. Entscheidend ist, die systematische Differenzierung in diese drei Möglichkeiten zu kennen, um von dieser Palette je angemessenen Gebrauch machen zu können.

Für das Thema des Ethiktransfers ist diese Konkretisierung der drei Ebenen ausserdem bedeutsam gegenüber einer gewissen Tendenz der luhmannschen Systemtheorie, die Rahmenordnung als kaum aktiv veränderbar zu betrachten, sondern das prinzipielle Funktionieren der Funktionssysteme als eine Art «Urmechanismus» zu verstehen. Die Unveränderbarkeit der konkreten Mechanik der Funktionssysteme wird zwar in der Systemtheorie nicht explizit vertreten. Diese Position ist schon darum nicht möglich, weil Luhmann historische Veränderungen in den Funktionssystemen diskutiert. Aber über Möglichkeiten aktiver Einflussnahme auf Funktionsweisen von Funktionssystemen wird nicht nachgedacht.[1] Die Wirtschaftsethik unternimmt nun ausgehend von einer Ergründung des «Normativen im ökonomischen Denkmuster» eben diese Reflexion (bei Ulrich a.a.o., 291) und legt damit nahe, dass eine solche Reflexion auch für die anderen Funktionssysteme Sinn machen könnte. Allerdings fällt bei Ulrich wie bei Homann (Nutzinger, a.a.O, 185, Anm. 7) auf, dass die Vorstellungen von den Möglichkeiten der Einflussnahme auf dieser Ebene wenig konkret sind.

Man kann daraus den Schluss ziehen, dass es besonders schwierig ist, auf dieser Ebene wirksam zu werden. Oder man kann davon ausgehen, dass hier noch theoretische Reflexionen und Ideen für die Einflussnahme, die an sich durchaus möglich wäre, fehlen. Wahrscheinlich trifft beides zu, und Reflexionen des Ethiktransfers sollten besonderes Gewicht auf diese Ebene legen. In diesem Zusammenhang ist zu beachten, dass eine breitere Etablierung von ethisch-ökologischen Fonds (vgl. unten Seite 49 und folgende) durchaus geeignet ist, den Kapitalmarkt in einem Mass zu verändern, der von Unternehmen als Veränderung der Funktionsweise des Wettbewerbs wahrgenommen werden kann. Man sollte daher nicht nur die supranationalen Organisationen als mögliche Faktoren einer Rahmenordnung ins Auge fassen, sondern den Horizont weiter fassen: Auch systemische Verschiebungen können die Funktionsweise (oder genauer: die Auswirkungen) der Rahmenordnung verändern.

---

[1] Gerade hier liegt das Missverständnis, welches entscheidend zur negativen Bewertung der Disziplin der Ethik durch Luhmann beiträgt, vgl. unten Seite 154 «5 Soziologische Kritik der Ethik und Ethik der sozialen Strukturen».

Bestimmte Analysen in der Wirtschaftsethik legen eine weitere Differenzierung nahe, die einen weiteren Überschneidungsbereich von Ethiktransfer und Moral- bzw. Ethikpädagogik aufzeigt. Dies soll als letzte Präzisierung erläutert werden.
Vergleicht man das folgende Schema von Wieland (1998, 31) mit den in Anschluss an Ulrich dargestellten drei Ebenen, so fällt vor allem der Teil der informalen Ordnungen auf.

Handlungsebenen der Wirtschafts- und Unternehmensethik						
Personen		Systeme		Organisationen		
Tugendethik		Institutionenethik				
Motive	Werte	Informale Ordnungen		Formale Ordnungen		
		Kultur	Religion	Staat	Unternehmen	
Gewinnerzielung, Egoismus, Altruismus, Nutzenmaximierung, etc.	Gerechtigkeit, Fairness, Vertrauenswürdigkeit, Ehrlichkeit. etc.	Normen, Standards, etc.	Glauben, Überzeugungen, etc.	Verfassung, Gesetze, Wirtschafts- und Wettbewerbsordnung, etc.	Verfassung, Organisation, Verhaltensstandards, etc.	
					Verbände	
					Verträge, Standards, etc.	

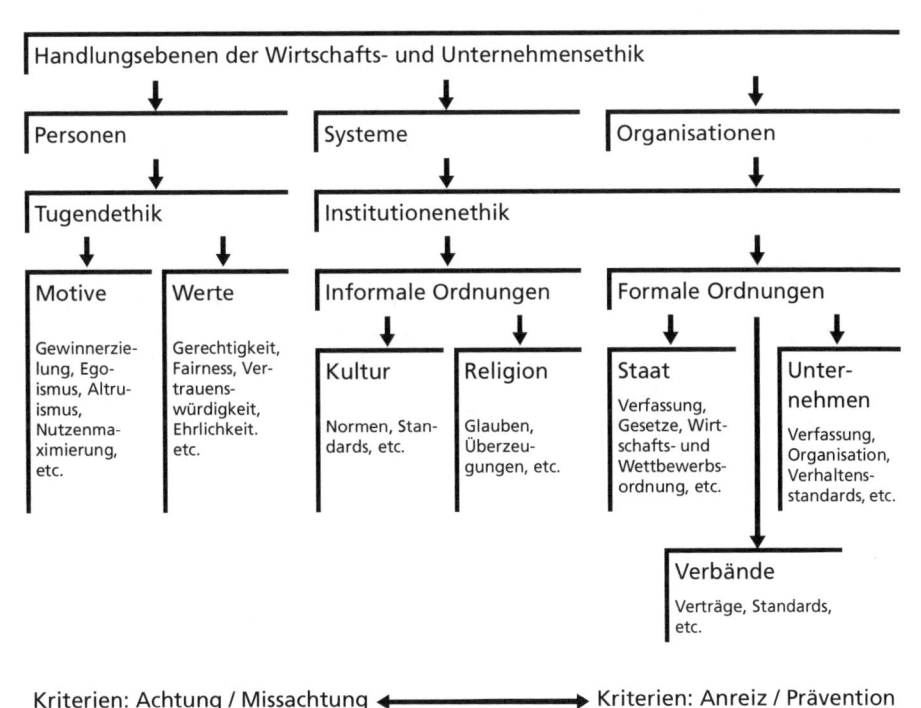

Kriterien: Achtung / Missachtung ⟷ Kriterien: Anreiz / Prävention

Grafik 2: Einflussschema für umweltbewusstes Verhalten
(nach Fietkau und Kessel, 1981, zit. nach Homburg und Matthies 1999, 160)

Sogar wenn man von den Begriffen «Kultur» und «Religion» abstrahieren würde, um Kompatibilität mit der luhmannschen Systemtheorie zu bewahren, bleibt doch deutlich, dass mit den informalen Ordnungen eine wirksame Realität angesprochen ist. Auch auf diese Realität kann prinzipiell eingewirkt werden; es wird noch zu fragen sein, wie. Wichtig ist zunächst, dass es sich dabei um eine andere wirksame Realität handelt als formale Ordnungen wie etwa Gesetze es sind.

Dieselbe Realität spricht Richter (1999, 17–38) mit an, wenn er von «Institutionen» spricht. Er versteht, kompatibel mit soziologischen Definitionen, «soziale Institutionen als auf bestimmte Zielbündel abgestellte, für längere Zeit geltende Normensysteme» (25), und meint damit zusätzlich auch formale Institutionen. So ist «Vertrauen» eine Institution, die wesentlich wirtschaftliche Kosten spart: «Gesellschaftliche Moral ist ein besonderes öffentliches Gut» (26).

Entsprechend kommt er auf «Weltanschauungen und soziale Übereinkünfte» zu sprechen. Offensichtlich sind alle diese Gegebenheiten wirtschaftlich relevant, beispielsweise für die Standortwahl einer Unternehmung. Sie sind aber auch wirtschaftsethisch relevant, insofern sie als Rahmenbedingung Unternehmensentscheidungen beeinflussen, und zwar innerhalb ihrer Reichweite wettbewerbsneutral, da sie auf alle Unternehmen einwirken.

Diese «Institutionen» Richters, entsprechen, wenn man die ausdrücklich als «formal» benannten beiseite lässt, recht genau den «informalen Ordnungen» Wielands. Leider verfolgen Richter, wie im Anschluss an ihn auch Schanze (1999), im weiteren Verlauf ihrer Untersuchungen die Thematik primär mit Blick auf die formalen Institutionen (Richter und Schanze konzentrieren sich auf das Recht). Beide lassen aber keinen Zweifel daran, dass auch die informalen Institutionen wirksam und prinzipiell veränderlich, d.h. auch ethisch relevant, sind. Wie aber ethische Gründe auf die Entwicklung dieser Instututionen einwirken könnten, bleibt eine offene Frage.

Wieland operationalisiert sein Schema in der Hinsicht, dass er die Einflussmöglichkeiten der Unternehmungen auf die verschiedenen Handlungsebenen, wie sie in der obigen Abbildung dargestellt sind, sortiert. Er zeigt, dass Unternehmungen vitale Interessen daran haben, auch informale Ordnungen in ihrem Sinn zu beeinflussen. Dabei wird allerdings nicht evident, inwiefern genuin ethische Anliegen hier neben den Eigeninteressen der Unternehmungen an Veränderungen der informellen Rahmenbedingungen Platz gewinnen können.

Für die Thematik des Ethiktransfers ist genau diese Frage relevant: *Wie können aktuelle Ergebnisse des ethischen Fachdiskurses Einfluss auf informelle Ordnungen gewinnen?* Im Folgenden sei kurz skizziert, wie sich eine Antwort auf diese Frage herleiten liesse, indem man von der Funktionsweise informeller Ordnungen ausgeht.

Informale Ordnungen bzw. Institutionen erster Ordnung unterscheiden sich von formellen Ordnungen bzw. von Institutionen zweiter Ordnung genau in dem Punkt, dass keine formelle Sanktion (Bestrafung nach Recht, wirtschaftlicher Nachteil usw.) droht, sondern informelle Sanktionen wie Missachtung, Beziehungsverlust, Image-Verlust usw. diese Ordnungen bzw. Institutionen aufrecht erhalten. Diese informellen Sanktionen funktionieren genau dann, wenn die entsprechenden Werthaltungen genügend stark und genügend allgemein verbreitet sind. Dementsprechend ist der Transfer in informale Ordnungen just auf einem Weg zu erreichen: mit einer entsprechend breiten Moral- bzw. Ethikpädagogik. Um Ethiktransfer im Sinne einer Wirkung auf Strukturen würde es sich in diesem Fall deswegen handeln, weil nicht die Haltung der einzelnen Personen das Ziel wäre, sondern die damit beeinflussten informalen Ordnungen. Ein gutes Beispiel dafür sind Boykotte. Wenn man beispielsweise versucht, Konsumentinnen und Konsumenten davon zu überzeugen, keine mit Kinderarbeit hergestellten Textilien zu kaufen, so tut man das zwar mit dem Hinweis, dies sei unmoralisch. Für wesentlich unmoralischer hält man jedoch die entsprechenden Firmen und deren Management. Sie sind die eigentlichen Adressaten der Aktion, nicht die Konsumentinnen und Konsumenten: Für diese Firmen und deren Management möchte man eine neue Rahmenbedingung in Form einer informalen Ordnung bzw. einer Institution erster Ordnung schaffen, die verhindert, dass mit Kinderarbeit produzierte Textilien abgesetzt werden können.

> Es ist prinzipiell möglich, mit Moral- bzw. Ethikpädagogigik und ohne weitere Mittel informale Ordnungen bzw. Institutionen erster Ordnung zu verändern oder zu schaffen. Damit ist eine weitere Verschränkung von Moral- bzw. Ethikpädagogik und Ethiktransfer angesprochen.

Diese Verschränkung wird komplementär zu ergänzen sein durch den Hinweis, dass Institutionen erster und zweiter Ordnung die Individuen «erziehen». Sie vermitteln moralische Überzeugungen.[1]

2.2.2 Marktgerecht oder bedeutungslos?

Sind Abzweckung oder Bedeutungslosigkeit die beiden Alternativen für das Verhältnis der Wirtschaftsethik zum Handeln der Unternehmen? Diese Frage charakterisiert einen weiteren Topos in der wirtschaftsethischen Diskussion. Er kann und muss in zwei Untertopoi unterteilt werden, die oft fälschlicherweise vermischt werden:
- Sind «verfälschende Simplifizierung» oder «inkommunikable Komplexität» die beiden Alternativen?
- Sind «marktgängige Ethikrhetorik» oder «belangloses Gutmenschentum» die beiden Alternativen?

In einem Fall geht es um den Umgang mit der Komplexität, im anderen Fall um den Gehalt ethischer Reflexion. Komplexität und Gehalt sind faktisch zwar nicht zu trennen, da es sich um zwei Aspekte derselben Sache, um zwei Aspekte konkreter ethischer Reflexionen, handelt. Sie müssen aber systematisch unterschieden werden, damit der Topos sachgerecht bearbeitet werden kann.

Die niedrige Anzahl der Publikationen zu diesem Topos steht in einem Missverhältnis zur Bedeutung, die weit über die Wirtschaftsethik hinausreicht, ja eine basale Grundlagenfrage von zugleich höchster Praxisrelevanz darstellt. Der Stand der Überlegungen soll daher anhand einiger weniger, markanter Publikationen illustriert und interpretiert werden.

Verfälschend simplifizierte oder inkommunikabel komplexe Wirtschaftsethik?

Lunau (2000, 51), ein Praktiker und gleichzeitig Theoretiker ethischer Unternehmensberatung, formuliert das Problem zunächst allgemein und unverdächtig, indem er den «Allgemeinplatz», dass «‹Praktiker› die Aussagen von ‹Akademikern› als zu theoretisch einstufen und ‹Akademikern› das Vorgehen von ‹Praktikern› allzu pragmatisch erscheint», als «empirischen Sachverhalt» einschätzt. Mit Bezug auf Detzer (1995) hält Lunau (a.a.O., 53) fest, dass Praktiker von der ethischen Beratung in Sachen Ethik «nicht nur möglichst ohne Umschweife wohldefinierte Resultate» verlangen, «sondern [...] sich auch gern mit ‹Instrukturen›, eindeutigen Vorgaben zufrieden» gäben. Gerade diese eindeutigen Vorgaben möchte Lunau in der Unternehmensethikberatung aber nicht bieten. Er wünscht, dass ein «mehrdeutiger Prozess» stattfinden kann. Im Folgenden untersucht er, welche Konzepte sich eignen, einen Beratungsprozess zu entwickeln, «der aus Praktikersicht nicht prohibitiv lösungsarm und problemschaffend erscheint, jedoch andererseits jenem latenten Wunsch auf instruktive Vorgaben nicht einfach nachgibt».

---

[1] Vgl. unten Seite 291 unter «3.2.3 Unterscheidung von Ethiktransfer und Moral- bzw. Ethikpädagogik».

Ist jedoch das Dilemma selbst nicht komplexer? Es ist ja nicht so, dass die «Praxis» kurze Fragen hat, auf die sie gerne ebenso kurze und einfache Antworten hätte, während von akademischer Seite Genaugkeit und damit Differenzierung vorgezogen wird. Aus der Praxis wird genau der gegensätzliche Vorwurf erhoben, die Ethikerinnen und Ethiker neigten dazu zu moralisieren, also zu eindeutige, *zu einfache* Normen autoritär zu vertreten. Aus diesem Grund hätte man also gerne mehr Differenzierung. Der Ethik wird ausserdem seitens der Praxis auch vorgeworfen, sie sei zu wenig differenziert, vor allem darin, dass sie die Komplexität der praktischen Entscheidungssituation mit all ihren Restriktionen nur sehr verkürzt wahrnehme und auch aus diesem Grund zu einfache moralische Vorschriften erlasse, die in der Praxis nicht umsetzbar seien. Seitens der Unternehmen wären also...

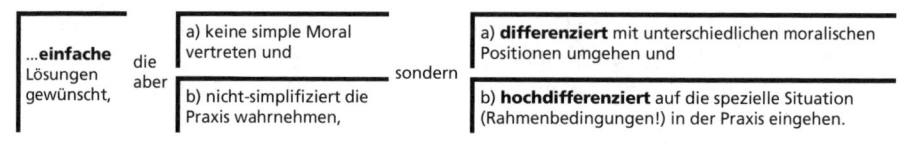

...**einfache** Lösungen gewünscht,	die aber	a) keine simple Moral vertreten und	sondern	a) **differenziert** mit unterschiedlichen moralischen Positionen umgehen und
		b) nicht-simplifiziert die Praxis wahrnehmen,		b) **hochdifferenziert** auf die spezielle Situation (Rahmenbedingungen!) in der Praxis eingehen.

Tabelle 2: Widersprüchliche Anforderungen der Unternehmen an die Ethik

Diese widersprüchliche Erwartung der Praxis hat ihr Spiegelbild in Widersprüchen innerhalb der wissenschaftlichen Ethik. Letztere kommen bei Steger (1994, 18) deutlich zur Sprache: «Verschlissen zwischen den Ratschlägen geschäftstüchtiger Consultants, Ethik als Mittel der Gewinn- und Umsatzsteigerung einzusetzen, und moralisierenden, aber praxisfernen Postulaten der Philosophen drohen die eigentlichen Fragestellungen, die die Ethik-Diskussion ausgelöst haben, zu verschwinden.» Steger ist als Ethiker ein Kritiker sowohl der genannten Consultants als auch der praxisfernen Postulate. Erstere Kritik scheint er in seinen an die scientific community der Ethik gerichteten Publikation schon gar nicht begründen zu müssen – jedenfalls tut er es nicht. Besser wäre es, auch in diesem Punkt den Anspruch von Wissenschaftlichkeit einzulösen, Begründungen zu nennen und nicht auf simple (moralische!) Abwertungen zu regredieren –, wobei mit dieser Bemerkung nicht für eine vor allem «geschäftstüchtige» Ethik Partei genommen sein soll.

Steger lässt also seine Kritik an allzu praxisnahen Ethik-Consultern unbegründet, geht aber, was möglicherweise für die scientific community der Ethik auch relevanter ist, auf die «praxisfernen Postulate» ein. Er zeigt beispielhaft, dass es zwar aus einer ethisch reflektierten Kritik gegenüber einer ungebremsten Wachstumsorientierung konsequent sein könnte, als Unternehmen einen bewussten Schrumpfungsprozess anzustreben. Aber die Wirkungen, angefangen bei den Entlassungen über die finanziellen Nachteile der Firma bis zur Tatsache, dass andere Firmen einfach in die entstehende Lücke treten und somit insgesamt nichts gegen das Wachstum unternommen ist, würden die Schrumpfung rückblickend doch als ethisch wenig durchdacht erscheinen lassen.

Unterkomplexe Reflexion lässt bzw. liesse aus an sich plausiblen, ethisch reflektierten Zielen sinnlose Resultate entstehen. Daher möchte Steger (a.a.O., 21) eine «handlungsleitende Ethik entwickeln, die vernetzte [...], mit grossen Unsicherheiten behaftete und z.Z. weltweite Probleme verarbeitet». Steger votiert damit gegen eine Ethik, welche sich mit deontologischen Positionen hinter den Herausforderungen rasanter Entwicklungen der Gegenwart verschanzt. Er stellt sich damit zwischen die Position eines allzu pragmatischen Consultings und einer praxisfernen Gegenposition.

Diese Spannung kann nicht nur, aber auch, als Gefälle von Komplexitäts-Akzeptanz verstanden werden, analog zur widersprüchlichen Erwartung der Praxis an die Ethik. Während im simplifizierten Consulting Komplexität zugunsten der Pragmatik reduziert wird, kann sie in der akademischen Ethik auf Kosten der Praktikabilität potenziert werden.

Die Tabelle verdeutlicht, dass Komplexität keinesfalls nur in der ethischen Reflexion entsteht, sondern auch und gerade durch die Praxisorientierung und die Ansprüche der Unternehmen. Aus relativ einfachen ethischen Grundpositionen können komplexe Argumentationsgebilde entstehen, wenn «vernetzten [...], mit grossen Unsicherheiten behafteten und z.Z. weltweiten Problemen» in der Konkretisierung Rechnung getragen wird. Nicht-triviale Orientierungen für die Praxis, die also erhöhte Anforderungen an die Reflexion konkreter Entscheidungssituationen in der Praxis stellen, kommen dann nicht wegen eines akademischen Interesses an Detailgenauigkeit und Tendenz zu abstrakter Praxisferne zustande, sondern gerade wegen der Nähe einer ethischen Reflexion zur Komplexität der Praxis.

> Schwer zu bewältigende Komplexität kann auch die Folge präziser Zuwendung der Ethik zur Praxis sein. Sie ist in aller Regel selbst so komplex, dass simple normative Vorgaben ihr nicht gerecht werden können.

Marktgängige Ethikrhetorik oder belangloses Gutmenschentum?

Steger erwähnt die «geschäftstüchtigen Consultants», die «Ethik als Mittel der Gewinn- und Umsatzsteigerung» anpreisen, leider bloss, nennt aber weder Beispiele noch Quellen. Auch beschreibt er ihre Tätigkeit nicht genauer. Es bleibt bei der Behauptung, was bei Leserinnen und Lesern den Verdacht aufkommen lassen kann, dass es sich hier um einen Seitenhieb handeln könnte, den Insider konkreten Personen bzw. Institutionen zuordnen werden. Schwierig an diesem latenten Vorwurf ist, dass er zwar allenthalben zu hören ist,[1] aber im wissenschaftlichen ethischen Diskurs bisher nicht wirklich thematisiert wurde[2]. Man kann diese Art von Umgang mit einem Thema als Symptomatik einer unterbrochenen Kommunikation interpretieren[3].

Dagegen gibt Huonker den «geschäftstüchtigen Consultants», die «Ethik als Mittel der Gewinn- und Umsatzsteigerung» anpreisen, ein Gesicht, und er sei deshalb ausführlicher zitiert (2000, 26):

---

[1] In den Expertinnen- und Experteninterviews ab Seite 245 unter «2.6.1 E Begrenzung der Funktionalisierung» beispielsweise mit den Stichworten: «riesige Rhetorik»; «Image-Verbesserer»; «dass man Ethikerinnen und Ethiker resp. Positionen, die sie vertreten, instrumentalisiert für eigene Interessen».

[2] Einige Hinweise sind Löhnert (1998) zu entnehmen. Sie geht von einem Vergleich zwischen europäischen und us-amerikanischen Herangehensweisen aus und zeigt die Hintergründe der pragmatischeren Unternehmensethik in den USA auf. Umgekehrt zeigt sich in ihrer interkulturellen Analyse der europäische Mentalitätshintergrund der Skepsis gegenüber einer Praktizierung von Ethik.

[3] Das Kommunikationsproblem zwischen «unternehmerischer Ethik» im Sinne des «Ethikunternehmers» bzw. der «Ethikunternehmerin» und der wissenschaftlichen, forschenden Ethik dürfte zusammenhängen mit einem Kommunikationsproblem auf der Ebene der Fakultäten, das Linder (2000) bereits im Titel seines Beitrags anspricht, wenn er im Blick auf das Verhältnis von Ethik und Ökonomie von einer «schwindenden Tuchfühlung zweier Fakultäten» redet.

«Auch Top-Consulting-Unternehmen wie Andersen, Ernst&Young oder PriceWaterhouse-Coopers führen Ethik im Angebot. Oft geht es bei solchen Aufträgen um Imagereparaturen. Ist die Entsorgung von hochgiftigen Raffinerieabfällen Richtung Afrika unter Billigflagge im Sturm vor der felsigen Küste der Bretagne gescheitert; haben giftige Brühen aus Chemie oder Bergbau ganze Flusssysteme verseucht; wird publik, dass Sportartikel in Billiglohnarbeit hergestellt und mit giftigen Geruchshemmern besprüht werden; geht es um die Begründung des Zusammenhangs zwischen Gewinnsteigerung und Massenentlassungen – schlägt die Stunde für ethische Schwerarbeit solcher Sorte.

An der Universität Ingolstadt, zwischen BMW und Bayerischem Wald gelegen, existiert ein – zurzeit vakanter – Lehrstuhl für Wirtschafts- und Unternehmensethik. Auf dessen Homepage abrufbar ist eine ‹Konzeption des Faches›: ‹Auch und gerade in (Gross-) Unternehmen wird zunehmend die Notwendigkeit erkannt, die eigene Geschäftspolitik gegenüber einer kritischer gewordenen Öffentlichkeit rechtfertigen zu können.›

Ziel des Lehrstuhls ist folgerichtig, ‹Studenten zu befähigen, zu wirtschafts- und unternehmensethischen Fragestellungen in einer Weise Stellung nehmen zu können, die die Erfordernisse der Praxis und die allgemein anerkannten moralischen Prinzipien gleichermassen berücksichtigt.› In Ingolstadt besonders geschult wird die allgemein noch nicht durchwegs anerkannte kontraintuitive Morallehre: ‹Nur durch den Anschluss an die ökonomische Theoriebildung ist es möglich, einerseits kurzschlüssige Schuldzuweisungen begründet zurückweisen zu können und andererseits Handlungsempfehlungen aussprechen zu können, die auf den ersten Blick kontraintuitiv anmuten mögen.› [...] Einfache Gemüter, denen dieser Begriff zungenbrecherisch und zungenspalterisch vorkommt, werden sich im Zug geistiger Flexibilisierung auch dieses Neuwort merken müssen.

Dazu eine Ingolstädter Lernhilfe: ‹Als Beispiele für solche kontraintuitiven ethischen Leitsätze können dienen:
- Der systematische Ort der Moral in einer Marktwirtschaft ist die Rahmenordnung.
- Wettbewerb ist solidarischer als Teilen.
- Privateigentum ist gemeinnütziger als Gemeineigentum.›»

Diese Darstellung von Huonker ist so instruktiv wie exemplarisch. Zwei Eigenheiten charakterisieren eine «vermarktete Ethik»[1]:
- Zweck einer solchen «Ethik» – es wird noch zu diskutieren sein, ob man hier sachlich richtig von Ethik sprechen kann – ist die Gewinnsteigerung bzw. die Abwendung oder Minimierung von Verlusten.
- Aufgabe dieser «Ethik» ist nicht das Analysieren und Abwägen von Argumenten als Basis für eine anschliessende Entscheidung, sondern umgekehrt ist die Entscheidung schon gefallen

---

[1] Huonkers Aufsatz trägt den Titel: «Zur Vermarktung von Ethik». Treffender wäre vielleicht: «Zu vermarktende Ethik», denn die Vermarktung scheint nicht so recht zu gelingen: Vakant ist der Lehrstuhl laut www.ku-eichstaett.de/Fakultaeten/WWF/Lehrstuehle/ETHIK.de (Entnahmedatum 20.7.2005) noch immer, aber die von Huonker zitierte Konzeption ist – unvermarktet? – vom Netz genommen. Zum Thema vgl. auch Marz und Dierkes (1998, 48) zum Problem einer «moralischen Kostümierung und Legitimierung frühkapitalistischen Gewinnstrebens».

und es wird nun im Fundus der Ethik gesucht, welche Argumente sich für eine primär rhetorische Begründung finden lassen.
Da man solche vermarktete «Ethik» intuitiv als «unehrlich» empfinden wird, könnte man den Schluss ziehen, dass mit finanziellem Gewinn verbundene Ethik prinzipiell unehrlich sei. Dem widersprechen aber Gegenerfahrungen: Wenn bestimmte Packungen von teurerem Kaffee oder Honig mit «fairer Handel» gekennzeichnet sind und wir Grund haben, diese Kennzeichnung als zutreffend einzuschätzen, empfinden wir dieses ethisch-moralische Verkaufsargument nicht als verwerflich. Im Gegenteil: Das Geschäft, in dessen Regal solche Produkte stehen, gewinnt ein höheres Ansehen – immer vorausgesetzt, wir halten die Kennzeichnung für glaubwürdig. Obwohl mit solchen Packungen von Kaffee oder Honig Geld verdient wird – eventuell zusätzlich noch von einer Institution, welche die Rechtmässigkeit dieser Kennzeichnungen überprüft.
Auch ethische Gutachten sind oft bezahlt, genauso ethische Forschungsprojekte und Professuren. Mit und dank Ethik Geld zu verdienen kann daher an sich nicht das Problem sein. Mit der «vermarkteten Ethik» muss offensichtlich eine andere Schwierigkeit angesprochen sein. Möglicherweise ist für deren nähere Bestimmung entscheidend, wer (eine Firma oder eine Ethikerin, ein Ethiker) von wem (Staat oder Konsumentinnen und Konsumenten) bezahlt wird. Eventuell wäre die Schwierigkeit aber auch nicht über den Geldfluss zu definieren, sondern über die Frage, ob überhaupt ethische – und nicht etwa primär strategische – Reflexionen im Zentrum stehen. All das ist rund um die Kritik an einer «vermarkteten Ethik» unklar. An der Stelle fehlt, wie erwähnt, die vertiefte Thematisierung im wissenschaftlichen Diskurs.
Weiter zeichnet sich eine Korrelation von ethischen Auswahlkriterien und Ertrag bei Anlagestrategien ab. Die Berücksichtigung von «Ethik» vermindert eine Reihe von Investitionsrisiken (Akzeptanzprobleme, rechtliche Konflikte, Haftpflichtfälle, im Extremfall Produkteverbote) und erhöht damit die Chance, ein Produkt über lange Zeit produzieren und optimieren zu können.[2] Solche Effekte sind als eher erfreulich denn als illegitim einzustufen.
In folgenden Thesen sei eine Interpretation des Standes dieser noch diffusen Diskussion gewagt:
- Es ist an sich kein Problem, dass bzw. wenn die Ausrichtung unternehmerischen Handelns an ethischen Reflexionen zu finanziellen Vorteilen führt.
- Problematisch aber ist, wenn ethische Reflexion die Entscheidungen nur so weit beeinflusst, als damit finanzielle Vorteile zu erreichen sind. Wenn Ethik zum kalkulierten Subparadigma des ökonomischen Paradigmas gemacht wird, ist sie nicht mehr Ethik, da die Entscheidungen letztlich nicht ethisch, sondern ökonomisch begründet werden. Es ist irreführend, hier von Ethik zu sprechen.
- Ethik kann folglich im ökonomischen Bereich nur dann betrieben werden, wenn die Ökonomie konsequent Subparadigma des ethischen Paradigmas ist. Die Ökonomie ist ethisch zu legitimieren, nicht die Ethik ökonomisch.

Dies bedeutet, dass der primäre systematische Ort der Moral in einer Marktwirtschaft die Rahmenordnung ist. Zu diesem Schluss kommt auch Thielemann (2000, 361) in seiner Auseinandersetzung mit «funktionalistischer Wirtschaftsethik», wenn er letztlich den «Wettbewerb ohne Begrenzung» kritisiert. Paradoxerweise kommt man also auf den ersten kontrain-

---

[2] Vgl. zu diesen Varianten Ruh 2000.

tuitiven ethischen Leitsatz des besagten vakanten Lehrstuhls für Wirtschafts- und Unternehmensethik der Universität Ingolstadt zurück – mit einem entscheidenden Unterschied: Wenn Individuen und Firmen Verantwortung zurückweisen, indem sie auf die Rahmenordnung verweisen, so ist dies immer dann von vornherein illegitim, wenn sie nicht zugleich aktiv an einer ethisch-moralischen Verbesserung der Rahmenordnung mitarbeiten. Werden sie an dieser Stelle auch nicht aktiv, so entziehen sie sich nämlich nicht nur die Verantwortung auf einer bestimmten Ebene und in einem bestimmten Rahmen, sondern übernehmen überhaupt keine ethisch-moralische Verantwortung. Thielemann hingegen votiert demgegenüber, wie Ulrich, auf den er Bezug nimmt, just für eine aktive Mitverantwortung der Unternehmen für die Rahmenordnung.

> An dieser Stelle verschränkt sich die Frage einer «Vermarktung von Ethik» mit dem oben behandelten Topos «Eigenverantwortungs-Ethik, Unternehmens-Ethik oder Rahmenordnungs-Ethik»: Gegen eine «funktionalistische Wirtschaftsethik» zu argumentieren bedeutet, die Ökonomie als Subparadigma in das Paradigma der Ethik einzufügen. Dies wiederum ist nur unter der Bedingung plausibel, dass ethisch motivierter Einfluss auf die Rahmenordnung der Ökonomie möglich ist.
>
> Allerdings ist ein solcher Einfluss auch eine Voraussetzung der Plausibilität von Moral- und Ethikpädagogik: Solange die Rahmenbedingungen unmoralisch sind, die Anreizsysteme amoralisches Verhalten belohnen, sind verbale Moralforderungen an Individuen Double-bind-Botschaften.

So wenig funktionalistische Ethik «Ethik» ist, so ist sie als Phänomen doch ein moralpädagogischer Erfolg: Offenbar konnte so viel Bewusstseinsarbeit in der Allgemeinheit geleistet werden, dass damit informale Ordnungen bzw. Institutionen erster Ordnung (s.o.) geschaffen wurden, die Unternehmen unter Druck setzten, zumindest das Etikett «Ethik» zu benutzen. Da das Etikett alleine allzu leicht zu durchschauen ist und, wenn es durchschaut ist, sogar stark kontraproduktiv sein kann, erstreckt sich dieser Druck tendenziell auch auf Struktur und Arbeitsweise von Firmen.

Aber auch gegenüber der Funktionalisierungkritik gibt es kritische Punkte:

Erstens sind Zweifel an der Unterstellung unlauterer Motive möglich. Die Tatsache, dass mit Ethik finanzielle Vorteile erreicht werden, heisst noch nicht, dass Gewinnstreben und nicht ethisches Engagement das entscheidende Motiv ist. Dies müsste im Einzelfall nachgewiesen werden. (Man könnte diesen ersten Gegeneinwand forcieren und Personen, die unlautere Motive unterstellen, ohne die näheren Umstände abzuklären, ein pessimistisches Menschenbild oder gar Voreingenommenheit unterschieben.)

Zweitens lässt sich die Gegenfrage stellen, ob, was unter dem Label «Ethik» läuft, «moralisch» sein muss oder ob es ausreicht, wenn es sich auf Menschen und Natur gut auswirkt? Muss «fairer Handel» aus Tugendhaftigkeit motiviert sein, um ethisch «gut» zu sein oder ist er ethisch «gut», weil er zu mehr Gerechtigkeit führt, auch (und gerade?) dann, wenn er deswegen stattfindet, weil es einen Markt für Produkte mit einem solchen Label gibt?

Beide Einwände setzen voraus, dass tatsächlich Ethik – und nicht nur Ethikrhetorik – betrieben wird. Funktionalistische Ethik aber muss sich immer dann, wenn sie keine Ethik ist, argumentativ als Rhetorik entlarven lassen. Ihre Aussagen müssen sich logisch zwingend argumentativ widerlegen lassen. Wünschenswert wäre, dass die wissenschaftliche Ethik dies in ihrem Diskurs vermehrt tut und damit zur Qualität dessen, was sich in Unternehmen Ethik nennt, beiträgt. Dies setzt voraus, dass diejenigen, welche in oder für Unternehmen Ethik betreiben, ihre Arbeitsweise und ihre Resultate zugänglich machen und in den wissenschaftlichen Diskurs einbringen.

Fazit für das Thema des Ethiktransfers

Die Probleme des Umgangs mit Komplexität und des Umgangs mit Abzweckung werden offenbar in der Wirtschaftsethik am stärksten thematisiert. Beide Probleme können aber bei der Politikberatung oder im Bereich der Wissenschaftsethik genauso auftreten. Auch sämtliche dazu angestellten Überlegungen sind auf andere Bereichsethiken übertragbar. Es lassen sich daher die folgenden Schlüsse für die Thematik des Ethiktransfers ziehen:

1. Ethiktransfer wird einen sinnvollen Umgang mit dem Problem der Komplexität benötigen. Dabei wäre es falsch, lediglich auf der einen Seite den Wunsch nach einfacher Orientierung aus der Praxis zu sehen und diesem auf der anderen Seite eine sachlich übermässige akademische Komplexitätsproduktion gegenüberzustellen. Denn auch die Praxis ist als Produzentin von Komplexität anzusprechen: Die prinzipiell unendliche Komplexität der Praxis macht jedenfalls ethische Fragen nicht einfacher. Vielmehr werden ethische Fragen tendenziell eher übersichtlicher, wenn sie praxisfern angesiedelt werden. Dies ändert nichts daran, dass für praktische Entscheidungen, die ja durchaus Entweder-oder-Entscheidungen sein können, die Komplexität reduziert werden muss. Diese Aufgabe, die besser oder schlechter erfüllt, aber nicht unterlassen werden kann, lastet jedoch nicht auf den Schultern der Ethikerinnen und Ethiker alleine, sondern muss im Rahmen des Transferprozesses gemeinsam übernommen werden.

> Beide Seiten sind angehalten, ihre je eigene Komplexitätsproduktion auf ein sinnvolles Minimum zu beschränken und sich gegenseitig bei den Reduktionsprozessen bis hin zur Entscheidung kreativ zu unterstützen.

Die Transferprozesse müssen organisatorisch so angelegt sein, dass sie die Konzentration auf das Wesentliche befördern. (Diese Schlussfolgerung wird im Kriterium der gemeinsamen Komplexitätsreduktion Seite 320 unter «3 Systematisierung der Kriterien» wieder aufgenommen.)

2. Es scheint eine Tendenz zu bestehen, dass sich die «umsetzungsnahen» und «umsetzungsfernen» Ethikerinnen und Ethiker auseinander dividieren und dass die «umsetzungsnahen» (bzw. ein wichtiger Teil von ihnen) aus dem Blickfeld der scientific community herausfallen und teilweise eigene Kommunikationsgemeinschaften bilden. Ohne den Sinn der Herausbildung von Sub-Kommunikationsstrukturen in Frage stellen zu wollen, muss die Beförderung der Kommunikation zwischen «umsetzungsnahen» und «umsetzungsfernen» als Qualitätsmerkmal guten Ethiktransfers bezeichnet werden, und zwar aus mehrfachen Gründen:

> «Ethikunternehmerinnen» und «Ethikunternehmer» verlieren rasch ihre Glaubwürdigkeit, wenn sie nicht zur scientific community gerechnet werden

> können. Umgekehrt ist mit einer Qualitätsverbesserung beispielsweise eines ethischen Consulting zu rechnen, wenn eine gute Kommunikation von den Consultern zur scientific community und zurück besteht. Es wäre somit ein Glaubwürdigkeits- und ein Qualitätsproblem, wenn sich ethische Facharbeit in der Praxis von der scientific community abkoppeln würde.
>
> Verlust droht auch, wenn sich die Disziplin der Ethik von den real existierenden Unternehmen und anderen Handlungsfeldern distanziert. Eine von der Praxis abgekoppelte wissenschaftliche Ethik würde ebenfalls an Glaubwürdigkeit verlieren und ausserdem eine wichtige Quelle von Informationen verpassen, somit auch inhaltlich an Qualität einbüssen.

Damit ist nicht gemeint, dass alle Ethik-Consulter auch Grundlagenforschung betreiben und alle Grundlagenforscher Politikberatung machen oder andere Formen der Umsetzung pflegen sollten. Die Kommunikation muss aber so eingerichtet werden, dass es zu einem Austausch unter Spezialistinnen und Spezialisten kommt, so dass sie mit ihrer je unterschiedlichen Gewichtung der Reflexion gegenseitig Innovation auslösen und wesentliche Korrekturen anbringen (vgl. Mieth 2005).

Konkret bedeutet das, dass die «umsetzungsnahen» als Autorinnen und Autoren vor allem in den Fachzeitschriften vorkommen müssen. Exemplarische Fallbeispiele sollen vorgelegt und in der Fachgemeinschaft diskutiert werden. Weiter sind Monographien wünschenswert, die aus Ethiktransferanstrengungen erwachsen (wie z.B. Lunau a.a.O.). Ebenso sollen Transferaktivitäten in Forschungsprojekte eingebunden werden, sei es als Thema und bzw. oder als eines der Ziele. Weitere Massnahmen zur Förderung der Kommunikation sind denkbar, etwa die Einbindung von Forschenden aus der Ethik in Organisationen, die Ethiktransfer leisten. Jede Form von Transfer lässt sich in diesem Sinn daraufhin untersuchen, wie gut sie die Kommunikation zwischen ethischer Forschung und der konkreten Transferaktivität einrichtet.[1]

3. Die Schwierigkeit, in bestimmten Fällen ethische von wirtschaftlichen Motiven zu unterscheiden, zeigt, dass es Synergien mit vorhandenen Eigendynamiken geben kann: «Auch das unternehmerische Handeln unterliegt zum Teil Zwängen, die nicht unbedingt immer zu ethisch vorzugswürdigen Ergebnissen führen müssen, aber auch nicht notwendigerweise zu ethisch unakzeptablen Folgen» (Ulrich/Thielemann 1992, 20). Ethische Massstäbe führen nicht immer zu anderen Entscheidungen, als die Eigenlogik der Wirtschaft; die Ethik steht durchaus nicht immer im Kampf gegen das Gewinnstreben.

Sinnvoller Umgang mit möglichen Synergie-Effekten ist ein weiteres Qualitätskriterium für Ethiktransfer generell. Sinnvoller Umgang setzt zunächst voraus, dass man sich seitens der Ethik mit den Eigendynamiken der Handlungsfelder beschäftigt. Dann kann bedacht werden, wo sich etwa durch geeignete Wahl des Ortes von Einflussnahme, durch Begleitmassnahmen u.ä. Synergien verstärken und Antagonien mildern lassen. Man wird dann, wenn man sowohl das Anliegen der Ethik als auch die Eigendynamiken des konkreten Handlungsfeldes kennt, auch erkennen, wo Synergien problematisch sein könnten, wo es also besser ist, Widersprüche stehen zu lassen, transparent zu machen und Personen und Institutionen in Pflicht zu nehmen, Entscheidungen zu treffen bzw. Kompromisse zu verantworten.

---

[1] Dies wird als Qualitätskriterium von Ethiktransfer unten Seite 321 und folgende unter «3.1 Systematisierung nach Themen» vertieft werden.

Transparenz kann gerade dann wichtig sein, wenn Synergien genutzt werden. Die Strategie der Transparenz könnte bis in die Public Relations hineingehen, etwa in einer Kommunikation des Typs: «Unsere gewinnorientierte Ethikstrategie – Ihr moralischer Gewinn». Damit würde beispielsweise unverholen klar gemacht, dass ein Unternehmen ethische Kriterien primär aus ökonomischen Gründen in Anschlag bringt. Moralisch handelt dann offensichtlich nicht das Unternehmen, sondern – und das trifft, wenn alles mit rechten Dingen zu und her geht, nun tatsächlich zu – die Konsumentin bzw. der Konsument, die bzw. der sich für ein entsprechendes Produkt entscheidet, auch wenn evtl. zu einem höheren Preis. Ulrich, Jäger und Waxenberger (1998, 26) bezeichnen Unternehmen bzw. Personen, die so vorgehen, kritisch als «Strategen» (vgl. unten Seite 54)

> Sinnvoller Umgang mit Synergie-Effekten als Qualitätskriterium von Ethiktransfer bedeutet somit: Eigendynamiken erkennen, Synergiemöglichkeiten erkunden, bewusst nutzen oder bewusst nicht nutzen und sowohl belassene Widersprüche zwischen dem Anliegen der Ethik und der Eigendynamik des Handlungsfeldes als auch genutze Synergien transparent kommunizieren. Diese Eigendynmik- und Synergiethematik ist nicht nur im unternehmensethischen Feld, sondern prinzipiell in allen Anwendungsbereichen, von grosser Bedeutung.

2.3 Prinzipiengeleitetes Investment

Mit prinzipiengeleitetem Investment wird – wenn alles gut geht – wirtschaftsethischen Überlegungen Rechnung getragen. Daher soll es an dieser Stelle vertieft betrachtet werden. Nach einer Erläuterung der Thematik werden sich die Ausführungen auf zwei Untersuchungen konzentrieren, die am Lehrstuhl für Wirtschaftsethik von Prof. Peter Ulrich in St. Gallen entstanden sind.

2.3.1 Vorbemerkungen

Schon immer gab es Anlegerinnen und Anleger – und schon früh gehörten Kirchen dazu – welche auf Grund von Ausschlusskriterien (z.B. keine Beteiligung an Waffenproduktion) ausserökonomischen Prinzipien Vorrang vor ökonomischen gegeben haben. In den letzten Jahren ist die Nachfrage nach «ethischem Investment» massiv gestiegen.
Um diese quantitative Veränderung qualitativ richtig beurteilen zu können, ist es bedeutsam, erstens das ethische Investment genügend weit zu fassen und zweitens die begrenzte Wirkung realistisch einzuschätzen.

> «Ethisch-ökologisch motivierte Investoren haben zwar [...] einen wirkungsvollen Hebel in der Hand [...]. Allerdings sind die noch relativ kleinen Finanzströme nur ein Tropfen auf den heissen Stein und grüne Geldanlagen sollten nicht zu einem Feigenblatt werden, das den Blick auf die Realitäten der globalen Geldwirtschaft verstellt.»

Dies schicken Deml und May (2002, 1) ihrer Monographie zur Thematik voraus. Sie gehen anschliessend auf prinzipielle Probleme unseres Geldsystems ein und nennen Modelle übergeordneter Veränderungen von ökonomischen Rahmenbedingungen. Erst auf diesem Hintergrund gehen sie auf die Praxis der ethisch-ökologischen Investments ein. Die Kritik an der Praxis des ethischen Investments kann noch verschärft werden: Ethisch-ökologische Fonds machen gegenwärtig zwar das quantitative Wachstum des ethischen Investments wesentlich aus, beeinflussen die Geldströme aber verhältnismässig wenig: «Allerdings ist mit dem Kauf von Fondsanteilen in der Regel die direkte ökologische und soziale Realwirkung des Geldes sehr viel geringer als bei Bankeinlagen, welche als Kredite direkt an umweltgerechte und sozialverträgliche Projekte und Unternehmen vergeben werden».[1]

Auch im Handbuch der Wirtschaftsethik wird die Wirkung des wachsenden ethischen Investments vorsichtig eingeschätzt. Höhere Wirksamkeit wird von der «Gestaltung eines Ordnungsrahmens» (Rudolph 1999, 277) erwartet.[2] Ethisch motivierte Investitionsentscheidungen Einzelner könnten sich im «Gestrüpp» der Beziehungen im Netzwerk der Finanzmärkte als «Bumerang» erweisen[3]. Allerdings: «Die ‹Macht› der Fondsmanager wird als ‹gross› eingeschätzt, die von Konzernchefs nicht ignoriert werden könne», schreibt Grieble (2001, 290, mit Bezug auf Hillebrand).

Ethisches Investment ist mit zweierlei Problemen behaftet: Es perpetuiert bestimmte, ethisch fragwürdige Grundmechanismen unseres Geldsystems (Stichwort Zins). Es klärt die globalisierte Komplexität und die so im Finanzmarkt versteckten Verantwortlichkeiten nicht. Eine ethische Auseinandersetzung mit Investment muss sich also stets bewusst bleiben, dass damit nur ein begrenzter Teil einer «Ethik der Finanzmärkte» in Angriff genommen wird. Rudolph (a.a.O., 276) weist darauf hin, dass «umfassende Darstellung und Diskussion einer Ethik der Finanzmärkte ebenso fehlen wie eine Auseinandersetzung mit den ethischen Grundlagen finanzwirtschaftlicher Entscheidungen.» Ebenso sehen Ulrich, Jäger und Waxenberger (1998, 2-3) den Stand der Diskussion.

Für die Frage des Ethiktransfers ist dies interessant, weil gerade an der Stelle, wo eine Lücke in der wirtschaftsethischen Reflexion klafft, ein grosses Feld von praktiziertem Ethiktransfer heranwächst (Deml/May 2002, 5):

> «In den USA summierte sich das ‹socially responsible› investierte Vermögen im Jahr 2001 auf über 2.3 Billionen Dollar. Der Löwenanteil von über 90 Prozent entfällt dabei traditionell auf die institutionellen Investoren – allen voran Kirchen und

---

[1] So hiess es auf http://www.abs.ch/anlagen/anlagenfonds.htm zum Entnahmedatum 1.11.2003. Zwei Jahre später (13.10.2005) findet sich dieser Satz am gleichen Ort nicht mehr. Stattdessen wird offensiver geworben: «Anlagefonds – Langfristig Denken und bewusst anlegen.» Vgl. auch Ulrich/Jäger/Waxenberger 1998, 11–12.

[2] Grieble (2001, 285) schlägt vor, einen Steuervorteil für Anlagen in ethisch-ökologischen Fonds einzuführen. Damit würde das Angebot solcher Anlagemöglichkeiten mit einer rechtlichen Veränderung auf der Ebene der Rahmenordnung kombiniert.

[3] Ulrich, Jäger und Waxenberger(1999, 51) zeigen die prinzipielle Schwierigkeit exemplarisch: «Prominentestes Beispiel aus der ‹Szene› der ‹ethisch-ökologischen› Anlagen ist Ballard Power Systems in Vancouver, Canada. Die Firma stellt Brennstoffzellen her, mit denen Fahrzeuge umweltfreundlich (ohne Schadstoffausstoss) betrieben werden können. Die Aktie der Firma weist eine sehr gute Performance auf (ihr Wert hat sich innerhalb kurzer Zeit schon mehrmals verdoppelt) und war aufgrund des Geschäftsbereiches der Firma bei den Öko-Fonds bis vor kurzem beliebt. Seit nun aber Daimler Benz mit 20% Hauptaktionär bei Ballard ist, sind einige Fonds aus diesem Titel ausgestiegen mit der Begründung, Daimler sei über weitere Töchter wie DASA stark im Rüstungsgeschäft involviert, und bei einem Kauf der Aktie unterstütze man indirekt die Rüstungsindustrie, welche prinzipiell ausgeschlossen sei.»

Pensionsfonds. Insgesamt knapp 15 Prozent des gesamten Kapitals institutioneller Investoren werden nach ethischen und/oder ökologischen Kriterien angelegt – allerdings häufig nur mit einem oder zwei Ausschlusskriterien.»

Auch in unserem Kulturraum wird gemäss einer 1998 publizierten Untersuchung bei den 20- bis 40jährigen Kunden mit einem Potenzial von 85 Prozent gerechnet, die in ethisch-ökologische Geldanlagen investieren würden (Ulrich/Jäger/Waxenberger 1998, 18, mit Bezug auf eine empirische Erhebung von Care Group/Dr. Höller Vermögensberatung/VTZ 1998). Gemessen an der Nachfrage, aber auch absolut, wird das Angebot für Deutschland explizit als schmal eingeschätzt (Grieble 2001, 288).

Die folgenden Überlegungen sind also in einem dreifachen Licht zu sehen: Es wird eine Form von Ethiktransfer besprochen, die

- von (strukturell) begrenzter Wirksamkeit ist,
- auf wenig Grundlagenreflexion aufbauen kann und
- an Volumen gewinnt.

2.3.2 Ethisches Investment im weiteren und im engeren Sinn

Deml und May (a.a.O.) gliedern die Anlagemöglichkeiten in «grüne Banken», «Sparbriefe und festverzinsliche Wertpapiere», «geschlossene Fonds und Direktbeteiligungen», «Aktien» und «Risikokapital». Weiter besprechen sie Renten- und andere Versicherungen unter dem Aspekt ethisch-ökologischer Geldanlage. Entsprechend spezialisierte Finanzdienstleister sowie Research- und Rating-Agenturen werden besprochen. Dabei wird sowohl das jeweilige Prinzip erläutert als auch auf konkrete Angebote, Fonds, Organisationen usw. eingegangen. Sie zeigen erfolgreiche Kombinationen von Ethik und Ökonomie, aber auch Pleiten und Pannen. Einiges ist vom Markt wieder verschwunden, teils unter erheblichen Misstönen. Die Autorin und der Autor ermahnen entsprechend häufig dazu, Angebote sorgfältig zu prüfen.

Wenn man sich mit Deml und May die ganze Branche von «Stiftungen, Spenden und Sponsoring» dazu denkt, fasst man den Begriff ethischen Investments maximal weit. Ulrich, Jäger und Waxenberger (1998, 5) schränken den Untersuchungsgegenstand stärker ein, und zwar «nach dem Kriterium der breiten Abdeckung des Themengebiets des ‹ethisch-ökologischen› Investments und der Unternehmensbewertung». Dies bedeutet, dass zu diesem Investment nur Anlageformen gerechnet werden, für die Aktien eine wichtige Rolle spielen (a.a.O.), welche in aller Regel als Fonds auf dem Markt erscheinen.

Auf solche ethisch-ökologische Fonds soll im Folgenden fokussiert werden, weil sie erstens ein thematisch gut überschaubares, zweitens ein für den Ethiktransfer instruktives und drittens faktisch bedeutsames, wachsendes Feld darstellen. Dennoch ist es wichtig, diese Fonds als eine unter verschiedenen Formen ethisch reflektierten Investments zu sehen.

2.3.3 Das Prinzip ethisch-ökologischer Fonds

Der Sinn eines Fonds ist es ganz allgemein, Gelder zu Anlagezwecken zu bündeln: Anlageinteressierte Personen überlassen Spezialistinnen und Spezialisten ein bestimmtes Kapital. Letztere bilden daraus einen Fonds und investieren das Gesamtkapital in Aktien und andere

Wertpapiere. Die Anlegenden erhalten Anteilscheine des Fonds. Sie müssen sich nicht mit der Komplexität des Kapitalmarktes auseinander setzen, nicht selbst eine sinnvolle Kombination von Aktien und anderen Wertpapieren einkaufen und je nach Entwicklungen an der Börse laufend umsetzen. Obwohl sie diesen Aufwand nicht betreiben und obwohl sie nicht über ein grosses, eigenes Kapital verfügen müssen, sind sie, sieht man von den Nebenkosten ab, an den Chancen und Risiken des Kapitalmarkts beteiligt, als wären sie kapitalkräftige Spezialistinnen und Spezialisten. Strukturell gesehen ist ein Fonds damit eine Komplexitätsreduktion für Investierende.[1]

Die Mehrheit der Fonds, die gegenwärtig angeboten werden, stellen rein ökonomisch orientierte Optimierungen zwischen Risiko und Rendite dar. Die Eigenheit ethisch-ökologischer Fonds ist, dass beim Kauf von Aktien ethische Gesichtspunkte eine zentrale Rolle spielen. Gabrio (2001, 10) datiert den ersten ethischen Fonds mit dem »Pax World Found« auf 1971. Seither sind, der Nachfrage folgend, eine Vielzahl ethisch-ökologischer Fonds (neben anderen ethisch-ökologischen Anlagemöglichkeiten) entstanden.

Welche ethischen Gesichtspunkte werden in welcher Art und Weise wirksam? In diesem Punkt unterscheiden sich zwar die verschiedenen Fonds, dennoch kristallisiert sich ein typischer Ablauf heraus: In der Regel beginnt der Auswahlprozess mit Ausschlusskriterien (Negativkriterien). Beispielsweise werden von vornherein keine Aktien aus der Rüstungsindustrie und der Atomindustrie eingekauft. Weiter können Positivkriterien dazukommen, welche sich etwa auf den ökologischen Bereich oder die Anstellungsbedingungen der Unternehmung, deren Aktien gekauft werden können, erstrecken. Die Gewichtung dieser Positivkriterien ist in den verschiedenen ethisch-ökologischen Fonds unterschiedlich.

Ebenso ist in verschiedenen Fonds unterschiedlich organisiert, wer aufgrund welcher Kriterien und Prozesse die Kompetenz hat, über den »ethischen Wert« einer Aktie zu entscheiden. Denn die Materie ist zu komplex, als dass sich Kriterien linear, quasi mechanistisch auf jede Anlagemöglichkeit anwenden lassen, auch dann nicht, wenn inhaltlich über die Kriterien Konsens besteht.

Ethisch-ökologische Fonds unterscheiden sich somit in den Beurteilungskriterien, in der Gestaltung der Beurteilungsprozesse und in der Zuordnung der Entscheidungskompetenzen in diesen Abläufen. Verschiedene Namen und verschiedene Systematiken und Prinzipien für die Auswahl von Aktien konkurrenzieren sich, ganz abgesehen von einer Anzahl von Fonds, die aus kommerziellen Gründen ethiknahe Begriffe verwenden und geeignet sind, ethisch denkende Anlegerinnen und Anleger zu täuschen.

Eine ähnliche verwirrende Vielfalt gab es im Bereich der Biolabel in der Schweiz bis vor ca. 10 Jahren: Zwei gleichermassen mit «Bio» bezeichnete Lebensmittelpackungen konnten nebeneinander in einem Gestell stehen. Das eine war mit einer Marke gekennzeichnet, welche der informierten Konsumentin anzeigte, dass schon beim Anbau der einzelnen Rohstoffe nicht nur keinerlei Chemikalien zum Einsatz kamen, sondern bestimmte Mondphasen berücksichtigt wurden. Das andere aber enthielt vielleicht lediglich keine künstlichen Farbstoffe und Aromen. Für nicht darauf spezialisierte Konsumentinnen und Konsumenten ähnlich schwie-

---

[1] Vgl. die differenzierte Auseinandersetzung mit der «Einfachheit» von Anlagemöglichkeiten bei Grieble (2001, 95 und passim), die er als Minimierung des «gesamten, mit der Anlage verbundenen psychischen und physischen Aufwand im Vorfeld und zum Zeitpunkt der Anlageentscheidung sowie während der Haltedauer der Anlage» bestimmt.

rig wie damals die Produktebeurteilung ist heute die Auswahl unter den verschiedenen «ethischen» Anlageangeboten. Auch dies wird, wie inzwischen für den biologischen Landbau geschehen, nur durch ein Metalabel zu lösen sein. Einem solchen müsste eine Dachorganisation zum Durchbruch verhelfen. Vorerst fehlt allerdings ein Konsens über die Kriterien für ein solches Dachlabel. In Hinblick auf ein solches müssen zunächst Reflexionen über unterschiedliche Formen der Bewertung von Aktien und über deren Vor- und Nachteile angestellt werden, wie dies Ulrich, Jäger und Waxenberger (1998) tun und zu Empfehlungen weiterentwickeln (Ulrich, Jäger und Waxenberger 1999).[1]

2.3.4 Kunden- und Anbietertypen

Bewertungen von Unternehmen werden entweder a) von einem Fondsanbieter gemacht, um auf dieser Grundlage das Aktienportfolio in diesen Fonds zusammenzustellen, oder b) von spezialisierten Ratingagenturen, welche solche Beurteilungen an Fondsanbieter oder direkt an Anleger verkaufen bzw. anderweitig kommerziell nutzen. Ausserdem können c) systematische Bewertungen auch mit dem Ziel vorgenommen werden, eine private Vermögensverwaltung nach «ethisch-ökologischen Gesichtspunkten» anzubieten. Ulrich, Jäger und Waxenberger (1998, 5) haben 12 Firmen vor Ort befragt. Sie decken die genannten drei Typen von Unternehmen ab, die Unternehmen bewerten. Mitbefragt wird auch ein Forschungsinstitut, das ebenfalls in diesem Feld arbeitet. Sie ergänzen die Datenerhebung durch persönliche Interviews mit einigen kürzeren telefonischen Interviews. Dies bildete die empirische Basis für die kritisch-vergleichende Reflexion von Bewertungsprozessen.

Die Autoren unterscheiden idealtypisch zwei Kundensorten. Die einen möchten mit einem gewissen missionarischen Engagement «etwas verändern [...] in der als mangelhaft erkannten Wirtschaftswelt» (a.a.O., 15). Die anderen haben diesen Anspruch nicht, möchten aber ihr eigenes Gewissen nicht belasten durch ihre Anlagen. Erstere verzichten tendenziell auf Rendite («aktive Anleger» genannt), Letztere zielen auf eine (noch) verantwortbare Anlage mit maximaler Rendite («passive Anleger» genannt).

Bei den Anbietern wird – wieder idealtypisch – doppelt unterschieden. Auf der Ebene der Motivation wird ein ökonomisches Interesse (ethisches Investment ist für den Anbieter ein «neues Geschäftsfeld») von einem prinzipiellen Interesse (ethisches Investment ist für den Anbieter eine Möglichkeit, sinnvolle Ziele zu verfolgen) unterschieden. Differenzieren lassen sich die beiden Typen darin, dass der erste Typ wesentlich versucht, die Kriterien (und Emotionen) der Anlegerinnen und Anleger in seinem Produkt abzubilden, also keine eigene ethische Position vertritt, während der zweite Typ auch die Kriterien der Anlegerinnen und Anleger kritisch betrachtet und vor allem eine eigene ethische Position hat.

Neben der Art der Motivation wird danach nach Arbeitsweise unterschieden. Eine eher «angepasste» Arbeitsweise akzeptiert tatsächliche (und angenommene) Zwänge der Rahmenbedingungen weitgehend und sucht eine ethische Optimierung des Portfolios innerhalb dieser angenommenen Grenzen. «Innovative» Arbeitsweise sucht demgegenüber nach «neuen Möglichkeiten und Wegen gelungener Synthesen zwischen ‹Ethik› und Erfolg» (a.a.O., 23).

---

[1] Eine Gesamtsicht zu den Möglichkeiten bietet auch Grieble (2001).

Zumutbare ökonomische Verluste, auch hinsichtlich des eigenen Aufwands für Abklärungen über Firmen, werden nicht gescheut.

Aus diesen beiden Unterscheidungen werden in einer Kreuztabelle vier Typen von Anbieterinnen und Anbietern ethisch-ökologischen Investments gewonnen:

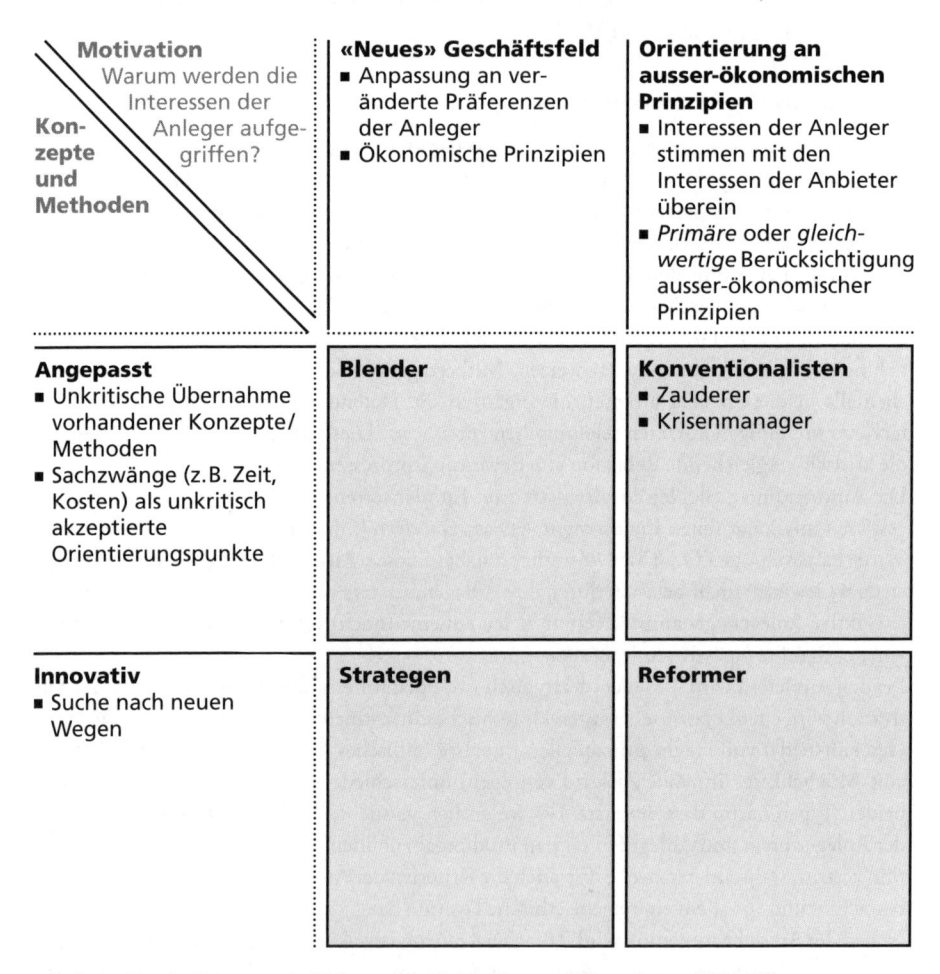

Konzepte und Methoden \ Motivation: Warum werden die Interessen der Anleger aufgegriffen?	«Neues» Geschäftsfeld ■ Anpassung an veränderte Präferenzen der Anleger ■ Ökonomische Prinzipien	Orientierung an ausser-ökonomischen Prinzipien ■ Interessen der Anleger stimmen mit den Interessen der Anbieter überein ■ *Primäre* oder *gleichwertige* Berücksichtigung ausser-ökonomischer Prinzipien
Angepasst ■ Unkritische Übernahme vorhandener Konzepte/Methoden ■ Sachzwänge (z.B. Zeit, Kosten) als unkritisch akzeptierte Orientierungspunkte	**Blender**	**Konventionalisten** ■ Zauderer ■ Krisenmanager
Innovativ ■ Suche nach neuen Wegen	**Strategen**	**Reformer**

Tabelle 3: «Die vier Typen von Anbietern» (aus Ulrich, Jäger und Waxenberger 1998, 26)

«Blender» kopieren eine Geschäftsidee, ohne sie wirklich zu verfolgen. Anlegerinnen und Anleger verirren sich im Grunde aus Versehen zu ihnen. «Strategen» können neue Ideen ins ethische Investment bringen, machen diese aber vom Geschäftserfolg abhängig. «Konventionalisten» sind mit intakter ethischer Motivation tendenziell vergangenheitsbezogen und optimieren eine Spannung zwischen Rendite und ethischem Anspruch. Die «Reformern» verstehen den Akt des Investierens als Arbeit an der Zukunft, lösen sich also von der Vergangenheit und betrachten Investition nicht als Gegenpol zum ethischen Anspruch, sondern als Hebel, um diesen zur Geltung zu bringen. Diese Unterscheidung ist parallel zu derjenigen, die oben unter dem Titel «2.2.2 Marktgängige Ethikrhetorik oder belangloses Gutmenschentum?» (Seite 43) herausgearbeitet wurde, wo zum Schluss zwischen einer funktionalistischen Ethik (Thielemann) und einer engagierten Ethik unterschieden wurde.

2.3.5 Die Aktienbewertung

Die konkreten Prozesse der ethischen Aktienbewertung ähneln sich bei allen vier Typen von Anbietenden. Der ethische bzw. «ethisch-ökologische» Anspruch wird in eine Liste von Kriterien umgesetzt. State of the art ist das Führen einer Liste von Ausschlusskriterien (Atomenergie, die Firma diskriminiert Minderheiten, Kinderarbeit usw.) in Kombination mit einer Liste von Positiv-Kriterien. Besteht eine Firma die Ausschlusskriterien, können über sie Daten (Ökobilanzen, Versand von Fragebogen usw.) gesammelt und so das Rating erstellt werden. Besichtigungen vor Ort, also persönliche Überprüfungen der von den Unternehmen gemachten Angaben sind dabei selten (a.a.O., 40–41). Im gesamten Prozess kann ein ethischer Beirat, wenn vorhanden, eine (von Fonds zu Fonds unterschiedliche) Rolle spielen. Unterschiedlich ist auch die Art und Weise, wie diese Anwendung von ethischen Kriterien als Gesamtprozess mit dem Prozess der ökonomischen Kriterien verknüpft wird. Wenn Diversifizierungskonzepte (Verteilung auf Länder, Branchen usw.) im Interesse ökonomischer Sicherheit vorangestellt werden, bleiben im konkreten Fall bestimmte Unternehmen, die gegenüber den ethischen Kriterien sehr gut abschneiden würden, von vornherein aussen vor. Umstritten ist weiter, ob Firmen, die in einer an sich umweltbelastenden Branche (Beispiel Zementindustrie) relativ gesehen sehr gut arbeiten, aufgenommen werden oder ob man dazu tendiert, einfach ein Rating zu machen, das branchenunabhängig mit gleichem Mass misst. (So haben natürlich Software-Unternehmen wenig Probleme mit den Umweltkriterien – aber ob das eine Leistung ist?)

> Ulrich, Jäger und Waxenberger kritisieren vor allem die zentrale Stellung der Kriterienlisten, denn diese reflektieren nicht grundsätzlich die Frage, was ethisches Investment sein soll und welche Grundausrichtung dem Angebot zugrunde liegen soll. So bleibt das System zufällig und kann ausserdem inkohärent sein. Die Rede ist von einer «Gefahr der völligen Beliebigkeit» (47): Es ist der Willkür des Anbieters bzw. der Anbieterin überlassen, bestimmte Kriterien hoch oder niedrig zu gewichten – oder zuzulassen, dass problematische Punkte einer Firma durch positive andere wettgemacht werden. Weiter wird darauf hingewiesen, dass soziale Kriterien wenig verbreitet sind. Im Zentrum stehen ökologische Kriterien, obwohl eine Befragung gezeigt hat, dass die Anlegerinnen und Anleger soziale Kriterien im Durchschnitt für wichtiger halten. Positive soziale Kriterien sind ungenügend integriert.

Insgesamt produziert dieses Vorgehen Unsicherheit. Will man, etwa aus rein ökonomischen Gründen, bestimmte Aktien ins Portfolio aufnehmen, obwohl sie bestimmte Kriterien an sich nicht erfüllen würden, kann man die tendenzielle «Beliebigkeit» von Gewichtungen und Kompensationsmöglichkeiten ausnützen – oder schlicht die Kriterienliste anpassen. Eben dies müsste jedoch des Verfahren der Wertpapierbeurteilung in einem ethisch-ökologischen Fonds verhindern.

Die Kritik von Ulrich, Jäger und Waxenberger richtet sich ausserdem auf die Organisation der Kommunikationsprozesse. In diesem Sinn wird das Konzept von Ott (1997) kritisiert, welcher die Aufgabe des Ethikers auf seine Mitwirkung an einem Wertbaum[1] reduziert. Die darin vom Ethiker festgesetzten Werte sollen dann nun von ausführenden Personen angewendet werden. Dem wird entgegengehalten, dass Ethikerinnen und Ethiker nicht bevormunden, sondern mündig machen sollen. Entsprechend sollten die Anwendenden den Kriterienkatalog mittragen und auch mitbestimmen. Diese Kritik ist im Grunde die gleiche, die gegen den Begriff der «angewandten Ethik» angeführt wurde und zum Begriff der Bereichsethik geführt hat: Praktische Umsetzung kann nicht sinnvoll als ein simples «Sich-im-konkreten-Fall-an-bestimmte-Kriterien-Halten» geschehen.

Als Kritik an dieser Kritik ist auf die starke Gewichtung der Motivlage der einzelnen menschlichen Akteure bei Ulrich, Jäger und Waxenberger hinzuweisen. Dieses grosse individualethische Gewicht zeigte sich bereits bei der Typisierung der Anlegerinnen und Anleger, wiederholte sich bei derjenigen der Anbieterinnen und Anbieter. Nun scheint es, dass der Ethiker dementsprechend die Aufgabe haben soll, seine Motivlage letztlich auch an den Fondsanbieter bzw. die anderen in den Auswahlprozess involvierten Personen zu vermitteln. Zwar spricht nichts dagegen, dass dies geschehen kann, ja soll. Aber der eigentliche Gewinn einer Systematisierung von Abläufen liegt (über Ziele wie reibungslose Abläufe, intelligente Organisation der Kommunikation usw. hinaus) darin, bestimmte Qualitätsstandards zu sichern –, wobei sichern selbstredend immer eine relative Aufgabe bleibt. Die Normierung des Ratingprozesses zielt auf eine bestimmte Ratingqualität. Wird nun weniger auf die Wirksamkeit der Normierung gesetzt und mehr Gewicht auf die moralische Qualität der menschlichen Akteure gelegt, und auch dahin investiert, gerät die Systematisierung der Abläufe auch in eine grössere Abhängigkeit der individuellen Motive. Diese können, gerade im Umfeld von Geld, bekanntlich kippen. Es setzen allerdings nicht nur Ott und die anderen von Ulrich, Jäger und Waxenberger kritisierten Vorgehensweisen zu sehr auf die Tugend der involvierten Personen, sondern genauso sie selbst. Die Schaffung eines Metalabels mit entsprechender Kontrollleistung wäre eine Lösung für dieses Problem. Bis es so weit ist, wäre wünschenswert, dass sich ethisch-ökologische Fonds verbindliche Strukturen (beispielsweise von Transparenz) geben, welche in relativer Unabhängigkeit von den persönlichen Normen der Mitarbeitenden eine gewisse Qualität der Beurteilungsprozesse sicherstellen.

---

[1] Ein solcher ist mehr ist als eine Kriterienliste, da dabei Werte in eine Baumstruktur gebracht werden. Seine Systematik gliedert sie in Grundwerte und in Teilwerte, die von den Grundwerten abhängig sind und sie detaillieren bzw. spezifizieren.

2.3.6 Ein Vorschlag für ein Modell ethischer Unternehmensbewertung

Ulrich, Jäger und Waxenberger legen in ihrer zweiten Publikation (1999) «Gestaltungsorientierte Leitideen einer wirtschaftsethisch fundierten Unternehmensbewertung» vor. Sie gehen dabei von den Analysen und Kritiken in der ersten Publikation aus und ziehen daraus handlungsorientierte Konsequenzen. Für den Ethiktransfer besonders relevant sind die «Unterscheidung zweier Stufen unternehmensethisch relevanter Aktivitäten» und die «zehn Leitideen prinzipiengeleiteten Investments». Sie werden in bereichsübergreifend verallgemeinerter Form insbesondere in die Beurteilungskriterien (Seite 320 unter «3 Systematisierung der Kriterien») einfliessen.

Die Unterscheidung *zweier Stufen unternehmensethisch relevanter* Aktivitäten beginnt mit der ersten Stufe der Geschäftsintegrität: intern als Führungsethik, extern als Berücksichtigung aller vom unternehmerischen Handeln Betroffenen, womit auch die Öffentlichkeitsarbeit als Sicherung von Transparenz angesprochen ist. In gut Ulrichscher Tradition bleibt es jedoch nicht dabei, sondern es tritt als zweite Stufe die Verpflichtung hinzu, dass die Unternehmung sich als «veranwortlicher Bürger» versteht und als Organisation selbst politische Verantwortung übernimmt. Damit wird auch deutlich, dass Unternehmen sich nicht hinter Sachzwang-Argumenten verstecken können, weil Unternehmen sowohl politisch als auch allgemein gesellschaftlich einen Einfluss auf die Rahmenbedingungen haben.[1] Eine vollends positive Bewertung einer Unternehmung setzt auf dieser zweiten Stufe somit voraus, dass sich diese Unternehmung auf der Ebene der Rahmenordnung für eine stärkere Berücksichtigung ethisch begründeter Orientierungen engagiert.

Die Leitidee 1 sieht vor, dass eine Institution, die Fonds für prinzipiengeleitetes Investment bzw. entsprechende Ratings anbietet, selbst ein «Mission Statement» formuliert. Dieses umfasst Zweck und Methode der Arbeit. Es ist nicht statisch, aber positionell und erschwert so beispielsweise illegitime Anpassungen der Kriterienliste «unter der Hand». Diese Leitidee lässt sich mit analogen Begründungen etwa auf Ethikkommissionen, Technologiefolgenabschätzungsinstitute und prinzipiell auf jede andere Form des Ethiktransfers übertragen.

> Arbeitsqualität, Transparenz und wissenschaftliche Kritisierbarkeit erhöhen sich, wenn sich Organisationen, die Ethiktransfer leisten, ein Mission Statement geben. Dieses soll den Zweck und die Arbeitsweise im Sinne einer Selbstverpflichtung festlegen, offenlegen und zur Diskussion stellen. Die konkreten Aktivitäten der Organisation sollen zu diesem Mission Statement nicht in Widerspruch geraten.

Leitidee 2 klärt die Bedeutung eines Beirats im prinzipiengeleiteten Investment. Dieser soll nicht so sehr in Einzelentscheidungen einbezogen werden, sondern stärker kritisch an der Kriterienliste arbeiten und als Wächter des Mission Statement fungieren. Prinzipiell wird ein solcher Beirat als wichtig eingeschätzt. Dort sollten auch Personen mit Bezügen zu den Betroffenen vertreten sein. Dieses Beiratskonzept lässt sich ebenfalls prinzipiell auf Ethiktransferprozesse ausdehnen.

---

[1] Vgl. oben unter dem Titel «Marktgängige Ethikrhetorik oder belangloses Gutmenschentum?» den Hinweis auf die Unabdingbarkeit unternehmerischen Engagements auf der Ebene der Rahmenordnung.

> Ethiktransfer soll nach Möglichkeit diejenigen Personen, deren Interesse dabei faktisch vertreten wird, in die Transferprozesse (durch Vertretung) einbeziehen.

Die Leitidee 3 wird mit einem Zitat von Carlsson (1989, 167) eingeleitet «Wer von der ethischen Sache nicht überzeugt ist, kann auch keinen guten Fonds aufbauen. Moral nur als Marketingidee – das funktioniert nicht.» Manager eines prinzipiengeleiteten Anlageprodukts müssen «von der Sache überzeugt sein». Entsprechend ist die Personalselektion zu gestalten. In dieser Leitidee spiegelt sich die bereits angesprochene und kritisierte tugendethische Fokussierung der Autoren auf die Gesinnung.

> Das eine tun und das andere nicht lassen, heisst hier: Mitarbeitende in Organisationen, die Ethiktransfer leisten, sollen eine persönliche Motivation mitbringen und unter anderem nach diesem Kriterium ausgewählt werden. Zugleich soll eine solche Institution eine stabile organisationale Struktur und definierte, transparente Abläufe erhalten, damit nicht alles von der Tugend der einzelnen Personen abhängt.[1]

Leitidee 4 besagt, dass Transparenz nicht nur gegenüber den Anlegern[2] sicherzustellen ist, sondern darüber hinaus Zugänglichkeit für die kritische Öffentlichkeit überhaupt gewährleistet werden soll.

> Auf maximale, proaktive öffentliche Information hinzuarbeiten kann als Ziel für alle Formen von Ethiktransfer definiert werden.

In der Leitidee 5 wird die «Wahrung legitimer Ansprüche bewerteter Unternehmen» thematisiert. Sie bezieht sich a) auf die Formulierung der Kriterien und b) auf den Umgang mit den Informationen über die Unternehmen, die insbesondere nicht vorschnell als Druckmittel gegen die Unternehmen via Öffentlichkeit verwendet werden sollen.

> Überträgt man dieses Kriterium auf den Ethiktransfer generell, lässt es sich als Forderung nach einem gewissen Containment mit denjenigen, deren Verhalten durch diesen Transfer verändert werden soll, fassen. Es darf nicht darum gehen, diese schlecht zu machen oder unfair unter Druck zu setzen.

Mangelhaftes Containment könnte den Ruf von Ethiktransfer und der Ethik insgesamt schädigen. Damit würden die Handlungsmöglichkeiten seitens der wissenschaftlichen Ethik empfindlich beschnitten. Ethiktransfer soll selbstkritisch bleiben und seine Ziele stets mit fairen Mitteln verfolgen. Dazu gehört, dass das Ethiktransferengagement auch die legitimen Eigeninteressen der Adressatinnen und Adressaten des Transfers im Auge behalten muss, ohne allerdings in eine übertriebene Schonhaltung zu geraten, die ein Abweichen von der gestellten Aufgabe bedeuten würde.

---

[1] Zu bedenken ist auch, dass maximales persönliches Engagement oft mit maximaler persönlicher Betroffenheit und Involvierung verbunden ist und nicht immer die optimale Voraussetzung für Konstanz und offene Kommunikation bietet.
[2] Zur Transparenz gegenüber den Anlegerinnen und Anlegern vgl. auch Grieble (2001, 74).

Die Leitidee 6 klärt, dass auch ethische Fonds bzw. deren Anbieterinnen und Anbieter Mitglieder einer Branche sind. Ihr gegenüber bzw. gegenüber einem grösseren Finanzinstitut, dessen Teil sie sind, ist «kritische Loyalität» gefordert. Da diese Branche gesetzlich wenig reguliert ist, wäre ein Branchenkodex wichtig. Daran sollten auch ethisch-ökologische Fonds mittun.

> Überträgt man dieses Anliegen auf Ethiktransfer generell, so bedeutet dies, dass Organisationen, die praktische Umsetzung von Ethik leisten, stets auch als eigene Organisation, oft eigene Firma und immer als Teil einer Branche zu bedenken sind. Ethikkommissionen können beispielsweise parlamentarische Kommissionen unter parlamentarischen Kommissionen sein, sich als solche verstehen, und sollten sich auch in dieser «Branche» aktiv bewegen und zu einer sinnvollen Entwicklung dieser «Branche» als Ganzes beitragen. (Auch für solche Kommissionen könnte es einen gemeinsamen Kodex geben.) Ethische Unternehmensberatung ist unter anderem Unternehmensberatung wie jede andere auch und soll sich mit dem Codex dieser Branche, einem allfälligen Dachverband usw. auseinander setzen und sich an diesen Stellen engagieren.
>
> Man kann diesen Gedanken aber noch weiter verfolgen. Wenn Organisationen, die praktische Umsetzung von Ethik leisten, etwa als Firmen in Erscheinung treten, so gilt auch für sie alles, woran Firmen im Sinne der ethischen Unternehmensbewertung im Umfeld des ethischen Investments gemessen werden könnten: Nicht nur kritische Branchenloyalität, sondern auch politische Mitverantwortung quasi als verantwortlicher «korporativer Bürger».

In der Leitidee 7 wird festgehalten, dass das Suchen nach Handlungsspielräumen ein wesentlicher Teil der Arbeit in der Bildung von Portfolios im ethischen Investment darstellt. Dies kommt etwas unvermittelt, da ethisches Investment zunächst Firmen bevorzugen möchte, die selbst solche Handlungsspielräume schaffen bzw. nutzen im Interesse der definierten Kriterien. Primär haben somit die Unternehmen Handlungsspielräume zu suchen und zu nutzen. Dennoch gibt es zwei Stellen, an denen dies auch bewertungsseitig möglich ist: Die Kriterien können sowohl unveränderliche Rahmenbedingungen als auch dennoch vorhandene Spielräume angemessen berücksichtigen. Ausserdem kann und soll Unternehmensbewertung durchaus in ethische Unternehmensberatung münden, in der die gemeinsame Suche nach Spielräumen für ethisch motivierte Entscheidungen eine zentrale Rolle spielt. Auch dieses Kriterium ist prinzipiell auf Ethiktransfer generell zu übertragen:

> Es ist wichtig, die Adressatinnen und Adressaten von praktischen Umsetzungen ethischer Reflexionen allgemein und von Ethiktransfer im Speziellen nicht zu überfordern. Faktische Restriktionen der Handlungsmöglichkeiten von Personen wie von Organisationen sind anzuerkennen. Zugleich ist es wichtig, nach Spielräumen zu suchen, diese gegebenenfalls auszuweiten und gemeinsam zu überlegen, wie Restriktionen abgebaut werden können.

In der Leitidee 8 wird die Bedeutung einer eigenen Werteposition des Fonds als Institution hervorgehoben. Eine quasineutrale Mittlerposition zwischen Werten der Anlegenden und den zu beurteilenden Unternehmen reicht nicht aus. Bezogen auf Ethiktransfer allgemein deckt sich diese Leitidee weitgehend mit der Leitidee 1.

Leitidee 9 legt Wert auf reale Diskurse mit Betroffenen (mit den Stakeholdern). Wo immer möglich sollen diese ihre Bedürfnisse selbst einbringen und nicht zu Objekten theoretischer ethischer Reflexion werden. Auch dieses Kriterium lässt sich leicht auf Ethiktransfer allgemein übertragen.

> Immer dort, wo ein solcher Transfer Interessen von Personen ins Spiel bringt, die sich äussern können (Minderheiten, bestimmte soziale Schichten, Anwohner usw.), soll ihre Stimme direkt ins Spiel kommen.

In der Leitidee 10 wird nochmals der Prozess der Unternehmensbewertung beleuchtet. Überträgt man seine Stossrichtung auf Ethiktransfer allgemein, so kann das Anliegen darin gesehen werden, den Ethiktransfer nicht Automatismen von Werkzeugen und Verfahren zu überlassen, sondern ihn kontinuierlich als Gesamtprozess auf dem Hintergrund des eigentlichen Anliegens (Mission Statements) kritisch zu reflektieren.

> Es gibt keinen Selbstzweck der Funktionsweise einer Organisation, die Ethiktransfer leistet.

Bei Grieble (2001, 291) findet sich eine weitere Überlegung, die sich als Leitidee 11 ergänzen liesse: Das Fondsmanagement erwirbt mit den Aktien, die es kauft, nicht nur Anteile am Firmenkapital, sondern auch Stimm- und Rederecht an den Hauptversammlungen der Unternehmen. Bisher scheinen ethisch-ökologische Fonds (wie andere Fonds auch) diese Einflussmöglichkeit kaum zu nutzen (a.a.O., 290). Eigentlich ist diese Unterlassung jedoch problematisch. Daher kann als Leitidee fomuliert werden, dass das Fondsmanagement sich an den Hauptversammlungen für eine zunehmend bessere Einhaltung der Positiv-Kriterien engagieren soll. Grieble (a.a.O., 291) schlägt, die Idee weiterführend, vor, dass den Investmentfondsanlegern die Möglichkeit geboten werden soll, zuhanden des Fondsmanagements «Vorschläge für ein bestimmtes Abstimmungsverhalten und den Redeinhalt der Fondsverantwortlichen auf den Hauptversammlungen» zu deponieren. So würde, als Nebeneffekt, die Investmentgesellschaft «die Ansichten der Anleger ihrer einzelnen Investmentfonds kennen lernen und entsprechend reagieren können».

> Diese Leitidee lässt sich auf Ethiktransfer allgemein übertragen, denn jede Organisation, die Ethiktransfer leistet, gewinnt dabei zusätzliche Machtmöglichkeiten. Diese Möglichkeiten sehen je nach Transferform sehr unterschiedlich aus. In jedem Fall sollen diese neu sich erschliessenden, zusätzlichen Einflussmöglichkeiten im Sinne der Zielsetzungen des jeweiligen Ethiktransferengagements genutzt werden.

2.3.7 Eine Anschlussüberlegung

Für ethisch-ökologische Fonds müssen Unternehmen systematisch nach ethischen Gesichtspunkten bewertet werden. Solche Bewertungen könnten auch jenseits ethisch-ökologischer

Fonds interessant sein. Sie können als solche eine eigene Form des Ethiktransfers sein. Denn eine Bewertung ist nicht nur für Aktiengesellschaften denkbar und andererseits offensichtlich nicht nur für die Kapitalanlage interessant. Auch für Arbeitnehmerin und Arbeitnehmer wäre es interessant zu wissen, wie eine ethische Bewertung des Arbeitgebers bzw. der Arbeitgeberin aussieht, und, vielleicht von noch grösserem Interesse, wie die Bewertung einer Firma ausfällt, bei der man erwägt, sich zu bewerben. Man könnte sich aber auch als Lieferant für die Bewertung einer Unternehmung interessieren, oder umgekehrt, als einkaufende Unternehmung für die Bewertung unterschiedlicher, möglicher Lieferanten, und natürlich als Kunde, wenn man sich zwischen Herstellern bzw. deren Produkten zu entscheiden hat. Das Beispiel des Labelings im Bereich der biologischen Produktion von Lebensmitteln oder auch die Diskussion um die Kinderarbeit in der Sportartikelbranche zeigen, dass Kundinnen und Kunden durchaus ein Interesse an Produktionsbedingungen haben. Sowohl die generelle Möglichkeit einer Unternehmensbewertung aus ethischer Perspektive als auch die Nachfrage nach solchen Bewertungen ist evident.

In der Schweiz wurde für Organisationen, welche mit Spendengeldern arbeiten, ein Label eingeführt, das für die Qualität der Verwendung der Gelder bürgt.[1] Dieses Label soll die Spenderinnen und Spender vor allem vor dubiosen Sammelaktionen schützen, die der Bereicherung Einzelner dienen. Es hat seine Bedeutung in den letzten Jahren stetig gesteigert. Dies zeigt, dass prinzipiell auch Organisationen, die nicht Firmen im üblichen Sinn darstellen, nach Kriterien beurteilt werden können. Das Prinzip des ethischen Ratings, bzw. evtl. eines ethischen Labelings, liesse sich über die Bewertung von Firmen hinaus ausdehnen.

Aber auch Firmen oder Branchen selbst könnten ein Interesse haben, bewertet zu werden, denn dies wäre eine Möglichkeit, vorhandenes werteorientiertes Engagement überprüfen zu lassen, zu optimieren und vor allem unparteilich kommunizieren zu können. Fremdbewertung erlaubt Unternehmen, echtes eigenes Engagement überzeugend als Argument am Markt zu kommunizieren.

> Das Prinzip des ethischen Ratings bzw. Labelings könnte prinzipiell auf viele andere Bereiche (auf welche nicht?) übertragen werden. Nicht nur Fonds und Aktien, sondern auch Firmen, die nicht als Aktiengesellschaft organisiert sind, lassen sich nach ethischen Kriterien beurteilen. Indirekt werden damit verschiedene Produkte, Dienstleistungen und Anstellungsmöglichkeiten bewertet. Man könnte noch weiter gehen und nicht nur Firmen, sondern überhaupt Organisationen und Verbände, Parteien, weiter Staaten, Kantone bzw. Bundesländer, Gemeinden, aber auch deren Teilstrukturen wie Universitäten, Fakultäten, Spitäler, Volksschulen, Mittelschulen usw. in ethischer Perspektive beurteilen und vergleichen. Dies stellt eine eigene, mögliche Form von Ethiktransfer dar.

Gewiss könnten nicht alle diese Organisationen nach dem gleichen Muster bewertet werden. Doch liessen sich vermutlich ein Meta-Muster bzw. Metakriterien für solche Bewertungssysteme finden.

---

[1] vgl. www.zewo.ch.

2.4 Zu weiteren Handlungsfeldern

Wie eingangs erläutert, ist es sinnvollerweise nicht möglich, alle Bereichsethiken nach relevanten Beiträgen zum Thema Ethiktransfer zu durchkämmen. Um doch einen Querschnitt zu bieten, wurden drei Felder – Umweltethik, Wirtschaftsethik und, darin anzusiedeln, aber separat behandelt, Anlageethik – nach einschlägigen Einsichten zu Ethiktransfer befragt. Um das Bild abzurunden, sollen diese drei Vertiefungen um einige Bemerkungen aus zwei weiteren Bereichen ergänzt werden.

2.4.1 Medizinethik

Prinzipiell wäre es möglich gewesen, grosse Teile der Fragen zum Ethiktransfer anhand der Medizinethik aufzuzeigen. Denn von philosophisch anspruchsvollen Grundlagendiskussionen bis zu einer Vielfalt konkurrenzierender Modelle der Umsetzung und Implementierung in den verschiedenen Institutionen des Gesundheitswesens sind alle Ebenen vertreten. Zwei Gründe haben zur Entscheidung geführt, der Medizinethik in dieser Untersuchung keine solch zentrale Stellung zu geben.
1. Der medizinethische Diskurs ist überdurchschnittlich von (kommerziellen) Machtinteressen geprägt, oder steht jedenfalls unter diesem Verdacht (Rehmann-Sutter 2002, 250). Auch Karrieremöglichkeiten einerseits und existenzielle Betroffenheiten andererseits scheinen nicht unwichtig. Solche Faktoren motivieren zwar den Diskurs, können Metareflexionen aber auch behindern. Daher ist es sinnvoll, eine Theorie des Ethiktransfers und insbesondere Kritierien für guten Ethiktransfers zunächst in weniger erhitzten Feldern zu entwickeln und anschliessend zu versuchen, damit auch in der Medizinethik zu arbeiten.
2. Der Schreibende ist seit ungefähr der zweiten Hälfte der Laufzeit des Forschungsprojektes Ethiktransfer im «Ethiktransfer in Institutionen des Gesundheitswesens» (Baumann-Hölzle/Arn 2005) engagiert. Der Charakter einer Reflexion hängt stark davon ab, ob es sich um Reflexion beobachteter bzw. berichteter Tätigkeiten anderer handelt oder um eine – indirekte oder gar direkte – Reflexion des eigenen Engagements.
Aus diesen beiden Gründen sollen zur Medizinethik lediglich einige Randbemerkungen angebracht werden, welche die bisherigen Einsichten ergänzen. Da die Medizinethik jedoch weiter unten bei der Besprechung der Ethikgremien und bei den Hinweisen zur Bildung noch einmal prominent vertreten sein wird, ist ihr gebührender Raum gegeben.
Charakteristik für die Medizinethik ist:
- Sie produziert ein vergleichsweise hohes Volumen von Publikationen und geniesst ein hohes wissenschaftliches Ansehen: Im «Science Citation»-Index[1] sind 5900 Journals verzeichnet. Gesucht nach Titelstichwort «ethics» sind 2003 sechs Treffer zu finden. Die Hälfte davon sind medizinethische Zeitschriften. Derselbe Versuch ergibt 2005 14 Journals, von denen 4 sich auf Medizinethik konzentrieren.[2] Rechnet man die eine Zeitschrift zu «Nursing Ethics» dazu, ist der Anteil immerhin noch ein Drittel.
- Theorie und Praxis der Ethik liegen in der Hand der Medizin, nicht in der (philosophischen und bzw. oder theologischen) Ethik. Laut einem ExpertInneninterview gibt es in der

---

[1] http://www.isinet.com/isi/products/citation/scie/, Entnahmedatum 1. 11. 2003.
[2] www.thomsonisi.com/cgi-bin/jrnlst/jlresults.cgi?PC=J&Word=ethics, Entnahmedatum 13.10. 2005.

Schweiz kaum eine Dozentin oder einen Dozenten der Ethik in der Medizin, welche bzw. welcher nicht selbst Medizinerin bzw. Mediziner ist. Die deutschen Ethikkommissionen, welche Forschungsvorhaben in der Medizin begutachten, sind zu 72,2% Medizinerinnen und Mediziner, gefolgt von 11,5% Juristinnen und Juristen und 6,6% Naturwissenschaftlerinnen und -wissenschaftlern sowie von Ingenieurinnen und Ingenieuren. Theologinnen und Theologen stellen nur 5,9%, die Philosophinnen und Philosophen stellen mit 1,3% weniger als die Gruppe der Laien (Neitzke 2003, 105).[1] Die Theologinnen und Theologen übernehmen zudem eher die Funktion des «Anwalts der Öffentlichkeit» denn die des Ethik-Experten (Schlaudraff 2003).

- In Spitälern und Heimen sowie in der Spitex bzw. den spitalexternen Diensten überhaupt sind Entscheide über Leben und Tod alltäglich. Dazu kommen eine Vielzahl anderer Dilemmasituationen.
- Als Hilfe für die Entscheidungen in diesen Situationen, aber auch zur Klärung anderer schwieriger Fragen, etwa der Gesetzgebung oder der Bewilligung von Forschung am Menschen, wurden eine Vielzahl von «Formen ethischer Unterstützung» geschaffen, wobei jeweils zu erwägen wäre – analog dem im Abschnitt der Wirtschaftsethik diskutierten Problem der Funktionalisierung –, wo die Bezeichnung «Ethik» zutrifft. Die Medizinethik ist in der medizinischen Praxis präsent, wesentlich mehr als die Wirtschaftsethik in der Praxis der Ökonominnen und Ökonomen (vgl. Reiter-Theil 2000).
- Die Ethik ist auch in der Ausbildung Thema. In Deutschland ist vorgesehen, dass in allen drei Prüfungsabschnitten des Medizinstudiums «ethisches Wissen (nicht moralisches Verhalten) geprüft werden» soll. Entsprechend wurde das Angebot an medizinethischen Lehrveranstaltungen eindrucksvoll gesteigert, zunächst allerdings ohne dass es einen einzigen Lehrstuhl für medizinische Ethik gäbe (Engelhardt 1997, 26). Die Tendenz geht dahin, das Thema weder auf Kosten von Semesterstunden der Medizingeschichte noch als deren Teil zu situieren (wie dies heute oft der Fall ist), sondern stärker im klinischen Kontext zu vermitteln (Reiter-Theil 1997, 114).
- In der Literatur der Medizinethik ist die Praxis auffällig präsent. In jeder Nummer des «Journal of Medical Ethics» werden «ethics briefings» mit aktuellen Vernehmlassungen und anderen Informationen aus der Praxis vermittelt, während Begründungsfragen vergleichsweise selten anzutreffen sind.

Diese Charakteristiken, welche die Medizinethik doch recht stark von anderen Bereichsethiken unterscheiden, geben Anlass zu zwei Fragen, die für den Ethiktransfer besonders bedeutsam sind:

1. Medizinethik ist in der Praxis besonders präsent. Wovon hängt es ab, wie gefragt, wie intensiv Transfer betrieben werden kann bzw. betrieben wird?

2. Welche Vor- und welche Nachteile ergeben sich, wenn, wie in der Medizinethik, ethische Reflexion in den Disziplinen stattfindet und vergleichsweise lose mit dem philosophisch-theologischen, wissenschaftlich-ethischen Diskurs verbunden ist, dies im Unterschied zu Bereichsethiken, welche so gut wie ganz Bestandteil dieses Diskurses sind?

---

[1] Vgl. auch unten zu den Ethikgremien.

> 1. Die oben (Seite 11 und folgende) aufgezählten «Motivatoren» des Ethiktransfers treffen auf die Medizinethik besonders stark zu: *Umwälzungen in der Gesellschaft* führen zu starkem Wachstum und zur Umgestaltung des gesamten Gesundheitsbereichs; *komplexe Arbeitsteilung und entsprechend unklare bzw. intransparente Verantwortungsstrukturen* sind in besonderem Mass gegeben; schwerwiegende Entscheidungen und Risiken, beispielsweise als Folge neuer Technologien, sind maximal ausgeprägt; *Wandel von Moral bzw. Moralen* zeigt sich exemplarisch an der Frage des Schwangerschaftsabbruchs (aber auch im Umgang mit Reanimation usw.) und *die Annahme, «Ethik» liesse sich gewinnbringend in Unternehmen und anderen Organisationen «einsetzen»*, scheint sich teilweise auch zu bestätigen. Die aufgezählten «Motivatoren» des Ethiktransfers sind somit nicht auf bestimmte Bereiche beschränkt, sondern lassen sich in unterschiedlichen Handlungsfeldern aufweisen, wie hier exemplarisch für das Gesundheitssystem.
> 2. Die ethische Reflexion innerhalb der Bereichsdisziplin stattfinden zu lassen, scheint ein Vorteil für Intensität und Praktikabilität des Transfers zu sein. Fraglich ist allerdings, wie gut in diesem Fall der Umgang mit (finanziellen) Abhängigkeiten und anderen Formen von Macht gelingt. Da dieser Umgang für die Qualität ethischer Reflexion von grosser Bedeutung ist, sollten Formen des Anschlusses der binnendisziplinären medizinethischen Konzepte an den übergreifenden, wissenschaftlichen ethischen Diskurs definiert sein und gepflegt werden. Dafür würden auch weitere Gründe sprechen, über die Thematik des Umgangs mit Macht hinaus.

2.4.2 Technikethik

Technikethik kann direkt mit der Umweltethik verbunden (Brennecke 1994) oder mit der Unternehmensethik in engen Zusammenhang (Dierkes/Marz 1994) gebracht werden. Generell haben viele Fragestellungen «inhaltliche Schnittstellen zur Wissenschaftsethik, zur Umweltethik und zur Medizinischen Ethik sowie strukturelle Berühungslinien zur Technikfolgenabschätzung (TA), zur Politischen Ethik und zur Wirtschafts- und Unternehmensethik» (Grunwald 2002, 278). Entsprechend bestehen eine Vielzahl von Analogien.

> Analog etwa zur Wirtschaftsethik (Ulrich 1996) zeigt sich auch hier, dass die ethische Reflexion erst einsetzen konnte, nachdem der Glaube an die Naturwüchsigkeit der Eigenlogik in der Technikentwicklung zu bröckeln begann: «Erst als der technische Imperativ ‹Können impliziert Sollen› in Frage gestellt wurde, war der Weg frei für die Technikethik» (Grunwald 2002, 278).

Analog zu anderen Bereichsethiken wird der Etablierung und Institutionalisierung von Interdisziplinarität grosses Gewicht gegeben. Dies zeigt sich etwa am Verhältnis zwischen Technikfolgenabschätzung und Technikethik, die sich zunächst relativ unabhängig voneinander entwickelten und sich inzwischen näher gekommen sind (a.a.O.).

Auch die Umsetzungsfragen stellen sich analog zur Thematik in anderen Bereichsethiken. Grunwald (1996) hielt vor einem Jahrzehnt fest: «Der Umsetzung von Handlungsempfehlungen der Ethik der Technik in der Praxis der Technikentwicklung wird erst seit kurzer Zeit grössere Aufmerksamkeit gewidmet, seit nämlich eine scheinbar ungenügende Umsetzung Kristallisationskeim für Kritik an der Technikethik ist». Reflexionsbedarf wurde nach seiner Einschätzung durch Kritik von aussen ausgelöst. Bereits damals kann er in seinem Beitrag zur «Umsetzung der Technikethik» immerhin die Teilfragestellungen «Adressaten», «praktische Relevanz» und «Operationalisierung» lokalisieren. Ein gutes halbes Jahrzehnt später referiert er (Grunwald 2002, 280) die verstärkte *interdisziplinäre Zusammenarbeit als Bedingung der Praxisrelevanz*, hält aber weiterhin fest: «Es sind jedoch noch viele Fragen zu klären, um den Graben zwischen der akademischen Technikethik und den konkreten Anforderungen der Praxis zu überbrücken.» Als Ursache sieht er die «Verantwortungsverdünnung» und die Unprognostizierbarkeit von Folgen und Nebenfolgen technischen Handelns. Sein Fazit ist ernüchternd und hochrelevant für die Thematik des Ethiktransfers (a.a.O., 281):

> «Es ist bislang, abgesehen von Einzelfällen, nicht recht erkennbar, dass technikethische Reflexion zu einer grösseren ‹Rationalität› der technischen Entwicklung insgesamt beigetragen hat. Es wurde zwar Sensibilität für Technikfolgenprobleme geschaffen – die grösste Wirkung hatte wohl das ‹Prinzip Verantwortung› (Jonas 1979) –, kaum aber die technische Entwicklung erkennbar beeinflusst. Technikethik ist reflexiv-beratender und argumentationsorientierter Teil der gesellschaftlichen Verständigung und Entscheidungprozesse über Technik, nicht mehr und nicht weniger. Diese Beratung ist nicht nur oder vielleicht sogar am wenigsten auf die konkrete Gestaltung der technischen Produkte oder Systeme zu beziehen, sondern auf die Gestaltung der gesellschaftlichen Rahmenbedingungen, unter denen Technik entwickelt und auf den Markt gebracht werden kann».

> Die ernüchternde Bilanz bestätigt erstens die bereits mehrfach angezeigte und weiter unten (Seite 139 und folgende) systemtheoretisch zu erklärende Feststellung, dass Transfer sich kaum von selbst ereignet, sondern gegen verschiedene Widerstände gezielt unternommen und eingerichtet werden muss. Zweitens betont Grunwald für die Technikethik, was ebenfalls bereits an verschiedenen Stellen[1] bemerkt wurde: Den systematischen Ort der Bereichsethiken bilden Rahmenordnung, Organisation und Individuum gemeinsam. Oft wird, wie hier, die Ebene der Rahmenordnung als ersten systematischen Ort genannt. Ropohl (1996, 346) hingegen vertritt zwar dieselbe Dreifachverortung, aber tendenziell gerade in umgekehrter Reihenfolge: Verantwortung ist bei ihm primär im kleinsten System, d.h. zuerst auf der Ebene des Individuums zu tragen. Erst wenn dieses damit überfordert ist, geht die Verantwortung an das jeweils grössere, umfassendere System über, d.h. zunächst an die Organisation und zum Schluss an die Rahmenordnung.

---

[1] Vgl. oben Seite 35 und folgende unter «2.2.1 Eigenverantwortungs-Ethik, Unternehmens-Ethik oder Rahmenordnungs-Ethik»; vgl. auch unten Seite 161 und folgende unter «5.4.2 Marings Konzept eines erweiterten Verantwortungsbegriffs». Hastedts (1991, 105–138) ausformuliertes Umsetzungsverfahren bietet sich für Anschlussüberlegungen an.

Für die Technikethik werden die drei Ebenen so beschrieben (Grunwald 1999):

> «(a) Gesellschaftliche bzw. staatliche Mechanismen der Techniksteuerung (politisches Handeln, staatliche Ebene).»
> «(b) Technikrelevante Entscheidungen in Unternehmen (für Produkte und Produktlinien oder für Entwicklungs- oder Produktionsverfahren), die aus betrieblich strategischen Gründen getroffen werden (wirtschaftliches Handeln, institutionelle Ebene)».
> «(c) Handlungen und Entscheidungen der Ingenieure und Wissenschaftler als Technikhersteller und Technikverwender (technisches Handeln, individuelle Ebene)».

Wie in der Umweltethik (s.o.) und in der Unternehmensethik (s.o.) bestehen *Diskussionen über das Verhältnis von Moral- bzw. Ethikpädagogik und Ethiktransfer, d.h. darüber, welches Gewicht auf Einflussnahmen auf Individuen und welches Gewicht auf Einflussnahmen auf Strukturen gelegt werden soll.* Während die einen in der Zielgruppe der Technikethik nicht nur die Ingenieure, sondern weitere Individuen («Nutzer und Entscheidungsträger») einbeziehen möchten, wollen Kritiker der individualistischen Ethik «diese durch eine Institutionenethik ersetzen oder um diese ergänzt sehen» (Grunwald 1999, 239). Die Tendenz scheint in der Technikethik wie in der Umweltethik eher in diese Richtung zu gehen (Lenk 1994), während zugleich deutlich wird, dass es sich um eine «Scheinkontroverse» handelt. Es zeichnet sich damit auch hier eine integrierende Sichtweise ab, vergleichbar mit derjenigen, die Ulrich für die Wirtschaftsethik vorlegt. Offensichtlich schliessen sich die Ansätze mitnichten aus. Es spricht auch für Technikethik nichts dagegen, auf beiden Schienen, individuell und strukturell, zu fahren, um in der Sache besser voranzukommen.

Grunwald (a.a.O.) sieht nun, wie wesentlich eine «Gesellschaftstheorie» für eine Technikethik ist, welche sturkturelle Wirksamkeit entfalten möchte. Anders als Grunwald (a.a.O., 242–245) schliesst Schmittel (1999) nicht aus, dass systemtheoretische Gesellschaftstheorien sich für die Entfaltung einer Theorie der Wirksamkeit von Technikfolgenabschätzung eignen können. Er erläutert die Unterschiede in der Herangehensweise zwischen Systemtheorie und Handlungstheorie als den beiden grossen gesellschaftstheoretischen Schulen. Anschliessend hält er als Hauptpunkt fest, dass alle Gesellschafts- bzw. Institutionentheorien davon ausgehen, dass diese Strukturen nicht «in einem starren Zustand verharren, sondern dynamischen Entstehungs- und Wandlungsprozessen unterliegen». Genau davon hängt nun ab, ob sich eine Gesellschaftstheorie für eine Strukturenethik eignet: Eine deterministische Theorie könnte in der Ethik keine Anwendung finden. Deterministisch könnten aber prinzipiell sowohl handlungstheoretische als auch systemtheoretische Ansätze gedacht werden, wie beide auch nichtdeterministisch gesehen werden können. Auch Ropohl (1996, 243) modifiziert in seiner Technikethik die Systemtheorie an diesem Punkt, ebenso wie Kornwachs (1997, 22).

> Eine Gesellschaftstheorie für die Ethik, eine kritische Rezeption der Soziologie in der Ethik, dürfte eines der wichtigsten Desiderate für eine Strukturenethik sein. Darin müssen u.a. die angesprochenen Fragen – Unterschiede zwischen den verschiedenen soziologischen Ansätzen in ihrer Bedeutung für die

Ethik, Fragen des Determinismus usw. – bearbeitet werden. Selbstredend ist das nicht im Rahmen einer Untersuchung zum Ethiktransfer möglich, muss aber hier als zentrales Desiderat angemerkt werden.

Wesentlich für die Reflexion des Ethiktransfers sind Grunwalds (1999, 224–228) Überlegungen zur Wirksamkeit. Er (a.a.O., 225) fragt:

> «Soll vom Gelingen – im Sinne einer nachträglichen Evaluierung ethischer Reflexionsbemühungen – gesprochen werden, wenn
> - die direkte Umsetzung der Resultate der ethischen Reflexion in die konkrete Technikgestaltung erfolgt,
> - die ethischen Empfehlungen in den Prozessen der Technikgestaltung berücksichtigt werden mit dem Ergebnis, dass Spuren der ethischen Beratung im Resultat erkennbar sind,
> - ethische Empfehlungen ‹zur Kenntnis genommen› werden, Spuren sich also nur im Prozess, nicht aber im Resultat erkennen lassen?»

Er lässt diese Frage offen, sucht aber nach einer Operationalisierung der «praktischen Relevanz» und findet diese in der «echten potenziellen Relevanz». Potenzielle Relevanz besteht, wenn «pragmatische Orte» (konkrete Orte auf den drei oben genannten Ebenen) angegeben werden können, «an denen die ethische Reflexion in die Entscheidungsprozesse eingehen» *kann*. Grunwald führt
dafür zwei Argumente ins Feld: Erstens hat die Ethik nicht alleine die Macht darüber, ob faktische Relevanz entsteht, zweitens kann die faktische Relevanz erst ex post festgestellt werden. Ob «pragmatische Orte» gegeben sind, lässt sich aber schon in der Anlage eines konkreten Projektes der Technikethik feststellen, also dann, wenn noch Einflussnahme auf den Verlauf des Projektes besteht und Kritik daher relevant für den Projektverlauf sein kann.

> Diese Übersetzung des Kriteriums der faktischen Relevanz eines Projektes in Faktoren, welche bereits in der Projektanlage sichtbar sind, ist wichtig für die Entwicklung von Kriterien für Ethiktransferprojekte. Dennoch darf man die faktische Relevanz nicht aus den Augen verlieren.

Sollten mit einer gewissen Regelmässigkeit Projekte stets über eine sogenannte potenzielle Relevanz verfügen, aber nicht über eine faktische, so wären die Kriterien falsch gewählt. Grunwald stösst aber mit seinem Vorschlag die interessante Frage an, welches gute Prädiktoren faktischer Relevanz sein könnten. An dieser Stelle wären empirische Forschungen interessant.

2.5 Ergebnisse

Von kapitaler Bedeutung für das Thema dieser Untersuchung sind zwei Ergebnisse:

> 1. Prozesse der Umsetzung von Ethik allgemein und ebenso Prozesse, welche als Ethiktransfer im engeren Sinn betrachtet werden können, haben über die

Grenzen der verschiedensten Bereichsethiken und Zusammenhänge hinaus erstaunlich viele Gemeinsamkeiten. Viele sehr ähnliche oder sogar gleiche transferrelevante Einsichten werden in unterschiedlichen Bereichsethiken unabhängig und ohne Bezug auf Reflexionen aus anderen Bereichsethiken formuliert. Weitere lassen sich leicht auf andere Bereichsethiken und Zusammenhänge übertragen.

2. Dies gilt nicht nur für Beiträge zu einer Theorie des Transfers im Sinne von Erklärungen von Transferprozessen, sondern gilt auch für normative Kriterien zur Qualität des Transfers. Auch diese werden bisher in unterschiedlichen Bereichsethiken je unabhängig und ohne Bezug auf analoge Reflexionen zur Qualität in den anderen Bereichsethiken formuliert, lassen sich aber, teilweise ohne jegliche Modifikationen, auf andere Bereichsethiken und Zusammenhänge übertragen (oder sind, ohne Bezugnahme auf andere Bereichsethiken, bereits in mehreren genannt, wie z.B. das Problem der Funktionalisierung von «Ethik» sowohl in der Wirtschafts- als auch in der Medizinethik thematisiert wird).

Eine dritte bedeutsame Einsicht konnte im Kontext der Umweltethik aufgezeigt werden: Transferfragen können, zumindest teilweise, nicht nur unabhängig von Bereichsspezifik, sondern auch unabhängig von positionellen Unterschieden (Anthropozentrik oder Physiozentrik war das Beispiel) reflektiert werden. Ethiktransfer lässt sich offensichtlich konsequent als eigenen Gegenstand fassen, der sowohl die Grenzen der Bereichsethiken überschreitet als auch unterschiedliche normative Positionen übergreift.

Inhaltlich treten die folgenden Ergebnisse besonders hervor:
- Praktsiche Umsetzung allgemein, noch mehr Ethiktransfer im Speziellen, ergibt sich kaum «von selbst», sondern ist das Ergebnis eines spezifischen Engagements.
- Transferprozesse sind anspruchsvolle Kommuikationsprozesse, da sie System- und Fachsprachengrenzen überschreiten müssen.
- Der potenzielle Gewinn von Ethiktransfer ist gross – auch für die Ethik.
- Das Wissenschaftssystem verhält sich ambivalent zu Transferprojekten.
- Es gibt neben Ethikkommissionen eine Vielfalt von Transfermethoden, die weniger bekannt sind: Kombination von Forschungs- mit Praxisprojekten, Diskursorganisation und -begleitung, Rating bzw. Labeling, usw.
- Die Unterscheidung der Ebenen Individuum, Organisation und Rahmenordnung zieht sich so sehr durch die verschiedenen Bereichsethiken – wie durch die soziologischen Theorien, auf die öfter Bezug genommen wird –, dass man an der Stelle von einem übergreifenden Konsens und konsolidiertem Wissen sprechen kann. Ethiktransfer kann dementsprechend, und damit wird bereits ein Schritt Richtung Theoriebildung unternommen, differenzierter als Prozess beschrieben werden, in dessen Verlauf Elemente des wissenschaftlichen ethischen Diskurses Einfluss auf der Ebene von Organisationen oder der Rahmenordnung gewinnen.
- Allerdings treten Wirkungen auf diesen drei Ebenen nicht isoliert auf, sondern stehen stets in einem Verhältnis von Wechselwirkungen. Die verschiedenen Ebenen sind prinzipiell gleichwertig. Es zeigt sich in der Literatur eine gewisse, bei weitem nicht durchgängige,

Tendenz, die Rahmenordnung als ersten «systematischen Ort» zu sehen. Leider liegen besonders wenig Konzepte vor, wie Einfluss auf Rahmenbedingungen zu gewinnen ist, doch eben dies ist ein zentrales Thema der vorliegenden Untersuchung.
- Funktionalisiert ist Ethik dann, wenn das ethische Paradigma nicht das übergeordnete ist, sondern als Mittel zum Zweck in ein anderes integriert wird – das ökonomische, das politische, dasjenige des Wissenschaftssystems usw. In diesem Fall ist es falsch, dies Ethik zu nennen.[1]
- Die Publikationen zu ethisch-ökologischen Fonds demonstrieren und diskutieren eine spezifische Variante von Transfer. Im Rahmen dieser Reflexionen werden eine Vielzahl von normativen Kriterien der Qualität solcher Fonds etabliert. Sie sind weitgehend auch auf andere Formen von Ethiktransfer (z.B. Ethikgremien) übertragbar.

Die Besprechung von «weiteren Handlungsfeldern» nach den drei ausführlich behandelten, brachte etwa gleich viel Bestätigungen bereits verzeichneter Einsichten wie neue. Wie vorgesehen werden mit der damit erreichten theoretischen Sättigung die Bereichsethiken im engeren Sinn verlassen, um nun im weiteren Feld der angewandten Ethik Reflexionen zur praktischen Umsetzung nach für Ethiktransfer allgemein relevanten Einsichten zu befragen.

3 Reflexionen zu bestimmten Formen praktischer Umsetzung

Der Gang durch einige Bereichsethiken brachte bereits eine Anzahl unterschiedlicher Formen der praktischen Umsetzung bzw. von Ethiktransfer zu Tage – etwa Kombination von Forschungs- und Praxisprojekten, Rating bzw. Labeling. Drei weitere Formen, die sich wie diese für den Transfer in verschiedenen Bereichsethiken eignen, werden nun kurz dargestellt: Ethikgremien, ethische Beratung und ethische Gutachten. Dazu werden die Publikationen ausgewertet und nach Informationen und Überlegungen befragt, welche für Ethiktransfer insgesamt relevant sind: Welche Reflexionen zu ethischer Beratung sind von allgemeiner Bedeutung für Ethiktransfer, so dass sie sich beispielsweise auf die Kombination von Forschungs- und Praxisprojekten übertragen liessen? Relevanz für Ethiktransfer insgesamt bedeutet dabei nicht, dass eine Einsicht für alle Formen von Ethiktransfer in allen Bereichen bedeutsam sein muss, aber doch auf mehrere anwendbar ist.

3.1 Ethikgremien

Ethikgremien sind vor allem im medizinischen Umfeld beheimatet, inzwischen jedoch auch in anderen Kontexten zunehmend häufiger anzutreffen, beispielsweise in grösseren Unternehmen und im politischen Raum. Die Grenzen zwischen diesen drei Bereichen sind nicht immer scharf zu ziehen. Insbesondere gibt es medizinethische Gremien mit politischen Funktionen. Daher werden zwar medizinethische Ethikgremien, Ethikgremien in Unter-

---

[1] Das Problem der Funktionalisierung wird primär in der Wirtschaftsethik beobachtet und thematisiert. Boysen und Breuer (2003) verallgemeinern die Schwierigkeit und zeigen sie für angewandte (genauer: transferierte) Ethik generell.

nehmen und Ethikgremien in der Politik in dieser Reihenfolge dargestellt, die Schlüsse für den Ethiktransfer jedoch für Erstere und Letztere gemeinsam gezogen.

3.1.1 Ethikgremien im medizinischen Bereich

Einteilung der medizinethischen Gremien nach Funktionen

Mieth (2005) unterteilt in seinem Aufsatz «Ethische Entscheidungsprozesse von Gremien» solche Gremien in «Ethikkommissionen und Beratergruppen»[1]:

> «Ethikkommissionen an medizinischen Institutionen dienen der konkreten Anwendung von Regulierungen. Sie sind Instanzen der Normkontrolle. [...] Beratergruppen (advisory committees) sind Gremien, an denen ethikrelevante Kompetenz zusammengezogen wird, die unter Partizipation betroffener Gruppen und der Öffentlichkeit Vorschläge über Gesichtspunkte unterbreiten, die zu beachten sind (points to consider), und Empfehlungen für Handlungen, Regulierungen und institutionelle Bedürfnisse an die politische Legislative und Exekutive richten. (So die «European Group on Ethics in the Sciences and in the New Technologies, EGE, die bei der Europäischen Kommission in Brüssel angesiedelt ist, der Lenkungsausschuss für Bioethik des Europarates in Strassburg, der Nationale Ethikrat in Deutschland und in anderen europäischen Ländern, die Enquete-Kommission des Deutschen Bundestages, die sich mit ‹Ethik und Recht in der modernen Medizin› beschäftigt, die Ethikräte oder -kommissionen der Länder Bayern u. Rheinland Pfalz.)»

Doppelfeld (2003, 5) unterscheidet wie die meisten Autoren (Fuchs 2002, 3–4; Kettner/May 2002, 28–29 usw.) *drei Typen* von Ethikkommissionen im medizinischen Bereich:
1. «Gremien, die sich mit grundsätzlichen Fragen beschäftigen – beispielhaft seien erwähnt die wissenschaftliche Nutzung embryonaler Stammzellen, die Zulässigkeit medizinischer Forschung mit nicht einwilligungsfähigen Personen oder die Ressourcenverteilung –, sind vielfach unter dem Namen «Nationale Ethik-Kommissionen» bekannt, um unter der Fülle verwendeter Bezeichnungen die bekannteste zu wählen. Solche Kommissionen sind bei Regierungen, Parlamenten, jedoch auch bei Dachverbänden wissenschaftlicher Fachgesellschaften oder bei Ärzteverbänden angesiedelt, mit einer im Allgemeinen befriedigenden Unabhängigkeit der Entscheidungsfindung.» In der Schweiz kann etwa die «Nationale Ethikkommission im Bereich der Humanmedizin (NEK-CNE)»[2] als Ethikkommission dieses Typs identifiziert werden. Wie die beiden folgenden ist dieser erste Typ international verbreitet.
2. Der zweite Typ ist im Umfeld der Spitäler am Entstehen. «Krankenhausträger tendieren mehr und mehr dazu, zur Erörterung von Aspekten im Zusammenhang mit der Behandlung von Kranken eigene Gremien einzurichten, die vielfach unter der Bezeichnung ‹Krankenhaus-Ethik-Kommissionen› firmieren.»

---

[1] Er rechnet weiter Ethikzentren wie das IZEW in Tübingen zu diesen Gremien. Diese Erweiterung des Begriffs der Ethikgremien ist plausibel, aber ungewöhnlich. Sie bedürfte einer ausführlicheren Begründung und Diskussion, welche voraussichtlich sehr ertragreich wäre, gerade für die Thematik des Ethiktransfers, doch gestaltet Mieth diese Begriffserweiterung in seinem Aufsatz gänzlich thetisch.

[2] www. nek-cne.ch.

3. «Unter dem Begriff ‹Medizinische Ethik-Kommissionen› [...] schliesslich versteht man jene Beratergruppen, die sich mit Projekten der medizinischen Forschung am Menschen, verstanden in einem sehr umfassenden Sinne, beschäftigen.» Dies ist der dritte Typ im medizinischen Bereich.
Diese Einteilung stimmt mit Müller (2001, 298) überein. Er wählt für den ersten Typ die Bezeichnung «regionale, nationale und internationale Ethikkommission», für den zweiten «Kommission für klinische Ethik» und für den dritten «Forschungsethikkommission». Die Einteilung in drei Gruppen ist in der Literatur häufiger anzutreffen. Mieth dagegen scheint den Typ der «Krankenhaus-Ethik-Kommission» nicht in seine Systematik einzubeziehen bzw. systematisch mit der «regionalen, nationalen und internationalen Ethikkommission» zusammenzufassen. Das Problem der Einteilung ist ein doppeltes: Einerseits gibt es rein sprachliche Verwirrungen, unter anderem, weil in der Schweiz, aber auch andernorts, bestimmte solche Gremien, die bei Mieth und anderen gerade nicht «Kommission» heissen, eben «Kommission» heissen. Das zweite Problem ist ein sachliches: Jeder dieser drei Typen von Ethikgremien ist unter sich so vielfältig, dass das Gemeinsame in den Gruppen nicht immer klar ist. Ethikgremien an Spitälern können beispielsweise Entscheidungskompetenzen in konkreten Fällen haben und darin Forschungsethikkommissionen sehr nahe stehen oder Beratungsfunktion haben und damit sachlich der anderen Gruppe nach Mieth zugehören. Ausserdem gibt es Mischformen. Sobald man sich dieser beiden Probleme bewusst ist, kann man sich jedoch zumindest verständlicher ausdrücken. Unmissverständlich wäre die Terminologie von Siep (2003, 124), wenn man als dritten Begriff in Anlehnung an Müller von Forschungsethikkommission sprechen würde statt nur von Ethikkommission: «Ethik-Räte oder -Beiräte sind [...] freiwillig eingerichtete Beratungsgremien bei Regierungsstellen und Standeseinrichtungen, die Richtlinienempfehlungen zu Gesetzen oder Praktiken abgeben – auch was deren Änderung angeht», «Ethik-Komitees sind freiwillig eingerichtete Gremien, meist in Krankenhäusern, die ethische und juristische Probleme in Einzelfällen erörtern und die Ärzte und Krankenhaus-Leitungen beraten» und «Ethik-Kommissionen sind gesetzlich vorgeschrieben und beraten die Ärzte (und indirekt auch die Forschungsmoderatoren der Pharma-Unternehmen) bei den Projekten klinischer Forschung».
Zu diesen medizinethischen Ethikgremien liegen eine ganze Reihe von Reflexionen vor. Diejenigen von *Mieth* und diejenigen von *Kettner* seien besonders hervorgehoben. Die Relevanz dieser Überlegungen für den Ethiktransfer wird nach der Darstellung der Ethikgremien in der Politik, herausgearbeitet.

Reflexionen und Position von Mieth

Mieth thematisiert verschiedene kritische Punkte von Ethikgremien, die für Ethiktransfer relevant sein können.
1. Ethikgremien geraten zunehmend in eine Funktion, in welcher «Ethik wie eine Gangschaltung benutzt wird, die Beschleunigung und Verlangsamung ermöglicht» (a.a.O.).Ethik wird in Situationen gebracht, in denen es fragwürdig ist, wie viel es noch zu «entscheiden» gibt, d.h. welche Alternativen zur Verfügung stehen. Oft genug bleibt nur die Möglichkeit, den ohnehin vorgegebenen Weg schneller oder langsamer zu gehen.

2. Mieth behandelt das Thema der Unabhängigkeit differenziert: «Unabhängigkeit der ethischen Beratung ist das Ziel, und sie ist gewiss im rechtlichen Sinne gegeben. Aber sie bedeutet nicht die Abwesenheit von Einflüssen, Vor- und Nachteilen aufgrund von ‹Entscheidungen›, an denen man partizipiert oder gar von Abweichungen gegenüber einem Mehrheitstrend. Dies setzt voraus, dass die für eine Entscheidung wichtige und bereits genannte ‹moralische Identität› dem Experten wichtig ist und im Zweifelsfalle sich gegen eigene und fremde Interessen durchsetzen muss. Hier muss sich bewähren, ob der Experte oder die Expertin auch einmal in der Lage ist, für sich allein stehen zu können.» Und: «Wenn man angesichts der vorhergehenden Beobachtungen fragt, ob Unabhängigkeit ethischer Beratung dennoch möglich sei, so muss, wie schon erwähnt, klar sein, dass Unabhängigkeit nicht darin besteht, dass Einflüsse und Gefälle bis hin zu Druck und Trickmitteln abwesend sind, sondern darin, diese Einflüsse wahrzunehmen und sich zu ihnen moralisch zu verhalten.»

3. An der Stelle lohnt es sich, einen Aspekt der Machtausübung auf Ethikgremien gesondert zu beachten, der in den Fallbeispielen und in den Expertinnen- und Experteninterviews (s.u.) zur Sprache gebracht wurde und den auch Mieth nennt: «Der Diskursethiker Matthias Kettner hat einmal die Frage gestellt, ob es ‹Resonanzen angewandter Ethik im politischen System› gebe. Man kann die Frage umdrehen: gibt es Resonanzen des politischen Systems in der angewandten Ethik? Solche Resonanzen gibt es über die Bedarfsregulierung. Auch wenn eine Beratergruppe, wie z.B. die EGE, sich ihre Themen auch selbst stellen kann, hat doch die politische Nachfrage Vorrang in der Themenauswahl und in der Themenbrisanz. Welches Thema auch immer Gegenstand der Beratung wird, es hat zugleich seine politisch sensible Stelle, um welche Auseinandersetzungen so geführt werden, dass unterschiedliche ethische Einsichten nicht mehr in einen rein wissenschaftlichen, sondern in einen strategischen Diskurs geraten.» Man kann, um es umgekehrt auszudrücken, bestimmte Transferwirkungen von Ethikgremien – die in aller Regel unter grosser Ressourcenknappheit leiden – verhindern, indem man sie mit bestimmten Themen und bestimmten Arten von Fragestellungen überbeschäftigt, so dass sachlich vielleicht wichtigere – und eben brisantere – Themen nicht ‹auch noch› behandelt werden können. Ausserdem kann man Ethikgremien politisch «verheizen», indem man ihnen so gewählte oder so gestaltete Aufträge erteilt, dass ihre Diskreditierung bei massgeblichen gesellschaftlichen Gruppen von vornherein wahrscheinlich ist, unabhängig von der Arbeitsweise und dem Arbeitsresultat des Gremiums.

4. Fehlleistungen sind auch «im Hinblick auf ethische Prinzipien zu beobachten, insofern sie vielseitig anwendbar sind. Ein Problem kann darin bestehen, sie einfach, ohne graduelle Unterscheidung (z.B. zwischen Menschenwürde und Forschungsfreiheit), nebeneinander zu stellen und dann Abwägungen von Vorteilen und Nachteilen mit einer Waage vorzunehmen, welche nur gleiche Gewichte kennt.» Zwar ist, wie weiter unten ausführlich dargestellt wird, die Bezugnahme auf unterschiedliche Prinzipien – im Unterschied zu einer tendenziell fundamentalistischen Ethik mit einem monistischen Prinzipienbezug – als ein Minimalkriterium «guten» Ethiktransfers zu sehen. Doch ist ihre Gleichschaltung heikel. Vielmehr muss erstens ihr Typ (relativierbare Prinzipien, zwingende Prinzipien, ausnahmsweise übertretbare Prinzipien usw.) berücksichtigt werden. Zweitens wäre es nach dem aktuellen Stand der Methodendiskussion angemessener, unter ihnen eine Kohärenz (s.u.) herzustellen, als sie bloss gegeneinander abzuwägen.

5. «Die Expertenebene und die öffentliche Partizipationsebene wirken oft wie eine Zweiklassengesellschaft: die Kompetenz bestimmt die Weise der Partizipation der Betroffenen. Dabei bleibt offen, was im ethischen Sinne eigentlich ‹Kompetenz› wäre. Ich hielte es z.B. für richtig, die Vertretungen geschäftsunfähiger Personen die Paragraphen über Versuchsprotokolle mitformulieren zu

lassen, weil sie hier eine Kompetenz einzubringen haben» (a.a.O.). Ethikgremien könnten – und sollten – versuchen, nicht nur die Interessen der Betroffenen zu vertreten, sondern wo immer möglich auch sie selbst faktisch für sich sprechen zu lassen. Solches ist bisher kaum zu beobachten.

Reflexionen und Position von Kettner

Kettner setzt sich seit längerer Zeit mit Ethikgremien auseinander. Für die Frage des Ethiktransfers besonders relevant ist seine Publikation von 2002. Darin entwickelt er eine generelle Untersuchungsmatrix zur Analyse der unterschiedlichen medizinethischen Gremien, einschliesslich solcher mit politischen Funktionen. In dieser Analyse weist er zunächst auf *drei prinzipielle Gefahren* des Trends zu Ethikgremien hin:

- die «Gefahr, dass durch die Existenz von ‹repräsentativen› Ethik-Komitees Moralverantwortung auf moralisch fragwürdige Weise delegiert wird»,
- die «Gefahr, dass Moralexperten eine moralisch nicht wünschenswerte Expertenkultur aufbauen, deren moralische Urteilsbildung durch politische Vereinnahmung zunehmend in den Dienst politischer Interessen gerät» und
- die «Gefahr, dass die Komitees, sei es lokal oder national, eine Autorität gewinnen, die im Namen der Konsensbildung fortbestehende Dissense in einer pluralen Gesellschaft überdeckt» (a.a.O., 56).

Weiter kristallisiert Kettner (a.a.O., 58) «*sechs moralisch relevante Zwecksetzungen* (Ziele Aufgaben)» von Ethikgremien heraus:

- Ziel 1: Orientierung von Legislative und Exekutive durch Ethik-Politikberatung
- Ziel 2: Kultivierung von Debatten über politisch relevante Moralfragen in der staatsbürgerlichen Öffentlichkeit
- Ziel 3: Schulung moralischer Urteilskraft innerhalb des Mitgliederkreises einer Institution
- Ziel 4: Richtlinienentwicklung in Institutionen professionalisierten Handelns
- Ziel 5: Falldiskussion in Institutionen professionalisierten Handelns
- Ziel 6: Kontrolle der moralischen Zulässigkeit von Forschung an Menschen

Ethikgremien lassen sich nach diesen sechs Zielen unterscheiden, aber auch nach sogenannten «*praxisleitenden Regeln*» (a.a.O., 62–68). Kettner ordnet diese Regeln, welche die Arbeitsweise eines Gremiums organisieren, in vier Gruppen:

- Die Regeln der Institutionalisierung klären, wie die institutionelle Einbettung, die Rekrutierung von Mitgliedern usw. geregelt sind.
- Die «Input-Regeln» legen fest, «auf welche Weise und von wem das Ethikgremium Eingaben für seine Arbeit erhalten kann (Aktivierungsregeln) sowie darauf, wie das Gremium einen Bereich von Aufgaben absteckt, für den es Zuständigkeit beansprucht (Zuständigkeitsregeln).
- Die Deliberationsregeln bestimmen, nach welchen Regeln die Bearbeitung eines «Inputs» vonstatten geht. Probleme müssen nach Regeln sortiert, und zum Teil aus dem Zuständigkeitsbereich ausgeschieden werden. Es wird Regeln geben dafür, wie und welche normativen Grundlagen in die Bearbeitung des Inputs einfliessen. Der Prozess dieser Bearbeitung als zeitlicher Ablauf wird bestimmten Ablaufregeln unterworfen sein.
- Die Output-Regeln regeln etwa die Form, in der der Output präsentiert wird (ausführlich, kurz, mündlich, schriftlich) und seinen Status (verpflichtend, beratend). Damit wird auch der Anschluss an weitere Prozesse geklärt.

Diese Gruppierung von Regeln ergibt einen guten Raster, um Ethikgremien – durchaus nicht nur medizinethische – zu analysieren und zu vergleichen. Wichtig dürfte sein, dass Ziele und Regeln kohärent sind: dass also etwa Kompetenzen (Output-Regeln) und Aufgaben (Input-Regeln) übereinstimmen und zusammen mit dem Verfahren (Deliberationsregeln) und einer passenden Institutionalisierungsform geeignet sind, das gegebene Ziel zu erreichen. Dies dürfte eher möglich sein, wenn eine genügend starke Spezialisierung gegeben ist, also nicht zu viele Ziele zugleich erreicht werden müssen.

Ergänzungen

Die Zusammensetzung von Ethikgremien ist bisweilen umstritten (vgl. auch unten zur Zusammensetzung von Ethikgremien in Firmen). Interessanterweise bilden die Ethikerinnen und Ethiker faktisch eine oft verschwindende Minderheit in diesen Gremien – obwohl sie allermeist mit dem Wort «Ethik» in der Bezeichnung auftreten. Wie erwähnt stellen Theologie und Philosophie zusammen 7,2% der Mitglieder von deutschen Forschungsethikkommissionen; in vielen dieser Kommissionen sind sie gar nicht vertreten. Ausserdem verstehen sich Theologinnen und Theologen nicht immer als Ethikerinnen bzw. Ethiker (Schlaudraff 2003).

Autorinnen und Autoren, welche für einen geringeren Einfluss von Ethikgremien eintreten, kommen wenig zu Wort – im ethischen Diskurs jedenfalls. Mieth zitiert immerhin Sass («Staatliche Reglementierung neuer Techniken ist ethisch bedenklich.» usw.) Ähnlich in der Stossrichtung wie Sass, aber sachlich etwas anders, argumentiert Pettit (1999). Er meint, dass sich die Praxis der medizinischen Ethikkommitees aus bestimmten Gründen so weit verschärfen wird, bis diese Kommitees von Forschergruppen, welche etwa Forschung am Menschen unternehmen wollen, notwendigerweise umgangen werden. Die Gründe für seinen «Pessimismus» in diese ganz andere Richtung lassen sich folgendermassen zusammenfassen: Erstens ist die Strafe für eine zu lasche Beurteilung von solchen Forschungsvorhaben grösser als für eine zu strenge Beurteilung. Denn im Ersteren Fall droht ein öffentlicher Skandal, im Letzteren bleibt die allfällige Empörung doch mehr oder weniger auf die abgewiesene Gruppe von Forschenden beschränkt. So würden Ethikkommitees systematisch zu Übervorsicht erzogen (a.a.O., 321 und passim). Zweitens meint er, dass die Ethikkommitees aus dem Bedürfnis heraus handeln, nicht nur «dekorativ», sondern faktisch zu wirken, also «ihr Vorhandensein geradezu spüren [zu] lassen» (a.a.O., 323). Drittens sieht Pettit eine «Neigung dieser Komitees, nicht nur sich selbst zu behaupten, sondern auch noch selbstgerecht zu sein». Er meint damit, dass die Absicht im Vordergrund steht, eine «reine Weste» (324) zu behalten.

Die öffentliche Wahrnehmung von Ethikgremien (und von Ethik als Disziplin überhaupt) ist nach den Informationen aus den Expertinnen- und Experteninterviews nicht gerade positiv, jedenfalls was die Schweiz betrifft. Der Bericht über die Gründung der «Nationale Ethikkommission» in der Schweiz in der Weltwoche (30.8.2001, Seite 9–10), einer damals recht bedeutsamen und oft differenzierten Wochenzeitung der Schweiz, war betitelt mit «das schlechte Gewissen der Nation». Er wurde auf der Frontseite mit «gegründet mit der Lizenz zum Schwafeln» angekündigt und berichtet, dass allein schon das Budget die Kommission zur Bedeutungslosigkeit verurteile und die Entscheidungen an anderen Orten gefällt würden. Die Prognosen haben sich nicht als völlig zutreffend, aber auch nicht als falsch erwiesen. Der

Artikel kritisiert die «Nationalen Ethikkommission» nicht als besonders problematisches Gremium, sondern als exemplarisch für die Fragwürdigkeit des Ethik-Gremien-Booms überhaupt und hält zu Beginn fest: «Eine Ethikkommission mehr. An die 200 Kommissionen beschäftigen sich in der Schweiz schon mit Ethik.» Es ist erstaunlich, dass die Art und Weise, wie Ethikgremien in der Öffentlichkeit offenbar (auch) wahrgenommen werden, kein Thema im wissenschaftlichen ethischen Diskurs ist. Ein Standesbewusstsein und eine Branchenbildung der Ethikerinnen und Ethiker scheinen zu fehlen.

3.1.2 Ethikgremien in Unternehmen

Inzwischen hat sich das Konzept der Ethikgremien über die Medizinethik hinaus ausgebreitet. Laut Befragungen nimmt der Einsatz von Ethikkommissionen in Unternehmen in Amerika, wo diese ohnehin deutlich verbreiteter sind als in Europa (Wittmann a.a.O., 23), weiter zu. Wittmann (1995, 21–22) beschreibt im Anschluss an Staffelbach (1994) zwei idealtypische Stossrichtungen von Ethikgremien in Unternehmen und bezeichnet die erste mit «diskursive Unternehmensethik» und die zweite mit «Business Ethics».
«Im Rahmen einer diskursiven Unternehmensethik [...] besteht die Aufgabe einer Ethik-Kommission darin, Verfahren zur Verfügung zu stellen, die es erlauben, bei moralisch-praktischen Konflikten die erhobenen normativen Geltungsansprüche ‹zur Sprache› zu bringen. Die Ethik-Kommission ist ein ‹Forum für die dialogische Verständigung›, in dem Dialoge als unvoreingenommene, zwanglose und nicht-persuasive Verständigungen über ein moralisches Problem geführt werden können.»
Und andererseits:
«Im Rahmen der US-amerikanischen Business Ethics entspricht der Aufgabenbereich einer Ethik-Kommission dem einer unternehmensethischen Stabsstelle. Als solche ist sie direkt der Unternehmensführung unterstellt und mit der Umsetzung der Unternehmensethik in die Strukturen und Prozesse der Organisation betraut. Entsprechend anderen ‹Service-Stellen› im Unternehmen wie z.B. der zentralen Personalabteilung, liegt ihre Aufgabe
- zum einen in der Anpassung, Überwachung und Weiterentwicklung unternehmensweit gültiger ethischer Richtlinien (z.B. Ethik-Kodex),
- zum anderen in der ‹real-time›- Beratung und Unterstützung von Linieninstanzen bei auftretenden moralischen Problemsituationen.»

Wittmann sieht diese beiden Modelle nicht als «unvereinbare Perspektiven», sondern hält sie für «als komplementäre Aufgabenbündel integrierbar». Er gibt drei Kriterien für den «Erfolg einer am diskursethischen Modell orientierten Kommissionslösung» an: Geschäftsordnung, Mitgliedschaft und Zusammenarbeit (a.a.O., 25–29):
1) «In erster Linie sollte sich die Ethik-Kommission als ‹Anwalt der praktischen Vernunft› verstehen, damit sie nicht zum sozialtechnischen Instrument der Durchsetzung unternehmerischer Interessen wird. In praxi ist aber immer wieder zu beobachten, dass organisatorische Massnahmen im Sinne einer Ethik-Kommission dem Management zur ex post-Akzeptanzsicherung und zur Unterstützung für bereits festgelegte moralisch konfliktträchtige Handlungsorientierungen dienen.»

Wittmann meint, dass dies durch eine «Festlegung der grundlegenden Rechte und Pflichten der Kommissionsteilnehmer» im Sinne von «Teilnahme-, Informations-, Kommunikations- (Anhörungs-, Mitsprache-, Veto-), Mitwirkungs- und Klagerechte aller (potenziell) Mitwirkenden» verhindert werden kann: «Das Primat der in der Kommissions-Geschäftsordnung festgelegten Rechte vor jedem inhaltlichen Dialog ist die entscheidende Voraussetzung für eine ethisch und nicht bloss strategisch motivierte ethisch-normative Auseinandersetzung.»

2) Er votiert gegen die in Amerika offenbar übliche durchschnittliche Zusammensetzung von Ethikkommissionen aus 92% Unternehmensangehörigen, von denen nur 8% nicht dem Führungskader angehören. In der Ethikkommission sollen Betroffene stellvertretend beteiligt sein und die Kommissions-Teilnehmer seien «zu einem verantwortungsethisch reflektierten Handeln» zu verpflichten. Entscheidend sei, «dass Anspruchsgruppen, die in ihren Rechten verletzt werden könnten, grundsätzliche Partizipationsrechte zugesichert bekommen, die sie dann situativ einlösen können».

3) Das dritte Kriterium betrifft die Zusammenarbeit. Wittmann rückt hier die Offenheit, die faktische Wirksamkeit und die Bereitschaft, auf Themen immer wieder zurückzukommen, ins Zentrum.

Spätestens, wenn Wittmann die Begriffe «Aufrichtigkeit» und «Wahrhaftigkeit» ins Spiel bringt, entsteht in seinem Text der Eindruck eines Hiaths zwischen Ökonomie und Ethik, auch wenn er gerade diesen überwinden möchte. Denn: Ist es wirklich möglich, sinnvoll und angemessen, mit solchen moralischen Appellen anzutreten, etwa gegen den finanziellen Druck und systematische Abhängigkeiten in der Unternehmenshierarchie – von dem gerade auch Mitglieder in firmeninternen Ethikgremien betroffen sind? Zutreffend dürfte dagegen Wittmanns Problemanalyse sein: Die Hauptschwierigkeit dürfte tatsächlich in der Vereinnahmung von Ethikkommissionen und ihrer Funktionalisierung für primär wirtschaftliche Unternehmenszwecke bestehen. Immerhin sind Mitglieder fimeninterner Ethikgremien Teil des Unternehmens, dessen primäres Ziel es in der Regel ist, Gewinn zu erwirtschaften.

Richtig dürfte auch der Hinweis sein, dass die Geschäftsordnung und die Zusammensetzung wesentliche Kriterien für die Einschätzung eines Ethikgremiums bilden. Sie können eine Grundlage für einen sinnvollen Umgang mit Machtverhältnissen und Abhängigkeiten bieten.

3.1.3 Ethikgremien im politischen Bereich

Bereits 1998, also vor der genannten Medizinethischen Kommission (NEK), setzte der schweizerische Bundesrat mit seiner Verfügung vom 27. April 1998 die Eidgenössische Ethikkommission für die Gentechnik im ausserhumanen Bereich (EKAH) ein:

> «Die Eidgenössische Ethikkommission für die Gentechnologie um ausserhumanen Bereich beobachtet und beurteilt aus ethischer Sicht die Entwicklungen und Anwendungen der Bio- und Gentechnologie im ausserhumanen Bereich. Sie nimmt zu den damit verbundenen Fragen aus ethischer Sicht Stellung. [...]
> Die Kommission berät aus ethischer Sicht
> a. den Bundesrat sowie nachgeordnete Dienststellen bei der Vorbereitung von Vorschriften, Richtlinien und Empfehlungen [...] Die Kommission kann dem Bundesrat von sich aus Vorschläge für die zukünftige Rechtsetzung unterbreiten;

b. eidgenössische und kantonale Behörden beim Vollzug bundesrechtlicher Vorschriften».

Diese Kommission ist ein gutes Beispiel für ein nicht-medizinethisches Ethik-Gremium in der Politik. Ausgehend von der Publikation von Rippe (1999a), in der er sich explizit mit ihr befasst, soll diese Variante von Ethikgremien vertieft werden.

Rippe verteidigt diese Kommission gegen verschiedene Kritikpunkte. Er hält fest, dass eine solche Kommission keine «Hüterin der Ethik» sein könne, da nur Moral gehütet werden könnte. Ethik bilde aber eine Metaebene zur Moral.

Weiter thematisiert er die Kritik, eine solche Kommission könnte zu einer «Delegation des Gewissens» verkommen. Er argumentiert, dass Bürgerpartizipation als Ausdrucksorte individuellen Gewissens und Ethikkommissionen als Expertengremien sich nicht ausschliessen. Im Gegenteil hat die EKAH den Auftrag, den öffentlichen Diskurs zu fördern.

Ausführlicher beschäftigt sich Rippe mit dem Expertenstatus. Experten seien moralisch nicht sensibler als Laien. Da sie moralische Intuitionen jeglicher Art ebenso ernst zu nehmen wie tiefgreifend in Frage zu stellen haben, können sie sogar als unmoralisch erscheinen.

Die Empfehlungen Rippes fallen in diesem kurzen Text im Vergleich zu den Verteidigungen eher kurz aus. Er fasst sie unter dem Stichwort «Vertrauen» zusammen. Für das Vertrauen in die Forschung wie in die Ethikkommissionen könnten zwei Dinge verbessert werden: Erstens wäre eine Kombination – ohne Vermischung – mit bürgerpartizipativen Gremien wünschenswert, u.a. um die Arbeit der Ethikkommission unter Interessierten überhaupt verständlich zu machen: «Denn diese liefern zwar keine Expertisen, aber sie können ein besseres Verständnis zwischen Experten und Laien schaffen und vermitteln» (a.a.O., 368). Zweitens sollte die Transparenz der Forschung wie der Ethikkommissionen stark erhöht werden: Ohne Transparenz «werden die lokalen Ethikkommissionen in der Aussenwahrnehmung des Laien eher vertrauensabbauend, denn – stärkend wirken» (a.a.O., 369) – was man m. E. der Öffentlichkeit nicht übel nehmen kann.

Während bei Kettner die Zusammensetzung von Ethikgremien nur ein Kriterium unter vielen, namentlich eine der Regeln der Institutionalisierung, ist, steht sie bei späteren Publikationen Rippes im Zentrum: Er (2000, 154) unterscheidet »Konsensuskonferenzen» (Kommissionen aus Bürgern), «Clearingkommissionen» (Kommissionen aus Vertretern einflussreicher gesellschaftlicher Gruppen) und «Expertenkommissionen» (Kommissionen aus wissenschaftlich kompetenten Personen).

Relevant für die Reflexion des Ethiktransfers ist nur die dritte Gruppe und dies auch nur dann, wenn die Ethikerinnen und Ethiker als Fachleute in einer Expertenkommission tagen, worauf sich Rippe allerdings im Folgenden konzentriert. Die Nennung der beiden anderen Varianten von Kommissionen ist aber aus einem gewichtigen Grund von Bedeutung: Viele der real existierenden Ethik-Gremien sind eine Mischung aus diesen drei Sorten von Kommissionen. Es dürfte zutreffen, dass eine in dieser Art gemischte Zusammensetzung problematisch ist: Weder ist eine ausgewogene basisdemokratische Bürgervertretung gegeben (weil Personen, welche einfach als «Bürger» Einsitz haben, sich gegen Personen, welche eine gewichtige Organisation repräsentieren, ohnehin nicht durchsetzen können), noch kann von einem runden Tisch von Stakeholdern gesprochen werden (weil mindestens rhetorisch ein gewisser Anspruch an Bürgervertretung und ethischem Fachwissen in Verlautbarungen solcher Kommissionen angemeldet wird). Aber auch wissenschaftlich-ethische Stellungnahmen dürfen nicht eigentlich erwartet werden (weil deren Produktion in einer Kommission mit einer Minderheit von wissenschaftlichen Ethikerinnen und Ethikern in der Regel nicht möglich ist). Damit bleibt unklar, was für eine Funktion eine solche Kommission überhaupt erfüllen kann und was mit der Bezeichnung «Ethik» gemeint sein könnte. Rippes Kritik stimmt mit der Diagnose von Düwell, Hübenthal und Werner (2002) überein: «Da diese Gremien in der Regel interdisziplinär zusammengesetzt sind, ergibt sich häufig die Situation, dass die Regelung von moralisch strittigen Fragen durch eine Kommission aus Biologen, Medizinern, Juristen, Theologen und Philosophen präjudiziert wird. Die Tatsache, dass dieses Präjudiz unter dem Label ‹Ethik› figuriert, wirft die Frage auf, was denn genau Massstäbe und Kompetenzerwartungen an die Ethik in einer modernen Gesellschaft sein könnten. Ethik kann und soll eine demokratische Willensbildung nicht ersetzen, sondern sollte ihre genuine Reflexionskompetenz in diesen Diskussionsprozess einbringen.»

Rippe (o.J., 31) befasste sich auch eingehend mit der Studiengruppe «Forschung am Menschen», welche sich im Anschluss an die Verfassungsänderung von 1992 für die Schweiz mit der Zulässigkeit der Forschung an überzähligen Embryonen und der Zulässigkeit der Präimplantationsdiagnose zu befassen hatte. Er zeigt mit überzeugender Kritik am Schlussbericht noch einmal das allgemeine Dilemma solcher gemischter Kommissionen: Sie erstellen weder wissenschaftliche Gutachten, welche sich an den Massstäben wissenschaftlicher Praxis zu messen und deren Standards einzuhalten haben, noch Stellungnahmen eines repräsentativen parlamentarischen Arbeitskreises oder eines Bürgerforums. Die Zukunft der Ethikgremien muss nach Rippe u.a. in einer Klärung der Funktionen bestehen (Aufteilung in zwei Gremien bei Rippe 1999a).[1]

Angesichts dieser Problematik votiert Rippe (2000, 157) für die klar definierte Experten- und Expertinnenkommission: «In direkten Demokratien stellen Expertenkommissionen sogar den einzigen sinnvollen Weg dar, um die ethische Diskussion auf politischer Ebene zu institutionalisieren.»[2] Um das entsprechende empirische Fachwissen in die Überlegungen einer solchen Kommission integrieren zu können, möchte Rippe auch «Sozialwissenschaftler» und «Ökonomen» sowie «Naturwissenschaftler» in einer solchen Kommission vertreten wissen, sowie «Juristen», damit Ergebnisse adäquat umgesetzt werden können.

Gegen die kritische Anfrage: «Kann und darf es überhaupt Ethik-Experten geben?» verteidigt Rippe seine Position, indem er festhält, dass die professionelle ethische Fachperson zwar an zwei ethischen Diskursen teilnehme, «dem wissenschaftlichen und dem öffentlichen» (a.a.O., 159). Dies ist aber eine wichtige Qualität, die durchaus nicht einer Expertokratie Vorschub leisten muss. Dieses Problem tritt genau dann nicht auf, wenn die Funktion der Ethikkommission darin besteht, «den Bürgern [...] eine informiertere Entscheidung zu ermöglichen». Problematisch wäre es, wenn ethische Fachpersonen eine Autorität erhielten, so dass man ihnen qua Autorität und nicht qua Argumenten folgen bzw. auch einmal nicht folgen würde. Um dies zu verhindern, muss nicht nur eine Entscheidungskompetenz der Ethikkommission

---

[1] Wieder anders ist der Ansatz von Kettner (1999), welcher anhand von Diskursparametern auf diskursethische Verbesserungen der Arbeit von Ethikkommissionen zielt (vgl. auch Toellner 1990).

[2] Der Hinweis auf die direkte Demokratie ist bei Rippe (2000, 156) wichtig: «Eine direkte Referendums- und Initiativdemokratie stellt bereits die beste Möglichkeit der Bürgerpartizipation dar.» Eine Scheinverdoppelung dieser Pratizipation in Kommissionen aus Bürgern hält Rippe sogar für kontraproduktiv.

ausgeschlossen sein, sondern soll man sich nach Rippe auch «den vernünftigen Pluralismus der Ethik zunutze [...] machen» (161): «Sobald Ethikkommissionen jenen vernünftigen Pluralismus abbilden, der sich in moralphilosophischen Diskussionen auszubilden pflegt, besteht keine Gefahr, dass Bürger die Empfehlungen der Experten übernehmen.» Es ist daher «wichtig, dass mehrere Ethiker unterschiedlicher Provenienz in den Kommissionen sitzen und ihre Sicht nicht-neutral vertreten»[1]. Weiter legt Rippe fest, dass die Ethikkommissionen nicht nur eine Stellungnahme abgeben sollen, sondern auch Argumente und Gegenargumente in ihren Papieren vorlegen sollen. Er vertritt die Position, dass sie gänzlich eine «öffentliche Angelegenheit» zu sein haben.

Rippe bringt damit zweierlei zur Sprache. Erstens wird ersichtlich, dass es das Problem der «Expertokratie» auch in der Ethik geben könnte und dass dieser Bedrohung – u.a. gerade aus ethischen Gründen – begegnet werden muss. Zweitens macht er plausibel, dass politische Ethikkommissionen zumindest theoretisch die autonome, moralische Entscheidung der Bürgerinnen und Bürger (bzw. anderer durch eine Ethikkommission beratener Personen) nicht nur nicht tangieren müssen, sondern sogar stärken, ja in manchen Fällen sogar erst instand stellen können.

3.1.4 Kritisches Fazit und Schlussfolgerungen für den Ethiktransfer

Ethikgremien sind verbreitet und deshalb eine bedeutsame Form des Ethiktransfers. Die unterschiedlichen Varianten von Ethikkommissionen im medizinischen Bereich, die verschiedenen Formen in Unternehmen und die EKAH als spezialisiert politikberatende Ethikkommission mögen zusammen illustrieren, dass *das Konzept der Ethikkommission weder an Themen noch an bestimmte Institutionen oder gesellschaftliche Bereiche gebunden ist*. Sowohl die Anzahl der Ethikgremien – Rippe rechnet 1999 (a.a.O., 359) mit 150 bis 170 allein in der Schweiz – als auch deren Thematisierung in ethischen Publikationen (vgl. neben den bereits zitierten u.a. Megone 2000) sind stark im Zunehmen begriffen.

Im Folgenden werden die oben stehenden Reflexionen in neun Punkte zusammengefasst, die für die Qualität der Arbeit von Ethikgremien kritisch sind. Um dabei Erkenntnis nicht nur für Ethikgremien, sondern für Ethiktransfer generell zu gewinnen, wird für jeden Punkt bedacht, inwiefern sich dieses Kriterium der Qualität auf Ethiktransfer insgesamt (etwa auf ethische Gutachten, Kombinationen von Forschungs- und Praxisprojekten usw.) übertragen lässt.

1. *Unterscheidung von Ethik und Moral*: Oft fehlt in der allgemeinen Wahrnehmung – zuweilen auch im Selbstverständnis eines Ethikgremiums – eine Unterscheidung zwischen Ethik und Moral. Es kann allerdings nicht die Aufgabe einer Ethikkommission sein, eine richtige Moral durchzusetzen. Eine Ethikkommission muss klären, was sie aus der Perspektive der Ethik als Reflexionstheorie der Moral zu anstehenden normativen Fragen beitragen kann. Um dies tun zu können, muss sie den Unterschied zwischen Moral und Ethik deutlich machen. Dies ist ebenso anspruchsvoll wie unumgänglich.

> Die Unterscheidung von Ethik und Moral ist generell für Ethiktransfer von fundamentaler Bedeutung. Unklarheit in diesem Punkt ist oft kombiniert mit Unklarheit in der Unterscheidung von Ethik im engeren und Ethik im

---

[1] Gemeint ist selbstredend: neutral in der Sache, aber nicht-neutral in der ethischen Methodik.

> weiteren Sinn (s.o.). Die innere Klarheit über diese beiden Unterschiede ist für alle Ethiktransferaktivitäten wesentlich. Diese Unterscheidungen nach aussen zu kommunizieren sollte eine flankierende Massnahme aller Ethiktransferaktivitäten sein.

2. *Formenvielfalt und Übereinstimmung von Zielsetzung und Form*: Im Allgemeinen werden schon im medizinethischen Bereich drei Haupttypen von Ethikgremien unterschieden, die wieder in Subtypen zu gliedern sind. Bedenkt man ausserdem ethische Gremien im Kontext von Wirtschaft und Politik mit, wird es noch evidenter, wie bedeutsam es ist, Typen zu unterscheiden und auf die Konsistenz zwischen Aufgabe und Methode («Ziele» und «Regeln» bei Kettner) zu prüfen. Es ist dabei auch zu fragen, wo die Bezeichnung «Ethik»-Gremium bzw. -Kommission warum zutrifft bzw. nicht zutrifft.

> Die Konsistenz zwischen Aufgabe und Methode sowie die Transparenz dieses Verhältnisses ist für alle Ethiktransferaktivitäten entscheidend. Generell sollte die Perspektive auf Formenvielfalt und die entsprechenden Wahlmöglichkeiten bei der Ausgestaltung von Ethiktransfer auch deutlich machen, dass stets die prozesshafte Weiterentwicklung der Form als Aufgabe bestehen bleibt: einerseits im Sinne einer Optimierung auf dem Hintergrund gemachter Erfahrungen und neuer Erkenntnisse, andererseits darum, weil sich die äusseren Verhältnisse laufend ändern und eine einst passende Form sehr rasch nicht mehr adäquat sein kann.

3. *Personelle Zusammensetzung*: Die Zusammensetzung von Ethikgremien ist kritisch: Wittmann möchte die Anspruchsgruppen in der Ethikkommission, Rippe möchte ein Gremium von Experten. Prinzipiell ist beides denkbar.

> Die «Personalselektion» tauchte als wichtige Frage für die Ausgestaltung von Organisationen, die praktische Umsetzung von Ethik leisten, bereits beim ethischen Investment als kritischer Punkt auf (Ulrich, Jäger und Waxenberger 1999, 40). Bei Ethikgremien ist die Zusammensetzung prinzipiell strittig. Jedenfalls kann eine Stakeholder-Runde nicht Ethikkommission heissen. In der EKAH ist festgehalten, dass die Ethikerinnen und Ethiker das absolute Mehr stellen müssen. Dies könnte eine interessante Kompromissvariante sein, die auch auf andere Formen von Ethiktransfer übertragbar wäre.

4. *Expertokratie*: Kettner und Rippe diskutieren dieses Problem. Als Antidot kann eine aktive Förderung des öffentlichen Diskurses über die behandelte Thematik durch das Ethikgremium gesehen werden – und ein realer Einbezug derjenigen Betroffenen, deren Interessen vertreten werden, wie das Mieth vorschlägt.

> Jede Institutionalisierung von Ethiktransfer birgt natürlich die «Gefahr, dass [...] Moralverantwortung auf moralisch fragwürdige Weise delegiert wird» (Kettner 2002, 56). Ein Element der Qualität von Ethiktransfer besteht daher darin, dass er die Individuen, auch öffentlich, für die entsprechenden

ethischen Fragen sensibilisiert. Dies dürfte beim prinzipiengeleiteten Investment stärker der Fall sein als bei klinischen Ethikkommissionen. Ethiktransferaktivitäten dürfen generell nicht zur Delegation von Verantwortung führen, sondern sollen im Gegenteil das individuelle Verantwortungsgefühl und individuelle verantwortliche Entscheidungen fördern.[1]

5. *Pluralität ethischer Ansätze*: Mehrfach wird diese prinzipielle Mehrperspektivität in einem Ethikgremium für wesentlich gehalten. Sie vermindert nicht nur die Gefahr einer Expertokratie, sondern ebenso sehr das Risiko einer Vereinnahmung einer Ethikkommission durch Machtinteressen. Wichtig ist, dass diese Bezugnahme auf unterschiedliche ethische Ansätze nicht in eine platte Güterabwägung zwischen unterschiedlichen Prinzipien mündet, wie das Mieth beobachtet, sondern dass eine kohärente Integration der Anliegen der verschiedenen Ansätze angestrebt wird.

> Dieses Postulat kann tel quel auf Ethiktransfer übertragen werden. Erstens kann jede institutionalisierte Form von Ethiktransfer «eine Autorität gewinnen, die im Namen der Konsensbildung fortbestehende Dissense in einer pluralen Gesellschaft überdeckt» (Kettner 2002, 56). Ein Qualitätskriterium für Ethiktransfer ist es daher, wenn Werteplurälität und Dissens nicht überdeckt, sondern im Gegenteil strukturiert werden. Dies kann als eine der Aufgaben von Ethikkommissionen gesehen werden, dürfte aber auch im Bereich aller anderen Formen von Ethiktransfer möglich sein, zumindest als flankierende Massnahme. Zweitens könnte jede Form von Ethiktransfer in jedem Handlungsfeld durch monistische Bezugnahme auf einen ausgewählten Ansatz fundamentalistisch werden und bzw. oder könnte damit leichter funktionalisiert werden. Auch die Forderung nach einer kohärenten Integration unterschiedlicher ethischer Prinzipien im Anschluss an Mieth kann auf alle Formen von Ethiktransfer übertragen werden.

6. *Diskursqualität*: Wittmann, Rippe und auch Kettner thematisieren die Diskursqualität in Ethikgremien. An dieser Stelle haben Begriffe wie Aufrichtigkeit (Kettner a.a.O., 352, Wittmann a.a.O.) und andere diskursethische Prinzipien ihren entscheidenden Platz. Welche Massnahmen eine solche Diskursqualität sichern können, darüber schweigen aber die vorliegenden Texte. Die allenthalben geforderte Transparenz könnte jedoch ein wesentlicher Beitrag dazu sein.

> Auch dieses Kriterium kann direkt verallgemeinert werden, einschliesslich der Forderung nach Transparenz.

7. *Neutralisierung von Machtdifferenzen*: Wiewohl auch unter den Punkt 6 zu subsummieren, so wegen ihrer elementaren Bedeutung separat zu nennen, ist die «Neutralisierung von Machtdifferenzen» (Kettner a.a.O., 351). Je mehr Eigeninteresse Mitglieder einer Ethik-

---

[1] Dies kann durch eine Versachlichung oder überhaupt eine Lancierung eines öffentlichen Diskurses über ein ethisch relevantes Thema geschehen, aber auch ganz konkret durch die Schaffung neuer Wahlmöglichkeiten für Individuen und damit durch die Schaffung neuer Felder individueller Verantwortung, wie dies beispielsweise das Labeling bieten kann.

kommission verfolgen können und je mehr sie unter Druck gesetzt werden können – etwa, weil sie im Betrieb angestellt sind, in dessen Ethikkommission sie arbeiten –, desto unwahrscheinlicher ist ein sachgeleiteter Diskurs und ein wissenschaftlich akzeptables Resultat. Dies wird bedeuten, dass politische Ethikgremien betrieblichen Ethikgremien vorzuziehen sind, wobei prinzipiell auch Koexistenzen denkbar sind. Keinesfalls jedoch können betriebliche Ethikgremien unabhängige Ethikgremien ersetzen. Mindeststandard muss die Offenlegung von Machtstrukturen und Interessen sein. Wichtig ist, wie Mieth aufzeigt, dass seitens der Ethik mit ihnen bewusst, aktiv und moralisch umgegangen wird. Ist jedoch die Dominanz von Machtstrukturen zu gross, bringt das eine Funktionalisierung mit sich und sollte der Begriff «Ethik» in der Bezeichnung des Gremiums nicht auftreten.

> Die «Gefahr, dass Moralexperten eine moralisch nicht wünschenswerte Expertenkultur aufbauen, deren moralische Urteilsbildung durch politische Vereinnahmung zunehmend in den Dienst politischer Interessen gerät» (Kettner, a.a.O.) kann weit über die Ethikkommissionen hinaus im Feld des Ethiktransfers auftreten. Qualitätskriterium ist daher auch hier die Unabhängigkeit der im Ethiktransfer aktiven Personen und Institutionen und die Offenlegung allfälliger dennoch bestehender Verflechtungen.

8. *Beratungs- oder Entscheidungsfunktion*: Man kann die Auslieferung von Ethikgremien an Machtinteressen auch dadurch mindern, dass man die Macht der Ethikgremien selbst vermindert: Je weniger Entscheidungseinfluss Ethikgremien haben, desto weniger interessant sind sie als Objekte illegitimer Beeinflussungsversuche. Eine Verminderung der Macht von Ethikgremien steht allerdings dem Wunsch nach Wirksamkeit entgegen. Zwischen diesen beiden Zielen wird ein Ausgleich zu suchen sein. Fest steht, dass Ethikgremien, welche weitreichende Entscheidungskompetenzen hätten, nicht nur rasch als Teile einer Machtstruktur wahrgenommen würden, sondern auch faktisch schnell solche werden könnten.

> Nicht jede Form von Ethiktransfer steht vor der Alternative von Beratungs- und Entscheidungsfunktion, aber in jeder Form von Ethiktransfer sind ethische Fachleute so eingebunden, dass geklärt werden muss, ob ihnen eine Beratungs- oder Entscheidungsfunktion zukommt. Die genannten Vor- und Nachteile beider Varianten sind jeweils abzuwägen. Zwei Beispiele: Wenn, wie etwa bei ethisch-ökologischen Fonds, die Ethikerinnen und Ethiker relativ weit weg von Machteinflüssen arbeiten können, liegt es nahe, direkteren Einfluss, also mehr Entscheidungsfunktionen (Vetorecht o. ä.) vorzusehen. Firmeninterne Ethikgremien, welche Machtstrukturen direkt ausgesetzt sind, dürften an Unabhängigkeit gewinnen, wenn sie eine reine, aber weit gefasste Beratungsfunktion haben. Dies gilt insbesondere dann, wenn sie die Möglichkeit haben, selbst Themen zu setzen, und diese evtl. mit Bildungsfunktionen für die Firma kombinieren können.

9. *Anreize und Tendenzen*: Dem Risiko, dass (interne) Ethikgremien der «ex post-Akzeptanzsicherung» und der «Unterstützung für bereits festgelegte moralisch konfliktträchtige Handlungsorientierungen» (Wittmann a.a.O.) dienen könnten, steht die Befürchtung von Pettit

diametral gegenüber, dass (externe) Ethikgremien durch asymmetrische Sanktionsmechnismen und interne Eigendynamiken selbstgerechter Wirksamkeitswünsche sich zunehmend forschungs-, wirtschafts- und technologiekritisch entwickeln könnten. Ob diese Befürchtung zu Recht besteht, wäre allererst zu überprüfen.[1] In jedem Fall wäre es sinnvoll, die Anreizstrukturen und Eigendynamiken, welche den «Kurs» eines Ethikgremiums beinflussen, zu untersuchen, transparent zu machen und allenfalls zu ändern. Denkbar wäre etwa dieVorgabe, dass, um ein Beispiel aus der Forschungsethik zu nennen, Forschungsethikkommissionen angewiesen werden, problematische Forschungsprojekte nicht abzulehnen, ohne im Gespräch mit den Antragsstellenden eine akzeptable Lösung gesucht zu haben. Kommt eine Einigung zu Stande, sollte die Forschungsethikkommission – Einhaltung der ethischen Kriterien immer vorausgesetzt – dafür positiv sanktioniert werden.

> Es ist generell wünschenswert, Veränderungen eines Ethiktransfersystems über die Zeit empirisch zu beobachten sowie zu reflektieren, welchen Anreizen und Tendenzen sie unterliegen. Auch diese Anreize und Tendenzen können und sollen aktiv gestaltet und verantwortet werden. Übertragen auf ethische-ökologische Fonds könnte das etwa bedeuten, Erfolg eines Fonds auch, aber keinesfalls nur als Volumenzunahme zu definieren. Vielmehr ist auch und gerade als Zielerreichung zu verstehen, was mit einem solchen Fonds an Veränderungen in konkreten Unternehmen erwirkt wird. Ebenso hat als Erfolg zu gelten, wenn es möglich wird, eine restriktivere Auswahl von Anlagepapieren vorzunehmen oder Kriterien zu optimieren. Auch diese Wirkungen und Prozesse sind als Leistungsausweis eines ethisch-ökologischen Fonds, um bei diesem Beispiel zu bleiben, zu kommunizieren, genauso wie ein Volumenwachstum.

Fazit: Jeder dieser neun Punkte lässt sich somit auf Ethiktransfer generell übertragen und wird daher bei den Kriterien zur Qualität von Ethiktransfer wieder auftauchen.[2]

---

[1] Es ist aber nicht ausgeschlossen, dass gewisse Probleme dieser Art sich zu zeigen beginnen. Megone (2000, 173) hält mit Bezug auf Alberti fest: «Aus der externen Perspektive der Forscher, die ihr Projekt einem LFK [lokales forschungsethisches Komitee] vorlegen müssen, ist der zu erwartende oder zu befürchtende Arbeitsaufwand besonders bei Plänen für multizentrische, eine Anzahl von Einrichtungen an verschiedenen Orten einbeziehende Vorhaben, enorm, da die Versuchspläne von allen Komitees aller Einrichtungen gebilligt werden müssen. In einer Untersuchung neueren Datums werden z. B. Versuchspläne beschrieben, die bis zu 162 mal vorgelegt werden mussten. Eine Forschergruppe hatte 118 verschiedene Antragsformulare zu bearbeiten, in einer anderen unterschieden sich alle auszufüllenden Anträge inhaltlich und umfassten zwei bis zehn Seiten. In einem Fall variierte die Zeit bis zum Bescheid des Komitees zwischen sechs und 161 Tagen, in einem anderen Fall lag von einem Viertel der einbezogenen Komitees nach drei Monaten noch keine Antwort vor. Auch die verschiedenen Veränderungen, die den Forschern seitens der Komitees zur Auflage gemacht wurden, variierten sehr stark. Eine Untersuchung kalkuliert einen Aufwand von sieben bis acht Wochen Personaleinsatz von einer Forschergruppe, um mit den Ethikkomitees zurecht zu kommen.»

[2] Im Kontext der Ethikgremien wird auch der spezifische Beitrag der Ethik zur Lösung der ihnen anvertrauten Probleme und Aufgaben diskutiert und damit das Fachwissen der Ethik umrissen. Bei Pauer-Studer (1999, 377) beispielsweise ist es die «Analyse der Voraussetzungen, Konsequenzen und der Stichhaltigkeit bestimmter Argumentationen» und «die angemessene Interpretation der grundlegenden politischen Werte». Auf die Bestimmung des spezifisch ethischen Fachwissens wird im Folgenden gleich weiter eingegangen werden.

3.2 Ethische Beratung

3.2.1 Individuelle Beratung und soziale Strukturen

Obwohl die Philosophie für Erziehung, Beratung und Psychotherapie einen wichtigen Bezugspunkt darstellt, begannen sich «erst Ende der siebziger, Anfang der achtziger Jahre Formen von Beratung (als Individualberatung sowie als Arbeit mit Gruppen) zu entwickeln [...], die sich ausdrücklich ‹philosophisch› nannten» (Ruschmann 1999, 483). Aktuellen Beratungsansätzen scheint oft gemeinsam zu sein, dass sie reflexiv, nicht transitiv konzipiert sind: Es geht um Selbstklärung (Brune/Gronke 2005, 76), nicht darum, jemanden zu beraten, sondern sich (mit jemandem) zu beraten (Lunau 2000, 139); nicht darum, jemanden zu orientieren bzw. orientiert zu werden, sondern darum, sich zu orientieren (Badura 2002, 28). Beratung entbindet nicht von Eigenverantwortung. Ganz im Gegenteil ist sie Hilfe zur Selbsthilfe. Die Aktivität einer Beraterin oder eines Beraters wird als «hilfreiche Kommunikation» (Ruschmann a.a.O., 483) definiert. «Demnach besteht die Aufgabe des philosophischen Beraters darin, die Weltsicht des Gegenübers zu rekonstruieren oder zu interpretieren (Lahav spricht von ‹Worldview interpretation›) und z.b. mit dem Klienten ungünstige Konzeptionen, die gegebenenfalls für ein ‹Problem› ursächlich bzw. mitverantwortlich sind, zu prüfen und zu verändern» (a.a.O., 484). Beratung ist hier also prinzipiell hermeneutisch konzipiert: Sie geht zunächst von dem aus, was bei der Klientin bzw. beim Klienten vorfindlich ist, und will vorerst dies verstehen, um den weiteren Diskurs darauf aufbauen zu können. «Das ‹Expertentum› des philosophischen Beraters besteht dabei nicht darin, ‹gültige› moralische Urteile zu fällen, sondern eher, mit einem differenzierten strukturellen und inhaltlichen Wissen um Werte den Prozess der Prüfung von Handlungen vor dem Hintergrund ethischer Konzeptionen und ‹Theorien› (hier: dem Wertesystem des Klienten) anzuleiten und zu begleiten» (a.a.O., 489).

Nachdem ethische Beratung in diesem Sinne kurz skizziert ist, muss allerdings vorweg die Frage gestellt werden, inwieweit ethische Beratung überhaupt Ethiktransfer darstellt. Zunächst ist ethische Beratung gänzlich «Moral- bzw. Ethikpädagogik» in dem Sinne, dass Wissen, Können, Kompetenz aus der wissenschaftlichen Ethik an Einzelpersonen geht. Veränderung von gesellschaftlichen und organisationalen Strukturen stehen nicht im Zentrum. Ethische Beratung im Kontext des Ethiktransfers, also unter dem Aspekt der Wirkung auf Strukturen zu thematisieren, ist auf drei Ebenen möglich:

- Erstens unter dem Aspekt, dass ethische Beratung sich etabliert und damit das Vorhandensein dieses Angebots selbst eine neue Struktur, somit eine strukturellen Veränderung darstellt (3.2.2).
- Zweitens unter dem Aspekt, dass ethische Beratung sich durchaus nicht auf individuelle Beratung beschränken muss, sondern auch als «Systemberatung» (s.u.) organisiert sein kann, beispielsweise als Unternehmensberatung (3.2.3).
- Drittens – damit gerät man aus dem Kernbereich ethischer Beratung heraus in einen Zwischenbereich im Feld der Beratung – unter dem Aspekt, dass Bezüge zwischen wissenschaftlicher Ethik und psychologischer Beratung[1] hergestellt werden können: Psychologische Beratung könnte, wie vorgeschlagen wird, sozialethische Überlegungen mitberücksichtigen.

---

[1] Die psychologische Beratung steht an der Stelle exemplarisch auch für andere therapeutische Angebote. Die Überlegungen lassen sich prinzipiell auch auf rechtliche und weitere Beratungen übertragen, wenn auch nur teilweise.

Wenn sie das tut, fliessen Überlegungen aus der wissenschaftlichen Ethik in die Struktur psychologischer Beratung ein (3.2.4).

3.2.2 Ethische Beratung von Personen

Badura (2002) beschäftigt sich in seiner Monographie ausführlich mit ethischer Beratung. Er behandelt fundamental- bzw. metaethischen Fragen und klärt so die Voraussetzungen ethischer Beratung. Anschliessend setzt er sich detailliert mit dem konkreten Vollzug solcher Beratungen auseinander und entwickelt eine Beratungsmethodik. Er schliesst diese an die «sokratische Methode» und damit an gute, alte Tradition der Ethik an. Allerdings geht die sokratische Methode «in der heute praktizierten Form» vor allem zurück auf Leonard Nelson, der durchaus aus einer modernen, pädagogischen Perspektive das «suggestive Fragen und Monologisieren» des Sokrates in den überlieferten Dialogen kritisiert, aber dennoch fragt, worin das Positive der sokratischen Leistung liegt (Badura a.a.O., 164). Badura entwickelt Nelsons Konzept weiter und geht von einer kohärentistischen Hintergrundstheorie aus, statt von den unter den Anhängern des Sokratischen Gesprächs sonst üblichen diskurspragmatischen und neonelsonianischen Konzepten (a.a.O., 167). Für den Zusammenhang des Ethiktransfers ist die Unterscheidung verschiedener «Schulen», die sich offenbar zu entwickeln beginnen (a.a.O., 156–163), eher nebensächlich. Sie wäre vorwiegend ein moralpädagogisches Thema. Bedeutsam ist, dass sich hier tatsächlich eine Etablierung ethischer Beratung abzeichnen könnte.

Gesetzt den Fall, ethische Beratung würde sich verbreiten und wäre, ähnlich wie psychologische Beratung und Psychotherapie, allgemein bekannt, so würde damit das Gesicht der Ethik grundlegend und strukturelle verändert. Die wissenschaftliche Ethik würde nicht nur bekannter, sondern würde um die «ethische Praxis» bereichert. Diese «Praxis» wäre durchaus im doppelten Sinn dieses Wortes zu verstehen, genauso wie die medizinische und psychologische «Praxis»: als aktives Handeln für Menschen und Welt, und als «Praxisraum». Ethik würde als gewissermassen individual- und beziehungstherapeutische Kunst wahrgenommen. Ähnlich der Tatsache, dass viele Menschen von der statistischen Psychologie wohl kaum wissen, obwohl diese an den Universitäten grossen Raum einnimmt, würde die breitere Bevölkerung die allgemeine Ethik und die Geschichte der Ethik kaum kennen, aber Ethik als alltäglich hilfreiche Unterstützungsform taxieren.

Dies würde nur teilweise auf den wissenschaftlichen Diskurs in der Ethik zurückwirken, so wie etwa die psychologische Forschung in vielen Bereichen recht unbehelligt bleibt von Umsetzungs- und Anwendungsfragen. Badura rückt aber einige Aspekte ethischer Reflexion ins Blickfeld, welche unter solchen Bedingungen eine neue Bedeutung erhalten könnten. Er hält zunächst fest, dass zu wenig Umsetzungsreflexion vorgenommen werde (14) und kritisiert, dass auch die Bereichsethiken wesentlich eine wissenschaftliche Diskussion darstellen, die Anwendung selber also Theorie bleibt (46). Angewandte Ethik ist durchaus noch keine Anwendung von Ethik. Badura zitiert Krämer, welcher für die Ethik eine ähnlich stark gewichtete Anwendungsdimension sehen möchte wie für die Medizin (34), und sieht gerade darin für die theoretische Ethik ein potenzieller Gewinn:

> «Es ist sogar mit der Möglichkeit zu rechnen, dass die Erfahrungen der Beratungspraxis mehr oder weniger und in verschiedener Weise im Sinne einer dynamischen In-

duktion auf die Theorieebene zurückwirken, dass also die Relation von Theorie und Anwendung keine asymmetrische, sondern grundsätzlich eine symmetrische ist» (Römer 1995, 335, zitiert nach Badura 2002, 149).

Die Gegenseitigkeit der Wirkungen bei Badura (47–48) bildet sich auch in den theoretischen Anschlüssen ab, die gewählt werden. Hermeneutische Zugänge (233) und vor allem Kohärentismus (52) und reflexives Gleichgewicht (145) sind als Hintergrundtheorie bedeutsam. Es ist interessant, wie sehr sich in diesem zunächst moralpädagogischen Feld die bisherigen Überlegungen zum Ethiktransfer abbilden. Es erübrigt sich an dieser Stelle daher, auf diese Hintergrundtheorien nochmals einzugehen.

> Die Wechselwirksamkeit von theoretischer ethischer Reflexion und faktischer Anwendung zeigt sich rund um die Beratung besonders deutlich, ist jedoch für alle Formen von Ethiktransfer gegeben. Entsprechend sind hermeneutische Zugänge einerseits und Kohärentismus und reflexives Gleichgewicht andererseits Themen, die für eine Theorie des Ethiktransfers bedeutsam sind. Sie bieten Rahmentheorien, um diese Wechselwirksamkeit fassen zu können.

Badura setzt sich ausführlich mit der Frage nach dem Expertenwissen der Ethik auseinander. Was ist das spezifische Fachwissen, das eingebracht wird? Er geht dabei vom Konzept des «Orientierungswissens» (Mittelstrass 1982; 1992) aus und definiert das «Spezialwissen», «das es seitens des Fachphilosophen zu erlernen gilt und das strukturell dem Wissen einer Einzelwissenschaft gleicht» im Fall des Ethikers als ein «Wissen über die Eigenarten des denkenden Umgangs mit moralischen Fragen und Problemen und ein Wissen über die Merkmale des Phänomens der Moral selbst und eine Kenntnis einschlägiger Theorieansätze» (Badura 2002, 25). Dabei darf allerdings «der Begriff des Orientierungswissens nicht enggeführt auf bestimmte Orientierungsstandards oder -mittel verstanden werden, sondern muss als zweites die Kompetenz des Sich-Zurechtfindens – freilich im Lichte bestimmter Orientierungsstandards oder -mittel – umfassen» (a.a.O., 29). Diese Kompetenz lässt sich nur sehr bedingt theoretisch vermitteln. Sie dürfte u.a. eine Sache der Erfahrung sein. Auf zwei Ebenen kann ethische Beratung unterstützen: «Sie kann dies sowohl hinsichtlich der Orientierungskompetenz tun – durch die Vermittlung einer Kompetenz zum Selbstdenken, welche die Herstellung von Kohärenz zwischen den Orientierungsdaten ermöglicht – als auch hinsichtlich einer aufgeklärten Ermittlung der Orientierungsdaten selbst, insbesondere der Ziele und des Optionsraumes» (a.a.O., 34).

Badura hält auch fest, dass die öffentliche Wahrnehmung nicht immer mit dieser genauen Beschreibung der spezifischen ethischen Kompetenz übereinstimmt: «Für manches, was heute unter dem Titel ‹Ethik› gehandelt wird, besteht Anlass zur Vermutung, dass Moralreflexion keine zentrale Rolle spielt» (a.a..O., 42). Daraus leitet Badura die Forderung an die akademische Ethik ab, nicht nur ihre spezifische Kompetenz in den öffentlichen Diskurs einzubringen, sondern sich auch «die Sensibilisierung für das Wesen und den Sinn ethischer Reflexion selbst» zur zentralen Aufgabe zu machen. Insofern dies Voraussetzung und Bestandteil jeden sinnvollen Ethiktransfers darstellt, liesse sich diese Aufgabe auch selbst als Ethiktransfer begreifen. Könnte über eine entsprechende Öffentlichkeitsarbeit ein allgemeines Wissen darüber, worin das Wesen der Ethik besteht, geschaffen werden, wäre das eine grundlegende strukturelle Veränderung.

Interessant ist bei Badura weiter die Art und Weise, wie er das Verhältnis zwischen Strebens- und Sollensethik in die Thematik der ethischen Beratung einbezieht (61ff). Er möchte nicht, dass eine Strebensethik die Sollensethik mit ihrer Suche nach Pflichten ersetzt, sieht aber für die Beratung die Reflexion selbstgesetzter Ziele für die eigene Person als wichtigen, primären Ansatzpunkt an. Für die Akzeptanz von Ethiktransfer könnte eine bewusste Gestaltung des Verhältnisses zwischen Strebens- und Sollensethik ebenfalls relevant sein. Wenn Ethik primär oder sogar ausschliesslich als Sollensethik auftritt und wahrgenommen wird, läuft sie Gefahr, zum «Moralersatz» zu werden. Gesellen sich zu den verschiedenen, nicht aufgebbaren Pflichten (wie sie etwa mit den Menschenrechten gegeben sind) strebenethische Fragen nach dem «guten Leben» (61), dürfte auch der Ethiktransfer leichter zu realisieren sein und dialogischer verlaufen.

Badura merkt als Desiderat an, «klare Verhältnisbestimmungen zwischen dem reflexiven Moment eines genuin ethischen Diskurses, wie er in der ‹professionellen› Ethik geführt wird, und dem Beratungsgeschehen selbst» (154) zu finden. Er weist damit für die ethische Beratung auf die für den Ethiktransfer generell bereits mehrfach angsprochene, ebenso notwendige wie weitgehend fehlende Anbindung der Methoden wie auch der Inhalte des Transfers an den wissenschaftlichen ethischen Diskurs hin.

3.2.3 Ethische Beratung von Institutionen

Ruschmann sieht die Funktion philosophischer Beratung ähnlich wie Badura[1]:
«Das ‹Expertentum› des Philosophischen Beraters besteht dabei nicht darin, ‹gültige› moralische Urteile zu fällen, sondern eher, mit einem differenzierten strukturellen und inhaltlichen Wissen um Werte den Prozess der Prüfung von Handlungen vor dem Hintergrund ethischer Konzeptionen und ‹Theorien› (hier: dem Wertesystem des Klienten) anzuleiten und zu begleiten» (Ruschmann 1999, 489).

> Diese Bestimmung der Expertise, d.h. des spezifischen Fachwissens, das die Ethik einbringen kann, stimmt mit derjenigen vieler anderer Autoren überein (s.u. zum Gutachten). Die Klärung des spezifisch ethischen Beitrags ist zwar im Umfeld von Ethikgremien, ethischer Beratung und ethischem Gutachten besonders häufig Thema, gilt jedoch darüber hinaus für alle Formen von Ethiktransfer. Für eine Theorie des Ethiktransfers ist dies insofern fundamental, als damit definiert wird, was typischerweise von der Ethik in ein Handlungsfeld transferiert werden kann.

Heintel (1999) kritisiert an diesem Ansatz die Einengung des Fokus auf Individuen und erwägt, Systeme ethisch zu beraten. Wie Personen können auch Systeme (Organisationen) zu sich Distanz herstellen (a.a.O., 517): «Könnte man den Erwerb der vorhin erwähnten indivi-

---

[1] A.a.O., 159: «Ein moralisches Orientierungsproblem bietet den Anlass dafür, das Moralkonzept eines Beratungssuchenden zu prüfen und ggf. zu modifizieren, um so zu moralischer Selbstorientierung zu gelangen.»

duellen Autonomie als ‹Selbsttranszendenz› bezeichnen, ginge es in Systemzusammenhängen um den Erwerb einer kollektiven Autonomie, also um ‹Systemtranszendenz›. In den letzten Jahrzehnten boomen bestimmte Sparten der Beratungsbranche, vor allem Organisationsberatung ist gefragt. Jede Organisationsberatung ist in gewissem Sinne Aktivierung einer Systemdifferenz, wenn sie das Ziel hat, die Organisation selbst instande zu setzen, ihre Schwierigkeiten eigenständig zu beheben, ihre Entwicklung selbst in die Hand zu nehmen. [...] Auch Organisationen müssen sich gegenüber ‹frei› werden. Dafür reicht es nicht aus, wenn Individuen für sich oder informell über ihre Organisation nachdenken. Die Selbstdifferenz muss kollektiv eingerichtet und abgesichert werden» (a.a.O., 518). Heintel hält allerdings fest, dass konventionelle Organisationsberatung «im allgemeinen der Sachzwangslogik verpflichtet» bleiben, weil lediglich die bessere Selbststeuerung und die stärkere Konzentration auf den eigenen Hauptzweck thematisiert werden. Dennoch könne nicht immer verhindert werden, «dass im Akt der Selbstbeobachtung und Selbstreflexion Motive und Gedanken auftreten, die nicht unmittelbar mit der Sachzwangslogik zusammenhängen, und nicht selten tritt bei Effizienzsteigerungen und Anpassungen die Frage nach dem Sinn des Ganzen auf». *Sobald diese Frage gestellt wird, geht nach Heintel die ‹normale› System- und Organisationsberatung in eine philosophische Beratung über.*

Als Ulrich-Mitarbeiter steht Lunau (2000) souverän über der Sachzwang-Logik. Seine «Unternehmensethikberatung» kann als Beispiel für eine Systemberatung, wie Heintel sie sich vorstellt, gesehen werden. Die kritische Reflexion der so genannten Sachzwänge wird mit der Bezeichnung «Ökonomismuskritik» (a.a.O., 40–48) auf den Punkt gebracht. Während das Ziel ethischer Beratung von Individuen deren verstärkte ethische Selbstorientierung ist, ist das Ziel unternehmensethischer Beratung die Implementierung «organisatorischer Massnahmen, mit denen die Chancen für einen begründungsorientierten Umgang mit ethischen Fragen im Unternehmensalltag verbessert und für die Zeit nach dem Auftrag [der Beratung, Anm. C.A.] gesichert werden können» (a.a.O., 177). Obwohl Lunau stark praxisorientiert ist und konkrete Beratungsmodule als «Produkte» von Unternehmensethikberatung entwickelt, scheinen auch bei ihm Elemente grundlegender Theoriebildung auf, wie sie oben für den Ethiktransfer generell eingeführt wurden: etwa die Reflexion des Verhältnisses von Strukturen- und Individualethik (178–180), der systemische Zugang (72–80) oder reflexives Gleichgewicht bzw. Kohärentismus, abgeschwächt als «Integration von ‹Reflexion› und ›Handeln›» (a.a.O., 62–68).

> Mit den Stichworten «Instrumentalismus» und «Weltfremdheit» spricht Lunau zwei Probleme an. Sie stehen einander als Pole gegenüber, zwischen denen man sich bewegen muss. Auch diese Probleme – einerseits der möglichen interessegeleiteten Vereinnahmung von Ethik», andererseits des «Gap» zwischen wissenschaftlicher Ethik und praktischen Entscheidungssituationen im Bereich der Strukturen – wurden bereits angesprochen. Es handelt sich dabei offenbar um Grundprobleme des Ethiktransfers. Ethische Systemberatung, welche durchaus auch ausserhalb der Unternehmensethik möglich und wünschbar ist – etwa als Beratung von Non-Profit-Organisationen, Parteien usw. –, wird sich stets dazwischen bewegen müssen.

3.2.4 Strukturenethik als Perspektive psychologischer[1] Beratungsformen

Um zu zeigen, was mit einer Strukturenethik als Perspektive psychologischer Beratung gemeint ist, muss insbesondere
- der Unterschied dieser Perspektive zu einem Standesethos von Berufspsychologinnen und Berufspsychologen und
- der Unterschied zu einer Intergration von ethischer Beratung in psychologische Beratungen

deutlich gemacht werden. Beides wird in einem Interview in *Psychoscope* von Markus Theunert (1998) mit Plasch Spescha und Peter Landolf so präzise gezeigt, dass daraus ausführlicher zitiert werden soll. Dabei wird auch die Bedeutung einer strukturenethischen Perspektive in der Psychotherapie und in der psychologischen Beratung klar.

> «*Psychoscope*: Herr Spescha, stellen Sie sich vor, Sie müssten die FSP [Föderation der Schweizer Psychologinnen und Psychologen, Anm. C.A.] in berufsethischen Fragen beraten. Wie würden Sie die Aufgabe angehen?
> *Plasch Spescha*: Bei der Behandlung solcher Fragen lassen sich grundsätzlich zwei Ansätze unterscheiden. In der traditionellen Perspektive eines «Standesethos» versuchen die Berufsangehörigen die Standesinteressen und die Berufsehre zu schützen. Es handelt sich um eine einfache Gruppenmoral. Der berufsethische Kodex hingegen fragt nach der Verantwortung in der Gesellschaft. In den Technikwissenschaften, der Architektur und der Medizin hat man diesen Weg beschritten. Dort wird der eigene Fachbereich als im Dienst der Öffentlichkeit stehend wahrgenommen. In der Realität vermischen sich die beiden Perspektiven natürlich.
> *Psychoscope*: An welcher Stelle des Kontinuums lässt sich die Berufsordnung der FSP einordnen?
> *Peter Landolf*: Es handelt sich eigentlich um eine rein verbandsinterne Regelung, also um ein Standesethos. Allerdings verkaufen wir sie als berufsethischen Kodex, indem wir uns damit brüsten, die Gesellschaft zu schützen. Weil wir in Tat und Wahrheit aber primär unsere Interessen schützen, riecht das nach einem Etikettenschwindel. Denn die gesellschaftliche Optik fehlt bei uns FSP-Psychologen weitgehend. [...]
> *Psychoscope*: Betrachten Sie dies als Unterlassungssünden, Herr Spescha?
> *Plasch Spescha*: Ja, das würde ich schon sagen. Denn die Ursache psychischer Probleme ist nicht immer nur innerpsychischer Natur. Ein Beispiel: Arbeitslose kann man lange und ernsthaft beraten, damit sie mit Zukunftsängsten und Selbstwertproblemen besser umgehen lernen. Was der Arbeitslose aber eigentlich braucht, ist immer noch Arbeit. Das ist ja die Wurzel des Problems. Das muss auch in der Öffentlichkeit deutlich gesagt werden. Und deshalb sollen solche gesellschaftspolitischen Zusammenhänge auch in einer Berufsordnung für Psychologen Platz finden.[...]
> *Psychoscope*: Sie beklagen die mangelnde Eigenverpflichtung zur Einmischung. Wo sollten sich den PsychologInnen – und die FSP als Ganzes – mehr artikulieren?
> *Peter Landolf*: Gegenfrage: Wo nicht? Mobbing, Gewalt, Armut, Migration, Einsamkeit, Endzeitstimmung – das sind alles Problematiken mit psychologischen

---

[1] Siehe Fussnote Seite 84.

Aspekten. Manchmal macht es mich ganz kribblig, wenn ich denke, zu wie vielen Themen sich unser Verband nicht artikuliert.
Plasch Spescha: [...] Ein exzellentes positives Gegenbeispiel ist für mich die Schweizerische Vereinigung der Drogenfachleute. Die haben sich mit Fachwissen in die Politik eingemischt und dank hartnäckiger Arbeit schliesslich auch Resultate erzielt.
Psychoscope: [...] Ich behaupte: PsychologInnen tun sich generell schwer mit der Ethik, weil das Moral- und Normgetriebe ihren Vorstellungen eines gesunden Menschen widerspricht. Seit Freuds Über-Ich finden sich immer wieder Annahmen über den schädlichen Charakter dieses «inneren Zeigefingers», der die Entfaltung des «wahren Kerns» verhindert.
Peter Landolf: PsychologInnen sind tatsächlich nicht gewohnt, Verantwortung in einem Bereich zu übernehmen, der über den direkt erfahrbaren sozialen Kontakt hinausgeht. PsychologInnen verstehen sich in aller Regel nicht politisch. Entsprechend muss man mit einem Abwehrreflex rechnen, wenn die Idee auftaucht, dass sich PsychologInnen mehr mit Normen und mit ihrer gesellschaftlichen Rolle beschäftigen sollen. Das ändert sich erst, wenn der Nutzen und der Gewinn klar werden.
Plasch Spescha: Selbstverständlich gibt es ethische Vorstellungen – beispielsweise die Idee eines absoluten Gehorsams ohne innere Freiheit –, die krank machen. Das Wissen um diese Extreme entbindet die Psychologie Treibenden aber nicht davon, die Scheu vor ethischen Fragen abzulegen und damit Selbstaufklärung zu ermöglichen und zu betreiben. Die Idealvorstellung eines echt authentischen Handelns ist doch naiv. Jedes Handeln impliziert gewisse Wertvorstellungen. Oder können Sie mir sagen, was «gesund sein» oder «echt sein» eigentlich bedeuten? Sie können diese Frage nur vor dem Hintergrund ihrer Wertmassstäbe beantworten. [...]
Psychoscope: [...] Ich behaupte weiter, das Wesen der Psychologie – also die Untersuchung des subjektiven Erlebens, Handelns und Verhaltens – provoziert die Konzentration auf das isolierte Individuum.
Plasch Spescha: Wenn das so wäre, hätten die PsychologInnen die wissenschaftstheoretischen Diskussionen der letzten Jahrzehnte verschlafen.
Peter Landolf: Ich halte dies auch für eine reichlich unreflektierte Prämisse, das Individuum als ausschliesslichen Bezugspunkt zu wählen. Aber ich halte die aufgestellte Behauptung für plausibel. Die Psychologie konzentriert sich nach wie vor auf ein losgelöstes Individuum – und blickt dann im Fach Sozialpsychologie noch etwas über den eigenen Tellerrand hinaus. [...] Dass es gesellschaftlich nicht reicht, ohne strukturelle Rücksicht einfach Individuen glücklich machen zu wollen, ist klar. Das konkrete Setting, beispielsweise in Therapie und Beratung, konzentriert sich aber immer noch auf die Einzelnen.»

Spescha und Landolf bringen gemeinsam mit dem Interviewer Theunert die Problemstellung sehr gut auf den Punkt: Psychologische Beratung und Psychotherapie können *strukturelle* Probleme wie Arbeitslosigkeit oder Diskriminierungen im Geschlechterverhältnis unter der Hand nachhaltig auf eine *individuelle* Ebene bringen. Strukturelle Verantwortung *für* Menschen im Erwerbsarbeitsprozess oder für Geschlechtergerechtigkeit wird ausgeblendet, so dass nun die ganze Verantwortung (!) für die negativen Auswirkungen problematischer Strukturen bei den Betroffenen liegt. Arbeitslosigkeit, Paarkonflikte, usw. sind immer *das Problem des Klienten bzw. der Klientin*, nicht etwa der Wirtschaft oder paradoxer Erwartungen an die Geschlechter. Weil man – aus disziplinären Gründen, die Psychologie ist dafür eben nicht zuständig! – diese Ebene nicht anspricht, lastet die gesamte Verantwortung für das Problem auf den Schultern der Klientin bzw. des Klienten. Dies wird, weil der Psychologie solche strukturenethischen Begriffe und Reflexionen fremd sind, nicht explizit gemacht. Dies macht die Belastung eher grösser als kleiner: Dass von vornherein nur individuelle Veränderungs- und Entwicklungsmöglichkeiten der Betroffenen ins Auge gefasst werden und notwendige strukturelle Veränderungen kein Thema sind, zeigt überdeutlich, wer das Problem «hat» (auch moralisch!).

In diesem Punkt arbeiten psychologische Beratung und Psychotherapie gerade nicht solidarisch mit der Klientin bzw. dem Klienten. Sie begehen vielmehr einen Verrat, indem sie die Opferposition der Individuen gegenüber problematischen gesellschaftlichen Strukturen verdecken und abwehren. Irrtum vorbehalten lässt sich dieser Mechanismus in der eigenen Terminologie so interpretieren: Die Psychologie stellt sich als Kollektivum gemeinsam mit der Klientel in ein solches Verhältnis zu den Strukturen, dass dieses als «Identifikation des Opfers mit dem Täter bzw. der Täterin» charakterisiert werden kann.

Welche Therapie möchten Spescha und Landolf der Psychologie verschreiben? Spescha schlägt vor, dass im Rahmen der Entwicklung eines berufsethischen Kodex eine breite Diskussion unter den Psychologinnen und Psychologen geführt werden sollte. Es ist zu diskutieren, ob Sätze wie: «Die Psychologie resp. die FSP setzt sich dafür ein, dass Aggressivität nicht in Gewalt mündet», oder: «Die Psychologie resp. die FSP unterstützt alle Bemühungen, die dazu führen, dass sich Menschen für die Menschenrechte wehren können» in einen solchen Kodex aufgenommen werden sollen.

Wie ist dieser Vorschlag in einer Theorie des Ethiktransfers einzuordnen? Es ist davon auszugehen, dass ethisches Fachwissen in eine solche Diskussion und schliesslich in einen entsprechenden Kodex einfliessen würde. Die Form des Ethiktransfers wäre also dieselbe wie bei der Generierung unternehmensethischer Kodices. Die Wirkungsweise wäre auf drei Ebenen zu suchen.

- Einerseits würden die Psychologinnen und Psychologen selbst politisiert, und es wäre damit zu rechnen, dass sie als Anwältinnen und Anwälte der Opfer struktureller Probleme mit einem relativ grossen Gewicht auf strukturelle Veränderungen hinwirken könnten.
- Zweitens würde ein mögliches strukturell-politisches Engagement für die Klientel Thema werden. Es wäre also damit zu rechnen, dass gesellschaftspolitische Aktivität bei den Ratsuchenden zunehmen würde.
- Dies würde sich aller Voraussicht nach drittens positiv auf deren psychische Verfassung auswirken. Denn übertriebene, vor allem aber sachlich falsche Verantwortungsübernahme ist pathogen.

Die damit angesprochene mögliche Form von Ethiktransfer würde darin bestehen, dass die Klärung der Verantwortung für ein Problem zu einem essentiellen Thema jedes therapeutischen Prozesses gemacht würde. Bei dieser Klärung wären speziell Strukturen als mögliche Problemursachen zu thematisieren. Eine solche Neufundierung des therapeutischen Ziels könnte durch Formulierung entsprechender Zielsetzungen im Berufskodex, durch entsprechende Ergänzung therapeutischer Methoden bzw. Richtungen, durch Weiterbildungen für Therapeutinnen und Therapeuten und auf anderen Wegen erreicht werden. Das Spezifikum[1] dieser Form von Ethiktransfer bestünde in der besonders starken persönlichen Involvierung der Klientel auf das Ziel hin, strukturelle Veränderungen zu erreichen. Die Klientinnen und Klienten erhielten allerdings allein schon durch diese Klärung bessere Rahmenbedingungen für ihren individuellen therapeutischen Prozess. Da strukturelle Veränderungen in aller Regel gemeinsam angepackt werden müssen, würde eine solche therapeutische Ausrichtung auch der Vereinzelung durch psychische Probleme entgegenwirken.

> An dieser Stelle zeigt sich die Interdependez und damit die potenziell grosse Reichweite struktureller Veränderungen. Lokaler Ethiktransfer kann sich indirekt stark auf weitere Strukturen auswirken. Indirekte Wirkungen im Blick zu haben, ist als Kriterium guten Ethiktransfers zu sehen.

3.3 Ethische Gutachten

Ethische Gutachten werden zu verschiedensten Themen erstellt und fliessen in verschiedene Entscheidungen auf struktureller Ebene ein. Sie sind damit eine bedeutende Variante von Ethiktransfer.

Solche Gutachten werden in aller Regel von Institutionen bei Einzelpersonen in Auftrag gegeben. Oft sind das Professorinnen und Professoren. Aber auch von Ethik-Firmen werden Gutachten erstellt.[2] Genauso werden Papiere zu einer bestimmten Frage, die von Ethikgremien beschlossen werden, gelegentlich als Gutachten bezeichnet, öfter jedoch als Stellungnahmen. Die Funktion von solchen Stellungnahmen ist prinzipiell ähnlich wie jene von ethischen Gutachten. Daher können sich die folgenden Überlegungen auf die Spezifika von Gutachten im Unterschied zu Stellungnahmen beschränken.

Diese Überlegungen beginnen mit einer Fehlanzeige: Zu dieser Thematik lassen sich kaum Publikationen finden. Im Unterschied zu Ethikgremien scheinen Ethikgutachten im wissenschaftlichen ethischen Diskurs kaum zum Thema von Metareflexionen gemacht zu werden. Prinzipiell wäre es möglich – und in Anbetracht der beachtlichen Anzahl von ethischen Gutachten, die verfasst werden, auch relevant –, zu Möglichkeiten und Grenzen sowie den Eigenschaften eines guten, ethischen Gutachtens zu publizieren. Dies scheint im engeren Sinn noch auszustehen, doch gibt es einige Publikationen im nahen Umfeld dieser Thematik, auf die man Bezug nehmen kann.

Dazu gehören vor allem Reflexionen über die «Expertise» der Ethik, womit das spezifische Fachwissen der Ethikerin, des Ethikers, gemeint ist. Nach Birnbacher (1999, 271) «führt kein Weg daran vorbei, den «Ethik-Experten» in der Tat als Experten gelten zu lassen, wenn auch nur in gleichsam «technischer», nicht in substantiell moralischer Hinsicht. Der Ethik-Experte

---

[1] Man könnte die drei aufgelisteten Wirkungsweisen auch als Wirkungsweisen unternehmensethischer Kodices rekonstruieren, wenn man die Angestellten cum grano salis als Klientel einer Unternehmung verstehen würde.
[2] Die ethik im diskurs GmbH, Zürich (www.ethikdiskurs.ch) bietet das explizit an, ebenso wie Ethics Consulting, Adliswil (www.ethics.ch), um das mit zwei Beispielen zu belegen.

ist Experte, weil er mit moralischen Begriffen, Argumenten, Normen- und Wertesystemen besonders gut umzugehen versteht, auch wenn ihn dies noch keineswegs zu einem moralischen Experten macht, der weiss, welche Normen und Werte die richtigen sind. Er vermag andere dabei zu unterstützen, in moralischen Konfliktfällen die relevanten Wertgesichtspunkte aufzusuchen und in durchsichtiger und nachvollziehbarer Weise gegeneinander abzuwägen, auch wenn das keineswegs ausreicht, ihn zu einer moralischen Autorität zu machen, die die schlechthin richtigen, dem jeweiligen Problem schlechthin adäquaten Lösungen weiss und anderen sagen kann, wie und mit welchem Resultat sie zwischen den beteiligten Normen, Werten und Prinzipien abwägen sollen».

Strittig ist die Wünschbarkeit der «Neutralität». Nida-Rümelin (1999, 264) beispielsweise möchte Expertisen «ausschliesslich auf begriffliche Präzisierung, logische Relationen und die Kenntnis unterschiedlicher ethischer Theorieansätze» einschränken. Vergleichbar ist das Votum von Koch und Zahle (2000, 138–139), welche die Kontroverse innerhalb eines Ethikgremiums und die damit verbundene Explikation der Argumente für wichtiger halten als einen Konsens und damit eine normative Stellungnahme des Gremiums als ganzem. Demgegenüber möchte beispielsweise van Willigenburg (a.a.O., 292) ausdrücklich «nicht ausschliessen», dass «der ethische Berater eine Position bezieht». Diese Frage ist bedeutsam für die Klärung der Funktion, welche ethischen Fachpersonen und Fachgremien im Feld des Ethiktransfers sinnvoll zuzuordnen sein könnte.

Birnbacher (a.a.O., 277) sieht den «Ethik-Experten im Kreuzfeuer», in mehrerlei Hinsicht. Er nennt den möglichen Vorwurf, «Hofethiker» zu sein, Handlanger bestimmter mächtiger Gruppierungen. Birnbacher meint allerdings, dass dieser Vorwurf unumgänglich ist, da erstens der Ethiker Kooperationen eingehen muss, um Wirksamkeit zu erreichen, und zweitens dieser Vorwurf immer erhoben werden wird von der Seite, welche sich (bzw. ihre Interessen) in den Aussagen des Ethikers weniger wiederfindet. Der Ethiker, welcher eine mittlere Position einnehme, werde dafür nicht belohnt, sondern gleich von beiden Seiten mit diesem Vorwurf bedacht werden. Birnbacher ist nicht bereit, diesen Vorwurf generell für berechtigt zu halten. Er wird darin Recht haben, dass nicht nur der Ethiker von Machtinteressen geleitet sein könnte, sondern auch diejenigen, welche ihm das vorwerfen. Die Wahrhaftigkeit dieses Vorwurfes ist also durchaus nicht von vornherein sichergestellt.

Weiter thematisiert Birnbacher (a.a.O., 279–280) die potentielle Gefährlichkeit des Ethikers:

> «Nicht nur in dem Sinne, dass für gefährlich gehaltene Überzeugungen dem praktizierenden Ethiker selbst (wie im Fall Sokrates) gefährlich werden können, sondern auch in dem Sinne, das der Ethiker die Risiken aus der öffentlichen Vertretung seiner moralischen Überzeugungen unvoreingenommen abschätzen und mitbedenken muss. Im Sinne einer ‹Ethikfolgenethik›, wie das Odo Marquard genannt hat, ist der moralisierende Ethiker auch für die unbeabsichtigten (aber voraussehbaren) Folgen seiner öffentlichen Vertretung moralischer Standpunkte rechenschaftspflichtig. Er kann sich von der Verantwortung für die Folgen seiner Vertretung dieser Standpunkte nicht schlicht mit der Berufung auf deren inhaltliche Plausibilität entlasten. Ob eine bestimmte Auffassung ihrem inhaltlichen Anspruch nach richtig ist, ist eine Sache; ob es richtig ist, sie in der Öffentlichkeit zu äussern, eine andere.»

Konsequenterweise muss man an der Stelle allerdings ergänzen: Auch die Unterlassung ist rechenschaftspflichtig. Das gilt doppelt: Erstens ist Moralisieren und Nicht-Stellungnehmen gleichermassen rechenschaftspflichtig. Zweitens ist eine nicht-stellungnehmende ethische Aufklärung (etwa über die Gültigkeit eines bestimmten Arguments), welche in vielen Fällen schon brisant genug ist, ebenso rechenschaftspflichtig, aber eben auch deren Unterlassung.

Der Ethik-Experte gerät laut Birnbacher (a.a.O., 277–278) auch aus den eigenen Reihen unter Beschuss: «Es ist nicht zu leugnen, dass der praktische Ethiker innerhalb seiner eigenen Profession nicht im allerbesten Ruf steht. Bereits dadurch, dass er sich überhaupt mit Anwendungsproblemen beschäftigt, übt er in den Augen vieler seiner Kollegen aus der «Fachphilosophie» Verrat an der Reinheit des Gedankens. Überdies steht er dadurch, dass er sich auf das bedenkliche Spiel mit politischen Diskursformen einlässt, im Verdacht, strategisch statt sachbezogen zu argumentieren und damit die intellektuelle Glaubwürdigkeit der Zunft ingesamt zu untergraben. [...] Die typische Frage des Fachkollegen an den angewandten Ethiker lautet deshalb: ‹Betreiben Sie darüber hinaus auch noch wirkliche Philosophie?›» Allerdings stellt sich dieses Problem m. E. bei der angewandten Ethik wenig, solange diese in einem innerethischen Diskurs stattfindet. An der Legitimität von praxisbezogenen ethischen Überlegungen wird in der Regel erst dann gezweifelt, wenn Aussicht auf reelle Umsetzung, auf direkte Wirksamkeit besteht. Dies scheint Birnbacher aber auch so zu meinen, zumal er dieses Problem im Kontext der Reflexionen über den Ethik-Experten formuliert. Es ist hilfreich, dass Birnbacher dieses Akzeptanzproblem anwendender Ethik in der scientific community so klar anspricht. Spürbar ist es allenthalben.

> Diese Überlegungen Birnbachers zu drei Schwierigkeiten im Zusammenhang der Ethik-Expertisen können direkt auf alle Formen des Ethiktransfers übertragen werden: Der Vorwurf, Bedürfnisse von Mächtigen lediglich zu legitimieren, kann gegen alle Formen des Ethiktransfers erhoben werden, zumal es immer Bedürfnisgruppen gibt, welche von einer konkreten Ethiktransferaktivität profitieren. Immer gilt aber auch, dass die Wahrhaftigkeit dieses Vorwurfs nicht von vornherein feststeht, sondern prinzipiell ebenso gut ein mehr interessengeleiteter als sachlich zutreffender Vorwurf sein könnte.
>
> Auch muss jede Ethiktransferaktivität verantwortet werden. Es ist zu beachten, dass nicht jeder in ethischen Überlegungen gut zu begründende Transfer zu jeder Zeit an jedem Ort sich gut auswirken wird. Die voraussehbaren Auswirkungen müssen jedoch generell verantwortet werden – auch diejenigen der Unterlassungen.
>
> Drittens dürfte es zutreffen, dass in der scientific community der Ethik Vorbehalte gegen konkrete Umsetzung allgemein und gegen Ethiktransfer im Speziellen generell an nicht wenigen Stellen bestehen. Die Tatsache, dass darüber aber kaum ein differenzierter Diskurs geführt wird, lässt vermuten, dass hinter diesen Vorbehalten nicht unbedingt lauter plausible Argumente stehen.

Das ethische Gutachten hat im Vergleich zu Stellungnahmen von Ethikkommissionen den Nachteil einer gewissen Einseitigkeit und den Vorteil einer grösseren Einheitlichkeit. In einer

Stellungnahme eines Ethikgremiums gerinnt ein diskursiver Prozess. Ein Gutachten ist nicht völlig, aber eher das Ergebnis einer solitären Reflexion. Es ist weniger ein Diskursprodukt und mehr ein Beitrag zu einem Diskurs. Der Vorteil der Institution des Gutachtens ist daher seine starke Affinität zum wissenschaftlichen Diskurs. Diese kommt dann voll zum Tragen, wenn ein Gutachten in diesen hinein publiziert und dort kritisch diskutiert wird.

> Das ethische Gutachten ist von seiner Form her im besonderen Mass geeignet, praxisgebundene ethische Überlegungen zurück in den wissenschaftlichen Diskurs zu bringen. Diese Rückkoppelung ist ein Prozess, der generell für den Ethiktransfer von grösster Bedeutung ist.

3.4 Bemerkung zu einer weiteren Form: Bildung und Ethiktransfer

Der Bildungsbereich ist ein Ort, an dem verhältnismässig viel ethisches Fachwissen über die Grenzen der Universitäten und anderen Institutionen der wissenschaftlichen Ethik hinaus kommuniziert wird. Hier finden «Austauschprozesse»[1] statt, die allerdings in der Regel nicht primär auf die Veränderung von gesellschaftlichen und organisationalen Strukturen ausgerichtet sind, sondern zumeist das individuelle Verhalten (und vor allem dessen Reflexion) im Rahmen von als gegeben betrachteten Strukturen thematisiert. Insofern handelt es sich um Moral- (bzw. Ethik-) Pädagogik (Oser/Althof 1992; Enright/Lapsley/Levy 1983; Chazan 1985), nicht um Ethiktransfer.

Die genaue Unterscheidung und auch die engen Zusammenhänge werden weiter unten (Seite 291 und folgende) vertieft werden. Bildungsbezogene Veränderungen sind insbesondere in zwei Punkten für Ethiktransfer bedeutsam:

- Wird Ethikbildung breit in bestimmte Bildungsgänge integriert, schafft dies an sich veränderte Rahmenbedingungen für menschliches Handeln, es ist eine strukturelle Veränderung, wenn auch eben eine mit moral- und ethikpädagogischer Zielsetzung.
- Werden in der Ethikbildung gezielt strukturenethische Fragestellungen bearbeitet, so zielt dies zwar zunächst auf eine veränderte Haltung der Individuen gegenüber gesellschaftlichen und organisationalen Strukturen. Dies ist aber hier nicht ein Selbstzweck, sondern das eigentliche Ziel ist die Weiterentwicklung solcher Strukturen.

Aus diesen beiden Gründen seien einige Bemerkungen zu Ethikbildung angebracht.

3.4.1 Prägung von Handlungsfeldern durch Ethikbildung

Werden bestimmte Ausbildungsgänge so gestaltet, dass Ethik ein obligatorisches Fach ist, kann dies, wenn der Unterricht eine gewisse Qualität und eine angemessene Involvierung der Auszubildenden erreicht, ein ganzes Berufsfeld prägen.

Ein erstes Beispiel stellt das Land Baden-Württemberg dar. Es hat mit der neuen Wissenschaftlichen Prüfungsordnung für das Lehramt an Gymnasien vom 13.3.2001 (WPO) ein Ethisch-Philosophisches Grundlagenstudium (EPG) eingeführt. Es umfasst zwei Veranstaltungen à 2 Semesterwochenstunden:

---

[1] Vgl. unten im Theorievorschlag, Kapitel V.

- eine Veranstaltung zu ethisch-philosophischen Grundfragen (EPG 1), die eine interdisziplinär ausgerichtete Einführung in die Ethik bietet,
- eine Veranstaltung zu fach- bzw. berufsethischen Fragen (EPG 2), die die ethischen Fragen einzelner Fächer oder Fächergruppen vertieft behandelt.

Die Veranstaltungen sind für die Lehramtsstudierenden aller Fächer obligatorisch und prüfungsrelevant. Im Vorbereitungsdienst werden die ethischen Fragen in den Fächern aufgegriffen und für die schulische Praxis umgesetzt.[1] Das Interfakultäre Zentrum für Ethik in den Wissenschaften (IZEW) der Universität Tübingen ist massgeblich an der Gestaltung des EPG beteiligt.

Eine ähnlich flächendeckende Ethikbildung ist für die medizinische Ausbildung vorgesehen. In Deutschland ist geplant, dass in allen drei Prüfungsabschnitten des Medizinstudiums «ethisches Wissen (nicht moralisches Verhalten) geprüft werden» soll. Entsprechend wurde das Angebot an medizinethischen Lehrveranstaltungen eindrucksvoll gesteigert, allerdings ohne dass es einen einzigen Lehrstuhl für medizinische Ethik gäbe (Engelhardt 1997, 26). Für die Frage nach Kriterien guter Qualität von Ethiktransfer ist der «Minimalkatalog der Forderungen an Lehrende», welcher Schroten (1997, 47) für die ethische Bildung für Medizinerinnen und Mediziner aufstellt, interessant:

«1. *Gnoothi seauton* des Lehrers: Er sollte sich im klaren über die eigenen normativen Wertvorstellungen und ebenso deren Begrenztheit sein.

2. Jeder Lehrer sollte seine Zuhörer nachdrücklich vor der Begrenztheit und dem normativen Charakter seiner eigenen Wertvorstellungen ‹warnen›. Es lässt sich dies ja als eine hervorragende Möglichkeit zur Erläuterung der Tatsache nutzen, dass es ohne den normativen Anspruch von Wertvorstellungen keinerlei Ethik geben kann.

3. Der Lehrer sollte grundsätzlich bereit sein, dem Plenum auf Anfrage seine eigenen grundlegenden Einstellungen und Überzeugungen offenzulegen und diese zu diskutieren.

4. Er sollte weiterhin den Mut besitzen, auch die Schwachstellen und Sackgassen eigener normativer Einstellungen einzugestehen.

5. Er sollte sich der Verantwortung, die ihm durch Zumessung besonderer Autorität an den Experten zukommt, bewusst sein.

6. Ebenso sollte er sich im klaren sein, dass in manchen Fällen Autoritätsargumente gerade nicht anerkannt werden, solange sie von den Studenten nicht selbst entwickelt oder nachvollzogen worden sind.

7. Schliesslich muss immer wieder deutlich gemacht werden, dass die Vermittlung von Ethik (in der Medizin) nicht das Ziel verfolgt, die Zuhörer von einem normativen Wertekatalog und seinem Begründungszusammenhang sowie einer bestimmten Lebenseinstellung zu überzeugen.»

> Diese Aufzählung von Forderungen ist für Ethiktransfer einschlägig, weil sie unter dem Titel «die Ethik der Vermittlung von Ethik in der Medizin» auf einer Metaebene normativ Stellung bezieht. Der Text unternimmt somit für Moral- und Ethikpädagogik das, was mit den Beurteilungskriterien im Kapitel F für den Ethiktransfer geleistet werden soll: eine Beurteilung der Pro-

---

[1] www.izew.uni-tuebingen.de/epg/index.html, Entnahmedatum 13.10.2005

> zesse, der Methode. Inhaltlich wird die Vorsicht gegenüber normativem Gehalt des Unterrichts auch auf den normativen Gehalt konkreter Ethiktransferprojekte zu übertragen sein.

Damit wurden zwei Beispiele der Integration von Ethikbildung in Berufsausbildungen erwähnt, wobei Erstere auf eine Integration von Ethikbildung letztlich im Rahmen der allgemeinen Schulpflicht ausgerichtet ist und damit prinzipiell die gesamten neu heranwachsenden Generationen erreichen kann.

Ebenso wichtig wie die Vermittlung von Werten – und von Kompetenzen des Umgangs damit – in der öffentlichen Schule sind diese Vermittlungen in den Familien. Während die inhaltliche Diskussion von Erziehungszielen in der Schule – und damit die bewusste Wahl von zu vermittelnden Werten – eine starke Tradition hat, setzt eine entsprechende Diskussion von Erziehungszielen in der Familie erst ein (Dürr 1986). Wenn es gelingen würde, die elterliche Reflexion von in der Familie vermittelten Werten zu stimulieren und wenn angeregt würde, diese Reflexion mit den Heranwachsenden zu thematisieren und so die Fähigkeit dazu mitzuvermitteln, wäre das eine Veränderung der Sozialisationsbedingungen, somit eine Massnahme gewissermassen auf der Grenze von Moral- bzw. Ethikpädagogik und Ethiktransfer. Man wird jedoch Hemmungen haben, in diesen «Privatbereich» einzudringen. Anderseits ist dieser Bereich durch Anstandsregeln (zu denen das Konzept der Privatheit selber gehört), aber auch durch die Buchsparte der Erziehungsratgeber usw. so stark beeinflusst, dass von freien Erziehungsentscheidungen in diesem Raum kaum gesprochen werden kann. Ausserdem steht die Erziehung heute vor der Herausforderung, den Kindern einen reflexiven Umgang mit Werten vermitteln zu *müssen*, weil Kinder eben unterschiedlichen Werten begegnen: Der Kindergärtner, die Fussballtrainerin, die Zeitung, die auf dem Tisch liegt, kommunizieren den Kindern faktisch teilweise andere Werte als die Eltern, die sich ausserdem untereinander auch unterscheiden. Eigenständigkeit und echte Toleranz in einer wertepluralen Gesellschaft sind Anforderungen, die auch an Kinder bereits herangetragen werden und Erziehungsziele erfordern, um die man sinnvollerweise kaum herumkommt, die aber Eltern auch überfordern können. Angesichts dessen könnte es auch ein Unterlassungsfehler sein, wenn die ethische Wissenschaft hier nicht Hand und Hilfe bietet.

> Denkt man Moral- bzw. Ethikpädagogik nicht individuell, sondern rechnet man mit der Möglichkeit von flächendeckenden Einflüssen für bestimmte Felder, so zeigt sich ein weiterer Punkt der Verschränkung mit Ethiktransfer. Dann nämlich werden nicht nur die Nutzung individueller Handlungsspielräume beeinflusst, sondern auch neue «Mainstreams» und «Standards» gesetzt, somit strukturelle Rahmenbedingungen verändert: Wenn beispielsweise ein als Manager in einer Firma aktiver Ökonom aufgrund veränderter Ausbildungsgänge damit rechnen darf, ja rechnen muss, dass sowohl seine Mitarbeiter im mittleren Kader als auch seine Kollegen bei der Konkurrenz über ethisches Fachwissen verfügen, könnte das seine Entscheidungen beeinflussen. Ethische Bildung kann dann verstanden werden als Veränderung *allgemeiner* Werthaltungen und damit u.a. als *Veränderungen im System sozialer Sanktionen*. In diesem Sinn kann ethische Bildung als Ethiktransfer verstanden werden.

3.5 Ergebnisse

Mit Ethikgremien, mehr noch mit dem Angebot ethischer Beratung und ethischer Begutachtung, kann sich die wissenschaftliche Ethik – prinzipiell – adressierbar machen. Sie kann mit der Institutionalisierung des Angebots von Beratung und Begutachtung einen Arm ausbilden, mit dem sie weniger nach der «Praxis» greift, als dass sie von der «Praxis» aus an diesem Arm greifbar wird. Man kann diese strukturelle Veränderung systemtheoretisch erläutern: Funktionssysteme sind, im Unterschied zu Organisationen, nicht handlungsfähig und haben keine «Adresse». «Die Politik» als Funktionssystem kann nichts «tun», und man kann «der Wissenschaft» keine Frage stellen. Wenn man meint, in der Politik sollte etwas getan werden, muss man eine solche Forderung z.B. an eine Partei, d.h. an eine Organisation in der Politik richten. Diese ist handlungsfähig. Will man von der Wissenschaft etwas wissen, muss man sich an ein Institut oder eine Professur, d.h. an eine Organisationseinheit in der Wissenschaft wenden. Da «die wissenschaftliche Ethik» keine Organisation ist, sondern ein Teil des Funktionssystems Wissenschaft, ist auch diese nicht adressierbar. Wer ethisches Fachwissen nachfragen möchte, müsste sich somit an Institute oder Professuren wenden. Diese waren jedoch nicht eigentlich für solche Anfragen geschaffen, und für Nachfragende ist es in der Regel eine Überforderung, nur schon herauszufinden, welches Institut in einem bestimmten Gebiet besonders kompetent ist und wo man allenfalls eine interessante Zweitmeinung erhalten könnte. Vor allem bliebe unsicher, ob diese Stellen in der Lage sein würden, eine Frage so zu beantworten, dass sie für Fragende ausserhalb des wissenschaftlichen ethischen Diskurses weiterführend ist. Mit Ethikkommissionen werden nun – im idealen Fall – spezialisierte, kommunikativ, nicht bloss deduktiv funktionierende «Auslieferstellen» von ethischem Fachwissen geschaffen, je für bestimmte politische Gremien, Spitäler oder andere Institutionen. Beratungsangebote und Gutachten sind formalisierte Schnittstellen, die als solche prinzipiell allen Feldern der Praxis zur Verfügung stehen, wenn sie auch konkret in aller Regel auf bestimmte Themenfelder spezialisiert angeboten werden.

> Dass sich die wissenschaftliche Ethik mit Ethikgremien und breiter noch mit dem Angebot von Beratung und Gutachten wesentlich leichter adressierbar macht, ist eine entscheidende, strukturelle Veränderung.

Für die Thematik des Ethiktransfers sind von den verschiedenen dargestellten Reflexionen von Ethikgremien, ethischer Beratung und ethischen Gutachten insbesondere die folgenden Punkte bedeutsam:
1. Expertise und Expertenkultur
2. Anschluss von Transferaktivitäten an den wissenschaftlichen Diskurs und Theorien für die Erklärung und Gestaltung dieses Anschlusses
3. Metareflexion: Ethikfolgenethik und Ethik der Vermittlung von Ethik
4. Unterscheidung von Ethik und Moral und Relativierung eigener Positionen
5. Machtstrukturen und Instrumentalisierung
6. Vielfalt von Transfervarianten, deren unterschiedliche Eignung für unterschiedliche Zwecke
7. Verknüpfungen von Ethiktransfer und Moral- bzw. Ethikpädagogik

Die Bedeutung dieser Punkte für die Thematik des Ethiktransfers lässt sich folgendermassen zusammenfassen:

> 1. Im Anschluss an Ruschmann (1999, 489) lässt sich die ethische Expertise (das ethische Fachwissen) definieren als methodisches und inhaltlichen Wissen um moralische Überzeugungen und deren Begründungen und um den Prozess der Prüfung a) von Handlungen und b) der Gestaltung von Strukturen vor dem Hintergrund ethischer Konzeptionen und Theorien. Solche Definitionen gibt es in unterschiedlichen Varianten[1], wobei der Kernbestand in diesem Sinne als Konsens betrachtet werden kann.
> Dieses Wissen legitimiert nicht, stellvertretend Entscheide zu treffen, d.h. die Verantwortung anderer Personen und Organisationen für Entscheidungen in ihrem Handlungsbereich zu übernehmen. Geschieht dies explizit oder implizit, entsteht ein machtstrukturiertes Expertentum, das durch ethische Fachlichkeit gerade nicht legitimiert werden kann.
> 2. Die Verbindung der Transferaktivitäten mit dem wissenschaftlichen ethischen Diskurs ist entscheidend. Dies geht aus verschiedenen Reflexionen zu Ethikkommissionen, ethischer Beratung und ethischen Gutachten hervor, ebenso aus der Überlegung zur Adressierbarkeit der wissenschaftlichen Ethik. Fehlt diese Verbindung bzw. ist sie zu schwach, würde etwas anderes als die wissenschaftliche Ethik adressiert.
> Insbesondere im Zusammenhang der ethischen Beratung wird für die Erklärung und Gestaltung dieses Anschlusses auf Ansätze der hermeneutischen Ethik, auf kohärentistische Begründungen und speziell auf das reflexive Gleichgewicht Bezug genommen.
> 3. Insbesondere zu Ethikgremien gibt es kritische Metareflexionen. Dabei geht es nicht darum, Ethiktransfer in Form von Ethikgremien prinzipiell für falsch zu halten, sondern Konditionen zu formulieren. Metareflexionen zu Vermittlungsprozessen liegen auch vor, wo auf die Notwendigkeit einer «Ethikfolgenethik» oder über ethische Bedingungen sinnvoller Ethikdidaktik nachgedacht wird. Dies zeigt, dass und wie normative Metareflexionen für Transferprozesse möglich, ja üblich sind.
> 4. Solche kritische Metareflexionen können beispielsweise zur Relativierung der eigenen moralischen Überzeugung aufrufen. Dies gilt für alle Formen von Ethiktransfer. Die konsequente Unterscheidung von Ethik und Moral ist dafür von entscheidender Bedeutung.
> 5. Solche kritischen Metareflexionen können ausserdem auf Machtstrukturen, in denen Ethiktransfer stattfindet, hinweisen. Realistischer als diejenigen, welche statt einer relativen eine absolute Abwesenheit von Machteinwirkungen auf Ethiktransferprozesse fordern, sind kritische Überlegungen wie diejenige von Mieth, welche Ethikerinnen und Ethiker zu einem nicht-

---

[1] Vgl. z.B. das Zitat von Lexy, oben Seite 34

naiven und zugleich moralischen Umgang mit (eigener und fremder) Macht auffordern.

6. Der Einblick nur schon in Ethikgremien im medizinischen Bereich zeigt eine enorme Vielgestalt solcher Gremien. Sie können sich hinsichtlich Aufgaben und Zielen, Zusammensetzungen und Arbeitsweisen, Kompetenzen und Ressourcen usw. stark unterscheiden. Für Ethiktransfer insgesamt lässt sich daraus die Einsicht gewinnen, dass der Vielfalt von Transfermöglichkeiten grössere Aufmerksamkeit geschenkt werden sollte, so dass bei einer gegebenen Aufgabe bewusster aus dieser Vielfalt der Möglichkeiten ausgewählt werden kann. Zweitens resultiert aus dieser Vielfalt der Wunsch nach Kriterien, um im konkreten Fall beurteilen zu können, welche Kompetenzenzuteilungen, welche Arbeitsweise usw. sinnvoll sind, um diese Aufgabe zu erfüllen.

7. Alle dargestellten Formen von Ethiktransfer zeigen enge Verknüpfungen zur Moral- bzw. Ethikpädagogik. Diese Zusammenhänge bedürfen weiterer Vertiefung (vgl. Seite 291 und folgende).

4 Resultat der Exploration I – Überleitung

Diese erste Exploration verdeutlicht zahreiche inhaltliche Überlegungen. Diese wurden jeweils am Ende der einzelnen Teile der Exploration zusammengefasst und sollen hier nicht wiederholt werden. Gleichzeitig wurden grundlegende Einsichten zum Untersuchungsgegenstand «Ethiktransfer» gewonnen. Ausserdem zeigte dieses Kapitel eine Reihe weiterer Themen, deren Vertiefung für eine Theorie und für Kriterien zum Ethiktransfer besonders wichtig sind.

Die folgenden *grundlegenden Einsichten zum Untersuchungsgegenstand* ergeben sich aus der ersten Exploration:

1. Der Gegenstand ist im und für den wissenschaftlichen ethischen Diskurs relevant. Er wird darin an verschiedenen Stellen angesprochen, allerdings konsequent bereichs- bzw. methodenspezifisch. Strukturelle Umsetzung ethischer Reflexion, Ethiktransfer in der Terminologie dieser Untersuchung, wird entweder für bestimmte Handlungsfelder (z.B. in der Umweltethik) oder in Reflexionen für bestimmte Formen von Ethiktransfer (z.B. Ethikgremien) thematisiert.

2. Die Ergebnisse solcher bereichs- bzw. methodenspezifischer Reflexionen sind offensichtlich gut auf andere Bereiche und Formen von Ethiktransfer übertragbar. Ethiktransfer als Thema bietet genügend «Einheit des Gegenstands» und zugleich eine interessante Vielfalt.

3. Die vorhandenen bereichs- und methodenspezifischen Reflexionen von Ethiktransfer bieten somit eine gute Basis für eine übergreifende Untersuchung von Ethiktransfer, die tragfähig ist, sowohl für die Entwicklung einer Theorie als auch für eine Zusammenstellung von Beurteilungskriterien.

4. Eine solche bereichs- und methodenübergreifende Reflexion von Ethiktransfer wäre für den Diskurs förderlich, fehlt jedoch bis anhin.

In dieser ersten Exploration kristallisiert sich heraus, dass für eine solche übergreifende Reflexion *die folgenden Themen der Vertiefung bedürfen*:
1. Die Bedeutung des *Anschlusses von Transferprojekten an das jeweilige Handlungsfeld und das darin vorhandene Wissen* werden besonders im Zusammenhang mit den Ethikgremien und der ethischen Beratung angesprochen. Dabei wird die Bedeutung einer bidirektionalen Kommunikation im Unterschied zu einem Transfer im Sinne eines Transports von Inhalten in eine Richtung allein betont.

   > Der *Transferbegriff* muss vor Missverständnissen im Sinne eines Einbahn-Transports geschützt werden. Als theoretischer Rahmen, um den bidirektionalen Anschluss zu erklären, und als Modell, um ihn zu gestalten, wird die *hermeneutische Ethik* herangezogen.

2. Die Bedeutung des *Anschlusses von Transferprojekten an den wissenschaftlichen ethischen Diskurs* und die Qualität dieses Anschlusses sind Thema insbesondere bei Ethikgremien und ethischer Beratung.

   > Als theoretischer Rahmen, um diesen Anschluss zu erklären und als Modelle, um ihn zu gestalten, werden der *Kohärentismus* und das *Überlegungsgleichgewicht* angesprochen.

3. Unterschiedlichkeit, aber auch Synergie, ja Symbiose zwischen *Ethiktransfer und Moral- bzw. Ethikpädagogik* zeigen sich in unterschiedlichen Zusammenhängen von unterschiedlichen Seiten.

   > Für eine Theorie des Ethiktransfers ist eine präzise *Unterscheidung* von Ethiktransfer und Moral- bzw. Ethikpädagogik entscheidend. Ebenso wichtig ist es, darauf aufbauend die *Synergiemechanismen* darzustellen.

4. Unter Begriffen wie «*Funktionalisierung*» oder «*Instrumentalisierung*» werden immer wieder Mechanismen beschrieben, welche verhindern, dass unter der Etikette «Ethik» wirklich Ethik betrieben wird.

   > Die *Logik, die hinter diesen Mechanismen steht*, muss deskriptiv verstanden und normativ beurteilt werden, damit ihr anschliessend angemessen begegnet werden kann.

5. In diesem Kapitel wurden viele und verschiedenartige Beurteilungskriterien als solche benannt. Es bleibt aber der Eindruck einer gewissen Zufälligkeit. Ein System einer Beurteilung zeichnet sich nicht ab, geschweige denn eine gewisse Vollständigkeit von Kriterien.

   > Es bedarf sowohl einer *erweiterten Heuristik der Suche nach Kriterien* als auch einer Systematisierung, etwa durch *Bildung von Kriteriengruppen*.

6. An verschiedenen Stellen wurde beobachtet, dass *in der wissenschaftlichen Ethik selbst Vorbehalte gegen stärkere Involvierungen in Handlungsfelder* bestehen. Ethiktransfer wird von dieser Seite nicht immer gefördert.

Es ist anzunehmen, dass hinter diesen Vorbehalten, die in den Interviews noch häufiger zur Sprache kommen werden, wesentliche Einsichten stehen, sowohl für eine Theorie wie für Beurteilungskriterien. Es soll daher nach guten Argumenten einer *Aktivismuskritik gegenüber Ethiktransfer* gesucht werden.

C Exploration II: Weitere Grundlagen

Am Ende des letzten Kapitels wurden sechs Themen definiert, die der weiteren Vertiefung bedürfen, um angemessene Grundlagen für die Entfaltung einer Theorie und die Zusammenstellung eines Kriteriensystems für die Beurteilung von Ethiktransfer bieten zu können. Diese Themen werden wie folgt aufgenommen:

Thema 1 und 2: Transferbegriff, hermeneutische Ethik, Kohärentismus und darin eingeschlossen das Überlegungsgleichgewicht, werden – wiederum, wie in diesem Kapitel Bereichsethiken und Transferformen, nicht als solche, sondern je in Hinsicht auf Ethiktransfer – in eigenen Unterkapiteln vertieft werden.

Thema 3: Die Unterscheidung und Synergie im Verhältnis von Ethiktransfer und Moral- bzw. Ethikpädagogik wird nicht in dieser Exploration, sondern im Rahmen der Erläuterung zum Theorievorschlag im übernächsten Kapitel thematisiert werden.

Thema 4: Die Fragen rund um die Funktionalisierung von «Ethik» sollen im Rahmen der Systemtheorie erklärt werden. Da die luhmannsche Systemtheorie diesen Mechanismus zwar gut erklärt, aber seine Bewertung ebenso wie die Frage nach einem sinnvollen Umgang mit ihr nicht nur nicht leistet, sondern sich gegen solch einen bewertenden Blick teilweise verwahrt, bedarf es einer ausführlicheren Auseinandersetzung mit der Systemtheorie. Für eine intensivere Beschäftigung mit dieser Theorie spricht auch, dass sie in den in der ersten Exploration zitierten Publikationen verschiedentlich angesprochen und als wichtige Referenz herangezogen wurde. Von der Systemtheorie sind, auch über die Frage der Funktionalisierung hinaus, wesentliche Einsichten insbesondere für eine Theorie des Ethiktransfers zu erwarten.

Thema 5: Sowohl die erweiterte Heuristik für die Kriteriensuche als auch die Systematisierung werden noch zurückgestellt. Die erweiterte Heuristik wird mit den Expertinnen- und Experteninterviews realisiert, wobei sich schon im nächsten Kapitel weitere Kriterien zeigen werden. Die Systematisierung der Kriterien soll auf dem Hintergrund der Interviews und mehr noch auf der Basis des Theorievorschlags vorgenommen werden.

Thema 6: Eine «Aktivismuskritik gegenüber Ethiktransfer» soll das nächste Kapitel beschliessen und wesentlich von spezifisch theologischen Überlegungen ausgehen.

Für diese thematischen Vertiefungen sind verschiedene Disziplinen bedeutsam. Dies ist im Feld der angewandten Ethik jedoch nicht überraschend.

Diese Themen werden, wie die ausgewählten Bereichsethiken und Transferformen in der ersten Exploration, stets *in Hinblick auf den Untersuchungsgegenstand* untersucht. Wie im letzten Kapitel kann es auch hier nicht darum gehen, den Stand der Forschung zum Wissenstransfer, zur hermeneutischen Ethik usw. an sich darzustellen. Dies würde den Rahmen dieser Untersuchung sprengen. Vielmehr soll die erste Exploration gezielt um Begrifflichkeiten und Konzepte ergänzt werden, welche bedeutsam genug sind, eine Theorie und Beurteilungskriterien für den Ethiktransfer zu entwickeln.

> **C** Exploration II: Weitere Grundlagen

1 Reflexionen zum Transferbegriff

«Träges Wissen»[1], Wissen, das den Ort seines Entstehens nicht verlässt oder das die darüber belehrten Individuen nicht anwenden, ist zu einem der Hauptprobleme der Bildung erklärt worden. Übergänge, Anwendungen, Weiterverwertungen sind gefragt. Entsprechend vielfältig wird der Begriff des Transfers, der in diesem Zusammenhang oft auftaucht, verwendet. Hier sollen Begriffsverwendungen in unterschiedlichen Feldern[2] dargelegt werden, damit anschliessend eine Begriffsbestimmung von Ethiktransfer vorgenommen werden kann.

1.1 Zum psychologisch-pädagogischen Transferbegriff

In der Psychologie und in der Pädagogik kann mit Transfer *erstens* eine besondere Form des Lernens bezeichnet werden. Es geht somit nicht um eine Übertragung von (theoretisch gelerntem) Wissen in ein Handlungsfeld, sondern um eine Wirkung von einem Lernprozess auf einen nächsten Lernprozess (vgl. Stangl, o.J.):
- «Wenn zwei verschiedene Lernvorgänge sich gegenseitig beeinflussen, spricht man von Transfer (Lernübertragung, Mitlernen).» (Rombach 1977, 252)
- «Wenn das Erlernen oder Üben einer Aufgabe zu einem Lerneffekt bei einer anderen Aufgabe führt, spricht man von Mitübung, Übungsübertragung oder Transfer.» (Klauer 1975, 51)
- «Transfer of learning means that experience or performance on one task influences performance on some subsequent task.» (Ellis 1967, 3)
- «... Einfluss einer ersten Lerntätigkeit auf eine zweite verschiedene (Transfer als Vorgang) oder als der durch diesen Einfluss bewirkte Unterschied im Resultat der zweiten Tätigkeit (Transfer als Ergebnis).» (Flammer 1970, 12)
- «... die Tatsache, dass durch einen Lernprozess bezüglich eines bestimmten Lehrstoffs gleichzeitig hinsichtlich anderer Bereiche gelernt wird.» (Weltner 1970, 140)

Zweitens kann der Transferbegriff für die Übertragung von theoretischem Wissen in konkrete Handlungsfelder gebraucht werden (Gruber/Mandl/Rekl 2000, Mandl/Prenzl/Gräsel 1992, Spiro/Feltovich/Jacobson/Coulson 1991, Bergmann/Sonntag 1999, Hasselhorn/Mähler 2000 u.a.). Man kann dann, wie das Prenzl und Mandl (1993, mit Verweis auf Messner 1978) tun, «Lernen als Konstruktion einer kognitiven Struktur und Anwenden/Transfer als Rekonstruktion dieser Struktur» verstehen (vgl. Stegmaier 2000, 46).

Eine Unterscheidung dieser beiden Transferbegriffe erübrigt sich, sobald man davon ausgeht, dass erstens Lernen auch ein Handeln in einem Handlungsfeld ist, zweitens jedes Handeln in jedem Handlungsfeld auch ein Lernen darstellt und es drittens «kein Wissen als abgespeicherte, abstrakt-dekontextualisierte Repräsentationen gibt, die in einem Kontext erworben und in einem anderen Kontext angewandt werden könnten» (Renkl 1996, 85).

---

[1] Diese Bezeichnung scheint auf Whitehead (1942) zurückzugehen. Die Publikationen zur Thematik sind Legion, vgl. z.B. die praxisnahe Übersicht bei Gruber, Mandl und Rekl (2000).
[2] Wenn auch nicht in allen: Kesseler (2004, 138) vergisst nicht zu erwähnen, dass der Begriff auch ökonomisch (Geldtransfer), lokal (Personentransfer im Tourismus) und im Sport (Spielertransfer) usw. vorkommt.

Ein *dritter*, seltenerer Transferbegriff widmet sich dem individuellen Wissenstransfer zwischen Experten und Laien (Wichter/Antos 2001) bzw. «allen potenziell an Wissen Interessierten» (Antos 2001, 5), speziell auch möglichen Nutzerinnen und Nutzern. In diesem Fall geht es nicht darum, dass eine Person selbst Wissen in einem neuen Kontext einsetzt, sondern um eine «zielgerichtete Weitergabe des Wissens einer Person, Gruppe oder organisatorischen Einheit an andere Personen, Gruppen oder organisatorische Einheiten» (Kesseler 2004). Insofern hier «Experten» und «Interessierte» primär als Individuen, aber doch schon als unterschiedlichen soziologischen Grössen zugehörig, gesehen werden, befindet sich ein solches Verständnis bereits auf der Grenze zwischen einem pädagogischen (bzw. psychologischen) und einem soziologischen Begriff, der für Ethiktransfer von besonderer Bedeutung ist.

Bevor jedoch der *vierte*, soziologisch-strukturelle Transferbegriff thematisiert wird, an den der Begriff des Ethiktransfers anschliessen wird, sei auf die Frage der *Transferrichtungen* eingegangen, da diese für Transferprozesse, gerade auch in der Ethik, von entscheidender Bedeutung sind.

Lobin (2002, 2.2.1) referiert im wesentlichen dieselbe bzw. ähnliche Definitionen, wie sie oben genannt wurden. Mit Bezug auf Flammer konzentriert er sich auf die Definition, wonach Transfer «immer verstanden wird als Einfluss einer ersten Lerntätigkeit auf eine zweite verschiedene (Transfer als Vorgang) oder als der durch diesen Einfluss bewirkte Unterschied im Resultat der zweiten Tätigkeit (Transfer als Ergebnis)». Diese Definition könnte die Assoziation wecken, Transfer sei, dem lateinischen Wort entsprechend, als Transport von einem «Etwas» von einem Ort an einen anderen zu denken, eindeutig in einer Richtung also. Dazu hält Lobin (a.a.O., 2.2.5) fest, dass die Frage der Transferrichtung insgesamt wenig bedacht werde, jedoch in der Regel eine Transferwirkung in beide Richtungen unterstellt werde. Oft wird in der pädagogischen Praxis durch eine hypothetische Antizipation der «zweiten Tätigkeit», auf die hin gelernt werden will, Einfluss auf die erste Lerntätigkeit ausgeübt, so dass die Gegenseitigkeit der Wirkung der beiden Lernsituationen aktiv intendiert wird. Man kann folglich schliessen, dass im psychologisch-pädagogischen Transferbegriff zwar in aller Regel ein Transfer in einer einzigen Richtung interessiert (und konkret untersucht wird), jedoch implizit oder explizit von einem Transfer in beide Richtungen ausgegangen wird.

> Die Transferrichtung im Wort «Ethiktransfer» ist ebenfalls in diesem Sinn zu bestimmen:
> - Es gibt eine Hauptrichtung des Transfers. Welches die Hauptrichtung ist, ist jedoch nicht empirisch gegeben, sondern wird durch das erkenntnisleitende Interesse festgelegt. Eine Untersuchung von Ethiktransfer geht davon aus, dass der institutionalisierte, wissenschaftliche, ethische Diskurs bei aller Pluralität *etwas zu sagen hat* für Handlungsfelder. Daraus ergibt sich die fokussierte Hauptrichtung des Transfers.
> - Allerdings wird dabei explizit und detailliert festgehalten und reflektiert werden, dass und wie Transfer in die Gegenrichtung eine dafür notwendige Bedingung ist. Somit ist der Transferprozess insgesamt nur als *bidirektionaler Austauschprozess* zu begreifen.

1.2 Struktureller Wissenstransfer

Ein *vierter* Transferbegriff ist im (wissenschafts-) soziologischen Bereich anzutreffen. Wörter und Bedeutungen sind hier allerdings vielfältig. Der Begriff teilt sich in Unterbegriffe, und es werden «die Begriffe Wissens-, Wissenschafts-, Technologie- und Forschungstransfer [...] nicht trennscharf und [...] in der Fachliteratur teilweise widersprüchlich eingesetzt.» (Knoll 2003, 17):

> «Wissenschaftstransfer wird in der Regel als Oberbegriff verwendet, der die vielfältigen Formen von *Austauschprozessen* zwischen Wissenschaft und gesellschaftlichen Teilbereichen beschreibt. Nach Schuster [1990] kennzeichnet Wissenschaftstransfer den Wissensaustausch zwischen Wissenschaft und Wirtschaft zum Zwecke der schnelleren und sachgemässen Nutzung anwendbaren Wissens.»

Knoll (a.a.O., 18) selbst bestimmt «Wissenstransfer» als einen «Teilbereich des Wissenschaftstransfers». Diese beiden Begriffe scheinen den Begriff des Technologietransfers, dem sie entstammen, zunehmend zu ersetzen. Der Begriff des «Forschungstransfers» bezieht sich weniger auf die persönliche Wissensvermittlung und mehr auf die «praktische Umsetzung von wissenschaftlichen Forschungsergebnissen in ausserwissenschaftliche Anwendungsfelder» (a.a.O.).

An den Transferbegriff, wie er hier auftaucht, kann sich die Bezeichnung «Ethiktransfer» anschliessen, da dieser ebenfalls «praktische Umsetzungen» fokussieren will. Die «praktischen Umsetzungen» sind im Falle des Ethiktransfers neue bzw. veränderte gesellschaftliche oder organisationale Strukturen. Man könnte diese Umsetzungen, analog zur Terminologie des Technologietransfers, mit Fug und Recht als «neue Produkte» oder als «Innovationen» bezeichnen. Doch trägt der inflationäre Gebrauch ursprünglich ökonomischer Begriffe wenig zur Sache bei.

Auf einige interessante sachliche Analogien lohnt es sich hingegen kurz einzugehen. Wie im letzten Kapitel auch für den Ethiktransfer gezeigt, dokumentiert Wilhelm (2000) für den Technologietransfer ein «Nadelöhr» an der Grenze zwischen universitärer Forschung und betrieblicher Umsetzung. Von der Europäischen Kommission wurde sogar ein «europäisches Paradoxon» diagnostiziert, «worunter die mangelnde Umsetzung vorhandenen technologischen Wissens von Hochschulen in marktreife und wettbewerbsfähige Produkte (Innovationen) bei den Unternehmen verstanden wird» (Wilhelm 2000, 1). Zur Überwindung des diagnostizierten Engpasses zwischen Wissenschaft und Wirtschaft wurden in der Bundesrepublik Deutschland bereits seit den 1970er Jahren durch staatliches Eingreifen Technologietransferstellen und andere Fördermassnahmen eingerichtet – mit unzureichendem Erfolg. Elsasser, Boesch und Thierstein (2000, V-VI) nennen vier Gründe für die geringe Wirksamkeit dieser Massnahmen:

> «(1) Der politisch motivierte Wissens- und Technologietransfer beruht noch immer auf Vorstellungen über Wissensproduzenten (Wissenschaft) und Wissensempfänger respektive In-Wert-Setzer (Wirtschaft), die so nicht mehr tragbar sind. [...]
> (2) Fehlende Interaktionen zwischen Wirtschaft und Wissenschaft sind damit nicht mehr als Ursache für zu wenig Innovationen und damit von Systemversagen zu sehen,

sondern als dessen Symptom. Die wahre Ursache liegt in der unterschiedlichen Zielausrichtung und den entsprechenden Anreizstrukturen nicht nur dieser beiden Systeme begründet. Systemversagen kann also nicht allein durch ein Mehr an Interaktionen behoben werden, sondern erfordert die grundsätzliche Abstimmung zwischen und innerhalb der Systeme, um so Kohärenz und Durchlässigkeit herzustellen. Erst wenn es gelingt, die Anreizstrukturen so auszugestalten, dass sie diesen Austausch nicht nur fördern, sondern vor allem ‹belohnen› und somit in Wert setzen, erst dann werden die wichtigsten Barrieren des europäischen Paradoxons überwunden werden.

(3) Innovationssysteme erfordern einen flexiblen Umgang. [...] Daraus resultiert die Einsicht, dass eine parallel existierende Strukturvielfalt der vorhandenen Problemvielfalt viel eher gerecht wird.

(4) Innovationssysteme können nur funktionieren, wenn sie vital sind. Wichtigster Baustein ihrer Vitalität ist die Selbstorganisation. [...] Selbstorganisation [kann] nicht einfach aufgesetzt oder eingefordert werden, sondern sie bedarf des Lernens der beteiligten Akteure darüber, wie Selbstorganisation ‹funktioniert›. Genauso wichtig ist die Einbindung der selbstorganisierten Prozesse in kohärente Gesamtziele, damit die einzelnen Prozesse nicht in jeweils andere Richtungen laufen. Die Dezentralisierung selbstorganisierter Innovationsprozesse funktioniert nämlich nur bei gleichzeitiger horizontaler Koordination.»

> Für den Ethiktransfer legt die Untersuchung des Technologietransfers die folgenden Schlüsse nahe:
> - Das Problem des «Transfers in die Praxis» ist kein Spezifikum der Disziplin der Ethik, sondern ein generelles Problem universitärer Forschung.
> - Die Überwindung dieses Nadelöhrs muss generell aktiv angegangen werden.
> - Dabei spielen «Intermediäre» (im Technologietransfer sind das Verbände, Industrie- und Handelskammern, (halb-)öffentliche Transferstellen und Wirtschaftsförderer, vgl. Wilhelm a.a.O., 331) eine wichtige Rolle. Es ist entscheidend, dass Transferstellen sich nicht als passive (Informations-)Vermittler verstehen, sondern sich zu impulsgebender, moderierender Funktion hin bewegen (a.a.O., 337).
> - Auch für den Ethiktransfer ist die Frage nach den Anreizstrukturen zu stellen. Wer hat ein Interesse am Ethiktransfer? Gibt es in der universitären Ethik, in den Unternehmen, in der Politik usw. Meriten dafür? Oder bestehen gar negative Anreize?
> - Wilhelm (a.a.O., 339) schlägt eine Zweiteilung des Universitätssystems vor, in eine erkenntnis- und in eine umsetzungsorientierte Ausrichtung mit entsprechend ausgebildeten Wissenschaftlern. «Der Austausch findet über die Lehre sowie über gemeinsame Forschungsprojekte statt, die von den beiden Seiten nach den unterschiedlichen Bedürfnissen genutzt werden. Dabei ist das Anreiz- und Bewertungssystem derart auszugestalten, dass sowohl die jeweiligen Ausrichtungen als auch der Austausch zwischen ihnen

> belohnt wird.» Dies wäre eine interessante Anregung für die Ethik, wo sich mit der angewandten Ethik bzw. den Bereichsethiken bereits eine umsetzungsorientierte Ausrichtung konstituiert hat.

Für die Untersuchung des Wissenstransfers zieht Wilhelm mit Bedacht die Systemtheorie als Analyserahmen heran. Sie wird auch für die Theorie des Ethiktransfers wesentliche Erklärungselemente bieten, um die oben hervorgehobenen Punkte für den Ethiktransfer zu rekonstruieren.[1]

1.3 Definition von Transfer

Die Definition von Ethiktransfer darf und muss angesichts der Vielfältigkeit des Transferbegriffs eigenständig vorgenommen werden. Sie wird aus drei der vier referierten möglichen Begriffe von Transfer kombiniert.

Im Sinne des ersten und zweiten Transferbegriffs wird dieser als ein Handeln in einem neuen Kontext (Handlungsfeld), das eine *Zweitverwertung* eines Erstlernens in einem anderen Kontext (wissenschaftliche Ethik) ist, verstanden.

Von den unter dem vierten Transferbegriff zusammengefassten Konzepten werden einerseits die «*Austauschprozesse*» und andererseits, im bereits erläuterten Sinn, die «*praktischen Umsetzungen*» übernommen.

> Transfer bezeichnet im Kontext des Ethiktransfers eine *Zweitverwertung* wissenschaftlicher, ethischer Sätze (Reflexionen) in einem anderen Kontext (Handlungsfeld), die aufgrund von bestimmten *Austauschprozessen* zustande kommt und sich in *neuen bzw. veränderten gesellschaftlichen oder organisationalen Strukturen* manifestiert («praktische Umsetzung»).

Eine solche Zweitverwertung versteht sich gerade nicht von selbst, sondern ist das Ergebnis eines komplexen Übersetzungs- und Kommunikationsprozesses. Er ist dann gelungen, wenn das Handlungsfeld seine (Problem-)Situation in den betreffenden wissenschaftlichen Sätzen (Reflexionen) im Grossen und Ganzen wiedererkennen kann und umgekehrt seitens der ethischen Wissenschaft in den neuen bzw. veränderten Strukturen die eigene Intention wiedererkannt wird.

---

[1] Vgl. unten Seite 154 und folgende unter «5 Soziologische Kritik der Ethik und Ethik der sozialen Strukturen».

2 Hermeneutische Ethik

> «Eine hermeneutische Ethik ist [...] immer eine Wanderung auf der Grenze zweier Welten – der Welt der Bedeutung und der Welt des Unverständlichen, der Welt der Empfänglichkeit und der Welt der Kritik. Wir sollten uns hüten, uns in *einer* von ihnen einzurichten.»
>
> Wils 2001a, 7

In der ersten Exploration wurde mehrfach die an den verschiedensten Stellen in der angewandten Ethik zu findende Einsicht rapportiert, dass Umsetzung von Ethik in Handlungsfelder kein Einbahntransport fertiger Normen aus der wissenschaftlichen Ethik in diese Handlungsfelder sein kann, sondern ein dialogischer Prozess sein muss. Dies stimmt mit den Ergebnissen der obigen Auseinandersetzung mit dem Transferbegriff überein. Aber warum eigentlich «muss»? Die Einsicht in diese Notwendigkeit ist bisher mehr ein «Erfahrungswissen» der angewandten Ethik, das auch von den Anwendungsbeispiele im Kapitel G bestätigt werden wird, und weniger ein systematisches Verstehen. Es stellt sich daher die dreifache Frage, *warum die Ethik in einen echten Dialog mit den Anwendungsfeldern treten muss, wie das gesehen werden kann und was es impliziert.*

Verschiedene Untersuchungen insbesondere zu ethischer Beratung (s.o.) haben in diesem Zusammenhang auf die hermeneutische Ethik referiert. Sie bietet einen Fundus an Reflexionen zu diesen Fragen, ist aber auch zu einem komplexen, verzweigten Wissensgebiet mit differenzierten philosophischen Grundlagen geworden, das weit über die genannte dreifache Frage hinausführt. Es kann an dieser Stelle unmöglich darum gehen, dem Stand der Diskussion zur hermeneutischen Ethik als solchem gerecht zu werden. Andererseits wäre es sträflich, nicht wenigstens einige ausgewählte Grundlinien und Konzepte daraus näher zu betrachten.

In diesem Sinn werden nach einer kurzen Einleitung, welche einen Überblick über die enge Verwandtschaft zwischen Hermeneutik und Ethiktransfer-Prozessen gibt, fünf Hauptpunkte der hermeneutischen Ethik referiert, welche je auf ihre Bedeutung für Ethiktransfer hin befragt werden. Einige kritische Überlegungen zur hermeneutischen Ethik, eine Zusammenfassung der Ergebnisse und ein Ausblick beschliessen diesen Teil.

2.1 Zur engen Verwandtschaft zwischen Hermeneutik und Ethiktransfer-Prozessen

Die Hermeneutik ist eine relativ junge Disziplin, aber doch älter als ihre Bedeutung im Rahmen der Theologie. Sie geht auf Dannhausers «Hermeneutica generalis» zurück, welcher «der bis dato gängigen Methodenlehre ein wissenschaftliches Fundament unterlegt» hat (Wils 2006, 45). Inhaltlich liegen Verknüpfungen mit der Disziplin der Ethik nahe. «Die Hermeneutik besitzt eine Art implizite Ethik, wie auch die Ethik eine hermeneutische Signatur kennt», schreibt Wils (2006, 18). Diese konzeptuelle Verwandtschaft regt an, über Perspektiven, welche sich aus einer Kombination von Ethik und Hermeneutik ergeben, zu arbeiten (z.B. Scholtz 1995; Pfafferott 1981; Irrgang 1998; eingehend Wils in diversen Publikationen).

Die angewandte Ethik scheint eine besondere Affinität zur Hermeneutik zu haben. Irrgang (1998) stellt die hermeneutische Ethik direkt in einen Zusammenhang mit der Frage der Implementierung ethischer Einsichten. Nach ihm ist die Ethik quasi die Assistentin derjenigen Person bzw. Institution, die eine Entscheidung zu treffen und zu verantworten hat. Als Assistentin muss sie zuallererst ein Bild von der Aufgabe, bei der sie zu assistieren hat, erhalten. Hermeneutik als Verstehen der Entscheidungssituation dieser Person bzw. Institution steht damit am Anfang der ethischen Arbeit. Damit ist die angewandte Ethik implementiert, quasi schon bevor sie mit der Reflexion der normativen Fragestellung begonnen hat. *Der Anschluss an die Praxis geht der Normensuche voraus.* Ähnlich kommt auch van der Burg (2000) zu einem Konzept, das einem engen Austausch zwischen laufender ethischer Reflexion und praktischer Situation und Fragestellung den Vorrang gibt gegenüber einer an Praxiskontakt armen Ethik (analog Dahm 2000, 180). Letztere müsste eine bestimmte ethische Frage relativ isoliert erarbeiten und die Resultate dieser Reflexion anschliessend aus dieser Distanz heraus in das betreffende Handlungsfeld implementieren. Denselben Punkt spricht Holderegger (1997a, 11) für die ökologische Ethik an: «Wenn die Umweltethik in die konkreten Handlungs- und Anwendungsbereiche vorstossen will, muss damit *transdisziplinär* konzipiert werden, indem nicht nach der Ethik *für* die umweltrelevanten Wissenschaften (wie Technik, Ökonomie und Sozialwissenschaften) gefragt wird, sondern nach der Ethik *in* den jeweiligen Wissenschaften.» Im Konzept der «Ethik für» findet die ethische Reflexion distant zum Handlungsfeld statt und muss nachher (irgendwie) implementiert werden. Im Konzept der «Ethik in» findet die ethische Reflexion im Handlungsfeld statt und die Disziplin der Ethik arbeitet an dieser Reflexion mit. Sie versucht, das Handlungsfeld, die ihm innewohnenden Normen, die Schwierigkeiten usw. als «Sinnzusammenhang» zu verstehen und sich – zirkulär – die eigenen Reflexionen und Methoden, die spezifische Tradition dieser Disziplin, verständlich zu machen.

Wils ist den theoretischen Wurzeln hermeneutischer Ethik sorgfältig nachgegangen. Er nennt auf dem Hintergrund seiner detaillierten Analyse des Dreh- und Angelpunkts – des Verstehens von Handlungen – verschiedene Kennzeichen hermeneutischer Ethik: «das Primat des Nicht-Verstehens», «die kulturelle Semantik», «die Perspektivität», «die Textualität», «die Anwendungsfähigkeit», «die Urteilskraft», «die Kohärenz als epistemisches Prinzip» und «die Haltung der Nachsicht» (a.a.O., 188). Verschiedene dieser Punkte werden unten wieder aufgenommen. Wils verknüpft ausserdem die hermeneutische Ethik eng mit dem Kohärentismus – mit demjenigen Begründungstypus, der einer Integration von Transferprozessen in die ethische Reflexion besonders zuträglich ist, wie noch zu zeigen sein wird.

> Die verschiedenen Publikationen zur hermeneutischen Ethik zeigen deutlich: Der hermeneutische Nachvollzug der «Bedeutungen von Handlungen» ist für die Ethik generell basal und für Reflexionen zum Ethiktransfer speziell zentral.

2.2 Hauptpunkt 1: Echte Fragen stellen

Der erste Hauptpunkt entspringt Wils' (2006, 188, vgl. oben) erstem Kennzeichen, dem «Primat des Nicht-Verstehens». Nur wer von einem Primat des Verstehens ausgeht, also meint, schon zu wissen, braucht nicht zu fragen. «Fragen der praktischen Ethik hängen mit einer Praxis zusammen, die der Ethiker zur Kenntnis nehmen muss. Häufig ergeben sich hier Konfliktfälle mit den Praktikern, die – meist zu Recht – glauben, ihre Praxis besser zu kennen als der Ethiker» (Irrgang 1998, 12). Dieses «bessere Kennen» der Praxis bezieht sich auf die empirischen Möglichkeiten und Grenzen, aber auch auf die Tradition und Erfahrung mit – bewussten oder unbewussten – moralischen Überzeugungen:

> «Im Vergleich zu anderen neuzeitlichen Ethiken betont der hermeneutische Ansatz die Einbettung subjektiver Verantwortung in ein bereits im Gange befindliches Gespräch über Werte und Normen, das die individuelle Wahl zwar nicht restlos determiniert, aber doch prägt und stimuliert. Diese Kontextualisierung mindert keineswegs die Verantwortlichkeit des handelnden Subjekts, bewahrt es jedoch vor der Illusion, Moral in jedem Moment ganz neu erfinden zu müssen. Wir sind, wie uns die Erzähltheorie in Erinnerung ruft, immer schon in Geschichten verstrickt, deren moralischen Gehalt wir uns interpretierend erschliessen können – nicht ohne kritische Distanz, aber ohne die Anmassung eines völligen Neubeginns.» (Lesch 2002, 233)

Aus der Überzeugung, dass man seitens der Ethik deskriptives wie normatives Wissen aus den Handlungsfeldern «zur Kenntnis nehmen muss», ergibt sich die Notwendigkeit, *Fragen* an die Fachpersonen des Handelns in diesen Feldern zu richten. Es mag sein, dass man diese zwingende pragmatische Konsequenz in der hermeneutischen Ethik als einer angewandten Ethik nicht genügend ausgebreitet hat. Immerhin liegt die «Ethique interrogative» von Abel (2000) vor, die «speziell die Haltung des Fragens als Grundform jeder Ethik zu rehabilitieren versucht. Diese Sichtweise unterscheidet sich von der moralphilosophischen Geschäftigkeit, die uns mit einer Fülle von Antworten überhäuft, ohne zu merken, dass es inzwischen viele Antworten gibt, zu denen uns die Fragen abhanden gekommen sind.» (Lesch 2002, 238)

> Für den Ethiktransfer bedeutet dies, dass jeder Transfer Informationen aus dem Handlungsfeld in die Ethik voraussetzt – und dass laufend neue Informationen aus dem Handlungsfeld gebraucht werden, um die ethische Reflexion aktuell zu halten und weiter voranzutreiben. Die Notwendigkeit des Transports solcher Informationen im Rahmen von Ethiktransfer vom Handlungsfeld zur Ethik setzt umgekehrt voraus, dass *Fragen* von der Ethik in das Handlungsfeld transportiert werden. Dazu gehören Fragen nach empirischen Vorgegebenheiten, d.h. Möglichkeiten und Grenzen des Handelns in einem bestimmten Handlungsfeld, aber, wie eben betont, auch Fragen zu den vorfindlichen moralischen Überzeugungen, ihrer Tradition und Begründungen im Handlungsfeld selbst.

Nach der Theorie einer hermeneutischen Ethik ist angewandte Ethik ohne diese Verstehensprozesse und ohne den damit verbundenen Dialog nicht zu leisten. Solche Fragen sind somit ein *notwendiger Transferinhalt*. Sie sind notwendig für die Ethik, aber, quasi en passant, schon eine erste Form der Einwirkung der Ethik auf das Handlungsfeld. Darauf ist nun einzugehen.

2.3 Hauptpunkt 2: Wirkung im Handlungsfeld: «Ethik in», nicht «Ethik für»

Von Seiten der Ethik werden solche Fragen an das Handlungsfeld nicht zufällig gewählt und entfalten daher dort bereits eine bestimmte Wirkung. Obwohl diese Fragen ja zu Zwecken der Informationsbeschaffung und des besseren, vertieften Verständnisses gestellt werden (und vielleicht gerade weil sie aus diesem Grund gestellt werden), bewirken sie «Selbstklärung» (Braune/Gronke 2005, 76) bzw. Selbstorientierung (Badura 2002, 28). Diese Klärungswirkung kann sich auf Individuen oder auch auf Organisationen (Heintel 1999, 518) beziehen.

> Mit diesen Fragen werden Handlungsmöglichkeiten und -grenzen ebenso wie handlungsfeldimmanente moralische Überzeugungen bewusst und verstärkt reflektierbar gemacht. Damit mag der wichtigste Teil der Transferarbeit oft schon geleistet sein.

Der zweite Effekt dieser Fragen – immer vorausgesetzt, dass sie als echte, nicht als rhetorisch-pädagogische Fragen gestellt werden[1] – ist, dass damit ein Problem zumindest vermindert wird, das Irrgang (1998, 9–10) wie folgt beschreibt:

> «Gegenwärtig hat anwendungsorientierte Ethik Konjunktur. Angesichts der vielfältigen Krisen ist Orientierungswissen gefragt. Verstärkt ertönt der Ruf nach konkreten Handlungsanweisungen. Anwendungsorientierte oder praktische Ethik ist gefragt. Andererseits wehren sich viele Betroffene gegen die erhobenen moralischen Ansprüche, moralinsauer und überzogen muten sie ihnen an. Daher wird häufig die Meinung vertreten, zur Entscheidung der Fragen des Alltags genüge der gesunde Menschenverstand und die eigene Erfahrung. Die Hilfsmittel, die eine anwendungsorientierte professionelle Ethik entwickelt habe, seien zu abstrakt und für die alltäglichen Entscheidungen nicht zu gebrauchen.»

> Mit diesen Fragen kommuniziert die Ethik, dass sie sich nicht anmasst, «Moral» für dieses Handlungsfeld «ganz neu erfinden» zu können (vgl. oben das Zitat von Lesch 2002, 233). Von Anfang an steht die «Ethik in» diesem Handlungsfeld im Zentrum, nicht eine «abstrakte» angewandte Ethik, die ausserhalb dieses Felds «für» dieses Feld entwickelt wird und anschliessend (wie?) in dieses Feld «implantiert» werden muss. Der Transfer ist damit schon da, sobald die (gemeinsame!) Reflexion beginnt. Auch der Transferkanal ist da, er muss nicht nach Abschluss der Reflexion geschaffen werden.

In der Überzeugung, dass es weder möglich noch richtig wäre, Moral seitens der Ethik «für» ein Handlungsfeld ganz neu zu erfinden, kommt ausserdem ein Respekt vor diesem Handlungsfeld und den darin entwickelten moralischen Überzeugungen zum Ausdruck. Anstatt normative Ansprüche gegenüber einer Praxis, die sich daran nicht hält, einfach mit zusätzlichen Argumenten zu begründen oder aber sich einfach von der Praxis abzuwenden, entwickelt die hermeneutische Ethik einen Respekt vor der Praxis, auch dort, wo ihr Handeln ethischen

---

[1] Vgl. die kritische Auseinandersetzung mit dem «suggestiven Fragen und Monologisieren» der sokratischen Maieutik bei Badura (2002, 164).

Normen nicht zu entsprechen scheint. Sie geht davon aus, dass die Entscheidungen der Praxis einer moralischen Geschichte (Nähe zur narrativen Ethik) folgen, also eine historische Begründung haben. Zwar ist diese Geschichte nicht sakrosankt, aber doch zumindest auch eine Sedimentation von Erprobtem und Bewährtem. Für einen Respekt davor sprechen auch ethisch-moralische Gründe, insofern diesem Respekt eine Ablehnung totalitärer Ansprüche – und wären es die eigenen – innewohnt und ausserdem damit zum Ausdruck gebracht wird, dass die Verantwortung für das Handeln in diesem Feld nicht an die Disziplin der Ethik delegiert werden kann.

2.4 Hauptpunkt 3: Wirkung in der Disziplin der Ethik

Bereits der Prozess, solche Fragen in der Disziplin der Ethik zu generieren, und weiter die Informationen über Möglichkeiten und Grenzen des Handelns sowie (bewährte) moralische Überzeugungen in diesen Feldern bringen Gewinn für die ethische Reflexion selbst. «Die Frage ihrer Anwendbarkeit [der Anwendbarkeit moralischer Urteile] in der neuen Situation, ihrer Relevanz und ihres Gewichts mit Hinsicht auf sie kann oft zu ihrer Neubewertung und Neufassung führen – und tut dies auch oft» (Wils 2006, 95, zitierend Dewey). Wer fragt, lernt. Insofern sich nun gezeigt hat, und noch weiter zeigen wird, wie sehr Fragen an die Praxis konkreter Handlungsfelder unabdingbar sind für einen Transfer in die Praxis und insofern das Fragenstellen an sich sowie die Antworten auf diese Fragen eine Wirkung beim Fragenden entfalten, ist klar, dass eine Wirkung aus der Disziplin der Ethik auf die Praxis konkreter Handlungsfelder nicht ohne Wirkung aus diesen konkreten Handlungsfeldern auf die Disziplin der Ethik denkbar ist.

Dem Prozess des Verstehens, dem hermeneutischen Zirkel an sich, wird eine heuristische Funktion für die Entwicklung sinnvoller Entscheidungsgründe zugetraut. Im Anschluss an hermeneutische Reflexionen zur Kunst stellt Lesch (2002, 237) fest, dass «erst durch die Interpretationen der Rezipienten alle Potenziale aktiviert [werden], die auch eine ethische Komponente haben». Im differenzierten Wahrnehmen von Geschichten rund um Handlungsentscheidungen findet sich mehr als eine «Moral von der Geschichte», nämlich «ein schärferes Gespür für Handlungsstrukturen jenseits der üblicherweise gewählten Muster» (a.a.O.). Dies wäre ohne das Fragen und Antworten über die Disziplinen- bzw. Professionengrenze hinaus so nicht zu erwarten. Systemisch gesehen kommt es für beide Disziplinen bzw. Professionen zu «Perturbationen», deren Kontinuität auf beiden Seiten, im Handlungsfeld *und* in der Ethik, einen «Erschliessungsdiskurs» (s.u.) etabliert (vgl. auch die Fragetechniken der systemischen Therapie, z.B. bei Morgenthaler 1999). Diese faktische Nähe der hermeneutischen Ethik zum systemischen Denken scheint jedoch in den Publikationen zur hermeneutischen Ethik noch wenig diskutiert zu sein.

> Ein hermeneutisches Vorgehen ist eine Heuristik für die (angewandte und die allgemeine) Ethik. Sie erhält neue Impulse und zusätzliche Erkenntnisräume.

Möglicherweise kann ein solches Vorgehen auch zur Lösung eines zweiten Problems beitragen: Lesch (2002, 231) stellt fest, dass die «hermeneutisch akzentuierte Ethik» aus ihrer Not, «schwach normativ» zu sein, auch eine Tugend machen und darauf hinweisen kann, «dass sie sich auf eine Klärung der Gesprächssituation angesichts des immer wieder zu beobachtenden Scheiterns normativer Ethik bezieht.» Diese scheitert, «weil die von ihr entwickelten begrifflichen Präzisierungen allen Beteuerungen zum Trotz oft eben nicht zu einem Konsens beitragen, sondern das Konfliktpotenzial der kontrovers beurteilten Wertungen nur umso schärfer hervortreten lassen. Ethik beendet nur in seltenen Fällen den Streit der Interpretationen». Eine hermeneutische Ethik kann eventuell durch verstärkte Investitionen in das Verstehen dieser Interpretationen den Streit zumindest weiter klären als etwa eine deduktive angewandte Ethik, welche in diesem Streit primär Partei ist.

2.5 Hauptpunkt 4: Klärung von Verständigungsbarrieren

Im «Streit der Interpretationen» soll die Ethik «wenigstens einen bescheidenen Beitrag zur Aufklärung der Verständigungsbarrieren» (Lesch 2002, 231) leisten. Man wird diese Überlegung so verallgemeinern dürfen, dass eine hermeneutische Ethik, insofern sie als wissenschaftlicher Ansatz ja auch ihre Methodik und deren Grenzen reflektiert, ein Instrumentarium hat bzw. entwickeln kann, dort, wo (gegenseitiges) Verstehen misslingt, dieses Misslingen zu (er-)klären. Damit könnte die hermeneutische Ethik einen wesentlichen Beitrag zu einer Erklärung von Gelingen und Misslingen von Ethiktransfer leisten.

> Weiter unten (Seiten 139 und folgende unter «4.3.1 Die theoretische Unmöglichkeit der Kommunikation zwischen Systemen») werden Erklärungen für systematisches Nicht-Verstehen aus systemischer Perspektive thematisiert werden. Hermeneutische Ethik könnte komplementäre Erklärungsmodelle für Verständigungsbarrieren bieten und so helfen, Voraussetzungen, unter denen Ethiktransfer schwerlich gelingen wird, im Vorhinein zu erkennen.

2.6 Hauptpunkt 5: Langer Weg statt schneller Ratschläge

Ethiktransfer ist mittel- und langfristig anzulegen. Oft dauert es – die Fallbeispiele werden das illustrieren – viele Jahre von der Idee über den Entschluss, ein Projekt zu beginnen, bis hin zur Etablierung einer Organisation im Handlungsfeld, die die Funktion des Ethiktransfers kontinuierlich übernimmt. Es stellt sich die Frage, ob das «in der Natur der Sache» liegt oder daran, dass man die Aufgabe zunächst falsch anpackt. Aus Sicht der hermeneutischen Ethik erachtet man eine lange Dauer nicht nur als notwendig, sondern begrüsst sie sogar: «Eine hermeneutische Ethik bevorzugt die langen Wege gegenüber den schnellen Ratschlägen, die ständigen Rückfragen gegenüber den eindeutigen Lösungen und ist schon allein wegen dieses Profils ein Kuriosum in einer an Effizienz und Schnelligkeit interessierten Zeit.» (Lesch 2002, 231) Der «lange Weg» kann offenbar zu Resultaten – wenig Abwehr, vielmehr positive Integration ethischer Reflexion in den Handlungsfeldern, Innovationen in der Ethik, Entdeckung von

«Handlungsstrukturen jenseits der üblicherweise gewählten Muster» (a.a.O. 237) usw. – führen, die mit «schnellen Ratschlägen» nicht erreichbar gewesen wären, (Damit hat eine kritische Auseinandersetzung mit «Machbarkeit» und «Aktivismus» gerade für den Ethiktransfer bereits begonnen, die im letzten Unterkapitel dieses Kapitels weitergeführt wird.)

2.7 Kritik an der hermeneutischen Ethik: Welche Verantwortung trägt die Ethik?

Oben wurde die Ethik im Rahmen eines hermeneutisch-ethischen Ansatzes als «Assistentin derjenigen Person bzw. Institution, die eine Entscheidung zu treffen und zu verantworten hat», bezeichnet. Lesch (a.a.O., 240) bestimmt die Funktion der Ethik im Rahmen hermeneutischer Ethik im Anschluss an Walzer als «Interpret». Reicht verstehen und nachvollziehen allerdings aus? Wird man von der ethischen Fachperson nicht auch erwarten, dass sie warnt vor Missachtung wichtiger Normen und Werte, auch dann, wenn eine solche Missachtung in bester Absicht oder im Gefolge einer langen Tradition geschähe? Lesch betont, kritisch an die hermeneutische Ethik gerichtet: «Allerdings sollte die Verpflichtung auf geduldiges Interpretieren keine Entschuldigung dafür sein, dass die Ethik sich davor drücken möchte, an der Veränderung der Welt mitzuwirken.» Diese Kritik ist gut begründet, denn angewandte Ethik kann und darf nicht darauf verzichten, normative Ethik zu sein. Auch hermeneutische Ethik kann nicht nur *hermeneutische* Ethik sein, sondern hat auch hermeneutische *Ethik* zu sein. Hermeneutische Ethik ist ja nicht Hermeneutik. Sie müsste der (nie abgeschlossenen, aber ebenso wenig verzichtbaren) Suche nach der Richtigkeit von moralischen Normen verpflichtet bleiben, und eine Suche nach normativer Richtigkeit kann sich nicht im Interpretieren erschöpfen. Dieser Anspruch scheint jedoch methodisch in der hermeneutischen Ethik nicht überall eingeholt zu sein. «Ethische Bewertungen» sind zwar «von Interesse», werden «jedoch angesichts des Primats des Verstehens in einen eigentümlichen Schwebezustand versetzt» (Lesch, a.a.O., 235).

> Ethiktransfer kann seine Aktivität nicht auf «Verstehen» beschränken, sondern muss in diese auch den genuin normativen Anspruch von Ethik und Verantwortung einbringen.

«Möglicherweise ist der ‹Pfad der Interpretationen› (Walzer 1990, 11) eben doch nur ein Weg neben anderen Zugängen zu einer praxisorientierten Ethik» (Lesch a.a.O.).
Die Ethik kann ihre genuine Aufgabe nur wahrnehmen, wenn sie nicht im Entscheidungsfeld bzw. in den Entscheidungsfeldern aufgeht, wenn sie gerade nicht ihr Teil wird. Es droht sonst, unter anderem, die «Funktionalisierung» der Ethik (s.o.). Gefragt ist der Selbstbezug der Ethik in relativer Unabhängigkeit zum Praxisbezug. Die Ethik soll ihre Eigenlogik behalten. Dies ist kein Widerspruch zur Kommunikationsorientierung, welche ein zentrales Anliegen der hermeneutischen Ethik und eine Voraussetzung von Ethiktransfer ist. Denn Unterschiedenheit ist eine Voraussetzung von Kommunikation. Ginge die Ethik im Entscheidungsfeld auf, könnte es keine Kommunikation zwischen Ethik und Entscheidungsfeld mehr geben.
Wils gelingt es, diesen Kritikpunkt differenziert in der Geschichte und in den unterschiedlichen Richtungen der Hermeneutik selber zu situieren. Die entscheidende Frage dabei ist, ob

das Verfahren der Hermeneutik «einen analytischen Charakter [hat], der die Rationalität des Sinns zu rekonstruieren und gegebenenfalls auch zu kritisieren hat» – oder eben nicht. Hat die Hermeneutik das zu Verstehende von Vornherein für richtig zu halten – oder gibt es gar der Hermeneutik inhärende Kriterien, diese Richtigkeit im Rahmen des hermeneutischen Verfahrens zu überprüfen? Diese Frage wurde und wird unterschiedlich beantwortet. Die frühe Hermeneutik und speziell die «Aufklärungshermeneutiken» verschwistern sich «mit ‹Kritik›, mit der Prüfung der Geltungsansprüche, die in den auszulegenden Texten implizit oder explizit erhoben werden» (Wils 2006, 144). Anders steht es in diesem Punkt etwa um die Hermeneutik Gadamers (Wils a.a.O., 148–156). «Im 19. Jahrhundert, vor allem unter dem Einfluss Wilhelm Diltheys, wird die Hermeneutik zum Paradigma der so genannten Gesites- und Sozialwissenschaften» (a.a.O., 145). Mit einer tiefen Skepsis gegenüber den «exakten Wissenschaften» verbindet sich nun eine teilweise Psychologisierung der Hermeneutik, die sich zu einem «unübersichtlichen Feld» entwickelt (a.a.O., 146). Das Moment der Kritik verliert an Bedeutung, ein «Konservativismus als Grundausrichtung der Hermeneutik» entwickelt sich. Epistemologische Fragen werden kaum mehr gestellt, ein «latenter oder gar manifester ‹Wahrheitsrelativismus›» (a.a.O.) zeigt sich da und dort.

Wils schliesst in seiner hermeneutischen Ethik wieder stärker an die Aufklärungshermeneutiken an. Er zeigt, dass sich das Problem einer allfälligen blossen Affirmität hermeneutischer Ethik an zwei Punkten auffangen lässt. Erstens lässt sich Hermeneutik sehr wohl so verstehen und betreiben, dass sie selber keiner Zwangsaffirmität unterliegt.[1] Zweitens ist es möglich hermeneutische Ethik nicht als «die Ethik», sondern als deren «substantieller Teil» (Wils, a.a.O., 197) verstehen. Es bleibt dann beispielsweise Raum für Rekurs auf nicht textimmanente[2] Normen und Werte, damit für eine kritische Distanz.

2.8 Ergebnisse

Die folgende Grafik zeigt ein vor-hermeneutisches Grundschema von Ethiktransfer. Solche deduktive Modelle angewandter Ethik werden zwar – jedenfalls in Reinform – kaum mehr vertreten. Doch ist es sinnvoll, sie sich zu vergegenwärtigen, da verschiedene jüngere Entwicklungen sich im Kontrast dazu verstehen.

---

[1] Mir scheint, dass in diesem Fall ein relativ starker Begriff einer allgemeinen Vernunft ins Spiel kommt, der eng mit Sprachlichkeit und Text verbunden wird. Die Tatsache, dass wir sprachlich kommunizieren – und zwar über alle Kulturgrenzen hinweg – belegt als performativer Akt, dass wir eine solche allgemeine Vernunft implizit voraussetzen. Dieser Vernunftbegriff scheint somit plausibel zu sein. Es wäre jedoch interessant, ihn zu explizieren und auszutesten, wie weit er sich eignet, gegen den «Wahrheitsrelativismus» zu argumentieren. – Man kann diese Stossrichtung auch so begründen: Es ist wenig pausibel, von der Methodik der Interpretation «Rationalität» zu erwarten (Wils 2006, 57), aber inhaltlich beliebig irrationale Aussagen des Textes zu akzeptieren.

[2] Der Begriff des «Textes» steht im Adjektiv «textimmanent» metaphorisch für «handlungsimmanent». Den hermetische Ethik wendet das hermeneutischen Verfahren primär auf Handlungen an, möchte somit Handlungen verstehen, auch wenn sie das im tatsächlichen Vollzug bisher oft doch an Texten tut.

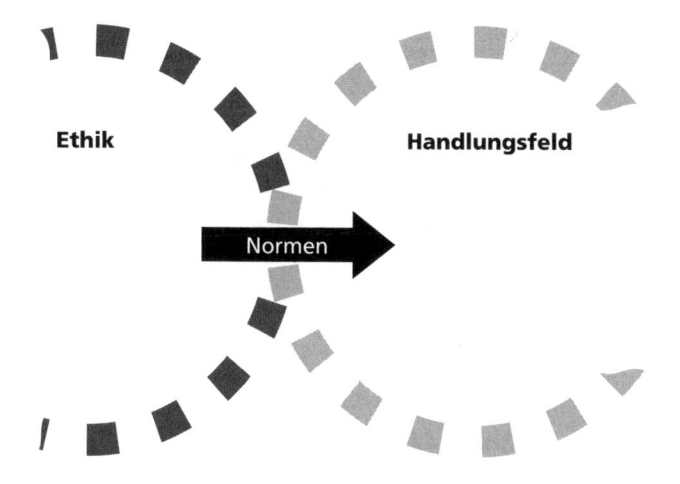

Grafik 3: Ethiktransfer Grundschema 1: vor-hermeneutisch

Zu den Grundeinsichten der hermeneutischen Ethik gehört demgegenüber, dass im Handlungsfeld schon Normen exisitieren, dass gerade dies auch notwenig und «gut» ist. Im Rahmen hermeneutischer Ethik, die dabei allerdings des schematischen Vergleichs wegen stark reduktionistisch und auf die Thematik des Ethiktransfers ausgerichtet dargestellt wird, würde ein Transferschema eher folgendermassen aussehen:

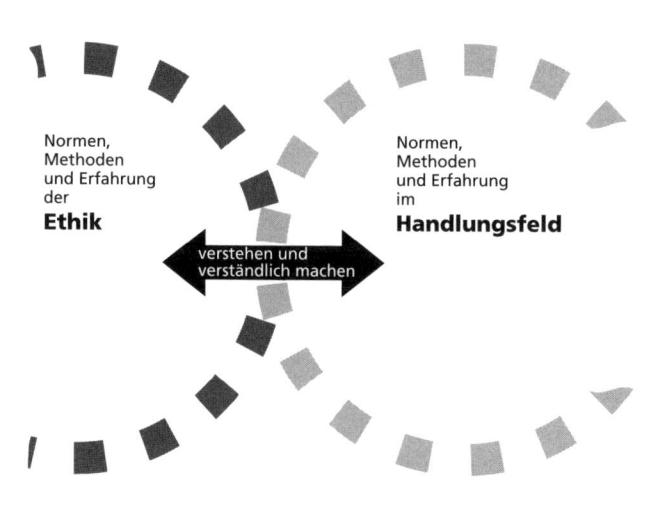

Grafik 4: Ethiktransfer Grundschema 2: hermeneutisch

In diesem hermeneutischen Konzept von Ethiktransfer sind – eingeschlossen in den Prozess des Verstehens und Verständlichmachens oder als dessen Folge – Weiterentwicklungen und Veränderungen im Feld der Ethik und im Handlungsfeld mitintendiert.

> An die hermeneutische Ethik wurde eingangs die dreifache Frage gestellt, warum die Ethik in einen echten Dialog mit den Anwendungsfeldern treten muss, wie das gesehen kann und was es impliziert. Die Antwort geht dreimal aus von der Tatsache, dass *respektable moralische Überzeugungen und Problemlösemethoden im Handlungsfeld* schon verankert sind, bevor ein aktiver Ethiktransfer beginnt:
> 1. Sie haben ein eigenes Gewicht auf dem Hintergrund ihres Bestehens über die Zeit und der somit in ihnen sedimentierten Erfahrungen. Nur wer diese Tatsache ignoriert, somit Realität nicht wahrnimmt, kann sich eine rein deduktive Anwendung von Ethik auf Handlungsfelder und einen unidirektionalen Ethiktransfer – die Ethik weiss, was die Praxis zu tun hat – denken. Tatsächlich aber sind die bereits vorhandenen moralischen Überzeugungen eine «Ressource» für den Ethiktransfer, zumindest insofern, als Bewusstsein für Verantwortung an sich präsent ist, in aller Regel aber über diese formale Bedeutung hinaus auch inhaltlich. Es ist damit zu rechnen, dass man seitens der Ethik in diesen Handlungsfeldern überzeugenden Normen begegnet und davon auch inhaltlich profitieren kann.
> 2. Damit dies möglich wird, muss ein echter Dialog stattfinden. «Conditio sine qua non» ist in jedem Fall der Respekt vor und das echte Interesse an den «Sinnzusammenhängen» im Handlungsfeld. Zwar gibt es auch Möglichkeiten, sich darüber beispielsweise durch Lektüre von Dokumenten aus dem Handlungsfeld zu informieren, doch sollte man nicht auf den Königsweg des Sich-Informierens verzichten: das Fragen. An diesem Punkt kann man sich seitens der Ethik nicht auf das Verstehen konzentrieren, ohne sich verständlich zu machen. Man wird erläutern, worum es in diesen Fragen geht und was für eine Bedeutung sie haben. Damit entsteht ein Zirkel gegenseitigen Verstehens, welcher bereits zum aktiven Ethiktransfer überleitet.

3. Die Entscheidung, sich hermeneutisch den Sinnzusammenhängen im Handlungsfeld anzunähern, bedeutet, sich im Wesentlichen auf die Bedingungen von Verstehen einzulassen, die in der Hermeneutik untersucht werden: Zirkularität, Vorverständnis usw. Der Respekt vor den moralischen Überzeugungen im Handlungsfeld bedeutet zwingend auch einen kritischen Umgang mit allfälligen Absolutheitsansprüchen in der Ethik. Andererseits entsteht damit das Problem des Relativismus, genauer gesagt: Es kann von Fall zu Fall entstehen. Es empfiehlt sich daher, stärker an die auch sachkritisch operierenden Hermeneutiken anzuschliessen und ausserdem, hermeneutische Ethik nicht methodenmonistisch zu betreiben. Dies ist auch nicht nötig, da sie «eine Arbeit mit anderen moralphilosophischen Ansätzen nicht ausschliesst, sofern diese für die Einbeziehung von Sinnzusammenhängen offen sind» (Lesch 2002, 232).

Eine Theorie des Ethiktransfers wird folglich nicht völlig auf das Anliegen des vor-hermeneutischen Grundschemas von Ethiktransfer verzichten können, aber noch weniger auf das hermeneutische.

2.9 Ausblick

Das Potenzial der hermeneutischen Ethik gerade für die Transferprozesse ist bei weitem nicht ausgeschöpft. Bisher scheinen die hermeneutisch-ethischen Untersuchungen zu grossen Teilen auf eine Klärung des Verhältnisses zu – und dies bedeutet primär: auf die Unterschiedenheit von – anderen ethischen Ansätzen gerichtet zu sein, somit auf Grundlagenfragen. Badura (a.a.O.) vermittelt eine Ahnung davon, wie gut sich mit einem hermeneutisch-ethischen Ansatz in konkreten Handlungsfeldern arbeiten liesse. Hermeneutisch-ethische Untersuchungen auf konkrete Fragestellungen auszurichten, scheint allerdings noch weitgehend auszustehen. Wils (2006, 163) hält fest, dass Ricœurs Vorschlag, «Handlungen als Inskriptionen zu lesen», lediglich ein Anfang war – und blieb. Das wichtigste Desiderat dürfte nun sein, das «hermeutische Verstehen von Handlungen», das konkrete «Lesen» solcher Inskriptionen nun in denjenigen Handlungsfeldern, in denen ethische Dilemmafragen auftauchen, konkret an die Hand zu nehmen. Wie ist Bestechung im internationalen Wirtschaften als Handlung zu verstehen? Wie die Verweigerung von Bestechung? Wie ist eine patriarchale Führung in kleinen und in mittleren Unternehmungen, wie eine zentralistische in grossen Firmen – als moralische Handlung – zu verstehen? Wie ist die Herstellung von flachen Hierarchien als «Inskription» hermeneutisch nachvollziehbar? Wie können Dilemmasituationen rund um Entlassungen von Mitarbeitenden hermeutisch-ethisch geklärt werden? Diese Fragen benennen nur einen kleinen Bruchteil von Aufgabenstellungen, die nur schon aus dem Feld der Unternehmensethik anzugehen wären. Aber auch in allen anderen Bereichsethiken steht die Anwendung der hermeneutischen Ethik auf die anstehenden ethischen Fragen grösstenteils noch aus. Von diesem konkreten Anwendungsprozess ist sowohl inhaltlich für die Klärung dieser Fragen als auch methodisch für die Weiterentwicklung der hermeneutischen Ethik viel zu erwarten.

> Eine besondere Aufgabe ergibt sich, wenn man im engeren Sinn die Perspektive des Ethiktransfers als eines Transfers in Strukturen einnimmt. Dann gilt es, das hermeneutische Verfahren statt auf Handlungen nun auch auf Strukturen anzuwenden. Strukturen kritisch (!) verstehen, ihr Anliegen und ihre Umsetzung hermeneutisch nachvollziehen, das könnte eine weitere Aufgabe und eine Weiterentwicklung hermeneutischer Ethik sein. Damit hätte sich das hermeneutische Verfahren von seiner Anwendung auf Texte über die Anwendung auf Handlungen bis zur Anwendung auf Strukturen – in Organisationen wie in der Gesellschaft insgesamt – ausgedehnt.

3 Kohärentismus und Überlegungsgleichgewicht

Das Kraut, das gegen Relativismus gewachsen und für die Einbeziehung von Sinnzusammenhängen mehr als offen ist, kann im Kohärentismus (3.1–3.2) und im Überlegungsgleichgewicht (3.4–3.3) gefunden werden, wenn man ihre Begründungsmethode strikt genug fasst – und wenn man die generelle Begrenzung von Begründbarkeit (3.5) bedenkt.

Auch Kohärentismus und Überlegungsgleichgewicht sind anspruchsvolle Gebiete geworden, auf die hier wiederum nicht insgesamt eingegangen werden kann, sondern auch hier werden bestimmte Fragen an diese Theorien herangetragen. Erstens: Wie könnte eine Begründung angesichts einer Vielfalt vertretener und (hermeneutisch) nachvollziehbarer moralischer Überzeugungen auf unterschiedlichsten Ebenen gelingen? Zweitens: Wie könnte der Ethiktransfer selbst in diese Begründung einbezogen und so integraler Bestandteil ethischer Reflexion werden?

Um diesen beiden Fragen nachzugehen, wird zunächst auf den Kohärentismus und anschliessend auf das Überlegungsgleichgewicht Bezug genommen, das gegenwärtig wohl die wichtigste Form des Kohärentismus darstellt.

Stark vereinfachend, im Sinne einer einleitenden Übersicht, kann man die Verhältnisse zwischen hermeneutischer Ethik, Kohärentismus und reflexivem Gleichgewicht folgendermassen bestimmen:

- Die hermeneutische Ethik *ordnet* Normen narrativ-nachvollziehend, in den bisher vorliegenden Entwürfen aber (noch?) *nicht eigenständig systematisch* – und *leistet keine eigene Begründung* der Gültigkeit von Normen.
- Der Kohärentismus behandelt Normen unterschiedlichster Herkunft prinzipiell gleich, *ordnet* also *nicht* – aber *bietet eine eigene Begründung* der Gültigkeit von Normen.
- Das Überlegungsgleichgewicht *ordnet* Normen unterschiedlicher Herkunft[1] – und *leistet eine eigene, dem Kohärentismus analoge Begründung* der Gültigkeit von Normen.

Alle drei Ansätze sind prinzipiell geeignet, Wissen und Erfahrung aus den Handlungsfeldern mit Ethiktransfer in die ethische Reflexion zu integrieren.

---

[1] Renn (1997) bietet mit dem «Wertbaum» eine differenzierter gegliederte Ordnung, welche sich für die Anwendung sowohl im Kohärentismus allgemein als auch im Überlegungsgleichgewicht eignen könnte.

3.1 Begründung und Argumentation im Kohärentismus

«Besonders in der praxisbezogenen Ethik haben kohärentistische Ansätze Hochkonjunktur» stellt Badura (2002, 201) fest. Diese sind relativ jung. «Die wichtigste Arbeit zur Grundlegung einer kohärentistischen Begründungs- und Wahrheitskonzeption stammt von Thomas Bartelborth – die im Jahre 1996 erschienene Schrift ‹Begründungsstrategien. Ein Weg durch die analytische Erkenntnistheorie›» (Wils 2006, 110). Auf ihn geht offenbar die primäre Basierung von Begründung auf «abduktive» Schlüsse zurück. Diese Schlussweise ergänzt die bisher bekannten «deduktiven» und «induktiven» Schlüsse. Ein «abduktives» Verhältnis besteht zwischen zwei Aussagen, wenn die Zustimmung zur einen die Zustimmung zur jeweils anderen nahelegt. Abduktive Schlüsse sind somit (zumindest in der Regel) reziprok[1], was sie von beiden anderen Schlussweisen unterscheidet. Abduktionen sind ausserdem plausibilisierend, aber nicht zwingend, was sie von deduktiven Schlüssen unterscheidet und prinzipiell mit induktiven verbindet. Der Kohärentismus begründet eine Aussage, indem er sie in ein Netz aus einer Vielzahl von Aussagen, die ein möglichst dichtes Netz von Abduktionen verbindet, einbettet.

Es entspricht dem Selbstverständnis des Kohärentismus, dass dieses Netz eine möglichst grosse Vielzahl und Vielfalt von Aussagen – deontologische Normen ebenso wie in der Praxis plausible, konkrete Entscheidungen, Güterabwägungen wie einleuchtende Intuitionen usw. – umfasst. Dies bedeutet, dass Wissen über Normen, Methoden und Erfahrungen im Handlungsfeld genauso in diese Kohärenz integrierbar sind. Der Kohärentismus ist somit insbesondere auch offen für eine Integration von transferrelevanten Informationen. Er ist sogar offen für einen Einbezug von konkreten Erfahrungen, welche man mit Transferprojekten macht. Auch Einsichten daraus können in das Kohärenzsystem einfliessen und müssen von diesem «verdaut» werden können.

Allerdings hilft das wenig, wenn man unter Kohärenz einen vagen Nicht-Widerspruch all dieser Elemente versteht. Man wird dann zu Recht von «schwacher Begründung» sprechen. Weniger eindeutig ist die Schwäche der Begründung, wenn man strikt definiert, wann Kohärenz erreicht ist. Erst dann entfaltet der Kohärentismus auch seine Wirkung gegen Relativismus – ein Vorwurf, dem er auch selbst hie und da ausgesetzt ist (a.a.O., 195).

Badura (a.a.O.) definiert zwei Charakteristika kohärentistischer Begründung und Argumentation:

a) In Abgrenzung zu Begründungsformen, welche sich auf Induktion und Deduktion beschränken (a.a.O., 199) spielt die «Abduktion» hier eine wichtigere Rolle. Solche «Schlüsse auf die beste Erklärung» sind Argumentationsweisen, welche nicht wirklich logisch zwingend sind, aber hochplausibel und damit jedenfalls für konkrete Entscheidungen, für vorläufige Regelungen und damit auch für vorläufige Begründungen ausreichen.

b) Begründung verläuft nicht linear, sondern zirkulär, oder um ganz genau zu sein, «systemisch». D.h. die Begründung einer Aussage besteht darin, dass sie sich in ein Netz von – normativen und deskriptiven – Aussagen einfügt, in welchem diese vielen Aussagen einander

---

[1] «Die innovative Kraft kohärentistischer Theorien wird durch ein weiteres Merkmal unterstrichen [...], durch das Merkmal der reziproken Struktur von Rechtfertigungsbeziehungen» (Wils 2006, 124, vgl. auch Seite 128, zitierend Bonjour 1987).

stützen. Diese Aussagen sind äusserst vielfältig, inhaltlich und vor allem auch formell (umfassen etwa auch «Metaüberzeugungen»).
Die Qualität dieser zweiten Charakteristik, eben der «Kohärenz», wird weiter spezifiziert:
i) Es gibt keine prinzipielle Hierarchie unter den Aussagen. Allgemeine Normen haben im System zunächst denselben Status wie konkrete Entscheidungen.
ii) Die Begründung gilt als umso stringenter, 1.) je intensiver die Beziehungen unter den Aussagen sind, 2.) je stabiler das System neu auftretende Überzeugungen integrieren kann und somit – durchaus in einem Prozess steter Weiterentwicklung – über eine Zeitlang besteht und 3.) je weniger die Kohärenz durch Inkonsistenzen, isolierte Subsysteme von Aussagengruppen, Erklärungsanomalien oder konkurrierende abduktive Schlussvarianten gestört wird.
Meines Erachtens handelt es sich bei einer kohärentistischen Begründung dann, wenn die letztgenannten drei Bedingungen stringenter Begründung strikt in Anschlag gebracht werden, um einen Typ zwischen schwacher und starker Begründung, weil sich zumindest konkrete Entscheidungen zwischen bestimmten Alternativen gut intersubjektiv argumentieren lassen. Ein Beispiel: Man möchte entscheiden, ob ein garantiertes Grundeinkommen von einer ethisch sinnvollen gesellschaftlichen Struktur ist. Nun trägt man probeweise ein «ja» und alternativ probeweise ein «nein» (sowie evtl. Kompromiss oder zeitlich gestufte Varianten usw.) in ein bestehendes kohärentes System hinein. Dieses bestehende kohärente System besteht dann aus Gerechtigkeitstheorien ebenso wie aus dem Prinzip der Würde des Menschen, aber genauso aus der Marktwirtschaft, die auch zu einem (traditionellen?) Wert geworden ist, sowie aus den Erfahrungen mit dem bestehenden Sozialsystem und den darin enthaltenen und erprobten moralischen Überzeugungen usw. Ein «ja» würde nun bedeuten, bestimmte bestehende Strukturen des Sozialsystems (inkl. Arbeitslosenentschädigung usw.) zu ersetzen. Die in ihnen verkörperten moralischen Überzeugungen würden damit ebenfalls durch die teilweise anderen, im garantierten Grundeinkommen verkörperten, ersetzt. Nun kann man intersubjektiv die Frage diskutieren, ob damit die genannten drei Kriterien besser oder schlechter erfüllt sein würden.

> Der Kohärentismus setzt damit eine Minimalvariante von Hermeneutik ohnehin voraus. Denn die Elemente des kohärenten Systems (wie beispielsweise die moralische Bedeutung der Arbeitslosenentschädigung im obigen Beispiel) müssen interpretierend nachvollzogen werden. Aber offensichtlich könnte auch eine weitergehende hermeneutische Ethik in eine kohärentistische Begründung integriert werden. Damit würden die Präzision der Beurteilung der Kohärenz und die «Stärke» der Begründung weiter gesteigert. Durch eine solche Einbettung hermeneutischer Ethik in eine kohärentistische Begründung gewinnt aber die hermeneutische Ethik, was ihr vor allem fehlt: eine Begründung der Gültigkeit von Normen.

Für kohärentistisches Begründen spricht generell, dass damit ein «integrativer Pluralismus» der verschiedenen Begründungsansätze entsteht. Denn innerhalb dieser Begründungsform können «sowohl deontologische als auch konsequentialistische Elemente» nebeneinander Platz finden, kann mit «Interessensmaximierung und Tugenden» (a.a.O., 202) argumentiert werden. Der «exklusive Pluralismus», der «gegenüber moralischen Akteuren als eine Art Expertenstreit auftritt», kann damit überwunden werden. Weiter spricht für diesen Begründungsansatz die Möglichkeit, angewandte Ethik und allgemeine Ethik so zu verbinden, dass Situation, Überlegungen und Argumente des Anwendungsfeldes gleichwertig in den Reflexionsprozess einfliessen. Kohärentistisches Begründen ist damit integrativ, sowohl in Hinsicht auf unterschiedliche Ansätze der Ethik als auch auf unterschiedlich stark durch die Nähe zu bestimmten Handlungsfeldern geprägte Normen.

3.2 Ethiktransfer und Kohärentismus

Badura (a.a.O., 203) schreibt:

> «Ein weiteres Desiderat für eine praxisorientierte Ethik ist die Möglichkeit zur Integration moralischer und aussermoralischer Aspekte im Hinblick auf das Reflektieren konkreter Entscheidungs- und Handlungsoptionen. Will eine praxisbezogene Ethik in der Praxis wirklich ankommen, ist dazu die Einbeziehung sowohl von problembezogenem Fachwissen wie auch von moralpsychologisch, soziologisch und pädagogisch zu erschliessenden Aspekten – um nur einige Bereiche zu nennen – nötig (vgl. den Überblick in Garz/Oser/Althof 1999 sowie Blasi 1993). Ein begründungsorientierter Kohärentismus versucht, eine solche Integration zu ermöglichen und stärkt nach kohärentistischer Auffassung zusätzlich den Begründungsstatus, der somit um Hintergrundtheorien angereicherten und abgesicherten Überzeugungssysteme.»

Wenig später schreibt Badura von der «Gefahr, ethische Reflexion gegenüber den realen Vollzugsbedingungen moralischer Praxis zu immunisieren.» Dieser Gefahr wäre konsequenterweise zu begegnen, indem man die «Vollzugsbedingungen moralischer Praxis» ebenfalls in das kohärente System von Aussagen integrieren würde. Dies scheint über die zunächst mit den «moralpsychologisch, soziologisch und pädagogisch zu erschliessenden Aspekten» exemplifizierten Bereiche noch einen Schritt hinauszugehen. Das gilt insbesondere dann – und das ist für die Thematik des Ethiktransfers besonders interessant – wenn man Erfolg und Misserfolg von konkreten Versuchen, die «Praxis zu erreichen», als Information über Möglichkeiten und Grenzen ethischen Handelns auch in das kohärente System von Aussagen integrieren würde. Die Ethik als Reflexionssystem würde damit aus den praxisbezogenen Prozessen, in die sie involviert wird bzw. in die sie sich involviert, lernen und solche Prozesse in ihrer Argumentation zunehmend auch antizipieren.

> Reflexionen über konkrete Versuche, die «Praxis zu erreichen», dazu gehören auch Reflexionen über Ethiktransfer, könnten gewinnbringend in ein kohärentes System moralisch relevanter Aussagen gebracht werden und so systematisch in den ethischen Diskurs eingeordnet werden. Denn diese Reflexionen können entscheidende Informationen über «Vollzugsbedingungen moralischer Praxis» einbringen.
> Mit einer Integration von Informationen über Grenzen der praktischen Umsetzung würde sich in der Ethik ausserdem ein (teilweise) neues Feld der Re-

flexion eröffnen. Denn wo diese Grenzen liegen, ist keine Naturkonstante, sondern kann auf der individuellen wie auf der strukturellen Ebene beeinflusst werden.

Es könnte sich damit ein moralischer Imperativ ergeben, Möglichkeiten zu suchen und auszuschöpfen, um diese Grenzen zu erweitern. Davon wären besonders gewichtige Verbesserungen zu erwarten. All diese Argumentationslinien und Einsichten ergeben sich aber erst, wenn das Desiderat eingelöst wird, die Erfahrungen aus konkreten Ethiktransferprojekten und der Reflexionen für die praktische Umsetzung von Ethik in die ethische Reflexion selbst zu integrieren. Dafür bietet der Kohärentismus einen theoretischen Rahmen, in welchem auch das Überlegungsgleichgewicht zu verstehen ist.

3.3 Das «Überlegungsgleichgewicht» und seine bisherigen Erweiterungen

Rawls prägte den Begriff des «reflective equilibrium» in «A Theory of Justice» im Jahr 1971. Das «Überlegungsgleichgewicht» (Rawls 1998, 38; auch die Übersetzung «reflexives Gleichgewicht» ist zu finden) nimmt eine wichtige Position zur Begründung des «Urzustandes» ein, der Grundlage der Gerechtigkeitstheorie ist. Sie basiert auf einem vertragstheoretischen Argument, das durch diese Begründung «in ein ‹kohärenztheoretisches Modell› eingeschlossen» (Mieth 2002) wird. Dennoch ist diese Modellierung kohärentistischen Vorgehens beispielhaft zu verstehen «und sollte nicht zu eng mit Rawls vertragstheoretischen Überlegungen verknüpft werden. Es stellt sich nämlich u.a. die Frage, inwieweit er der von ihm vorgeschlagenen Methode in seinem Ansatz überhaupt gerecht wurde (vgl. Leist [1998] S. 761)» (Badura, a.a.O., 201).

Die Besonderheit des Überlegungsgleichgewichtes besteht darin, dass eine Ordnung in die diversen Aussagen gebracht wird, welche zusammen das «kohärente System» des kohärentistischen Ansatzes bilden sollen.[1] Zunächst wurde vor allem in *Urteile* und *Prinzipien* unterschieden. Urteile sind moralische Entscheidungen unter dem Druck einer konkreten Entscheidungssituation und haben – unter bestimmten Bedingungen – ein eigenes Gewicht gegenüber den Prinzipien, d.h. allgemeinen Normen, die nicht auf eine Einzelentscheidung fokussiert sind. Indem diese zwar unterschieden, aber prinzipiell gleichwertig integriert wurden, wurde eine rein deduktive angewandte Ethik abgelehnt und eine alternative Begründungsform vorgeschlagen. Diese besteht im Prozess des Justierens beider Teile, bis ein schlüssiger Zusammenhang von Urteilen und Prinzipien vorliegt. In den Folgejahren wurde das Überlegungsgleichgewicht sukzessive erweitert (Badura, a.a.O.):

> «Während Rawls zunächst nur den wechselseitigen Abgleich von Prinzipien und Urteilen vorsah, woraus das so genannte ‹enge› Überlegungsgleichgewicht entstehen sollte, erweiterte er diesen Ansatz später in Richtung eines ‹weiten› Überlegungsgleichgewichts (vgl. Rawls 1975, S. 8). Norman Daniels arbeitete dann eine Theorie aus, welche heute meist als Basis kohärentistischer Ethikansätze verwendet wird, wenn

---

[1] Das Überlegungsgleichgewicht scheint historisch nicht in der Folge des Kohärentismus entstanden zu sein, sondern eher parallel und teilweise im gegenseitigen Austausch. Die Darstellung hier ist systematisch zu verstehen.

sie sich explizit des Überlegungsgleichgewichtes bedienen (Vgl. z.B. Nielsen 1986, 1989, S. 237; DePaul 1986, 1987, 1993): ‹The method of wide reflective equilibrium is an attempt to produce coherence in an ordered triple sets of beliefs held by a particular person, namely, (a) a set of considered moral judgements, (b) a set of moral principles, and (c) a set of relevant background theories› (Daniels 1979, 258).»

Dieses «wide reflective equilibrium» umfasste somit nicht nur ein Gleichgewicht von Deduktion aus Prinzipien auf Entscheidungen und Induktion von Entscheidungen auf Prinzipien in der ethischen Argumentation, sondern konnte und sollte nun auch unterschiedliche, d.h. potenziell konfligierende Prinzipien, einschliesslich der Hintergrundtheorien, in die diese eingebettet sind, ebenso wie unterschiedliche, d.h. potenziell konfligierende Plausibilitäten von Einzelentscheiden umfassen (Daniels 1996, 333–350; vgl. auch Wils 2006, 134, zitierend Rawls). Damit kann auch die Diskussion um das Gewicht von (sittlichen) Intuitionen (DePaul/Ramsey 1998) in den Diskurs um das Konzept des reflexiven Gleichgewichts eingeordnet werden.
Schliesslich hat «DePaul ein ‹radikales Überlegungsgleichgewicht› vorgeschlagen (vgl. DePaul 1993), welches sich dadurch auszeichnet, dass nicht nur die bestehenden Urteile, Prinzipien und Hintergrundtheorien in ein Überlegungsgleichgewicht gebracht werden sollen, sondern auch neu hinzutretende Impulse aufgenommen werden sollen» (Badura, a.a.O.).[1] Damit wird das Prozesshafte des Kohärentismus, seine Unabgeschlossenheit, in die Methodik eingeschrieben. Speziell in dieser Fassung lässt sich das Überlegungsgleichgewicht auch als methodische Verortung des hermeneutischen Gesichtspunktes verstehen (vgl. van der Burg, a.a.O.). Denn potenziell konfligierende Prinzipien, Einzelentscheide und Intuitionen, müssen zu allererst – hermeneutisch – verstanden werden, bevor sie in ein weites reflexives Gleichgewicht einfliessen können.

3.4 Transferprozessbezogene Erweiterung des Überlegungsgleichgewichts

Oben (beim Kohärentismus) wurde vorgeschlagen, auch die Erfahrung mit konkretem Ethiktransfer und Reflexionen dazu in das Aussagensystem zu integrieren. Dies entspricht der Einsicht, dass Ethik «von ihrem Anspruch selbst her ein unabgeschlossener Denk-Prozess ist, der im Bezug zur Praxis und zu den Realwissenschaften die Grundlagen ständig neu re-formulieren muss» (Holderegger 1997a, 9). Eine solche Integration bietet sich auch in der Theorie des Überlegungsgleichgewichts an, wo solche Erweiterungen bereits mehrfach geübt wurden:

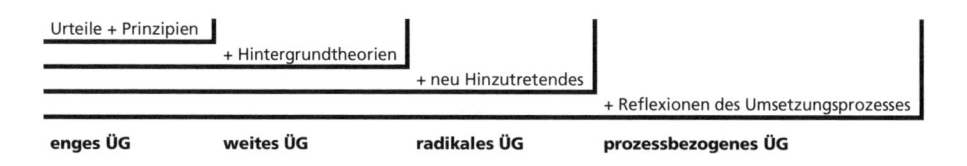

Urteile + Prinzipien			
	+ Hintergrundtheorien		
		+ neu Hinzutretendes	
			+ Reflexionen des Umsetzungsprozesses
enges ÜG	**weites ÜG**	**radikales ÜG**	**prozessbezogenes ÜG**

---

[1] Dasselbe gilt für den Kohärentismus generell, der prinzipiell auf eine Begründung und Rechtfertigung «bis auf weiteres» aus ist (Wils 2006, 131).

C Exploration II: Weitere Grundlagen

Tabelle 4: «Die vier Typen von Anbietern» (aus Ulrich, Jäger und Waxenberger 1998, 26)

Ein solches, neuerlich erweitertes, prozessbezogenes Überlegungsgleichgewicht holt damit einen bereits angesprochenen Gewinn der hermeneutischen Ethik ein, dem von Irrgang (1998, 9–10) referierten Einwand, «die Hilfsmittel, die eine anwendungsorientierte professionelle Ethik entwickelt habe, seien zu abstrakt und für die alltäglichen Entscheidungen nicht zu gebrauchen», entgegentreten zu können. Denn auch Einwände dieser Art werden durch diese Erweiterung nun in den Raum der ethischen Reflexion eingebunden. Dies wird dazu führen, dass man die Hilfsmittel und Orientierungen weiterentwickelt oder dass man vorführt, wie genau sie eingesetzt werden können – oder beides. Die Übung im Umgang mit solchen Einwänden wird dazu führen, dass man im ethischen Diskurs den Prozess der Umsetzung in den Handlungsfeldern theoretisch und im Austausch mit Fachpersonen der Handlungsfelder verstärkt antizipiert.

Ein solches prozessbezogenes Überlegungsgleichgewicht ist der Weiterentwicklung des Überlegungsgleichgewichts durch Van Willigenburg und Heeger (1991) durch den Einbezug von «morally relevant facts» nahe (Van Willigenburg 1998). Ein prozessbezogenes Überlegungsgleichgewicht geht jedoch vor allem in einem Punkt über diesen Ansatz hinaus: «Facts», die für die ethische Reflexion relevant sind, im ethischen Diskurs zunächst aber noch neu, können nicht bekannt sein. Sie zeigen sich erst dann, wenn der Versuch der Umsetzung konkret unternommen wird.

> Das prozessbezogene Überlegungsgleichgewicht besagt, konsequent zu Ende gedacht, dass das reflexive Gleichgewicht vor der Umsetzung nicht abgeschlossen sein kann. Die konkrete Umsetzung wird aller Voraussicht nach weitere gewichtige Aussagen zu Tage fördern, welche das provisorisch gefundene Gleichgewicht nochmals empfindlich stören. Die reflexive Herstellung des Gleichgewichts kommt damit in seine «zweite Phase». Nochmals: Der *Reflexionsprozess* in der Ethik – es bleibt dabei, dass die Ethik selbst nicht handelt, nicht entscheidet, sondern reflektiert – endet nicht mit der Analyse der Argumente im Kontext einer normativen Frage und einer allfälligen Empfehlung, wie zu entscheiden wäre.

Dies bedeutet,
- dass die ethische Reflexion prinzipiell einen praktischen und auf konkret Handelnde gerichteten Fokus mit berücksichtigt und sich *nicht allein auf theoretische Vorarbeiten* stützt,
- dass diese Reflexion *die konkreten Bedingungen der Umsetzung* bedenkt und diesen Prozess antizipiert,
- dass *der faktische Prozess der Umsetzung* seitens der Ethik reflexiv *begleitet* wird. Dabei kann die Antizipation korrigiert werden, und es findet eine Beteiligung an den laufenden Fragen von Kompromissbildungen, Prioritätensetzung und Neufassung von Zielen statt. Die ethische Reflexion wird so mit in die Pflicht genommen, sich auch denkerisch-kreativ an der Aufgabe zu beteiligen, in einem gegebenen Rahmen (etwa mit begrenztem Einfluss und begrenzten Ressourcen) möglichst viel zu erreichen,

- dass die Einsichten und Entscheidungen aus dem konkreten Umsetzungsprozess *wieder in die scientific community eingebracht* werden. Dort ist der gegenseitige Prozess der Bildung eines Gleichgewichts mit eben diesen «neu hinzutretenden Impulsen» (Badura, a.a.O., 201) fortzusetzen. Dies umfasst einerseits potenziell eine Kritik an den im Umsetzungsprozess getroffenen Entscheidungen sowie andererseits potenziell eine Kritik am bisherigen Gleichgewicht und dessen Normen und weiteren Elementen. (Im Idealfall findet diese neuerliche Kommunikation zwischen der scientific communitiy und dem Transferprojekt nicht nur in der Schlussphase eines Umsetzungsprozesses statt, sondern mehrmals bzw. laufend.)

Der letzte Punkt zeigt auf, welche Impulse eine solche Erweiterung des Überlegungsgleichgewichts in den wissenschaftlichen ethischen Diskurs einbringen kann. Daraus dürften sich substanzielle Weiterentwicklungen ergeben.

3.5 Letztbegründungsfrage, Offenheit für die Anwendungserfahrung

Eine Erweiterung des Kohärentismus bzw. des Überlegungsgleichgewichts um die Reflexionen von Umsetzung bzw. Ethiktransfer wäre hinfällig, wenn die Disziplin der Ethik absolut gültige Normen hervorbringen würde, welche prinzipiell eine ausreichende normative Orientierung bieten würden. Dann nämlich würde der Transfer sich in der Befolgung bzw. Durchsetzung dieser Normen erschöpfen. (Damit würden allerdings auch alle Konzeptionen von Bereichsethiken, welche nicht rein deduktiv vorgehen – und das sind heute die meisten – sich erübrigen.)

Um
- die Begründungsleistung von Kohärentismus und Überlegungsgleichgewicht angemessen einschätzen zu können
- zu zeigen, dass an einem Kohärentismus im weitesten Sinn nicht vorbeizukommen ist
- der in den Handlungsfeldern stets schon vorfindlichen Moral und der in den Handlungsfeldern ebenfalls öfter anzutreffenden Moralreflexionen das angemessene Gewicht geben zu können und ein dialogisches, hermeneutisches Verhältnis zu dieser Moral und Moralreflexion auch angesichts der Grenzen ethischer Begründungsmöglichkeiten nahezulegen

ist es sinnvoll, einen Blick auf die Diskussion zur Letztbegründung zu werfen. Diese Debatte scheint durch einen interessanten indirekten Beweis für die prinzipielle Unmöglichkeit einer solchen Letztbegründung – jedenfalls vorläufig – zum Abschluss gekommen zu sein.

Ein indirekter Beweis für eine Aussage wird geführt, indem ihr Gegenteil widerlegt wird. Der indirekte Beweis dafür, dass es keine Letztbegründung gäbe, wird angetreten, indem gezeigt wird, dass die Annahme, es gäbe eine Letztbegründung, zu Widersprüchen führt. Dieser Gedankengang wird nun dargestellt.

Angenommen, es gibt eine Letztbegründung, welche Kriterien muss sie erfüllen?

> «Begründetheit von Behauptungen (BB) ist gebunden an die Erfüllung folgender Anforderungen:
> - *Jede* Behauptung steht unter dem Begründungspostulat: *Bedingung U (universeller Anspruch).*
> - Begründung muss einen *Abschluss* haben: Bedingung A (*Abgeschlossenheit* von Begründungsketten).
> - Begründung von Behauptungen geschieht durch Behauptungen: Bedingung B (*Behauptungen* sind Elemente von Begründungsinstanz).» (Fackeldey 1992, 102)

Nun ist es logisch zwingend, dass jeweils die Einhaltung von zweien dieser drei Kriterien die Einhaltung des dritten aussschliesst. Fackeldey nutzt dies, um Typen von Begründungen nach dem Gesichtspunkt zu bilden, auf welches bzw. auf welche dieser Kriterien sie verzichten. Jedenfalls gilt (Zitat Wieland 1995, vgl. auch Düwell 2002, 155):

> «Wer nach einer Letztbegründung strebt, geht auf die Suche nach einem festen Punkt, an dem das Begründen ein natürliches Ende findet, nach einem Punkt, an dem gleichsam die Begründungskette befestigt werden kann. Solche Hoffnungen werden jedoch zwangsläufig enttäuscht. In diesem Zusammenhang wird heute gerne das sogenannte «Münchhausen-Trilemma» angeführt, in dem sich jeder verfängt, der unvorsichtig genug ist, es zu einem endgültigen und unhintergehbaren Abschluss bringen zu wollen. Denn er muss einsehen, dass er, wie der Lügenbaron, die Kunst beherrschen müsste, sich am eigenen Schopf aus dem Sumpf zu ziehen, wenn er sein Ziel erreichen will. Ihm bleiben nur drei Alternativen: Entweder muss er akzeptieren, dass sich die Kette ins Endlose verlängern lässt, wobei dann jede gelungene Einzelbegründung selbst wieder zum Gegenstand einer Frage nach deren Grund gemacht wird; oder er kann stattdessen an irgendeinem Glied der Kette innehalten, um sich grundlos einen ersten Anfang durch eine Autorität oder durch eine Konvention vorgeben zu lassen; oder er kann schliesslich die Begründungskette in sich selbst zurücklaufen lassen und auf diese Weise eine zirkelhafte Struktur erzeugen. In keinem dieser drei Fälle wird das Letztbegründungsprogramm ohne Einschränkungen wirklich erfüllt. Man kann daher im Einzelfall immer nur um den Preis eine Partialbegründung liefern, dass man Grenzen des Begründens hinnimmt.»

Neben diesem indirekten Beweis existieren eine Anzahl anderer Argumente gegen die Möglichkeit von Letztbegründungen. Aus einer mehr wissenschaftstheoretischen Perspektive argumentiert Nida-Rümelin (1996b, 41 und passim) in einer zu Fackeldey parallelen Stossrichtung gegen «epistemologischen Fundamentalismus», der in der Ethik ebenso aufgegeben werden muss wie in der Wissenschaftstheorie generell. Die Gründe gegen die Letztbegründungsmöglichkeit liessen sich erweitern. Wils (2006, 129–131) sieht in Anschluss an Bartelborth hinter der Vorstellung der Linearität von Begründung (im Unterschied zur netzförmigen des Kohärentismus) ein Missverständnis: eine Übertragung des stets in einem linearen Zeitablauf getätigten Begründungsprozess auf die Sache der Begründung selber. Auch spezifisch theologische Gründe gegen Letztbegründungsversuche lassen sich anführen (Arn 2000b, 192–194), ebenso im Grunde psychologische (Wils 2006, 170: Fundamentismus als problematische Angstreaktion). Der weitgehende Konsens lautet: «Eine in sich unanfechtbare ethische Dogmatik im Sinne einer schulbuchhaften Gebotslehre vermag sie [hier die Umweltethik] nicht zu vermitteln» (Holderegger 1997, 10).

Holderegger gibt mit diesem Satz einen breiten Konsens der Gegenwart wieder, dessen Hauptgedanke sich allerdings weit in die Vergangenheit zurück verfolgen lässt: Nach Wils (2006, 39) geht etwa der «Probabilismus – jene Kriteriologie also, die bloss *wahrscheinliche* Gründe für immerhin *ausreichende* Gründe hält», historisch zwar auf den Dominikaner Bartolomeo de Medina (1527–1580) zurück, lässt sich aber bereits bei Thomas von Aquin finden. Wils (a.a.O., 43) vertritt die These, «dass das Gewissheitsbedürfnis im Laufe der Zeit eher zu- als abnahm», dass man heute also ‹riskante› Begründungen eher meidet.

Diese allgemeine Einsicht bedeutet jedoch bei weitem nicht, dass nun eine Beliebigkeit normativer Orientierungen zu vertreten wäre. Dass es kein absolut zwingendes Argument gibt für eine bestimmte Norm, heisst nicht, dass es kein gutes Argument geben kann. Die Aufgabe der Ethik besteht somit, wie diejenige aller anderen Wissenschaften auch, in der Suche nicht nach der «ewigen» Wahrheit, sondern nach der höchstmöglichen Plausibilität beim aktuellen Stand des Wissens und der Diskussion. Diese Plausibilität kann beispielsweise durch die Verbreiterung der Basis des Kohärentismus verstärkt werden.[1]

3.6 Ergebnisse

Zwei Fragen wurden an die Theorien des Kohärentismus und des Überlegungsgleichgewichts herangetragen. Erstens: Wie könnte Begründung angesichts einer Vielfalt vertretener und (hermeneutisch) nachvollziehbarer moralischer Überzeugungen auf unterschiedlichsten Ebenen gelingen? Zweitens: Wie könnte der Ethiktransfer selbst in diese Begründung einbezogen werden und so integraler Bestandteil ethischer Reflexion werden?

1. Sowohl der Kohärentismus als auch das Überlegungsgleichgewicht bieten eine Möglichkeit intersubjektiver Begründung moralischer Überzeugungen. Diese Begründung ist weder sachlich absolut noch zeitlich definitiv, aber je Stand der Diskussion relativ stark, insbesondere dann, wenn man die Kriterien von Kohärenz strikt zur Anwendung bringt. Dieses Begründungsmodell ist kompatibel mit der hermeneutischen Ethik, welche die Tiefenschärfe der Kohärenz erhöht (und damit die Begründungskraft) und andererseits selbst das Problem des Relativismus weitgehend lösen kann.

2. Der Reigen der im kohärenten System inkludierten Aussagen kann um Reflexionen zum und Erfahrungen mit Ethiktransfer ergänzt werden. Dasselbe ist im Überlegungsgleichgewicht möglich. Dabei sind «Begründungs- und Anwendungsdiskurs» aufeinander zu beziehen und insgesamt zu integrieren, ohne sie allerdings zu vermischen (vgl. Schramm 2002).

Im folgenden Schema wird das Konzept von Ethiktransfer, das sich hieraus ergibt, vereinfachend dargestellt.

---

[1] Dazu kommt, dass auch Normen, deren Plausibilität erwiesen ist, nur als Ergebnis eines gemeinsamen Dialoges in faktische Geltung gesetzt und in Handlung umgesetzt werden können (vgl. Fischer 2001). Kohärentistische Begründungen haben den zusätzlichen Vorteil, tendenziell integrativer zu sein, auch auf der Ebene breiter Kommunikation, jedenfalls unter heutigen Voraussetzungen der Pluralität.

C Exploration II: Weitere Grundlagen

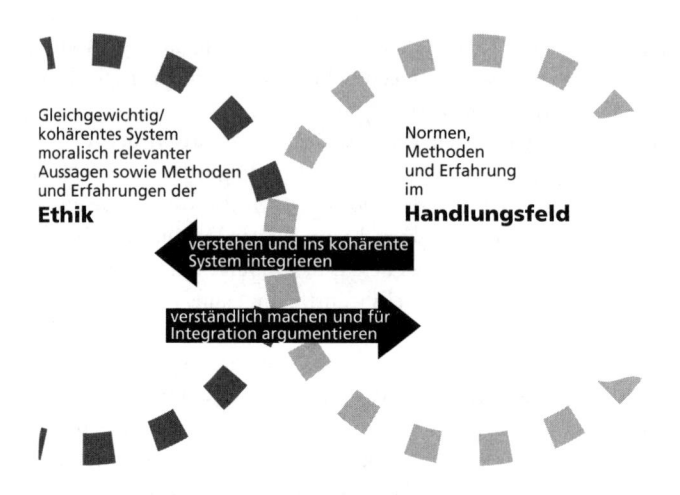

Gleichgewichtig/
kohärentes System
moralisch relevanter
Aussagen sowie Methoden
und Erfahrungen der
Ethik

Normen,
Methoden
und Erfahrung
im
Handlungsfeld

verstehen und ins kohärente System integrieren

verständlich machen und für Integration argumentieren

Grafik 5: Ethiktransfer Grundschema 3: im Rahmen einer kohärentistischen Ethik

4 Systemische Überlegungen zu Ethiktransfer

4.1 Übersicht

An mehreren Stellen im letzten Kapitel ebenso wie im Zusammenhang des Wissenstransfers zu Beginn dieses Kapitels wurde angesprochen, dass die Systemtheorie sich als theoretischer Rahmen für die Frage des Ethiktransfers besonders anbietet. Die Vorstellung von Kommunikation und «Sinn» ist allerdings anders als etwa in der Hermeneutik. Wie nun die Kommunikations- und Transferprozesse des Ethiktransfers im Licht der Systemtheorie aussehen, ist die Leitfrage für das folgende Unterkapitel.
Die Systemtheorie hat sich zu einem grossen, weit verzweigten und nicht in jedem Punkt widerspruchsfreien Theoriegebiet entwickelt:

> «Die Theorie, mit der wir uns befassen werden, hat verschiedene Namen: Kybernetik, die Theorie der Selbstorganisation, Konstruktivismus oder, wie sie am meisten genannt wird, Systemtheorie. Gleich unter welchem Namen sie auftritt, geht es um eine interdisziplinäre und sogar universelle Theorie, die neben physikalischen und biologischen auch psychische und soziale Phänomene ‹erklären› will. Wie ein Spinnennetz auf allen Seiten an verschiedenen und oft weit auseinanderliegenden Punkten fixiert ist, so ist heute die allgemeine Systemtheorie auf verschiedenen und recht weit voneinander entfernten Zweigen der Wissenschaft begründet: Kybernetik und Informatik, Physik, Biologie, Logik und Mathematik, Psychologie, Neurophysiologie, Ethnologie, Soziologie, Semiotik und Philosophie befinden sich unter den Quellen systemtheoretischer Modelle und Begriffe. So kam es dazu, dass die Begriffe, mit

denen Themen in den Bereichen Kybernetik und mathematischer Informationstheorie abgehandelt wurden, Eintritt in die Biologie, Psychologie und Soziologie fanden und zu Bausteinen eigenständiger Theorien wurden. Trotz der Tendenz, heute von einem ‹neuen Paradigma› zu reden, kann aber die allgemeine Systemtheorie ‹...gegenwärtig nicht als eine konsolidierte Gesamtheit von Grundbegriffen, Axiomen und abgeleiteten Aussagen vorgestellt werden› (Luhmann 1984,34).» (Krieger 1996, 7)

Die folgenden Überlegungen bewegen sich relativ nahe an der Variante von Luhmann, berücksichtigen aber auch bestimmte Fortentwicklungen, um die Theorie sinnvoll auf Ethiktransfer anwenden zu können.

Die luhmannsche Systemtheorie ist primär eine Gesellschaftstheorie. Sie erklärt die moderne Gesellschaft mit deren funktionalen Ausdifferenzierung. Das Verhältnis zwischen Systemtheorie und Ethik ist teilweise getrübt, da Luhmann ein bisweilen bissiger Kritiker der Ethik war, wie weiter unten ausgeführt wird. Umgekehrt wurde auch die luhmannsche Systemtheorie aus den Reihen der Ethik kritisiert. Es wurde angefragt, ob diese Theorie nicht Ungerechtigkeiten verdecke, indem sie das Gliederungsprinzip der Gesellschaft nach Schichten bzw. Klassen, welches vor der Systemtheorie in der Soziologie dominierte, durch die Strukturierung nach Funktionssystemen ersetzt. In der sogenannten «Habermas-Luhmann-Kontroverse» wurde Luhmann im Vergleich zu Habermas' emanzipatorischem Anspruch «als unpolitischer, ja tendenziell konservativer Sozialtechnologe» (Becker und Reinhardt-Becker 2001, 16) wahrgenommen. «Die Systemtheorie leugnet zwar nicht das Vorhandensein von sozialer Ungleichheit, hält sie aber nicht für das ausschlaggebende Gliederungsprinzip der modernen Gesellschaft» (a.a.O., 10). Sinnvollerweise wird man heute unterschiedliche Gesellschaftstheorien nebeneinander berücksichtigen und in der Systemtheorie *eine* wichtige Möglichkeit sehen, Gesellschaft zu verstehen.

Der Fokus auf Kommunikationsprozesse, zwischen denen komplexe Wechselwirkungen bestehen, sowie derjenige auf Systeme statt auf die Einzelpersonen macht die Systemtheorie für das Thema des Ethiktransfers so interessant. Sie liegt damit auf den ersten Blick nahe bei den Bedürfnissen, welche an einen Theorierahmen für Prozesse *strukturellen* Ethiktransfers zu richten sind. Dieser Optimismus wird jedoch gedämpft werden. Wie gleich zu zeigen sein wird, wirft da die Systemtheorie keine einfache Bauanleitung für Ethiktransfer ab, sondern streicht zunächst einmal die Probleme eines solchen Transfers heraus. Gerade das ist allerdings ein wichtiger Beitrag zum Thema.

Zunächst ist nun ein Minimum an kybernetischer Terminologie einzuführen und auf die Thematik des Ethiktransfers zu beziehen (4.2). Anschliessend ist auf das spezielle Problem der Kommunikationen zwischen Systemen einzugehen (4.3). Die luhmannsche Fassung der Systemtheorie sieht hier grosse Schwierigkeiten, was zu Weiterentwicklungen der Theorie durch verschiedene Autorinnen und Autoren geführt hat. Für eine Theorie des Ethiktransfers ist es entscheidend, sowohl die Schwierigkeiten solcher Kommunikationen über Systemgrenzen hinweg zu erfassen, als auch deren Möglichkeiten und besonderen Chancen. Abschliessend wird ein Modell, wie Ethiktransfer systemtheoretisch denkbar ist, skizziert (4.4).

4.2 «System», «Umwelt», «Sinn», «Kommunikation» und Ethiktransfer

4.2.1 System und Umwelt

«Ein System also besteht aus Elementen, die in bestimmten Relationen zueinander stehen, welche Relationen dann [...] bestimmte Operationen oder Prozesse aufgrund von Steuerung ermöglichen» (Krieger a.a.O., 12). Ein Beispiel für ein System ist eine Klimaanlage, welche je nach Komplexität der Anlage unterschiedlich viele Informationen (Innentemperatur, Aussentemperatur, Uhrzeit usw.) verarbeitet, um die Raumtemperatur zu steuern. Weitere Beispiel wären ein Bakterium, ein Mensch, die Gesellschaft. Genauer kann definiert werden: «Das System besteht aus seiner Organisation, die dafür verantwortlich ist, dass die Elemente erst zu Systemelementen konstituiert werden. Was an den Elementen nicht durch die Organisation selegiert, relationiert und [...] gesteuert wird, gehört nicht zum System, sondern zur Umwelt» (a.a.O., 21).

Umwelt ist generell alles, was nicht zum System gehört. Sie ist prinzipiell – objektiv, vor allem aber aus der Perspektive des Systems – überkomplex. Das System nimmt nur einen engen Ausschnitt seiner Umwelt wahr, und auch das nur in ganz bestimmter Hinsicht, indem es nämlich diese Wahrnehmung codiert (das ist der Prozess der Generierung von Information) und darauf reagiert. Primäre Aufgabe dieser Aktivitäten jedes Systems ist die Erhaltung von Gleichgewicht und Funktionsfähigkeit im Rahmen der «Autopoiese», des fortlaufenden Sich-selbst-Hervorbringens. Denn jedes System existiert nur solange und soweit es seinem Steuerungsprinzip nach handelt. Dementsprechend wird das Gleichgewicht verteidigt gegen wechselnde Umwelteinflüsse.

Je komplexer ein System ist, desto mehr Möglichkeiten hat es, auf Störungen aus der Umwelt zu reagieren, wie man sich am Beispiel der Klimaanlage leicht vor Augen führen kann. Komplexität gewinnt ein System im Besonderen, indem es in sich selbst Subsysteme ausbildet, die wiederum selbststeuernd funktionieren und für die das Gesamtsystem Umwelt ist, auf die sie reagieren. Ein System kann auch seinen Code (grundlegendes Funktionsprinzip, «Programm», Organisation des Systems) verändern und weiterentwickeln, wobei auch Sprünge zu neuen Ebenen, neuen Prinzipien der Organisation vorkommen. Die wichtigsten Sprünge in der Organisation von Systemen sind der Sprung von mechanischen bzw. chemischen Systemen zu biologischen Systemen und von da zu gesellschaftlichen Systemen. Letztere werden auch als Sinnsysteme bezeichnet. Sie sind der Punkt, an dem die Systemtheorie geisteswissenschaftlich von besonderem Interesse wird.

4.2.2 Sinnsysteme

Ein Spezifikum von Sinnsystemen besteht darin, dass Sinnsysteme sich selbst beobachten können und damit die Grenze von System und Umwelt wieder in das eigene System einführen. Es entsteht somit eine Selbstwahrnehmung, eine Identität (Krieger, a.a.O., 60):

> «Ein Sinnsystem konstituiert sich durch sukzessive Operationen der Unterscheidung, das heisst der Beobachtung und Selbstbeobachtung, derart, dass eine ‹Welt› möglicher Erkenntnisse und Handlungen erschlossen wird, eine Welt, in der das System selbst durch Selbstreferenz bzw. Reflexion als etwas Unterschiedenes vorkommt. Dieses

ganze Geflecht von Unterscheidungen, Verweisungen und Relationen, das, systemtheoretisch betrachtet, die Funktion hat, Komplexität in einer gewissen Art und Weise zu reduzieren, nennen wir *Sinn*.»

Die Reduktion von Komplexität geschieht, indem diese Beobachtungen von Umwelt wie die Selbstbeobachtungen einschliesslich der Beobachtungen der Grenze dazwischen bezeichnet (Sprache) und kommuniziert werden. Damit entsteht das in steter Entwicklung begriffene, Komplexität reduzierende Bild, das das Sinnsystem von sich und seiner Umwelt entwirft. Da eben dieser Prozess als Produktion von Sinn verstanden wird (wobei der Sinnbegriff sich entsprechend von anderen Sinnbegriffen unterscheidet), «werden die Bedingungen von Sinn in den Bedingungen von Kommunikation zu suchen sein» (a.a.O., 61).

4.2.3 Kommunikation

Luhmann vertritt in seiner Theorie der Sinnsysteme eine radikale Position, wonach eine Gesellschaft nicht aus Menschen, sondern aus Kommunikationen besteht (Ludewig 1995):

> «Soziale Systeme bilden sich durch Kommunikation. Demgemäss müssen wir nach Luhmann bestimmen, woraus sie bestehen. Menschen scheiden (als biologische Systeme) ebenso aus wie Personen (als psychische Systeme) und Handlungen. Soziale Systeme basieren auf Kommunikation, und diese stützt sich auf Handlungen; beide sind zwar untrennbar, müssen aber unterschieden werden.
> Was ist Kommunikation in diesem Sinn? Gewiss nicht die Übertragung dinghaft aufgefasster Informationen von einem ‹Sender› auf einen ‹Empfänger›. Dieses Modell (aus der Nachrichtentechnik) hatte die Kommunikationsforschung zunächst – mangels besserer Alternativen – als ‹Metapher› übernommen. Es erwies sich jedoch als ungeeignet, da es Kommunikation im wesentlichen als Mitteilung bestimmt. Eine Mitteilung trägt aber erst dann zur Kommunikation bei, wenn der Adressat sie versteht. Kommunikation vollzieht sich also stets selektiv, da in ihr Sinn verarbeitet und Komplexität vorläufig reduziert wird. Insofern bringt sie aus sich hervor, was sie selektiert: Information. Jede Mitteilung ist an sich schon eine Selektion. Kommunikation muss also gemäss Luhmann als dreistelliger Selektionsprozess betrachtet werden: Sie selektiert aus der Fülle des Möglichen eine Information, ein Mitteilungsverhalten und Systemzustände des Adressaten, die aus Beobachtung resultieren (um die Information als solche zu deuten).
> Die dritte Selektion, von Luhmann als «Verstehen» bezeichnet, ist ein unerlässlicher Faktor. Verstehen basiert auf der Differenz zwischen Information und Mitteilung. Es deutet Inhalte sinnhaft nach richtig/falsch, relevant/irrelevant oder verständlich/unverständlich, weist aber auch dem Mitteilungsverhalten vorab einen Informationswert zu. Im Verstehen verbinden sich diese Differenzen zur Einheit der Kommunikation. Ohne die Unterscheidung zwischen Information und Mitteilung kann Kommunikation nicht entstehen. Erst wenn man zum Beispiel ein Winken mit der Hand als Information (etwa Abschiedsgruss) versteht und nicht anders deutet (etwa als blosse Bewegung), kann man kommunikativ reagieren und zurückwinken.»

Wichtig ist im systemischen Verständnis von Kommunikation der Perspektivenwechsel, der im ersten Abschnitt des Zitats ausgedrückt ist, entsprechend dem Merksatz Ludewigs (a.a.O., 85): «‹Systemisch› denken heisst, sich auf Systeme zu konzentrieren.» Dabei werden die Gesellschaft oder ihre Teilsysteme nicht so verstanden, dass ihre Elemente die Menschen wären, sondern ihre Teile sind die Kommunikationen, was Luhmann bis hin zur Aussage steigert: «Der Mensch kann nicht kommunizieren...»[1] (vgl. Krieger a.a.O., 75). Die Menschen sind nicht Teil des Sinnsystems, sondern seine Voraussetzung – oder, je nach Perspektive, sein Produkt. Denn man kann, vorausgesetzt, der Mensch werde als zoon politikon, als animal socialis erst zum Menschen, auch folgern, dass der Mensch erst dank dem Vorhandensein von Kommunikation Mensch sein kann, und folglich auch so Mensch wird und ist, wie das Kommunikationssystem das erfordert und ermöglicht. Aber wie man das Verhältnis von Mensch als psychischem System und Sinnsystem als sozialem System (so formuliert Luhmann die Unterscheidung) auch sieht – und hier sind die Meinungen tatsächlich geteilt –, Sinnsysteme sind Kommunikationssysteme (a.a.O., 97).

An manchen Stellen findet ein weiter Begriff von Kommunikation Anwendung. Er umfasst jede Veranlassung von ‹Verhalten› bzw. ‹Reaktionen›, damit auch die Steuerung komplexer Maschinen und biologische sowie instinktbestimmte Übermittlung von Informationen. Im Kontext von Sinnsystemen wird von einem engeren Begriff von Kommunikation ausgegangen. In einem Sinnsystem sind die Zeichen prinzipiell interpretierbar, ja müssen interpretiert werden, damit Sinn prozessiert werden kann. Ein Kommunikationsprozess ist nicht ein mehr oder weniger simpler Transport von Information, wie das etwa bei den Informationstechnologien der Fall ist, sondern ein Transformationsprozess, dessen Resultat höchstens im Sinne von Wahrscheinlichkeiten vorhersehbar ist.

Das Kommunikationssystem besteht aus einer Kette von Kommunikationen, welche je einander ermöglichen und hervorbringen. Denn «verständlich» ist jede Kommunikation nur auf dem Hintergrund des gemeinsamen Sinns, den bisherige Kommunikationen hervorgebracht haben, aber «sinnvoll» ist eine Kommunikation nur, wenn sie weitere Kommunikationen erzeugt. Andernfalls wäre sie gescheitert. Eine wichtige Funktion von Kommunikation ist somit die Bestätigung und Erzeugung von Erwartungen.

Damit in einem bestimmten Gang von Kommunikationen die Offenheit für mögliche Anschlusskommunikationen nicht übergross ist und Verständigung innerhalb vernünftiger Zeit unmöglich wird, muss das Kommunikationssystem sich nach innen differenzieren. Es folgt damit dem Prinzip, dass Systeme Kontingenz begrenzen durch innere Differenzierung. «Interaktionen und Einzelkommunikationen werden in grössere Zusammenhänge, Kontexte, Situationen, Rahmen gesetzt oder, wie Luhmann [...] sagt, sie werden als ‹Beiträge› zu ‹Themen› prozessiert» (Krieger, a.a.O., 113). Diese Themen werden nach den drei «Sinndimensionen», der «sachlichen», der «zeitlichen» und der «sozialen» Dimension spezifiziert und bilden als Bestand möglicher Kommunikationen in einer Gesellschaft einen Themenvorrat, den Luhmann[...] «Kultur» nennt. Dank der Unterscheidung von Themen wird Kommunikation mit sinnhaften Ergebnissen in vernünftiger Zeit überhaupt möglich. *Kommunikation wird in Themen geordnet, um überkomplexe Kommunikationssituationen zu vermeiden.*

---

[1] Man beachte den fundamentalen Unterschied zum bekannten Satz: «Man kann nicht nicht kommunizieren».

4.2.4 Funktionssysteme

Für die Gesellschaftstheorie von Luhmann und für die Thematik des Ethiktransfers von besonderer Bedeutung ist nun, dass trotz bzw. neben dieser zunächst «segmentären» Differenzierung in eine Vielzahl mehr oder weniger gleichwertiger Themen die Kommunikation in der modernen Gesellschaft überdies in gesellschaftliche Teilsysteme *funktional* differenziert wird (Luhmann 1990b, 479 nach Krieger a.a.O., 115). Dies ist nach Luhmann die Eigenheit der modernen Gesellschaft, in der es keine zentral-einheitliche Organisation der gesellschaftlichen Struktur mehr gibt, sondern die Gesellschaft sich in funktionale Teilsysteme aufgegliedert hat. Diese prozessieren je ein dieser Funktion zugehöriges Thema, genauer einen bestimmten Code, verbunden mit einer eigenen «Sprache» (a.a.O.):

> «Funktionale Differenzierung heisst ja, dass sich in der Orientierung an der jeweils eigenen Funktion autonome Teilsysteme der Gesellschaft bilden, die sich selbstreferenziell reproduzieren, sich rekursiv an den jeweils selbstproduzierten Kommunikationen orientieren und damit die Merkmale von strukturdeterminierten autopoietischen Systemen realisieren.»

Eine besondere Stellung als gesellschaftliche Subsysteme nehmen bei Luhmann Wirtschaft, Recht, Politik, Erziehung, Religion und Wissenschaft ein. Denn diese operieren mit ihren je eigenen Codierungen, welche Luhmann auch als symbolisch generalisierte Medien bezeichnet (Luhmann 1990c, 75):

> «Die wichtigsten Funktionssysteme strukturieren ihre Kommunikation durch einen binären, zweiwertigen Code, der unter dem Gesichtspunkt der jeweils spezifischen Funktion universelle Geltung beansprucht und dritte Möglichkeiten ausschliesst.»

Krieger (a.a.O.) erläutert:

> «Die Summe der Kommunikationen, die nach dem binären Schema ‹Zahlen/Nicht-Zahlen› codiert werden, nennt Luhmann das Wirtschaftssystem. Aufgrund des alles einbeziehenden binären Codes differenziert sich das System aus der gesamtgesellschaftlichen Kommunikation heraus als autonomes, autopoietisches, operational und informationell geschlossenes Subsystem.
> Entsprechend dem Modell des Wirtschaftssystems werden andere funktional differenzierte Subsysteme aufgrund eigener symbolisch generalisierter Medien ausdifferenziert. Das politische System ist binär codiert nach Verfügung oder Nicht-Verfügung über Ämter im Medium der Macht. Das Rechtssystem ist codiert in Recht und Unrecht im Medium der gesetzlichen Entscheidungen. Das Wissenschaftssystem ist codiert in den binären Alternativen von wahr und unwahr im Medium wissenschaftlicher Erkenntnisse. Das Erziehungssystem ist binär codiert in den Alternativen von guten oder schlechten Zensuren im Medium der Karriereerwartungen. Und das Religionssystem ist nach Luhmann in Immanenz und Transzendenz im Medium des Glaubens codiert.»

Wichtig ist, dass diese Funktionssysteme damit einer ausdifferenzierten Eigenlogik folgen und durch die Bildung ihrer Kommunikationskette weniger zur Autopoiese, zur Erhaltung der Gesellschaft als Ganzer beitragen wollen, als zur Autopoiese des eigenen Funktionssystems. Diese Eigenlogik wird für die Frage des Transfers eine entscheidende Rolle spielen und unten im Zusammenhang der strukturellen Kopplung weiter bedacht werden.

4.2.5 Systemtheoretische Rekonstruktion von Ethiktransfer

Drei Einsichten, welche sich aus diesen systemtheoretischen Überlegungen für eine Theorie des Ethiktransfers ergeben, seien hervorgehoben: Die Systemtheorie bietet eine mögliche Verortung von Transferaktivitäten, weist hin auf die Eigenlogiken der Systeme sowie auf Kommunikationsprobleme zwischen den Systemen. Die beiden letztgenannten Punkte rekonstruieren Probleme systemtheoretisch, die im vorangegangenen Kapitel beispielsweise unter dem Stichwort der «Funktionalisierung» von Ethik in der Wirtschaft bzw. in Unternehmen einerseits und im Zusammenhang der beklagten schwachen Wirkung etwa der Technikethik andererseits angesprochen wurden.

Verortung von Transferaktivitäten

Es ergibt sich erstens eine Möglichkeit der Verortung des Transfergeschehens. Die Handlungsfelder gehören jeweils einem Funktionssystem an. Ethiktransfer ist immer ein Ereignis zwischen der Ethik und einem Funktionssystem (bzw. einer Organisation in diesem Funktionssystem). Setzt man die Ethik grafisch ins Zentrum, verdeutlicht man, dass die wissenschaftliche Ethik in drei Fakultäten beheimatet ist und geht man von den sechs wichtigen Funktionssystemen nach Luhmann aus, kann man folgende Übersicht erstellen:

4 Systemische Überlegungen zu Ethiktransfer

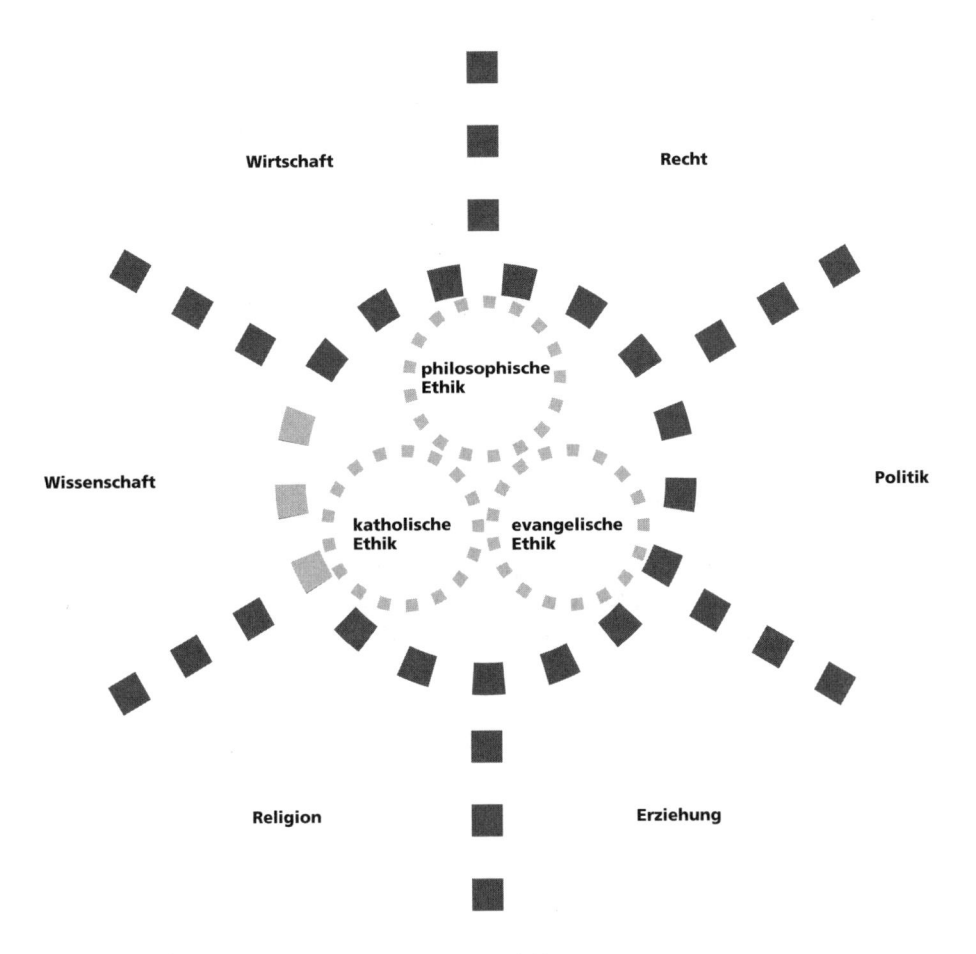

[Diagram: central overlapping circles labeled "philosophische Ethik", "katholische Ethik", "evangelische Ethik", surrounded by radiating groups of squares pointing toward the fields: Wirtschaft, Recht, Politik, Erziehung, Religion, Wissenschaft]

Abbildung 1: Übersichts-«Topographie» der Handlungsfelder

Da die Ethik selbst zum Funktionssystem der Wissenschaft gehört, hat die Grenze zwischen ihr und dem übrigen Wissenschaftssystem eine andere Qualität als die übrigen eingezeichneten Grenzen.

> Ethiktransfer findet statt, wenn aufgrund einer Kommunikation über die Grenzen hinweg Veränderungen in Funktionssystemen (bzw. den darin agierenden Organisationen) erwirkt werden.

Dabei muss die Kommunikation nicht zwischen «der Ethik» als ganzem System und beispielsweise «der Erziehung» als ganzem Subsystem stattfinden. Die Kommunikation kann auch zwischen einer Forscherinnen- und Forschergruppe pädagogischer Ethik und einer bestimmten Schule stattfinden, welche etwa die Erkenntnisse dieses Forschungsprojekts in der Schulorganisation umsetzen will. Dies ändert allerdings nichts daran, dass die Grenze des Funktionssystems – vom Funktionssystem Wissenschaft zum Funktionssystem Erziehung – überschritten werden muss.

Öfter als die Funktionssysteme als Ganze werden also Organisationen in diesen sechs Subsystemen Ausgangs- und Zielpunkt des Ethiktransfers sein. Dies wird im nächsten Kapitel vertieft werden.

Eigenlogiken

> Die Systemtheorie legt nahe, damit zu rechnen, dass die Ethik als Teil des Wissenschaftssystems und ebenso die Handlungsfelder als Teile ihrer Funktionssysteme binnenorientiert operieren und ihren je eigenen Gesetzmässigkeiten und Anreizen folgen.

Ein Beispiel: Sowohl ein Institut, das auf Medienethik spezialisiert wäre, als auch eine Zeitung (als Beispiel eines Handlungsfelds, das für Transferaktivitäten der Medienethik in Frage käme) setzen je ihre eigene Energie primär für die Autopoiese, für die kontinuierlich gestaltende Selbsterhaltung ein. Das Institut arbeitet gemäss den Gesetzen in der Wissenschaft, speziell denjenigen der betreffenden Universität und dem Institut selbst. Die Zeitung funktioniert nach ihrer eigenen Logik. Eine Kommunikation zwischen dem Institut und dieser Zeitung ist für beide nicht nur ein Luxus, sondern beide müssen auch erwägen, ob diese Kommunikation nicht für die Autopoiese gefährlich werden könnte, sie also die Wissenschaftlichkeit (Wahr-/Unwahr-Code) der Ethik oder die Wirtschaftlichkeit der Zeitung (Kaufen-/Nicht-kaufen-Code) strapazieren könnte.

Kommunikationsprobleme

> Die Systemtheorie legt weiter nahe, mit erheblichen Kommunikationsproblemen zwischen der wissenschaftlichen Ethik und dem jeweiligen Handlungsfeld zu rechnen, insbesondere wenn das Handlungsfeld nicht wie das Ethiksystem im Wissenschaftssystem liegt. Denn die sich ausschliessende (!) Codierung der beiden Systeme ist erst die Hälfte des Problems. Nach Luhmann erheben nämlich alle Subsysteme den Anspruch, mit ihrem Code das gesamte System zu repräsentieren: Alles lässt sich unter den Code Wahr/Unwahr fassen, aber alles lässt sich auch unter dem Code Kaufen/Nicht-kaufen betrachten. «Die verschiedenen Subsysteme konkurrieren miteinander um die Repräsentation des Systems als Ganzes» (Krieger a.a.O., 120). Diese Konkurrenz bringt es notwendig mit sich, nicht nur den eigenen Anspruch auf angemessene Repräsentation einzubringen, sondern alle anderen Ansprüche abzuwerten. Die Kommunikation unter Subsystemen und damit der Ethiktransfer werden daher aus zwei Gründen stark erschwert, wenn nicht unmöglich gemacht:
> - Die Unterschiedlichkeit der Codes lässt eine Sprachgrenze entstehen.
> - Die Konkurrenz der Subsysteme um die Repräsentation des Gesamtsystems motiviert zur Nicht-Anerkennung der anderen Subsysteme und damit zu einer Kommunikationsblockade.

Diese ausserordentlich pessimistische Einschätzung der Kommunikationsmöglichkeiten ist, gerade im Vergleich zu den Überlegungen in der hermeneutischen Ethik, auffällig und wird wegen der grossen Bedeutung für Ethiktransfer unter dem folgenden Titel vertieft.

4.3 Kommunikation zwischen Systemen

Die Radikalität, mit der Luhmann eine Kommunikation zwischen Systemen ablehnt, ist verschiedentlich auf Widerstand gestossen und hat zu zahlreichen Weiterentwicklungen in der Systemtheorie geführt. Zunächst soll daher diese Radikalität dargestellt werden, anschliessend sollen unterschiedliche Ansätze, die Theorie so weiterzuentwickeln, dass unter gewissen Bedingungen doch eine solche Kommunikation gedacht werden kann, folgen. Abschliessend wird wieder bedacht, was sich daraus für die Thematik des Ethiktransfers ergibt.

4.3.1 Die theoretische Unmöglichkeit der Kommunikation zwischen Systemen

«In der Tat scheint Luhmanns Theorie – die an der Leitdifferenz von System/Umwelt anstatt Teil/Ganzes orientiert ist – dahin zu führen, dass die funktional differenzierte Gesellschaft nur schwer als Gesamtsystem konzipiert werden kann. Denn prinzipiell kann es keine Kommunikation, das heisst informationelle Offenheit zwischen einem autopoietischen, selbstreferentiellen System und seiner Umwelt geben. Funktionale Differenzierung macht die Gesamtgesellschaft zur Umwelt für die Teilsysteme und verunmöglicht somit ‹ökologische Kommunikation› – das heisst Kommunikation zwischen System und Umwelt». (Krieger a.a.O., 121)

Krieger formuliert das Problem in aller Schärfe: Ein Sinnsystem ist gerade durch die Kommunikation in diesem System definiert und hat seine Grenzen dort, wo die Kommunikation nicht mehr weiter geht. Alles andere ist Umwelt, die nur selektiv und nur gemäss der eigenen Logik wahrgenommen werden kann. Kommunikation ist definitionsgemäss systemintern. Die luhmannsche, funktional differenzierte Gesellschaft ist «kommunikativ desintegriert» (a.a.O., 123). Man mag das als Überdiagnose empfinden – und befindet sich mit dieser Einschätzung in guter Gesellschaft. Doch lohnt es sich, Luhmanns Vorstellung zunächst nachzuvollziehen.
Er geht zwar strikt davon aus, dass Funktionssysteme für einander je «nur Umwelt» (Krieger 1996, 122, siehe oben) sind, rechnet aber mit Einwirkungen der Funktionssysteme. Allerdings geschehen diese Einwirkungen *ohne dass die Funktionssysteme einander verstehen könnten*. Wirkungen unter ihnen kommen durch «strukturelle Koppelung» (Simsa 2002, 149) zustande. Das Konzept der Strukturkoppelung wird ein wichtiger Ausgangspunkt für weitere Überlegungen zum Ethiktransfer sein und wird darum nun genauer erläutert.
Mit Strukturkoppelung wird eine Abstimmung des Verhaltens «nach dem Modell der doppelten Kontingenz» (Krieger a.a.O., 122; gute Beschreibung auch bei Schramm 2003, 19–21) bezeichnet:

> «Das eine Subsystem, z.B. das Rechtssystem, kommuniziert nicht mit den anderen Subsystemen, z.B. dem Wirtschaftssystem, sondern erzeugt ‹Perturbationen› in der Umwelt des Wirtschaftssystems derart, dass das Wirtschaftssystem nach eigener konstitutiver Codierung darauf reagiert.»

Dieser Prozess kann nicht als Kommunikation im eigentlichen Sinn bezeichnet werden, da die Systeme in diesem Prozess keinen gemeinsamen Sinn herstellen[1]. Erwirkt beispielsweise die Politik vermittels des Rechtssystems, dass ein neues Kartellgesetz in Kraft gesetzt wird, versuchen die Unternehmen als Teil des Wirtschaftssystems nicht etwa, das Anliegen, den semantischen Sinn und die politische Intention, zu verstehen – sondern bahnen sich nach Kräften Wege, sich durch dieses Gesetz möglichst wenig an der Gewinnsteigerung hindern zu lassen. Es wird somit kein gemeinsamer Sinn in der Sache hergestellt, d.h. es findet keine eigentliche Kommunikation statt.

Simsa (a.a.O. 161) fasst das Phänomen allgemein:

> «Die Beschreibung der Abwicklung von Umweltkontakten sozialer Systeme mittels struktureller Kopplung ist hoch plausibel und insofern ernüchternd, als sie auf Grenzen der wechselseitigen Beeinflussbarkeit verweist und damit verdeutlicht, was in Bezug auf den Erfolg politischer Eingriffsversuche auf andere Systeme in der Praxis schon lange beobachtbar ist. Wie es Willke drastisch formuliert: In verschiedensten Politikbereichen ‹ist die verlässlichste Erwartung diejenige, dass politische Intervention das Gegenteil dessen bewirkt, was beabsichtigt war›».

Das prinzipielle Misslingen gezielter Interventionsversuche in ein fremdes, autopoietisches System wird oft im (familien-)therapeutischen Kontext, aber auch bezogen auf Unternehmen systemtheoretisch beschrieben: Wollnik (1998, 147) schliesst etwa mit Blick auf Interventionschancen eines Managers im Betrieb «ein durchaus übliches Vorgehen weitgehend aus: dass das intervenierende System sich selbst ein Bild vom intervenierten System macht (etwa aufgrund einer besonderen Untersuchung), dieses Bild dann als vorgefertigte ‹Selbstbeschreibung› dem intervenierten System nahe legt und darauf Veränderungsvorschläge gründet. Ein solches Vorgehen würde gerade nicht die Autonomie des intervenierten Systems respektieren.»

Zwischenfazit: Luhmanns Überzeugung, dass Funktionssysteme einander eben gerade nicht verstehen, lässt sich illustrieren und mit zahlreichen Beispielen belegen.

Dennoch gibt es begründete Kritik daran, wie wenig Raum Luhmann für Kommunikation in Systeme hinein bzw. zwischen Systemen sieht. Simsa (a.a.O.) formuliert bezogen speziell auf das Verhältnis von Politik und Wirtschaft eine dreifache Kritik:

> «Kritische Anmerkungen können auf drei Aspekte bezogen werden, nämlich erstens auf den Fokus, mit welchem Luhmann strukturelle Kopplungen zwischen der Politik und anderen Systemen beobachtet, zweitens auf eine zu geringe Berücksichtigung gesellschaftlicher Integrationsprobleme und in Zusammenhang damit drittens in Be-

---

[1] «Wo ein bestimmter Modus des Sinnprozessierens am Werke ist, befinden wir uns im Zusammenhang des zugehörigen Systems, genau dort, wo er ausser Kraft gesetzt wird, ist die Grenze dieses Systems» (Becker und Reinhardt-Becker 2001, 50).

zug auf eher dürftige Schlussfolgerungen, die er aus seinen Ausführungen für die Politik ableitet.»

Grundlegende theoretische Einwände fomuliert Krieger (a.a.O., 123):

«Luhmanns Diagnose kommunikativer Desintegration in der modernen Gesellschaft hat als Problemanalyse viel Wertvolles an sich. Zweifellos ist die Vielfalt gesellschaftlicher Kommunikation derart komplex, dass es zu Systembildungen innerhalb der Gesamtgesellschaft kommt. Kommunikative Komplexität wird stark reduziert durch die verschiedenen symbolisch generalisierten Medien. Nichtsdestoweniger hat der Begriff eines Subsystems selbst keinen Sinn, wenn das Gesamtsystem dadurch *ersetzt* wird, das heisst, wenn ‹die Einheit der Gesellschaft [...] nichts anderes als diese Differenz der Funktionssysteme› ist. Der Differenzierungsprozess lässt Komplexität derart zuwachsen, dass sie scheinbar nicht mehr bewältigt werden kann. Das Problem übermässiger Komplexität wird ‹gelöst› durch Erzeugung eines noch schwerwiegenderen Problems. Denn am Ende der Differenzierung gibt es keine gesamtgesellschaftliche Kommunikation mehr, das heisst, keine Gesellschaft mehr. Dies ist nicht nur ein Problem der modernen Gesellschaft, sondern ein Problem der Theorie, die das Ganze aus dem Blick verloren hat.»

Somit wird der luhmannschen Systemtheorie zwar zugestanden, über weite Strecken Gesellschaft gut zu beschreiben. Jedoch wird sie zugleich als entwicklungsbedürftig eingeschätzt, was die Erklärung der Verhältnisse zwischen den Subsystemen der Gesellschaft betrifft.

Für diese notwendig erscheinende Weiterentwicklung werden nun unterschiedliche Wege eingeschlagen, von denen im Folgenden drei dargestellt werden sollen. Sie liefern je wesentliche Erkenntnisse für die Entwicklung eines Modells von Ethiktransfer.

4.3.2 Bateson: Hierarchische Differenzierung und Theorie der Metakommunikation

Bateson versucht, das Auseinanderfallen von Codes und Sprachen zu begrenzen, indem er auf die Möglichkeit hinweist, gemeinsam über diese Codes und Sprachen zu sprechen. Denn es gibt sehr wohl Situationen, in denen wir über Dinge, die wir gesagt haben, sprechen und dabei die Spielregeln des Sprechens thematisieren. *Diese Metakommunikation folgt in allen Subsystemen der Gesellschaft gleichen Regeln und verbindet so die unterschiedlichen Sprachen dieser Systeme.*

Bateson handelt sich damit allerdings das Problem ein, dass ein infiniter Regress entsteht, sobald die Frage gestellt wird, welchen Regeln der Diskurs über die Regeln des Diskurses folgt, was ja an sich durchaus keine belanglose Frage ist. Diesem Problem entgeht er, zumal er in seinen Analysen ohnehin grundlegend von Forschungen über das Spielverhalten von Tieren ausgeht, indem er Kommunikation letztlich auf genetisch vorgegebene Codes zurückführt (Krieger a.a.O., 127). Fraglich bleibt, ob ein Kommunikations- bzw. Sinnsystem, für das genetisch bestimmte Systeme («Menschen») doch Umwelt sind, auf der Metaebene der Kommunikation durch eben diese genetisch bestimmten Systeme determiniert sein kann.

Offensichtlich ist dennoch, dass ein Subsystem vermittels Metakommunikation lernen kann, die Kommunikation eines anderen Systems zu verstehen. Dies ist ein Weg, der von bestimmten Aktivitäten von Ethiktransfer faktisch auch beschritten wird. In extremer Form (in der wohl zu viel Inhalt dem pragmatischen Transfer geopfert wird) geschieht das etwa im Versuch, ethische Kategorien in ökonomische zu übersetzen, z.B. «Vertrauen» in «Minimierung der Transaktionskosten».

4.3.3 Krieger: Diskursarten

Krieger versucht das Problem ausgehend von der Optik des wittgensteinschen Sprachspiels zu lösen. Er geht davon aus, dass die Umwelt von Subsystemen, welche jetzt als Sprachspiele gesehen werden, primär aus anderen Sprachspielen besteht. Diese anderen Sprachspiele (und somit die anderen Subsysteme) sind dabei formal gleich, wenn auch ihr Thema ein anderes ist. Jedes Sprachspiel hat drei Ebenen:

Die Pragmatik des argumentativen Diskurses

Dies ist die Ebene des inhaltlichen Diskurses selbst, der immer nach einem gleichen Schema verläuft, wenn auch in diesem Schema je nach Sprachspiel andere Arten von Argumenten anerkannt sind (Krieger a.a.O., 133):

> «Ein politisches ‹Argument› hat also die gleiche formalpragmatische Struktur wie ein wirtschaftliches, erzieherisches, religiöses, rechtliches usw. ‹Argument›. [...] Es handelt sich also unter den verschiedenen gesellschaftlichen Subsystemen nicht um radikal andere Diskursformen, die einander nur als stumme Umwelt betrachten können, sondern quer durch alle Subsysteme befindet sich die gleiche Diskursform nur anders spezifiziert. Man weiss, was in den jeweiligen Subsystemen als «Argument», das heisst als Thema und als Beitrag, gilt. Man weiss, gleichgültig an welchem Subsystem oder Sprachspiel man teilnimmt, dass es sich um Geltungsansprüche handelt, die nach gewissen Regeln gehandhabt werden sollen, das heisst, man weiss, wie Kommunikation im Allgemeinen abläuft, was ein ‹Beitrag› überhaupt ist und wie man mit Kommunikationsbeiträgen umgeht. Argumentativer Diskurs bildet somit eine Ebene von Diskurs, die alle Subsysteme umfasst»[1]

Die Pragmatik des Grenzdiskurses

Im Unterschied zu Bateson ist Krieger (a.a.O. 135–136) der Ansicht, dass über die Regeln der Sprachspiele nicht diskutiert werde, sondern dass diese immer schon vorausgesetzt werden. «Demzufolge werden Kriterien und Regeln nicht ‹behauptet› und als Beiträge behandelt, sondern sie werden viel eher ‹verkündet›». Die Metaebene zur Diskursebene ist also selbst gar kein

---

[1] Für die Frage des Ethiktransfers ist Folgendes von Bedeutung: Krieger bespricht unter der Pragmatik des argumentativen Diskurses nur die Möglichkeit, wie eine Person an mehreren Subsystemen teilnehmen und die jeweilige Regellogik des Sprachspiels verstehen und einhalten kann. Dies erklärt aber gerade nicht, wie Kommunikation zwischen unterschiedlichen Subsystemen möglich ist. Aus der Tatsache, dass jemand ökonomisch handeln und entscheiden kann, was für Geräte in seinem Büro angeschafft werden sollen und zugleich in diesem Büro als Teil der scientific community historische Forschung betreibt, kann nicht geschlossen werden, dass hier ein Diskurs zwischen dem Fach Geschichte als Teil des Subsystem Wissenschaft und dem Subsystem Wirtschaft stattfindet.

Diskurs im Sinne argumentativer Kommunikation. «Eine Verkündigung wird nicht verifiziert, sondern durch Prozeduren der ‹Bekehrung›, Sozialisation und Einweihung angenommen – oder abgelehnt» (Krieger a.a.O.). Zumal über dieses Vorgehen nicht mehr kommuniziert werden kann, ergibt sich kein infiniter Regress wie bei Bateson (vgl. oben).

Die Pragmatik struktureller Transformation

Das bedeutet aber nicht, dass sich Regeln der Kommunikation in Subsystemen nicht weiterentwickeln könnten – allerdings nicht durch Argumente, sondern im *«Erschliessungsdiskurs»*. Auf dieser Ebene geht es darum, «ausserhalb aller gegebenen Kriterien das Entstehen, den Wandel und die Erschliessung von Sinn auf der Ebene des Gesamtsystems [und des dieses] konstituierenden primären Codes zu vollziehen» (a.a.O., 149). Dieser Diskurs folgt nun überhaupt keinen Regeln, hier hat «der Dialog Vorrang vor Argumentation und auch vor Verkündigung (Grenzdiskurs)» (a.a.O.). Er wird in der Nähe von Mystik, Weisheit und Kunst situiert, wo unbestimmte Komplexität zum Thema gemacht werden kann. Es erübrigt sich damit auch ein Metadiskurs, womit das Problem des infiniten Regress definitiv gelöst zu sein scheint. Man kann sich den «Erschliessungsdiskurs» so vorstellen, dass probeweise ausserhalb der Regeln des Diskurses kommuniziert wird. Kommt eine dauerhafte Kommunikation zustande, so, weil es gelang, die Regeln zu modifizieren.

4.3.4 Simsa: Ausbau des theoretischen Konzepts der strukturellen Kopplung

Simsa (2002) reflektiert die Frage der strukturellen Kopplung im Kontext der Politikwissenschaft. Sie thematisiert zwei Schnittstellen zwischen Subsystemen. Einerseits geht es um die Frage, inwieweit (Politik-)Wissenschaft auf die Politik Einfluss nehmen kann und andererseits um die Frage, inwieweit Politik wirtschaftliche Vorgänge beeinflussen kann. Um solche Prozesse von Einflussnahme über die Grenze des gesellschaftlichen Subsystems hinaus beschreiben zu können, arbeitet Simsa mit einem ausgebauten Konzept der strukturellen Koppelung. Um strukturelle Koppelung zu verstehen, muss man sich vorstellen, dass Systeme bestimmte «Empfindlichkeiten» ausbilden können gegenüber ihrer Umwelt, um auf bestimmte Veränderungen dieser Umwelt besonders stark zu reagieren (Simsa 2002, 153):

> « Strukturelle Kopplung beschreibt damit den Modus der Abwicklung sowohl von gesellschaftsexternen Beziehungen, wie zum Beispiel jenen zwischen Kommunikation und Bewusstsein, als auch von gesellschaftsinternen Beziehungen, wie zum Beispiel zwischen Funktionssystemen.»

Strukturelle Kopplung ist im Rahmen der Systemtheorie *die* Art und Weise, in der überhaupt über die Systemgrenzen hinaus «kommuniziert» werden kann: Ein System registriert eine Veränderung in der Umwelt und reagiert darauf. Dabei hängt es von der Komplexität eines Systems ab, wie viel – und welche – Veränderungen in der Umwelt ein System wahrnehmen und wie differenziert es darauf reagieren kann (s.o. unter 4.2). Das System selegiert also, was als Information aus der Umwelt wahrgenommen wird – und im Wort «Umwelt» sind immer alle anderen Systeme mitzudenken. Das überwiegende Mehr an Veränderungen wird nicht wahrgenommen.

Eine enge strukturelle Kopplung zweier Systeme kommt nun dadurch zustande, dass zwei Systeme viele «Empfindlichkeiten» ausbilden, welche sich auf das jeweils andere System ausrichten. Dabei gilt weiterhin das Prinzip der Systemtheorie, dass ein System prinzipiell auf seine eigene Erhaltung, auf die prozessartige Autopoiese ausgerichtet ist. Wahrnehmung ist immer auf Autopoiese ausgerichtet, nie darauf, Kommunikation irgendwelcher Art aufzubauen. Dem entspricht, dass die Wahrnehmung von Veränderungen nicht an ein Verständnis dieser Veränderungen gebunden ist. Wenn etwa eine Veränderung durch eine Aktion eines anderen Systems verursacht worden ist, so ist dies für das von dieser Veränderung betroffene System prinzipiell nicht nachvollziehbar. Strukturelle Kopplung ist somit nicht Kommunikation im Sinne der Kommunikation in Sinnsystemen, sondern eine Häufung von – prinzipiell unverständlichen, aber wirksamen – «Irritationen» (Simsa a.a.O., 158):

> «In Bezug auf strukturelle Kopplungen der Politik mit dem Wissenschaftssystem geht es Luhmann um das Angebot einer Alternative zu der überholten Annahme, dass die Wissenschaft Wissen produziert, welches in der Politik nur angewandt werden müsste. Auch hier kann nur von strukturellen Kopplungen ausgegangen werden: Jedes Funktionssystem operiert nach Massgabe eigener Codes und lässt sich nur nach eigenen Logiken vom jeweils anderen irritieren oder auch nicht. So kann die Wissenschaft Beschreibungen gesellschaftlicher Zustände und Zusammenhänge erzeugen und damit politischen Handlungsbedarf erzeugen, sie kann selbst aber nicht determinieren, welche seiner ‹Wahrheiten› von der Politik in welcher Weise aufgenommen und zum Anlass welcher politischer Kommunikationen genommen werden (vgl. Luhmann 2000a, S. 394). Als eine spezifische Form der strukturellen Kopplung beschreibt Luhmann hier Beratung, insbesondere solche (systemischen) Beratungsformen, welche nicht als wechselseitige Determination, sondern nur als wechselseitige Irritation verstanden werden.»

Dementsprechend wird beispielsweise im Konzept der sozialen Marktwirtschaft nur so getan, als ob die Politik Arbeitsplätze schaffen könne. Denn dies ist nur dem Geld, also der Wirtschaft, möglich (Simsa a.a.O., 160). Die Politik kann zwar die Steuern für juristische Personen senken. Aus der Perspektive der Wirtschaft ist das aber nur eine «Perturbation», eine Änderung in der Umwelt der Firmen. Was diese mit gesparten Steuern tun (von Amortisation bis Investition in Maschinen) bleibt ihnen und damit der Autopoiese (hier siehe Eigenlogik) der Wirtschaft überlassen.

Willke formuliert, wie oben (Seite 140) zitiert, sehr pointiert, wenn sie festhält, die verlässlichste Erwartung sei diejenige, dass politische Intervention das Gegenteil dessen bewirken, was beabsichtigt sei. Damit ist gerade nicht gesagt, die Politik täusche sich, wenn sie annimmt, dass sie einen Einfluss auf die Wirtschaft habe. Sie beachtet aber die Komplexität von Wechsel-, Neben- und Indirektwirkungen in einem systemischen Kontext zu wenig, ja kann ihn wahrscheinlich ohnehin nicht überblicken. So bleibt es bei «Perturbationen».

Simsa ortet ein hohes Potenzial für die Intensivierung struktureller Kopplung bei *Organisationen*. Sie geht damit von Luhmann aus, welcher sich auch dieser Kopplungsform widmet. Sind in einer bestimmten Organisation zwei (oder mehrere) gesellschaftliche Subsysteme vertreten und an den Entscheidungen beteiligt sowie von den Entscheidungen dieser Organisation betroffen, sind diese Subsysteme an diesem Punkt sowohl besonders *empfindlich* als auch besonders stark und wissentlich *aktiv* als Verursacherinnen von Perturbationen für andere Systeme. «Organisationen fungieren somit als ‹Treffraum für Funktionssysteme› (Luhmann 2000a, 398)» (a.a.O., 159). Luhmann hat bereits früh darauf hingewiesen, dass insbesondere solche Organisationen, welche sich von mehreren Funktionssystemen irritieren lassen, die strukturelle Kopplung unter diesen verstärken. Er spricht auch von «mehrsprachigen Organisationssystemen», da solche Organisationen mit mehr als einem Code operieren können müssen.

Eine systemtheoretische Rekonstruktion von Ethiktransfer als struktureller Kopplung erklärt somit vorerst und hauptsächlich die massiven Hindernisse, die er überwinden muss. Denn Ethik ist zunächst vor allem eine Perturbation in der Umgebung der Handlungsfelder und keine Kommunikationspartnerin. Wie ein Unternehmen, eine politische Partei, eine öffentliche Verwaltung, ein Genforschungsteam auf solche Perturbationen reagiert, entscheiden diese selbst. Wie die Entscheidung ausfällt, ist aus der Perspektive der Ethik nicht voraussehbar. Insgesamt erklärt eine luhmannsche Systemtheorie primär, warum Ethiktransfer so oft nicht stattfindet. Auch dies ist ein entscheidender Beitrag zur Fragestellung.

Dennoch: viele systemtheoretische Denkerinnen und Denker halten, wie bereits erwähnt, Luhmanns Einschätzung für zu pessimistisch. Simsa konkretisiert die Kritik in mehreren Punkten:

1. Es sollten in der Analyse auch Kopplungen berücksichtigt werden, die als indirekt oder vermittelt charakterisiert werden können (a.a.O., 161):

> «So verlaufen zum Beispiel wechselseitige Irritationen zwischen der Politik und anderen Systemen teilweise vermittelt über dritte Funktionssysteme. Solche, hier als indirekt bezeichnete Kopplungen, finden sich zum Beispiel zwischen dem Familiensystem und der Politik. In Bezug auf die Zahlung von Kindergeld nehmen Politik und Familiensystem beispielsweise die Wirtschaft für ihre strukturelle Kopplung in Anspruch.»

2. Die Bedeutung von Organisationen für die Kopplung von Funktionssystemen ist grösser, als Luhmann annimmt (a.a.O., 162): «Das Prozessieren der strukturellen Kopplung von Funktionssystemen bedarf meines Erachtens immer und grundsätzlich der Beteiligung anderer Systemtypen, kann also nur durch die Kommunikationen von Systemen, die als Handlungssysteme zu beschreiben sind, realisiert werden.» Sie zitiert in der Folge Konopka (1999, 145): «Ferner ermöglichen erst Organisationen die strukturellen Kopplungen zwischen den Funktionssystemen.»

3. Mehr als bei Luhmann bleibt bei Simsa die Frage offen, ob es nicht auch andere, direktere Formen von Austausch und Integration der Funktionssysteme neben der strukturellen Kopplung gibt, geben kann oder vor allem geben soll. Und auch hierbei schätzt sie die Bedeutung der Organisationen als zentral ein (a.a.O., 168): «Neben ihrer Funktion des Prozessierens struktureller Kopplung sind Organisationen auch die relevantesten Systeme, die weiterführende Integrationsbemühungen abwickeln können.»

> *Intermediäre Organisationen* sind für Ethiktransfer zentral. Intermediär sind Organisationen dann, wenn sie zwischen zwei (Funktions-)Systemen vermitteln, hier also, wenn sie zugleich in die universitäre Ethik (bzw. eines ihrer Subsysteme, ein Institut o. ä.) substanziell eingebunden sind und substanziell dem jeweiligen Handlungsfeld (bzw. einem ihrer Subsysteme, einer Kantonalbehörde, einer politischen Kommission o. ä.) als dem Zielbereich des Ethiktransfers angehören.

4.3.5 Embedding als Programm für eine ethische Auseinandersetzung mit dem Kommunikationsproblem unter Systemen

Mangelnde Kommunikation unter Systemen in unserer Gesellschaft lässt sich auch als Verselbständigung derselben verstehen. Dies wird seitens der Ethik am Beispiel der Wirtschaft als sich verselbständigendes System beschrieben, wobei der Begriff des «disembedding» ins Spiel gebracht wird:

> «Die kapitalistische Wirtschaft verselbständigt sich gegenüber der Gesellschaft. Dieser Prozess der Herauslösung aus dem ‹gesellschaftlichen Bett› kann als ‹disembedding› bezeichnet werden. Es handelt sich um eine grundlegende und alle Aspekte des gesellschaftlichen Lebens – von der Arbeit über das Zeitregime bis zum Energiesystem – erfassende ‹grosse Transformation›.»

So charakterisieren Altvater und Mahnkopf «Disembedding» als einen nicht abgeschlossenen, sondern «auch heute noch fortlaufenden Transformationsprozess» (1999, 94), der viele laufende Veränderungen (Stichwort «Globalisierung») erklärt bzw. mit erklärt.

Eine wesentliche Ursache dieser Entwicklung ist, «dass es zwar den Weltmarkt, aber keine Weltgesellschaft gibt» (a.a.O., 119). Damit ist der Zusammenhang des Disembedding von Wirtschaft und Gesellschaft in Bezug auf die Globalisierung angesprochen. Dies erklärt auch, warum Altvater und Mahnkopf, welche die Globalisierung zu ihrem Thema gemacht haben, sich nur für dieses spezielle (wenn auch zugegebenermassen zentrale) Disembedding interessieren.

Das Konzept lässt sich ausdehnen. Im Unterschied zu traditionalen Gesellschaften, deren Teile eng koordiniert und in einen moralisch-kommunikativen Gesamtzusammenhang dicht eingeordnet sind, sind moderne, «ausdifferenzierte» Gesellschaften charakterisiert durch die starke Eigendynamik vieler Teilbereiche. Dies gilt für den Teilbereich der Marktwirtschaft in hohem Mass, gilt jedoch auch für die Kunst, die kaum mehr fixe Anschlüsse an ein «Gesamt» von Gesellschaft hat, oder für die Religion (präziser: für die religiösen Teilstrukturen im Plural). Nützlich für eine Analyse des Disembedding in einem allgemeineren Sinn (also nicht konzentriert auf das Verhältnis von Wirtschaft und Gesellschaft) ist die «Societal analysis». Sie ist eine reflektierte, aber wenig fixierte Methodik (Maurice/Sorge 2000a).[1]

---

[1] Denkbar wäre es, auch und gerade die Ethik als ebenfalls ausdifferenziertes und tendenziell eigendynamisches Teilsystem in die Reflexion einzubeziehen. Auch die Ethik ist «gut» einzubetten. Dies ist ebenfalls im Theorierahmen des societal analysis denkbar. Zwar scheint Ethik bisher nicht als gesellschaftlicher Bereich (im Rahmen der «Societal analysis» als «space» bezeichnet) in diesem Theorierahmen erfasst worden zu sein. Aber der methodische Zugang dürfte sich ob seiner Interdisziplinarität, seiner Nähe zur Kybernetik und seiner Offenheit als theoretischer Rahmen für die Darstellung der Mechanismen des Ethiktransfers gut eignen, denn «it is typical for the approach that no exhaustive and logically com-

«Institutionelle Einbettung» (Hessinger 2001) wieder zu erzielen, kann dann als Ziel eines solchen ethischen Ansatzes verstanden werden. Der Ansatz stimmt in der Diagnose mit Simsa überein, wenn sie etwa von der Notwendigkeit einer «Berücksichtigung gesellschaftlicher Integrationsprobleme» (Simsa 2002, 161) spricht.
Während lange Zeit eher die Unterdrückung der Dynamik funktionaler Differenzierung das Problem war, leiden wir gegenwärtig eher unter einem Mangel an der Fähigkeit «den Möglichkeitsreichtum der Teile zu bündeln, abzustimmen und einer kontinuierlichen, zukunftsorientierten Zielmatrix unterzuordnen» (Willke 2000b, 192):

> «Etwas salopp könnte man formulieren, dass entwickelte kapitalistische Gesellschaften mangels verbindlicher gesamtgesellschaftlicher Zielvorstellungen nicht wissen, was sie mit ihrer Potenz anfangen sollen.»

Im Moment bleibt jedoch offen, wie eine Reintegration, ein «reembedding» zu denken wäre. Stimmt man der luhmannschen Systemtheorie insofern zu, als gerade die Ausdifferenzierung von Funktionssystemen für die aktuellen Entwicklungen typisch ist, erscheint es zweifelhaft, ob eine restaurative Entwicklung im Sinne einer Suche nach einer Integration in ein Ganzes, wie es historisch der gesellschaftlichen Ausdifferenzierung vorausging, realistisch (und überhaupt wünschenswert) ist. Andererseits ist eine Gesellschaft schwerlich sinnvoll ohne integrales Sinnverständnis denkbar. Auf welcher Ebene dieses allerdings anzusiedeln ist, ist eine offene Frage. Zu einem solchen integralen Sinnverständnis und dessen Umsetzung durch ein Reembedding der gesellschaftlichen Teilstrukturen (Rahmenordnungen, Organisationen) in eine in diesem Sinn verfasste Gesamtgesellschaft kann Ethiktransfer ein Beitrag sein. Denn er zielt darauf, gesellschaftliche Strukturen in einem gemeinsam geteilten Wertehorizont zu gestalten. Jedoch setzt Ethiktransfer nicht direkt auf dieser generellen Ebene der Schaffung eines umfassenden «gesellschaftlichen Betts» an, sondern greift je punktuell ein relativ unabhängiges System aus einem bestimmten Handlungsfeld heraus, um auf seine Strukturen Wirkung zu entfalten. Ethiktransfer beginnt nicht beim grossen Wurf einer gesamtgesellschaftlichen Integration, aber wirkt ausgehend von «lokalen» Aktionen in diese Richtung.

4.4 Zusammenfassung und Ergebnisse für den Ethiktransfer

Insgesamt zeigt auch eine weiterentwickelte Systemtheorie überraschenderweise zunächst mehr Schwierigkeiten als Möglichkeiten des Ethiktransfers auf. Bereits dies ist ein wesentlicher Beitrag zur Fragestellung. Die Schwierigkeiten lassen sich in den folgenden, eng miteinander verknüpften Punkten zusammenfassen:
- Unterschiedliche Subsysteme der Gesellschaft folgen unterschiedlichen Zielen und Logiken. Sie haben dafür eine je eigene Selektion von Kommunikation entwickelt, eine eigene Sprache. Dies gilt auch für die Ethik als eigenes System mit ihrer ebenfalls eigenen Sprache. Auch die Ethik kann mit den Handlungsfeldern nicht unvermittelt kommunizieren, wenn Kommunikation verstanden wird als gemeinsame Generierung von Sinn.

---

pelling list of spaces was suggested [...] so that researchers may happily engage in their further development» (Maurice/Sorge 2000a a.a.O., 3.).

> Die Ethik kann anderen Systemen nicht «sagen, was zu tun ist», auch wenn sie dafür noch so gute Begründungen hat.

- Subsysteme (wie alle Systeme ganz generell) setzen ihre Energie für ihre Autopoiese ein. Dies bedeutet, dass Entscheidungen in Systemen prinzipiell nur davon abhängig gemacht werden, wie sehr sie diesem Ziel der Selbsterhaltung dienen. Somit folgt jedes System konsequent den eigenen Zielen. Wenn Kommunikation mit anderen Systeme möglich wäre, so würde dies an der Zielorientierung nichts ändern. Das impliziert nochmals, dass beispielsweise ein politisches System prinzipiell keine ethischen Ziele verfolgt, genauso wenig wie ein ethisches System politische Ziele.

> Wenn die Ethik mit anderen Systemen kommunizieren könnte, würden und müssten diese doch ihre eigenen Ziele verfolgen.

- Da es nun prinzipiell keine Kommunikation über Systemgrenzen hinaus gibt, gehören alle anderen Systeme zur Umwelt eines Systems. Diese Umwelt wird selektiv verstanden, nach Massgabe des eigenen Codes. Daher kann ein anderes System nicht direkt und gezielt eine Einwirkung auf ein System verursachen. Andere Systeme können nur «Perturbationen» im Umfeld eines Systems verursachen. Dieses versucht, durch Anpassungsvorgänge sich auf ein verändertes Umfeld einzustellen (und kann daran im Extremfall auch scheitern). Der Effekt dieser Veränderungen, einschliesslich aller Neben- und Drittwirkungen, ist dabei für niemanden voraussehbar und wird sich in den meisten Fällen deutlich anders darstellen, als es sich das die Veränderung auslösende System gewünscht hat.

> Versuche der Ethik, auf andere Systeme einzuwirken, werden sich kaum tatsächlich so auswirken, wie einfache Ursache–Wirkung–Gesetze erwarten liessen.

- Punkto Metadiskurs ist eher Bateson recht zu geben als Krieger: Es gibt einen Diskurs über die Regeln des Diskurses – dieser Satz zum Beispiel gehört dazu![1]

> Ein Metadiskurs könnte eine Möglichkeit der Verständigung über Systemgrenzen hinweg sein. Ethiktransferprojekte könnten diesen Weg wenigstens versuchsweise begehen – auch parallel zu anderen Transfermethoden.

- Erschliessungsdiskurse dürften für Systeme langfristig von existenzieller Bedeutung sein, da sie tiefer gehende Innovationen des Systems erlauben.

---

[1] Doch ist der Status dieses Metadiskurses ungeklärt: Einerseits kann er nicht in die Funktionssysteme gehören (wenn man im Rechtssystem über die Rechtssprache reflektiert, geschieht dies nicht nach dem Code «recht»/«unrecht» usw.). Andererseits betrachtet sich darin ein System selbst und das wiederum definiert Luhmann als konstitutiv für Sinnsysteme. Dies könnte ein Anlass sein, zu fragen, ob Funktionssysteme Sinnsysteme sind oder ob nur Organisationen Sinnsysteme sind. Denn die Funktionssysteme selbst können keine Metakommunikation über die Kommunikationen in einem Funktionssystem führen. Organisationssysteme hingegen führen Metakommunikationen a) über die Kommunikation in ihrem Organisationssystem und b) über die Kommunikation im Funktionssystem. – Unabhängig von diesen Fragen gilt jedoch: Wenn diese Metakommunikation tatsächlich in allen Organisationssystemen aller Funktionssysteme in derselben Sprache geführt wird, lässt sich auf diesem Weg – und über dieses Thema – eine Kommunikation über Organisations- und Funktionssystemgrenzen herstellen.

> Ethiktransfer ist immer auch Erschliessungsdiskurs – gerade weil es grundlegende Kommunikationsprobleme gibt. Dieses Moment, die «Begegnung mit Unverständlichem», soll in Ethiktransferprojekten nicht ausgelöscht, sondern bewusst im Sinne kreativer Irritationen genutzt werden.

Kritisch ist zweierlei zu fragen. Erstens, ob die Ethik noch als Ethik funktioniert, wenn sie Funktionen von Kunst und Mystik übernimmt; zweites, wie viel Einfluss die Ethik darauf hat, in welche Richtung ein anderes System den eigenen Code verändert, also ob die Ethik dann noch verantworten kann, was sie verursacht. Positiv ist zu vermerken, dass eine Wirkung direkt auf den Code eines anderen Systems selbstredend eine hochwirksame Einflussnahme bedeutet.

- «Eine realistische Sicht der Funktionsweise und der Grenzen von Abstimmungsprozessen kann die Entwicklung adäquater Strategien mehr fördern als zweckoptimistische Fehleinschätzungen» (Simsa, a.a.O., 167).

> Es ist nicht überraschend, wenn Ethiktransfer nicht funktioniert, wenn Ethik keine oder wenig Wirksamkeit in den Handlungsfeldern zeigt, wie im letzten Kapitel mehrfach angesprochen. Eher das Gelingen ist überraschend.

- Strukturelle Kopplung entsteht durch den Ausbau gegenseitiger Empfindlichkeiten und Reaktionsbereitschaften zweier (oder mehrerer) Systeme im Verhältnis zu einander.

> Für den Aufbau einer strukturellen Kopplung zwischen der Ethik bzw. einem ihrer Subsysteme und einem Handlungsfeld ist die erste Voraussetzung, dass das ethische System wirksame Perturbationen im Handlungsfeld hervorbringen kann. Zweitens muss dieses ethische System Sensibilitäten für Veränderungen des Handlungsfelds entwickeln.

- Es wäre viel zu gewinnen, wenn das Problem der unterschiedlichen Sprache vermindert werden könnte. Während Luhmann das für unmöglich hält, rechnet Bateson damit, dass eine Metakommunikation besteht, welche es zumindest erlaubt, über die Systemgrenzen hinaus die Sprachen und ihre Unterschiede zu thematisieren. Wenn das zutrifft, müsste es Systemen möglich sein, quasi im Dialog eine «Fremdsprache» zu lernen.

> Die Ethik verstärkt ihre Wirksamkeit auf ein anderes System, indem sie deren Sprache lernt und beginnt, zweisprachig zu «denken», in zwei Logiken zu reflektieren. Weiter gewinnt sie, wenn es gelingt, ein anderes System dazu zu motivieren, sich ebenfalls «Zweisprachigkeit» anzueignen, eigene ethische Gedankengänge anzustellen und darüber mit dem ethischen System – nun beiderseits zweisprachig – zu kommunizieren.

- An den Grenzen biologischer Systeme finden sich verhältnismässig oft besondere Strukturen, welche den Austausch über diese Grenze befördern und selegieren. Simsa rechnet damit, dass der Austausch auch unter verschiedenen Sinnsystemen prinzipiell von der Ausbildung solcher *intermediärer Systeme* abhängt. Dieser Austausch, beispielsweise zwischen Funktionssystemen, wird überwiegend von Organisationen, welche eine solche intermediäre Position einnehmen, reguliert. Sie leisten diese Austauschfunktion dann am besten, wenn beide (Funktions-)Systeme substanziell an dieser intermediären Organisation und ihren Entscheidungen beteiligt sind und wenn auch beide Systeme von der Entwicklung, von der Autopoiese dieser intermediären Organisation, betroffen sind.

> Ethiktransfer wird sich wesentlich über Organisationen abwickeln, welche zwischen der Ethik und dem Anwendungsfeld angesiedelt und mit beiden substanziell verbunden sind.

Solche Organisationen dürften nach Simsa auch entscheidend zur allfälligen Entwicklung weiterer Formen des Transfers beitragen. Zu rechnen wäre etwa mit einer Förderung der «Zweisprachigkeit».

- Als eigener Beitrag – über das in der systemtheoretischen Fachliteratur Vorgefundene hinaus – sei angemerkt, dass die Metakommunikation seitens der Ethik auch in die Richtung der Kommunikation über Sinn vorangebracht werden könnte.

> Gemeint ist damit zwar auch eine allgemeine Thematisierung des Sinns, aber insbesondere eine Thematisierung des Sinns der Eigenlogik der Subsysteme. Die «sinnvolle» Abstimmung der Funktionen der Subsysteme im Verhältnis zu einander und zum Ganzen könnte ein ebenso wichtiges ethisches Ziel sein wie das ethische Verhalten der einzelnen Subsysteme.

Damit ist die Thematik des «Embedding» (Altvater) angesprochen.

- Simsa spricht auch die möglicherweise grosse Bedeutung indirekter Wirkungen von Systemen auf andere über die Vermittlung von Drittsystemen an. Damit sind Drittsysteme gemeint, welche nicht primär als intermediäre Systeme fungieren, aber faktisch regelmässig Wirkungen eines bestimmten Systems auf ein anderes und zurück vermitteln.

> Ein Modell des Ethiktransfers ist es, indirekte Wirkungen, Interdependenzen und Anreizstrukturen durch Drittsysteme zu berücksichtigen, und zwar zunächst als Chance und Möglichkeit verstärkter Einflussnahme, aber auch als Komplizierung, da Folgen von Drittwirkungen schwer abzuschätzen sind.

- Kommunikation zwischen Systemen, Kopplung zwischen Systemen – wie auch immer das Verhältnis sein soll – setzt die Unterschiedenheit der Systeme voraus.

> Bei der Herstellung einer strukturellen Kopplung oder einer anderen Form von Ethiktransfer ist es wichtig, dass die Ethik Ethik bleibt, also weiterhin den eigenen Code prozessiert und zwischen dem eigenen Betrieb, der eigenen Funktion als Ethik und den Kommunikationsanstrengungen über die Grenzen der Ethik hinaus, unterscheiden kann, auch und gerade, wenn hier Interdependenzen zunehmen werden.

Die Systemtheorie kann Schwierigkeiten und Möglichkeiten des Ethiktransfers in der Realität, wie sie im vorhergehenden Kapitel entsprechend den Erfahrungen und Reflexionen der angewandten Ethik, wie sie im nächsten Kapitel als Erfahrungen von Fachpersonen und wie sie im zweitletzten Kapitel bei den Fallbeispielen wiedergegeben wird, erstaunlich genau nachzeichnen.[1]

Während bei Luhmann jedes System für das andere blosse, unerkennbare Umwelt ist, wurde seither das Konzept der strukturellen Kopplung stärker gewichtet und inhaltlich ausgebaut. Dadurch wird die strikte Grenze zwischen den Systemen aufgeweicht – und damit auch die Grenze zwischen System- und Handlungstheorie. Man nähert sich damit einer «Handlungssystemtheorie» an, wie sie Ropohl (1996, Seite 346 und passim) für die angewandte Ethik entwickelt hat.

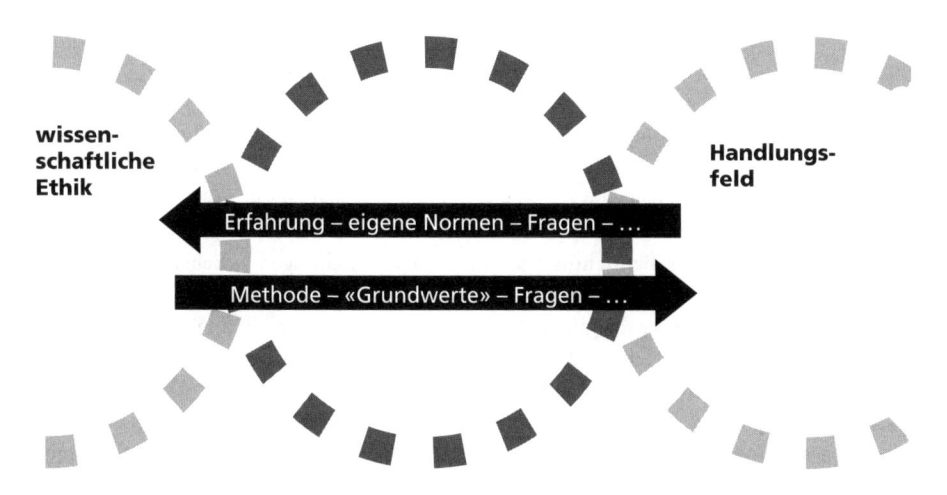

Grafik 6: Grundschema 4 – systemisch

Versucht man, aus den zahlreichen, wichtigen Ergebnissen der systemtheoretischen Vertiefung ein einziges, wichtigstes zu fassen, so wird es die Einsicht in die Schwierigkeit der Kommunikation zwischen Systemen und der daraus resultierenden Notwendigkeit der Institutionalisierung eines intermediären Systems zwecks struktureller Kopplung und kommunikativer Übersetzung sein. In der obigen Grafik wird primär die zentrale Stellung einer «intermediären» Organisation verdeutlicht. Die in den Pfeilen festgehaltenen zu übersetzenden und zu transportierenden Inhalte führen teilweise Überlegungen aus der hermeneutischen Ethik und aus dem Kohärentismus weiter, stehen jedoch primär exemplarisch und werden im Kontext des Theorievorschlags und des Kriteriensystems weiter zu präzisieren sein.

Eine «intermediäre», Ethiktransfer leistende Organisation hat folgende charakteristische Eigenschaften:
- Tatsächliche doppelte Involvierung: Beide Systeme sind massgeblich an den Entscheidungen der Transferorganisation[2] beteiligt und von ihnen betroffen. Dies schafft eine strukturelle Kopplung.

---

[1] Auf diesem Hintergrund besteht die Aufgabe des Ethiktransfers unter anderem auch darin, mit dem – für eine nicht-totalitäre Gesellschaft wichtigen – Prinzip der Eigenlogik der Teilsysteme kreativ umzugehen, ja diese in dieser Hinsicht sogar zu stärken.

- Bidirektional-«zweisprachiger» Fluss (doppelt bidirektional-«zweisprachig»: bidirektional-«zweisprachig» zwischen wissenschaftlicher Ethik und Transferorganisation und bidirektional-«zweisprachig» zwischen Transferorganisation und Handlungsfeld).
- In Diskussionen zur Thematik ist der Vorschlag entstanden, Transferorganisationen eine Begleitung durch Supervision bzw. durch Kommunikationsfachpersonen zur Seite zu stellen. Diese wären nicht für die Werte, nicht für die Entscheidungen und nicht für andere Inhalte der Kommunikation, aber für das Gelingen des Kommunikationsprozesses zuständig.

4.5 Freiheit und Verantwortung als Medium struktureller Kopplung mit Ethik?

Lieckweg (2001) analysiert ebenfalls die grosse Bedeutung von Organisationen für die Beziehung unter den Funktionssystemen. Sie stellt interessanterweise fest, dass, bei aller Unterschiedlichkeit der Einrichtungen, die von der Gesellschaft als strukturelle Kopplungen genutzt werden, ihnen gemeinsam ist, «dass sie jeweils auf die Differenz der miteinander gekoppelten Systeme aufmerksam machen, also zugleich verbinden und trennen» (a.a.O., 269). Dies ist für die Frage des Ethiktransfers eine bedeutsame Bemerkung, da von Seiten der Ethik wie von Seiten der Handlungsfelder Befürchtungen von Grenzverwischungen bestehen. Ethiktransfer über Organisationen müsste demgegenüber nach dieser systemtheoretischen Einsicht im Gegenteil zu einer Schärfung der Grenze bei Erhöhung der Bezogenheit führen.

Lieckweg differenziert unterschiedliche Funktionen von Organisationen für strukturelle Kopplungen: «Organisation als Voraussetzung für strukturelle Kopplung», «Organisation als strukturelle Kopplung» und «Organisation als Vermittler struktureller Kopplung». Nach ihr sind Organisationen seltener selbst die strukturelle Kopplung und häufiger deren Voraussetzung oder zumindest eine wichtige Begleiterscheinung.

Eine wichtige Funktion für die strukturelle Kopplung von Funktionssystemen können apersonale Institutionen übernehmen, wie Lieckweg am Beispiel von Eigentum und Vertrag für die Kopplung von Recht und Wirtschaft zeigt (a.a.O., 270):

> «Eigentum und Vertrag werden in Rechts- und Wirtschaftssystem auf unterschiedliche Weise zur Fortsetzung der jeweils eigenen Autopoiesis genutzt. Aus der Sicht der Wirtschaft ist die Unterscheidung zwischen Eigentümern und Nicht-Eigentümern eine wichtige Voraussetzung für ihre Operationsweise. Die Primärcodierung der Wirtschaft baut auf dieser Unterscheidung auf und deshalb ist es für das Wirtschaftssystem notwendig, dass stets feststellbar ist, wer Eigentümer ist und wer nicht. Zugleich ist aber auch die rechtliche Bearbeitung, also die eventuelle rechtliche Sanktionierung von unrechtmässigen (!) Aneignungen, ein Erfordernis für das Funktionieren dieser Codierung (Luhmann 1993, 452ff.). Dabei wird Eigentum in den beiden Systemen unterschiedlich beobachtet, wobei gerade diese unterschiedliche Bedeutung die Voraussetzung für die gelungene Anschlussfähigkeit der Operation im jeweiligen System darstellt.»

---

[2] Die Bezeichnung «Transferorganisation» bzw. «Ethiktransferorganisation» ist eine Bezeichnung für Organisationen, die aus der Perspektive der Reflexion von Ethiktransfer vorgenommen wird. Die Organisationen, die aus dieser Perspektive so benannt werden können, weil sie – eventuell unter anderem – Ethiktransfer tatsächlich leisten, würden sich selber nicht unbedingt so bezeichnen. Die Bezeichnung hängt immer davon ab, unter welchem Aspekt ein Gegenstand betrachtet wird.

Damit werden gegenseitige Angewiesenheiten von Funktionssystemen angesprochen, die Lieckweg (a.a.O., 273) als «Leistungsaustausch» thematisiert. Diese Beobachtungen regen an zu fragen, welches analoge apersonale Institutionen sein könnten, die zwischen Ethik und Handlungsfeldern vermitteln. Eine solche Institution müsste für die Ethik eine andere Bedeutung haben als für ein Handlungsfeld, aber für beide eine wichtige Funktion übernehmen und so auch Angewiesenheiten markieren. Gäbe es keine Angewiesenheiten, wäre strukturelle Kopplung, konkret das Verursachen von Perturbationen durch die universitäre Ethik, erschwert. Potenziell ist jedoch mit einer Mehrzahl solcher Angewiesenheiten zu rechnen.

Man könnte nun erwägen, die «Entscheidung» als Institutionen zu verstehen. Personen, aber in zunehmender Bedeutung auch Organisationen, treffen – nach ihrem eigenen Selbstverständnis – Entscheidungen (a.a.O., 272). Eine Organisation, die keine Entscheidung mehr anstehen hätte, die sie treffen kann, wäre in einer schwierigen Situation. Dasselbe gilt für Personen und somit gilt es für Handlungsfelder: Man ist angewiesen auf einen «Vorrat» an zu treffenden Entscheidungen.

Die aus systemischer Perspektive wichtige «Entscheidungsfähigkeit» von Organisationen (a.a.O.) und Personen ist für die Ethik aus einem völlig anderen Grund von zentraler Bedeutung: Gäbe es keine solchen Entscheidungen in Handlungsfeldern, wären moralische Überzeugungen, der Gegenstand der Ethik, belanglos. Beide Seiten sind somit auf das Vorhandensein von Entscheidungsmöglichkeiten und auf die Tatsache, dass immer wieder Entscheidungen getroffen werden, existenziell angewiesen.

Entscheidungen setzen a) – jedenfalls eine minimale – Freiheit voraus und implizieren damit b) Verantwortung. Allgemein wird davon ausgegangen, dass Organisationen als solche Verantwortung tragen, denn fragwürdige Entscheidungen von Organisationen können gerichtlich eingeklagt werden. Organisationen werden rechtlich «zur Verantwortung gezogen». Auch Softlow und öffentliche Gunst und Missgunst bis hin zum Boykott ziehen Firmen zur Verantwortung. Dementsprechend übernehmen Firmen und andere Organisationen in einem gewissen Mass auch Verantwortung vorweg, entwickeln Kulanz gegenüber Kundinnen und Kunden oder betreiben sogar ein systematisches Shareholder-Management und passen ihre Entscheidungen diesem an. Organisationen anerkennen damit die Trias von Entscheidung, Freiheit und Verantwortung prinzipiell. Der Blick auf die Entscheidung fokussiert hier allerdings die Entscheidungen als Teil der Strategie einer Organisation. Verantwortung ist zweitrangig gegenüber der Freiheit und ihrer Nutzung, wiewohl mittel- und langfristig unverantwortliches Verhalten häufig ein – auch strategischer – Fehler ist.

Ethik blickt auf dieselben Entscheidungen, mit einem Schwerpunkt auf der Perspektive der Verantwortung, was tendenziell eher zu einer Überschätzung der Entscheidungsfreiheit führt. Das ist allerdings nur ein Symptom der unterschiedlichen Perspektive: Die Ethik ist nicht der strategischen Richtigkeit, sondern einer Richtigkeit in einer umfassenderen Sichtweise verpflichtet – in der dann die strategische Richtigkeit durchaus wieder ihren Platz finden kann.

Die Befassung mit Entscheidung ist Legitimation und grundlegendes Element der Autopoiesis sowohl von Handlungssystemen (in der Politik, in Unternehmungen usw.) als auch des Ethiksystems. Die Sichtweisen auf diese Entscheidungen – auch auf die damit verbundenen Begriffe «Freiheit» und «Verantwortung» – sind vermittelbar, aber grundverschieden, da Entscheidungen für beide eine völlig unterschiedliche Funktion übernehmen. Darin gleicht die

Entscheidung – insbesondere, falls man sie auch als «Institution» begreifen kann – dem Eigentum und dem Vertrag.[1]

Viele Kopplungsorganisationen zwischen Wirtschaft und Recht situieren sich im Umfeld des Vertrags an sich bzw. konkreter Verträge. Analog könnten sich Koppelungsorganisationen zwischen wissenschaftlicher Ethik und Handlungsfeldern um die Entscheidung, bzw. um konkrete Entscheidungen als einem jedem Transfer vorgelagerten Kopplungsfaktum ansiedeln. Wahrscheinlich kann man sogar die meisten Organisationen, die Ethiktransfer leisten, so sehen.

5 Soziologische Kritik der Ethik und Ethik der sozialen Strukturen

> Nicht nur in Handlungen, auch in sozialen Strukturen gerinnt Moral.

5.1 Übersicht

Die Systemtheorie bietet einen interessanten Theorierahmen für Ethiktransfer, wie soeben dargestellt. Aus ihren Reihen stammt auch eine fundamentale Kritik an der Ethik. Sie hängt eng mit Ethiktransfer zusammen: Mangelnde Wirksamkeit von Ethik ist ihr Ausgangspunkt. Sowohl dieses in dieser Kritik dargestellte und erklärte Problem (5.2) als auch die Kritik selbst hängt mit Prozessen des Verbergens von Verantwortung (5.3) zusammen. Als Konsequenz aus dieser ernst zu nehmenden Kritik gilt es, die Sozialethik präziser als Ethik der Strukturen zu profilieren (5.4). Dies bringt eine Reihe wesentlicher Einsichten für Ethiktransfer mit sich und betont die allgemeine Verantwortung für gesellschaftliche Strukturen – sowie die Notwendigkeit engerer Kooperation zwischen Soziologie und Ethik, wie zum Schluss zusammenzufassen sein wird (5.5).

5.2 Soziologische Kritik an der Ethik

Grunwald (1996, 190) geht von der Beobachtung aus, dass die Ethik der technischen Entwicklung «ohnmächtig hinterherzulaufen» scheint und die Hoffnungen nicht erfüllt, welche in sie gesetzt wurden. Davon ausgehend kommt er auf die Kritik an der Ethik zu sprechen:

> «Dies dürfte den Hintergrund dafür bilden, dass dem Ethikboom ein Kritikboom an ebendieser Ethik folgte, teilweise von den Ethikern selbst, teilweise aber auch aus der technischen Praxis und wissenschaftlichen Disziplinen. Neuere Einwände aus der Systemtheorie stellen die Möglichkeit der Ethik überhaupt und der Technikethik im

---

[1] Allerdings könnte es sein, dass die Ethik teilweise den Anschluss an bestimmte Entscheidungsprozesse verloren hat, dort, wo sie sich auf Entscheidungen von Personen konzentrierte, während die besonders einflussreichen Entscheidungen – z.B. Entscheidungen, welche die Entscheidungsfreiheit von vielen Personen verändern – von Organisationen gefällt wurden. Es könnte darum wichtig sein, dass die Ethik auch die «korporative Verantwortung» (Lenk 1994) stärker zu ihrem Thema macht, um nicht ein wesentliches Moment struktureller Kopplung mit Handlungsfeldern zu verlieren.

besonderen angesichts der gesellschaftlichen Pluralität, der Ausdifferenzierung der gesellschaftlichen Subsysteme in der Moderne, der Dezentralität der Technikentwicklung und der weitgehenden Unvorhersehbarkeit der Technikfolgen in Frage.»

Besonders radikal fällt die Kritik Bechmanns (1993, 215) aus; er bezieht sich insbesondere auf Luhmann:

> «Der Soziologe kann zwar dem Philosophen aus dem Blickwinkel akademischer Begriffsartistik Beifall zollen, wenn wieder eine neue Ethik kunstvoll formuliert und das Tagungsprogramm dadurch abwechslungsreicher gestaltet wird. Bedeutung freilich erhalten diese Versuche erst dann, wenn gleichzeitig damit die gesellschaftliche Praxis mitgestaltet wird – ein Problem, welches Hegel noch bewusst, dem Neukantianismus schon entfallen war. Gerade diese Kluft zwischen Theorie und Praxis macht die heutige Diskussion zum Thema Ethik und Technik dogmatisch und steril. Man ruft laut nach einer neuen Ethik – und es gibt nicht einmal ein Echo, sondern nur kommunikatives Rauschen in der Gesellschaft.»

Ethik ist machtlos, weil in ihr der «Einzelmensch» das Thema ist (a.a.O., 216). Aber: «Funktionale Differenzierung stellt ein evolutionäres Prinzip dar, das nicht mehr durch Handlungen gesteuert werden kann. Die Probleme, welche in der Technikethik und in anderen Bereichsethiken vornehmlich verhandelt werden, können nicht sinnvoll «Einzelmenschen» zugerechnet werden, nicht einmal einzelnen Systemen (a.a.O., 218):

> «Die Erzeugungsmechanismen der technischen Entwicklung lassen sich keinem Teilsystem der Gesellschaft allein zuordnen (Krohn/Rammert 1985). Wie besonders historisch ausgerichtete Fallstudien gezeigt haben – erinnert sei nur an die Analysen von Keck (1981) und Radkau (1983) zur Kernenergie, an die Arbeiten von Nobel (1977) zur Entwicklung der NC-Technik, von Lothar und Irmgard Ilack (1985) zur grossindustriellen Chemie- und Biotechnologie oder von Hughes (1983) zur Einführung der Elektrizität –, in einem Punkt stimmen diese Arbeiten alle miteinander überein: Sie lehnen es ab, die jeweilige Technologie, ihre Erfindung und ihre Einführung einem Teilsystem allein zuzuschreiben – weder dem Wirtschafts-, noch dem Wissenschafts-, noch dem politischen System. [...] Keiner der Akteure wollte es so recht, jedenfalls nicht so, wie die gegenwärtige Gestalt der Technik aussieht, aber alle waren auf die eine oder andere Weise am Entstehungsprozess beteiligt.»

Das Problem der Zuordnung von Verantwortung zu Einzelpersonen ist jedoch nicht das einzige. Wäre sie bestimmten Personen zuzuordnen, wären diese mit ihr immer noch überfordert, weil die «Kenntnis der Nebenfolgen [...] problematisch geworden» sei. Heikle Risiken prinzipiell nicht einzugehen, könnte auch ein Risiko sein und wäre darum keine Lösung (221). Zudem: «Selbst der Rekurs auf Gesinnungsethik kann das Dilemma nicht auflösen. Gerade der Umgang mit der Technik hat uns gelehrt, dass gute Absichten böse Folgen haben können und umgekehrt» (219). *Die Kritik an der Ethik beruht somit erstens auf der Behauptung, die Zurechenbarkeit von Verantwortung sei problematisch geworden* (vgl. dazu auch Gerecke/Suchanek 1999, 119 u.v.a.).

C Exploration II: Weitere Grundlagen

Die *zweite*, nun darzustellende Grundlage dieser soziologischen Kritik an der Ethik, liegt in der *speziellen Definition von Ethik und Moral*. Luhmann (1993a, 371) definiert Ethik als «Reflexions-theorie der Moral», was einwandfrei übereinstimmt mit aktuellen Definitionen aus der Ethik selbst (Düwell, Marcus u.a. 2002, 3). Im Unterschied zum ethischen Diskurs, wo Moral zwar stets Objekt der Kritik, aber immer auch als notwendig-sinnvolles Regulativ einer Gesellschaft verstanden wird, charakterisiert Luhmann Moral als eine besondere Art von Kommunikation: «Eine Kommunikation nimmt moralische Qualität an, wenn und soweit sie menschliche Achtung oder Missachtung zum Ausdruck bringt» (a.a.O., 361). Und: «Moral ist ein riskantes Unternehmen. Wer moralisiert, lässt sich auf ein Risiko ein und wird bei Widerstand sich leicht in der Lage finden, nach stärkeren Mitteln suchen zu müssen oder an Selbstachtung einzubüssen» (a.a.O., 370). Daher «handelt es sich um einen hochinfektiösen Gegenstand, den man nur mit Handschuhen und mit möglichst sterilen Instrumenten anfassen sollte» (359).

Wer sich unmoralisch verhält, wird mit Missachtung belegt und damit wird die Zugehörigkeit zur Gesellschaft in Frage gestellt. Weil Moral aber letztlich nicht die Macht hat, über Inklusion und Exklusion zu entscheiden, übernimmt die Moral «ab initio» eine hohe Last: «Sie muss die Unmöglichkeit der Exklusion durch Verachtung kompensieren» (369). Dies erklärt die Heftigkeit, welche moralische Auseinandersetzungen erreichen können: «So können Steppenbrände entstehen – und die Erfahrungen, die Europa seit dem Hochmittelalter mit religiös aufgezogenen Aufständen und Unterdrückungen, mit den Schrecken der Inquisition, mit Kriegen um moralisch verbindliche Wahrheiten und mit aus Empörung entstandenen Revolten gemacht hat, sollten eigentlich beim Stichwort Moral immer gleich dieses Problem vor Augen führen» (370). So wundert es nicht, wenn Luhmann (1990, 41) meint: «Angesichts dieser Sachlage ist es die vielleicht vordringlichste Aufgabe der Ethik, vor Moral zu warnen.»

Beide Elemente der soziologischen Kritik an der Ethik, die Darstellung des Zurechnungsproblems und das Problem der moralisierenden Durchsetzung von Moral, sind zu würdigen:

1. Es trifft offensichtlich zu, dass verschiedene Entwicklungen – zusätzlich könnte auch die Internationalisierung erwähnt werden – die Zurechenbarkeit von Verantwortung erschweren. Dabei scheint es einerseits weniger um eine graduelle Zunahme einer immer schon bestehenden Schwierigkeit zu gehen als um eine prinzipielle Veränderung. Zwar lässt sich mit blumigen Worten darstellen, es gäbe nirgendwo mehr klare Verantwortungszuständigkeiten, es seien die wesentlichen Folgen jeder Tat unabschätzbar usw., aber plausibel ist die totale Negierung individueller Verantwortung nicht. Hinwiederum: Diejenigen Zuordnungen von Verantwortung, die – noch – klar sind, lösen die angesprochenen Probleme nicht.

2. Es trifft nicht nur zu, dass Moral ihre Wirksamkeit oft über soziale Sanktionen – Verachtung – entfaltet, sondern es trifft auch zu, dass diese Art der Sanktionierung von Moral in einer pluralistischen Gesellschaft an Kraft einbüsst. «Moralin» ist ein Feindbild, weitgehend zu Recht; auch in diesem Punkt kann man Luhmann folgen. Allerdings scheinen auch die Ethikerinnen und Ethiker der sozialen Sanktionskraft der Moral nicht nachzutrauern. Ethik versteht sich dort, wo sie zu normativen Aussagen gelangt (und damit gewissermassen eine «Moral» vertritt), eher als beraterischer Beitrag zu anstehenden Entscheidungen. Ethik will überzeugen, mit der Kraft des besseren Arguments gewinnen, nicht mit (moralischen) Sanktionen. In diesem Punkt ist die Einschätzung der Moral durch Luhmann zu einseitig: Strebensethi-

sche, aber auch sollensethische Einsichten kommen bei ihm als Handlungsmotive nicht vor. Allerdings – und auch dies könnte für die Frage des Ethiktransfers von grösserer Bedeutung sein – hat sich die Ethik vom Moralismus eher still verabschiedet als dass sie diesen Abschied breit kommuniziert hätte. Vor allem bleibt jedoch die Frage offen, durch welche neue Wirksamkeit die zurückgehende Sanktionskraft ersetzt werden soll. Ist die Ethik erfreulicherweise das Moralin losgeworden und damit traurigerweise einen grossen Teil ihrer Wirkung? Damit kommt man zurück zum Ausgangspunkt: Grunwald sah ja in der enttäuschenden Wirksamkeit der Ethik den Auslöser des «Kritikbooms».

5.3 Ein Verantwortungs-«Versteckspiel»

Die Kritik an der Ethik geht einerseits davon aus, dass in modernen, arbeitsteiligen Gesellschaften Verantwortung schwer zu lokalisieren ist. Doch trägt die Kritik selber auch dazu bei, Verantwortung zu verstecken. Folgt man diesem Bild des Verbergens von Verantwortung, so kann man die angesprochenen Prozesse als ein Verstecken von Verantwortung auf drei Ebenen veranschaulichen:

1. Die Grundaussage der genannten soziologischen Kritik an der Ethik trifft zu: a) Tatsächlich gibt es in vielen Fällen nicht mehr «eine Verantwortliche» oder «einen Verantwortlichen». Es *ist* äusserst schwierig, die gesamte Verantwortung für einen bestimmten Zustand bzw. für eine bestimmte Tat richtig zu rekonstruieren und den verschiedenen mehr oder weniger involvierten Personen zuzuteilen. b) Ausserdem wird moralische Verantwortung sehr oft nicht eingefordert. Sie verdünnt damit.
2. Verantwortung wird in einer solchen Kritik an der Ethik zusätzlich rhetorisch invisibilisiert. Wenn etwa Bechmann darauf hinweist, man könne heute ohnehin nicht wissen, wie sich eine Entscheidung auswirke und ebensogut mit besten Absichten Schlechtes bewirken wie umgekehrt, so gibt es zwar einerseits Fälle, mit denen man das belegen kann, doch andererseits ist der Schluss, man könne auf gute Absichten auch ganz verzichten, sicher falsch. Vielmehr sind die wichtigsten Folgen vieler Handlungen gut prognostizierbar. Man könnte Bechmanns Überlegung – obwohl sie sicher nicht so gemeint ist – ohne logischen Fehler als Freipass für die schlechteste aller Absichten interpretieren.[1]
3. Die Kritisierenden unterlassen es elegant, auf ihre eigene Verantwortung zu sprechen zu kommen. Man könnte nämlich fragen: Wenn soziologische Fachpersonen schon so viel wissen über diese Zusammenhänge, was könnten sie dann für eine Verantwortung tragen etwa angesichts von systematischen Menschenrechtsverletzungen, Terror, Ungerechtigkeit und Hunger, Krieg und Massenmanipulation? (Es ist ja nicht so, dass die Frage nach Verantwortung aus Langeweile oder Rechthaberei gestellt wird.)

Diese drei Ebenen des Verbergens von Verantwortung lassen sich bildlich als «Versteckspiel» verstehen. Die erste Ebene, die tatsächliche Komplizierung von Verantwortungszuordnung, ist eine Veränderung im Gelände: Das Gelände bietet zunehmend mehr Verstecke.

---

[1] Solche Rhetoriken treffen sich mit der oben im Kontext der Wirtschaftsethik besprochenen Problematik einer «Funktionalisierung» von «Ethik».

Zweitens eignet sich dieses Gelände gut, auch das zu verstecken, was sichtbar sein könnte. Dies geschieht, wo behauptet wird, das Gelände sei nun so, dass es überhaupt nur noch verborgene Verantwortung gebe. Damit wird verhindert, Verantwortung dort, wo sie durchaus erkennbar ist, gezielt zu lokalisieren.

Drittens eignet sich dieses Gelände eben auch dafür, sich nach solcher – mehr oder, vielleicht häufiger, weniger bewussten – Beihilfe zum Verbergen von Verantwortung durch den angesprochenen Typ von Behauptung, nun auch sich selbst zu verstecken. Auch der soziologisch-systemtheoretische Beitrag zur Verdünnung von Verantwortung braucht selber nicht verantwortet zu werden, wenn man die Möglichkeit der Zuordnung von Verantwortung generell verneint. –

Die Ethik hat nun bei diesem Versteckspiel die etwas unglückliche Rolle der Sucherin. Sie steht in schwierigem Gelände ausgezeichneten Versteckspezialisten gegenüber – und zeigt Einsatz: Sie versucht, das Gelände besser kennen zu lernen. Melius sero quam numquam rezipiert sie die soziologische Kartographie der Gesellschaft, agiert also auf der ersten genannten Ebene des Versteckspiels. Sie versucht, mit dieser Karte in der Hand, doch wieder individuelle Verantwortung zu verorten. Wo das nicht gehen will, wird – endlich – das Konzept der Verantwortung erweitert. Begriffe wie «Mitverantwortung» und «korporative Verantwortung» (Maring 2001, 77–122) werden ins Spiel gebracht und erschweren damit die Spielzüge der Verstecker. So wird die Ethik auch auf der zweiten Ebene proaktiv. Allerdings gerät die Ethik gerade mit diesen Begriffen noch stärker auf das Gelände der Verstecker. Diese haben als Soziologen und Ökonomen auf dem sozialen Terrain ein Heimspiel und können, wenn soziale Grössen stärker zum Thema gemacht werden, den Vorsprung allenfalls noch ausbauen. Sie sind die Kartographen.

Könnte die Ethik auch anders umgehen mit dieser Situation? Zwei Fragen dazu sind interessant:

- Muss die Ethik hier die alleinige Sucherin bleiben?
- Wer hat das Spiel veranstaltet und könnte man es auch abbrechen?

Zur zweiten, radikaleren Frage zuerst: Spiele werden typischerweise gemeinsam veranstaltet, und jede mitspielende Person kann ein Spiel abbrechen, zumindest aufhören, mitzuspielen. Die Frage ist jedoch, ob die Ethik der Verantwortungsverdünnung mit Vorschub leisten würde, wenn sie die Flinte einfach ins Korn werfen würde. Andererseits wird ein Versteckspiel nachhaltig gestört, wenn der Sucher abbricht. Diese radikale Strategie wäre erwägenswert.

Bevor man zu diesem «letzten Mittel» greift, könnte man die Rollen im Spiel zur Diskussion stellen. Sind diese sinnvoll verteilt? Es scheint, dass auch die soziologischen Kritiker diese Rollenverteilung nicht wirklich wünschen. Um das zu belegen, sei Luhmann an derjenigen Stelle zwei Sätze länger zitiert, als es oft der Fall ist, wenn man in ihm nur den Kritiker der Ethik sehen möchte (Luhmann 1990a, 17)[1]:

> «Ich überlasse es den Astrologen zu erklären, wieso dieser Komet Ethik regelmässig gegen Ende des Jahrhunderts und ziemlich genau im 9. Jahrzehnt erscheint. Meine Frage ist, ob und wie wir ihn in der gesellschaftlichen Lage am Ende des 20. Jahrhunderts nutzen können. Und meine Antwort wird lauten: nicht durch Fortschreiben

---

[1] «Von einer Ethik sollte man aber verlangen können, dass sie die Strukturen des Gesellschaftssystems mitreflektiert, wenn sie der Moral ein Gütezeugnis oder auch nur eine Unbedenklichkeitsbescheinigung ausstellt». (Luhmann 1990a, 40)

und Reformulieren der Texttraditionen, sondern nur durch Kooperation von soziologischer Gesellschaftstheorie und ethischer Reflexion.»

Die vehemente Kritik Luhmanns an der Ethik kann daher auch interpretiert werden als Ausdruck dessen, wie viel ihm an der Ethik liegt. Er möcht sie für ein gemeinsames Projekt gewinnen, sie «in der gesellschaftlichen Lage am Ende des 20. Jahrhunderts nutzen» und in einen Dialog mit «soziologischer Gesellschaftstheorie» bringen. Zu diesem Dialog ist es zu Lebzeiten Luhmanns leider zu wenig gekommen (vgl. aber Luhmann/Pfürtner 1978).

Inzwischen ist jedoch klar geworden, dass es in einer solchen Kooperation darum ginge, die traditionelle Frage der Ethik nach dem guten individuellen Handeln zu ergänzen um die Frage nach den guten gesellschaftlichen und organisationalen Strukturen. Dafür gibt es ebenfalls eine Tradition in der Ethik, die jedoch mit den Mitteln aktueller soziologischer Theorien neu gefasst werden kann. Die Soziologie ihrerseits kann sich von (gescheiterten) eigenen Versuchen normativer Theoriebildung gänzlich verabschieden und zwischen der Analyse als ihrer eigenen Aufgabe und der normativen Auseinandersetzung als der genuinen Aufgabe der Ethik – die im Falle einer Suche nach «guten» sozialen Strukturen eben zur interdisziplinären Aufgabe wird – unterscheiden.

Im Bild bedeutet diese Kooperation, dass gemeinsam nach Möglichkeiten gesucht wird, das Problem des schwierigen Geländes – die manchmal offensichtliche, öfter jedoch definitiv nicht eruierbare Einzelverantwortung und die Frage nach der Wirksamkeit der Ethik – gemeinsam anzugehen.

5.4 Sozialethik und Ethik der sozialen Strukturen

Dass gerade diese Kooperationsmöglichkeit sich anbietet, scheint ausserhalb des Denkhorizonts von Luhmann gelegen zu haben. Er (1993a, 385) sah die Ethik konsequent auf das Individuum bezogen[1]:

> «Die Ethik hat es mit der Ordnung des Verhaltens Einzelner zu tun, die Ökonomik mit der Ordnung der Hausgesellschaft, die Politik mit der Ordnung der politischen Gesellschaft (civitas, regnum, res publica usw.).»

Diese ausschliessliche Zuordnung der Ethik zum «Verhalten Einzelner» stimmte zwar schon damals nicht. Offenbar kannte aber Luhmann den Zweig der Sozialethik nicht, und es scheint ihm auch niemand diesen bekannt gemacht zu haben.

Wie auch immer: Überlegungen zu einer Ethik der sozialen Strukturen müssen beim Begriff der Sozialethik beginnen. Doch bringt dies aufgrund der verzweigten Begriffstradition Schwierigkeiten mit sich, die vorweg kurz angesprochen werden müssen. Anschliessend wird Marings Versuch, den Verantwortungsbegriff auf Strukturen auszuweiten, aufgenommen. Dies geschieht auch deshalb, weil er drei Ebenen einführt, welche den unterschiedlichen «systematischen Orten» der Wirtschaftsethik, die im vorangegangenen Kapitel dargestellt wurden, genau entsprechen und so diese Einteilung noch einmal bestätigen. Abschliessend kann eine

---

[1] Vgl. auch Luhmann 1993b, 145 sowie oben Seite 155 Bechmann zum «Einzelmenschen» als Thema der Ethik

Definition für eine Ethik der sozialen Strukturen geboten und deren Bedeutung für Ethiktransfer zusammengefasst werden.

5.4.1 Probleme der Begrifflichkeiten

Der Begriff der Sozialethik taucht erst im 20. Jahrhundert auf (Körtner 1999, 43). Vorher waren die Begriffe Sozialphilosophie oder Soziallehre gebräuchlich. Dabei ging es mindestens so sehr um die Stellung des Einzelnen *in* Institutionen wie beispielsweise in Ehe und Staat, wie um Qualitäten dieser Institutionen selbst. Nach Mieth (2002, 501) leitet sich die Sozialethik aus der «sozialen Frage» ab. Demnach wäre sie, nach heutiger Einteilung, zunächst eine Bereichsethik gewesen, wenn auch mit besonders offenen Grenzen. Im Kontext der protestantischen Ethik kann die Bezeichnung auch «synonym für Ethik» stehen (a.a.O.).[1] In anderen Kontexten ist Sozialethik jedoch der Komplementärbegriff zur Individualethik, was eine dritte mögliche Definition ist. Da und dort scheint Sozialethik gleichbedeutend mit Institutionenethik zu sein, was mit dieser dritten Definition zum Teil übereinstimmt. Der Begriff «Sozialethik» ist bis heute ein schillernder Begriff. Es werden aus diesem Grund gegenwärtig nicht selten alternative Begriffe verwendet. Zugleich scheint sich der Begriff zu klären.[2] Es zeichnet sich ein Konsens ab, der wie folgt umrissen werden kann (Mieth 2002, 501):

> «Im Unterschied zur Individualethik, die das Gute und Richtige bezogen auf das Handeln des Einzelnen untersucht, ermittelt die Sozialethik ‹Grundsätze und Leitbilder für eine menschengerechte Gesellschaft [...]› (Brockhaus 1973, Bd. 17, 624), aber diese Ermittlung ist nicht mehr bereichsspezifisch abzugrenzen. Fielen früher Medienethiken nur im Gegenstandsbereich der sog. sozialen Kommunikationsmittel unter Sozialethik, wurde ‹Ehe› unter Individualethik und ‹Familie› unter Sozialethik abgehandelt, so sind um die Jahrtausendwende solche Unterscheidungen obsolet geworden. Denn es ist klar, dass man jede ethische Problematik zugleich als individualethische und als sozialethische auffassen kann.»

In nuce geschieht damit eine entscheidende Neudefinition von Sozialethik in dem Sinne, wie sie unten ausgeführt werden wird. Es kommt zu einer «Sozialethik als Strukturenethik» (Korf 1999a), welche mit der sozialen Frage nicht mehr zu tun hat als mit der Umweltproblematik oder der Medizinethik. Da diese Neudefinition zwar geschieht, aber im Diskurs noch nicht abgeschlossen ist, ist «Sozialethik» manchmal weder Fisch noch Vogel bzw. weder Fisch noch Fleisch[3], wie die Wendung «nicht mehr nur», wenn Mieth (a.a.O., 51) schreibt: «in der Sozial-

---

[1] Ob es sich beim Sozialethikverständnis von Heimbach-Steins nicht implizit um eine teilweise synonyme Begriffsverwendung handeln könnte, fragt Ludwig (2002, 65).
[2] Zur historischen Entwicklung vgl. Langner (1998), zum Beitrag Johannes Messners zur Entwicklung in der ersten Hälfte des letzten Jahrhunderts vgl. die Beiträge in Schmitz (1999). «Sozialethik ist in ihrer Thematik eine Folge des Entstehens einer neuen Wissenschaft, der empirischen Sozialwissenschaften im 19. Jahrhundert, also in der Theologie eine Art Stiefschwester der Soziologie» (Honecker 1999, 262). Der Begriff der Sozialethik scheint auf den «Dorpater Theologen Alexander von Oettingen (1827–1906) zurückzugehen. Er «grenzt die Sozialethik nach zwei Seiten hin ab, gegen eine reine Individualethik, aber ebenso gegen einen sozialen Determinismus oder Fatalismus» (a.a.O.). Das sind just die beiden Abgrenzungen, die auch in dieser Untersuchung, ein gutes Jahrhundert später, noch zu ziehen sind: Erstere eben hier, zweitere vor allem in Auseinandersetzung mit Luhmann verwandten Theoriebildungen (vgl. u.a. oben Seite 66).
[3] Die erstgenannte ist die Variante der Redewendung in der Schweiz, die zweitgenannte diejenige, die in Österreich und in Deutschland gebräuchlich ist.

ethik geht es nun nicht mehr nur um ein materiales Teilgebiet der Ethik». Man kann Sozialethik nämlich logisch zwar entweder als Bereichsethik oder als «formale Betrachtungsweise» definieren, aber der Versuch einer Kombination ist ein fragwürdiges Phänomen an der Schwelle vom einen zum andern. Auch Korff (1999a, 208) wird unpräzise, indem er unvermittelt «Pflichten gegen über dem anderen» zum Gegenstandsbereich der Sozialethik rechnet, obwohl er sie ja als Strukturenethik definieren möchte – und das an sich auch tut.

> Ein «richtiger» Begriff von «Sozialethik» würde im besten Fall sowohl seine Geschichte als auch die neuen Konzepte berücksichtigen. Damit entstehen allerdings logische Schwierigkeiten, ja Widersprüche. Man kann dem Problem am besten entgehen, indem man es, wie eben geschehen, benennt, analysiert und so die Einsichten aus der Geschichte des Begriffs mitnimmt, schliesslich aber, um präzise zu bleiben, eine neue Terminologie verwendet. Der Begriff der Strukturenethik[1], den Korff verwendet und Hausmanninger (2002, 194–198) ausführlich erläutert, bietet sich dafür an und soll im Folgenden aufgenommen werden.

5.4.2 Marings Konzept eines erweiterten Verantwortungsbegriffs

Die verbreitete Definition von Ethik als «Reflexion von Moral» erschwert den Zugang zu einem Fokus auf Strukturen. Denn Moral richtet sich ganz grundsätzlich an Personen. Sie können für Handlungen verantwortlich gemacht werden. Wer für eine Handlung nicht verantwortlich ist, kann nicht Adressat bzw. Adressatin von Moral sein. Wo keine Verantwortlichkeit auszuweisen ist, wird auch nicht mit Empfänglichkeit für ethische Überlegungen gerechnet. Um ethische Überlegungen sinnvoll auf Strukturen anwenden zu können, stellt Maring (2001) die Vorfrage nach der Möglichkeit kollektiver und korporativer Verantwortung. Er verarbeitet viel einschlägiges Material aus Ethik und Recht und hält fest, dass die Thematik lange Zeit ignoriert wurde, aber seit den 1980er Jahren eingehender untersucht wird. Auf dem Hintergrund zahlreicher Fallbeispiele unterscheidet er nicht nur individuelle und überindividuelle Verantwortung, sondern differenziert die überindividuelle Verantwortung noch einmal in zwei Formen (a.a.O., 373):

> «Das Estonia-Unglück wirft Fragen individueller, kollektiver und korporativer Verantwortung auf. Zur Untersuchung des Unglücks werden drei gesellschaftliche Ebenen unterschieden: Mikroebene der Individuen, Mesoebene der Korporation und Makroebene des (Wettbewerbs-)Systems und der (Welt-)Gesellschaft. Eine wohlverstandene Systemtheorie kann helfen, individualistische bzw. holistische Fallen auch in Bezug auf Verantwortungsfragen zu vermeiden: Es gibt Verantwortliche auf allen drei Systemebenen, d.h. einzelne Personen, die Korporation *und* staatliche und andere (Regelungs-)instanzen sind (mit-)verantwortlich für das Unglück. Es gibt keinen Alleinverantwortlichen.»

---

[1] Honecker (1999, 262) spricht präziser von einer «Sozialstrukturenethik». Wie der Begriff der Strukturen in dieser Untersuchung stets als Kurzbezeichnung für «soziale Strukturen» steht (es gäbe auch Gewebestrukturen usw.), ist auch der Begriff der Strukturenethik als Konzession an die Lesbarkeit zu verstehen.

Maring möchte zwar so viel Verantwortung wie möglich auf der individuellen Ebene belassen und sieht darum die beiden «übergeordneten» überindividuellen Ebenen als subsidiär gegenüber der ersten. Dennoch hält er im Anschluss an die Vielzahl herangezogener Untersuchungen und Beispiele fest: «Generell ist (i.d.R.) nie nur eine Ebene betroffen». Ausschliesslich individuelle Verantwortung gibt es i.d.R. nicht: «Da insbesondere in Wettbewerbsstrukturen eine Systemdominanz vorherrscht, sollten die Grenzen und Beschränkungen individueller und korporativer Verantwortung bedacht werden.» Damit hält Maring – in nuce – ein starkes Gegengewicht zu seinem eigenen «Subsidiaritärsprinzip» fest, das er jedoch nicht weiter ausführt.[1]

Ebenen	Rangfolge der Verantwortung	Rangfolge des Einflusses
Makroebene der Gesellschaft		Struktur vor Individuum
Mesoebene der Korporation		
Mikroebene der Individuen	Individuum vor Struktur	

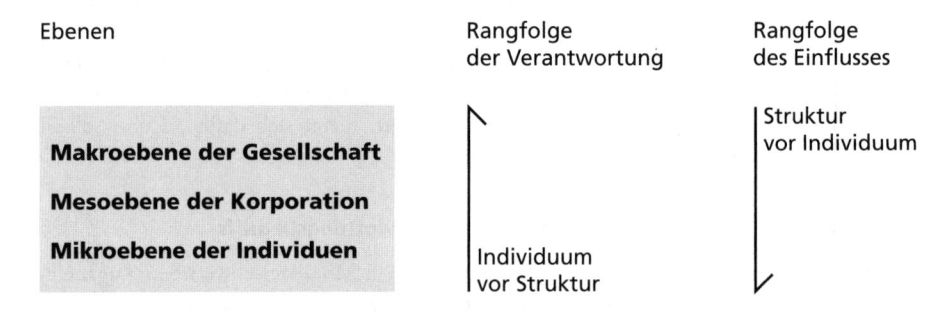

Tabelle 5: **Individuelle und überindividuelle Verantwortung im Verhältnis, wenn das Subsidiaritätsprinzip zu Grund gelegt wird (nach Maring 2000, eigene Übersicht)**

> Maring nimmt also, um die nicht-individuelle Verantwortung zu untersuchen, eine Strukturierung des nicht-individuellen Bereichs unserer Gesellschaft vor und teilt diesen Bereich in die Makroebene der Gesellschaft und die Mesoebene der Korporation. Diese Dreiteilung stimmt mit derjenigen von Luhmann (Funktionssysteme, Organisationen und Interaktionen) und der in der Wirtschaftsethik bekannten (vgl. im vorangegangenen Kapitel) überein.

Marings Konzept, insbesondere die Bestimmung der drei Ebenen von Verantwortung, deckt sich überdies weitgehend mit Schramms (2001) Systemethik. Schramm bietet jedoch die Grundlage für die präzisere Aussage, dass es zwar *drei systematische Orte der Ethik gibt, aber nur zwei Typen von Verantwortung*: Es gibt Verantwortung als Handlungssubjekt für persönliche Handlungen und Verantwortung als Bürger für Strukturen. Die «moralische Verantwortung kollektiver Akteure» (Wieland 2001) ist keine dritte Form, sondern kollektive Akteure können, wie Individuen, beide Typen von Verantwortung tragen, je nach Situation.

---

[1] Maring führt auch die individuelle «Mitverantwortung» ein als starke Kategorie quasi zwischen alleinig-individueller Verantwortung und gänzlichem Abschieben von Verantwortung an eine Korporation bzw. Personengruppe. Ausserdem geht er auf die Verantwortungsverteilung bei Menschenansammlungen, welche nicht organisiert sind, ein. Beides ist relevant für die Übergänge zwischen der Mikro- und der Mesoebene, wird jedoch hier nicht weiter verfolgt, da die Meso- und die Makroebene fokussiert werden.

Weil die mittlere Ebene der «Organisationssysteme» (Maring: «Korporationen») eine Doppelrolle hat und entsprechend komlexer zu verstehen ist, erläutert Maring (2001, 119–121) die Verantwortungsform der Individuen und diejenige der Funktionssysteme (Maring: Gesellschaft) zuerst. Die Verantwortungsform der Individuen bedarf keiner weiteren Erläuterungen, sie ist in der Ethik differenziert geklärt. Die Funktionssysteme nun tragen selbst überhaupt keine Verantwortung! Sie sind zwar Ursache von Glück und von Leid und je nach dem, wie sie organisiert sind, können sie mehr zu Gerechtigkeit oder mehr zu Ungerechtigkeit beitragen. Aber Funktionssysteme «bringen nichts voran» (a.a.O., 120, zitierend Kaufmann 1987). Präziser: Sie handeln nicht, sie bilden ausschliesslich einen Rahmen für Handlungen. Wer bzw. was nicht handeln kann, trägt auch keine Verantwortung. Die Verantwortung trägt, wer in Bezug auf Funktionssysteme und deren Mechanismen handeln kann. Das sind die Individuen in ihrer Rolle als Bürger: «Die initiative Rolle ist also letztendlich in der zivlgesellschaftlichen Öffentlichkeit verankert» (Schramm 2001, 120). Die Individuen tragen die Verantwortung dafür, «die institutionellen Spielregeln» neu auszugestalten und sie «zum ‹Ort› implementierter Verantwortung» zu machen bzw. als solchen Ort zu behandeln.

Die Organisationssysteme treten bei Schramm noch als eigene «Verantwortungsform» auf, wobei er Schwierigkeiten bekundet, diese Form zu bestimmen. Dies liegt m.E. daran, dass die Organisationssysteme nicht primär eine eigene Verantwortungsform haben, sondern vor allem dadurch charakterisiert sind, dass sie in zwei Funktionen auftreten. Sie haben als Organisationen eine Doppelrolle: Sie sind einerseits für das Handeln der ihnen zugehörigen Subjekte eine «soziale Struktur» und bestimmen deren Handlungsspielraum. Andererseits können sie in bestimmter Hinsicht «handeln». In dieser Hinsicht stellt sich die Frage, ob Organisationen nicht doch auch in einer noch zu bestimmenden Art Verantwortung tragen.

Als «soziale Struktur» handeln Organisationen nicht, sondern «werden gestaltet», und zwar von Individuen. Diese tragen wiederum einerseits als Bürger, welche beispielsweise über Gesetze entscheiden, die festlegen, in welchem Rahmen Organisationen als soziale Struktur ausgestaltet werden dürfen, andererseits in unterschiedlichen Funktionen in und gegenüber diesen Organisationen – als Aktionärin, als Kaderperson, als Mitarbeiterin usw. – die Verantwortung für diese Struktur.

Organisationen können im Unterschied zu Funktionssystemen handeln (nicht in einem in jeglicher Hinsicht umfassenden Sinn, aber doch in vielerlei Hinsicht): Sie können besitzen, kaufen und verkaufen, Verpflichtungen eingehen, sie haben eine Adresse und können diese wechseln usw. – und sie tragen Haftpflichtverantwortung; ob auch moralische Verantwortung, ist in der ethischen Diskussion noch nicht entschieden. Dass sie jedoch zu Adressaten moralischer Kommunikation werden können (Fall Shell, Fall Südafrika, andere Boykott-Aktionen usw.), zeigt, dass Organisationen jedenfalls in den Augen der Öffentlichkeit moralische Verantwortung tragen. Diese quasi individuelle Verantwortung ist mit hohen Ansprüchen konfrontiert: «‹Individuen dürfen moralisch versagen, Organisationen nicht› (Josef Wieland)» (Schram 2001).

Die quasi individuelle Verantwortung der Organisationen ist nun ihrerseits eine doppelte: Sie ist eine Verantwortung als Handlungssubjekt für quasi persönliche Handlungen und Verantwortung als quasi Bürger für gesellschaftliche Strukturen. Letzteres ist genau das, was Ulrich als «corporate citizenship» bezeichnet: Auch Organisationen, das gilt gerade für grosse Firmen, haben Möglichkeiten der Einflussnahme auf Gesetze und andere übergreifende Strukturen unserer Gesellschaft und tragen moralisch entsprechende Verantwortung.

> Es gibt drei «systematische Orte» von Verantwortung: Individuum, Organisation und Gesellschaft. Es gibt zwei Träger von Verantwortung: Individuum und Organisation. Die Gesamtgesellschaft selbst ist eine soziale Struktur, welche individuelles und organisationales Handeln ermöglicht und begrenzt. In dieser Funktion ist die Gesellschaft moralisch relevant: Ihre Strukturen können moralisch besser (z.B. gerechter) sein oder schlechter. Sie trägt jedoch keine Verantwortung, da sie nicht selbst handeln kann, sondern ist Ort, für dessen Ausgestaltung die Individuen (und Organisationen) die Verantwortung tragen. Das Individuum trägt einerseits Verantwortung dafür, wie es im Rahmen der strukturellen Ermöglichungen und Begrenzungen entscheidet und handelt, andererseits dafür, wie es die Gestaltung dieses Rahmens mitbestimmt. Organisationen haben eine Doppelrolle: Sie sind Rahmen für individuelles Handeln und als solcher handeln sie nicht, sondern werden gestaltet. Auch diese organisationalen Strukturen sind, exakt wie gesamtgesellschaftliche Strukturen, moralisch relevant, und die Verantwortung für ihre Ausgestaltung liegt bei Individuen. Insofern Organisationen aber auch gegen aussen handeln können, tragen sie Verantwortung einerseits dafür, wie sie die durch gesellschaftliche Strukturen geschaffenen Handlungsspielräume nutzen und andererseits dafür, was und wie sie zur Gestaltung dieser gesellschaftlichen Strukturen beitragen.

Was nun die Handlungen der Organisationen angeht, so können diese weitgehend mit den individualethischen Konzepten erfasst und beurteilt werden. Die Beurteilung von gesellschaftlichen Strukturen, die nicht handeln, und von Organisationen, insofern sie nicht handeln, sondern ebenfalls begrenzender und ermöglichender Rahmen für die Handlungen von Individuen darstellen, braucht zu einem gewissen Teil einen grundsätzlich anderen ethischen Zugang, der zwar in der Form der Sozial- bzw. Institutionenethik existiert, jedoch einiger Präzisierungen bedarf. Immerhin ist zu bedenken, dass nun Gegenstände, welche selbst keine Verantwortung tragen, ethisch-moralisch beurteilt werden, nämlich soziale Strukturen. Diese stellen den Hauptgegenstand der Soziologie dar. Indem wir uns ihm zuwenden, verlassen wir die Organisationen als «kollektive *Akteure*» und betrachten sie zusammen mit den übergreifenden gesellschaftlichen Strukturen unter dem Aspekt, Rahmenbedingung für individuelles Handeln zu sein.

5.4.3 Sozialethik als Strukturenethik

Soll das Projekt einer «Kooperation von soziologischer Gesellschaftstheorie und ethischer Reflexion», zu der Luhmann eingeladen hatte, gelingen, braucht die Ethik eine klare Vorstellung des Gegenstands soziologischer Gesellschaftstheorie. Dies fällt der Ethik offensichtlich nicht immer leicht, was in einem wechselseitigen Zusammenhang mit den oben dargestellten Problemen rund um den Begriff der Sozialethik steht.

Nimmt man Mieth beim Wort: «Im Unterschied zur Individualethik, die das Gute und Richtige bezogen auf das Handeln des Einzelnen untersucht, ermittelt die Sozialethik ‹Grundsätze und Leitbilder für eine menschengerechte Gesellschaft [...]›», bedeutet das, dass der Gegenstand der Sozialethik *nicht das Handeln der Einzelnen* ist. Dies ist eine pointierte Formulierung. Doch es lohnt sich, deren Implikationen präzise zu verfolgen.

Zwar werden soziale Strukturen in Hinsicht auf dieses Handeln der Einzelnen beurteilt und gestaltet und haben sich in dieser Hinsicht zu bewähren – und nur in dieser. Dennoch: Gegenstand der Strukturenethik ist nicht das Handeln der Einzelnen in Hinsicht auf die Strukturen, sondern genau umgekehrt: die Gestaltung der Strukturen in ihrer Bedeutung für das individuelle Handeln.

Diese Definition ist ein Wagnis, weil sich sofort fundamentale Fragen stellen: Wie kann man da noch von Verantwortung reden? Wie kann es ausserhalb des Handelns Einzelner Moral geben, als deren Reflexionstheorie wir doch Ethik verstehen? An diesen Fragen zeigt sich, dass eine klare Definition von Strukturenethik einen (wenigstens kleinen) «Paradigmenwechsel der Sozialethik» (Korff 1999a, 211) mit sich bringt.

Zwar ist dieser Paradigmenwechsel nicht gänzlich vollzogen, und verschiedene andere Ansätze von Sozialethik werden weiterhin vertreten. Doch scheint die Diskussion schon über den «point of no return» hinaus fortgeschritten zu sein: Nicht nur entwickelt Schramm (2001, vgl. auch 2002) eine «Systemethik», in der das menschliche Individuum in engem Anschluss an Luhmann Umwelt des Systems ist, somit zwingend auch Umwelt für die Systemethik. Auch Peter (1997, 93 und 95) argumentiert für eine «Betonung der sozialethischen Dimension» und für eine «strukturrelevante Reflexion und Debatte», analog thematisiert Ulrich (1997, 155 und passim) die «Rahmenordnung» und Engel (1999, 195) die «Spielregeln». In Lehrbüchern wird die Thematik immerhin angesprochen (Frey/Dabrock/Knauf 1997, 58–62, etc). Anzenbacher (2002, 14) definiert Sozialethik dem Sinn nach und Hausmanninger (2002, 194–198) wörtlich und ausführlich als Strukturenethik. Mieth (a.a.O., 503) hält programmatisch fest: «Ob die Ethik sich als spezifischer Prozess der Selbstreflexion von Gesellschaften behaupten und entfalten kann, hängt wesentlich davon ab, ob ihre Charakteristik als Sozialethik verstanden wird.»

Gerecke und Suchanek (1999, 119) zitieren Krings (1991, 230): «Das Gewissen des Einzelnen kann ein Versagen der Institution nicht kompensieren.» Sie geben präzise an, was Gegenstand einer Strukturenethik sein kann, wenn nicht Gewissen (und Handeln) des Einzelnen: «Es kommt vielmehr vorrangig auf die Analyse und Gestaltung der Institutionen an, die [...] den Wahlbereich des Einzelnen definieren und limitieren» (ebda.).

In weiten Teilen wird heute die Sozialethik somit als Strukturenethik verstanden und betrieben. Damit wird die grundlegende soziologische Unterscheidung zwischen dem individuellen Handeln im Wahlbereich des Einzelnen und dessen sozialer Bestimmung in der Ethik nachvollzogen: Der Mensch ist nicht völlig frei, sondern eine der Restriktionen seines «Wahlbereichs» ist gesellschaftsstruktureller Natur: Organisationale und gesellschaftliche Strukturen (um die Unterscheidung nach Maring, parallel zu Ulrich, Luhmann usw. aufzunehmen) schaffen bestimmte Handlungsmöglichkeiten, verunmöglichen andere, sanktionieren manche positiv und andere negativ.

> Eine konkrete Handlung ist das Produkt individueller Entscheidungen und sozialer Regulierungen. Die Werdung der Sozialethik als Strukturenethik ist die Einsicht, dass nicht nur Erstere, sondern auch Letztere Gegenstand normativer Reflexionen sein können – und müssen.
> *Auch soziale Strukturen, organisationale wie gesellschaftliche, verkörpern moralische Überzeugungen.* Ausserdem sind sie nicht nur ein Produkt von Werten und Normen, sondern auch eine Instanz ihrer Vermittlung.

Die Erkenntnis zuzulassen, dass die Frage: «Wie sollen die Strukturen beschaffen sein, welche unser Handeln regulieren?» sich fundamental von der Frage «Was soll ich tun?» unterscheidet, ist ein Wagnis. Es bringt einen Paradigmenwechsel mit sich. Das individuelle Handeln als das gewohnte Thema der Ethik wird damit zu deren Teilgebiet.

Das Problem oder das Erfreuliche – je nach Perspektive – dabei ist, dass man eine ethische Reflexion der Qualitäten von Strukturen vornehmen kann, unabhängig davon, ob man auch die Frage stellt, wer für die Gestaltung dieser Strukturen verantwortlich sein könnte. Die Frage nach den guten Strukturen ist selbständig gegenüber der Frage nach der Zuständigkeit für die Strukturen.

> Zwar wechselt der Gegenstand, der beurteilt wird. An die Stelle der Handlungen treten die sozialen Strukturen. Was gleich bleibt, ist der Massstab der Bewertung: Moralische Überzeugungen werden an denselben ethischen Reflexionen gemessen, unabhängig davon, ob sie sich in einer individuellen Handlung oder in einer sozialen Struktur manifestieren.

Anzenbacher (2002, 14) schreibt: «Es geht also darum, soziale Ordnungen, Verhältnisse, Strukturen, Regelsysteme usw. aufgrund moralischer Kriterien bezüglich ihrer Gerechtigkeit zu beurteilen und Vorschläge zu ihrer Verbesserung zu machen.» Man wird fragen dürfen, ob Gerechtigkeit wirklich der einzige Gesichtspunkt sein soll, ob nicht vielleicht Menschenwürde, Schutz der Natur und allenfalls weitere Kriterien[1] der Beurteilung mit hinzutreten könnten. Die Hauptsache für den Kontext des Ethiktransfer ist jedoch, dass Anzenbacher die grundlegende Methodik einer Sozialethik als Strukturenethik klärt: *Statt Handlungen werden Strukturen beurteilt.*

5.5 Ergebnisse: Strukturenethik, Ethiktransfer und Verantwortung

Eine solche Sozialethik im Sinn einer Strukturenethik ist selbstredend ein Teilgebiet der Ethik, nicht das Gesamt der Ethik – wie die Sozialethik immer als Teilgebiet verstanden wurde. Die Individualethik, welche Handlungen beurteilt, bleibt systematisch der primäre Ansatz. Allerdings kann es sein, dass die zentralen Probleme in den Handlungsfeldern der Bereichsethiken primär mit strukturenethischen Ansätzen anzugehen sind. Dies schliesst sich nicht aus: Der systematisch primäre Ansatz der Ethik muss nicht zugleich die wichtigste Methodik für die Lösung anstehender Probleme sein.

---

[1] Heimbach-Steins 2002, 47 schlägt vor, auch die Frage des guten Lebens zu stellen.

Indem in der Ethik eine Strukturenethik ausgebildet wird, werden die genannten soziologischen Kritikpunkte aufgenommen und weitgehend erledigt. Die Schwierigkeit der individuellen Zurechenbarkeit von Verantwortung erübrigt sich, weil strukturelle Probleme strukturenethisch angegangen[1] werden. Der Kritikpunkt der moralischen Kommunikation (Luhmann: Achtung oder Missachtung) entfällt, da die Ausübung von moralischem Druck nur auf der Ebene der Beurteilung individueller Handlungen überhaupt denkbar ist. Das Problem der mangelnden Wirkung, welches der Ausgangspunkt der Kritik war, wird nun zur gemeinsamen Aufgabe gemacht und bleibt nicht länger Sache der Ethik allein:

> Es braucht Umsetzungswege auf dieser strukturellen Ebene ebenso wie auf der individuellen, d.h. bei Ethiktransfer ebenso wie bei «Moral- bzw. Ethikpädagogik»[2]. Während Moral- bzw. Ethikpädagogik immerhin als Teil der Ethik bzw. als interdisziplinäres Gebiet existiert, wenn auch als unterschätztes, fehlt ein analoges Teilgebiet der Ethik (bzw. ein entsprechendes interdisziplinäres Teilgebiet) auf der strukturellen Ebene noch weitgehend. Angesichts der Bedeutung, welche strukturelle Probleme in unserer Gesellschaft haben, ist eine verstärkte Reflexion von Ethiktransfer dringlich.

Sich auf eine Strukturenethik einzulassen, ist oben als Wagnis für die Ethik bezeichnet worden. Die Ethik wird in diesem ihrem Teilgebiet, weil keine Individuen mehr im Blick sind, zentraler Begriffe und Konzepte beraubt, wie beispielsweise der «Verantwortung». Wagt man es trotzdem und geht von der Strukturenethik noch einen Schritt weiter, nämlich zu ihrer faktischen Umsetzung, d.h. zum Ethiktransfer, so meldet sich die Verantwortung zurück – nicht nur die organisationale, auch und gerade die individuelle. Denn in einem demokratischen System sind alle ausnahmslos verantwortlich für sämtliche gesellschaftlichen Strukturen und damit indirekt auch für alle organisationalen Strukturen, soweit diese von gesellschaftlichen vorstrukturiert werden. Alle Individuen tragen diese Verantwortung, wie auch alle Organisationen im Sinne der corporate citizenship (Ulrich).

> Das Wagnis, sich auf eine Ethik der sozialen Strukturen einzulassen, die zunächst individuelle Verantwortung gerade nicht fokussiert, betont mit neuem Gewicht eine Verantwortung, in die ausnahmslos alle eingespannt sind. Aus dem Verantwortungsversteckspiel wird ein Verantwortungsentdeckspiel: Wer sich für «gute» Strukturen engagiert, tut dies «vor aller Öffentlichkeit». Wer es unterlässt, auch.

Das Projekt der Sozialethik als Strukturenethik bedeutet nicht nur, dass die Ethik sich «auf ‹innere Logik› der Sozialwissenschaften einlässt» (Gerecke/Suchanek 1999, 123; dies geschieht z.B. bei Gabriel 2002), sondern auch, dass sich die Soziologie aktiv an diesem notwendigerweise gemeinsamen Unterfangen beteiligt. Damit ist auch die «individuelle» Verantwortung der Soziologinnen und Soziologen und die «korporative» Mit-Verantwortung der Disziplin der Soziologie für «gute» Strukturen angesprochen. Eine solche Kooperation ist für die Soziologie auch im Hinblick auf ihre Wissenschaftlichkeit bedeutsam, «weil es auch nicht im Inter-

---

[1] Vgl. Gerecke und Suchanek a.a.O.
[2] Das Verhältnis von Ethiktransfer und Moralpädagogik wird weiter unten präzisiert.

esse der Sozialwissenschaften sein kann, mit einer ‹selbstgestrickten› Ethik und ausgedachten Begründungsfiguren zu operieren.» (Gerecke/Suchanek 1999, 124; vgl. zum «Ausfall eines normativen Teiles in den Sozialwissenschaften» Mieth 2002, 501). Sozialethik als Strukturenethik ist ein für die Ethik wie für die Soziologie unumgängliches und interessantes gemeinsames Feld.[1]

6 Ethik, Machbarkeit und Pelagianismus – eine Randbemerkung

> «Denn ohne eine Empfänglichkeit für die Bedeutung von Handlungen würde die Moral sich in Aktionismus auflösen.»
>
> Wils 2001a, 7

6.1 Zum Grundproblem

«In seinem Streit mit den Pelagianern macht Augustinus unmissverständlich deutlich, dass von einer Freiheit des Willens zum Guten keine Rede mehr sein kann. Schon die Erkenntnis des einzigen, wahren Strebenszieles hängt ausschliesslich von der – aus menschlicher Warte überdies sehr selektiv gewährten – göttlichen Gnade ab. Vernünftig begründete Aussagen über das richtige Handeln sind angesichts dieser Sündenverfallenheit also von vornherein ausgeschlossen; und bei aller sonstigen Klarheit und Tiefe seiner Gedankenführung vertritt Augustinus in diesem Punkt doch eine Form des Irrationalismus, der eine wissenschaftliche Ethik letztlich unmöglich macht.»

Diese Klarstellung von Düwell, Hübenthal und Werner (2002, 5) ist nicht nur von kirchengeschichtlicher Bedeutung. Im Grunde bleibt die «Gedankenführung» bei Luther – und darüber hinaus – ähnlich: Die Rechtfertigungslehre schafft ein «fundamentales Misstrauen gegen die Tat» (Marquardt, zitiert nach Engelbrecht 2001, 58). Die radikale Zentralstellung der Rechtfertigung lässt wenig Raum für «gutes Handeln» – und damit auch für seine Reflexion. Dazu passt, dass die «evangelische Ethik» als «selbständige theologische Disziplin sehr spät und zaghaft» beginnt (Tillhaas 1975, 329, zitiert nach Langner 1998, 378). Ihre Integration ist stellenweise nach wie vor problembehaftet. Der Versuch, im Sinne des Ethiktransfers mit der Ethik noch einen Schritt näher an die Praxis zu kommen, dürfte die Vorbehalte evangelischer Theologie gegenüber der Ethik eher noch verstärken.

Diese Vorbehalte sollen aus zwei Gründen wenigstens kurz bearbeitet werden: erstens, weil sie sich noch stärker gegen Ethiktransfer richten als gegen das Anliegen der Ethik an sich; zweitens

---

[1] Für dieses gemeinsame Projekt mögen eine bisweilen etwas plakative Kritik seitens der Soziologie an der Ethik, wie sie eingangs referiert wurde, und «Diffamierungen beispielsweise der Ökonomik als ‹Reduktionismus›» seitens der Ethik «eher kontraproduktiv» (Gerecke/Suchanek a.a.O.) sein. Kooperationen zeichnen sich interessanterweise im Kontext von Transferanstrengungen ab, aber durchaus nicht nur, wie Gabriel (2002) zeigt.

in der Überzeugung, dass diese Vorbehalte zumindest teilweise berechtigt sind und daher zu einer qualitativ guten Theorie und Praxis des Ethiktransfers beitragen könnten.

Selbstredend ist es nicht möglich, im Rahmen einer Untersuchung über Ethiktransfer das Verhältnis von Dogmatik und Ethik, um das es an diesem Punkt letztlich geht, angemessen zu thematisieren. Auch davon, der Thematik der Rechtfertigung nur entfernt gerecht zu werden, kann nicht die Rede sein. Doch ergeben sich schon aus der Beschäftigung mit einigen Fragmenten aus diesem Diskurs wesentliche Einsichten für die Frage des Ethiktransfers.

6.2 Selbstwirksamkeit?

Ebeling (1995, 513) führt die angesprochene paulinisch-augustinisch-lutherische Tradition bis in die Gegenwart hinein konsequent weiter:

> «Da Sünde im strengem Verständnis nicht die einzelne Tat ist, sondern der sie umgreifende Unglaube, der sich in entsprechenden Taten auswirkt, verschärft sich das Problem des Sittlichen, indem die geläufigen Fragen nach der Erkenntnis und dem Zustandekommen des Guten durch die gemeinhin vernachlässigte Frage nach dem inneren und äusseren Umgang mit dem Zustandebringen des Guten sowie mit dem zustande gebrachten Guten ergänzt werden, so dass sogar das gute Werk als Sünde erkannt werden kann.»

Folgt man dieser Feststellung Ebelings, so wäre vielleicht eine Ethik ohne Transfer, also als «l'art pour l'art», tolerierbar. Jedoch wären sowohl Moral- bzw. Ethikpädagogik als auch Ethiktransfer, welche ein Handeln erwirken wollten, das mit gutem Grund als «gut» zu bezeichnen wäre, Sünde. Man mag daher Ethikerinnen und Ethiker einigermassen gewähren lassen, doch ist stets anzumerken, dass «die Tiefendimension des Ethischen vom Glauben beansprucht und eben dadurch der Zuständigkeit der Ethik entzogen ist» (Ebeling, a.a.O. 513). Wenn Ebeling (a.a.O., 514) weiter schreibt:

> «Was Sache einer christlichen Ethik im eigentlichen Sinne ist, verhält sich zum Glauben wie die Frucht zum Baum, so dass sich daraus, analog zum Aufbau der paulinischen Briefe, als sachgemässe Reihenfolge die von dogmatischer und ethischer Aussage ergibt.»

So braucht Ebeling zwar den Begriff «Ethik», kann damit aber nicht dasselbe meinen, was allgemein mit «Ethik» bezeichnet wird. Denn das tertium comperationis des Vergleichs mit den Baumfrüchten ist die Bestimmtheit der Früchteart durch den Baum und die Sinnlosigkeit der Idee, dass ein Baum versuchen würde, andere Früchte hervorzubringen als die, die er eben hervorbringt. Es ergibt sich also das Tun aus dem Sein zwingend. Ethische Reflexion ist nicht nur überflüssig, sondern streng genommen aus Prinzip falsch. Das Handeln ist der falsche Ansatzpunkt, der richtige ist das Sein, welches über die Rechtfertigung zu definieren ist. Alles andere ergibt sich.

So sehr einerseits diese Position keinen Raum für eine eigentliche Ethik lässt, so wurde andererseits dieser *Ansatz der Analogie* auch verfolgt.

Vermutlich darum, weil evidenterweise in der Praxis Handlungsreflexion Wertereflexion unverzichtbar einschliesst – Exponenten rechtfertigungszentrierter Position wie Karl Barth waren ja durchaus streitbar in Wertefragen und nicht um Handlungsreflexion verlegen – wurde nun doch nach einem Modus der Argumentation für Handlungsfragen gesucht. Gefunden hat man die Formel von «Indikativ und Imperativ». Dabei geht es darum, dieser «Entsprechung» (z.B. Link 1978), wie es sie im Verhältnis der Früchte zum Baum gibt, eine Reflexion zur Seite zu stellen, wie diese Entsprechung zwischen Handeln Gottes am Menschen (= Rechtfertigung) und dem Handeln des Menschen gegenüber Gott und gegenüber der Welt aussehen kann, soll, evtl. sogar muss. Barth beispielsweise hat in seiner Dogmatik solche Analogien regelrecht gezeichnet.

Ulrich (2000) kritisiert die Einbettung der Ethik in die Theologie nach dem Modell von «Indikativ und Imperativ» (a.a.O., 50). Krötke zitierend schreibt er (a.a.o., 51): «Jesus Christus [...] tritt nicht für uns ein, um uns dann uns selbst zu überlassen.» Man kann dieses Modell, das sich breitester Zustimmung erfreut, auch von einer ganz anderen Richtung kritisieren, wenn man festhält, dass dieses Modell nur analogische, aber keine logischen Begründungen zulässt. Im Grunde genommen bleibt diese Art des Denkens ein Versuch, das Wachsen der Früchte aus dem Baum heraus nachzuvollziehen. Den eigenen Prämissen entsprechend muss es dies auch sein. *Veranlassung guten Handelns ist die Rechtfertigung und kann nicht ethische Reflexion sein.* Ethik setzt hingegen voraus, dass normative Reflexion zu gutem Handeln beitragen kann und setzt somit auch eine Handlungsfreiheit voraus (weswegen *in diesem Punkt* evtl. mehr Nähe zu Pelagius als zu Augustinus zu sehen ist).

Daraus ergeben sich insgesamt zwei interessante Konsequenzen:
1 In einer völlig von der Rechtfertigung bestimmten Theologie kann es keine Ethik und schon gar keinen Ethiktransfer geben – ja darf es das nicht geben.
2 An die Stelle der Ethik tritt das Eingeholt-Sein durch die Rechtfertigung. Dabei wird jegliches Transferproblem definitorisch ausgeschaltet: Der Transfer – auf allen Ebenen – ergibt sich so sicher, wie sich die Qualität eines Baums in seinen Früchten abbildet.

Zu beidem sollen nun einige Überlegungen angestellt werden.

6.3 «Rechtfertigungszentrismus» und Ethik

Einer gänzlich von der Rechtfertigung dominierten Theologie, im Folgenden «Rechtfertigungszentrismus» genannt, können und müssen vier kritische Gedanken entgegengehalten werden. Dies geschieht mehr der Vollständigkeit halber und um den Raum, den ethische Reflexion und Reflexion von Ethiktransfer im Rahmen der Theologie einnehmen können, zu behaupten. Damit wird für eine Theorie und für Kriterien des Ethiktransfers allerdings wenig gewonnen.

1. Die Verortung der Ethik in einer gänzlich von der Rechtfertigung dominierten Theologie ist offenbar nicht möglich. Verwehrt der «Rechtfertigungszentrismus» der Ethik einen Ort in der Theologie, so verwehrt er aber brennenden Fragen der Welt den Zugang zum christlichen Kontext. Denn: «Die Existenz unabhängiger moralischer Entitäten mag zweifelhaft sein, die Existenz moralischer Überzeugungen und Konflikte ist es praktisch nicht» (Badura 2002,

205). Anders gesagt: Eine Theologie, welche für ethische Reflexion keinen Raum liesse, obwohl unbestreitbar ist, dass diese Reflexion notwendig ist, ist unplausibel.
2. Der «Rechtfertigungszentrismus» ist individualistisch. Pointiert gesagt: Die einzige ihn interessierende Frage ist das Seelenheil des Ichs. Wenn noch eine Ethik daraus abgeleitet würde – was aber streng genommen nicht möglich scheint – wäre sie nicht geeignet, strukturelle Probleme anzupacken.
Wartenberg-Potter (2000, 368) stellt sich gegen diesen Individualismus. Sie bezieht sich dabei auf die Dokumente zum Thema der Rechtfertigungslehre, welche Teil der «Gemeinsamen Erklärung» (Ökumenisch-Missionarisches Institut des Ökumenischen Rates Berlin-Brandenburg 2000) sind und in denen sich die römisch-katholische und die evangelische Kirche letztmals intensiv mit der Rechtfertigungslehre befasst haben: «Ein kontextbewusstes Lesen *heute* müsste wenigstens problematisieren, dass der Individualismus in unserer Zeit an die Grenze des Narzissmus (auch des religiösen) und der Regression geführt hat und Fehlentwicklungen aus sich heraussetzt, die zur Zerstörung jeglichen Gemeinschaftsbewusstsein (gerade auch im ökonomischen Bereich), zum Verlust von Verantwortungsgefühl und nicht zuletzt zur Erosion gemeinschaftlicher Frömmigkeit in den christlichen Gemeinden geführt hat».
3. Das Hauptproblem des «Rechtfertigungszentrismus» ist das Leben nach dem Tod, weil seine alles dominierende Frage die des «ewigen Lebens» ist. Das Leben vor dem Tod hat im Grunde genommen keinen Status. Die Rechtfertigungslehre trifft damit das Bedürfnis Luthers und anderer Personen, deren Hauptproblem (kirchlich produzierte) Ängste vor einem strafenden Gott sind. Dies ist nach einer Untersuchung von Klaus-Peter Jörns (1997, 210f., zitiert nach Moltmann-Wendel 2000) nicht mehr die Situation des heutigen Menschen.
4. Es ist offensichtlich, dass der Rechtfertigungszentrismus der theologischen Breite der scriptura nicht gerecht wird – vermutlich nicht einmal den paulinischen Schriften (Lütz 2000, 80):

> «Kein anderer lutherischer Dogmatiker der jüngsten Zeit [als Pannenberg, Anm. CA] hat so unnachgiebig die lutherische Evangeliumseinengung beklagt wie er. Dass das Evangelium – mit Luther – sich auf Sündenvergebung beschränken sollte, womit allererst der Rechtfertigungslehre ihr zentraler Ort zukommt, das ist so offensichtlich revisionsbedürftig, dass es verwundert, diese neutestamentliche Selbstverständlichkeit nicht stärker, früher und selbstverständlicher von den Theologen des sola scriptura gehört zu haben.»

Fazit: Eine rechtfertigungszentristische Theologie wäre gleich doppelt ein zwingendes Argument gegen Ethiktransfer: Erstens verneint sie Notwendigkeit und Rechtmässigkeit von ethischer Reflexion. Zweitens fixiert sie den Menschen auf die individuelle Ebene und erwirkt eine weitgehende Ausblendung der Bedeutung gesellschaftlicher Strukturen. Doch sprechen mehrere Gründe, von denen einige eben genannt wurden, gegen den «Rechtfertigungszentrismus». Aber auch wenn man die Einsicht gewinnt, dass es Theologie über die Rechtfertigungsthematik hinaus gibt – und damit Raum für Ethik – bleibt unbestreitbar, dass es keine christliche Theologie ohne Rechtfertigung geben kann.[1]

---

[1] An der Stelle ist darauf hinzuweisen, dass Wolf (1954) wie Honecker (1999) mit Hinweis etwa auf die Dreiständelehre Luthers der Vorstellung, dessen Ethik sei «im eigentlichen Sinne Individualethik» (Wolf a.a.O., 683) vehement widersprechen. Beide belegen mehrfach, dass Luther sowohl die sozialen Strukturen seiner Zeit in ihrer Bedeutung wahrgenommen als auch Versuche unternommen hat, diese theoretisch zu durchdringen, und schliesslich auch an verschiedenen Stellen

Die Pointe des «Rechtfertigungszentrismus» aus der Sicht der Ethik könnte in der «Entlastung von der soteriologischen Überforderung» (Ebeling a.a.O., 513) liegen: Der Grund für gutes Handeln liegt nicht in seiner Bedeutung für das ewige Leben, für das Heil, für das Sein. Ein totaler Zugriff moralistischer Ethik auf die «Verantwortung» des Menschen, die auch die Verantwortung für «Unabsehbares» (Ulrich 2000, 61 und passim) fordern würde, die Erhebung von Verantwortung und Ethik zur Hauptsache, wird damit abgelehnt. Der kirchlichen Ablehnung des Pelagianismus wird man – richtig verstanden – nur gerecht werden, indem man nicht die freudig für das Gute Engagierten, sondern die selbstgerechten Moralisten in Frage stellt.

Rechtfertigung schafft dann den Raum für Ethik und Moral, welche frei davon ist, eine zentrale Funktion für ihre Trägerin, ihren Träger zu haben. Rechtfertigung kann so eine Denk- und Handlungsfreiheit höherer Ordnung eröffnen. Paradoxerweise gelangt man somit, Augustinus folgend, der die Willensfreiheit ja weitgehend ablehnte, zur Vorstellung einer grösseren Freiheit des Menschen, als sie sich selbst Pelagian dachte. Denn die Freiheit Pelagians ist belastet mit dem Leistungsdruck der Selbstrettung, die Freiheit des Gerechtfertigten ist auch davon noch frei. In diesem Sinn kann Rechtfertigung eine Grundlage für eine radikale Ethik sein, welche sich vorbehaltlos dem Leben vor dem Tod widmen kann.[1]

6.4 Ergebnisse für die Reflexion von Ethiktransfer

Die wichtigsten Impulse einer so verstanden Rechtfertigung können zunächst in drei Punkten für die Ethik zusammengefasst werden, die anschliessend (unter Umstellung in der Reihenfolge[2]) in drei Punkte für den Ethiktransfer übersetzt werden.

1. Insofern der «Rechtfertigungszentrismus» für sich in Anspruch nehmen kann, eine «Ethik» zu vertreten, die Transferanstrengungen ebenso wenig braucht wie sich ein Baum anstrengen muss, ihm entsprechende Früchte hervorzubringen, könnte man etwas spöttisch fragen, was das denn für eine Ethik ist, die Transfer braucht und also nicht aus sich selbst wirksam ist.

2. Ethische Fragen werden oft mit einem Gewicht existenzialer Bedeutung beladen. In manchen Fällen mag das wichtigen Anliegen Nachdruck verleihen. Gewiss aber führt höheres Pathos und höherer Druck nicht immer zu besseren Ergebnissen. Wenn umgekehrt dem Rechtfertigungsglauben entsprechend die ethischen Fragen gerade nicht mit dem Gewicht ewiger Bedeutung beladen werden, ermöglicht dies eine Distanz zu den Sachfragen, die zu guten Lösungen wesentlich beitragen kann. Frey und Schwemmer (1982, 2) referieren diese Position griffig: «Die besondere christliche Freiheit erlöst aus der sittlichen Überforderung; nicht die Konzeption eines Telos prägt das Ethos der Christen, sondern die konsekutive Begründung (Gottes befreiendes Handeln geht voraus).»

3. Damit geht einher, dass für Moralismus kein Raum mehr besteht, wenn Menschen letztlich weder sich selbst rechtfertigen können noch müssen. Das «simul iustus et peccator» verun-

---

normativ zu deren Gestaltung Stellung genommen hat. Freilich sind seine Überlegungen auf allen drei Ebenen zeitgebunden. Die soziale Realität ist heute wesentlich anders, doch das Anliegen der Sozialethik an sich scheint bei Luther durchaus bedacht gewesen zu sein.

[1] Im Ansatz ähnlich ist Ebeling (a.a.O).
[2] Die Analogie der Nummerierung der Impulse des «Rechtfertigungszentrismus» zur Nummerierung der Einsichten für den strukturellen Ethiktransfer ist 1 zu 1, 2 zu 3 und 3 zu 2.

möglicht Verachtung (vgl. Luhmann, 1993a, 361) der eigenen Person wie anderer Personen aufgrund (vermeintlicher) Fehlhandlungen.[1]
Diese drei Punkte rühren alle daher, dass das «Gut Sein» des Menschen vor Gott und damit das absolute «Gut Sein» a) vom «Gut Handeln» gänzlich unterschieden und b) vorausgesetzt wird. Eine solche Rechtfertigungs-Theologie geht davon aus, dass die Wahrnehmung des «Gut Seins» aus sich selbst eine Dynamik entwickelt, die «Gut Handeln» bewirkt. Kritisiert man den Rechtfertigungszentrismus, wird man diese Dynamik nicht als die einzige und auch nicht als eine hinsichtlich des guten Handelns immer und überall zureichende betrachten. Man braucht deswegen jedoch nicht zu bezweifeln, dass es eine solche Wirksamkeit von der Erfahrung des «Gut Seins», der Entlastung von der Selbsterlösung, auf ethisches Handeln hin gibt.
Für die Frage des Ethiktransfers sind diese auf das individuelle Handeln bezogenen Einsichten zu übersetzen:

> 1. Der Blick dafür, wo sich Ethik selbst transferiert, ist zu schärfen. Man kann nicht davon ausgehen, dass Ethik nur dort wirksam wird, wo dies gezielt angestrebt wird. Präzise Beobachtungen von Prozessen, in denen Ethik aus sich selbst heraus Wirksamkeit entfaltet, könnten Rückschlüsse darauf erlauben, welche Art, Ethik zu betreiben, dies befördert.
> 2. Auch die Strukturen «sind zunächst einmal, wie sie sind». Ein «Ethiktransferzentrismus» läuft Gefahr, konkrete Strukturen nur noch unter dem Aspekt ihrer Defizite und als Objekte von Ethiktransfer zu sehen. Dieser Blick setzt die Strukturen auch einem starken Druck aus, perfekt zu sein. Gerade auf solche Überforderungen können Strukturen aus systemischen Gründen mit Selbstbehauptung und Selbstrechtfertigung, in der Folge mit Beharrung, reagieren. Impulse aus einer Rechtfertigungstheologie können den Blick für das Gute in vorgefundenen Strukturen von Organisationen und der Gesellschaft insgesamt schärfen.
> 3. Dies gilt auch für die scientific community der Ethik selbst. Auch diese würde von einem «Ethiktransferzentrismus» über Gebühr in eine totale Verantwortung eingespannt. Eine Rechtfertigungstheologie befreit die Disziplin der Ethik vom Selbst- und Fremdanspruch der Legitimation durch Transferleistung[2] und schafft gerade so Raum für sachorientiertes statt anerkennungsorientiertes Arbeiten.[3]

---

[1] Dies gibt Anlass zur Frage, ob die Reformation – und überhaupt das Christentum – nicht eine wesentliche Funktion für den Verlust der Sanktionskraft der Moral übernommen haben könnten.
[2] Marz und Dierkes (1998, 37–42) beschreiben verschiedene Gefahren, welche entstehen, wenn die wissenschaftliche Ethik versucht, auf nicht erfüllte Leistungserwartungen zu reagieren: Die Gefahr, die Segel zu streichen oder messianischer Eifer zu entwickeln, die Gefahr, eine fundamentalistische Ethik zu bieten, welche sich besser «verkauft», und die Gefahr, Ethik zu einer Technologie umzuformen.
[3] Virt (2001, 454) schreibt in diesem Sinn: «Trotz allem bleibt der Erfolg nicht die bestimmende Kategorie für das Engagement theologischer Ethik in der Politikberatung.»

6.5 Nachtrag: Motivation und Ethik

Honecker (1990; 1995) ist Exponent einer theologisch-ethischen Position, wonach der christliche Glaube eine Befreiung zur profanen Vernunft leistet. Material ist somit die theologische Ethik, mit der philosophischen «de jure» deckungsgleich. Diese Position wird in der katholischen Tradition mehrheitlich vertreten (Auer, Mieth, Holderegger u.a., vgl. Mandry 2002, 508). Von der Theologie «gehen allein Motivationsimpulse für die Praxis aus» (Frey/Dabrock/Knauf 1997, 261). Zwar stammen diese und ähnliche Aussagen aus der Diskussion der Frage nach dem theologischen Proprium der theologischen Ethik (vgl. Fischer 1998, 9–10), sie können aber sehr wohl auch als Beitrag zur Implementierungsfrage verstanden werden: Die Ethik (im Speziellen noch starke Traditionen insbesondere der kantischen, aber auch der utilitaristischen Ethik) geht mehrheitlich kaum der Frage nach, warum die Individuen als Einzelne das (kantisch bzw. utilitaristisch) Richtige tun (sollen[1]) und kann daher den Übergang von der festgehaltenen Richtigkeit des Handelns zur faktischen Ausführung des richtigen Handelns schlecht fassen.[2] Just das Thema der «Motivationsimpulse für die Praxis» fehlt.

> Innerhalb dieser Konzeption theologischer Ethik besteht eine interessante «Arbeitsteilung»: In einem philosophischen Diskurs – d.h. ohne spezielle Autorität theologischer Beiträge, aber nicht ohne solche Beiträge – wird diskutiert, wie Normen zu begründen sind und welche moralischen Überzeugungen aktuell die plausibelsten sind. Jedoch können spezifisch theologische Gründe die Menschen dazu veranlassen, diesen Normen gemäss zu handeln.

Diese «Schnittstelle» zwischen Wissen um gutes Handeln und dem ausführenden Akt ist für die Frage des Ethiktransfers interessant, insofern dieser eine analoge Schnittstelle auf der strukturellen Ebene darstellt. Wäre es denkbar, dass die Frage, was «gute» Strukturen sind, also die sozialethische im Sinne von strukturenethische Frage im philosophischen Diskurs – d.h. ohne spezielle Autorität theologischer Beiträge, aber nicht ohne solche Beiträge – zu klären ist, der Anlass dazu, diese umzusetzen, auch spezifisch theologischer Natur sein könnte?

Die Auseinandersetzung mit dem Verhältnis von Motivation als realer Bedingung des Handelns nach ethischen Normen einerseits, zur Begründung dieser Normen andererseits ist zu einem eigenen Themenbereich in der Ethik geworden (Scarano 2002). Diese Thematik ist für die Frage der Umsetzung von Ethik in der Praxis von evident grosser Bedeutung: Wissen um das richtige Handeln ist noch nicht das richtige Handeln selbst. Allerdings ist Wissen um wohlbegründet richtiges Handeln in einer bestimmten Situation sehr wohl *ein* Motiv, welches zusammen mit anderen bestimmt, wie die Handlung ausfällt: «Dies ist möglich, weil auf der einen Seite Motive als mentale Zustände kausal wirksam sind. Sie weisen auf der anderen Seite

---

[1] «Die theoretische ‹Begründbarkeit› einer Norm impliziert nicht ihre individuelle Befolgung und schon gar nicht ihre soziale Geltung» (Engel 1999, 164). Das grundsätzliche Problem, dass «Motiv und sozialer Sinn von Handlungen systematisch auseinanderfallen» (Gerecke/Suchanek 1999, 119) können, sei an dieser Stelle wenigstens angemerkt. Es wurde weiter oben kritisch behandelt.

[2] «Deontologische Theorien in der Nachfolge Kants mögen noch so gut erklären können, wie moralische Normen zu begründen und anzuwenden sind; aber auf die Frage, warum wir überhaupt moralisch sein sollen, bleiben sie die Antwort schuldig» (Habermas 2001, 15).

aber eine propositionale Struktur auf, können deshalb auch logische Beziehungen eingehen und damit den Raum normativer Gründe eröffnen» (a.a.O.).

Für den Zusammenhang des Ehiktransfers ist es weniger bedeutsam, in diese teilweise kontroverse Diskussion über das Verhältnis von Motivation und Begründung einzugreifen, als die Bedeutung dieser Unterscheidung hervorzuheben und sie auf die Ebene der Strukturen zu übertragen. Das, was die Geschehnisse auf der strukturellen Ebene antreibt, insbesondere, was Organisationen zu ihren Handlungen bewegt, ist erstens zu unterscheiden von dem, wie sie diese Handlungen erklären und kann zweitens nicht durch wohlbegründete strukturenethische Normen ersetzt werden – nicht einmal dann, wenn Organisationen solche Normen (etwa in den berühmt-berüchtigten Leitbildern) erklärtermassen sich zu eigen machen.

Aus diesem bzw. analogem Grund ist es notwendig, sich auch auf der strukturellen Ebene mit den vorgefundenen «Handlungsmotoren» unvoreingenommen auseinander zu setzen. Diese strukturimmanenten Motivationen («Eigenlogiken») müssen durchaus nicht prinzipiell dem ethisch begründeten Handeln diametral entgegengesetzt sein. Sie können aber selbstverständlich dazu in starkem Widerspruch stehen. In beiden Fällen ist eine Auseinandersetzung mit diesen Motoren unumgänglich, wenn Resultate ethischer Reflexion handlungswirksam werden sollen.

Scarano (a.a.O.) zeigt für die Individuen auf, dass Motivationen stets «Pro-Einstellungen», also normative Positionen beinhalten. In diesem Sinn können Motivationen auch als «Mini-Morale» gesehen werden. Auf die strukturelle Ebene übertragen, lassen sich Eigenlogiken von Systemen dementsprechend als «Mini-Strukturmorale» ansehen und stehen zur entsprechenden Sozialethik (verstanden als Stukturenethik) in demselben Verhältnis wie «Mini-Morale» zur entsprechenden, konkreten Bereichsethik bzw. wie Moral zu Ethik überhaupt. Ebenso selbstverständlich, ja fundamental, wie die Beschäftigung der Ethik mit Moral eingeschätzt wird, ist die Beschäftigung der Sozialethik (im Sinne von Strukturenethik) mit diesen lokalen «Sozialmoralen» zu verstehen.

> Aus diesen Überlegungen ergibt sich folgender Erkenntnisfortschritt: Strukturenethik hat bisher bisweilen vorhandene Strukturen auf ihre Übereinstimmung mit grundlegenden Normen wie Gerechtigkeit befragt, öfter auch Massstäbe für gute Strukturen entwickelt und dabei weitgehend von real existierenden Strukturen abgesehen. Versteht man die Eigendynamiken bzw. Funktionsweisen vorgefundener Strukturen jedoch als Mini-Strukturmorale, d.h. als Manifestationen eines Konglomerats moralischer Überzeugungen, so werden Strukturen zusätzlich in einer neuen Art und Weise Gegenstand (strukturen-)ethischer Reflexion. Diese neue Art und Weise zeichnet sich dadurch aus, dass als erster Schritt dieses Konglomerat moralischer Überzeugungen, die sich in einer konkreten, zu untersuchenden Struktur verfestigt haben, rekonstruiert und expliziert wird.

Aus dieser Perspektive können die Eigenlogiken von Systemen geradezu als Kardinalthema der Sozialethik begriffen werden. Diese theoretische Einsicht bedeutet in Hinsicht auf den Ethiktransfer Folgendes:

- Ethische Reflexion für Strukturen in einem bestimmten Handlungsfeld muss sich über die dort wirksamen Handlungsmotoren unvoreingenommen kundig machen (was kaum sinnvoll ohne direkten Kontakt mit dort aktiven Personen und Organisationen denkbar ist). Sie sind als Strukturmorale zu analysieren und ebenso zu würdigen wie zu kritisieren.
- Strukturenethisch begründete Vorstellungen von «guten» Strukturen für dieses Handlungsfeld sind in Relation zu bringen zu den vorgefundenen Strukturen und der «Moral» ihrer Eigenlogiken. In Relation zu bringen bedeutet dabei insbesondere, Synergien zwischen diesen beiden Logiken ebenso wie Antagonien zu benennen.
- In einem Transferprozess sind Synergien so zu nutzen, dass eine eventuelle Unterschiedenheit der beiden Logiken nicht verwischt wird.
- Antagonismen sind Anlass für weitere Klärungen. Ethische Forderungen sollen Strukturen herausfordern, aber nicht überfordern. Zeigt sich, dass solchen Forderungen überstarke Eigendynamiken entgegenstehen, sind deren Ursachen zu klären, um allenfalls auf einer anderen Ebene die Voraussetzungen dieser Eigendynamiken zu beeinflussen.

Der letzte Punkt erinnert an das oben erwähnte Konzept der Subsidiarität unterschiedlicher Ebenen bei Maring.

7 Resultat der Exploration II

Der Transferbegriff wird in unterschiedlichen Kontexten unterschiedlich definiert. Tendenziell wird er bidirektional verstanden, wobei eine Richtung die Hauptrichtung des Transfers darstellt, die andere die Nebenrichtung.
Die Bidirektionalität von Anwendung in der Ethik ist inzwischen kaum mehr umstritten und löst eine rein deduktiv konzipierte angewandte Ethik ab. In der hermeneutischen Ethik wird die «Nebenrichtung» von Ethiktransfer ins Zentrum gestellt: Seitens der Ethik gilt es, zuallererst die Bedeutungen vorgefundener Handlungen zu verstehen.
Im Kohärentismus wird die Unterscheidung einer Haupt- und Nebenrichtung, von Deduktion und Induktion nicht nur hinsichtlich deren Priorisierung, sondern überhaupt als Unterscheidung überwunden und Begründung als ein netzförmiger Komplex von Abduktionen verstanden. Die konkreten Transferprozesse und die Erfahrung damit wurden im Kohärentismus bisher nicht oder kaum mitgedacht. Es spricht jedoch nichts dagegen, diese im Sinne einer Erweiterung des seit seiner Begründung bereits zweifach erweiterten Überlegungsgleichgewichts mit in diesen Reflexionskomplex einzubeziehen.

> Eine Theorie des Ethiktransfers wird diesen somit als bi- bzw. multidirektionalen Austauschprozess definieren, in welchem sich Begründung und Anwendung zugleich ergeben. Die wissenschaftlich-ethischen Ansprüche an Methodik und Gültigkeit aktuell konsensfähiger Normen werden dabei fak-

> tisch (jedenfalls partiell) in Geltung gesetzt und zugleich entwickeln sie sich durch diese Auseinandersetzung weiter.

Die luhmannsche Systemtheorie ist hinsichtlich solcher Austauschprozesse zwischen Systemen – hier dem System der wissenschaftlichen Ethik einerseits und einem Handlungsfeld andererseits – allerdings pessimistisch. Eine eigentliche inhaltliche Verständigung, eine Kommunikation zwischen Systemen, wird aus prinzipiellen Gründen ausgeschlossen. Einzige Möglichkeit kontinuierlicher gegenseitiger Einwirkungen zwischen Systemen sind sogenannte «strukturelle Kopplungen». Im Verlauf der weiteren Entwicklung der Systemtheorie wurde diese theoretische Rigidität jedoch zurückgenommen, und unterschiedliche Vorschläge für die Konzeption intersystemischer Kommunikation wurden vorgelegt. Dabei spielen «Intermediäre», d.h. Organisationssysteme, welche sich zugleich als Teile der beiden Systeme, zwischen denen Kommunikation hergestellt werden soll, verstehen, eine wichtige Rolle.

> Die Systemtheorie weist auf fundamentale Probleme solcher Austauschprozesse hin: Wissenschaftliche Ethik auf der einen und Handlungsfelder auf der anderen Seite sprechen unterschiedliche Sprachen und folgen unterschiedlichen Anreizsystemen bzw. Funktionsmechanismen. «Intermediäre Organisationen», die beiden Seiten angehören, stellen eine Kommunikationsplattform für eine Verständigung zwischen unterschiedlichen Systemen mit ihren unterschiedlichen Sprachen dar. Ausserdem begeben sich die beiden Systeme damit in eine gewisse Abhängigkeit voneinander und werden so strukturell aneinander gekoppelt. Für eine Theorie des Ethiktransfer bedeutet das, dass diese Austauschprozesse einer dauerhaften Strukturierung, in der Regel einer Institutionalisierung, bedürfen. Sie sind als eigene Organisation zu formieren.

Die bekannte *luhmannsche Kritik an der Ethik* war als Einladung zu einem gemeinsamen Projekt mit der Soziologie gedacht, die ihr Ziel aber zu Lebzeiten Luhmanns kaum erreicht hat. Die seit längerem angelegte und sich nun mehrheitlich durchsetzende Konzeption von Sozialethik als Strukturenethik (nicht mehr als Bereichsethik rund um die soziale Frage, wie sie das wohl zunächst war) darf als dieses gemeinsame Projekt gesehen werden, auch wenn Luhmann offensichtlich ein Bild von Ethik hatte, das diese konsequent als Individualethik verstand. Intergriert man soziologisch-systemtheoretische Gesellschaftstheorien und den Ansatz der *Sozialethik als Strukturenethik*, gliedert sich das Anwendungsfeld der Strukturenethik noch einmal auf in *die Ebene der Organisationen und die Ebene der Rahmenordnung* («Funktionssystem»).

> Dies ist für eine Theorie des Ethiktransfers insofern von Bedeutung, als damit ein differenzierteres Bild von dem «wohin» des Ethiktransfers zu gewinnen ist. Man kann einen Transfer in Strukturen unterscheiden in einen Transfer in Organisationen («organisationale Strukturen») einerseits und einen Transfer in Rahmenordnungen («gesamtgesellschaftliche Strukturen») andererseits.

Die angestellten theologischen Überlegungen über Rechtfertigung und Ethik warnen vor Aktionismus. Sie legen nahe, dass überzeugende Wertsetzungen aus sich selbst, d.h. ohne explizite Transferanstrengungen, Wirksamkeit entfalten können, dass vorfindliche Strukturen nicht nur unter dem Aspekt ihrer – nie völlig zu überwindenden – Mangelhaftigkeit zu sehen sind und dass auch die scientific community der Ethik vor perfektionistischen Ansprüchen einer «totalen Verantwortung» zu schützen ist.

| Im Rahmen einer theologischen Ethik ist Ethiktransfer nicht als «Schuld», sondern als Akt der Freiheit zu begreifen.

Gliedert man das Anwendungsfeld der Strukturenethik, wie erläutert, in die Ebene der Organisationen und die Ebene der Rahmenordnung, so kann man die systemische Variante des Grundschemas von Ethiktransfer weiter präzisieren:

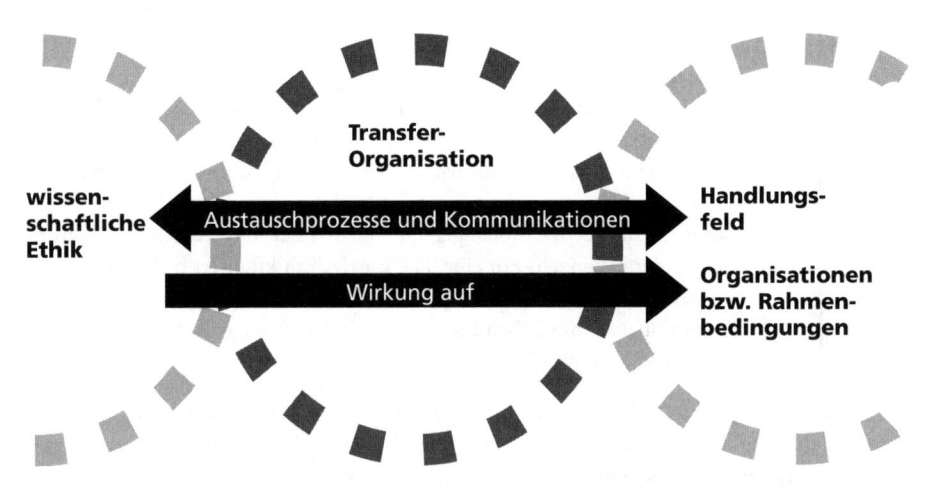

Grafik 7: Grundschema 5 – systemisch mit Präzisierung der Wirkung

D Exploration III: Expertinnen- und Experteninterviews

> «Wenn Sie innerhalb der Gentechnik eine eher genkritische Position vertreten, wird Sie Novartis nicht in einen Ethik-Rat hineinberufen. Das ist so. Oder eine Akademie, die weiss, dass Sie in Bezug auf die Embrionenforschung eher kritisch bzw. zurückhaltend sind, nimmt Sie nicht in eine Subkommission, welche ethische Richtlinien erstellt für Forschungsuntersuchungen am Menschen. Eher nicht. In diesem Punkt ist es schon so: Die akademische Welt ist nicht so frei und nicht so unschuldig.»
>
> Eine Expertin im Interview

1 Methodik und Vorgehen

Die Expertinnen- und Experteninterviews ergänzen die beiden Explorationen in den vorangegangenen zwei Kapiteln. Sie ermöglichen es, auch aktuelle Erfahrungen und Reflexionen zu berücksichtigen, die (noch) nicht in Publikationen zugänglich sind.

In der Literatur zur Methodik der Expertinnen- und Experteninterviews besteht über einen Punkt Einigkeit: «vielfach erprobt, wenig bedacht» (Meuser/Nagel 2002, Erstabdruck 1991). Expertinnen- und Experteninterviews werden häufig angewandt, doch ist die Reflexion ihrer Methodik «gerade einmal zehn Jahre alt» (Bogner/Menz 2002, 17) – und ziemlich schmal. Die folgenden Überlegungen sollen das gewählte Vorgehen für die Interviews zum Thema des Ethiktransfers im Kontext dieser (kleinen) Methodendiskussion entfalten und positionieren.

1.1 Sample

In der Methodendebatte zu den Expertinnen- und Experteninterviews ist die Frage wichtig, welches bzw. was die Expertinnen und Experten sind (z.B. Meuser/Nagel 2002, 71–72 und Deeke 1995, 8–12 gegenüber Bogner/Menz 2002, 39–43) und welche Bedeutung dementsprechend ihren Aussagen zuzumessen ist (Kassner/Wassermann 2002). Das Gewicht dieser Frage ist jedoch abhängig von Forschungsfeld und -ziel. Für die Auswahl der Expertinnen und Experten zu praktischer Umsetzung von Ethik allgemein und Ethiktransfer im Speziellen reichen die Kriterien a) «geringe bis starke Involvierung in bestimmte Umsetzungsprozesse» und b) «erkennbare bzw. mit Sicherheit anzunehmende Reflexion weiterer Umsetzungsprozesse» aus. Die ausgewählten Personen gelten dabei zwar als Expertinnen und Experten, müssen aber nicht als Autoritäten gehandelt werden, denn ihre Aussagen werden durch diejenigen der anderen und durch die Informationen und Überlegungen in der oben referierten Literatur bestätigt, korrigiert und ergänzt.

Die Auswahl der Personen basiert auf dem Prinzip der «Iterativen Experteninterviews» (Voelzkow 1995). Dieses lässt sich in der Tradition Sample-Bildung in der "grounded theory" (Strauss/Corbin 1995) bzw. des «theoretical sampling» (Glaser/Strauss 1967) sehen, denn es geht «weniger darum, eine Stichprobe zu bilden, als vielmehr seine Informanten gut auszuwählen» (Kaufmann 1999): Das Sample soll nicht primär repräsentativ, sondern primär informativ sein. Ziel der Interviews ist es, möglichst unterschiedliche Blickwinkel auf das Thema zu erfassen. Daher wird das Sample nicht im Voraus definitiv festgelegt, sondern eine grobe Auswertung der ersten Interviews zeigt, welche Blickwinkel noch fehlen könnten. So wird im Verlauf des Interviewprozesses fortlaufend entschieden, welche Person als nächste interviewt wird. Dies geschieht so lange, bis eine «theoretische Sättigung» (Flick 2002, 104) erreicht ist, d.h. bis die für eine Theoriebildung wichtigen Informationen zusammengetragen sind.

So wurden von Januar 2003 bis März 2004 Interviews mit neun Fachpersonen aus der Schweiz und aus Deutschland geführt. Knapp die Hälfte der Befragten sind Professoren (abgedeckt sind katholisch-theologische Ethik, evangelisch-theologische Ethik, philosophische Ethik und Soziologie), zwei Personen sind in institutionalisierte Schnittstellen zwischen Universität und Praxis involviert, weiter sind Politik, Wissenschaftsjournalismus und Verwaltung vertreten. Alle befragten Fachpersonen sind an Umsetzungs-Prozessen beteiligt; die Mehrzahl relativ stark.

1.2 Durchführung

Das Expertinnen- und Experteninterview orientiert sich in aller Regel an einem Interviewleitfaden als Vorstrukturierung des Gesprächs (Deeke 1995, 13–15), wobei zugleich empfohlen wird, die Erhebungssituation den Regeln der alltagsweltlichen Kommunikation entsprechend zu gestalten (Trinczek 2002). Die alltägliche Kommunikation in den Universitäten und deren Umfeld ist bestimmt von Fachgesprächen. Dieser Diskursform sollen sich die Interviews annähern, wobei der Interviewer mit dem Frageleitfaden im Hintergrund nicht nur, aber primär, rezeptiv kommuniziert. Mit zunehmender Anzahl geführter Interviews und sonstiger Beschäftigung mit der Thematik wird die Interviewerin bzw. der Interviewer selbst zu einer Art Quasi-Experte, so dass Pfadenhauer (2002) diese Interviewform sogar als Gespräch «auf gleicher Augenhöhe» definiert.

Der Leitfaden erhielt, trotz offen geführtem Gespräch, ein gewisses Gewicht dadurch, dass die Interviewpartnerinnen und -partner etwa zehn Tage vor dem Interview eine Kurzbeschreibung des Projektes «Ethiktransfer» und die Fragen des Interviewleitfadens zugestellt erhielten.

Der Frageleitfaden besteht aus zwei Teilen. Die Fragen des ersten beziehen sich auf die *eigene Arbeit bzw. eigene Institution der Expertinnen und Experten* (Wahrnehmung von Ethikbedarf, Bezug zu den Praxis-/Anwendungsfeldern, Verhältnis der Ethik als Fach zur übergeordneten Institution[1] usw.). Im zweiten Teil geht es um *Einschätzungen von Ethiktransfer generell* (eigene

---

[1] Diese Frage passt nur zum Kontext universitärer Institute und eignet sich nicht für Interviews mit Praktikerinnen und Praktikern aus den Handlungsfeldern. Generell wurde so vorgegangen: Fragen, die an eine bestimmte Interviewpartnerin bzw. an einen bestimmten Interviewpartner sinnvollerweise nicht gerichtet werden konnten, wurden entweder sinngemäss

Definition, Chancen und Risiken, Qualitätsmerkmale, Risiko der «Vermarktung», Ansätze und Formen usw., wobei an dieser Stelle noch mit einem weiten Begriff von Ethiktransfer, der weite Teile der praktischen Umsetzung von Ethik insgesamt umfasst, gearbeitet wurde).

Die Interviews fanden in der Regel in den Arbeitsräumlichkeiten der Expertinnen und Experten statt und dauerten je ungefähr eineinhalb Stunden. Die Gespräche relativ frei vom Interviewleitfaden zu führen, bewährte sich, da spontan und assoziativ gefundene Themen oft wesentliche Beiträge zum Thema brachten, wie die spätere Auswertung deutlich zeigte. Weiter kann davon ausgegangen werden, dass durch die vorzeitige Zusendung des Leitfadens dieser bereits im Voraus die Denkprozesse und Aussagen der Interviewpartnerinnen und -partner leitete und teilweise auch zu neuen Überlegungen anregte. In der Regel wurde der Leitfaden lediglich am Ende des Gesprächs konsultiert, um offen gebliebene Fragen anzusprechen. Dabei zeigte sich, dass, wohl gestützt durch die vorherige Zustellung des Interviewleitfadens, die relativ freien Gespräche in der Regel die Fragen bereits aufgenommen hatten.

Die Bereitschaft der Expertinnen und Experten, sich auf die Thematik einzulassen, war gross. Keine einzige Absage war zu verzeichnen, alle Gespräche konnten in guter Atmosphäre durchgeführt werden und waren ohne Ausnahme sehr ertragreich. Deshalb wurde nach neun Interviews beschlossen, die Datenerhebung abzuschliessen und mehr Zeit als ursprünglich geplant auf die methodisch sorgfältige Auswertung zu verwenden.

1.3 Auswertung

Die Interviews verteilten sich wie erwähnt über ein gutes Jahr und begleiteten in dieser Zeit den Forschungsprozess. Sie beeinflussten die Auseinandersetzung mit der einschlägigen Literatur und die Denkprozesse auf dem Weg zu einer Theorie und zu Kriterien für Ethiktransfer. Ausserdem boten diese Gespräche hie und da Gelegenheit, den einen oder anderen eigenen Gedanken zur Diskussion zu stellen.[1]

Die unmittelbare Wirkung der Interviews auf den Reflexionsprozess ist primär. Da dieser Einfluss methodisch nicht kontrollierbar und nicht ausweisbar ist, wurde dieser ausgesprochen «weichen» Einflussnahme der Gespräche auf das Forschungsresultat eine vergleichsweise «harte» Auswertung des Datenmaterials zur Seite gestellt. Die methodisch kontrollierte Auswertung machte es nicht nur möglich, die weichen Einflussnahmen im Nachhinein mit Zitaten aus den Interviews zu rekapitulieren und darzustellen, sondern erwies sich als ausserordentlich ertragreicher Zusatznutzen. Insbesondere führte die gleich zu beschreibende Codierung implizit zu einer Kartographierung der Thematik am Textmaterial der Interviews. Die Interviews wurden auf Band aufgezeichnet und – in der Regel kurz nach der Durchführung – ab Band selektiv protokolliert: Abschweifungen von der Thematik, welche für den Kontakt und das erfolgreiche Gespräch durchaus wichtig waren, aber keine wesentlichen Bei-

---

angepasst oder fielen, wenn das nicht möglich war, ganz weg.

[1] In dieser Zeit entstand eine Grundstruktur für die Theorie des Ethiktransfers, bestehend aus den Elementen «Transferausgangsort», «Transferinhalt», «Transferwege» und «Transferzielort» (Handlungsfeld), wovon die Entwicklung von «Kriterien» der Transferqualität zu unterscheiden ist.

träge zur Untersuchung liefern würden, wurden ausgelassen.[1] Die als wichtig eingeschätzten Teile hingegen wurden wörtlich protokolliert.[2]

Im Rahmen einer soziologischen Methodikberatung durch Erika Szwed von coachcomm GmbH wurde entschieden, eine Codierung der Interviews vorzunehmen. Mit diesem Entschluss weicht man von der üblichen, stärker hermeneutischen Einzel-Auswertung von Expertinnen- und Experteninterviews im Gefolge des für die Methodendiskussion wichtigen Artikels von Meusner und Nagel (2002, Erstabdruck 1991) markant ab. Die Auswertung mittels Codierung bleibt zwar im qualitativen Paradigma, stellt aber eine vergleichsweise strikte Methodik dar. Dafür spricht, wie erwähnt, dass sich eine stark hermeneutische geleitete Wirkung der Interviews auf den Forschungsprozess bereits ergeben hatte. Die unkonventionelle Entscheidung war ein Experiment, das jedoch rückblickend als Erfolg gewertet werden darf.

Zunächst wurden die Protokolle nicht mehr als Einzeltexte verstanden, sondern als Korpus mit einer Gesamtseitenzahl von 122. Dieser Korpus wurde in 320 Textabschnitte unterteilt. Im selben Arbeitsgang wurden die Texteinheiten nach Themen sortiert.

Die Bildung thematischer Gruppen ging zunächst von der Einsicht aus, dass sich Transferprozesse unter dem Aspekt betrachten lassen, dass ein Ort, von dem die Hauptinhalte des Transfers ausgehen (kurz als *Transferausgangspunkt* bezeichnet) definiert sein muss, ebenso ein *Transferzielort* (das jeweilige Handlungsfeld), zwischen denen der Transfer auf einem bestimmten *Transferweg* stattfindet, auf welchem wiederum bestimmte *Transferinhalte* (in beide Richtungen) transportiert werden. Dieses Zwischenstadium der Theorieentwicklung ergab sich aus den Gesprächen mit den Expertinnen und Experten (ausserdem aus parallelen Präsentationen des Forschungsprojekts bei verschiedenen Gelegenheiten und aus der Beschäftigung mit der einschlägigen Literatur) zunehmend. Die Kategorien 3 bis 6 (und 7) repräsentieren dieses Zwischenstadium und geben zugleich Impulse für eine differenziertere Theorie, wie sie im nächsten Kapitel dargestellt werden wird.

Zum anderen Teil geschah die Definition der Gruppen induktiv. Thematisch eng verwandte Textabschnitte wurden zusammengenommen, Teilgruppen verbunden, bis wieder Hauptkategorien entstanden. So kam es aufgrund der Tatsache, dass den Expertinnen und Experten diese Themen offenbar wichtig waren, zu zwei weiteren Kategorien mit den Hauptthemen «Untersuchungsgegenstand» und «Transferbegriff»:

---

[1] Protokollierung bedeutet im Unterschied zur Transkription, dass erstens nur der Wortlaut, nicht aber Tonfall und andere Elemente nonverbaler Kommunikation festgehalten werden; selektiv meint, dass nicht die gesamte Aufnahme protokolliert, sondern bestimmte Teile ausgelassen werden.

Tiefeninterviews werden – wenn sie nicht Expertinnen- bzw. Experteninterviews sind – in der Regel transkribiert. Für Expertinnen- und Experteninterviews ist dies zumindest dann nicht nötig, wenn die interviewten Personen nicht primär als Beforschte, sondern als über das zu Beforschende Informierte befragt werden. Da, wie erwähnt, sowohl Fragen zu eigener Transferarbeit als auch Fragen zu Meinungen und Überlegungen über Transferarbeit anderer Personen und Institutionen gestellt wurden, wird zwar die Arbeit der Befragten mitbeforscht. Jedoch geschieht auch dies so, dass primär die logischen Aussagen der Befragten über diese Arbeit interessiert, weniger Betroffenheiten, Emotionen und andere Inhalte, welche im nonverbalen Bereich festzumachen wären. «Weniger» heisst allerdings durchaus nicht «nicht». Nur stehen diese zu sehr am Rande, als dass dies eine Transkription sinnvoll erscheinen liesse, zumal der grössere Aufwand Ressourceneinsparungen an anderen Stellen notwendig gemacht hätte.

[2] Den archivierten Protokollen wurde ein CV der Expertin bzw. des Experten beigegeben und eine Notiz, in welcher in wenigen Sätzen die in jener Phase der Theorieentwicklung zentralen Einsichten aus dem jeweiligen Gespräch sowie die allgemeine Stimmung festgehalten wurden.

1 Untersuchungsgegenstand
2 Transferbegriff
3 Transferausgangspunkt
4 Transferinhalt
5 Transferwege
6 Transferzielort/Handlungsfeld
7 Kriterien (inkl. Probleme, die durch entsprechende Kriterien angegangen werden sollen)
8 offene Kategorie

Die offene Kategorie 8 wurde generiert, um keinen Zuteilungsdruck entstehen zu lassen, sondern Raum für noch nicht als wichtig erkannte Themen offen zu halten.

> Die Auswertung der Interviews kategorisiert in Begrifflichkeiten, die teilweise von den schliesslich in der Theorie des Ethiktransfers in Kapitel E abweichen. Die Terminologie der Kategorien stellt ein Zwischenstadium der Theorieentwicklung dar. Darin wird Ethiktransfer erklärt als Prozess, der die wissenschaftliche Ethik zum «Transferausgangspunkt» nimmt und bestimmte Handlungsfelder als «Transferzielorte» versteht. Die Verbindung dazwischen bilden unterschiedliche Arten von «Transferwegen», somit unterschiedliche Methoden von Ethiktransfer, über die – in beide Richtungen – verschiedene «Transferinhalte» übertragen werden. Diese rudimentären Grundstrukturen einer Transfertheorie lassen sich, unter anderem angesichts der Ergebnisse der Expertinnen- und Experteninterviews, so nicht völlig aufrecht erhalten. Der definitive Theorievorschlag wird daher teilweise andere Begriffe und Konzepte verwenden, doch eignet sich diese vorläufige Struktur gut für die Gliederung und Auswertung der Textabschnitte der Expertinnen- und Experteninterviews.
>
> Allerdings wird *der Begriff Ethiktransfer noch nicht durchgehend im Sinne der strikten Definition verstanden*. Dies gilt teilweise für die Benennung der Kategorien, stärker aber noch für die Gespräche mit den Expertinnen und Experten. Hie und da wird von Ethiktransfer auch da gesprochen, wo im Sinne der strikten Terminologie von «praktischer Umsetzung von Ethik» die Rede sein müsste.

Bei der Zuteilung zu diesen 8 Hauptkategorien wurden einerseits Doppelcodierungen zugelassen, d.h. ein Textabschnitt konnte zugleich als Aussage zu zwei Themen verstanden werden. Andererseits ergab sich dabei nochmals Gelegenheit, zum Thema wenig aussagekräftige Textteile auszuscheiden, indem sie überhaupt nicht codiert wurden.

Die Textabschnitte wurden in den Protokollen mit einer entsprechenden Farbe unterlegt und erhielten eine alphanummerische Kennung. Zugleich wurden diese Textabschnitte zusammen mit der Kennung in ein Tabellendokument kopiert und in einer weiteren Spalte mit dem Kategorien-Code versehen. Ein kleiner Kommentar, welcher anzeigt, warum oder in welcher Hinsicht dieser Textabschnitt dieser Kategorie zugeordnet wurde, fand in einer weiteren Spalte Platz.

Nun wurde es möglich, die Textabschnitte in diesem Tabellendokument nach Kategorien zu sortieren. Es entstanden so acht neue Teilkorpi des Textes, deren Sinneinheiten nun nicht mehr durch die Person des Experten bzw. der Expertin, sondern durch das Thema zusammengehalten wurden. Darauf konnte die Untercodierung aufbauen.

Dazu wurde jeder dieser acht Teilkorpi analysiert in Hinsicht auf die Frage, welche Teilthemen sich zeigen. Jedes Teilthema wurde als Unterkategorie geführt, und in einer weiteren Spalte des Tabellendokuments wurde zu jedem Textabschnitt diese Unterkategorie notiert. Die Kategorie Untersuchungsgegenstand beispielsweise umfasste Textabschnitte, welche sich in die Unterkategorien

a) Reflexionsbedarf,
b) Eingrenzung des Untersuchungsgegenstands,
c) Strukturenethik,
d) Wirksamkeit und
e) Metareflexion des Untersuchungsgegenstands

gruppieren liessen. Am meisten Unterkategorien waren zu den «Transferwegen» und bei den «Kriterien» einzuführen, nämlich 28 und 29.

Wie schon die Bildung der Hauptkategorien, so war auch die Bildung der Unterkategorien theoriebildend. Es entstand eine «Landkarte» des zu untersuchenden Gebiets – wobei sich dann auch Inkonsistenzen unter bereits vorgenommenen Codierungen zeigten. So musste am einen oder anderen Ort eine zunächst eingeführte Unterkategorie wieder gestrichen werden, und einige wenige Textabschnitte waren, nachdem die gesamte Systematik bestand, nochmals umzucodieren. Gerade mit diesen Präzisierungen ergab sich ein übersichtliches System, in das sich die Textabschnitte aus den Expertinnen- und Experteninterviews zwanglos einordnen liessen.

Hauptkategorien	Unterkategorien
1 **Untersuchungsgegenstand** 2 **Transferbegriff**	▪ Wirksamkeit als Definitionskriterium ▪ Begriff ▪ Bidirektionalität ▪ Idiolokalität ▪ Strukturenethik ▪ Transfer als Zumutung ▪ Faktischer Ethiktransfer als Reflexionsbedarf ▪ Eingrenzung der Reichweite der Untersuchung ▪ Metareflexion des Untersuchungsgegenstands
3 **Transferausgangspunkt**	▪ Definition und Begriff des Transferausgangspunktes ▪ Theologische und philosophische Ethik ▪ Positive und negative Transferanreize ▪ Funktionsweise: Weitere Aussagen ▪ Erscheinungsbild ▪ Gesellschaftstheorie in der Ethik ▪ Transferrelevante Theorie: weitere Aussagen

4	Transferinhalt	▪ E Dilemmaklärung ▪ E ethisch-reflexive Mediation ▪ E Explizieren von normativen Implikationen ▪ E freier Diskurs ▪ E Klärung der Ethik-Expertise ▪ E kritische Fragen von aussen ▪ E Mitdenken von aussen ▪ E Modelle ▪ E Moral? ▪ E Rekonstruktion der Argumentation und der Problemstellung ▪ E Sicherung von funktionalen Unabhängigkeiten ▪ E Sprachfindung ▪ ER Entwicklungsoffenheit ▪ ER Praxisbezogene Reflexionen ▪ ER kritische Fragen ▪ EN Lösungen ▪ EN Theoriekomplexe ▪ EN Wichtiges ▪ EN Entscheidungsempfehlungen?
5	Transferwege	▪ E nicht formalisierte Bildung ▪ E formalisierte Bildung ▪ E Publikation ▪ E Wissenschaftsjournalismus ▪ E Internet ▪ E Unternehmensberatung ▪ E Kommunikations-Engagement ▪ E Ethik-Management-System ▪ E Stakeholder-Management ▪ E Ethikcodex ▪ E Ethiktransfer bei der Genese neuer Strukturen ▪ E Ethikgremien ▪ E Konferenz ▪ E Labeling ▪ E Ranking ▪ E Finanzinstrumente ▪ E Forschung ▪ E Öffentlichkeitswirksamkeit der Universität ▪ E Interdisziplinarität ▪ E Transferorganisationen aus der wissenschaftlichen Ethik generieren ▪ E Transferorganisation aus der Kirche ▪ E Firma ▪ E Koalitionen ▪ E Personalunion ▪ Bedeutung der Institutionalisierung ▪ Spezialisierung ▪ Verhältnis zwischen Transferwegen

D Exploration III: Expertinnen- und Experteninterviews

6	Transferzielort/ Handlungsfeld	<ul><li>Definition Handlungsfelder für Ethiktransfer</li><li>E Gesetze</li><li>E öffentlicher Diskurs</li><li>E Medien</li><li>E Politik</li><li>E Wissenschaft</li><li>E Nachwuchsförderung</li><li>E Verwaltung</li><li>E Gesundheitswesen</li><li>EN Rahmenbedingung Markt?</li><li>E Firma</li><li>E Verwaltungsrat</li><li>E Branchen</li><li>E IT-Bereich</li><li>E Angestellten-Organisationen</li><li>E NGO</li><li>E Kirchen</li></ul>
7	Kriterien	<ul><li>E (richtige) Vernetzungen</li><li>E Engagiertheit der Personen</li><li>E ethische Selbstreflexion</li><li>E Fachlichkeit</li><li>E Fehlerkultur</li><li>E Genderreflexion</li><li>E Interdisziplinarität</li><li>E Kommunikations-Kompetenz</li><li>E Bescheidung</li><li>E Anschluss an vorhandene Ethik</li><li>E Begrenzung der Funktionalisierung</li><li>E Berücksichtigung der Handlungsfeld-Logik</li><li>E Dilemmabezug</li><li>E echter Dialog</li><li>E gemeinsame Sprachfindung und Übersetzung</li><li>E Partnerschaftlichkeit</li><li>E Prozesshaftigkeit und Entwicklungsoffenheit</li><li>E Pluralität der Zusammensetzung</li><li>E Rückfluss in den wissenschaftlichen Diskurs</li><li>E Trennung Reflexion – Empfehlung</li><li>E relative Unabhängigkeit von der Öffentlichkeit</li><li>E Stärkung Individualverantwortung</li><li>E keine Moralisierung</li><li>E kommunizierter Werterahmen</li><li>E Parteilichkeiten vermeiden oder offenlegen</li><li>E Strukturorientierung</li><li>E Wirksamkeit</li><li>E Markttauglichkeit?</li></ul>
8	Offene Kategorie	<ul><li>Historische Veränderungen der Bedingungen von Ethiktransfer</li><li>Bedingungen von Bedarf nach praktischer Umsetzung ethischer Reflexion</li></ul>

Legende
E   Beispiele bzw. Typen von Transferinhalten, -wegen, -zielen und Kriterien (Exemplum)
ER Reverse Transferinhalte, d.h. solche, die vom Transferzielort/Handlungsfeld zum Transferausgangspunkt gehen
EN Nicht-Beispiele, d.h. nicht sinnvolle Transferinhalte bzw. nicht sinnvolle Transferzielorte/Handlungsfelder

Tabelle 6: Übersicht über die Kategorienbildung (Stichworte bzw. Namen der Kategorien)

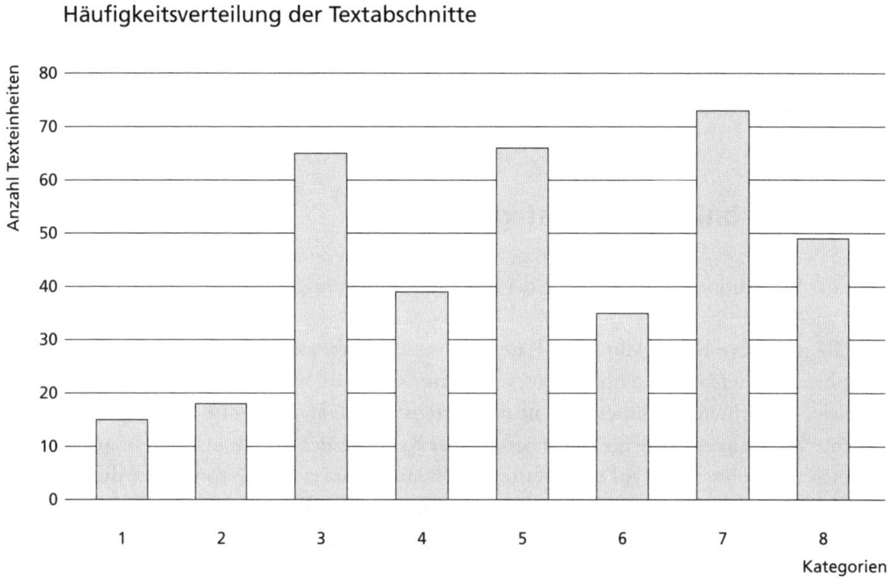

Häufigkeitsverteilung der Textabschnitte

Grafik 8: Verteilung der Textabschnitte auf die Hauptkategorien

Nun werden alle Texte einer Unterkategorie als eine Informationsquelle zu diesem Teilthema verstanden, und diese integrale Quelle wird auf ihren Hauptbeitrag zur Fragestellung der Untersuchung hin zusammengefasst. Dabei bleibt ein gewisser Interpretationsspielraum bestehen. Dessen Nutzung wird transparent gemacht, indem die Interviews zitiert werden, so dass die Interpretation nachvollziehbar wird.

Eine nicht zu unterschätzende methodische Kontrolle entsteht dadurch, dass prinzipiell alle protokollierten Textpassagen einer Unterkategorie zugeordnet werden müssen – oder es muss, nach reiflicher Überlegung, entschieden werden, dass ein Textabschnitt mit der Forschungsfrage nicht in engerem Zusammenhang steht. Dies verhindert spontane negative Selektion und zwingt, Passagen nicht unter den Tisch fallen zu lassen, bloss weil sie vielleicht der Intention des Forschenden kritisch gegenüber stehen.[1] Solche «Widerständigkeiten» der Methodik sind – neben anderen Kriterien wie etwa dem der Nachvollziehbarkeit – als Qualitätsmerkmale sozialwissenschaftlicher Forschungsmethodik zu sehen.

Die notwendigerweise subjektive Interpretation ist, verglichen mit psychologischer und soziologischer Interviewforschung, relativ unproblematisch, weil, wie erwähnt, die Expertinnen und Experten nicht so sehr als Autoritäten, deren Aussagen per se Gültigkeit hätten, sondern mehr als *Produzentinnen und Produzenten relevanter Impulse, neuer Reflexionen und einleuchtender Erfahrungen* gesehen werden. Daraus ergibt sich auch, dass Texte besser über- als unter-

---

[1] Ein Beispiel für die Widerständigkeit der Methodik ist die Einführung der Kategorie «Untersuchungsgegenstand». Sie war zunächst nicht vorgesehen, wurde aber bald nach Beginn der Codierung eingeführt, weil Aussagen zu diesem Thema sonst die offene Kategorie dominiert hätten. Damit wurde ein ganzer Bereich relevanter Reflexionen definiert, der vorher offenbar zu einem guten Teil ausgeblendet gewesen war.

interpretiert werden sollen. Die Aussagen haben ihre Gültigkeit ja nicht dadurch, dass sie gemacht wurden, sondern gewinnen sie, wenn und indem sie zu den ersten beiden Explorationen bzw. zu anderen Aussagen von Expertinnen und Experten in Bezug gesetzt werden oder aus anderen Gründen inhaltliche Plausibilität gewinnen können.

2 Ergebnisse nach Kategorien

Für das Verständnis der Darstellung der Ergebnisse sind einige ergänzende Punkte zum Vorgehen wichtig:
1. Die induktive Entwicklung der Kategorien und Unterkategorien und damit einer Kartographie der Thematik ist empirisch forschend nur stringent, wenn man eine Zuteilung aller als relevant erkannten Textabschnitte in mindestens eine Unterkategorie erzwingt. Das ist logisch: Wenn eine Aussage für eine Theorie oder Kriterien des Ethiktransfers relevant ist, muss es auch möglich sein, sie auf einer Karte der Thematik zu verorten – sonst wäre die Karte unvollständig. Andererseits muss eine Karte die Topographie ja gezwungenermassen vereinfacht abbilden. So lassen sich nicht alle Details optimal unterbringen. Die folgende Darstellung der Ergebnisse orientiert sich jedoch weitestgehend am Zwang der Zuteilung und gibt somit Rechenschaft über alle kategorisierten Textabschnitte, indem sie diese in aller Regel gekürzt zitiert oder allenfalls nur rapportiert. Einige wenige Zuteilungen bleiben etwas unglücklich, doch galt es, einen Kompromiss zwischen idealer Passung der Unterkategorien zu den Textabschnitten und der notwendigen zahlenmässigen Begrenzung der Unterkategorien zu finden.
2. Da die Expertinnen und Experten frei formulierten (einige hatten sich mit Stichworten vorbereitet, andere nicht) und in der Regel Dialekt sprachen, kam es nicht selten zu Anakoluthen und stilistisch unglücklicher Sprache. Dennoch wird teilweise wörtlich zitiert, um Einblick in die Gesprächsatmosphäre zu geben und den Nachvollzug des Interpretationsprozesses zu erleichtern. Nur an einer Stelle musste eine unanständige Ausdrucksweise zensuriert werden, was am entsprechenden Ort angemerkt ist.
3. Die Aussagen der Expertinnen und Experten sind *anonymisiert*. Dies war teilweise auch bei Ortschaften und Bezeichnungen von Institutionen notwendig, um Rekonstruktionen zu verhindern. Die Anonymisierung wurde konsequent so vorgenommen, dass die Bedeutung der Aussagen für die Entwicklung des Theorievorschlags und der Kriterien in den Folgekapiteln unverändert ist. Auch die Zahlen in Klammern, welche auf die Nummerierung der Textabschnitte in den Protokollen der Interviews verweisen, erlauben keine Rekonstruktion der Gesamtprotokolle. Um diese zu verunmöglichen, wurden die Textabschnitte in den Interviews bewusst nicht fortlaufend, sondern zufällig beziffert: Ziffern, die aufeinander folgen, erlauben keinen Rückschluss darauf, dass die entsprechenden Textabschnitte im Original ebenfalls hintereinander stehen, ja nicht einmal darauf, dass sie aus demselben Interview stammen.

2.1 Kategorien «Transferbegriff» und «Untersuchungsgegenstand»: Grundfragen zum Prinzip der Theorie

Diese beiden Kategorien können sinnvollerweise gemeinsam interpretiert werden. Sie decken Fragen ab, welche die *Grundstruktur der Theorie* sowie *Motivationen und Grenzen einer solchen Theorie* reflektieren, also den Untersuchungsgegenstand präziser fassen und den theoretischen Zugang kritisch bedenken und dabei auch Metareflexionen zur Untersuchung von Ethiktransfer insgesamt vorbringen.

Die den Kategorien Transferbegriff und Untersuchungsgegenstand zugewiesenen Textteile wurden sinnlogisch gruppiert. Dabei haben sich die folgenden Unterkategorien ergeben:
1. Definition und Wirksamkeit
2. Begriff
3. Idiolokalität
4. Bidirektionalität
5. Strukturenethik
6. Transfer als Zumutung
7. Faktischer Ethiktransfer als Reflexionsbedarf
8. Eingrenzung der Untersuchungsreichweite
9. Metareflexion des Untersuchungsgegenstands

Die Unterkategorien 1 bis 5 konzentrieren sich auf eine genauere Fassung des Transferbegriffs und damit des Untersuchungsgegenstands, während die Unterkategorien 6 bis 9 die Bedeutung des Gegenstands und dessen Reflexion aus verschiedenen Perspektiven beleuchten.

2.1.1 Die Aussagen in den Unterkategorien

Wirksamkeit als Definitionskriterium

Von zwei verschiedenen Expertinnen bzw. Experten fielen zwei Sätze, die rund um die Frage der konkreten Wirksamkeit ethischer Reflexion besonders interessant sind. Das Ziel «... die ethische Reflexion zur Geltung zu bringen, wo sie noch nicht drin ist» (190)[1], fasst Wirkung synonym als «zur Geltung bringen» und bindet diesen Prozess an einen Zielort, der gewissermassen nicht personal, sondern lokal bestimmt ist: als Ort, in dem etwas «drin» sein kann oder eben nicht. Dieser Ort ist allgemein gefasst. Es kommt prinzipiell jeder Ort in Frage, in dem eben ethische Reflexion «drin» sein kann. Soziale Strukturen im weitesten Sinn sind dabei vermutlich zentral angesprochen, sicherlich mitgemeint. Damit parallelisiert diese Aussage in kompakter Form die oben angestellten Überlegungen zur «Manifestation» von Ethik in organisationalen und gesamtgesellschaftlichen Strukturen.

Die zweite Aussage bringt die Aufgabe der Umsetzung von Ethik allgemein (tendenziell sogar des Ethiktransfers im Speziellen) in einer Frage zum Ausdruck: «Wie werden Sätze, die in der Wissenschaft, also nämlich in der Ethik (Ethiktheorie), produziert werden, für bestimmte, ausserwissenschaftliche Handlungsfelder, also für Organisationen, die etwas anderes produ-

---

[1] Die Protokolle aller Interviews zusammen wurden in 319 relevante Texteinheiten eingeteilt. Sie wurden je mit einer der Zahlen 1 bis 319 versehen. Die Wahrung der Anonymität macht eine zufällige Reihenfolge der Zahlen notwendig. Die jeweils in Klammern angegebene Zahl (hier «190») verweist auf die Nummer der Texteinheit, in der das Zitat (hier «... die ethische Reflexion zur Geltung zu bringen, wo sie noch nicht drin ist») in den Protokollen der Interviews zu finden ist.

zieren als Wissenschaft, nutzbar gemacht?» (10) In diesem Satz wird die wissenschaftliche Ethik als Ausgangspunkt des Transfers wissenschaftssoziologisch gefasst. Diese Perspektive ist wichtig und wird unten (Seite 277 und folgende unter «3.1.2 Wissenschaft als Teil der Gesellschaft») vertieft werden. Interessant ist ausserdem die Übereinstimmung dieser Konzeption von Transfer als Zweitverwertung mit dem psychologisch-pädagogischen Transferbegriff (vgl. unten Seiten 104 unter «1 Transferbegriff»).

Begriff

Es wäre zu erwarten gewesen, dass der schillernde Begriff des «Transfers» zu Diskussionen Anlass gegeben hätte. Das war kaum der Fall. Offenbar konnte die Kurzbeschreibung, die alle Expertinnen und Experten vor den Interviews erhalten hatten, den Begriff genügend klären. Eine der wenigen Aussagen aus den Experteninterviews zum Begriff «Transfer» genügt jedoch, um den Diskussionsbedarf zu illustrieren: «Dieser Ausdruck wird heute so häufig gebraucht: Transfer von wissenschaftlichen Kenntnissen in die Praxis. Das ist das Gängige. Ich bin mir nicht sicher, ob diese Metapher stimmt für die Ethik. Es ist Bewusstseinsarbeit» (182). Der Begriff des «Transfers» wird als «häufig», «gängig» eingeschätzt und – trotzdem oder deswegen? – kritisiert. Der Vorschlag von «Bewusstseinsarbeit» als begriffliche Alternative scheitert daran, dass Bewusstseinsarbeit nur eine mögliche Form von praktischer Umsetzung darstellt bzw. eher noch der Moral- bzw. Ethikpädagogik zuzuordnen ist, bringt jedoch zum Ausdruck, dass die Klärung des Transferbegriffs, wie sie in der zweiten Exploration dann auch vorgenommen wurde, wichtig ist.

Bidirektionalität

Transfer kann keine «Einbahnstrasse» sein, kein einseitiger Transport von Inhalten von hier nach dort. Bidirektionalität jedoch setzt «den guten Willen», den «es von beiden Seiten braucht» (274), voraus. Diese Bidirektionalität versteht sich nicht von selbst, vielmehr muss sie gegen eine Vorstellung eines ‹Von oben nach unten› immer wieder betont und realisiert werden: «Man muss schon aufpassen, dass man bei «Theorie – Praxis» dann nicht diese Einbahnstrasse vor Augen hat. Theorie und Praxis sind zunächst mal andere Wahrnehmungs- und Denkformen. Theorie ist keine bessere. [...] Aus der Soziologenecke kommt das. Das muss man glaub ich, immer wieder vor Augen [haben], das rutscht [sonst] immer wieder rein. Auch von der Erwartung [her]» (160). Versuche einseitigen Transfers würden auch nicht goutiert werden: «Ne. Die Frage ist, was versteht der, die Ethikberater, Ethikberaterin, von dem Unternehmen. Was haben sie erfasst? Also, gehen sie da rein, in den Beratungskontext, weil sie denen das erzählen möchten, den Unternehmen oder den Regierungsvertretern [...], was sie an anderen Orten auch schon erzählt haben, aber früher war es ein Seifenhersteller und jetzt ist es ein Automobilhersteller. Nach dem Motto: Die Wahrheit ist immer die gleiche. Also, dann sollte man die Freunde alle in den Gottesdienst einladen [...]. Aber da ist eine andere Erwartungshaltung: Da soll einer reinkommen und der soll etwas vom Unternehmen verstehen. Oder zumindest von den Strukturen, den Handlungsstrukturen, in denen Unternehmen tätig sind» (30). Es braucht nach diesem Experten also einen Informationsfluss hin zur Ethik, bevor überhaupt ein Informationsfluss von der Ethik ausgehen kann. Man darf Ethik nicht «dogmatisieren», «auch nicht in der evangelischen Kirche» (192). Dieser Informationsfluss in die evangelische Ethik hinein kann gelingen: «Es [damit ist eine bestimmte Institution, deren Arbeit als Ethiktransfer im hier verwendeten Sinn zu verstehen ist] ist tatsächlich eher – für die kirchliche Wahrnehmung – eine kritische Position in die Kirche hinein geworden» (125). Der Informationsfluss aus der Praxis zur wissenschaftlichen Ethik – in der Aussage hier zur Kirche, welche als Ausgangspunkt evangelischer Ethik wahrgenommen wird – umfasst also nicht nur die zunächst genannten Sachinformationen über die Praxissituation etwa der Unternehmen, sondern durchaus Kritik, aus der Praxis kommend, in die Theorie des Transferausgangspunktes hineinreichend.

Idiolokalität

Das notwendige Pendant zu Bidirektionalität scheint eine Klarstellung zu sein, welche man als Idiolokalität bezeichnen könnte: Die Arbeit an einer Universität «ist etwas total anderes» (297) als Arbeit in der Praxis, sogar etwas ganz anderes als Transferarbeit für die Praxis. Diese strikte Unterschiedenheit und Eigenständigkeit dieser beiden «Orte» wird in den Begriff der «Idiolokalität» gefasst. Negativ konnotiert kann dieser Sachverhalt so beschrieben werden: «Es gibt einen Bereich ethischer Reflexion, der hat in der Tat nicht nur keine Tendenz, sondern es ist auch keine Wahrscheinlichkeit, dass er in der Praxis rezipiert wird – weil er so abgehoben formuliert wird, dass es sowieso nur noch eine ganz kleine Gruppe von Wissenschaftlern versteht» (206). Positiver wird dasselbe Verhältnis gefasst, wenn gesprochen wird von der «Erfahrung, dass die Differenzierung in der Sprache komplex wird für die anderen [= die Nicht-Ethikerinnen und Nicht-Ethiker]. Und dort gibt es dann die Spannungen. Von der wissenschaftlichen Ethik her will man eigentlich in diesem Punkt nicht klein beigen. Weil man nicht kann. Das ist wie wenn: Man kann nicht einfach eine mathematische Formel lassen oder nicht gebrauchen. Da gibt es Verständnisschwierigkeiten» (59). Diese offenbar zu einem guten Teil für sich stehende «akademische Welt ist verhältnismässig geschützt» (94). «Und man muss diese Freiheit haben. Und das braucht die noch nicht direkt mit der Praxis verbundene Ethik» (227). Ein Experte benennt an einem Beispiel einen Grund, warum es die nicht mit der Praxis verbundene Ethik braucht: «Von dem her würde ich dieser Position, die Bedenken hat gegenüber dem Stakeholdermanagement als eine mögliche Methode, ethische Anliegen voranzubringen, diesen würde ich attestieren, dass es die reine Ethik braucht als Kontrollinstanz, als Herausforderung» (74).

In der Einschätzung, dass es eine nicht-transferorientierte Ethik gibt, die eine grössere Distanz zu den Handlungsfeldern hat, sind sich die Expertinnen und Experten einig (erstes Zitat). Doch bewerten sie diese offenbar unterschiedlich. Die relative Unabhängigkeit der von den Handlungsfeldern entfernten Ethik wird in einem Interview negativ beurteilt (zweites Zitat), erscheint jedoch bereits im nächsten Zitat ambivalent, aber insgesamt notwendig, in den anschliessend zitierten Textabschnitten eher positiv bis sehr positiv. Man kann daraus den Schluss ziehen, dass die Idiolokalität als «Eigenverortung» in relativer Unabhängigkeit einerseits Schwierigkeiten verursacht und andererseits wesentlich[1] ist. Die negative und die positive Beurteilung brauchen sich nicht auszuschliessen, werden aber von den Expertinnen und Experten offenbar unterschiedlich gewichtet.

---

[1] Die Bedeutung der Idiolokalität scheint weiter unten in der Kategorie, welche mit «Transfer als Zumutung» betitelt ist, nochmals auf.

Strukturenethik

Unter diese Unterkategorie wurden acht Aussagen gefasst. Betont wird einerseits die Bedeutung der Strukturenethik und andererseits deren Untrennbarkeit von der Individualethik: Ersteres wurde besonders für die Technikethik festgehalten: «Man sagt, dass: Die Ingenieurethik, die Individualethik, die löst überhaupt – ich sage es jetzt spitz – die löst keine Probleme. Die Probleme sind nur zu lösen, wenn man die Strukturen der technischen Produktion, des technischen Handelns, die Institutionalisierung, die Vielfalt, die da vorhanden ist, berücksichtig und schaut, wo kann man was machen. Was muss man einrichten. Das sind strukturelle Fragen und nicht individuale, es sind sozialethische, politische Fragen» (238). Ebenso gilt: «Ethik ist nichts Privates, nichts rein Privates, sondern hat was mit dem Unternehmen zu tun und ist etwas, das man einfach ausdrücklich tagtäglich im Geschäft irgendwie auch organisieren muss» (159). «Da kann man mit so einem Diktum von Ulrich Beck arbeiten. Der hat einmal von ‹organisierter Unverantwortlichkeit› gesprochen. Also gezeigt, dass durch die Arbeitsteiligkeit und auch in einem Unternehmen jeder an seinem Platz ordentlich arbeiten kann und trotzdem kommt am Ende der grösste Müll raus. Einfach weil man die Anreizmechanismen, die Organisationsmechanismen falsch organisiert hat» (53). Von da muss man zur «organisierten Verantwortlichkeit» (237) kommen: «Man sieht eben zu, dass die Anreizmechanismen zu den Ergebnissen führen, die man da eigentlich für wünschbar erklärt» (237). *Reflexion über wünschbare Strukturen sind offenbar wichtig, ebenso wie deren faktische Umsetzung in den Strukturen.*

Reflexionen über wünschbare Strukturen, die jetzt Thema der (Strukturen- bzw. Sozial-) Ethik sind, wurden früher in der Soziologie angestellt: «Wir haben ja viele Gesellschaftstheoretiker, die dann ethisch werden. [...] Aber da muss man dann auch fragen» (193). Problematisch war, dass die Frage nach ‹guten› Strukturen «früher irgendwie zwar untergründig ethisch, auch in die Einzelwissenschaften abgewandert war, und da sicher auch zu unglücklichen Lösungen geführt» habe und dass diese Fragen «auch in der Soziologie nicht gründlich gestellt waren, solange sie als eine Art Schlüsselwissenschaft agiert hat». Sie habe «natürlich auch versucht, viele ethische Fragen zu beantworten, was sie natürlich nicht konnte. Aber das geht meines Erachtens heute der Ökonomie genau so» (136). *Reflexion über wünschbare Strukturen ist offenbar Sache der Disziplin der Ethik.*

So bedeutsam es ist, nun von der Ethik her Strukturen und den Transfer in diese Strukturen zu fokussieren, «muss man natürlich aufpassen, dass man nicht zu weit geht. Ethik fängt immer beim Einzelnen an und hört bei ihm auf. So weit zu gehen, dass das Ganze sozusagen nur auf die institutionelle Ebene verschoben wird, das also ist überhaupt nicht Idee dieser Aussage, es geht immer um ein ‹auch›, ‹sowohl als auch›. Also den Einzelnen nicht aus seiner Verantwortung entlassen, aber ihm auch eine Chance geben, diese überhaupt auszuleben» (16). Denn: «Was man nicht vergessen darf, ist, [...] dass diese [guten Strukturen] nur so viel wert sind – sagt man zu Recht –, wie die Individuen, die sie ausfüllen. Und wenn das individuelle Gewissen, das Verantwortungsbewusstsein und der Verantwortungswille fehlen, dann ist die strukturelle Arbeit für die Katz'. Und in diesem Sinn ist die Ingenieurethik, in dem Bereich, den sie angesprochen haben, so wichtig wie eh und je» (213). Und: «Ein Teil der Moralpädagogik ist die Einsicht in die Notwendigkeit der strukturellen Veränderung» (233).

Von einer Theorie des Ethiktransfers ist somit unter anderem eine Klärung des Verhältnisses zwischen Ethiktransfer und Moral- (bzw. Ethik-) Pädagogik zu erwarten (vgl. unten unter 3.2.4, Seite 293 und folgende). Dazu ist, anschliessend an diese letzten beiden Aussagen, festzuhalten, dass die Individualethik eine neue Bedeutung gewinnt: Sie erhält auch eine notwendige Funktion im Kontext des Ethiktransfers.

Transfer als Zumutung

«So kommt ein Prozess in Gang, bezüglich dessen man hoffen kann, dass das immer schwierige Verhältnis zwischen Theorie und Praxis (das ist ein Ausdruck, den ich sehr ungern verwende), zwischen Leuten, die in der akademischen Denkwelt gross geworden sind und Leuten, die halt in der Praxis gross geworden sind, [befördern wird]. Das geht manchmal nicht so von vornherein zusammen, und da braucht es von beiden Seiten den guten Willen zu sehen, was kann ich da eigentlich mit dem anfangen, was der andere mir da anbietet oder von mir haben will» (274). Dabei muss man – unter anderem – damit umgehen, «dass das eine ganz andere Sprache ist» (304).

«Und, was man vielleicht noch dazu sagen muss, [ist, dass] alles was man in der Praxis macht – das hat nichts mit Wirtschaftspraxis zu tun, sondern mit Praxis – immer auf Kompromissen beruht, und, dass man die natürlich, irgendwie zum Teil auch mitträgt [...] und mit dem muss man leben. Also, wenn man irgendwie dieser Illusion nachhängt, als Wissenschaftler eine Handlungssituation nie zu schliessen, nie schliessen zu müssen, dann darf man in diese Richtung gar nicht denken» (82). Bedenkt man, dass es eben ein entscheidendes Qualitätskriterium wissenschaftlichen Arbeitens ist, zwar stets sich der Wahrheitsfrage (wie auch immer sie – auch konstruktivistisch – gefasst ist) verpflichtet zu fühlen, aber diese Frage nie zu schliessen, sondern sich als Teil eines unendlichen Diskurses zu verstehen, so gerät der Druck der Praxis, Handlungssituationen noch und noch zu schliessen, dazu noch Kompromisse auf verschiedensten Ebenen einzugehen, gewiss zur Zumutung. Daher wurde diese Unterkategorie unter diese etwas starke Bezeichnung gefasst. Eine Zumutung sind Prozesse praktischer Umsetzung von Ethik in Organisationen aber genauso für die Praxis, «ja sehr, sehr bedrohlich für manche Praktiker. ‹Wir haben ja hier unseren Job, that's it. Und jetzt diese ganzen Weltbilderfragen, die jetzt plötzlich alle auch mit reindrängen bis in die letzten Fragen zu gehen, das können wir hier doch nicht... nee, lieber nicht.› Da kommt diese Angst[1] natürlich ins Spiel» (68). Wissenschaftliche Ethik und «Praxis» sind offenbar nicht nur getrennt zu denken (Idiolokalität, vgl. oben Seite 191 und folgende), sondern spielen auch nicht ohne weiteres quasi symbiotisch zusammen.

Faktischer Ethiktransfer als Reflexionsbedarf

Eine Expertin betont: «Ich meine, es gibt jetzt viele, die auftreten im ethischen Gebiet» (47). Dieses Faktum gibt ihr offenbar zu denken. Reflexionsbedarf im Bereich des Ethiktransfers ergibt sich offenbar nicht nur aus ganz verschiedenen systematischen Gründen, sondern auch darum, weil die Anstrengungen der praktischen Umsetzung zunehmen. Nicht nur wachsender «Ethikbedarf» (s.u.), sondern schlicht die Wahrnehmung, dass zunehmend Ethikerin-

---

[1] Hier ist die Angst der Praxis vor Infragestellungen aus der Wissenschaft angesprochen. Vermutlich ist es realistisch, von einer analogen Angst der wissenschaftlichen Ethik vor einer Infragestellung aus der Praxis auszugehen.

Eingrenzung der Reichweite der Untersuchung

Einerseits wird angemerkt, dass zwar nicht der Eindruck entstehen dürfe, mehr konkrete Umsetzung von Ethik könnte «alle» Probleme lösen, aber doch «einen Teil der Probleme» (A65). Andererseits wird Gewicht darauf gelegt, dass man die «Freiheit haben muss», welche «die noch nicht direkt mit der Praxis verbundene Ethik» (227, vgl. oben Seite 191 und folgende zur Idiolokalität) bietet. Weder löst Umsetzung von Ethik alle Probleme der Praxis, noch darf sich wissenschaftliche Ethik in Umsetzungsanstrengungen erschöpfen. Offenbar ist die Reichweite einer Untersuchung zum Ethiktransfer eng begrenzt und kann sowohl aus der Perspektive der Praxis als auch aus der Perspektive der Ethik nur einen engen Bereich der Arbeit thematisieren: Sowohl die wissenschaftliche Ethik als auch die in den Handlungsfeldern agierenden Organisationen können nur einen begrenzten Teil ihrer Ressourcen auf Umsetzung verwenden.

Metareflexion des Untersuchungsgegenstands

Die folgende Sequenz aus einem der Interviews förderte eine Metareflexion zu Tage. Der Interviewer fasst darin zunächst eine vorangegangene Gesprächssequenz dahingehend zusammen, dass «die Ethik einerseits so eine Bremser-Funktion, aber in Dilemmasituationen» auch «eine Orientierungsfunktion» habe. Der Experte führt nun den Gedanken weiter: «Und weiter hat sie [...] auch noch eine Legitimationsfunktion. Das ist ganz wichtig, dass man das sieht. Das kann in einem positiven oder in einem negativen Sinn sein» (241). Diese Sequenz zeigt an, dass Ethiktransfer aus einer Perspektive von ausserhalb der wissenschaftlichen Ethik verschiedene Funktionen übernehmen kann. Man müsse darum «die eigene praxisrelevante Funktion [des Forschungsprojekts Ethiktransfer] nochmals reflektieren», als «Sache des Vorworts» (292).

2.1.2 Fazit der Hauptkategorien 1 und 2

Die Hauptergebnisse aus diesen methodisch kontrolliert und thematisch systematisiert erfassten Aussagen der Expertinnen und Experten können in den folgenden Punkten zusammengefasst und auf die ersten beiden Explorationen bezogen werden:
- In den Interviews wird Wirksamkeit ethischer Reflexion in der Metapher des in konkreten Orten «Drin-Seins» bzw. «Nicht-Drin-Seins» ausgedrückt. Diese Metapher ist allgemein und konkret zugleich und öffnet den Blick für die vielen «Orte», in denen ethische Reflexion «drin» sein könnte. Diese Perspektive ist neu gegenüber den in den letzten beiden Kapiteln erfassten Themen, zumal sie die «Bereiche» der verschiedenen Bereichsethiken umfasst. Dasselbe gilt für die Konzeption von Wirksamkeit als Zweitnutzung von Sätzen.
- Der Hinweis darauf, dass «Transfer» ein «häufig» gebrauchter Begriff ist, der nicht in jeder Hinsicht zum Thema passt, wurde in den im letzten Kapitel festgehaltenen Überlegungen zum Begriff aufgenommen, auch wenn nicht der Schluss daraus gezogen wurde, den Begriff fallenzulassen.

- Der Hinweis darauf, dass für Austauschprozesse zwischen «Ethik» und «Praxis» der «gute Wille von beiden Seiten» notwendig ist, bestätigt einerseits die oben ausführlich dargestellten prinzipiellen Schwierigkeiten solchen Austausches, warnt aber zugleich, diese quasi technokratisch lösen zu wollen. Mit dem «guten Willen beider Seiten» ist eine Entität angesprochen, die sich nicht «produzieren» (wenn auch vielleicht pflegen oder ermöglichen) lässt und doch weitgehend über Gelingen und Misslingen von praktischen Umsetzungen allgemein und von Ethiktransfer im Speziellen entscheiden wird.
- Die Idiolokalität, die sich so in der einschlägigen Literatur nicht finden liess, wird von den Expertinnen und Experten stark gewichtet. An diesem Punkt weist die methodisch geleitete Auswertung der Expertinnen- und Experteninterviews auf einen entscheidenden, vermehrt zu berücksichtigenden Punkt hin.
- Das Recht, ja die eigene Bedeutung einer Strukturenethik, wie im ersten Kapitel dargestellt wurde, wird von den Expertinnen und Experten bestätigt. Die Interviews ergänzen dazu den wissenschaftshistorischen Hinweis, dass die Frage nach «guten» gesellschaftlichen Strukturen – mit wenig Erfolg – früher von anderen Wissenschaften, insbesondere der Soziologie, bearbeitet worden war. Das bedeutet implizit auch, dass es für die wissenschaftliche Ethik durchaus keine Selbstverständlichkeit war, dieses Feld auszufüllen. Dies wiederum kann erklären, warum auch heute in der Ethik gesellschaftliche Strukturen (noch) nicht ebenso Thema sind wie individuelle Handlungen.
- Weiter ist eine Beschreibung des Verhältnisses zwischen Moral- bzw. Ethikpädagogik und Ethiktransfer in dem Sinne zu beachten, dass Moral- bzw. Ethikpädagogik auch auf das Ziel einer Veränderung von gesellschaftlichen Strukturen hin angelegt werden kann (vgl. im nächsten Kapitel unter 3.2.3). In diesem Sinn kann und soll Strukturenethik ein wesentlicher Inhalt von Moral- bzw. Ethikpädagogik sein. Interessant ist, dass diese Perspektive, ebenso wie der Hinweis, dass Moral- bzw. Ethikpädagogik die individuellen Werthaltungen vermitteln soll, welche etwa im Rahmen von Ethiktransferprozessen gestaltete Strukturen letztlich auch stabil und wirksam machen, Funktionen der Moral- bzw. Ethikpädagogik für den Ethiktransfer benennt. Diese Sichtweise macht den Ethiktransfer zum übergeordneten Ziel und gibt der Moral- bzw. Ethikpädagogik zwei notwendige Funktionen im Kontext des Ethiktransfers.
- Die Aussagen in der Kategorie «Transfer als Zumutung» konkretisieren die behandelten Einsichten über Schwierigkeiten von Kommunikation bzw. strukturellen Kopplungen zwischen Systemen: Für die Praxis bedeutet die Schwierigkeit solcher Kommunikation und Kopplung, dass Ethiktransfer qualitativ und quantitativ von beiden Seiten besondere Leistungen und geschickte Organisation verlangt. Es lässt sich weiter folgern, dass dieser Aufwand nur dann betrieben wird, wenn ein hoher Nutzen zu erwarten bzw. der Leidensdruck hoch ist.
- Die Bedeutung einer Ethiktransfer-Theorie sowie einer Entwicklung von Kriterien ergibt sich nicht nur aus systematischen Gründen, sondern auch aus faktischen: Das Phänomen Ethiktransfer tritt auf – zunehmend häufig, wie geschätzt wird – und ist auch schlicht deswegen ein bedeutsamer Untersuchungsgegenstand, wie in der Einleitung bereits angesprochen. Das wird auch von Expertinnen und Experten so gesehen.

- Während in der Literatur «Funktionalisierung» bzw. «Instrumentalisierung» von Ethik pauschaler behandelt wird, schlug ein Experte die Unterscheidung unterschiedlicher «Funktionen» vor: Bremserfunktion, Orientierungsfunktion und – positive und negative – Legitimierungsfunktion. Auch wenn diese ad hoc entwickelte Aufzählung noch gewisse Schwächen hat, so zeigt sie doch bereits eine Denkrichtung an, die über die bisherige Diskussion über die «Funktionalisierung» von Ethik hinausführen kann. Zunächst eine Mehrzahl von Funktionen, die Ethik (damit Ethiktransfer) übernehmen kann, aufzuzählen, erlaubt einen neutraleren, noch nicht wertenden Blick, an den sich dann begründete Wertungen anschliessen können. Dies wird mit eine Aufgabe der Zusammenstellung von Qualitätskriterien für Ethiktransfer sein.

2.2 Kategorie 3: Transferausgangspunkt

Ausgangspunkt von Umsetzungsanstrengungen allgemein und Ethiktransfer im Speziellen ist die wissenschaftliche Ethik. Damit ist nicht gemeint, dass von ihr die Initiative ausgehen muss, sondern dass der Transferprozess, auch wenn er bidirektional gedacht wird, einen systematischen Ausgangspunkt hat. Die Aussagen der Expertinnen und Experten über die wissenschaftliche Ethik als systematischen Ausgangspunkt können in die folgenden Unterkategorien gruppiert werden:
1. Definition/Begriff
2. theologische und philosophische Ethik
3. positive und negative Transferanreize
4. Funktionsweise: weitere Aussagen
5. Erscheinungsbild
6. Gesellschaftstheorie in der Ethik
7. Transferrelevante Theorie: weitere Aussagen

Die Unterkategorien zwei bis vier fassen Aussagen über die «innere Dynamik», über die Struktur der wissenschaftlichen Ethik als soziale Grösse zusammen. In der fünften sind Aussagen dazu, wie die wissenschaftliche Ethik von aussen wahrgenommen wird, zu finden. Unter sechs und sieben sind Hinweise für die Theoriebildung in der wissenschaftlichen Ethik eingeordnet.

2.2.1 Die Aussagen in den Unterkategorien

Definition und Begriff des Transferausgangspunktes

In der Kurzinformation, welche den Expertinnen und Experten vor den Interviews zugestellt wurde, wurde der Transferausgangspunkt zunächst mit dem Kurzbegriff «universitäre Ethik» bezeichnet. Dies führte zu folgender Reaktion: «Ich habe mich zunächst an dem Ausdruck ‹universitär› gestört, weil ich gedacht habe: ‹Ist das jetzt eine elitäre Art und Weise, die Sache anzuschauen? Wo wird überall an der Ethik gearbeitet?› [...] Ja, es ist dann doch so, die meisten Sachen sind von Leuten, die dann doch mit der Universität verbunden sind» (173). Der Interviewer informierte dahingehend, dass inzwischen eine neue Formulierung – ‹institutionalisierter, wissenschaftlicher ethischer Diskurs› – verwendet wurde. Diese beurteilte der Experte als «sehr viel besser», denn: «Es ist eine funktionale und nicht eine institutionelle Bezeichnung. Das finde ich ausgezeichnet. Dann kommen Sie weg von diesem Zwiespalt: Hier die Universität, dort die übrige Welt» (173). Die erste Bezeichnung wurde nicht unbedingt als falsch eingeschätzt, aber die neue gefiel deutlich besser.

Theologische und philosophische Ethik

Ein einziger Unterschied zwischen theologischer und philosophischer Ethik wurde Thema in den Interviews: Theologische Ethik scheint näher an den Handlungsfeldern zu sein. «Etwas ganz Spannendes ist, dass man diese Kommissionen, jedenfalls in unserem Bereich, mehrheitlich mit Theologen besetzt, mit theologischen Ethikern. Dass man das Gefühl hat, auf der Ebene dieser Sinn- und Wertefragen, dass da mehr Kompetenz da ist bei ihnen als bei diesen analytischen Ethikern philosophischer Herkunft. Das ist denen zwar immer ein Dorn im Auge, aber es ist faktisch so».bs (166) Woran könnte eine solche grössere Praxisnähe liegen? «Das ist der grosse Vorteil eben einer theologischen Sozialethik, dass sie einen Adressaten hat, dass sie Akteure im Auge hat, dass sie sich auf Akteure beziehen kann. [...] Und an denen sie sich auch abarbeiten kann. [...] Also auf der einen Seite, die [...] als einzelne und als Gruppen handelnden Christen sozusagen, eine Basis, die Sozialethik und die Sozial-Verkündigung, also die klassische Soziallehre oder man nimmt für das gesamte Soziale die Soziallehre der Kirche. Dann hätte man die drei Akteure: Das eine wäre das Amt, das auf unterschiedlichen Ebenen versucht, das gemeinsame Etwas zu definieren, zu motivieren und möglicherweise auch Grenzen zu setzen, dann die Sozialethik als Wissenschaft und die sozialen, sei es politisch, gesellschaftlich handelnden Christen». (246) Die starke Assoziierung theologischer Ethik mit der Kirche als sozialer Grösse und deren Mitgliedern als konkrete Individuen scheint als quasi vorgegebene erste Praxisorientierung ein Grund für eine allgemein stärkere Praxisnähe zu sein.

Positive und negative Transferanreize

Zum Thema des Ethiktransfers interessierte natürlich die Frage besonders, ob der universitäre Kontext Anreize für praktische Umsetzung bietet oder ob in Transfer involvierten Personen sogar Nachteile entstehen könnten. Diese Frage erschien explizit im Interviewleitfaden (vgl. Anhang), welcher den Expertinnen und Experten vorab zugestellt wurde. Insgesamt wurden 37 Textabschnitte dieser Unterkategorie zugeordnet. 21 Textteile bringen Beispiele und bzw. oder Argumente dafür, dass in der Ethik als Wissenschaft positive Anreize für Transfer bestünden. Drei Textteile sehen widersprüchliche Kräfte und 13 nennen Beispiele und bzw. oder Argumente für Negativanreize.

Die *Positiv-Anreize* werden folgendermassen erklärt:
1. Es besteht ein *Transferanreiz bzw. -druck von aussen*, indem universitäre Forschung und Lehre sich zunehmend durch «Output» (91) legitimieren muss (281: Transfer als Frage des «Überlebens» von Fakultäten, 91: «Die Evaluationssysteme sind alle im Werden.»). Zwei interessante Präzisierungen zum Transferdruck werden gegeben:
    i. Dieser «Druck von aussen [...] ist neu» (58).
    ii. Die Ambivalenz des wachsenden Transferanreizes bzw. -drucks lässt sich historisch gut erklären: In der «68er-Zeit [...] wurde von kritischer und auch von linker Seite das The-

ma der gesellschaftlichen Verantwortung der Wissenschaften gross und breit diskutiert [...]. Und es wurde mit Verve bekämpft [...] von den Universitäten selbst und auch von aussen. Man sah die Planwirtschaft dahinter und was weiss ich was. Dies um zu sagen: Wenn das heute überall als die grosse Neuerung angepriesen wird als der neue Fortschritt, dann muss man einfach sagen: Das ist so und so lange unterdrückt worden, und es ist, der äussere Druck: Der Druck mittlerweile des ganzen Parlamentes, nicht nur von der so genannten linken Seite, sondern auch von den Bürgerlichen, die von wirtschaftlichen Interessen getragen sind. Das, was die Universitäten machen, soll produziert werden. ‹Output› begann man zu sagen. Das ist die Ökonomisierung der akademischen Organisationen, die plötzlich zur Lehre gemacht hat, was man einst mit vielen Argumenten verteufelte» (28). Es gibt also zwei Motivationen, den Wissenstransfer zu steigern: Eine tendenziell gesellschaftspolitisch-kritisch ausgerichtete und eine ökonomische. Wer der ersten Motivation zuneigt, wird die zweite tendenziell verhindern wollen und umgekehrt, von Ausnahmen abgesehen. Somit werden die meisten mit starken Vorbehalten – aber mit je unterschiedlichen – *für* einen stärkeren Transfer eintreten. Die Ambivalenz ist der gemeinsame Nenner aller.
2. Insgesamt scheinen *die Universitäten als Gesamtinstitutionen stärker an Transfer interessiert* zu sein als die Fakultäten (302: «Gesamtuniversität würde applaudieren.» 45: «Hier an unserer Uni würde ich fast behaupten, aber das ist jetzt spekulativ, wenn es heisst, oh, Professorin XY hat da eine Beratergruppe ins Leben gerufen, dass das eher Anerkennung schafft.» 141: «... dass umgekehrterweise auch von der Uni das als ein Gewinn und sehr interessant eingestuft wurde».) Fakultäten, welche Praxisnähe positiv bewerten, gibt es natürlich auch: «Der [ein bestimmter Professor] war Ständeratspräsident, der war früher Verwaltungsgerichtspräsident, nachher in verschiedenen Verwaltungsräten, ist in Zeitungen engagiert, der hat auch innerhalb der Fakultät eine ganz starke Geltung» (224).
3. Transferaktivitäten können *der wissenschaftlichen Ethik Impulse geben* und so zu Reflexionsniveau und -breite beitragen: Die «scientific communitiy profitiert, indem sie lernt, kommunizieren lernt» (109). «Da könnten auch theoretische Anstösse sein für Ethiker» (250) und «von dem her entwickelt sich einfach über solche Stellen [die praktische Umsetzungsanstrengungen unternehmen] so etwas wie ein neues Profil innerhalb der Ethik, das Leute einnehmen können» (114).
4. Transfer wird *in bestimmten Themenbereichen positiver bewertet als in anderen*. «Weil das traditionelle Felder sind, mit dem sich die Kirche immer befasst hat, mit Gesundheit und mit Medizin, und Sterben und Leben, findet man, das ist noch im Rahmen, das ist schon beim Augustin so gewesen» (159). Praktische Umsetzung in Institutionen des Gesundheitswesens beispielsweise liegt offenbar gut im Horizont von Theologie und Kirche. Die Frage, ob sich die Theologie selbst aus Gründen des Pelagianismusverdachts (und einer entsprechend grundsätzlich kritischen Beurteilung der willentlich guten Tat an sich) Transferaktivitäten eher entgegenstelle, wurde für eine Schweizer Fakultät klar bejaht, für Deutschland deutlich nicht. Für die Schweiz wurde die Situation folgendermassen beurteilt: «Das ganz Grosse, Theoretische, des Protestantismus ist: ‹Allein aus Gnade› Und jetzt kommt ihr [...] und sagt, was der Mensch soll. Und wenn ihr das sagt, was der Mensch soll, nehmt ihr im Grunde genommen den zentralen Ansatz zurück, und dieser Ansatz heisst, du musst

eben nicht fragen, was du sollst, sondern du darfst entgegennehmen, dass dir alles geschenkt ist und dir alles vergeben ist. [...] Dort liegt der tiefe Verdacht. Und das kann ich auch ein Stück weit nachvollziehen, dass man sagt: Die Freiheit der Gnade und die Unerhörtheit dieses ‹Allein aus Gnade› wird quasi nachher wieder zurückgenommen, durch praxisanleitende, moralisierende, auch praxisbezogene Ansätze. Und das war schon zwischen Luther und Calvin strittig. Und die besten Argumente von Luther sind schon die, dass man sagt, die Gnade muss bleiben, und zwar intakt. Das Dumme ist nur, dass die dann daneben den Polizeistaat aufbauen. Was wir über die Ethik erreichen wollen, erreichen die über die Polizei» (257). Für Deutschland wurde gesagt: «Ich empfinde das nicht so stark, weil, wenn Sie sich die tätige Praxis angucken, dann hat man sich von der Dogmatik ja auch relativ weit entfernt. Es gibt eine pragmatische Theologievergessenheit, die zum einem problematisch wird, weil da auch die Frage der Aufgabe der Systematisierung von Handlungen beiseite geschoben wird [...]. Also, insofern sehe ich nicht, dass das, was im Blick auf Luther nachvollziehbar gewesen ist, dass das noch eins zu eins übernommen wird, auch wenn die Kirchen sich lutherische Kirchen nennen» (141 und 111). Zwar können diese Aussagen für die Schweiz wie für Deutschland nicht unbedingt als repräsentativ eingeschätzt werden. Zusammen mit dem gleich folgenden Punkt dürfte aber doch ein gewisser signifikanter Unterschied greifbar werden.
5. Im gesellschaftspolitischen Engagement gibt es *Länderunterschiede*: Während in der reformierten Kirche der Schweiz gesellschaftsstrukturelles Engagement in den letzten Jahren unter anderem mit den Schliessungen der Bildungshäuser (bis auf eines) stark zurückging, lässt sich eine solche Entwicklung in Deutschland nicht beobachten: «Es ist keine der grossen Akademien geschlossen worden. [...] Aber sonst [...] kenne ich kein Beispiel, dass sich die Kirche selbst aus dem Verkehr gezogen hätte. Sie ist in den Ethikkommissionen vertreten» (208). Die deutsche Kirche kommuniziert bezüglich gesellschaftlicher Problemfelder eher: «Wir sind aber da» (125).
6. Es besteht eine *intrinsische Motivation* zum Ethiktransfer. Von aussen wird das in dem Sinn wahrgenommen, dass die Personen selbst, «die über Ethik forschen und lehren, ein grosses Bedürfnis haben am Dialog und an der Praxisnähe» (295). Dies trifft sich mit einer Aussage eines Experten, der selbst der scientific community der Ethik zugehört: «Ethik ist nur sinnvoll, wenn sie Praxis gestaltet» (7).
7. *Förderliche Infrastruktur*: Die Universität bietet per se eine Plattform für «Öffentlichkeitswirksamkeit» (249).

Widersprüchliche Kräfte werden so beschrieben:
1. *Ablehnung versus Eifersucht*: «Der Dekan hat es bei meinem Abschied auf eine gute Formel gebracht: ‹Bei E. hatten wir eigentlich immer eine doppelte Gefühlslage. Einerseits fanden wir, was die da alles macht, ist also unwissenschaftlich, unverantwortlich. Und andererseits waren wir alle etwas eifersüchtig, dass sie so viel Erfolg hat in der Öffentlichkeit›» (263).
2. *Zustimmung und Widerspruch*: In Bezug auf das Interesse einer bestimmten Universität, speziell an einem eigenen ethischen Institut und dessen interdisziplinärer und praxisbezogener Arbeit, wurde gesagt: «12 Jahre ist das Institut alt, über 12-jährige Geschichte, [...] immer so, dass man sagen kann, Drittel, Drittel, Drittel. Ein Drittel seiner Kollegen hat

besonders aufmerksam zugehört und hinter den Aussagen auch gestanden, einem Drittel wars egal und ein Drittel war dagegen, richtig anti: ‹immer diese Nörgler› könnte man salopp sagen» (70).
3. *Wahrnehmung und Nicht-Wahrnehmung*: Es bleibt unsicher, ob die scientific community in der Ethik praxisnahe ethische Publikationen wahr- und ernstnimmt: «Das ist schwer abzuschätzen. [...] Also, die Technikbewertungsmodelle, [da kann] man davon ausgehen, dass sie rezipiert sind, weil es relativ hohe Auflagen sind» (248).
4. Karriererisiko – oder doch nicht: Transfer kann «politische» Risiken für eine universitäre Karriere bringen: «Ich glaube, wenn man darüber [über konkrete Möglichkeiten des Ethiktransfers] nachdenken würde, könnte man viele Vorschläge machen. Wenn Sie das machen, können sie garantiert sicher sein, dass man sie dort am einen oder anderen Ort aufhängt.» Der Experte korrigiert die Aussage aber sogleich mit den Worten: «nicht, dass das gefährdet wäre» (97) und ist damit offenbar ambivalent in seiner Einschätzung eines eventuell negativen Transferanreizes.

Die folgenden *Argumente für Negativanreize* werden genannt:
1. *Doch Karriererisiko*: Einer der Experten erzählt, dass ihn seine Praxisnähe vorerst die Wahl auf einen Lehrstuhl gekostet habe. (Später wurde er an eine andere Universität berufen.) «Dann gab es eine politische Kampagne, angeführt von Pfr. R. und von N., Technikkulturforscher und anderen, eine Kampagne gegen mich. Und die Wahlbehörde hat mich nachher abgelehnt, und zwar: Am Tag vor deren Beschluss war in der Zeitung X. ganzseitig: ‹E. und die Automobilindustrie› [...] Damit war es aus und fertig. Dann bin ich nicht gewählt worden, dann ist K. gewählt worden» (123). Damit scheint das «karrierepolitische» Risiko der Transferaktivität, welches im vorhergehenden Zitat (296) schon genannt wurde, doch sehr reell zu sein. Dies dürfte bereits auf dem Niveau von Dissertationen der Fall sein: «Zu stark praxisorientiert zu arbeiten, ist mit der Gefahr verbunden, dass man aus Gründen des Verstosses gegen die Präferenzen eines Ordinarius dann damit durchfällt» (19).
2. *Praxisdistanz als Fakultätsidentität*: Von einer bestimmten theologischen Fakultät wurde sehr deutlich berichtet: «An dieser Fakultät ist ja alles, was praxisbezogen ist, zweitrangig» (199). «Diese Fakultät würde halt finden, das sind wieder die» (151).
3. *«Ethische» Gründe*: Für eine gewisse Praxisdistanz und damit für eine tendenziell negative Beurteilung von praktischer Umsetzung können theoretische Gründe vorgebracht werden. «Reine Ethik» kann Transferaktivitäten ablehnen, welche bereit sind, sich auf ökonomische Anreizstrukturen einzulassen: «Nachhaltigen Erfolg erzielen für das Unternehmen durch Verzicht auf kurzfristige Erfolgsmaximierung – als wir das zum ersten Mal vorstellten, wurde sofort klar, dass es aus rein ethischer Sicht nicht selbstverständlich ist, diesen Weg überhaupt gutzuheissen. Denn reine Ethik verträgt aus einer bestimmten Grundhaltung keine Verwässerung durch Eigeninteresse» (31).
4. *Vorbehalte gegenüber allgemeinverständlichen Papieren*, welche im Kontext von Umsetzungsprozessen verfasst werden, scheinen in der wissenschaftlichen Ethik eine gewisse Verbreitung zu haben. Darauf befragt, ob der ethische Diskurs ein allgemeinverständlich formuliertes Papier gleich ernsthaft im Diskurs rezipieren könne wie das, was in der Fachsprache ausgedrückt ist, wurde geantwortet: «Ich würde sagen, es wäre nicht eine Frage von

‹können›, sondern: ‹Macht er's?› Und da würde ich jetzt mal sagen: eher nein» (229). Obwohl «eine ganz spezifische Leistung dahinter» stecke, dass komplexe Inhalte allgemeinverständlich vermittelt werden, würde man sich mit vorwiegend solchen Publikationen «wahrscheinlich letztlich aus diesem wissenschaftlichen Umfeld ausklinken. Das ist die Konsequenz. Dass man da automatisch nicht das Gefühl hat, da bemüht sich jemand um Allgemeinverständlichkeit, sondern dass man dann das Gefühl hat, das Ganze findet jetzt auf einem Niveau statt, das einfach nicht mehr wissenschaftlich ist, auch wenn es noch so reflektiert ist» (247). Auf den Punkt gebracht: «Es gibt eine gewisse Form von wissenschaftlicher Arroganz, die damit arbeitet: Wenn das Krethi und Plethi versteht, ist es nichts wert. Ich habe das auch erlebt: ‹Ich arbeite doch nicht drei Wochen lang an einem Bericht, und jeder der das durchliest, versteht quasi beim ersten Durchlesen, was ich da geschrieben habe.› Wo dann quasi so die Tendenz, die Dinge so zu formulieren, dass sie eben nicht beim ersten Lesen verstanden werden, wo eher dieser Aspekt kultiviert wird» (96). Dies deckt sich mit der bereits weiter oben genannten Aussage: «Es gibt einen Bereich ethischer Reflexion, der hat in der Tat nicht nur keine Tendenz, sondern es ist auch keine Wahrscheinlichkeit, dass er in der Praxis rezipiert wird – weil er so abgehoben formuliert wird, dass es sowieso nur noch eine ganz kleine Gruppe von Wissenschaftlern versteht» (206).
5. *Forschungsförderung für hohe Spezialisierung, nicht für Praxisnähe*: Die Phänomene der Praxis- bzw. Transfernähe werden auch mit dem Phänomen der Interdisziplinarität verglichen: «Innerhalb der Wissenschaft spiegelt sich das in der Frage: Soll man sich spezialisieren oder interdisziplinär arbeiten? Man hat nach wie vor ein Handycap, wenn man interdisziplinär arbeitet. Weil: Das Modell des hohen Spezialisten und Gelehrten ist das, welches vor allem auch bei den Förderungsinstitutionen nach wie vor wichtig ist. Das kann man direkt ablesen, wenn man institutionell schauen will. Wie viel setzt der Nationalfonds ein für interdisziplinäre Sachen? Wie lange hat es gebraucht, bis er ein Grüppchen machte, das pro Jahr etwa vier oder fünf Millionen hatte» (177). Dem scheint man sich anzupassen: «Wozu wird geforscht? Auf welche Themen werden Doktoranden gesetzt? [...] Dann ist meine Wahrnehmung – das mag auch nur eine Partialwahrnehmung sein oder ist eine Partialwahrnehmung, ich weiss nicht, ob sich das verallgemeinern liesse – dass Doktoranden mit der Aufarbeitung von irgendwelchen Vergangenheiten beschäftigt werden» (19).

Funktionsweise: Weitere Aussagen

Nur drei Aussagen thematisieren zwar die Funktionsweise der wissenschaftlichen Ethik, aber nicht die Frage der positiven oder negativen Anreiz zur konkreten Umsetzung. Interessanterweise thematisieren alle drei so codierten Textabschnitte, obwohl sie aus drei verschiedenen Interviews stammen, die Konkurrenz unter den Ethikerinnen und Ethikern.
«Und was wir natürlich wahrnehmen, ist eine gewisse Konkurrenz unter Ethikern, die erstens schon dadurch zustande kommt: bestimmte Medien haben ihren Ethiker bzw. haben ihn zuerst, und dann kann er nicht mehr an einem anderen ... [Ort sich äussern]. Oder dadurch, dass manchmal spürbar ist, dass so jemand wie der Honner bei uns darüber klagt, wie er angefeindet wird von anderen Ethikern, er sei zu wissenschaftsnah. [...] Er wollte einmal die Gelegenheit haben, sich selbst darzustellen. Das haben wir dann abgelehnt. Aber wir haben einfach gespürt, was da auch innerhalb der Ethiker für Rivalitäten sind» (245). Eine gewisse Abgrenzung

zwischen als «wissenschaftsnah» und als «wissenschaftskritisch» eingestuften Ethikern wird hier offenbar als Ausdruck von Konkurrenz wahrgenommen. Der Sinn dieses Konkurrenzgebarens leuchtet in der Aussensicht dieses Experten nicht ein, sondern ist für ihn eher befremdlich.
Der Kontrast zwischen der Konkurrenz- und Profilierungskultur der Universität einerseits und andererseits einer Einordnungs- und Team-Kultur, wie sie sich beispielsweise in einer Verwaltung finden kann, wird stark wahrgenommen: «Die Universitäts-Leute leben davon, dass sie sich profilieren, dass man sich irgendwie von der Masse abhebt, dass man Möglichkeiten, Plattformen hat, auf denen man sich ausbreiten kann, wo man als Person in Erscheinung tritt. Und in der Verwaltung geht man auf in diesem Kollektiv ‹Ministerium›. Dann heisst es irgendwie in einem Protokoll, wenn man da z.B. auftritt in einem Gremium: ‹Das Ministerium sagt: Doppelpunkt›. Und es steht nicht in Klammer, E. ist es jetzt, der jetzt für das Ministerium spricht, sondern es ist nur noch dieses Kollektiv» (178).
«Die Akademiker und die Akademikerinnen sind in dieser Welt und haben ihre eigenen Bindungen. Und je nach dem, wie diese Bindungen sind und wie die Machtverhältnisse sind, sanktionieren sie einander schon stark» (220). Diese Aussage spricht nicht laufende Konkurrenzprozesse mit offenem Ausgang, sondern stabilisierte Hierarchien und Abhängigkeiten im Wissenschaftsbetrieb an. Insofern diese Hierarchien Loyalitäten erzwingen, stellen sie auch die «Neutralität» wissenschaftlicher Ethik in Frage.

Erscheinungsbild

Wie wird die wissenschaftliche Ethik, wie werden die Ethikerinnen und Ethiker in der Praxis und in anderen Disziplinen wahrgenommen? In den obigen Unterkategorien tauchte die Aussensicht bereits auf. Wie liesse sich die Aussenwahrnehmung insgesamt beschreiben?
Insgesamt überwiegen negative Konnotationen. «Man hat manchmal eher den Eindruck, sie machen es sich etwas einfach, indem sie so radikal auf einer ganz reinen Linie bestehen» (219). Sie vertreten «eine Fundamentalopposition, die etwas Ermüdendes hat.» Ihr Position «ist vielleicht sogar wahr, nur hat man das Gefühl, es hilft überhaupt nicht weiter, und man hat es jetzt gehört. Und das will man nicht immer wieder machen. Das ist vielleicht das, was uns etwas daran hindert, mehr an die Ethiker zu gelangen» (75). Seitens der Ökonomie, der (Natur-)Wissenschaft, der Politik und und weiterer Gebiete wird die Ethik anscheinend primär als Verhinderung und als Versuch von Verhinderung wahrgenommen: «Es ist nach wie vor verbreitet, dass man die ethische Reflexion als Hindernis betrachtet» (273). «So der Stempel von: die ewigen Bedenkenträger. Es gibt ein paar wenige, die als sehr industrie- resp. sehr forschungsfreundlich gelten, die dann gerne herangezogen werden, wenn man ein positives Feedback haben will auf ein bestimmtes Projekt, das sind dann die drei, vier Leute, die kennt man, und die anderen, die gelten so als Bremser. Also diejenigen, die jedesmal, wenn jemand eine geniale Idee hat, wenn sich eine ganz tolle Perspektive abzeichnet, die dann kommen und sagen: Aber halt, vielleicht ist das doch nicht das Gelbe vom Ei, vielleicht muss man sich noch das und das überlegen. Man hat dann immer das Gefühl, das sind dann die, die Sand ins Getriebe giessen. Diese Wahrnehmung, die zieht sich quer durch, das ist auch bei den Politikern der Fall» (36). Interessant ist, dass auch hier, wie bereits in einem vorangegangenen Textabschnitt, von einer Teilung der Ethikerinnen und Ethiker in (wenige) «industrie- resp. sehr forschungsfreundliche» und in die Mehrheit der «Bremser» gesprochen wird.

Ein konkretes Beispiel für dieses Bremser-Image wird von einem anderen Experten angefügt: «Nachher, was macht der Nationalfonds? Obwohl die Meinungsbildung innerhalb der politischen Gemeinschaft nicht abgeschlossen ist, im Gegenteil, sie ist kontrovers, bewilligt er das Gesuch und in der Rechtfertigung am Radio, in den Zeitungen, ist unter anderem das Argument gefallen: Die Forschung ist schneller als die Politik, die Wissenschaft ist schneller als die Politik, die Wissenschaft ist schneller als die Ethik. Und das ist ein weit verbreitetes Argument, das weit verbreitet akzeptiert wird, nicht nur in den wissenschaftlichen Bereichen, sondern selbstverständlich auch in den wirtschaftlichen Bereichen» (122).

In die gleiche Richtung, nur moderater formuliert, geht es, wenn man «der Meinung ist, die Ethik sei zu wenig konkret und zu wenig fördernd in einem gewissen Sinn als Dialogpartner der Wirtschaft. Scheint so zu sein, dass das gewissen Wirtschaftsführern so vorkommt. Das muss man sicher auch ernst nehmen, man muss dem nachgehen» (71).

Bremswirkung alias mangelhafte Förderlichkeit erscheint in diesem Zitat neben der zweiten Kritik, nämlich «zu wenig konkret» zu sein. Obwohl dies hier als Doppelkritik vorkommt, sind die beiden Kritiken systematisch zu unterscheiden: Wissenschaftliche Ethik könnte theoretisch auch eine sehr konkrete Bremserin oder eine wenig konkrete Förderin sein. Von der Einschätzung als Bremserin ist also die Einschätzung als «zu wenig konkret» bzw. als «abgehoben» zu unterscheiden. Als potenziell förderlich, aber oft zu abgehoben, erscheint die Ethik nämlich im nächsten Zitat: «Das mag auch damit zu tun haben, dass [...] die akademische Ethik als sehr abgehoben erlebt wird. Und dass man das Gefühl hat, der Transfer von diesem spezifischen ethischen Wissen nachher [...] sei ganz schwierig überhaupt nur zu gewährleisten. Und dass man dann die Erwartung hat, dass jemand, der zwar von der Ausbildung her diesen Hintergrund mitbringt, auch die entsprechende Erfahrung von der Lehre mitbringt, aber in einem Kontext lebt, der sehr viel näher an der Praxis dran ist, dass man da irgendwie so dieses Verständigungsproblem vielleicht sogar besser in den Griff bekäme, als wenn man innerhalb der Uni einfach die Leute aus der Theologie oder Philosphie [einschleust]» (153). – Man bevorzugt für den praktischen Einsatz von Ethik offenbar Personen mit Ausbildung im Handlungsfeld und Zusatzwissen in Ethik. Fachpersonen mit primär ethischem Wissen können auch von denjenigen als abgehoben eingeschätzt werden, welche der Ethik an sich gegenüber positiv eingestellt ist.

Ein Experte aus der Praxis möchte die Einschätzung von aussen, die wissenschaftliche Ethik halte sich von der Praxis eher fern, nicht gelten lassen und meint, die Initiative könnte auch stärker aus der Praxis kommen: «Ich frage mich, ob da nicht die Unternehmen selbst eine grössere Gegenleistung erbringen müssten. Zum Teil tun sie das» (161).

Genau umgekehrt empfindet ein anderer Experte die Aussenwahrnehmungen: «Der Bereich, in dem ich bis vor fünfzehn Jahren gearbeitet habe, Technikfolgenabschätzung, das wird komplett abgelöst im Moment durch Ethik. Technikfolgenabschätzung ist ein Begriff, der politisch nicht mehr erwünscht ist, und das wird jetzt alles umtransferiert in Bioethik und Wissenschaftsethik und Medizinethik. Ich will damit nur sagen, da wird jetzt ein Begriff auch auf der politischen Seite einfach semantisch hochgekurvt, weil man ihn für bestimmte Zwecke jetzt braucht, weil es da einen Problemdruck gibt und der muss wieder schnell abgearbeitet werden durch eine Art Aktivismus auf dem Ethikgebiet» (218).

In einem Punkt erscheint die Ethik weitgehend positiv. Die spezifische Kompetenz der Ethikerinnen und Ethiker «wird vor allem im Sinn von Sprachkompetenz wahrgenommen» (243). Diese Aussage steht in einem beachtenswerten Kontrast zur Wahrnehmung der wissenschaftlichen Ethik als «abgehoben».

> Die Aussenwahrnehmung der wissenschaftlichen Ethik ist bestimmt von einer Wahrnehmung als «Bremserin» und als «abgehoben», wobei sich beides oft vermischt, aber systematisch getrennt werden sollte. Konterkariert wird diese negative Wahrnehmung von einem an sich positiven Image, das offenbar und beispielsweise stark genug ist, Technikfolgenabschätzung als Begriff zu verdrängen. Kurz: Die Nicht-Ethik steht der Ethik ambivalent gegenüber. Ablehnung und Faszination treten nebeneinander auf.

Gesellschaftstheorie in der Ethik

Ein Experte ging auf die Frage ein, welche Gesellschaftstheorien aktuellen strukturenethischen Arbeiten zugrunde liegen. Er legt in der folgenden längeren Texteinheit dar, die Wahl der Gesellschaftstheorie hänge mit der fachlichen Herkunft der jeweiligen Ethikerin bzw. des jeweiligen Ethikers zusammen:

> «Wenn ich das recht sehe, gibt es schon unterschiedliche Paradigmen, die zur Anwendung kommen, [...] drei Strömungen, erst einmal formal. Wir haben auf der einen Seite reine theologische Ethiker, die kein anderes Fach dabei haben. Also, die auch das Fach von der Identität her sehr stark von der Philosophie her begreifen, also weniger von einer sozialwissenschaftlichen Perspektive, [...] und das Fach eben auch philosophisch definieren, ist ja auch verständlich, und auch gegenüber den empirischen Wissenschaften sozusagen die Reserve des Kantianismus stark machen, [...] dass das alles zweitrangige Fragen sind; [...] auch mit unterschiedlichen Ansätzen.
> Dann gibt es eine Strömung, die relativ stark ist, in der sozusagen das ökonomische Denken in den letzten Jahren – gerade bei jüngeren Sozialethikern – Eingang gefunden hat, die zum Teil sogar ihre Erstsozialisation in der Ökonomie haben, und die ökonomische Fragestellungen in die Ethik einbringen. Das verbindet sich dann mit einem Strukturdenken ökonomischer Art. Dafür ist z.B. in Deutschland sehr repräsentativ Karl Homann mit seinem Ansatz und die theologischen Schüler von Karl Homann: also der Michael Schramm, der Habich, es gibt noch paar jüngere. Da ist eben sehr stark natürlich dieser Aspekt von der Anwendungsfrage her, auch Begründungsfragen für entschieden zu halten oder jedenfalls von der Anwendungsseite her die Dinge zu sehen und [...] doch das ökonomische Paradigma als Grundparadigma zu wählen. [...] Joachim Wiemeyer würde dazu zählen. [...]
> Und daneben gibt es eine Strömung stärker etwa von der Soziologie her und von der Tradition sozusagen der Sozialethik, wie sie sozusagen von der Arbeiterbewegung her geprägt. Dafür wäre etwa Friedhelm Hengsbach, der Heiner Ludwig [...], die auch gleichzeitig die Tradition der katholischen Sozialbewegung in der Gegenwart weiterführen möchten. Aber eben nicht mit einem ökonomischen Ansatz arbeiten, sondern mit einem stärker kritischen sozialwissenschaftlichen Ansatz. Auch nicht Sys-

temtheorie, sondern eben mit einer [...] Mischung, einem system-handlungstheoretischen Zugang, der die beiden Ansätze integriert; Strukturfragen nicht nur systemtheoretisch, sondern auch handlungstheoretisch [begreift] [...]. Etwa bei Hengsbach nimmt das dann Form an von den sozialen Bewegungen her. Das ist ja eine Dimension, in der Handeln und Struktur miteinander vermittelbar ist. Es geht um die Vermittlung von Handlungs- und Strukturebene.» (105)

Der Experte hält fest, dass nicht wenige «sozusagen von einer Gesellschaftsethik ausgehen, den gesellschaftsethischen Standpunkt stark machen und weniger die Gesellschaftsanalyse», wobei er dies generell verbinden möchte mit dem «Anliegen: Wie kann man sinnvollerweise Handlungsdimensionen und Strukturdimensionen zusammenbringen?» Dafür könne man Rawls oder Habermas heranziehen. Jüngere Ansätze von «Pragmatismus» wie bei Joas hätten aber den Vorteil, dass «die Verbindung zur theologischen Ethik leichter ist, [...] als sie im Grunde doch über Habermas möglich ist.» Nach wie vor sei aber «der Einfluss der Diskursethik [...] gross» (189).

Insgesamt wird jedoch die Gesellschaftsanalyse in der Sozialethik als mangelhaft eingeschätzt: «In der Einsicht in die moderne Gesellschaft, da auf dem Niveau zu sein, auf dem man sein müsste, da habe ich den Eindruck, das gelingt [in der wissenschaftlichen Ethik] noch nicht» (300). Er betont nochmals: «Eine Gesellschaftstheorie, die also gleichzeitig auf der Höhe der gesellschaftstheoretischen Diskussion die normative und die empirische Seite [durchdringt,] [...] ich glaube, das fehlt» (38). Dies behindert auch den Transfer: «Das denke ich, ist eine Schwäche, weshalb an vielen Stellen der Ethiktransfer eben nicht funktioniert. Weil eben das Bild von der Gesellschaft nicht auf der Höhe der gesellschaftstheoretischen Diskussion sich befindet. [...] Auf der anderen Seite eben, auch gerade die theologische Ethik [...]: hoch entwickeltes normatives Kategoriensystem. Aber wenn [...] Aussagen über die Gesellschaft gemacht [werden] [...], dann ist damit nicht einmal die Gesellschaft des 19. Jahrhunderts so richtig erfasst» (193).

> Diese Kritik bestätigt die Wahrnehmung von Unsicherheiten im ethischen Diskurs rund um den Begriff der Sozialethik, die im vorangegangenen Kapitel dargestellt wurden – und betont die Bedeutung des Projektes einer Strukturenethik, deren beginnende Entwicklung oben ebenfalls referiert wurde.

Transferrelevante Theorie: weitere Aussagen

Umsetzung von ethischer Reflexion kann auch Grenzen ihrer Umsetzbarkeit zeigen und so Weiterentwicklungen in der ethischen Reflexion selbst anregen. Ein Experte geht darauf ein: «Das Musterbeispiel ist die Notwehr. Das Prinzip wird nicht aufgehoben. Es wird nur ausgesetzt. Das ist noch wichtig. Hier hilft das reflexive Gleichgewicht nicht. Man sagt: Ja, auf der einen Seite steht die Überzeugung, dass die Selbstverteidigung wichtiger ist als der Schutz des anderen. [...] Man kann sagen, mit Rawls, dass das, wenn nicht communis, so breiteste opinio ist» (318). Die Intention des Experten ist somit, dass Plausibilitätsargumente aus der Praxis normative Grundprinzipien nicht verändern können, aber ihren Wirkungsbereich begrenzen.

2.2.2 Theoriebildende Zusammenfassung der Hauptkategorie 3

Die Interviews geben von einer «inneren Dynamik» in der wissenschaftlichen Ethik Zeugnis, die offenbar mit anderen Methoden als mit Interviews schwer zugänglich ist. Diese innere Dynamik besteht im Wesentlichen in drei Punkten:
1. Sie bezieht sich erstens auf das Verhältnis zwischen der theologischen und der philosophischen Ethik. Diese unterscheiden sich offenbar just im Hinblick auf ihren Praxisbezug. Die in den Interviews beobachtete und erklärte grössere Nähe der theologischen Ethik zur Praxis sollte allerdings nicht vorschnell als Vorteil betrachtet werden. Angesichts der Tatsache, dass gerade die vorliegende Untersuchung des Ethiktransfers die grosse Bedeutung nicht-transferorientierter Ethik betont (vgl. oben Seite 191 und folgende zur Idiolokalität), sollte auch in Erwägung gezogen werden, bewusster und aktiver arbeitsteilige Verhältnisse zwischen philosophischer und theologischer Ethik zu gestalten.
2. Diese Dynamik bezieht sich zweitens auf ein offenbar komplexes System positiver und negativer Transferanreize in der wissenschaftlichen Ethik. Positive Anreize scheinen insbesondere von der Universität als ganzer und von den sie finanzierenden Systemen auszugehen (Ruf nach «output»). Die Forderung nach gesellschaftlicher Verantwortung der Wissenschaft aus den 68er Jahren setzt sich gegenwärtig in ökonomisierter Neufassung durch und wird als ökonomistisch-ökonomiekritischer Zwitter durchaus ambivalent eingeschätzt. Gerade der Ethiktransfer im engeren Sinn könnte jedoch eine Form darstellen, welche ökonomischen Vereinnahmungen wissenschaftlicher Arbeit eigene Argumente im historischen Ursinn des Wissenstransfers entgegenhalten könnte.
Von den theologischen wie von den philosophischen Fakultäten scheinen weniger positive Anreize auszugehen. Praxisnahe Themen scheinen tendenziell mit karrierepolitischen Risiken für Forscherinnen und Forscher behaftet zu sein. Mehr auf die Vergangenheit ausgerichtete Themen scheinen da unverfänglicher zu sein. Die angesprochene stärkere Nähe der theologischen Ethik zur Praxis dürfte also weniger von Wirkungen aus den theologischen Fakultäten und mehr von Wirkungen seitens der Kirche herrühren, wobei die Kirchen in Deutschland an einem anderen Punkt zu stehen scheinen als in der Schweiz, wo die gesellschaftspolitische Verantwortung kein zentrales kirchliches Thema mehr ist (s.u. zur Kategorie 8).
Diese Überlegungen zeigen, wie sehr Umsetzung von Ethik allgemein und Ethiktransfer im Speziellen systemisch von verschiedenen Gegebenheiten interaktiv abhängen. Förderung von praktischer Umsetzung könnte und sollte dementsprechend an sehr verschiedenen Stellen ansetzen. Offenbar könnten NGOs wie die Kirchen eine wichtige Katalysator-Funktion übernehmen.
3. Die innere Dynamik der wissenschaftlichen Ethik besteht drittens in einer Konkurrenz unter den transferaktiven Ethikerinnen und Ethikern. Diese scheint bisher nicht zu einer Erhöhung der Transferqualität zu führen, sondern eher das Image der Ethik in der Praxis insgesamt zu beeinträchtigen. Gelänge in diesem Punkt eine Veränderung, könnte das eine entscheidende Intensivierung von Ethiktransferprozessen mit sich bringen.
Theoretische Gründe in der wissenschaftlichen Ethik für oder gegen praktische Umsetzung scheinen hingegen – obwohl es sie gibt – eine geringere Bedeutung zu haben. Chancen von theoretischem Zugewinn durch reflektierte Prozesse konkreter Umsetzung und Risiken der Beeinträchtigung von Unabhängigkeit und ‹Reinheit› der Ethik (in diesem Argument ist der

Begriff «ethisch» wohl synonym mit «altruistisch» zu verstehen) dürften sich in etwa die Waage halten.

Viele Aussagen weisen darauf hin, dass wissenschaftliche Ethik als Behinderung von Forschung und Ökonomie empfunden wird. Zudem gilt sie nicht selten als abgehoben. Reflektiert man aber diese vielfältigen Aussagen, ergeben sich weitere Forschungsdesiderate: Es wäre zu fragen, inwieweit sich hinter dem Vorwurf der Abgehobenheit defensive Rhetorik verbergen könnte. Immerhin meint ein Experte, der selbst von der Praxisseite herkommt, dass vielleicht Unternehmen, welche wissenschaftliche Ethik als praxisfern einschätzen, selbst zu wenig Ressourcen für die eigene Annäherung an die wissenschaftliche Ethik einsetzen. Auch die Etikettierung der Ethik als «Bremserin» könnte ein rhetorisches Mittel sein, das aus grösserer Distanz betrachtet möglicherweise lediglich eine strategische Reaktion darauf wäre, dass Aussagen von Ethikerinnen und Ethikern immer wieder dem (ökonomischen) Eigeninteresse von Firmen und Forschergruppen zuwider laufen würden. Für die Einschätzung dieser Argumente als strategisch könnte auch die Beobachtung sprechen, dass die anderen Wissenschaften durchaus nicht weniger als abgehoben empfunden werden (Abgehobenheit ist kein Ethikproblem, sondern ein «Wissenschaftlerproblem», s.u.). Dennoch: Selbst wenn weitere Untersuchungen diesen Verdacht bestätigen würden, würde das noch nicht implizieren, dass die Praxisnähe und die «Konstruktivität» der Kommunikation seitens der wissenschaftlichen Ethik nicht erhöht werden könnten und sollten. Gerade dies könnte nämlich dazu beitragen, offen zu legen, wo seitens der Praxis vorgeschobene Argumente kommen, wo also Wissenschaft und Unternehmen Bremserinnen der Ethik sind.

> Ambivalenzen gegenüber Umsetzungsprojekten und Konkurrenzen unter den Ethikerinnen und Ethikern als die «innere Dynamik» in der Ethik, Ambivalenzen im «Image» der Ethik und das festgestellte Theoriedefizit, dass sich das Gesellschaftsbild der wissenschaftlichen Ethik «nicht auf der Höhe der gesellschaftstheoretischen Diskussion» befinde und oft «nicht einmal die Gesellschaft des 19. Jahrhunderts so richtig erfasse» sind Thesen, die anscheinend den Weg in den eigentlichen ethischen Diskurs (noch) nicht gefunden haben, soweit insbesondere die erstgenannten überhaupt dahin gehören. Für die Thematik des Ethiktransfers sind diese Überlegungen relevant und zeigen, dass der Einsatz von Expertinnen- und Experteninterviews hilfreich sein kann.

2.3 Kategorie 4: Transferinhalt

Unter diese Kategorie wurden diejenigen Textabschnitte subsummiert, welche sich zu vorgefundenen oder möglichen Transferinhalten äussern. Sie lassen sich in Aussagen zur Definition gruppieren, weiter in Beispiele («E» für lat. Exempla) von (möglichen) Transferinhalten, in Beispiele von (möglichen) reversen Transferinhalten («ER») und in Aussagen darüber, was explizit nicht Inhalt von Ethiktransferprozessen sein kann («EN»).

2.3.1 Definition

Der Begriff «Ethiktransfer» bezeichnet «Ethik» als Inhalt dieses spezifischen Transfers. Diese noch zu allgemeine Definition des Inhalts ist in einem der Interviews als problematisch wahrgenommen worden: «Wenn es heissen würde: ‹Transfer von ethischer Reflexion› hätte ich keine Mühe. Aber Transfer von Ethik, das lässt so viele Fragen offen» (277). Damit plädiert diese Aussage dafür, nicht Werte, keine Moral, sondern Reflexionen dazu zum Inhalt der Transferprozesse zu machen.

2.3.2 Transferinhalte

Nach dieser generellen Eingrenzung des Inhalts von Ethiktransfer werden nun mögliche Beispiele von Inhalten (in alphabetischer Reihenfolge) thematisiert. Was für Inhalte des Transfers sind denkbar? Was für Typen «ethischer Reflexionen» kommen in Frage?

E Dilemmaklärung

«Eine unvoreingenommene, klare Formulierung des Dilemmas, das wäre jetzt das, was wir von unserer Seite her sehr attraktiv finden würden. [...] Ethik ist dann am interessantesten, wenn sie aufrüttelnd wirkt und nicht sofort den Eindruck erweckt, das sind die mit ihren Bedenken» (288). Die «klare Formulierung des Dilemmas» ist somit etwas, was man sich in bestimmten Handlungsfeldern als Beitrag der Ethik wünschen würde. Die Fähigkeit zur Rekonstruktion eines konkreten Dilemmas in ethischen Kategorien dürfte auch wesentlich dazu beitragen, dass Ethikerinnen und Ethiker als «sprachkompetent» (s.o.) wahrgenommen werden. In einem anderen Interview wurde ein Beispiel eines Dilemmas angesprochen: «[...] ebenso gravierend oder praktisch gravierender ist sicher der Erfolgsdruck, der auf den Journalisten generell lastet, also, der auch dazu führt, dass der Einzelne immer häufiger zum Opfer eines Boulevard- und Skandaljournalismus wird, der eigentlich nur auflagenorientiert ist. Ich glaube, das zu thematisieren, dünkt mich ausserordentlich wichtig» (147). Journalistinnen und Journalisten werden offenbar vor die Wahl gestellt, zeitsparend bescheidene Inhalte auflagensteigernd zu formulieren oder sachlich zu bleiben und Zeit in die Recherche zu investieren, aber damit dem «Markt» nicht gerecht zu werden. Dieses Dilemma klar zu benennen, zu analysieren und dabei auch darauf zu stossen, dass die Anreizmechanismen, unter deren Einwirkung hier gearbeitet wird, ambivalent sind, wäre eine Klärung von offenbar grossem Nutzen. Hierzu könnte die Disziplin der Ethik beitragen.

E ethisch-reflexive Mediation

Ethische Reflexion kann in der Unterscheidung zwischen «verschiedenen Ebenen, die in einen Diskurs hineinkommen», bestehen. Geht es um das Menschenbild, um Glauben oder mehr um eine rationale Ebene, die Überlegung am Einzelfall? «Dass man das schon mal unterscheidet und die Leute wieder zusammen in einen Dialog bringen kann, dass man sagen kann: kein Wunder, versteht ihr einander nicht, ihr redet auf ganz unterschiedlichen Ebenen. Das ist auch eine spezifische Fähigkeit. Da muss man die Fähigkeit haben, das zu erkennen. Dass man das dann vermitteln kann. [...] Es geht jetzt nicht darum, dass der eine Recht und der andere Unrecht hat, sondern man hat keine Ebene gefunden, auf der man sich verständigen kann»

(135). «Und sehr häufig – oder es passiert nicht selten, dass sie nachher in dieser Funktion [als Ethikerin oder Ethiker in einer Ethikkommission] die Möglichkeit haben, eine Kontroverse aufzulösen, nicht nur zu entschärfen, sondern aufzulösen durch die Analyse, die sie machen» (73).

Solche den Diskurs klärende Unterscheidungen können einerseits für Gespräche innerhalb eines Ethikgremiums vorgenommen werden, andererseits auch für laufende öffentliche Diskurse. «[...] in Bezug auf das Ethikkommitee K. ist das ein ganz klarer Mandatsbereich: Dass es [...] auch um die Kommunikation mit der Öffentlichkeit [geht]. [...] auch das fusst letztlich auf der Erfahrung, dass man die öffentliche Kontroverse um diese Themen wahrgenommen hat, auch gemerkt hat, dass z.T. diese Diskurse entweder in solche Grabenkämpfe ausgeartet sind oder irgendwie einfach aufgelaufen sind und man das Gefühl gehabt hat, wenn man hier jemandem das klare Mandat gibt, klärend in diesen Diskurs einzugreifen, ohne dass man irgendwelche Resultate vorwegnimmt, sondern einfach diesen Diskurs kritisch begleitet, auch darauf hinweist, dass man in eine Sackgasse hineingerät, oder dass man jetzt einen Dissens hat, der nicht einfach via Diskussion aufgelöst werden kann, dass man das Gefühl hat, das wäre wichtig, damit man nachher nicht vor so Patt-Situationen steht [...] Beim Ethikkommitee L. ist dieses Mandat zur Öffentlichkeitsarbeit im Grunde nochmals verstärkt worden» (138). Dabei geht es «nicht darum, dass man überhaupt den Diskurs über diese Dinge anstösst, sondern die ethischen Argumente, die eine Rolle spielen, dass man darum besorgt ist, dass diese in diesem öffentlichen Diskurs präsent sind» (162). Im Unterschied zu einer kommunikationswissenschaftlich entwickelten Mediation konzentriert sich eine ethische Diskursklärung auf die «ethischen Argumente» und auf die Klärung der Verhältnisse zueinander. Kommunikationsklärung von ethischer Seite macht offenbar dann Sinn, wenn «man das Gefühl hat, die Probleme, die erörtert werden, sind in erster Linie im Grunde Auseinandersetzungen um Wertefragen und weniger auf einer Ebene von Sachfragen angesiedelt. Man hat ja auch nicht gesagt, wir schicken jetzt Naturwissenschaftler los, die die Sachbasis wieder einmal klar machen. Obwohl man davon ausgehen kann, das viele Leute wirklich nicht verstanden haben, um was es im Einzelnen dann geht. Aber dass man trotzdem sieht: [...] Das Gros von der fehllaufenden öffentlichen Diskussion, hat etwas mit der Verständigung über Wertefragen zu tun. Und dass man dann automatisch das Gefühl hat, die Kompetenten in dieser Hinsicht sind Ethiker» (48). Die Konzentration auf (vermeintlich neutrale) Sachinformation hingegen führt oft zu wenig sinnvollen Ergebnissen: «Das einfachste Muster, das mir sehr häufig begegnet, ist: ‹Die Leute haben einfach keine Ahnung, also die Öffentlichkeit hat einfach keine Ahnung. Die wissen das nicht. Jetzt müssen wir sie aufklären.› Dann schüttet man sie mit Informationen zu, nicht ahnend, dass diese Informationen gar nicht das sind, was die Öffentlichkeit möchte. Sie möchte eigentlich nur wahrnehmen, ob dieses Unternehmen ein moralisch integerer Mitspieler in dem gesellschaftlichen Spiel des Gestaltens ist. [...] Es wird nicht deutlich gemacht, in welcher Art und Weise die Visionen, die diese Gestalter haben, diese Unternehmensleute, wie die mit der oder den Visionen innerhalb der Gesellschaft übereinstimmen, was ein gutes gemeinsames Leben sein sollte, mal ganz allgemein formuliert. Diesen Link, den stellen wir dann in diesen Beratungsprozessen her. Wir sagen, o.k., jetzt lasst uns mal drüber nachdenken: Welches ist eure Vision? Diese Vision vom guten Leben. Was vermutet ihr in der allgemeinen Öffentlichkeit? Zweiter Schritt: Was blendet ihr in eurer Kommunikation aus?»

(152). Damit ist ethische Diskursklärung als konkreter Umsetzungsprozess von Ethik bereits in ein Beratungskonzept für Firmen umgesetzt.

E Explizieren von normativen Implikationen

«[Es gibt eine] Diplomarbeit über die Auseinandersetzung zwischen Schneider, Steinmann und Ulrich. Und Schneider ist eben ein sehr guter, aber sehr stromlinienförmiger BWLer in Bochum, ich weiss nicht, gewesen vielleicht sogar [...], Steinmann war der deutsche Unternehmensethiker, der ist jetzt schon emeritiert und Ulrich [...] ist der dritte im Bunde und Schneider hat dann eben von Theoriegebrösel gesprochen, weil er gesagt hat, es geht doch nur um das Formalziel Gewinnmaximierung in dieser BWL-Wissenschaft, und das hat nix damit zu tun, dass wir die Welt damit vollständig erklären wollen, sondern nur einen Aspekt. Dass man aber mit all den Handlungsempfehlungen, die man da ableitet, die Welt dann doch so macht, das wollte er aber nicht zulassen» (204). Der Experte nimmt hier selbst eine Explikation von implizit wirksamen Normen bei Schneider vor, die offenbar auch in der erwähnten Diplomarbeit vorgenommen wird. Diese Kompetenz der Explikation impliziter Normen wird mit «Ethiktransfer» assoziiert, zumal damit eine Voraussetzung für Veränderung von Strukturen geschaffen wird.

E freier Diskurs

Konkrete Umsetzung von Ethik allgemein, vielleicht mehr noch Ethiktransfer im Speziellen, dürften als «Nebenwirkung» Behinderungen des freien Diskurses durch Machtstrukturen offen legen und vermindern. Man kann dieses jedoch auch zum Hauptziel eines Ethiktransfer-Engagements machen: «Es gibt auch da ein sehr schönes Beispiel. Das ist das Beispiel der ‹whistleblower›. [...] ich vereinfache jetzt das ziemlich stark – ein Ingenieur oder eine Ingenieurin ist aus Gewissensgründen nicht einverstanden mit einem gewissen Vorgehen innerhalb ihres näheren Wirkungsbereiches, welches wiederum abhängig ist von höheren Strukturen, vielleicht von strategischen Zielen. Es gibt schöne Beispiele dafür, in denen er oder sie feststellt: Was hier gemacht wird, widerspricht fundamentalen Wertüberzeugungen in unserer Gesellschaft. Jetzt: Was macht er oder macht sie? Ist er ein Familienvater, hat er Verantwortung für seine Familie, seine Frau; wenn er sich äussert, hat er die grössten Schwierigkeiten. Eventuell – das ist schon oft passiert – verliert er den Job. Was jetzt in den Institutionen gemacht wird (das sind vor allem dann Berufsverbände): Man schafft Strukturen, die diesen whistleblowers erlauben, mit ihrem Problem an eine Aussenstelle zu gelangen, die sich der Sache dann annimmt» (278). Der Experte trägt dieses Beispiel im Kontext des Ethiktransfers vor und bringt damit zum Ausdruck, dass er ein solches Engagement durchaus als Umsetzung (z.B. diskurs-)ethischer Einsichten sehen könnte. Dazu nimmt er Bezug auf einen Technikethiker: «Ropohl [...] kritisiert dann das Arbeitsrecht, und das wäre ein institutioneller oder struktureller Aspekt, der [...] wichtig ist, weil er sagt, der Arbeitgeber hat nach dem geltenden Recht Anrecht auf Vertraulichkeit, auch das Weisungsrecht. Wenn ein Angestellter sich nicht den Weisungen entsprechend verhält, z.B. aus Gewissensgründen, wird er sanktioniert, und das Recht schützt den Arbeitgeber, aber nicht den Arbeitnehmer, auch wenn moralisch der Arbeitnehmer Recht hat» (191). Ropohl schlägt die Einrichtung eines «Diskursbusses» vor, «der eigentlich die Institution ist, in der alle, die an irgendetwas interessiert sind, an der Entwicklung von irgendetwas interessiert sind, letztlich an der Technik überhaupt, miteinander einbezogen werden und der so den sachbezogenen Diskurs innerhalb eines Unternehmens sicherstellt» (26).

E Klärung der Ethik-Expertise

«Letztlich ist es ganz schwierig, einem Nicht-Ethiker, einer Nicht-Ethikerin wirklich verständlich zu machen, was die spezifische Kompetenz ist, die er [der Ethiker] hat. Und selbst, wenn man es genau so sagt: Es ist sozusagen eine analytische Kompetenz, wenn es darum geht, einen Problemzusammenhang zu erkennen; auch die Fähigkeit, vor dem Hintergrund des ganzen Wissens und der verschiedenen Zugänge, die man einnehmen kann, Lösungsvorschläge zu entwickeln; eine diskursive Fähigkeit – letztlich bleibt es irgendwie unfassbar» (42). Der Experte würde es als wünschenswert erachten, wenn kommuniziert werden könnte, worin die ethische Expertise besteht. Gelingt es, das Spezifikum des ethischen Blicks auf eine Thematik zu kommunizieren, so wird es für alle Beteiligten möglich, eine solche Perspektive auf das Problem einzunehmen. Ausserdem könnte damit im Prozess konkreter Umsetzung eine Metaebene für diesen Prozess hergestellt werden.

E kritische Fragen von aussen

«Ein Artefakt, und sei es ein Herbizid, wenn das funktioniert, und wir können davon ausgehen, dass es sich nach drei Monaten im Boden nicht mehr nachweisen lässt, dann schätze ich immer noch die Frage: Was passiert, wenn ich es zehn Jahre hintereinander anwende, oder zwanzig Jahre hintereinander anwende, wie das mit bestimmten Herbiziden passiert? Was passiert da? Was verändert sich in der Mikrostruktur, wie weit ist die Forschung da? Wie antizipiert ihr dieses Thema des Noch-nicht-Wissens» (132)? Dies ist ein konkretes Beispiel für ein allgemeines kritisches Prinzip: ««Mein Handeln wirkt sich irgendwie aus. Dadurch entstehen Folgen, die ich wieder irgendwie zu integrieren hätte» (307). Solche Denkanregungen können zunächst durchaus bremsen: «Auf den ersten Blick ist Ethik Aufwand, Zeitverlust, reduzierte Effizienz und widerspricht dem Prinzip der Gewinnvermehrung und der Kapitalverwertung» (83). Solche Anregungen zur Vorsicht müssen aber nicht prinzipiell unwillkommen sein: «Lieber eine gute Frage als ein schräges Statement. Und manchmal ist auch eine gute Frage noch besser als ein gutes Statement» (270). Kritische Fragen von aussen sind ein bittersüsser Transferinhalt und eine spezifisch ethische Kompetenz.

E Mitdenken von aussen

Es besteht weitgehend Konsens darüber, dass fertige «Problemlösungen» keine Inhalte von Umsetzungsanstrengungen allgemein und Ethiktransfer im Speziellen sein können. Ethikerinnen und Ethiker wissen nicht schon, was zu tun ist. Laut den Expertinnen- und Experteninterviews ist Transfer prozessorientiert und begleitend zu denken: «Wenn das mal begriffen ist, dann akzeptieren einen die Leute auch als Mit-Reflektierer, als Mitdenker, dessen Stärke es ist, eine andere Vorgeschichte zu haben, andere Bilder im Kopf zu haben, that's it. Zuerst mal erwarten die aber Problemlösung» (308). Hier wird überdies betont, dass zunächst Konsens darüber hergestellt werden muss, dass nicht die fertigen Lösungen Transferinhalt sein werden. «Rendtorf hat es mal sehr schön beschrieben in einem Begriffspaar. Er hat gesagt, was vermittelt wird, ist ‹Bescheid wissen›, so geht's. Was wir brauchen, ist ‹Begleit-Wissen›. [...] Das Schlimmste, was die Ethik machen könnte, oder die Ethiker, als Branche, [...] das Schlimmste, was sie machen könnte, wäre, aus der Ethik wiederum eine Ansammlung von ‹Bescheid wissen› zu machen» (128).

E Modelle

«Grossversuche, sozialethische, theologische, kirchliche Ideen [...] umsetzen [...] in die Strategie der Politik, und zwar national und international» (176), das ist offenbar durchaus ein möglicher Transferinhalt, soweit man nicht erwartet, dass das Resultat eine Umsetzung eins zu eins darstellt. Vielmehr geht es um «Agenda-Setting» (196). Wo seitens der Ethik Modelle erarbeitet wurden (beispielsweise in Fragen sozialer Gerechtigkeit), sollen diese durchaus mit Engagement in die Gestaltung gesellschaftlicher Strukturen eingebracht werden.

E Moral?

Von den Handlungsfeldern kann (bremsende) Moral abgelehnt werden (vgl. oben Seite 202 zum Erscheinungsbild der Ethik), doch sind klare Orientierungen nicht selten auch gewünscht: «Man denkt eigentlich weniger an Ethik, von der Nachfrageseite her, als an Moral. Die sollen sagen, was richtig ist» (46). Unmöglich ist es nicht, dieses Bedürfnis zu befriedigen: «Man kann eine Moral transferieren» (104). Ob man das soll, lassen diese beiden Texteinheiten aber offen. Daher bleibt dieser Transferinhalt mit einem Fragezeichen versehen.

E Rekonstruktion der Argumentation und der Problemstellung

> «Es wurde mir in diesem Moment sehr klar, was es heisst, diese spezifisch ethische Kompetenz, die jemand hat. Das ist irgendwie eine Form von Schulung im Umgang mit Argumenten, Begründungen, mit dem Identifizieren verschiedener Positionen, Vorverständnissen, die da sind und ich denke, das ist etwas, das hat ein Fachethiker oder eine Fachethikerin einer anderen Person, die auch reflektiert an ein Problem herangeht, voraus. Eine Art und Weise, wenn man ein Problem vor sich hat: Wie könnte man dieses Problem aufdröseln? Was für Haltungen könnte man dazu einnehmen. Was ist eher etwas Emotionales, was hat einen rationalen Grund [...], ist ein bestimmtes Argument, ist weniger plausibel, ist prüfbar im Verhältnis zu anderen. Dass das spezifische Kompetenzen sind, bezüglich denen man wirklich sagen kann: So sehr jeder moralische Kompetenzen hat, das ist nicht etwas, das jeder für sich reklamieren kann, sondern ist wirklich etwas, das eine Schulung voraussetzt, und ich denke, auch gewisse Kenntnisse, einen Hintergrund dieser ganzen Ethiktraditionen» (310).

Diese Kompetenz als möglicher Transferinhalt ähnelt den Inhalten, die in den Unterkategorien zur ethisch reflektierten Mediation und in derjenigen zur Explizierung impliziter Normen angesprochen werden. Sie erschöpft sich aber weder in einer Mediationsfunktion noch in der Explikation implizierter Normen.

E Sicherung von funktionalen Unabhängigkeiten

Ein Experte bezeichnet die von ökonomischen Interessen unabhängige Vergabe von Forschungsgeldern, sicut das «Prinzip von der Unabhängigkeit der Forschung», als «wissenschaftsethische Leistung» (B2). Wenn das eine wissenschaftsethische Leistung ist, dann ist in dieser unabhängigen Vergabe ethische Reflexion manifestiert.

Unabhängigkeit ist nicht nur für die Forschung wesentlich. Die Steuerung von Organisationen durch ‹funktionsfremde› Mechanismen kann auch an anderen Stellen ein Problem sein: «Die allermeisten Organisationen entsprechen dem von ihnen selbst entworfenen Bild ihrer eigenen Rationalität überhaupt nicht, sondern [es ist so, dass sie] vielmehr eine Karikatur davon sind und, wie Luhmann das gesagt hat, viel mehr Ähnlichkeiten mit den tripalen, also stammesförmigen Verhältnissen früherer Gesellschaften haben als mit diesem Bild rational operierender Gesellschaften» (158). Problematische strukturelle Verflechtungen zu explizieren und auf die Gewinnung von Unabhängigkeiten hinzuwirken, kann dementsprechend ein Inhalt des Transfers sein (insbesondere, soweit die Involvierung der wissenschaftlichen Ethik selbst in solchen Verflechtungen – noch – relativ gering ist).[1]

E Sprachfindung

> «Ein Teil dieser Leute haben naturwissenschaftliche [...] Hintergründe. Was diese dann immer wahrnehmen, ist einfach diese höhere sprachliche Kompetenz, die Geisteswissenschaftler und Ethiker als Geisteswissenschaftler haben [...]: ‹Du kannst das so wahnsinnig gut formulieren.› Oder: ‹Das ist genau das, was ich sagen wollte [...]›. [...] Sie merken auch, dass sie zwar Probleme erkennen, aber dass ihnen letztlich genau das fehlt, dass sie sagen könnten, z.B.: ‹Hier arbeitet jemand aus teleologischen [Grundannahmen] und hier argumentiert jemand deontologisch. Es ist nicht so, das hier jemand völlig falsch liegt, sondern das ist einfach ein unterschiedlicher Problemzugang und Begründungszugang im Blick auf die Lösung eines Problems.› Sie merken zwar, hier ist was, aber sie sind nicht fähig, das so zu formulieren. Und ich habe oft das Gefühl, es [=die Kompetenz der Ethikerinnen und Ethiker] wird vor allem im Sinn von Sprachkompetenz wahrgenommen.» (243)

Dass dieser Sprachkompetenz die ethische Sachkompetenz zugrunde liegt, was von aussen aber nicht so wahrgenommen wird, wird in diesem Textabschnitt wie in einigen anderen, bereits genannten, deutlich zum Ausdruck gebracht. Dennoch soll auch die Kompetenz der präzisen Versprachlichung von Überlegungen, welche im Raum stehen, als Transferinhalt speziell festgehalten werden. «Durch den Umgang mit Begriffen und Argumenten wird man unter Umständen in die Lage versetzt, dass man etwas sprachlich formulieren kann, was jemand anderem, einem Partner, nur in der sprachlichen Formulierung und damit auch in der Schärfe

---

[1] An dieser Stelle zeigt sich eine Schwäche des Zwischenstands der Theorieentwicklung (vgl. oben Seite 183), wie er der Anlage der Expertinnen- und Experteninterviews zu Grunde liegt. In diesem Zwischenstand werden zu sehr unterschiedliche Sachverhalte im Konzept der «Transferinhalte» zusammengefasst. Denn die Sicherung von funktionalen Unabhängigkeiten ist ein Ziel, das erwirkt werden soll, und nicht ein Inhalt des Austausches (obwohl im Austausch dieses Ziel thematisiert werden muss). Deshalb müssen im definitiven Theorievorschlag «Austauschprozesse» und «Wirkungen» unterschieden werden. Im Vergleich zu diesen beiden präziseren Begriffen wird der Begriff der «Transferinhalte» dort eine untergeordnete Rolle spielen.

der Konzeption nicht gelingt» (268). Gerade dieses sprachlich, letztlich auch schriftlich formulierbare, greifbare «Reflexionsprodukt»[1] kommt offenbar manchen Bedürfnissen der Praxis besonders entgegen.

2.3.3 Reverse Transferinhalte

Die folgenden drei Transferinhalte beziehen sich auf den Informationsfluss von Handlungsfeldern in Richtung wissenschaftliche Ethik.

ER Entwicklungsoffenheit

«Wir müssen uns davor schützen, auch in der evangelischen Kirche, die Ethik zu dogmatisieren, sagen, wir haben erkannt, was richtig ist, und das messen wir jetzt immer an dem, was uns begegnet, und das ist immer schlechter, darum sagen wir zu allem Nein. Ich halte es für kompatibel mit dem Geist der christlichen Botschaft, dieses Entwickeln-Wollen [...] zu fördern. Die Frage der Abschätzung von Folgen, [...] das gehört dazu. Das müssen wir leisten und das können wir auch gut leisten» (192). Im Grunde genommen ergibt sich diese Forderung aus der Einsicht, dass die Ethik keine fertigen Lösungen transferieren kann. Kann sie das nicht, muss sie prinzipiell lernbereit sein. Ist sie das nicht, kommuniziert offenbar das Handlungsfeld an die wissenschaftliche Ethik, dass sie notwendigerweise lernoffen zu sein hat, und schliesst daran konkrete Impulse für Weiterentwicklungen der Reflexion in der wissenschaftlichen Ethik an.

ER Praxisbezogene Reflexionen

Die Frage «Was bedeutet das für die Rezeption der ethischen Leistungen im wissenschaftlichen Diskurs? Werden jetzt Dinge, Papiere, die von einer Kommission gemacht werden, im ethischen Diskurs rezipiert?», beantwortet der Experte so: «Nach meiner Erfahrung: Ja. Das man relativ viele Verweise findet. Und zwar gelten diese als wissenschaftliche Referenz wie jeder andere Beitrag auch, ohne dass das jetzt in einem einschränkenden Sinne heissen würde: Es ist nicht ganz ernst zu nehmen, weil es die Stellungnahme einer Ethikkommission zu diesem und diesem Thema ist. Meine Erfahrung ist wirklich mehrheitlich, dass sie denselben Status haben innerhalb dieses Diskurses wie jeder andere Beitrag auch» (29). Konkrete Empfehlungen, welche Ethikkommissionen abgeben, ebenso wie andere praxisnahe Publikationen von Organisationen, die Ethiktransfer leisten, können vom wissenschaftlichen-ethischen Diskurs rezipiert werden.

ER kritische Fragen

«Ist es anschlussfähig oder ist es eine Sondermoral» (244)? Das ist eine kritische Frage, welche seitens der Praxis an eine theologisch-ethische Aussage gerichtet werden kann. Weitere kritische Fragen, die aus den Handlungsfeldern an die Ethik gerichtet werden, wurden in den Interviews nicht genannt, sind natürlich denkbar und bilden einen Typ von Inhalten, die von den Handlungsfeldern als Impulse an die Ethik gehen können.

---

[1] Darauf, dass in Ethiktransferprozessen Sprachprodukte entstehen, wird unten Seite 300 eingegangen.

2.3.4 Nicht-Transferinhalte

Im Folgenden werden Aussagen zusammengestellt, welche bestimmte Inhalte als unzulässig für Umsetzungsprozesse charakterisieren.

EN Lösungen

Eine Expertin, die selbst aus der wissenschaftlichen Ethik kommt und dort arbeitet, sagt: «Und vor allem muss man sagen, dass man nicht dazu da ist, Lösungen anzubieten, sondern Lösungswege zu zeigen und zu eröffnen, mitzugehen. Häufig wird man in der Funktion als Ethiker oder Ethikerin angeschaut als jemand, der sagen kann, wie die Sachen sind. Das ist gar nicht so. Wie sie waren, wie sie sein sollen, wie sie sein könnten, wie man dazu kommt. Fertig. Und sonst ist man Moralist oder Moralistin» (215). Diese Expertin ist sich in diesem Punkt einig mit dem folgenden Experten: «Z.B. habe ich auch die Ethik im ganzen Bereich der pränatalen, jetzt Präimplantationsdiagnostik ein bisschen verfolgt. Dann habe ich das Gefühl gehabt, dass die reinen Ethiker sehr weit davon entfernt waren, von diesen inkonsequenten pragmatischen Lösungen, die die meisten Menschen dann nämlich treffen. Es ist einfach eine Wahrheit, dass die meisten Frauen diese pränatale Diagnostik einfach wollen. Einfach darauf beharren, das sei nicht richtig, [dabei] kommt etwas betulich Abgehobenes heraus» (131). In diesem Textteil ist die Begründung allerdings anders. Während vorher prinzipielle Gründe seitens der Ethik gegen einen Transfer von Lösungen geltend gemacht wurden, ist es jetzt die Distanz der «reinen» ethischen Lösungen zu den «pragmatischen Lösungen» der Menschen, die «Abgehobenheit», welche aus einer Ablehnung der Präimplantationsdiagnostik spräche. Noch eine dritte Aussage könnte eventuell in diesen Kontext gestellt werden: «Das Thema ist eigentlich, wie schwierig ist es, das Verhalten der Menschen zu ändern» (3). Aus einer solchen Aussage liesse sich eine dritte Begründung gegen den Versuch, fertige Lösungen, bestimmte Entscheidungen transferieren zu wollen, ableiten: Es wäre zu befürchten, dass dieser Transfer nie ankommen würde.

EN Theoriekomplexe

Man könnte nun meinen, wenn man keine fertigen Lösungen transferieren soll, sollte man das ethische Fachwissen dazu vermitteln. Auch das aber scheint nur bis zu einem gewissen Grad möglich zu sein: «Es gibt die [...] Erfahrung, dass die Differenzierung in der Sprache komplex wird für die anderen. Und dort gibt es dann die Spannungen. Von der wissenschaftlichen Ethik her will man eigentlich in diesem Punkt nicht klein beigeben. Weil man nicht kann. Dies lässt sich vergleichen mit Folgendem: Man kann nicht einfach eine mathematische Formel lassen oder nicht gebrauchen. Da gibt es Verständnisschwierigkeiten» (59). Offenbar gibt es eine Komplexität der Fachsprache, die zu Schwierigkeiten führt, wenn Ethikerinnen oder Ethiker sich unvermittelt an ein allgemeineres Publikum richten. Dass man diese in allgemeinen Publikationen selbst «nicht schreiben lassen» kann, sei aber kein «spezifisch ethisches Problem», sondern «ein Wissenschaftler-Problem» (81). Offenbar neigen Wissenschaftlerinnen und Wissenschaftler dazu, auch in allgemeinen Medien Sachverhalte ähnlich komplex darzustellen wie im universitären Kontext. Diese Art von Komplexität hat ihren Ort in Umsetzungsprozessen offenbar gerade nicht. Wissenschaftlich anspruchsvolle Theoriekomplexe können normalerweise nicht in dem Sinne Gegenstand von Transferprozessen sein, dass man den Anspruch damit verbinden würde, diese komplexen Zusammenhänge müssten von den Praktikerinnen und Praktikern im Handlungsfeld verstanden werden.

EN Wichtiges

«Gerade in der Medizin zeigt sich das, gerade die Themen, die wirklich wichtig sind, weil sie Massenthemen sind – z.B. Reflux (das ist übersäuerter Magen), Asthma, Herz-Kreislauf, – sind kaum zu vermitteln, obwohl es Massenthemen sind. […] Die Forschung, das was neu ist, sind kleinste Schritte, die auch nicht sehr interessant sind. […] [Ein] Text über Prävention von Herzkrankheiten, der […] ist an der Grenze. Es heisst so quasi, die Leute sollen sich gesund ernähren. Es ist so banal, aber es ist das Wichtigste. Aber das ist immer unsere Aufgabe. Wir haben das Gefühl, […] das Wichtigste – weil's am meisten Menschen betrifft […] – dort einen Fortschritt zu erzielen, wäre für die Gesundheit viel wichtiger, ist [aber] viel schwieriger zu vermitteln als z.B., was wir letzthin hatten, neue Hirnchirurgie, die ganz selten zum Einsatz kommt» (276). Diese Aussage bezieht sich zwar nicht auf Ethiktransfer spezifisch, sondern auf Transfer medizinischen Wissens über die Medien. Die Aussage nimmt jedoch den Transfer ethischer Reflexion gerade nicht aus, sondern wird im Kontext eines Interviews über Ethiktransfer gemacht. Ausserdem könnte es gerade das «Moralische» an der Thematik der gesunden Ernährung bzw. der gesunden Lebensführung sein, das den Transfer schwierig macht. Es wird damit nahe gelegt, dass gerade wenn die Betroffenheit besonders gross ist und der Handlungsbedarf entsprechend auch, mit gewichtigen Transferwiderständen zu rechnen ist. Möglicherweise ist gerade das, was objektiv in einer bestimmten Sache das Wichtigste ist, schlicht nicht zu transferieren, so dass es besser ist, die Energie auf etwas weniger Wichtiges zu richten und besser zweitrangige Inhalte als gar keine zu transferieren.

EN Entscheidungsempfehlungen?

Sollen, wenn nicht Lösungen und Entscheidungen, so doch Handlungs*empfehlungen* Transferinhalt sein? «Das ist umstritten. […] Hans Sahner, das ist ein grosser, ganz grosser Skeptiker von allem, was mit Ethikkommissionen zusammenhängt […]. Weil er sagt, Ethikkommissionen, die haben so die Tendenz, z.B. eben, Normen zu generieren, und das ist nicht die Aufgabe eines Ethikers. Dass diese so quasi als moralische Instanz sich gebärden und nicht als ethische Reflexionsgremien. Aber es ist mit dem konkreten Mandat, das Ethikkommissionen haben, oft einmal gar nicht so, dass man sagen kann, wir sind einfach nur so ein Rat der Weisen. Es wird erwartet, dass man sich konkret auch in dieses politische und gesellschaftliche Umfeld einbringt» (265). Hans Sahner nimmt damit eine radikale Position ein. Andererseits legt der Experte hier nahe, die Selbstverständlichkeit, mit der von Ethikkommissionen und anderen Organisationen aus dem Feld der Ethik Empfehlungen abgegeben oder Entscheidungen gefällt werden, zu hinterfragen.

2.3.5 Theoriebildende Zusammenfassung der Hauptkategorie 4

Die Bestimmung von Transferinhalten, die in die Hauptrichtung des Transfers, also aus der wissenschaftlichen Ethik in die Handlungsfelder transferiert werden sollen, ist weitgehend identisch mit der Bestimmung der ethischen Expertise, welche in der ersten Exploration im Zusammenhang mit Ethikgremien und ethischer Beratung bestimmt wurde.[1] Nur wird die ethische Expertise in den Expertinnen- und Experteninterviews konkreter und vielfältiger beschrieben. Die in den folgenden Punkten zusammengefassten Ergebnisse zu dieser Kategorie führen somit die Bestimmung der ethischen Expertise detaillierter und, der Anlage der Interviews entsprechend, praxisbezogener aus:

- Klärung von Dilemmasituationen: Wertekonflikte präzise fassen.
- Übernahme von Mediationsfunktionen in einem bestimmten Punkt: Abweichende normative Grundannahmen als Ursachen gegenseitiger Vorwürfe beiderseitig nachvollziehbar machen.
- Explizieren normativer Implikationen: Werthaltungen hinter vermeintlich neutralen Aussagen bewusst und damit diskutierbar bzw. kritisierbar machen.
- Freier Diskurs: Eine Referenz bieten in Bezug auf die Frage, wie ein nicht bzw. möglichst wenig machtbestimmter Diskurs charakterisiert ist, Vorschläge für dessen Einrichtung unterbreiten und über die Beachtung dieser Vorschläge wachen.
- Klärung der Ethik-Expertise: Vermitteln, was Ethik als wissenschaftliche Disziplin «ist», d.h. was sie beinhaltet und zu Problemlösungen beitragen kann – und was nicht. Ein Transferinhalt ist somit eine Kommunikation über mögliche Transferinhalte.
- Kritische Fragen: Eine Aussenposition einnehmen, welche erlaubt, wertebezogene (und evtl. auch einmal nicht wertebezogene), kritische Fragen einzubringen, da der Denkhorizont sich durch die anders gelagerte Involvierung verschiebt und zusätzliche Aspekte zu Gesicht bringt.
- Begleitung: Kontinuität (einer ethischen Beratung etwa) kann ein gutes Pendant dazu sein, der Praxis die Entscheidungen nicht abzunehmen.
- Modelle: Ethische Modelle von Gerechtigkeit beispielsweise, aber auch konkrete modellhafte Vorschläge möglicher Gestaltung von Strukturen, sollen nicht als Lösungen, aber doch als Anregungen mit den entsprechenden Argumenten eingebracht werden. Sterile Nondirektivität kann eine unzulässige Unterlassung sein.
- Moral: Zwar ist Moral – etwa über Medien, u.a. mit Werbemethoden – gewiss «transferierbar» (in einem etwas anderen Sinn von Transfer), aber es bleibt doch ein Unbehagen. Solche «Breiten-Moralpädagogik» könnte eventuell als vertretbar gelten, wenn die Argumente für die werbetechnisch verbreitete Moral gleichzeitig genügend breit öffentlich diskutiert würden.
- Rekonstruktion der Argumentation und der Problemstellung: Von Seiten der wissenschaftlichen Ethik kann eine Systematisierung sowohl der bis zu einem bestimmten Zeitpunkt vorgebrachten Argumente als auch der Problemstellung bzw. des Dilemmas (s.o.) eingebracht werden.[2]
- Sicherung von funktionalen Unabhängigkeiten: Die Aussenstellung und der spezifische Zugang zur Sinnfrage der wissenschaftlichen Ethik ermöglichen, die Frage offener zu stellen, inwieweit eine bestimmte gesellschaftliche Struktur die ihr zugewiesene Funktion

---

[1] Nicht jede Expertise ist potenzieller Transferinhalt: Es gibt ethisches Fachwissen, das sich nur bzw. überwiegend an die scientific community richtet. Dieses stellt an der Stelle jedoch die Ausnahme dar.
[2] Zu diesem Punkt wird auch die oben separat geführte Unterkategorie der «Sprachfindung» gerechnet.

übernimmt bzw. übernehmen kann und inwiefern dies durch Überlagerungen anderer Anreizsysteme behindert wird.

Man kann alle diese Punkte, dem Vorschlag aus einem Interview folgend, unter den Begriff «ethische Reflexion» fassen, womit allerdings Vielfalt und Konkretisierung wieder verloren gehen.

Die Frage, inwieweit seitens der Ethik konkrete Handlungsentscheidungen vorangetrieben oder sogar entschieden werden können und sollen, wurde oben im Anschluss an verschiedene Publikationen bereits angesprochen. In den Interviews zeigt sich die Tendenz, diesbezüglich Zurückhaltung zu üben.

Überraschend, überzeugend, beeindruckend und auch entlastend ist der Hinweis, dass wichtige Inhalte geradezu typischerweise oft nicht transferiert werden können. Weniger wichtige können leichter thematisiert werden als solche mit breiter Betroffenheit, insbesondere wenn gleichzeitig die Eigenverantwortung angesprochen werden soll. Ist ein gewisser Grad von Betroffenheit überschritten, so wird der Transfer schwierig. Warum dies so ist, wäre ein wichtiges Forschungsdesiderat und könnte anhand von einigen Fallstudien wohl am besten untersucht werden. Inzwischen kann diese Einsicht Ethikerinnen und Ethiker vor Selbstüberforderung schützen und anregen, entweder solche Gegenkräfte in der Transferstrategie zu berücksichtigen oder sich anderen Transferinhalten oder -zielorten zuzuwenden.

Drei Transferinhalte in die andere Richtung werden genannt:
- die Aufforderung, ethische Theorien für praktische Erfahrungen offen zu halten
- praxisbezogene Reflexionen zur Weiterverarbeitung in der allgemeinen, nicht-transferorientierten Ethik
- kritische Fragen

Diese Punkte überschneiden sich teilweise und bestätigen im Wesentlichen das, was im Zusammenhang mit dem Transferbegriff, mit der hermeneutischen Ethik und dem Kohärentismus hinsichtlich des Ethiktransfers oben gesagt wurde.

2.4 Kategorie 5: Transferwege

Welche unterschiedlichen Formen praktischer Umsetzung ethischer Reflexion sind möglich? Zu dieser Thematik finden sich in den Interviews viele Aussagen. Einerseits werden Beispiele und Typen solcher Formen berichtet bzw. vorgeschlagen (2.4.1). Andererseits werden Metareflexionen zu Transferwegen angestellt (2.4.2).

2.4.1 Beispiele und Typen von Transferwegen

Die grosse Anzahl und die Vielfalt der Aussagen zu möglichen Umsetzungswegen erschwert die Systematisierung. Die Textabschnitte wurden daher induktiv gruppiert: Schritt für Schritt wurden solche Aussagen, die miteinander stärker als mit anderen Aussagen verwandt sind, gruppiert. So entstanden zunächst kleine Einheiten von etwa drei bis sechs Aussagen, die schliesslich in vier (Haupt-) Gruppen eingeordnet werden konnten. Die erste Gruppe zielt auf eine relative Breite, tendenziell öffentliche Kommunikation ethischer Reflexion. Eine zweite Gruppe fokussiert bestehende Strukturen, in der Regel Unternehmen und arbeitet in enger

Kommunikation mit ihnen. Auch eine dritte Gruppe fokussiert prinzipiell Unternehmen, aber beeinflusst sie durch die Implantierung neuer Anreizsysteme. Eine vierte Gruppe ergibt sich weniger durch den Blick auf die Methode als auf die organisatorische Form. Die Grenzen sind allerdings fliessend und die Zuordnungen nicht immer eindeutig.

Im Nachhinein zeigt sich nun, dass diese induktive Gruppierung wesentliche Resultate der ersten und zweiten Exploration bestätigt. Denn die ersten drei Gruppen entsprechen weitgehend den drei Ebenen des Individuums, der Organisation und des Funktionssystems. Diese drei Ebenen treten im Kontext der Wirtschaftsethik als «Managerethik», «Unternehmensethik» und «Wirtschaftsethik» (sofern man diesen Begriff dort nicht als Oberbegriff für alle Ebenen braucht) auf. In der ersten Exploration wurde im Anschluss an Maring bereits dargestellt, dass sich diese drei Ebenen auch ausserhalb der Wirtschaftsethik als die drei systematischen Orte der angewandten Ethik verstehen lassen.

Die vierte Gruppe ist davon grundsätzlich verschieden, da dort die konkrete Organisation von Umsetzungsprozessen thematisiert wird. Da diese jedoch spezifisch ist, je nachdem, auf welcher der drei genannten Ebenen man Wirksamkeit entfalten möchte, ergeben sich Überschneidungen der vierten Gruppe mit den ersten drei.[1]

1. Tendenziell öffentliche Kommunikation ohne kontinuierliche Fokussierung bestimmter Strukturen
- E[2] nicht formalisierte Bildung
- E formalisierte Bildung
- E Publikation
- E Wissenschaftsjournalismus
- E Internet (auch zu 2.)

2. Fokussierung bestimmter Strukturen in enger Kommunikation
- E Unternehmensberatung
- E Kommunikations-Engagement
- E Ethik-Management-System
- E Stakeholder-Management
- E Ethikcodex
- E neue Formen von Privatisierung und Öffentlichkeit
- E Ethikgremien (auch zu 4.)
- E Konferenz (auch zu 1.)

3. Veränderung des Anreizsystems in Rahmenordnungen
- E Labeling
- E Ranking
- E Finanzinstrumente

4. Organisatorische Form

---

[1] Dieses Problem muss im definitiven Theorievorschlag geklärt werden, indem die Ebenenfrage nicht bei den Transfermethoden, sondern bei den Transferzielorten/Handlungsfeldern abgehandelt wird. Für die geordnete Darstellung der Ergebnisse der Expertinnen- und Experteninterviews kann die Systematik aber hier so bestehen bleiben.

[2] «E» kennzeichnet Beispiele von Transferwegen im Unterschied zu Metareflexionen zu Transferwegen (vgl. oben Seite 186 die Legende zur Tabelle 6: Übersicht über die Kategorienbildung).

- E Forschung
- E Öffentlichkeitswirksamkeit der Universität
- E Interdisziplinarität
- E Transferorganisation aus der Ethik
- E Transferorganisation aus der Kirche
- E Firma
- E Koalitionen
- E Personalunion

E nicht formalisierte Bildung

«Die Ethik gehört in die Köpfe. Die Befähigung zur systematischen Reflexion, und sei es auch nur ansatzweise, systematische Reflexion dessen, was die Moral in meiner Umgebung prägt und einen Einfluss auf meine Sittlichkeit hat, die soll in die Köpfe; soll nicht in die Bücher, die Bücher sind Hilfsmittel dafür, Publikationslisten sind kein Selbstzweck» (106). Die meisten Institutionen, die praktische Umsetzung von Ethik leisten, richten sich nicht nur auf Strukturen aus, sondern unternehmen auch Aktivitäten, welche zunächst der Moral- bzw. Ethikpädagogik zuzuschreiben sind. Dazu gehört etwa die «Vortragstätigkeit, die ein ganz zentrales Moment einnimmt hier am Institut, so zentral, dass es einem schon zum Hals heraushängt, die ganzen Anfragen, weil es dann immer schwierig ist, abzusagen; nach dem Motto: «Von der Kategorie hatten wir jetzt schon drei.» Wir versuchen da so ein bisschen zu dotieren und sagen, wir gehen auch mal zum, sagen wir, Kindergärtnerinnenverband des Kantons [...] oder so, aber davon halt nicht zu viele [Male]. Wir gehen auch in Unternehmen, aber auch nicht nur das und so weiter. Aber es ist jedes Mal wieder schwierig» (102). Man positioniert sich aber auch bewusst «[...] durch die Präsenz, vortragsmässige Präsenz, sehr viele Vorträge, sehr viele Podiumsdiskussionen, entweder als Teilnehmer oder als Moderator. Darüber wird man dann irgendwie mal bekannt, und dann kommen die Leute entsprechend gezielt an. Da werben wir überhaupt nicht mehr. Da kommen die Leute» (44). Damit ist bereits angesprochen, dass personenbezogene Kontakte eine Funktion für strukturelles Engagement haben sollen.
Gelingt es, Sensibilitäten für Strukturenethik zu wecken, so kann dies durchaus zu wesentlicher Strukturwirksamkeit führen: «Devec, Präsident des Schweizerischen Gewerkschaftsbundes, wollte als verantwortlicher Christ etwas bewegen» (168). «Das waren so Figuren. Es hatte schon eine Bedeutung bei der Umsetzung, dass solche Leute eine Antenne hatten, eine Art Verantwortung gespürt haben» (133).
Eine andere Expertin weist darauf hin, das «Subkulturen» «eine wichtige Stütze für ethische Standards» (183) seien. Aus dieser Perspektive könnte man Moralpädagogik auch verstehen als Beitrag zu einer Schaffung (sub-)kultureller Wertsysteme, welche sowohl als individuell verinnerlichte Werte wie als äussere, dann strukturelle Rahmenbedingung eigenen Handelns wirksam sind. Denn die Möglichkeiten und Grenzen meines Handelns sind auch und gerade durch das Wertsystem des eigenen Umfelds bestimmt. In diesem Sinn wurde oben (Seite 95 und folgende) festgehalten, dass Bildung indirekt auch Rahmenbedingungen individuellen Handelns verändern kann. Sie kann das Denken und die Haltungen der Menschen, die mich umgeben, verändern. Damit werden meine individuellen Entscheidungen in einen neuen

Rahmen gestellt, sogar dann, wenn diese Bildung auf mich selbst keinen Einfluss genommen hätte.
Von einer Organisation, die offenbar ursprünglich ein weiter gefasstes Tätigkeitsgebiet hatte, wurde gesagt, sie sei jetzt «reduziert auf Bewusstseinsbildung» (107), d.h. eben auf die Organisation von Vorträgen usw. Moral- bzw. Ethikpädagogik kann offenbar als reduziertes, vergleichsweise begrenztes Engagement wahrgenommen werden. Noch deutlicher kommt das in der folgenden Aussage zum Ausdruck: «Es gibt den Bereich der Schulung, Ausbildung, Fachhochschulen. Da bin ich ziemlich oft, da kann ich in der Lehre etwas bieten, und dann sind die zufrieden. Aber das ist noch nicht ganz der Ernstfall» (184). Diese Aussage gehört allerdings bereits zur Unterkategorie «formalisierte Bildung», auf die nun einzugehen ist.

E formalisierte Bildung

Im Unterschied zur obigen Kategorie «nicht formalisierte Bildung» werden hier Aussagen zur Erzielung von Umsetzungswirkungen über formelle Bildungsgänge zusammengefasst. Diese wirken zwar auch im Sinne der obigen Kategorie, verändern aber darüber hinaus die Rahmenbedingungen individuellen Handelns, weil sie generelle Erwartungshaltungen produzieren: Wenn alle Ärztinnen und Ärzte – und auch ein Teil der Patientinnen und Patienten – wissen, dass alle Ärztinnen und Ärzte im Rahmen ihrer Ausbildung sich mit Medizinethik auseinander setzen müssen, setzt das für die Ärztinnen und Ärzte andere Rahmenbedingungen. Dies wurde in der bisherigen Theoriebildung bereits erläutert. Die Möglichkeiten sind aber begrenzt. Es gibt beispielsweise bei «Veterinären eine Einführung in die Tierethik. Dort ist das Ziel, überhaupt zu sensibilisieren – wenn das nötig ist – für gewisse Wertfragen, Bewertungsfragen und sie dazu zu bringen, dass sie nachher selbst nachdenken. Weiter geht es nicht» (212). «Ich sage jetzt mal, es sind pro Jahr 10 Ärzte [die eine Ethik-Weiterbildung erhalten]. Ich muss schon sagen, das finde ich einen guten Ansatz, dass das Institut sagt, der Transfer von uns passiert über Nachdiplomstudien» (299).
Am radikalsten wäre die Wirkung der Ethikbildung als Struktur, wenn man einfach einmal alle Stufen und alle formalisierten Bildungsgänge ins Auge fasst:

> «Dann könnte man das in die allgemeine Ausbildung nehmen, schon vorher [gemeint ist: vor den höheren Bildungen]. Und dort wieder auf verschiedenen Stufen. Es darf nicht einfach ein Feld sein, das [...] z.B. zwischen erster und vierter Klasse und nachher nicht mehr bearbeitet wird, sondern es muss stufengerecht, eigentlich bis zum Schluss der formellen Ausbildung, immer Platz haben, d.h. in Primarschule, in der Sekundarschule, im tertiären Bereich. Nachher kann man nicht verpflichten, aber je nachdem, wie sich eben Betriebe oder Professionen organisieren, käme man wieder zu dem, was wir vorher besprochen haben, zurück zu den [...] Berufsverbänden. [...] Ich würde sagen, es ist eine generelle Verpflichtung, aber unterschiedliche Institutionen haben unterschiedliche Verpflichtungen. Also, eine Fachhochschule z.B. hat dieselbe Verpflichtung, aber anders als die Universitäten. Bei den Universitäten gibt es das natürlich genau gleich, diesen Bedarf. Die ethische Reflexion bei den Medizinern gibt es schon lange: Medizinethik. Es ist nur in der Regel nicht ein zwingendes Fach.» (40)

D Exploration III: Expertinnen- und Experteninterviews

In diesem Kontext kommt nochmals die Ambivalenz gegenüber einem auf gesellschaftliche Strukturen ausgerichteten Ethiktransfer zum Ausdruck. «Die Erziehung in die ethische Reflexion, das kann man natürlich als Transfer bezeichnen. Dann wird aber der Bereich oder die Zahl derjenigen, die transferieren, sehr viel grösser, aber mit unterschiedlichen Kompetenzen und unterschiedlicher Verantwortung. Ich gehe davon aus, dass, und gerade auch in den Kommissionen sehe ich das, dass der einzige Weg, ethische Reflexion zum Tragen zu bringen, der pädagogische ist. Nach wie vor. [...] Ich denke an Sokrates. Das ist nach wie vor ein ganz wichtiges Modell» (198). Derselbe Experte, der hier Pädagogik ins Zentrum setzt, hatte vorher (s.o. in den Hauptkategorien 1 und 2 bei der Unterkategorie «Strukturenethik») gesagt: «Die Ingenieurethik, die Individualethik, die löst überhaupt – ich sage es jetzt spitz – die löst keine Probleme. Die Probleme sind nur zu lösen, wenn man die Strukturen der technischen Produktion, des technischen Handelns, die Institutionalisierung, die Vielfalt, die da vorhanden ist, berücksichtigt und schaut: Wo kann man was machen? was muss man einrichten? Das sind strukturelle Fragen und nicht individuale, es sind sozialethische, politische Fragen» (238). Eventuell lassen sich diese beiden Aussagen in einer dritten teilweise kombinieren: «Ein Teil der Moralpädagogik ist die Einsicht in die Notwendigkeit der strukturellen Veränderung» (233). Ein anderer Experte sieht es auch eher so, dass der «Bereich der Schulung, Ausbildung, Fachhochschulen [...] «noch nicht ganz der Ernstfall» sei (184, s.o.). *Das Verhältnis zwischen Moral- bzw. Ethikpädagogik und Ethiktransfer ist offensichtlich unterbestimmt und wird tendenziell eher als ausschliessend denn als synergetisch gesehen.*

E Publikation

«Dazu haben wir am [transferorientierten] Institut unser erstes oder zweites Büchlein geschrieben. Dieses war innert weniger Tage verkauft» (194). Publikationen können, wenn sie, wie in diesem Beispiel, eine gewisse Verbreitung oder Regelmässigkeit erreichen, zu einer (kleinen) Institution werden, somit zu einer (leichten) Veränderungen der Rahmenbedingungen des individuellen Handelns in einer Branche. Man kann zu Publikationen, die ja in der Mehrzahl diese Funktion nicht erfüllen, jedoch auch kritsch stehen und betonen, dass sie keinen Selbstzweck darstellen: «Die Ethik gehört in die Köpfe. Die Befähigung zur systematischen Reflexion, und sei es auch nur ansatzweise, systematische Reflexion dessen, was die Moral in meiner Umgebung prägt, einen Einfluss hat auf meine Sittlichkeit, das soll in die Köpfe, soll nicht in die Bücher, die Bücher sind Hilfsmittel dafür, Publikationslisten sind kein Selbstzweck» (106, vgl. oben).

E Wissenschaftsjournalismus

«Wissenschaftsjournalismus» (207) ist ein weiterer Kanal, über den wissenschaftliche Ethik Praxis erreichen kann. Ein Problem dabei kann sein, dass man tendenziell «in der Wissenschaftsredaktion einen wissenschaftsnahen Standpunkt» (209) hat und somit für wissenschaftsethische Reflexionen nicht unbedingt empfänglich ist. Jedoch müsste sich Wissenschaftsjournalismus, wenn er Wissen aus der wissenschaftlichen Ethik verarbeiten möchte, nicht auf Wissenschaftsethik konzentrieren, sondern könnte andere Felder angewandter Ethik fokussieren, andere Dilemmasituationen beleuchten: «Das Dilemma sollte im Vordergrund stehen» (175). Der Wissenschaftsjournalismus kann eine ganz eigene Leistung erbringen:

«Wie vermittelst du das diesen Menschen, die [...] einen ebensolchen Klärungsbedarf haben, aber nicht bereit sind, diese Wälzer zu lesen? Nicht bereit sind, noch zu lesen, was der Kant dazu sagte? Dann muss es viel handfester werden. Und viel konkreter. Und da versucht man dann eben, – in einem Interview z.B. – den Ethiker festzunageln» (209). Die Herausforderung dieser Arbeit hört man förmlich im Wort «festnageln».

Ein Experte, der aus der wissenschaftlichen Ethik kommt, schätzt die Medien als differenzierte Berichterstatter ein: «Was dann mehr bringt, ist, wenn z.b. solche Positionspapiere, oder auch Studien wie z.B. die Schweizer Studie ‹Würde der Kreatur›, durch die Medien aufgegriffen und dann in einer kritischen Form einer breiten Öffentlichkeit wieder nahe gebracht wird; wenn das quasi rezipiert wird durch Journalistinnen und Journalisten und dann der Öffentlichkeit vorgestellt wird. Ich würde sagen, das bringt ein entsprechendes Echo in Gang. Und da kommt dann nicht einfach nur, ‹dieses Ethik-Institut sagt ja oder nein zu einer bestimmten Form von Tierschutz›, sondern da kommen dann Argumente, werden die Beispiele wieder gebracht. [...] Dieser zweite Vermittlungsschritt, der löst mehr aus, als das Unmittelbare, was so von Ethik-Instituten gestreut werden kann im Rahmen von öffentlichen Veranstaltungen oder Broschüren, die just an irgendwelche interessierten Kreise verschickt werden» (88). Hier wird der (Wissenschafts-) Journalismus als gute Übersetzungsarbeit hoch geschätzt.

E Internet

Eine weiterer Weg, auf dem Ethikwissen den Kreis der Universität verlassen kann, seien «diese ganzen e-Geschichten, Internet-Geschichten. Da gibt es ja jetzt diese neue Plattform z.B. www.nachhaltiges-investment.org. [...] wenn man das so aufzieht, wie sie es jetzt ansatzweise gemacht haben, dann ist es nicht nur ein Informationsangebot, sondern eines, welches das Arbeiten an den Kriterien beschleunigt. Was ist denn nachhaltiges Investment?» (290) Zu dieser Frage werden auf der angegebenen Site tatsächlich Informationen angeboten, darüber hinaus ist die Information aber so genau und anreizbildend – bis hin zu einer Möglichkeit zu überprüfen, ob ein bestimmtes Unternehmen in einer der vielen berücksichtigten Formen nachhaltigen Investments vertreten ist –, dass durchaus von einer neuen Rahmenbedingung gesprochen werden kann. Die Site ist denn auch aus einem Forschungsprojekt hervorgegangen. Dieses Beispiel leitet damit über von Aussagen zu allgemeiner Kommunikation ethischer Reflexion hin zu bestimmten Strukturen fokussierter Kommunikation.

E Unternehmensberatung

Beratung wurde als Umsetzungsweg in der ersten Exploration bereits besprochen. Sie tritt auch in den Interviews explizit auf, auch als «Workshopkonzept» (60). Die Wirksamkeit von Beratung ist jedoch vorsichtig einzuschätzen: Wenn «Unternehmen ein feststehendes Aktivitätsportfolio haben», ist es weniger wahrscheinlich, dass ethische Beratung zu wesentlichen Veränderungen bei den Produkten führt, eher zu Verbesserungen in der Kommunikation, während «Dienstleistungen» eher «etwas volatiler» (13) sind und neuen ethischen Einsichten besser angepasst werden können. Es scheint nicht zu viel Optimismus für die Wirksamkeit ethischer Unternehmensberatung angesagt zu sein. Dennoch werden auch grössere Beratungsprojekte erwähnt: «Das war bekannt, das hat ein Institut [der Universität Zürich] mit [Arthur] Rich mit der ABB gemacht. Es wäre denkbar, dass so ein Institut ein Lohnmodell [entwickelt.] [...] Oder [...] den Angestelltenverband des Detailhandels für den Gesamtarbeitsvertrag [berät]» (54). Mit diesem letzten Zitat wird Unternehmensberatung als Umsetzungsweg, bereits ausgeweitet über Unternehmen hinaus auf Verbände, benannt. Zusätzliche Erweiterungen wären denkbar.

E Kommunikations-Engagement

«Man muss ein sehr intensives Lobbying in diese Redaktionen hinein pflegen. Das habe ich auch mal gemacht. Ich habe sogar eine Antwort erhalten von Jürg Lehmann, damaliger Chefredaktor des Blicks und habe sogar den Eindruck gehabt, dass das etwas bewegt hat, also in dieser Frage, Ausländerkriminalität, Asylbewerberkriminalität» (B6). Dieser Experte hatte offenbar diese Zeitung auf bestimmte Fehler bzw. Einseitigkeiten in der Berichterstatung hingewiesen und damit aufgrund individueller Kommunikation, allerdings auf dem Hintergrund eines gewissen Namens, eine grosse Institution in einem gewissen Mass beeinflussen können. Doch dürfte es seitens der wissenschaftlichen Ethik generell eine gute Möglichkeit sein, durch persönliches Engagement Einfluss zu nehmen, da die Zugehörigkeit zur scientific community der Ethik einem solchen Engagement ein grösseres Gewicht gibt.

Gelegenheit zur persönlichen Einflussnahme auf eine Institution kann sich auch im Rahmen einer Auftragsforschung ergeben: «Ich mache jetzt eine Studie für einen Spielkasinokonzern, der da nebendran eine gewisse PR mitverfolgt. Wir bemühen uns ernsthaft und fördern so eine Forschung. Aber inhaltlich sind wir zunächst mal frei. Diese Freiheit habe ich jetzt nicht so interpretiert: ‹Gut, dann machen wir es und Tschüss›, sondern ich versuche, so viel wie möglich mit Leuten aus dieser Branche darüber zu reden. Dann kommt etwas in Gang» (109).

E Ethik-Management-System

«Aber jetzt kommt: [...] ‹Ethik-Management-System›. Das ist eine andere Transferschiene.» Dabei geht es um «eine neue Unternehmenskultur – also heute wird ja diskutiert, Corporate Governance und Global Compact, alle diese Managementsysteme, Qualitätsmanagement und ISO und SA, alles. Frage: Gelingt uns der Aufbau, die Einführung einer systemisch praktizierten Ethik? Dass also nicht nur der CEO sagt, ich bin ein ethischer Mensch, sondern dass man zeigen kann, wo in den Prozessen und Abläufen eines Unternehmens Ethik eingebaut ist und dass das funktioniert. Das sind so Ansprüche, würde ich sagen», die «nicht schlecht unterwegs» sind, aber man ist auch «noch nicht am Ziel» (57). Dies beschreibt eine geradezu idealtypische Form der Strukturorientierung von Ethiktransfer.

E Stakeholder-Management

«Sybille Sachs, die aus der USA die Stakeholderview- und die Stakeholdermanagement-Erfahrungen mitbrachte, [...] hat auf dem habilitiert» und ist «Betriebswirtschaftlerin. Sie hat mittlerweile mit zwei amerikanischen Kollegen ein zweites Buch geschrieben. [...] weil, hier glaube ich, dass wirklich auf sehr ergiebige Art Eigeninteressen der Firmen mit altruistischen Interessen und mit ethischen Prinzipien in einen Zusammenhang gestellt werden, insbesondere auch unter dem Aspekt nachhaltiger Unternehmensführung» (258). Stakeholdermanagement ist aber ein Umsetzungsweg, der, um wirklich Umsetzung von Ethik zu sein, auch noch einen wirksamen und eigenen Anschluss an die wissenschaftliche Ethik braucht – was im Stakeholderkonzept ja nicht unbedingt vorgesehen ist: «Es braucht eine reine Ethik, eine wissenschaftlich basierte und praxisnahe Ethik, die ihren Transfer macht, die auch Stakeholdermanagement auf neue Ideen bringt, die auch Stakeholder auf Ideen bringt, [...] [da] ja vielleicht auch z.T. Konsumentinnen und Konsumenten echt ethische Anliegen haben. Kennen wir. Die wollen im Prinzip keine Eier von leidenden Hühnern essen, wenn sie es vermögen. Das wollen sie nicht. Und sie wollen auch keine Kosmetika verwenden, die in der Vorgeschichte unnötige Leiden von Tieren verursacht haben. Hier hat die Ethik eine Zusammenarbeitsfront mit dem Stakeholder und mit dem Stakeholdermanagement des Unternehmens» (95).

E Ethikcodex

«Oder, was [...] ganz interessant zu lesen wäre, auch wegen der Institutionalisierung, die dahinter steckt. Das was der ETH entspricht, in Grenoble, das ist eine der grossen Schulen in Frankreich. Die haben über zwei Jahre hinweg ein Manifest erarbeitet, das ethische Grundlagen, überhaupt die Art und Weise, wie sie – ‹Institut National Politechnique› heisst das – tätig sein wollen, festhält, und das wird verpflichtend für alle» (86). Dabei stellt die gemeinsame Erarbeitung eines Ethikcodex die Involvierung derjenigen, welche ihn letztlich in Handlung umsetzen müssen, sicher.

E Ethiktransfer bei der Genese neuer Strukturen

«Wir haben den Anspruch, dass wir sagen, der Umgang mit dem Wasser ist eine Schlüsselfrage unseres Jahrhunderts, und das müssen wir auf eine ethische Basis bringen. Das muss ökologisch sein, das muss gerecht sein, das muss verteilt sein, [...]. Und jetzt sagen uns diejenigen, die das wollen, also quasi unsere geistigen Verwandten: Das ist nur erreichbar über öffentliche Strategien, da muss der Staat, die Öffentlichkeit das Wasser verwalten, wir müssen wegkommen von allen Privatisierungen. Und jetzt kommt die Analyse der Weltbank, von allen, die sagen, das stimmt, nur leider, es funktioniert nicht. Die Öffentlichkeit ist zu schwach, in Indien und wo auch immer. Wir müssen im Grunde genommen eine ethische Qualität von Privatisierung haben, kombiniert mit teilweiser Öffentlichkeit, also neue Formen von Privatisierung und Öffentlichkeit, und dabei spielt der Markt eine gewisse Rolle, aber diesen müssen wir jetzt ethisch aufmotzen» (200). Weil die Öffentlichkeit in Form des Staates in verschiedenen Ländern nicht die Stärke hat, eine Wasserversorgung für alle aufzubauen und instand zu halten, private Firmen das zwar könnten, aber eine ganze Bevölkerung damit in ihre Abhängigkeit brächten, wird hier, als dritter Weg, eine ethisch in irgendeiner Form kontrollierte privatwirtschaftliche Wasserversorgung ins Auge gefasst. Verallgemeinert man diesen Vorschlag, so könnte es darum gehen, gesellschaftlich wichtige Funktionen von vornherein an die wissenschaftliche Ethik anzubinden. So schwer greifbar das Ansinnen in dieser kurzen Beschreibung bleibt, so interessant ist der Impuls, Ethiktransfer nicht als eine Einwirkung auf bestehende Strukturen im Nachhinein zu verstehen, sondern dann, wenn der gesellschaftliche Wandel den Aufbau neuer Strukturen erforderlich macht, bereits eine Verbindung zu wissenschaftlich-ethischen Reflexionen herzustellen. Dieses Beispiel ist somit weniger wegen der Art des Transfers, sondern wegen des zeitlichen Moments interessant.

E Ethikgremien

Ethikgremien wurden verschiedentlich erwähnt. Beispielsweise «gibt es einfach die Begleitung von Institutionen, die einen solchen Bedarf haben, und das wird ja oft gemacht. Da sind die klinischen Ethikkommissionen in den Spitälern» (230). Ethikgremien können aber auch die Funktion einer «kritische[n] Begleitung dieser [technologischen] Entwicklung in Blick auf die Beratung des Gesetzgebers» haben. «Und am anderen Ort ist das [...] prioritäre Anliegen, dass man diesen öffentlichen Diskurs über diese [...] ethischen Themen intiiert, kritisch begleitet, fördert und was auch immer» (143). Vielleicht sei dafür die Bezeichnung «Moderation» gar nicht so falsch: «Nicht auf der Ebene, dass man sagte, ihr sammelt quasi das Volk und sagt, wie wir jetzt diesen Diskurs weiter führen, [...] sondern dass man die Qualität dieses Diskurses verbessert; im Blick auf die Wahrnehmung: ‹Was sind z.B. jetzt ethische Argumente, die da vorgebracht wurden? Was ist einfach politisch motiviert? Was ist vielleicht einfach emotional – Emotionalität?› Man verhindert dadurch, dass man irgendwie Feindbilder aufbaut. Es ist ein Unterschied, ob ich das Gefühl habe, jemand liegt falsch, ist aber im Grunde ein netter und guter Mensch, einfach mit guten Intentionen, der aber Entwicklungen anders einschätzt, oder ob man denkt, das ist jetzt der Antichrist, der da agiert. Und dass man eben diese Differenzierungen in die Öffentlichkeit einbringt» (267). Damit ist die Vielfalt von Ethikgremien angesprochen, wie sie oben im Anschluss an die Literatur differenziert dargestellt wurde. Ihr Beitrag zur Diskursqualität wird besonders betont.

E Konferenz

Als «Paradigma für Umsetzung von ethischen Gedanken in politische Strategien» gilt einer Expertin die Organisation einer «Konferenz», welche unterschiedlich involvierte Personen und Institutionen zusammenbrachte. «Diese sind zusammen gesessen, drei Tage, haben sich gerauft [...] Dabei sind Strategien entstanden, die bis heute Bestand haben». Ein solches Projekt «kostete 200'000 SFr» (33).

E Labeling

«Biolabels sind ein ganz schönes Beispiel [...]. Die werden in der Ökonomie ja rein ökonomisch wirksam. In der Ökonomie werden die nur als ökonomische Grössen wahrnehmbar, als Auftreten eines neuen Typs von Konsument gewissermassen, der halt eine gewisse Nische jetzt plötzlich eröffnet. Und wenn man von aussen drauf guckt, also nicht in ökonomischen Kategorien, dann sieht man dieses Auftreten eines neuen Typs von Konsument [...]. Günter Teubner hat es verschiedentlich als ‹productive missreading› oder als produktives Missverständnis bezeichnet, was an diesen Schnittstellen oder Berührungsstellen zwischen diesen verschiedenen Systemen auftritt» (85). Labels machen eine nicht-ökonomische Eigenschaft eines Produktes, einer Firma usw. wahrnehmbar. Sie sind ein Transferinstrument, insofern als mit einem Label bestimmte Eigenschaften gekennzeichnet und entsprechend ethischen Kriterien qualifiziert werden können. Dieser Transferweg setzt allerdings diesen «neuen Typ von Konsument» voraus, der sich für Produkt- bzw. Firmeneigenschaften, welche sich nicht im Konsumwert und nicht in den Kosten äussern, interessiert.

E Ranking

Ein Ranking ist verwandt mit Labeling (s.o.). Es unterscheidet sich darin, dass Labeling eine absolute Grenze setzt und davon die Erteilung des Labels abhängig macht, während Rankings immer relativ beurteilen. «Mit einem ethischen Ranking» wird gesagt: «[...] auf dem Hintergrund von unseren ethischen Vorstellungen ist das der Beste, und das der Zweite... Das ist eine Art Vorstufe von ethischen Kriterien nachher, in welche Firma soll man investieren. Das ist jetzt natürlich eine Antwort auf den neuen Ethikbedarf» (242). «Das ist eine Methode, in der man sagt, die Öffentlichkeit interessiert sich, und die Firmen haben Angst, also quasi, die Firmen haben auch ein Interesse daran, wenn jetzt eine Institution kommt, die einen gewissen ethischen Anstrich hat und beginnt, ein Ranking zu machen, ist das nicht einfach Quatsch, sondern es gibt einen öffentlichen Bedarf zur Frage, wer ist gut und wer ist bös» (311). Man kann natürlich nicht nur Firmen, sondern auch Produkte «ranken».[1]

E Finanzinstrumente

Auch die Möglichkeit ethisch reflektierter Geldanlagen, welche in der ersten Exploration ausführlicher behandelt wurde und in einer der Fallstudien noch vertieft werden wird, wurde von den Expertinnen und Experten angesprochen. Dabei wird mehr auf die Zukunft bezogen gesagt, es seien «neue Finanzinstrumente in ethischer Sicht zu entwickeln» (66). Die Aussichten werden positiv eingeschätzt: «Wenn das wirklich Kreise zieht und die Leute auch wirklich investieren, dann wächst einfach die Schar der alternativen Anleger und damit wird es natürlich auch für die normalen Unternehmen, Investmentunternehmen, lukrativer, sich diesem Markt zu widmen. Und wenn sie erst mal drin sind, müssen sie auch die Spielregeln dieses Marktes mitspielen, sich auf die Diskussion ein Stück weit einlassen. Das kann man eine Weile als Alibi-Übung machen, aber [dann] kippt [...] das um, das merkt dann die kritische Öffentlichkeit» (291).

E Forschung

Wenn ethische Forschung (oder interdisziplinäre Forschung unter Beteiligung der Disziplin der Ethik) seitens eines Anwendungsfeldes initiiert wird, führt dies mindestens für die Dauer des Forschungsprojektes zu einem institutionalisierten Umsetzungsprozess. Erwähnt wurde der Aufbau eines Forschungsinstituts an einer Professur X., welches sich mit «Stakeholdermanagement» (301) beschäftigt. Soweit es ethische Forschung miteinbezieht und beispielsweise die definierte Arbeitsweise von Firmen verändert, erfolgt damit praktische Umsetzung ethischer Reflexion. Konkrete Umsetzung durch Verknüpfung mit Forschung kann auch innerhalb von Ministerien und Ämtern geschehen, wenn «Forschungsaufträge nach aussen» vergeben werden, womit in gewissem Mass eine «Parallelstruktur» zum «Uni-Betrieb» entsteht» (100). Das Pendant zu einer solchen Vergabe ist die Entgegennahme von «Auftragsforschungsprojekten» aus der Praxis durch universitäre Institute (14) oder natürlich durch selbständig arbeitende ethische Fachpersonen (bzw. unabhängige «Ethik-Firmen», vgl. unten Seite 229).

---

[1] Die einzige Aussage aus den Interviews, die in diese Richtung weist, ist allerdings kein ideales Beispiel dafür: «Ein Pharmatech-Unternehmen hat gesagt, wir haben ein Produkt, wir wollen es auf den Markt bringen. Also, uns geht es jetzt mal darum, zu wissen, was meint ihr, wie das ankommt. Also, wo kriegen wir Probleme damit?» Diese Frage wurde in Form einer kleinen Auftragsforschung einem universitären Institut mit ethischem Schwerpunkt gestellt. Sie illustriert immerhin, dass Produkte nach ethischen Gesichtspunkten beurteilt werden können.

E Öffentlichkeitswirksamkeit der Universität

Die Frage: «War die Uni eine gute Plattform für den Transfer?», bejaht ein Experte ausdrücklich und betont, sie «hatte sofort Öffentlichkeitswirksamkeit, immer» (249). Die Universität selbst kann somit wissenschaftliche Ethik und Öffentlichkeit koppeln.

E Interdisziplinarität

«Die Konstellationen [welche Ethik in Anwendungsfelder bringen können] haben sich mehr auf die inneruniversitäre Ebene bezogen. Aber dort haben wir wirklich angefangen, interdisziplinär zu arbeiten, ja, und es geht weiter, ist heute auch akzeptiert» (228). Interdisziplinäres Arbeiten birgt Umsetzungspotenzial, insbesondere in der Konstellation mit Disziplinen, welche berufsbildende Studiengänge anbieten und so direkt Einfluss auf eine Branche nehmen. Ein Experte, der selbst der Diziplin der Ethik angehört, berichtet in diesem Sinn: «Ich habe hier den Kollegen K. Wir arbeiten viel zusammen. Er kommt von der Rechtsethik her. Das ist eine Möglichkeit, Strukturenethik zu betreiben. Und da muss man sagen, auf wirklich einem sehr differenzierten Niveau» (77). Im Rahmen von Umsetzungsprojekten scheint Interdisziplinarität gut zu gelingen: «Also, Kooperation mit Lehrstühlen zu den verschiedensten uns fachlich interessierenden Bereichen ist kein Problem. Es hat noch nie ein Problem gegeben, irgendeinen Wissenschafter, ob es jetzt die Universität ist oder die Fachhochschule hier in Berlin, die dazu zu bringen, mit uns zusammenzuarbeiten» (296).

E Transferorganisationen aus der wissenschaftlichen Ethik generieren

«‹Prago›[1] ist ein Projekt des Instituts [einer Universität] und intern so definiert, dass alles, was unternehmensbezogen ist, sich aber nicht an die scientific community richtet, darunter zu verstehen ist: [...] ‹prago› als eigenständig operierende Einheit, die aber im Institut verwurzelt ist [und] Austausch pflegt. Das ist ein fliessender Übergang» (319). Würde man ein solches Modell verstärkt ausbauen, könnten «bestimmte Fenster definiert werden. Z. B.: Welche wirklich forscherischen Arbeiten macht das Institut dann für die prago-Einheit, ganz konkret, und umgekehrt, welche [...] Bildung für die prago-Mitarbeiter könnte das Institut wieder durch [...] Kolloquien leisten? Damit diejenigen, die sich möglicherweise auch ein bisschen verschleissen in der Pragmatik, die man an den Tag legen muss, wieder mal zurückgeholt werden: ‹Mensch, jetzt, da gehen wir ja doch einige Abkürzungen, gedanklich, die dann auch die Substanz angreifen dessen, was wir da verkaufen.› [...] Dann würde man regelmässige Treffen organisieren und eben auf diese Weise definierte Schnittstellen schaffen, damit sich das eben nicht auseinander lebt» (203). Da die Universität von ihrer Öffentlichkeitswirksamkeit (s.o.) sowie von ihren infrastrukturellen Möglichkeiten her eine gewisse Basis hat, könnte sich die Bildung von Transferinstitutionen aus ethischen Lehrstühlen heraus als gute Möglichkeit anbieten.

E Transferorganisation aus der Kirche

Ähnliches gilt für die Kirche: «Die Deutsche Kirche hatte ja dann ähnliche Modelle der Umsetzung. Die Sozialkammer in Deutschland ist ein solches Modell» (41).

---

[1] Name geändert.

E Firma

Eine Art Ethik-Firma zu begründen, welche konkrete Umsetzung von Ethik allgemein oder auch Ethiktransfer im Speziellen als ihr Arbeitsgebiet versteht, könnte, ähnlich wie ein Ethikgremium, eine Formgebung für eine Schnittstelle zwischen wissenschaftlicher Ethik und Praxis sein. «Im Grunde genommen müsste eine solche Unternehmung [...] den Anfragern von Ethik das bringen, was sie brauchen: Also, ethische Orientierung, auch ethische Aufklärung, Ausbildung vor allem auch, Bewusstseinsbildung, Modelle, oder helfen beim Entwickeln von Modellen.» Dafür sei vielleicht «eine Firma» sogar «eine ehrlichere Form, [...] in dem Sinn, dass wir sagen, wir wollen zwar die Welt verbessern, aber auch noch ein wenig Geld verdienen. Wir sind eine Firma, wie jede andere auch, wenn auch mit anderen Produkten und vielleicht auch mit einer anderen Unternehmenskultur» (239). Auch ein zweiter Experte meint zur Frage von Ethik-Firmen: «Es gibt einen Bereich, in dem ethisch sensible Menschen markttauglich operieren können» (84).

E Koalitionen

«Und dann kommt es eben auf Koalitionen mit anderen Kräften an, mit den anderen Bewegungen, mit denen man koalieren kann in den unterschiedlichen Fragen. [...] Man kann sagen, dass das eine Tendenz ist, auch im deutschen Katholizismus, was seine Parteienorientierung angeht, sich von der einseitigen Parteienorientierung doch deutlich zu lösen und nach Themenschwerpunkten spezifische Koalitionen zu bilden. Was daran neu ist: dass es eben bestimmte Fragen gibt, in denen die Kirchen plötzlich näher an den Grünen sind als bei der CDU, zumindest bestimmten Strömungen in der CDU» (188). «Koalitionen» erscheinen hier als Mittel von (quasi) Umsetzungsaktivitäten des Katholizismus, wobei diese Aussage eines Experten im Kontext der Thematik «Ethiktransfer» impliziert, dass solche Koalitionen generell eine wichtige Rolle für die Einflussnahme auf Strukturen spielen. Dementsprechend könnten solche Koalitionen auch für Umsetzungsaktivitäten von Universitäten oder für andere Ethiktransfer leistende Organisationen interessant sein – wenn auch mit Risiken verbunden. Entscheidend dürfte sein, diese Koalitionen projekt- bzw. themenbezogen anzulegen, nicht als generelle Partnerschaft verschiedener Institutionen. Dies scheint sich beispielhaft am Verhältnis des deutschen Katholizismus zu Parteien abzuzeichnen.

Drei weitere Textabschnitte kehren die Funktion der Kirche um und könnten eine Koalition der wissenschaftlichen Ethik mit den Kirchen als Umsetzungsweg nahe legen: «Die Kirchen bestimmten Ende der 1960er bis Ende der 1970er Jahre die politische Agenda massgeblich mit. Sie bestimmten mit, über was geredet wird. Es wird geredet über 3. Welt, es wird geredet über Krieg, über Friedensforschung, über Waffenausfuhr, über Bodenrecht, über Mitbestimmung und, also man kann sagen: Das war Agenda-Setting» (99). Es wurde nach einem «Instrument» für eine solche Koalition zwischen wissenschaftlicher Ethik und Kirche gesucht und in der Schweiz das «Institut für Sozialethik» (12) aufgebaut. «Es würde wohl niemand bestreiten, dass das auch eine Aufgabe der Sozialethik ist, Verbindung eben herzustellen und sich in Bezug zu setzen zu den Akteuren, den gesellschaftlich handelnden Akteuren» (180).

E Personalunion

Eine Expertin berichtet von einer Person, welche «die Kombination 50% Uni und 50% Institut» inne hatte. Damit ist gemeint, dass sie eine 50%-Stelle an einer Universität und eine gleich dotierte Stelle in einer Ethiktransfer leistenden Organisation in Personalunion vereinte. Dazu weiter: «Und ich habe immer vertreten: Das ist eben ein Modell für den Transfer. Wir haben die Uni, da machen wir Theorie, und daneben haben wir ein Instrument, das politische, eben das Institut, das Einfluss nehmen kann. Das ist so eine Konstruktion. [...] Uni und Praxisbezug waren nicht unbedingt institutionell verbunden. Das Institut war [...] personell verbunden [...] mit der Uni. Die Fakultät fand das auch gut, hat es mitgetragen» (309). Die letzte Aussage ist wichtig für diese «Konstruktion». Denn der Effekt lebt davon, dass seitens der Universität die Umsetzungsaktivität dieser Person im «Institut» mitbeobachtet wird und dass seitens des Instituts die wissenschaftliche Entwicklung dieser Person ebenfalls mitverfolgt wird. Nur so entsteht die doppelte Loyalität, welche bewirkt, dass diese Person Aussagen machen und Handlungen unternehmen muss, welche aus beiden Perspektiven Sinn machen und sie so miteinander koppeln.

2.4.2 Metareflexion zu Transferwegen

Die Metareflexionen liessen sich in drei Unterkategorien gruppieren:
- Bedeutung der Institutionalisierung
- Spezialisierung
- Verhältnis zwischen Transferwegen

Bedeutung der Institutionalisierung

Steht «keine Institutionen mehr dahinter [d.h. als Stütze von Transferaktivitäten], weder Kirche, noch Uni», müsse «man [...] selber aufbauen», berichtet eine Expertin. Man brauche neue «Partner [...], welche den institutionellen Teil und den praktischen besser absichern können» (108). In welchen Punkten fehlt einem sonst der institutionelle Hintergrund? «Also, das fehlt einem vielleicht bei der Legitimation, beim Türöffnen, ein Stück weit bei der Infrastruktur, die man zur Verfügung hat, und dann natürlich auch beim Sponsoring» (145). Umsetzungsaktivitäten allgemein und Ethiktransfer im Speziellen bedürfen offenbar aus vielen Gründen der Institutionalisierung.

Spezialisierung

«Zwischen Theorie und Praxis irgendwie zu vermitteln, kann man natürlich auch auf ganz andere Art und Weise, wie z.B. durch sehr starke Spezialisierung, wenn man sagt: Wir sind die Spezialisten für die Erstellung von social reports. Machen aber nicht einfach nur state of the art» (221). Erbringt man beispielsweise bei der Erstellung von social reports besondere Leistungen bei der ethischen Reflexion der Kriterien bzw. Hinsichten, so ergibt sich ein konkreter Transferweg. Er steht hier als Beispiel für das Prinzip der Spezialisierung. Seitens der Ethik das richtige Mass an Spezialisierung zu finden, dürfte eine wesentliche Metareflexion der Transferwege darstellen. Dabei wird man bedenken müssen, dass die wissenschaftliche Ethik selbst eine hoch spezialisierte Wissenschaft ist, die dementsprechend immer nur einen eng begrenzten Beitrag zur Lösung eines konkreten Problems bzw. zur Erfüllung einer bestimmten Aufgabe – wie sie im Beispiel die Erstellung von social reports darstellt – leisten kann. Die Bedeutung geeigneter Spezialisierung wurde oben (Seite 74) bereits angesprochen und wird in ein Qualitätskriterium übersetzt werden.

Verhältnis zwischen Transferwegen

- «Ich formuliere es grundsätzlicher und sage: Wenn es keine funktionierende Bildungs- und Weiterbildungsangebote gibt auf dem Themengebiet, wird Beratung in Sachen Ethik nicht funktionieren» (15). «Man muss ausserdem mal sagen, man muss ja nicht Beratungsbedarf in dem Sinn schaffen, dass man irgendwie [das] Bildungsniveau niedrig hält oder runterfährt. Wenn das Bildungsniveau das Problem lösen würde, dann brauchen wir keine Beratung, ist doch gut so» (164).
- «Von daher kommt die Idee, dass man diese Komitees einsetzt, aber man hat natürlich auch gesehen, dass diese Gremien [...] natürlich nicht im selben Sinne einsetzbar» sind wie etwa Ethikerinnen oder Ethiker, die man in einer Organisation unter Vertrag anstellt. «Und das konkurrenziert sich nicht» (223). Man kann auch beides zugleich tun in einer grossen Unternehmung: Ein Ethikgremium einrichten und eine ethische Fachperson einstellen.
- «Ein Teil der Moralpädagogik ist die Einsicht in die Notwendigkeit der strukturellen Veränderung. [...] Man sagt ‹Individualethik›, ‹Sozialethik›, trennt das so schön. Wie wenn es getrennt wäre» (233).

Alle diese drei Aussagen kombinieren je zwei Transferwege: Bildung mit Beratung, Ethikkomitees mit Anstellung von Ethikern und Ethikerinnen in Firmen, Moral- bzw. Ethikpädagogik mit Ethiktransfer insgesamt. In keinem der Interviews wurden Konkurrenzen oder Widersprüche zwischen Transferwegen angesprochen. Wenn man das verallgemeinern darf, ergibt sich daraus die Metareflexion, dass Kombinationen in aller Regel wünschbar sind und sich die Transferwege in erster Linie befruchten werden. Dieses Einsicht kann in das Qualitätskriterium übersetzt werden, dass Ethiktransfer umso besser ist, je mehr er zu weiteren Formen von Ethiktransfer anregt und Anlass gibt.

Daraus lässt sich weiter schliessen, dass die Aussicht, irgendwann vielleicht einen anderen Transferweg begehen zu können, nicht dagegen spricht, hier und jetzt diejenigen Wege zu begehen, die sich bereits bahnen lassen.

2.4.3 Zusammenfassung der Ergebnisse aus der Hauptkategorie 5

Wiederum unterscheidet sich die dritte Exploration von den ersten beiden dadurch, dass die Expertinnen- und Experteninterviews zwar weniger präzise durchdachte, aber detailreichere Überlegungen zu Tage fördern. Es entsteht keinerlei Widerspruch zu den ersten Explorationen, aber die drei herausgearbeiteten Ebenen «Individuum», «Organisation» und «Funktionssystem» werden in insgesamt 16 Unterebenen aufgesplittet, wobei diese Unterebenen exemplarisch für weitere Unterebenen stehen und nicht eine abgeschlossene Liste ergeben.

> Die Ebene «Individuum» wird unterschieden in fünf Formen von Moral- bzw. Ethikpädagogik: nicht formalisierte Bildung, formalisierte Bildung, Publikationen, Wissenschaftsjournalismus und Internet. Auf der Ebene «Orga-

> nisation» fällt speziell die beispielhafte Nennung von persönlichem Kommunikationsengagement, die Einführung von Ethik-Management-Systemen, das ethisch reflektierte Stakeholder-Management und die Organisation zielgerichteter Konferenzen zu bestimmten Themen auf. Einflussnahmen auf Rahmenordnungen, d.h. auf der Ebene des «Funktionssystems» bezogen sich stets auf das System «Wirtschaft», wofür namentlich ethisches Labeling, Ranking und ethische Finanzinstrumente thematisiert wurden.

Was die organisatorische Form betrifft, fällt vor allem die mehrfache Nennung der Bedeutung von Koalitionen mit (NG-) Organisationen auf. Dabei kann die Kirche sowohl als Koalitionspartnerin der wissenschaftlichen Ethik als auch als Ausgangspunkt sozialethischen Engagements erscheinen, wenn sie sich beispielsweise politische Partner sucht.

> In den Reflexionen aus der angewandten Ethik, welche in der ersten Exploration berücksichtigt wurden, war die Möglichkeit der Realisierung bzw. Unterstützung der Umsetzung ethischer Reflexionen durch Kooperationen nicht erwähnt worden. Offensichtlich handelt es sich dabei um eine wesentliche Ergänzung, welche in den definitiven Theorievorschlag einfliessen muss.

Weiterführend sind auch die Hinweise auf die Bedeutung von Personalunionen, Konferenzen und speziellen Möglichkeiten von Internet-Plattformen. Letztere können vor allem darum grosse Wirkung entfalten, weil mit ihnen Interaktivität und Öffentlichkeitswirksamkeit gleichzeitig realisiert werden können.

Metareflexionen hingegen kamen weniger zur Sprache, weniger auch, als sie in der berücksichtigten Literatur bedacht werden. Immerhin wird die Bedeutung eines institutionellen Rahmens und einer geeigneten Spezialisierung hervorgehoben, welche beide für eine Theorie bzw. für Qualitätskriterien bedeutsam sind.

Auffällig ist, dass die verschiedenen Transferwege, die ja in grosser Vielfalt zur Sprache kamen, durchgängig als synergetisch beschrieben wurden und – im Unterschied zur dargestellten, sonstigen Thematisierung von Konkurrenz in der Ethik – keine Spannungen zwischen Bildung und Beratung, Moral- bzw. Ethikpädagogik und Ethiktransfer usw. wahrgenommen wurden. Dies mag damit zusammenhängen, dass das Feld des Ethiktransfers, gemessen an den Möglichkeiten, noch relativ wenig bearbeitet und genutzt wird.

2.5 Kategorie 6: Transferzielort/Handlungsfeld

In diese Kategorie fallen alle Textabschnitte, welche Aussagen über Handlungsfelder als Transferzielorte, als Felder, auf deren Strukturen eingewirkt werden soll, enthalten. Die Unterkategorien dieser Hauptkategorie bestehen einerseits in einer Metareflexion darüber, welche Handlungsfelder prinzipiell in Frage kommen und andererseits in einer Aufzählung möglicher konkreter Ziele (grob geordnet nach Funktionssystemen der Gesellschaft):
- Definition Handlungsfelder für Ethiktransfer
- E Gesetze
- E öffentlicher Diskurs

- E Medien
- E Politik
- E Wissenschaft
- E Nachwuchsförderung
- E Verwaltung
- E Gesundheitswesen
- EN Rahmenbedingung Markt?
- E Firma
- E Verwaltungsrat
- E Branchen
- E IT-Bereich
- E Angestellten-Organisationen
- E NGO
- E Kirchen

2.5.1 Definition Handlungsfelder für Ethiktransfer

«Wenn man sie [die Transferfrage] sauber justieren will, muss man sie tatsächlich am ehesten auf der Ebene von Organisationen ansiedeln. [...] wenn man jetzt wissen will, wo findet eigentlich dieser von Ihnen jetzt beforschte Transfer statt, dann sollte man, glaube ich, nicht auf die Funktionssysteme gucken, sondern da geht es in meiner Wahrnehmung sehr viel stärker um die Frage: Unter welchen Bedingungen, in welchem Ausmasse sind Organisationen in der Lage, ihre Programmierungen [zu ändern]?» (170) Diese Expertin möchte primär Organisationen als Transferzielorte sehen. Gefragt nach den übergeordneten Anreizsystemen, denen Organisationen unterliegen, antwortete sie: «In der Systemtheorie gibt es nicht so sehr über- und untergeordnete Systeme. Es wird stärker in Netzwerken gedacht. Es gibt auch Netzwerke, in die Betriebe usw. eingebunden sind. Nicht nur die Funktionssysteme kommen als umfassendere Systeme in Frage» (157). «Deswegen denke ich, dass dies auch begrifflich eine ganz gute Ebene wäre, man würde sich nicht überheben mit diesen sehr anspruchsvollen Aussagen über die Gesellschaft insgesamt und die Funktionssysteme überhaupt, die sich dann oft den Vorwurf fehlplazierter Konkretheit einhandeln» (298). Auch wenn man dem Experten darin nicht folgen würde, dass Funktionssysteme als Zielbereiche von Ethiktransfer nicht in Frage kommen könnten, machen diese Aussagen deutlich, dass es sich dabei um eine spezielle Ebene handelt, hinsichtlich der genauer zu klären ist, wo überhaupt Veränderungsspielraum besteht. Am Beispiel des Funktionssystems der Ökonomie wird sich diese Thematik in der Unterkategorie «Rahmenbedingung Markt» nochmals zeigen.

2.5.2 Aufzählung von Transferzielorten/Handlungsfeldern

E Gesetze
In einem Seitenast eines Interviews wurde berichtet, dass ein bestimmter «Artikel» eines «Raumplanungsgesetzes» seitens der Ethik «formuliert» worden sei (186). Dass die Kontakte so weit gehen können, ist erstaunlich.

E öffentlicher Diskurs

«Für Deutschland vertrete ich eher die These: Dieser zivilgesellschaftliche Raum, auf den auch das ‹Wort der Kirchen› zielte, der hat eine gewisse Priorität, aber natürlich spielen die jeweiligen Koalitionen, wie man auf Parteien einwirkt, eine Rolle, und natürlich spielt auch die unmittelbare Beratung der Administration, also die Lobbyarbeit, nach wie vor als unmittelbares Verhältnis Staat – Kirche, und der Einfluss von Kirche in Berlin etwa, nach wie vor eine wichtige Rolle. Aber wenn man diese drei, also diese drei Arenen unterscheidet: [...] staatliche Arena, parteipolitische Arena und zivilgesellschaftliche Arena, wenn man die drei politischen Arenen betrachtet, dann ist der Ort, sozusagen der primäre Ort, die zivilgesellschaftliche Arena» (35).

Man kann den «zivilgesellschaftlichen Raum» als Institution, als gesellschaftliche Struktur ansehen, die man dementsprechend von ethischer Seite her mitprägen kann. Diese Expertin räumt ihm erste Priorität ein. Anscheinend wird just eine solche Prioritätensetzung auch von der Öffentlichkeit selbst erwartet: «Die Öffentlichkeit [...] erwartet, dass Wissenschaftler fähig sind, mit einer breiten Öffentlichkeit zu kommunizieren über ihre Forschungsziele, ihre Mittel, die sie dafür einsetzen, über die Erwartung, die sie an ihre eigene Forschung haben. Man erwartet, dass Wissenschaftler das können und machen. Genau dieses Argument: ‹Ach, das würden Sie ohnehin nicht verstehen›, damit wäre man jetzt total weg vom Fenster, von dem, was heute erwartet wird. Auch von einem technischen Wissenschaftler, von einem Naturwissenschaftler wird erwartet, dass er auch komplexeste Inhalte so vermitteln kann, dass jemand eine Ahnung erhält, was der eigentlich forscht. Und noch viel höher ist die Erwartung an einen Ethiker. [...] Wenn er das nicht vermitteln kann, dann hat er irgendwie seinen Sinn und Zweck verfehlt» (25). Der öffentliche Diskurs als Institution scheint ein wichtiges Handlungsfeld für praktische Umsetzung ethischer Reflexion zu sein.

E Medien

In einem Interview wird angesprochen, dass in einer bestimmten Hinsicht Ethiktransfer im Handlungsfeld der Medien wichtig wäre: «[...] Es muss alles höchst aufbereitet, spannend sein, und das geht einfach so, [...] die Pointe ist wichtiger als die Realität. Und da sehe ich die grösste ethische Gefahr, die noch viel zu wenig thematisiert ist. Das ist so eine Versuchung für den Journalisten, etwas zuzuspitzen, lustiger zu machen» (156). Die Korruption durch die Kapitalgeberinnen und Kapitalgeber der Medien und durch die Leserinnen und Leser ist das weit grössere Problem als die Beeinflussung durch Unternehmen und Interessengruppen: «Das ist der wahre Druck. Dass du zum Essen eingeladen bist, das ist o.k. Da haben wir schon längst gelernt, damit umzugehen. Aber der wahre Druck ist der» (9). Interessant ist dieses Beispiel, weil hier ein Ethikbedarf angemeldet wird, der in der Medienethik bisher kaum thematisiert wird. Damit zeigt sich deutlich, wie sehr die wissenschaftliche Ethik ihrerseits das Reflexionsniveau steigern kann durch einen stärkeren Kontakt zur Praxis.

E Politik

«Natürlich, was die Politikberatung angeht, das hat es ja immer gegeben» (284). Politikberatung seitens der wissenschaftlichen Ethik hat offenbar Tradition. Die Idee, dass man «eine Art

Netzwerk von ethisch interessierten Menschen formieren müsste, z.T. sehr bewusst, sehr zielstrebig in bestimmten Teilbereichen der Wirtschaft und der Politik» (B7), sucht einen etwas anderen Weg, um die Politik zu erreichen. Man kann auch anstreben, dass «Unternehmen ordnungspolitische Mitverantwortung übernehmen» (103). Das sind drei verschiedene Transferwege mit der Politik als Transferzielort.

E Wissenschaft

Ist die Wissenschaft als «eigener Bereich» Handlungsfeld für Ethiktransfer, so ist das «nicht die Umsetzung nach aussen», sondern es geht um «die Institutionalisierungen innerhalb des akademischen Bereichs, die genau so ein Problem [darstellen]» (260). Eine Expertin meinte dazu: «In der Schweiz gibt es keine ethische Regeln für Forschung» (181). Die Empfänglichkeit für wertebezogene Reflexionen scheint sehr unterschiedlich zu sein, sogar innerhalb einer Disziplin, beispielsweise derjenigen der Ökonomie: «Also, ich würde sagen, Volkswirte sind von Haus aus gewohnter, in grösseren Zusammenhängen zu denken, und denen fällt es von dem her auch nicht so schwer, vergleichsweise, [...] diese Thematik mitzubedenken, auch wenn es von den fachlichen Traditionen nicht unbedingt nahe liegt, weil die natürlich sehr ähnlich sind, wie die mikroökonomische Schiene, dem, was die Betriebswirtschaftler also tun. Und die Betriebswirtschaftler [sind] demgegenüber sehr – sehr, ja – auf dieses Gewinnprinzip, und zwar ein Gewinnmaximierungsprinzip eingeschworen. Sie behaupten, wertneutral argumentieren zu können. Dies steckt in der Disziplin so tief drin, dass ich sogar nach wie vor die Mehrzahl dieser Kategorie zuordnen würde» (272). Umgekehrt hat die Ethik, welche nicht wie die «Wissenschaftsjournalisten [...] primär wissenschaftsfreundlich» (169) ist, zumindest in gewissen Teilen der Wissenschaft ein «Bremserimage» (s.o.). Dies dürfte es eher erschweren, die Wissenschaft als Transferziel zu erreichen.

E Nachwuchsförderung

«Ich beginne vielleicht einmal bei der finanziellen Unterstützung von Nachwuchskräften in der akademischen Lehre und Forschung.» Man hat «natürlich Überlegungen gemacht in Richtung Wissenschaftsethik» und möchte das bei der Auswahl zu fördernder Forschungsprojekte berücksichtigen (316). Dass der Stipendienbereich wissenschaftsethisch sensibel ist, scheint im wissenschaftsethischen Diskurs bisher nicht die angemessene Aufmerksamkeit zu erhalten.

E Verwaltung

«Flüchtlinge, Ausländerfragen, Soziales, es gäbe im Grunde eine Fülle an Ämtern und Ministerien, in denen eine gewisse Ethikkompetenz sehr viel Sinn machen würde» (64). Konkrete Versuche wurden gemacht: «Da gäbe es als Beispiel eine Stelle, die N. am Ministerium X gehabt hat. [...] Und sie arbeitete, zuerst, glaube ich, im Amt Y, als Philosophin. Sie war dann noch in einem anderen Amt und [...] hat den Aufbau des Ethikgremiums Z betreut, aber auch als Ethikerin und Philosophin die Auseinandersetzung mit [...] umweltethischen Fragen betreut. Sie war die Philosophin und Ethikerin, die innerhalb der Verwaltung in dieser Funktion aufgetreten ist. Sie hat z.B. auch Mandate [Forschungsaufträge, Gutachten] vergeben» (61). Die Verwaltung zeigt sich damit als Handlungsfeld, das sich wissenschaftliche Ethik «holt».

E Gesundheitswesen

In einem Interview kam die Rede darauf, dass im Gesundheitswesen die Nachfrage nach Ethik grösser ist als etwa im ökonomischen Bereich und dass das Bremserimage nicht so im Vordergrund steht. «Ganz im Gegenteil. Auch wenn unterschiedlich argumentiert wird, so wird doch eine Voraussetzung geschaffen, um im einzelnen Fall anschliessend verantwortlich entscheiden zu können. Es ist nicht so wichtig, ob er auf dieser oder auf der anderen Seite ist. Aber es ist ein verantwortlicher Entscheid. Es ist ein ganz anderes Aktionsfeld. Es ist das der Betroffenheit, des Dilemmas, des unmittelbar in einer Situation Handeln-Müssens. Ein Unternehmen, das eine Strategie macht, ist in einer ganz anderen Situation, ist nie in dieser Enge drin. Es ist nur in politischen und rechtlichen Engen drin, aber ethisch nicht. Dort gelten die Zäune, die man selbst aufstellt und als Zaun akzeptiert, das ist ja das, was Ethik und Moral auszeichnet» (216). Interessant ist hier die Begründung für Unterschiede im Ethikbedarf. Sie dürfte nicht nur den Unterschied zwischen dem Bereich der Medizinethik und der Unternehmensethik (mit) erklären, sondern ein generelles Prinzip aufzeigen: Handeln von Personen und Firmen, das nur für andere problematisch ist, generiert weniger Ethikbedarf als Dilemmasituationen, in denen Personen oder Firmen in einen Entscheidungsdruck geraten.

EN Rahmenbedingung Markt?

In den Interviews finden sich zunächst Aussagen, die betonen, dass das Prinzip der Marktwirtschaft nicht zur Disposition stehen soll: «Wir haben eine Grundidee, die heisst, man muss eine bessere Welt schaffen unter den ökonomischen Bedingungen, die wir haben» (262). «Ich persönlich kann mir im Moment nur vorstellen, dass man unter Akzeptierung der Rahmenbedingungen – scharfer Wettbewerb, globalisierter Wettbewerb, zumindest europäisierter Wettbewerb – das Beste versucht daraus zu machen» (B5). Das Marktsystem scheint eine gewisse Unantastbarkeit zu geniessen.

Dennoch sucht man, (etwa im «Umgang mit der Arbeitslosigkeit», 172) nach Wegen, übergeordnete Anreizmechanismen wenigstens partiell zu beeinflussen. Es scheint durchaus Entwicklungen in eine solche Richtung zu geben: «Heute ist ja das, was früher exogen ethisch gesteuert wurde, stärker über neue gesellschaftliche Wirklichkeiten gesteuert: Öffentlichkeit, Moralisierung, Risikobewusstsein, Protest, Empörung. Quasi: Ethische Dimensionen werden neu zu Elementen der Marktlogik» (279). Man könnte versuchen, das zu verstärken: «Von da her könnte ich mir eben schon vorstellen, dass man eine Art Netzwerk von ethisch interessierten Menschen formieren müsste, z.T. sehr bewusst, sehr zielstrebig in bestimmten Teilbereichen der Wirtschaft und der Politik, die man im Lauf des aktiven Lebens wahrscheinlich ausbauen kann und dass man sich gegenseitig immer wieder auf diese Aspekte anspricht, ohne grosse Formalisierung, nicht irgendwie eine Loge bilden oder etwas, das eine Beitrittshürde hat. Aber da gibt es noch ein Potenzial» (261). Dabei sind wohl primär grössere Akteurinnen und Akteure im Blick, weil man hier auch mehr Probleme sieht: «Praktisch ist es einfach so, dass Wirtschaftsethik, wie wir sie konzipieren und wie sie auch generell diskutiert wird, erst mal bei den groben Problemen ansetzt, und das betrifft eher mal die grossen Unternehmen» (214). Von daher könnte man übergreifende Einigungen in bestimmten Bereichen suchen: Es gab eine «Initiative des Amtes für Wirtschaft, das vor etwa einem Jahr die Idee hatte, man könnte eine ‹Ethikkonvention› lancieren in der Wirtschaft. Da war Direktor F. des

Amtes [...] dafür federführend, aber der eigentliche Initiant war der G. Das war eine hochinteressante Sache» (B9). Oder: «Für ein sehr aufschlussreiches Beispiel dafür halte ich die Entwicklung beim Q., einer Arbeitsgruppe für Wirtschaftsethik [...] Das war ja schon immer der Versuch, ein Gruppe auf die Beine zu stellen, damit Austausch stattfindet, auch eben und insbesondere zwischen Theorie und Praxis. [...] Da wars aber immer so, dass da, na ja, ein paar Private waren. Da war häufig deutlich gekennzeichnet: ‹Ist nicht für Firma X hier, sondern nur privat›. Wenn da irgend ein Funktionsträger da war, war er privat interessiert, für die Firma nun offiziell oder nicht offiziell dabei, die Mehrheit waren Wissenschaftler. Und das hat sich in den letzten zwei Jahren, sag ich jetzt einmal, gekehrt. Ich hab da keine genauen Statistiken, aber es gibt Leute, die behaupten, das sei jetzt mal locker die Hälfte, dass da plötzlich Praktiker sitzen, die da ihre Arbeit darstellen und der Reflexion preisgeben und umgekehrt gerne wissen wollen, wie sie es richtig machen» (159).

Interessanterweise werden Vorschläge, die übergreifende Veränderungen von Anreizmechanismen ins Auge fassen, tendenziell in einem informellen Bereich angesiedelt. Dies erscheint nicht völlig aussichts- und wirkungslos, wenn man davon ausgeht, dass, wie oben zitiert, «ethische Dimensionen werden neu zu Elementen der Marktlogik» werden. Dennoch ist es interessant, dass keiner der Expertinnen und Experten bezüglich übergeordneter Anreizsysteme in der Wirtschaft verbindlichere, deutlicher strukturelle Veränderungen ins Auge fasst. Man ringt offenbar mit den übergreifenden Anreizstrukturen, wagt aber nicht, sie als Handlungsfeld für Ethiktransfer direkt anzugehen. Dies trifft sich mit den Textabschnitten oben zur Definition der Handlungsfelder.

E Firma

Verschiedene Inhalte wie «ethische Orientierung, auch ethische Aufklärung, Ausbildung vor allem auch, Bewusstseinsbildung, Modelle oder Hilfen beim Entwickeln von Modellen» (239) können an Firmen vermittelt werden. Auch dass man von ethischer Seite «die BMW beraten hat» (54) wurde schon erwähnt; die Medien als Firmen wurden genannt, indem ein Experte, der selbst früher massgeblich in der Medienbranche aktiv war, sagt: «[...] mich interessiert sehr Medienethik, Ethik der Öffentlichkeitsarbeit». Interessanterweise haben Ethik-Firmen als Transferweg offenbar häufig Firmen als Handlungsfeld im Auge, wie in der Aussage: «Es gibt einen Bereich, in dem ethisch sensible Menschen markttauglich operieren können» (84) zum Ausdruck kommt. Ethik-Firmen werden wohl kaum Gefahr laufen, als ökonomisch naiv zu gelten und dürften so leichter Akzeptanz bei Unternehmen vorfinden. Auch der «Ethik-Rat» von «Novartis» wurde erwähnt (282). Eine Vielzahl von Transferwegen führt zu Firmen.

Dass Ethiktransfer zu Firmen auch ökonomisch sinnvoll sein kann, wurde ebenfalls gesagt: «Ein Argument, das kommt übrigens aus dem Bereich der Technikethik, ist, dass z.B. ein Unternehmen gewinnen kann durch den Ruf, den es hat, ethisch mitfundiert zu arbeiten. Das ist effektiv so wie z.B. das Wissen darum, dass sie von ihrer Autogarage ausgezeichnet bedient werden, regelmässig bedient werden, das gibt dieser Garage einen Wert. Sie geben das weiter, das ist eine Wertsteigerung. Das kann man wahrscheinlich verallgemeinern. Das Problem ist dann [...] die Zeitdimension» (18). Ethik kann offenbar eine ökonomische Wertsteigerung sein.

D Exploration III: Expertinnen- und Experteninterviews

E Verwaltungsrat

Gefragt nach weiteren möglichen Handlungsfeldern für Ethiktransfer, werden in einem Interview nach den Ethikräten spontan eine Gruppe von Gremien genannt, die man nicht unbedingt in einen Zusammenhang mit Ethik gebracht hätte: «Und dann ein anderer Ort, aber dort kommt man eben nicht dazu, das sind die Verwaltungsräte» (202).

E Branchen

Schon im Sinne einer notwendigen Fokussierung spezialisieren sich Organisationen, die Ethiktransfer leisten und transferaktive Ethikerinnen und Ethiker auf bestimmte Branchen. Konkrete ethische Beratungsinstitutionen beraten in der Regel nicht alle, sondern solche «Unternehmen, die in einem bestimmten Bereich [...] tätig sind» (44). Man kann nun aber auch, statt der einzelnen Firmen in einer Branche, die Branche insgesamt als Handlungsfeld und Zielort des Ethiktransfers begreifen.

> «Die Vorträge sind für mich immer nur ein Entrée. Der Vortrag als Vortrag, das ist relativ schnell abgehakt. Das ist ein Entrée, um mit einem Unternehmen, mit einer Branche ins Gespräch zu kommen; also vorzugsweise mit einer Branche, um über diesen Kontakt in der Branche dann am liebsten nicht mit einem Einzelunternehmen, sondern mit einer Gruppe innerhalb eines Verbandes zu arbeiten; so dass man nicht mit einem einzelnen Unternehmen arbeitet, das ist immer oder möglicherweise etwas knifflig. Mir ist es lieber, ich arbeite mit dem Verband zusammen. Ja, und die holen eine Arbeitsgruppe zusammen. Und deren Mitglieder kommen natürlich aus irgendwelchen Unternehmen, aber das ist was anderes. Dann befindet man sich auf einem anderen Niveau und hat andere Möglichkeiten. Dann kann man unter Absehung vom Images des einen oder anderen Unternehmens arbeiten» (226).

E IT-Bereich

Gefragt nach möglichen neuen Handlungsfeldern für Ethiktransfer wurde geantwortet: «Was mir ad hoc einfallen würde – ich bin sicher, es wird bearbeitet, aber es ist ein Thema, in das noch sehr viel Reflexion einfliessen muss – das ist in der Tat die Frage der Veränderung von Kommunikation und sozialen Strukturen durch das Entstehen der vernetzten Gesellschaft. Also: Computer, technisch vernetzte Gesellschaft. Es geht um Bildung, eine Revolution der Sozialkontakte – die haben zugenommen, aber auf eine ganz eigenartige Weise. Ich habe schon Paare getraut, die sich über das Internet kennen gelernt haben. O.k, das macht vielleicht keinen Unterschied, ob die sich im Dorf, in der Schule oder im Nachbardorf kennen gelernt haben, [...] aber vielleicht macht es einen. [Ich bin] nicht grundsatzmässig skeptisch, aber doch mit einem wachen Blick» (289). Was die Empfänglichkeit dieser Branche für konkrete Umsetzung von Ethik betrifft, ist man jedoch pessimistischer: «Der Bereich IT, das ist eine informationsresistente Branche. [...] Denen kann man nichts sagen, weil: Das verkauft sich immer. Microsoft bringt den nächsten unangemeldeten Feldversuch über die Bühne, indem sie XP oder sonst irgend etwas auf den Markt schmeissen und sagen: Wenn irgend was nicht funktioniert, dann sagt mir das bitte. Und dann darf ich dann irgendwann mal ein Upgrade kaufen auf die nächste Geschichte, wo dann die Probleme, die ich ihnen gemeldet habe, bearbeitet sind, und ich darf dafür auch noch bezahlen. Ist doch eine verrückte Struktur. Das ist eine Branche, die braucht sich über diese Fragen keine Gedanken zu machen» (289).

E Angestellten-Organisationen

Ethische Beratung für «den Angestelltenverband des Detailhandels für den Gesamtarbeitsvertrag» (54) kann exemplarisch für den gesamten Gewerkschaftsbereich stehen, prinzipiell natürlich überhaupt für Ethiktransfer in Verbänden.

E NGO

Die Kirche wurde als Transferzielort bereits angesprochen. Geht man in diese Richtung weiter und wirkt die wissenschaftliche Ethik beispielsweise «beratend beim Caritasverband, [...] bei Misereor» (98), ist es nur noch ein kleiner Schritt, Ethiktransfer zu NGOs allgemein ins Auge zu fassen.

E Kirchen

Kirchen wurden bereits als Allianzpartner wissenschaftlicher Ethik für praktische Umsetzungen und auch als möglicher institutioneller Ausgangspunkt für Transfer erkannt, zumal Theologinnen und Theologen aufgrund ihrer Ausbildung prinzipiell mit wissenschaftlicher Ethik arbeiten können. Nun können Kirchen als Organisationen auch Zielpunkt von Ethiktransfer sein. Ein Experte berichtet: «Wir begleiten die Kirchenleitung, zumindest in vielen Fällen, nicht in allen wünschbaren, aber in vielen Fällen, und – das erscheint mir noch sehr viel wichtiger – wir begleiten die Synode» (112).

2.5.3 Theoriebildende Zusammenfassung der Hauptkategorie 6

Gegenüber dem ersten beiden Explorationen fallen die folgenden Punkte auf:
- Es kommen Handlungsfelder zur Sprache, welche nicht oder nicht in diesem Mass bzw. nicht in dieser Art im ethischen Diskurs thematisiert werden: Ein medienethischer Blick auf Dilemmata, welche durch eine Überlagerung des Informations- durch das Unterhaltungsbedürfnis der Leserinnen und Leser entsteht, könnte eine entscheidende Weiterentwicklung des Diskurses sein. Der öffentliche Diskurs wurde als Handlungsfeld für Ethiktransfer bereits angesprochen, jedoch nochmals in seiner Schlüsselfunktion betont. Eher neu dürfte es sein, den IT-Bereich, die Kirchen und die wissenschaftliche Nachwuchsförderung als Handlungsfeld für Ethiktransfer zu begreifen. Besonders innovativ wäre es, Zugang zu Verwaltungsräten als Gremien zu finden. Beeindruckend ist auch die Entdeckung, dass Unternehmensethik teilweise besser über Branchen als über einzelne Unternehmungen transferiert werden kann, wobei man sich damit nicht mehr auf einer rein unternehmensethischen Ebene befindet, sondern auf einer Zwischenebene zur Rahmenordnungsethik. Von einer Theorie des Ethiktransfers ist zu erwarten, dass möglichst alle potenziell für Ethiktransfer in Frage kommenden Handlungsfelder systematisch dargestellt werden. Dafür bieten diese Ergänzungen zum bisherigen Diskurs einen wesentlichen Beitrag.
- Insgesamt ‹wagte› es jedoch keine Expertin und kein Experte, Rahmenordnungen in dem Sinne aus ethischer Perspektive zu kritisieren, dass daraus ein Handlungsbedarf auf der

Ebene dieser Ordnungen abgeleitet worden wäre – obwohl diese Ordnungen sehr wohl als problematisch eingeschätzt werden. Das ist doch erstaunlich. Die Empfehlung, das Gewicht primär auf den Transfer zu Organisationen zu legen, wird in einer Theorie des Ethiktransfers kritisch zu bedenken sein.
- Interessant ist weiter eine Reflexion darüber, warum das Gesundheitswesen offensichtlich stärker an ethischer Reflexion interessiert ist als andere Strukturen unserer Gesellschaft. Offenbar verlangen die dort auftretenden unumgänglichen Dilemmata eine reflektierte Selbstregulation, was diese Branche von anderen merklich unterscheidet. Die damit aufgeworfene und gleich teilweise beantwortete Frage, warum zwischen den verschiedenen Handlungsfeldern so grosse Unterschiede im Bedarf nach konkreter Umsetzung von Ethik und nach Ethiktransfer im Speziellen bestehen, soll von einer Theorie des Ethiktransfer mit erklärt werden können.

2.6 Kategorie 7: Kriterien

Im Interview-Leitfaden (siehe Anhang), den die Expertinnen und Experten im Voraus erhielten, wurde ausdrücklich nach Kriterien «guten» Ethiktransfers gefragt. Die Expertinnen und Experten gingen ausführlich auf diese Frage ein. Entsprechend zahlreich sind die Textabschnitte zu dieser Kategorie. Explizite Metareflexionen zur Kriterienbildung finden sich in den Interviews jedoch keine.

Man kann die von den Experten angesprochenen Kriterien – tendenziell – einteilen in solche die

a) die gute Organisation in der Transferinstitution selbst betreffen:
- (richtige) Vernetzungen
- Engagiertheit der Personen
- ethische Selbstreflexion
- Fachlichkeit der Personen
- Fehlerkultur
- Genderreflexion
- Interdisziplinarität
- Kommunikationskompetenz
- Bescheidung

b) die partnerschaftliche Zusammenarbeit mit und angemessene Unabhängigkeit von dem Handlungsfeld betreffen:
- Anschluss an vorhandene Ethik
- Begrenzung der Funktionalisierung
- Berücksichtigung der Handlungsfeldlogik
- Dilemmabezug
- echter Dialog
- gemeinsame Sprachfindung/Übersetzung
- Partnerschaftlichkeit
- Prozesshaftigkeit/Entwicklungsoffenheit

c) die Zusammenarbeit mit der scientific community betreffen:
- Pluralität der Zusammensetzung
- Rückfluss in den wissenschaftlichen Diskurs
- Trennung Reflexion – Empfehlung

d) das Verhältnis zur Öffentlichkeit betreffen (dabei ist das Verhältnis zum jeweiligen Handlungsfeld als Transferzielort konsequent inbegriffen, aber überschritten)
- relative Unabhängigkeit von der Öffentlichkeit
- Stärkung von Individualverantwortung
- keine Moralisierung
- kommunizierter Werterahmen
- Parteilichkeiten vermeiden oder offenlegen

e) uneigentliche Kriterien
- Strukturorientierung
- Wirksamkeit
- Markttauglichkeit

Die letztgenannten drei Kriterien wurden zwar in den Interviews angesprochen, sind aber im Rahmen der Systematik dieser Untersuchung keine eigentlichen Qualitätskriterien: Strukturorientierung und Wirksamkeit sind Definitionskriterien, nicht Qualitätskriterien von Ethiktransfer, Markttauglichkeit ist ein Kriterium, das nicht mit dem Ethiktransfer an sich zusammenhängt. Sie sollen als wesentliche Beiträge im Sinne uneigentlicher Kriterien dennoch an dieser Stelle besprochen werden.

2.6.1 Beispiele von Kriterien

E (richtige) Vernetzungen

«Die grossen Aktionen sind immer in Konstellationen mit anderen Personen durchgeführt worden» (211). Kooperationen sind für Umsetzungen von Ethik allgemein und für Ethiktransfer im Speziellen zentral – allerdings auch im negativen Sinn: Es kann durchaus wichtig sein, mit bestimmten Personen bzw. Institutionen gerade nicht zusammenzuarbeiten: Es gab eine «Initiative des Amtes für Wirtschaft, das vor etwa einem Jahr die Idee hatte, man könnte eine ‹Ethikkonvention› lancieren in der Wirtschaft. Da war Direktor F. des Amtes [...] dafür federführend, aber der eigentliche Initiant war der G. Das war eine hochinteressante Sache. Man entschloss sich dann im Amt, den Arbeitgeberverband [...] und die Gewerkschaften mit in diese Arbeitsgruppe zu nehmen. Und das führte eigentlich zum Scheitern dieses Anlaufs. Weil: Diese beiden Gruppierungen hatten dasselbe Interesse, nämlich, dass alles, was wichtig ist in den sozialen Beziehungen, eigentlich weiterhin Gegenstand ihrer Verhandlungen bleibt. Und sie lehnten eine solche freischwebende Initiative ausserhalb ihrer gewohnten Verhandlungen ab. Sie fanden, es gäbe eine Alibiübung. Dieser Verdacht war vielleicht ein Stück weit begründet. [... Vielleicht wäre man aber doch besser] anders vorgegangen [... und hätte] eine Kerngruppe gebildet von Unternehmen, die interessiert sind, im Sinn von Selbstverpflichtung einmal einen Leistungsausweis zu erarbeiten über ein paar Jahre» (2).

Ob eine konkrete Umsetzung zustande kommt, aber auch ihre Qualität hängt offenbar oftmals von *geeigneten* Vernetzungen und konkreten Kooperationen ab. Dabei müssen Drittwirkungen (vgl. die Drittorganisationen unten Seite 304) und Drittinteressen mitbedacht werden. Auch diese können synergetisch oder eben auch antagonistisch sein, wie das Scheitern der genannten Initiative zeigt.

E Engagiertheit der Personen

Eine Expertin berichtet aus ihrer Transfererfahrung: «Ich musste da auch Klimmzüge machen. [...] Also ich meine, es hat immer auch viel Schlauheit gebraucht» (24). Es braucht offenbar eine *kreative Engagiertheit der Personen*, welche transferaktiv sind. Dabei muss dieses Engagement zur Transferform passen: «Ich könnte mir vorstellen, jemand der massiv Schwierigkeiten hat mit der politischen Grundhaltung, die hier innerhalb des Amtes herrscht, z.B. was diese ganze Ausländerpolitik, Sozialpolitik usw. anbelangt, der könnte hier nicht sinnvoll arbeiten. Es braucht es irgendwie, dass man das Gefühl hat, man bewegt sich hier in einem Raum, den kann man mittragen» (117). Allerdings wird man diese Passung nicht so verstehen dürfen, dass sie dem Kriterium der «Begrenzung der Funktionalisierung» (s.u.) widerspricht.

E ethische Selbstreflexion

Zwei ganz unterschiedliche Möglichkeiten, sich bei der Umsetzung von Ethik «unethisch» zu verhalten, wurden angesprochen: «Ich denke wirklich, wenn man jemandem einmal zu erkennen gegeben hat, sei das eine Einzelperson, ein Unternehmen, ein Politiker, dass man gar nichts mehr von ihm hält, dann ist eigentlich der Moment der Einflussnahme abgeschlossen» (146). Moralische Deklassierung wird hier zwar mehr aus strategischen Gründen abgelehnt, aber es dürfte doch mitschwingen, dass damit auch ein Moment von Respekt ausser Acht gelassen wird. Wenn etwa eine Organisation, die praktische Umsetzung zu ihrem Geschäft macht, deswegen entsteht und funktioniert, weil eine enge Beziehung zu einer Universität besteht, dann müsse auch «eine gewisse Balance da sein» (222), eine Gegenleistung dieser Organisation an das universitäre Institut, beispielsweise finanzieller Art. Von einer Ethiktransfergruppe würde somit Fairness gegenüber ihren (universitären) «Wurzeln» erwartet, auch finanzielle Fairness. Dies kann man gerade von einer Institution, welche sich Ethik auf die Fahnen schreibt, erwarten. Diese beiden Hinweise sollen beispielhaft verstanden werden in dem Sinne, dass eine *Ethiktransfer-Organisation ihr eigenes Handeln und ihre eigenen Motive als Organisation oder gar Firma ethisch reflektieren muss*. Auch eine Ethiktransfer-Organisation könnte unethisch handeln. Man wird zu Recht diesbezüglich an solche Organisationen von aussen deutlich höhere Erwartungen herantragen, so wie man etwa einem Architekturbüro in einem unästhetischen und dysfunktionalen Bürogebäude wenig trauen würde.

E Fachlichkeit

Fachlichkeit wirkt sich aus: Von einem Ethikgremium wird berichtet, darin seien «auf 14 Leute [...] 8 Ethiker. [...] Das schlägt sich schon nieder in der Qualität der Texte. Dass man immer den Anspruch hatte, man will sich nicht quasi politisch äussern, oder mit einer Meinung, die mit dieser Kommission irgendwie abgestützt wird, sondern mit etwas, das tatsächlich argumentativ begründet ist» (11). Ein Qualitätskriterium von Umsetzungsanstrengungen allgmein wird daher die *Sicherstellung der Fachlichkeit* sein.

E Fehlerkultur

Eine an der Schnittstelle zwischen wissenschaftlicher Ethik und Firmen tätige Fachperson sagt: «Sich dabei ‹die Finger schmutzig zu machen›, das wird möglicherweise vorkommen. Uns ist es noch nicht passiert, aber, wer weiss. Dass man sich einlässt auf ein Projekt, von dem man zuerst einmal gedacht hat, es ist in Ordnung, und dann wird das Ergebnis dieses Projektes missbraucht. Das kann passieren. Das kann man nicht ausschliessen. Man kann versuchen, dem vorzubeugen» (106). Angesichts der an mehreren Stellen genannten Dilemmata, in die Ethiktransfer generell geraten kann, ist – bei aller Vorsicht – mit Fehlern zu rechnen. Sie dürfen einer Transfer leistenden Organisation nicht sofort zum Verdikt gereichen. *Wichtig wird es sein, aus Fehlern zu lernen.* Die Wiederholung von Fehlern oder mangelnde Vorsicht hingegen sollten misstrauisch machen. Der Rückfluss in den wissenschaftlichen Diskurs (s.u.) wäre eine gute Gelegenheit, Fehler transparent darzustellen, sie damit anzuerkennen und so auch anderen die Möglichkeit geben, daraus lernen zu können.

E Genderreflexion

Wer gedacht hätte, Umsetzung von Ethik sei ein Thema, das ohne den *Genderaspekt* behandelt werden kann, irrt. Aus dem Wissenschaftsjournalismus wird berichtet: «Medizin, Tiere gelten als Frauenthemen, alles was mit Menschen zu tun hat, auch Psychologie natürlich. Technik, Raumfahrt als Männerthemen, Autos usw. [...] Und es war so klar, das kannst du dir nicht vorstellen. […] Es ist so stereotyp, dass man es schon kaum mehr glauben kann. […] 98% nur von Männern gelesen war ein Artikel über Seilbahntechnik. Einer von den aller-, allerweiblichsten war einer [...] über Hausärzte» (17). Offenbar muss man zumindest in der Moral- bzw. Ethikpädagogik mit massiven Unterschieden darin rechnen, wie Informationen bei Frauen und Männern ankommen. Auch die praktische Umsetzung von Ethik allgemein sowie ihre verschiedenen, konkreten Formen sehen aus der Perspektive eines «weiblichen Lebenszusammenhangs» (Prokop 1976; Prätorius 1993) anders aus als aus derjenigen eines «männlichen Lebenszusammenhangs» (wobei betont sei, dass die Adjektive hier nicht biologistisch, sondern als vorfindliche soziale Unterschiede zu verstehen sind). Diese Erkenntnis kann helfen, Möglichkeiten zu entdecken, *Qualität und Effizienz von Ethiktransfer generell zu verbessern.*

E Interdisziplinarität

«Ohne Utopie gibt es keine Technikbewertung. Jede Technikbewertung ist sozialrelevant, d.h. sie ist gebunden an Sozialethik, damit gebunden an Vorstellungen, wie wir leben wollen» (32). In dieser Aussage wird (im Anschluss an Ropohl) exemplarisch Interdisziplinarität als unabdingbar vorausgesetzt. Für einen der transferaktiven Experten ist das bereits Selbstverständlichkeit: «Also, Kooperation mit Lehrstühlen zu den verschiedensten uns fachlich interessierenden Bereichen ist kein Problem. Es hat noch nie ein Problem gegeben, irgendeinen Wissenschaftler [...] dazu zu bringen, mit uns zusammenzuarbeiten» (296). Andere sehen das weniger optimistisch: «Ich denke, so die Art und Weise, wie die verschiedenen Disziplinen innerhalb der Uni in Kontakt treten und sich verständigen können, das ist etwas unglaublich Fehler- und im Grunde noch Mangelhaftes. [...] Dass man einfach keine gemeinsame Sprache findet zwischen den Disziplinen. [...] Und dass man das, was unsereiner als sehr elementar erachtet – im Grunde schon weit heruntergebrochen ist auf eine Ebene, auf der es schon sehr einfach ist – dass das immer noch als viel zu abgehoben und vergeistigt und praxisfern wahrgenommen wird. Und dass hier die Probleme, die noch jenseits sind von dem, dass man sagt, man teilt Positionen nicht, die jemand einnimmt, dass die noch viel, viel bedeutender sind» (148). Mangelnde interdisziplinäre Kenntnisse und Verständigungen schaffen offenbar Probleme, bevor es überhaupt zum Dissens kommen kann!

Daher werden gerne Personen mit «Doppelausbildung» eingesetzt: «Normalerweise, wenn es um Ethik in der Medizin geht, dann sind das ja, wenn man sich die Lehrstühle anschaut, meistens Leute mit einer Doppelausbildung, die quasi wirklich ein Medizinstudium hinter sich haben und entweder im Selbststudium oder auch in einem Zweitstudium in Philosophie oder eben Richtung Ethik spezialisiert haben. Die Voraussetzung, dass man als Gesprächspartner ernst genommen wird, ist trotzdem diese fundierte Ausbildung in der Medizin» (179). *Interdisziplinär zu arbeiten (und dies sinnvoll zu organisieren) ist offenbar ein weiteres Qualitätskriterium von Ethiktransfer.*

E Kommunikations-Kompetenz

«Das bedeutet, dass wir von den Ethikern erwarten müssen, dass sie sich intensiv auseinander setzen, nicht nur mit ethischen Systematiken und der philosophischen Stringenz der Argumentation, sondern dass sie sich mit der menschlichen Kommunikation auseinander setzen müssen. Der Ethiker, der als Begleiter Begleitwissen vermitteln möchte, muss eine möglichst gute Ahnung davon haben, wie menschliche Kommunikation in allen Varianten funktioniert. Also, das Vortragen von komplizierten Richtigkeiten ist es einfach nicht, das geht an der Sache vorbei» (87). Es steht ausser Zweifel, dass *Kommunikationskompetenz, diese viel beschworene «Schlüsselkompetenz», für Transferprozesse generell und für Ethiktransferprozesse speziell von grösster Bedeutung ist.* Man wird allerdings fragen müssen, je nach Transferform, ob es nicht sinnvoll ist, wenn sich die Ethikerinnen und Ethiker auf ihr spezifisches Fachwissen konzentrieren und eine weitere Fachperson die Zuständigkeit für eine gelingende Kommunikation übernimmt.

E Bescheidung

Bescheidung darin, was man fähig und bereit ist, von Seiten der wissenschaftlichen Ethik zu leisten, wurde auf zwei Ebenen angesprochen: «Die [Mitarbeitende einer bestimmten Ethik-Firma] sagen allen Kunden gegenüber, dass sie ihnen bestimmte Kriterien einer Bewertung anbieten, einer ethischen Bewertung. Und dass diese Kriterien in sich stringent sind, stringent sein sollen – verändern sich auch, das testet man dann auch so. Die Daten, die sie für die Kriterien brauchen, die beziehen sie von den Klienten. [...] Ihr Job sind die Kriterien, nicht die Überprüfung der Daten. Das können sie nicht. Sie haben keine eigenen Labors. Sie können nicht sagen, ob das stimmt, was die Kunden erzählen. [...]» (130). Diese Beschränkung bezieht sich darauf, was man für einen «Kunden» leistet und was nicht. Die Bescheidung kann aber schon auf die Ebene der Frage gelegt werden, welche «Kunden» überhaupt in Frage kommen:

«Es gab mal aus dem Bereich der Spirituosen eine Kontaktaufnahme. Aber das hätten sie [die Mitarbeitenden dieses transferorientierten Instituts] mit hoher Sicherheit nicht gemacht [..], weil das [...] ein kritischer Bereich ist. Da hätte man intuitive Abwehr [...] [gehabt]. In dem Moment, in dem Sie Abwehr spüren, da macht es relativ wenig Sinn, dass Sie versuchen, dem Auftraggeber zu helfen, sein Produkt besser zu verstehen, weil die Deutungen, die sie einfliessen lassen, werden so massiv sein, dass die Kommunikation gestört ist» (155). Man kann aus diesen beiden Beispielen das *Kriterium einer klar definierten Abgrenzung des Tätigkeitsbereichs* ableiten. Eine bestimmte, konkrete Organisation, die Ethiktransfer leistet, soll auch definieren, was ausserhalb des eigenen Leistungsbereichs liegt. Sie steht unter Begründungszwang und soll zeigen, dass das, was sie in ihren Leistungsbereich einschliesst, mit der von ihr gewählten Form auch sinnvoll zu leisten ist.

E Anschluss an vorhandene Ethik

«Es ist kein Alienum, das wir von aussen hereintragen müssten» (134) sagt eine Expertin in Bezug auf den Transfer von Ethik in Strukturen. In aller Regel sind dort nicht nur bestimmte Werthaltungen, sondern – in durchaus unterschiedlichem Mass – auch Reflexionen dieser Werthaltungen anzutreffen. An diese kann und muss der Transferprozess anschliessen. Konzepte, wie das möglich ist, bietet die hermeneutische Ethik, wie oben in der zweiten Exploration gezeigt.

E Begrenzung der Funktionalisierung

Ethik kann funktionalisiert bzw. instrumentalisiert werden. Dies wird durch einige Aussagen zuerst in Hinblick auf Unternehmen, dann in Hinblick auf die Politik illustriert. In diesen Aussagen und in einigen weiteren zeigen sich Möglichkeiten, diesem Problem zu begegnen.
«Es ist heute ja schon so, dass man sagt, dem Ethikbedarf muss man formal Genüge tun. Dann ist das Problem erledigt. Das ist noch nicht im Sinne des Erfinders, sondern eine Entschärfung des Problems. Also wird es wahrscheinlich so laufen: [...] Heute sagen alle Leute bei allen Produkten: Wir sind biologisch und nachhaltig, und in 10 Jahren werden sie sagen: Und wir sind ethisch. [...] Und das ist eine Art Impfung, eine Immunisierung. [...] Das ist eine unerfreuliche Entwicklung, aber es wird so kommen. Daher: Man muss daneben immer noch auftreten mit der radikaleren Version. Also, ich meine, in all diesen Bereichen, sowohl biologisch wie nachhaltig wie ethisch, müssen wir aufpassen, dass das Ganze nicht in einer grossen Selbsttäuschung – und auch Rhetorik – endet. Bei der Nachhaltigkeitsrhetorik sind wir jetzt so weit, Kyotorhetorik und alles, oder? Riesige Rhetorik, [...] aber faktisch ändert sich überhaupt nichts. Im Gegenteil: Wir bauen noch neue Autobahnen, bauen Gotthardtunnel, aber gleichzeitig wird immer von Nachhaltigkeit geredet. Das ist eine grosse Herausforderung. Das ist auch im Finanzbereich so. [...] wo man jetzt sagt ‹Global Compact›, ‹Kofi Annan und CS machen zusammen eine neue Unternehmenskultur›, ‹Corporate Governance müssen wir auch, da gibt es schöne Werte drin›, aber das alles greift noch nicht» (264). Das productiv missreading kann zum deffectiv missreading werden, wie an einem konkreten Beispiel ausgeführt wird: «Es ist vor allem das Risiko eines Missverständnisses oder eines Etikettenschwindels. Ich denke, ich kann mir schwerlich vorstellen, dass Stakeholdermanagement echt unethische Verhaltensweisen generieren würde. Aber ich kann mir vorstellen, dass durchaus ethische

D Exploration III: Expertinnen- und Experteninterviews

Anliegen immer noch erheblich vernachlässigt werden können, wenn z.B. kein Stakeholder [sich] für diese interessiert. Es ist einfach nicht flächendeckend» (144).
Im folgenden Dialog zeigt sich, wie mit diesem Problem an einem konkreten Fall umgegangen werden kann.

Interviewer: «Es wird von manchen Leuten, und das kann von ganz verschiedenen Seiten her kommen, das Risiko angemahnt, ein Transfer in die Praxis [...] könnte zu einer Vermarktung der Ethik führen und in diesem Zug zu einer inhaltlichen Entleerung. Das ist ein Standardvorwurf, den sie kennen...»
Experte: «Das ist kein Vorwurf, das ist eine berechtigte Angst. Ein Vorwurf wird es dann, wenn das leichtfertig so herbeigeführt wird von denjenigen, die da beteiligt sind als Akteure. Wo es anfängt, leichtfertig und bedenklich zu werden, ist natürlich schwierig zu definieren, aber das Problem muss man sehen, ganz klar. Eindeutiger Fall, ein Kollege hatte einen Anruf vor zwei Wochen: ‹Ja, wir haben uns jetzt doch entschlossen, so einen Sozialreport rauszubringen, Mitte März, 32 Seiten.› Sagt er: Wie, schon fertig, oder was?› ‹Ja, hm.› Und da kam also zwischen den Zeilen durch, er solle da mal drübergucken und dann steht ‹Institut für Umweltethik› [Name der Institution geändert] darunter, ‹approved›, oder. Er hat gesagt: ‹Ich gucke gerne drüber, und ihr profitiert sicher auch von einigen Bemerkungen, selbst in diesem späten Stadium, auch wenn es eigentlich sinnvoll wäre, ihr hättet mich vor einem Jahr angerufen, wenigstens vor einem halben. Aber in der Publikation, kein Wort darüber.› [...] Man kann das natürlich erst mal auf einer anderen Ebene diskutieren und sagen, sein Ruf und Ziel ist gefährdet, das ist jetzt rein ökonomisch gedacht, aber das hätte man jetzt nicht so bewerten können, wahrscheinlich wäre hier die Aussage richtig gewesen, nur keine Werbung ist schlechte Werbung, und je öfter es drin steht, umso besser. Aber da war es ihm einfach zu eindeutig, dass da einfach von der anderen Seite die Bereitschaft, sich einzulassen, auf etwas, das auch gewisse Veränderungen mit sich bringen dürfte, nicht wirklich da war. Und dann sind wir eben erst in einem ersten Stadium, das ist o.k., aber dann nicht dieses Label nach aussen.»

Der Ethiker hat somit zur Bedingung gemacht, dass die Firma nicht kommunizieren darf, dass das Institut für Umweltethik mitgearbeitet hat. Da dies aber offenbar das Hauptinteresse der Firma war, stellt der Interviewer die Frage: «Und dann haben sie den Auftrag zurückgezogen?» Experte: «Nein, der Kollege hat dann mitgemacht, aber das war dann für die doch keine Bedingung, dass das dann veröffentlicht werden soll. Er hat denen schon geholfen» (225). Ein anderer Experte meint dazu: Ethik-Unternehmensberater «haben den Anspruch, sagen wir mal, als gewisse Problemlöser zu gelten. Sie lösen gewisse Probleme, sie beraten die, sagen, hör, du musst die Ethik ernster nehmen. Wenn sie als Problemlöser und auch als Image-Verbesserer dienen, dann, ja, dann sind sie akzeptiert. Aber es ist natürlich schon so, es braucht die Legitimation, bzw. die reicht auch nur ein Stück weit, irgendwann müssen wir auch Leistungen erbringen, von denen z.B. die Wirtschaft das Gefühl hat, die leuchten ein» (195). Aus dem Unterschied zwischen der Notwendigkeit, aus ökonomischer Perspektive geldwerte Leistungen zu erbringen, und dem Ziel, bestimmten Werten treu zu bleiben, dürfte durchaus eine Spannung resultieren, die prinzipieller Natur ist.

Das Bedürfnis nach einer Unterstützung für bereits getroffene Entscheidungen gibt es auch aus der Politik: «Einige wenige sagen sich: ‹Gut wenn man schon jemanden hat, der diese spezifische ethische Kompetenz hat, dann untermauert man bestimmte politische Entscheide, die man getroffen hat. Was könnte man – wenn man das vertreten muss, z.B. in der Öffentlichkeit – was könnte man dann noch für ein Argument bringen, damit ganz klar wird, es ist wichtig, dass man das so und so weiter macht. Und es sind gute Gründe dafür, dass man sich für diese und diese Präventivpolitik entschieden hat und nicht für etwas Repressiveres›» (306). Allerdings könne man «intern [...] total offen sein», d.h. man kann beispielsweise offen sagen, wenn man als Ethiker in einer Beratungsfunktion, oder wie auch immer, mit einer bereits getroffenen Entscheidung nicht einverstanden ist. «Aber die Frage ist immer, wie man nach aussen auftritt.» Dann hätte ich als Ethikerin bzw. Ethiker «wohl eher die Möglichkeit, wenn ich sehe, das kann ich jetzt nicht mittragen, das würde mir zutiefst widersprechen, dass ich dann einfach sagen würde: Ich äussere mich nicht dazu» (149). Denn «wenn nach aussen transparent wird, dass man sich nicht einfach jemanden geholt hat, die die Position hat, das mit dem Label ‹ethisch geprüft› zu versehen, was von der Unternehmung nach aussen geht, sondern man sagt, man will irgendwie auch diese kritische Reflexion drin haben, dann stärkt das eher die Position letztlich. Es ist auch ein Vorteil, wenn man jetzt zwei, drei Mal sagt, ich äussere mich nicht dazu. Das wirkt eher stärkend als schwächend. [...] Und das ist, würde ich sagen, eine gar nicht so inkomfortable Position» (139). Unsicher bleibt, ob man in der Privatwirtschaft der wissenschaftlichen Ethik so viel Raum geben kann, wenn man sie bezahlt: «Letztlich, ich würde sagen, kann das nur eine Non-Profit-Organisation oder eine Verwaltung so machen» (72).
Ein weiterer Experte empfiehlt, in solchen Situationen als Ethikerin oder Ethiker differenziert zu reagieren: «Die Politik hat ja auch immer eine spezifische Art des Erwartens, nämlich, es müsse schnell gehen und es müssen sozusagen praktikable Rezepte dabei herauskommen. Und auch das ist etwas, wogegen man ein bisschen argumentieren kann, wenn man [...] über Strukturen nachdenkt und auch über strukturelle Restriktionen, die da am Wegesrand lauern. Man wird sich nicht viel Freunde in der Politik machen, weil man diese Art von Rezept, von technokratischem Rezeptbuchwissen – sag uns, wie wir's machen und dann ‹setzen wir das›, wie es bei uns in Deutschland seit einem Jahr heisst, ‹eins zu eins um› [...] [nicht liefert]» (253).
Ein weiterer Experte für Ethik-Transferaktivitäten meint zum Problem der «Vermarktung»: «Also, im Zentrum steht es nicht. Zumindest für mich nicht. Als Risiko. Es ist ein potenzielles Risiko. Das ist es» (27). Der Experte ergänzt aber doch, er könne sich ausmalen, was finanziell und institutionell alles erreichbar wäre, wenn man als «Weichspüler» fungieren würde.
Sobald es um Praxis geht, spielt Macht eine grössere Rolle als Argumente. Dies wird allgemein angenommen: «Wenn man irgendwo etwas zu sagen hat und Glück hat, wird man in eine parlamentarische Kommission geholt als Experte. Hier sehen sie erstens das Machtspiel, Einflussspiel, das Suchen eines Weges, die eigenen Interessen auch dann noch durchzusetzen, wenn man im Grunde genommen Dinge akzeptieren will, die über das Interesse hinausgehen» (101). Diese Macht wäre vor allem dann problematisch, wenn eine Ethikerin oder ein Ethiker eine Anstellung im Handlungsfeld inne hat: «Wenn ein Angestellter sich nicht den Weisungen entsprechend verhält, z.B. aus Gewissensgründen, wird er sanktioniert, und das Recht schützt

den Arbeitgeber, aber nicht den Arbeitnehmer. Auch wenn moralisch der Arbeitnehmer Recht hat» (191, vgl. oben Seite 210).

Darum gilt etwa für Ethikkommissionen: «Erstens müssen sie unabhängig sein und zweitens [...] [müssen sie] ein Pflichtenheft haben, das ihnen erlaubt, [...] die Funktion eines Consultant der Konzernführung gegenüber zu übernehmen» (79).

Ein theoretisch besonders interessanter Hinweis wurde gemacht im Anschluss an ein Gespräch darüber, dass die wissenschaftliche Ethik, durchaus positiv, eine gewisse Pluralität erlaubt, ja fördert: «Dort wo Interessen führen, wird sie [die Pluralität in der Ethik] in ihrer Unbestimmtheit oder Ambivalenz genutzt, um bestehende, vorbestehende Interessen zu stützen. Das ist so» (93). Das ist allein schon dadurch möglich, dass man Ethikkommissionen oder andere Transferstellen personell entsprechend den eigenen Interessen besetzt: Man kann so sicherstellen, dass die gewünschten Richtungen der Ethik überproportional (oder gar alleine) vertreten sind.

Funktionalisierung von Transferaktivitäten ist auch im Nachhinein möglich: «...und gleichzeitig immer natürlich die Tendenz, dass man Ethikerinnen und Ethiker resp. Positionen, die sie vertreten, instrumentalisiert für eigene Interessen. Also dieser Bezug auf irgendeinen Text, der einmal von einer Ethikkommission verfasst wurde, von dem man das Gefühl hat, er liege auf der Linie, die man für richtig hält, der wird dann bis zum Exzess nachher zitiert und zitiert und zitiert [...]: ‹Auch die Ethikkommission hat gesagt.› Und dann kommen nicht die Argumente, sondern nur das ja oder nein» (34).

Sind Transferaktivitäten mit eigenen Zielen nicht konform, kann man versuchen, sie zu bekämpfen: Eine Expertin erzählt, sie habe einmal etwas über Hebammen geschrieben, die sich geweigert haben, an Abtreibungen teilzunehmen und habe deren Fragen dann sehr stark vertreten und aufgegriffen «und bin nachher so angegriffen worden wie noch nie, weil die Ärzte fanden, dass [...] ihre Realität zu wenig [vertreten worden sei], dass es nämlich um die Abtreibung von schwer behinderten Föten geht und dass der Widerstand der Hebammen ein fundamentalistischer ist. Das war auch so.» Im Text ging es aber im Grunde «mehr um die Freiheit des Widerstands» (142).

Die Frage der Funktionalisierung bzw. Instrumentalisierung wurde in der ersten und zweiten Exploration mehrmals zum Thema gemacht. In den Expertinnen- und Experteninterviews wurde diese Problematik bzw. Gefahr anteilmässig noch stärker gewichtet. Oft ist man sich dieser Schwierigkeit sehr wohl bewusst und geht aktiv damit um. Die Qualitätskriterien für Ethiktransfer werden unter anderem genau das leisten müssen: Sicherungen gegen dieses Risiko. Dazu gehören unter anderen die Kriterien eines breiten Anschlusses an die wissenschaftliche Ethik (s.u. im Kapitel F «Dimensionen der Qualität»), einer aktiven Kommunikation in die wissenschaftliche Ethik, der Unabhängigkeit vom Handlungsfeld, der Trennung von Reflexion und Empfehlung, der Sensibilisierung der Personen und Organisationen im Handlungsfeld, der Erhöhung der Transparenz, der Erweiterung der Handlungsspielräume, der Kommunikation von Grundwerten, der normativen Selbstpositionierung durch ein Mission Statement, der Beförderung der öffentlichen Diskussion, der Einsetzung eines Kontrollorgans, des persönlichen Engagements der Personen und der primären Beachtung des besseren Arguments in der internen Kommunikation.

E Berücksichtigung der Handlungsfeld-Logik

Während in der obigen Unterkategorie Antagonismen zwischen Ökonomie und Ethik betrachtet wurden, sind nun Synergien zu thematisieren. Zunächst werden drei Textabschnitte zitiert, die eher defensiv diese Synergie beschwören, da sie als conditio sine qua non des Ethiktransfer gesehen wird («Es muss eine positive Korrelation von Ethik und Marktfähigkeit geben», s.u.). Weitere Aussagen stellen diese Synergie eher neutral fest und bedenken den Umgang damit.

«Bringen wir das so fertig, dass nachher das Ganze quasi in den ökonomischen Kreislauf hineinkommt? Das ist jetzt die Frage. Und dann wäre das die Legitimation. Die These, die wir ja vertreten, wenn man es geschickt und gut und ehrlich macht, dann gibt es eine neue Korrelation, eine positive, von Gewinn und Ethik. Wir schaffen eine bessere Welt und verdienen noch dabei. Und das ist der Anspruch, den wir an uns selbst stellen» (121). «Es muss eine positive Korrelation von Ethik und Marktfähigkeit geben. Wobei ich diese Forderung auch nicht im luftleeren Raum erhebe. Sondern ich sage, diese Forderung erheben wir auf dem Hintergrund der neuen gesellschaftlichen Veränderungen von heute: Zusammenbruch der alten Systeme, höhere Bedeutung der Öffentlichkeit, neue Moralisierung der Gesellschaft, was wir ja heute haben. Mit Empörungskosten für Firmen» (163). «Die Frage ist auch, wie stark man vielleicht doch mithelfen kann, reale Probleme zu lösen. Sagen wir, wenn eine neue Lohnlandschaft entstehen könnte oder eine neue Aktionärskultur, wo der Aktionär wieder die Verantwortung übernimmt, oder neue Erfolge im Umweltbereich, also reale Erfolge» (232).

«‹Nachhaltigen Erfolg erzielen für das Unternehmen durch Verzicht auf kurzfristige Erfolgsmaximierung.› Als wir das zum ersten Mal vorstellten, wurde sofort klar, dass es aus rein ethischer Sicht nicht selbstverständlich ist, diesen Weg überhaupt gut zu heissen. Denn reine Ethik verträgt aus einer bestimmten Grundhaltung heraus keine Verwässerung durch Eigeninteresse. Und ich verstehe das, aber ich teile das nicht; weil ich meine, dass wir ethisch begründete Anliegen pragmatisch wesentlich fördern können, wenn man sie in einen sinnvollen synergetischen Zusammenhang mit einem nachhaltigen Erfolgsinteresse einer Firma stellt» (31). Dass es diese Synergie gibt, ist für einen weiteren Experten eher wahrscheinlich als bewiesen: «Das ist die Vermutung, die man heute hat. Man muss es noch zeigen können. Ein Argument, das kommt übrigens aus dem Bereich der Technikethik, ist, dass z.B. ein Unternehmen gewinnen kann durch den Ruf, den es hat, ethisch mitfundiert zu arbeiten. [...] Das kann man wahrscheinlich verallgemeinern. Das Problem ist dann [...] die Zeitdimension» (18, vgl. oben Seite 237).

Man kann diese Aussagen folgendermassen zusammenfassen: Solche Synergien können wesentlich sein für die Möglichkeit praktischer Umsetzungen. Sie wären weiter zu untersuchen, insbesondere die Unterfrage, wovon es abhängt, ob solche Synergien bestehen (angesprochen ist die «Zeitdimension»). Sich auf solche Synergien einzulassen, ist offensichtlich nicht nur für Unternehmen (potenziell Parteien, Verbände usw.), sondern auch für die wissenschaftliche Ethik keine Selbstverständlichkeit. Hier sind beiderseits noch «interne» Diskussionen vonnöten.

Als Kriterium kann jedoch eindeutig *das Bedenken möglicher Synergien* genannt werden. Ob und wie man sie nutzen will, ist eine Frage, die sich erst stellt, wenn man die Möglichkeiten sieht.

E Dilemmabezug

Nicht nur von den Interessen her können sich Synergien mit dem Handlungsfeld ergeben, sondern auch von den Fragen her: Zwar braucht man «ein gewisses Interesse für solche abstrakten philosophischen Diskussionen, um das verfolgen zu wollen. Es ist natürlich wenig pragmatisch. [...] [Allerdings:] Ich sehe einfach immer, dass bei der Masse der Leute – die haben ja diese Skepsis, [...] die haben diese Fragen, die haben diese Angst, [...] – ein Interesse besteht» (294). Wichtig ist nun, dass man seitens der wissenschaftlichen Ethik an diese Fragen anknüpfen kann und sich nicht daran vorbeibewegt: «Wenn Sie sich das angucken, Ethik und Beratung, bei google oder so, dann kriegen sie auch [...]. Ich würde mal so sagen: Nicht jeder, der im Bereich der philosophischen oder theologischen Ethik promoviert wurde, ist auch in der Lage, ein Ethikconsulting zu machen, was auch immer das bedeutet. Das heisst also: Mit welcher Vorstellung gehe ich da rein? Also, ich hab das häufig erlebt [...]: Ich sprach mit Opel, wenn Leute aus dem Bereich der Ethik bei ihnen gewesen sind, die diese Unternehmensleute auf einem Level angepredigt haben, was dann den Unternehmen und diesen PR-Leuten, woher sie immer kamen, überhaupt nichts gebracht hat. Die sagten: ‹Das war ja ganz nett. Ich habe jetzt hier zwei Stunden gesessen. Ich hätte am Ende gerne einen Impuls gehabt, mit dem ich weiterarbeiten könnte.› Eine Ansammlung von [...] Richtigkeiten, das kann es nicht sein. Wenn schon, dann muss ich mich wirklich hineinfinden in diese materialen Fragen, mit denen die was zu tun haben» (150).

Es gibt im Handlungsfeld «Skepsis» gegenüber laufenden Trends, «Ängste», «Fragen», auf die Ethik reagieren kann, und Interesse an ihr. Man sucht nach «Impulsen». Nun kann die Ethik in einer sicheren philosophischen Distanz bleiben, bzw. die Menschen theologisch «anpredigen» – oder sich auf diese Ängste, Fragen und das Interesse einlassen. Letzteres kann man beschreiben als ein «In-Bezug-Setzen» der Ethik zu den konkreten Dilemmata im Handlungsfeld. Dann geht es darum, die Überlegungen und Diskussionen sowohl an die brennenden Fragen als auch an die vorhandenen ethischen Reflexionen anzuschliessen.

E echter Dialog

«So wichtig das im Ansatz ist, bestimmte Gruppen wahrzunehmen, so halte ich diese, das durchgeführte Muster dieser Stakeholderdialoge, für einen ziemlichen Unsinn. Und zwar schlicht und ergreifend, weil sie irgendwelche profilierten Persönlichkeiten aus dem Kritikerspektrum, den Kirchen, was weiss ich woher, die laden sie dann in die Unternehmen ein, werden interviewt und so weiter und so weiter. Dann hat man das, was man erstens schon überall lesen kann und zweitens: Die sind ja eingeladen als diejenigen, die eine bestimmte Position vortragen sollen. Das ist ja kein Dialog. Das ist eine Sammlung von Statements. Die Frage ist: Was bewegt das? [...] Es ist ein Spiel, hat auch Spielfunktion. Ich weiss nicht, ob man wirklich auf Informationen scharf ist oder ob man nur signalisieren möchte, wir nehmen euch aber ernst» (90). Diese Aussage ist nicht leicht in den Kontext des Ethiktransfers einzuordnen, weil sie sich gegen eine so spezielle Form von Transfer richtet, bei der die wissenschaftliche Ethik überdies bisher zumeist nicht beteiligt ist. Es werden darin immerhin zwei Kriterien laut, welche auch für Ethiktransfer im eigentlichen Sinn relevant sind: *Etikette und Inhalt sollen übereinstimmen* (wer «Dialog» sagt, soll «Dialog» machen). Und *Ziele sollen transparent sein*. Das sind unspezifische Kriterien, die bei weitem nicht nur für Ethiktransfer bedeutsam sind: Aber Ethiktransfer muss sich durchaus auch an «üblichen» Kriterien sinnvoller Projekte messen lassen.

E gemeinsame Sprachfindung und Übersetzung

«Die Öffentlichkeit [...] erwartet [...] auch von einem technischen Wissenschaftler, von einem Naturwissenschaftler, dass er auch komplexeste Inhalte so vermitteln kann, dass jemand eine Ahnung hat, was der eigentlich forscht. Und noch viel höher ist die Erwartung an einen Ethiker. [...] Wenn er das nicht vermitteln kann, dann hat er irgendwie seinen Sinn und Zweck verfehlt» (25, vgl. oben Seite 234). Dies gilt in Transfersituationen in besonderem Mass. Auch wenn oben festgehalten wurde, dass Ethikerinnen und Ethiker oft als besonders sprachkompetent empfunden werden, gibt es jedoch «die gegenteilige Erfahrung, dass die Differenzierung in der Sprache komplex wird für die anderen. Und dort gibt es dann die Spannungen. Von der wissenschaftlichen Ethik her will man eigentlich in diesem Punkt nicht klein beigeben. Weil man nicht kann. Man kann nicht einfach eine mathematische Formel lassen oder nicht gebrauchen. Da gibt es Verständnisschwierigkeiten» (59). Das dürfte auch der Grund sein, warum man viele Ethikerinnen und Ethiker in allgemeinen Medien «nicht schreiben lassen» kann (81). Für den Transfer muss offensichtlich Übersetzungsarbeit geleistet werden: «Das bedeutet, sie müssen das wording des Kunden kennen, sie müssen relativ schnell erfassen, in welchem Kontext er arbeitet, also nicht nur das Produkt, den Firmennamen, das Logo, sondern auch die Struktur, in der er im Unternehmen, mit dem Unternehmen in der Öffentlichkeit und im Wettbewerb steht» (127). Seitens der Ethik die Sprache, das «wording» des Handlungsfelds zu verstehen und teilweise sprechen zu können, heisst offensichtlich auch, in einem gewissen Mass die Situation, die Arbeit im Transferzielort zu kennen. Dies setzt gegenseitige Verständigungsprozesse und -bemühungen voraus. *Insgesamt wird es darum gehen, das fortlaufende Finden einer gemeinsamen Sprache bzw. guter Übersetzungen in die je andere Sprache gut zu organisieren.*

E Partnerschaftlichkeit

«Man wird immer wieder als der Besserwisser gerufen, aber gleichzeitig wird es einem dann wieder vorgeworfen. Das ist ein ganz heikler Punkt, den man, glaube ich, auch sehr stark bedenken muss, [...]. Auch das Wort ‹Vermittlung› von Theorie und Praxis trägt es schon wieder in sich, wenn man nicht aufpasst» (217). Offenbar werden von beiden Seiten tendenziell Hierarchien aufgebaut, wobei die «Praxis» der «Theorie» die Überlegenheit offenbar nicht selten anträgt («Besserwisser»). Demgegenüber lässt sich das Kriterium aufstellen, dass von beiden Seiten *Partnerschaftlichkeit* angestrebt werden soll, dass dies aber vor allem *in der Transferform sichergestellt werden muss.* Dafür ist auch eine entsprechend konzipierte Transfertheorie nützlich.

E Prozesshaftigkeit und Entwicklungsoffenheit

«Was mir ausserdem wichtig ist zu ihrer Frage: ‹Was sind Qualitätsmerkmale für Ethiktransfer?› Da habe ich ein paar notiert, so schnell aus den Fingern heraus: Offenheit, [...] Klarheit, Fokussierung, aber mit klarem Rahmen, das ist noch wichtig, und Prozesshaftigkeit, der Prozesscharakter» (43). Offenheit bzw. Klarheit wird weiter unten in das Kriterium der

Transparenz gefasst werden, Fokussierung in dasjenige der Bescheidung. Prozesshaftigkeit nun wird so zu verstehen sein, dass nicht *fixe Positionen oder Transferformen im Zentrum stehen, sondern die Funktion, welche ein konkreter Ethiktransfer übernehmen soll*. Veränderungen, welche sich im Verlauf der Transferprozesse ergeben – etwa Vergrösserung des Wissens, neue Probleme usw. – sollen Anlass sein, die Organisation des Transfers weiterzuentwickeln.

E Pluralität der Zusammensetzung

«Wenn Sie innerhalb der Gentechnik eine eher genkritische Position vertreten, wird Sie Novartis nicht in einen Ethik-Rat hineinberufen. Das ist so. Oder eine Akademie, die weiss, dass sie in Bezug auf die Embrionenforschung eher kritisch bzw. zurückhaltend sind, nimmt Sie nicht in eine Subkommission, welche ethische Richtlinien erstellt für Forschungsuntersuchungen am Menschen. Eher nicht. In diesem Punkt ist es schon so: Die akademische Welt ist nicht so frei und nicht so unschuldig» (282). In derselben Richtung denkt diese Expertin später nochmals über die Vielfalt der Ansätze unter den Ethikerinnen und Ethikern nach: «Dort, wo Interessen führen, wird sie in ihrer Unbestimmtheit oder Ambivalenz genutzt, um bestehende, vorbestehende Interessen zu stützen. Das ist so» (93). Hinsichtlich der Qualität von Ethiktransfer bedeutet das, dass eine einseitige Auswahl der Personen für ein Transferengagement, was die persönliche normative Position dieser Personen betrifft und die Prävalenz für bestimmte ethische Ansätze, negativ zu beurteilen ist. Ein *positives Kriterium* hingegen ist folglich umgekehrt: *eine plurale Zusammensetzung aus unterschiedlichen Ansätzen und persönlichen Positionen*.

E Rückfluss in den wissenschaftlichen Diskurs

«In der letzten Phase [vor der Emeritierung] hat Prof. M. sicher [denkt nach, setzt den Satz neu an:] 70%, 80% seiner Tätigkeit ist in die Richtung gelaufen: [...] medizinethische Beratung und Bildung. [...] Er hatte ja dann ein Projekt zu Regelungen, das er entwickelt hatte.» Der Experte fragt jedoch kritisch nach, ob das «theoretisch etwas abwürfe» und spricht damit auf die eigentliche Funktion eines Professors an: «Was macht man jetzt theoretisch damit?» (119). In dieser Frage ist angesprochen, dass unklar ist, was für eine Bedeutung Erfahrung mit Transfer, Ergebnisse von Reflexionen im Verlauf von Transferprozessen nun im wissenschaftlichen ethischen Diskurs haben könnten. Klarer ist, dass der wissenschaftliche Diskurs für die transferaktiven Personen wichtig ist. Beispielsweise wird vorgeschlagen, zwischen einem «Institut» einer Universität und denjenigen, «die sich möglicherweise auch ein bisschen verschleissen in der Pragmatik [...], definierte Schnittstellen» zu «schaffen, damit sich das eben nicht auseinander lebt» (203). Dennoch, auch wenn hier diese Schnittstellen primär die Funktion haben, «Verschleiss» in der Praxis zu verhindern, so ist doch auch angesprochen, die beiden Seiten sollten sich nicht auseinander leben. Der Austausch ist auch für die wissenschaftliche Ethik bedeutsam.

Von selbst, ohne solche bewusst geschaffenen Schnittstellen, scheint sich dieser Austausch nicht zu ergeben: «Da habe ich den Eindruck, dass das dann doch noch mal sozusagen eine eigene community ist, die auch eben sehr stark auf Vermarktung orientiert ist, wo eben auch dieser Transfer, aus welchen Gründen auch immer, marginal ist» (187). Zwar wird für eine bestimmte Ethiktransfer leistende Organisation berichtet, dass man dem «Bein innerhalb der akademischen Ethik wieder etwas mehr Gewicht [...] geben» und eine «aktive Rolle in diesem Wissenschaftsbereich beibehalten» möchte (20). Man will sich in beiden communities bewegen: «Beides muss geleistet sein. Man kann nicht auf Kosten der Verständlichkeit den Bezug zur Argumentation und zur Begründung vernachlässigen. Aber man kann auch nicht, einfach damit man quasi da wirklich dieses Niveau hat, dass man sagt, das genügt dem Anspruch an einen ethischen Text, dass man da auf die Verständlichkeit verzichten würde» (197). Dazu gehört, wissenschaftsorientiert ebenso wie transferorientiert zu publizieren: «Wenn man sich auch um seine wissenschaftliche Reputation [...] bemüht, muss man eine Balance finden zwischen dem, was man von mir aus jetzt in der Frankfurter Allgemeinen schreibt über Transplantationsmedizin, und dem, was man in der Zeitschrift für Ethik in der Medizin publizieren würde» (247).

Es ist jedoch nicht sicher, dass Diskursbeiträge, die aus Ethiktransferprozessen stammen und sich aus dieser Perspektive äussern, willkommen sind. Weiter oben wurde mit zahlreichen Zitaten aus den Interviews bereits dargestellt, dass die wissenschaftliche Ethik ein ambivalentes Verhältnis zum Transfer hat. Ähnliches zeigt sich auch für das Verhältnis der Kirche zum Transfer: «Es kann nicht so sein, wird nie so sein, dass eine Studie, die [...] [eine transferorientierte Organisation] kommuniziert, von allen anderen bereitwillig und begrüssend aufgenommen wird. Solche Publikationen stellen in Frage. Sie stellen nicht nur in Frage, was in der Forschung und in der Wirtschaft passiert, sie stellen auch in Frage, wie sich die Kirche dazu verhält. Das ist auch ihre Aufgabe. Das ist eine kritische Funktion nicht nur im Auftrag der Kirche nach draussen, sondern auch im Auftrag einer wissenschaftlichen Beschäftigung, einer fundierten Beschäftigung, nach innen. Das ist unausweichlich» (65).

Trotz allen Schwierigkeiten, die damit verbunden sind, können sich Projekte praktischer Umsetzung nicht leisten, auf einen intensiven Austausch mit dem wissenschaftlichen Diskurs zu verzichten: «Die Beschäftigung mit konkreten Fragen in Anwendungsfeldern kann dazu führen, dass man in der Analyse von Situationen, in denen man sich befindet, sich verliert. Dass man, wenn man Grundsätze hat, sie nur noch rasch oder nicht explizit anwendet und vor allem die Grundsätze nicht erarbeitet. Im Geschäft drin kann es sein, dass man nur noch situationsspezifisch argumentiert. Das passiert dann, wenn die Grundlagenarbeit nicht mehr geleistet werden kann; wenn es den Freiraum nicht gibt, in dem man mit x Argumenten einer Sache nachstudieren, nachfragen kann, wenn es den Raum nicht mehr gibt, Typen zu klären, die einem nachher helfen können, in der Situation prinzipienbezogen zu argumentieren [...]. Der Gegensatz von [...] Prinzipienethik und Folgenethik oder wie man dem sagen möchte ist als Gegensatz vielleicht für die analytische Klärung hilfreich, für die Praxis ist er katastrophal. Weil: Eine folgenethische Orientierung ohne Grundsatzorientierung, das ist nichts» (259).

Eine wirkliche Kontrolle dieser Grundsatzorientierung ist, so die Schlussfolgerung, nur gegeben, wenn *Erfahrungen, Reflexionen und Entscheidungen aus der Transferpraxis in den Diskurs der scientfic community zurückfliessen*. Dies wird zu einem Qualitätskriterium erhoben werden. Dass Publikationen aus der Transferpraxis in diesem Diskurs rezipiert werden, scheint durchaus nicht unmöglich. Darauf angesprochen meint eine Expertin: «Das ist schwer abzuschätzen. [...] Also, die Technikbewertungsmodelle, die sind, [da kann] man davon ausgehen, dass sie rezipiert sind, weil es relativ hohe Auflagen sind» (248).

E Trennung Reflexion – Empfehlung

Bei den Transferinhalten wurde in der Unterkategorie «Entscheidungsempfehlungen» (s.o.) diskutiert, ob solche Empfehlungen Transferinhalt sein können. Dieselbe Frage war schon in der ersten Exploration im Zusammenhang mit den Gutachten (Seite 92 und folgende) Thema. *Wenn Entscheidungsempfehlungen Transferinhalt sind, ist es ein wichtiges Kriterium, sie von der ethischen Reflexion zu trennen*: «Vornedran ist die Problemauslegung, die Analyse des Textes. Es werden die Positionen vorgestellt, die man überhaupt einnehmen kann in diesem Zusammenhang und dann kommt etwas unter dem Titel ‹Stellungnahme›, in dem dann dieser wertende Aspekt vorkommt und die Kommission sagt, wir positionieren uns mehrheitlich auf dieser Seite. Man trennt das dann ganz klar so, dass man auch sagen kann, der analytische Teil ist gut, das sind wirklich die relevanten Positionen, die Argumentationen scheinen hier auf, aber die Konklusion, welche die Kommission zieht, ist für mich nicht nachvollziehbar. Dann kann man sich auch zu einem solchen Text verhalten, [...] ihn kritisch würdigen» (174).

E relative Unabhängigkeit von der Öffentlichkeit

«Und was sie auch sehen, ist, wie die Aussenwirkungen, die Öffentlichkeit, repräsentiert durch Medien oder durch andere Sachen, unmittelbar Einfluss nehmen auf, sagen wir, die Toleranzschwelle, auf die Verschiebung von Grenzen, dass man etwas akzeptiert, obwohl es einem zuwider ist. Gerade auch im normativen Sinn» (140). Der Druck der Öffentlichkeit nimmt offenbar Einfluss auf Entscheidungen, wohl auch auf Positionen in Ethikgremien oder anderen Transferinstitutionen. Wie sehr dieser Druck auch auf die Medien, konkret auf die Journalistinnen und Journalisten wirkt, wurde bereits erwähnt (37). Der Druck der Öffentlichkeit kann laut dem zitierten Textabschnitt bewirken, dass man zu viel, oder aber, wie der folgende Textabschnitt zeigt, dass man zu wenig akzeptiert:

> «Wobei das nicht immer nur positiv gewertet werden kann. Also, wenn wir davon ausgehen, dass wir, insbesondere im Bereich der Biotechnologie, Investitionen brauchen, also z.B. in der Arzneimittelforschung für Krankheiten, die vielleicht nur einen ganz kleinen Teil der Bevölkerung betreffen, dann ist es zwar schon aus der betriebswirtschaftlichen Rationalität klar, dass die sagen: Alleine machen wir das nicht. Also, da muss es dann schon irgendwie eine öffentliche Grundlagenforschung geben. Wir führen das dann schon irgendwie weiter. Das ist dann in Ordnung. Aber wir werden nicht alle Investitionen tätigen, um ein Mittel gegen diese Krankheit zu finden. Jetzt kann es sein, dass eine allgemeine aufgeregte Stimmung, die Risiken [solcher Forschung bzw. solcher Arzneimittel] stärker als die Chancen [...] betonende Position in der Öffentlichkeit, eine mutmassliche Position in der Öffentlichkeit, dass die auf die Unternehmensplanung, auf die Produktplanung zurückschlägt und man dort sagt: Das können wir hier nicht machen, also gehen wir da nicht ran. Obwohl sie die Potenziale hätten. Ja? Also diese Negativwirkung könnte auch passieren.» (4)

Ethiktransfer hat, obwohl das demokratischem Denken zuwider laufen mag, nicht die Aufgabe, aktuelle Stimmungen in der Öffentlichkeit zum Massstab zu machen, sondern ethisch reflektierte Begründungen. Das heisst nicht, dass im Sinne dieser Begründungen dann entschieden wird. Die Entscheidungsmacht bleibt demokratisch strukturiert. Die Aufgabe des

Ethiktransfers ist jedoch, ethische Reflexion einzuspeisen und dafür ist offenbar *Unabhängigkeit der Organisationen, welche Ethiktransfer leisten, von der Öffentlichkeit* bedeutsam.

E Stärkung Individualverantwortung

Angesichts strukturenethischer Überlegungen stellt sich immer wieder die Frage, wie viel muss über Strukturen gelöst werden und wo bleibt die Verantwortung der einzelnen Person: «Also, das ist immer diese Zumutbarkeitsfrage. Und wenn man in seiner Existenz bedroht ist, dann kann man schnell mal sagen, der Einzelne ist damit überfordert, das zu machen. Wobei man nicht so weit gehen darf, zu sagen, sobald er den kleinsten Nachteil davon hat, dann braucht er das nicht zu machen, dann ist es nicht seine Verantwortung. Das wieder nicht. [...] Das ist so ein Graubereich» (313). Ethiktransfer muss also strukturellen Überforderungen individueller Verantwortung entgegenwirken, darf aber damit nicht die individuelle Verantwortung überflüssig machen wollen. Man kann darum ein *Kriterium* formulieren*, dass Ethiktransfer zwar auf die Strukturen wirken muss, aber gerade so, und darüber hinaus, die individuelle Verantwortung stärken soll.*

E keine Moralisierung

«Ja, die politische Korrektheit ist ja ursprünglich entstanden aus unserer emanzipatorischen Bewegung, die einmal die Avantgarde war. Nachher hat sie sich aber jetzt so sehr verbreitert, dass sie jetzt Mainstream geworden ist. Und da die Presse ja immer latent in Opposition, in einer kritischen Haltung zum Mainstream ist, empfindet man das [aus der Perspektive der Presse] jetzt als quasi die konservative Position, die immer moralisch gut sein will. [...] Das ist das grösste Dilemma, das ich sehe im Bereich Ethiktransfer, dass die Journalisten aus ihrem ewigen Widerstand gegen die Mainstreamhaltung da eine neue Kritik entwickeln» (252). Man versuche daher, das Wort «Ethik» zu vermeiden, weil man beispielsweise annehme, einen Beitrag über «ethische Grundsätze der Forschung» würde niemand lesen wollen (8).

> «Oder sagen wir einmal, der ganze Bereich Umweltökologie und Naturschutz und so weiter, hat ja auch eine ganz stark ethische Komponente. Das ist auch so ein Bereich, von dem ich sagen würde, der ist einmal ganz revolutionär neu gewesen, der sich jetzt abgenutzt hat. Jetzt ist das so ein bestimmtes Segment, das sich Mühe gibt, da nach den ethischen Regeln alles korrekt zu machen. In der Presse ist entweder das durch eine neue Generation oder durch die Abnützung des Themas ein extrem unattraktives Gebiet geworden. Und hier stellt sich auch immer die Frage: Es ist eigentlich das wieder dasselbe Thema, es ist eigentlich wahnsinnig wichtig, aber man hat das Gefühl, man hat alle Argumente gehört, die Realität ist, es passiert doch nichts, es fahren doch alle Auto, also was bringen wir jetzt noch, das noch irgendwie interessant sein könnte. [...] die Freaks sind langweilig, und wirklich an der Realität ansetzen, am Verhalten der Menschen ... was muss es dann sein?» (269)

Diese Aussagen haben Berührungspunkte zu dem, was weiter oben in der Unterkategorie «Erscheinungsbild» zur Hauptkategorie «Transferausgangspunkt» gesagt wurde und zur bereits zitierten Aussage: «Ich denke wirklich, wenn man jemandem einmal zu erkennen gegeben hat, sei das eine Einzelperson, ein Unternehmen, ein Politiker, dass man gar nichts mehr von ihm hält, dann ist eigentlich der Moment der Einflussnahme abgeschlossen» (146). Auf die Gefahr hin, dass das eine etwas starke Interpretation dieser Texte ist, sei vorgeschlagen, das Problem als «*Moralisierung*» zu bezeichnen. Wenn man seitens der wissenschaftlichen Ethik die Freude an Lösungen verliert und nur noch defensiv alle, die Lösungen im Wege zu stehen scheinen, deklassieren kann, darf man sich über Misserfolge nicht wundern. Dies gilt zwar beileibe nicht nur im Feld des Ethiktransfers, aber *hier, wo die Moral ohnehin nahe liegt, muss auf dieses Problem ein besonderes Augenmerk gerichtet werden.*

E kommunizierter Werterahmen

Ein Experte betont, dass der «Prinzipien- und Werterahmen», innerhalb dessen praktische Umsetzung von Ethik geleistet wird, «klar» sein soll (43). «Klarheit» wird in diesem Textabschnitt auch als «Offenheit» beschrieben. Damit scheint auch Reflexion und Transparenz dieses «Werterahmens» angesprochen zu sein.

E Parteilichkeiten vermeiden oder offenlegen

«Es gibt der Ethik einen gewissen Nimbus, diese scheinbare Freiheit von irgendwelchen Partikularinteressen» (205). Mit dem Ausdruck «scheinbare Freiheit» ist zweierlei festgehalten: Erstens, dass diese Freiheit von Partikularinteressen nicht gegeben ist und zweitens, dass dennoch der Anschein gepflegt wird, sie wäre gegeben. Diese kritische Aussage plädiert somit implizit für ein Kriterium, dass Parteilichkeiten (welche sich aus wirtschaftlichen, politischen und bzw. oder wissenschaft-community-bezogenen Interessen bzw. Abhängigkeiten ergeben können) möglichst zu vermeiden und, wo sie nicht vermieden werden (können), offen zu legen sind.

E Strukturorientierung

Wie oben (Seite 237, Textabschnitt Nr. 159) bereits zitiert, berichtet ein Experte von einer Arbeitsgruppe für Wirtschaftsethik, deren Zusammensetzung sich in eindrücklicher Art und Weise verändert hatte. Von den Mitglieder dieser Gruppe stammten ursprünglich eine Mehrheit aus der Wissenschaft und eine grosse Minderheit aus der Wirtschaft. Letztere legten nun zunächst Wert darauf, lediglich als Privatpersonen zu dieser Arbeitsgruppe zu gehören. Eben dies, berichtet der Experte, habe sich in den letzten Jahren grundlegend geändert. Inzwischen sind mindestens die Hälfte Praktiker, die explizit die Tätigkeit in ihren Firmen unter wirtschaftsethischen Gesichtspunkten diskutieren möchten.
Dieses Beispiel zeigt, dass auch in Hinsicht auf Strukturen konzipierte Transferformen leicht auf die individuelle Ebene ausweichen können: Ein Treffen im Rahmen eines Netzwerks für Wirtschaftsethik (nicht einmal nur «Unternehmensethik», sondern Wirtschaftsethik, welche den kritischen Blick auf die «Rahmenordnung» mitdenkt) wollte in einer ersten Phase von den organisationalen und politischen Funktionen der Anwesenden erklärtermassen abstrahieren. Damit wird die strukturelle Ebene, jedenfalls die eigene Involvierung auf dieser Ebene, zunächst ausgeblendet. Nun berichtet der Experte jedoch, dies habe sich geändert und die Teilnehmenden würden sogar Fallbeispiele aus ihrer eigenen Involvierung einbringen. Daraus könnte man das Kriterium ableiten, dass Ethiktransfer die Wirkung auf Strukturen im Blick behalten soll. Da Strukturwirksamkeit jedoch Bestandteil der Definition von Ethiktransfer

ist, kann es nicht zugleich ein Qualitätskriterium sein. Die Gefahr der Individualisierung zu sehen, ist jedoch offensichtlich bedeutsam.

E Wirksamkeit

Auch Wirksamkeit ist zunächst ein Definitionskriterium von Ethiktransfer. Sie kommt in den Interviews in denjenigen Textabschnitten vor, welche oben in den Unterkategorien Definition und Wirksamkeit in der ersten Hauptkategorie zitiert wurden. Daran sei an dieser Stelle erinnert, da die Intensität der Wirksamkeit zugleich als graduelles Qualitätskriterium zu verstehen ist: Eine minimale Wirksamkeit ist Bedingung von Ethiktransfer, eine grössere ein Qualitätsmerkmal (unter anderen).

E Markttauglichkeit?

«Man muss sich durchsetzen als gute Lösung. Mit beiden Ansprüchen. Einerseits mit dem ethischen Mehrwert und andererseits marktbezogen» (52). Dieses Kriterium gilt natürlich für eine Ethikfirma, aber nicht unbedingt für eine (beispielsweise medizinische) Ethikkommission. Es ist daher kein auf den Ethiktransfer bezogenes Kriterium, sondern auf das «Firma-Sein». Da diese Bedingung von Ethiktransfer jedoch genannt wurde, sei sie auch nicht verschwiegen. Im Kontext der gesamten Überlegungen zum Ethiktransfer ist damit jedoch eher ein Problem als ein Kriterium angesprochen: Was, wenn das, was aufgrund ethischer Reflexion zu sagen bzw. in die Gestaltung der Strukuren einzubringen wäre, sich nicht «verkauft»? Ist es immer noch besser, wenn wenigstens dort Ethiktransfer gemacht wird, wo zugleich Gewinn verbucht werden kann? Sind Ethiktransferorganisationen, welche Gewinn erwirtschaften müssen, verpflichtet, ‹ertragsarme› Transfers quer zu subventionieren?

2.6.2 Zusammenfassung zur Hauptkategorie 7

Dass im Interviewleitfaden Fragen zur Qualität von Ethiktransfer gestellt wurden, führte zu vielen Überlegungen und Impulsen, die weit über die Resultate der ersten und zweiten Exploration hinausführen.

> Besonders auffällig ist, wie oft das Thema der Funktionalisierung bzw. Instrumentalisierung der Ethik angesprochen wird, wie sehr dieses Problem aber gerade denjenigen bewusst ist, welche Ethiktransfer betreiben.
> Dennoch scheint ihre Integration in den wissenschaftlichen Diskurs der Ethik ein ungelöstes Problem zu sein, so dass die Gruppe der Transferaktiven sogar als «eigene community» bezeichnet wird. An der Stelle gelingt Kommunikation offenbar in der Regel nicht.

Es könnte sein, dass die Lösung dieses Problems – wenn es dafür eine Lösung gäbe – zugleich eine Lösung oder zumindest massive Entschärfung des Problems der Funktionalisierung bzw. Instrumentalisierung wäre.

> Alle aus den Interviews hervorgegangenen Kriterien guten Ethiktransfers werden im übernächsten Kapitel aufgenommen werden.

2.7 Kategorie 8: offene Kategorie

Diejenigen Textabschnitte aus den Protokollen der Interviews, die offensichtlich relevant sind für eine Untersuchung von Ethiktransfer, die aber nicht in eine der sieben vor der Codierung definierten Kategorien gehören, wurden in die achte, offene Kategorie eingeteilt. Überraschenderweise liessen sich alle diese Textabschnitte restlos zwei Themenfeldern zuordnen. So ergaben sich die beiden Unterkategorien «Historische Veränderungen» und «Bedingungen von Bedarf nach praktischer Umsetzung ethischer Reflexion».

2.7.1 Die beiden Unterkategorien

Historische Veränderungen der Bedingungen von Ethiktransfer

Der rasche Wandel in den letzten Jahrzehnten hat die Bedingungen entscheidend verändert, unter denen praktischen Umsetzung ethischer Reflexion stattfindet. Die in diese Unterkategorie eingeteilten Textabschnitte heben drei historische Veränderungen seit der Mitte des letzten Jahrhunderts hervor:
1. die (fortgesetzte) Auflösung vorgegebener Normen
2. die Veränderung der Stellung der Kirchen und
3. die Ökonomisierung der Gesellschaft

Die Textabschnitte lassen sich in drei Gruppen von Aussagen einteilen, die sich je mit einer dieser drei Phasen befassen. Eine vierte Gruppe von Aussagen bezweifelt, dass die tatsächliche Entwicklung so linear verläuft bzw. differenziert diesen historischen Prozess.

1. Zunächst geben vier «sozialmoralische Milieus» den ihnen zugehörigen Personen klare Normen. Zu diesen gehörten primär «das der sozialistischen Arbeiterschaft und das der Katholiken, die am stärksten abgegrenz waren, weil sie eben auch Defensivmilieus waren, lange Zeit.» Dazu kommen «die verschiedenen Varianten – zumindestens zwei – des liberalen Milieus, also eher das liberal-konservative und das liberal-fortschrittliche, die also wirklich bis in die Mitte der 60er- und 70er Jahre auch gelebte Milieus darstellen» (92). Nun treten aber neue Fragen auf, die sich in den Konzepten dieser Milieus nicht beantworten lassen (1a). Darum und aus anderen Gründen lösen sich diese Gruppennormen auf (1b).

1a. Zu kritischen Fragen führten beispielsweise medizinisch-technische Entwicklungen dieser Jahrzehnte: «Ich denke an die Sexualmoral und an die Fortpflanzungsmoral. Da haben sich einfach die wissenschaftlich-technischen Entwicklungen so stark entwickelt, dass sich bisherige Überzeugungen als nicht haltbar herausgestellt haben: das Problem der Befreiung der Frau durch die Pille z.B., welche das Sexualverhalten stark verändert hat, auch die Probleme, die sich daraus ergaben, weil das Nebenwirkungen hatte. Oder die Einführung von In-vitro-Fertilisation und Embriotransfer, der diesen ganzen Bereich, in dem wir heute nicht wissen, wie wir uns darin verhalten sollen, erst eröffnet hat. Winnacker hat einmal gesagt, der Rubikon sei dort überschritten worden – stimmt auch oder nicht? – als diese Embrionen, diese befruchteten Zellen, überhaupt verfügbar wurden. [...] Wir hätten viele Probleme nicht, wenn das nicht gewesen wäre» (89). «Das Aktionsfeld» der Menschen «hat sich enorm ausgedehnt» in «Folge des technisch-wissenschaftlichen Fortschritts». Mit diesen neuen «Eingriffsmöglichkeiten» entstanden «neue Probleme, die normativ geregelt werden mussten. In diesem Sinn ist ein grosser Ethikbedarf entstanden» (129).

«Der Zusammenbruch des Glaubens an das technisch-wissenschaftliche Können» steht «in den späten 60er- anfangs 70er-Jahre» in Zusammenhang «mit der Umweltproblematik» (280). Ebenso wie die genannten, erweiterten medizinischen Möglichkeiten, in den Menschen einzugreifen, stellen die erweiterten Möglichkeiten, in die Natur einzugreifen, völlig neue ethisch-moralische Fragen.

Ein besonderes Gewicht erhalten alle diese Fragen vor dem Hintergrund der «Erschütterung, grob gesagt, eines gewissen Macher-Optimismus, eines Technikoptimismus». Erschüttert wurde ein relativ alter Technik-Optimismus. Er «geht durch bis Bacon und weiter». Dieser Optimismus wurde «in der Mitte des [vor-] letzten Jahrhunderts wichtig, auch im Marxismus und auch explizit bei Marx selbst: Man geht davon aus, dass man die Mittel erarbeiten kann, um eigentlich das Paradies auf dieser Erde herstellen zu können. «Die Erschütterungen, die wir hatten mit den beiden Weltkriegen gingen tief. Sie sind im ersten Weltkrieg tief gegangen, aber auch im zweiten.» Und sie stellten diesen Optimismus fundamental in Frage. Die «Nürnberger Prozesse» stellten das «geltende Bild der Ärzte ganz stark in Frage. So kam es dann zu den Ärzte-Prozessen. Da hat etwas begonnen, das seit da sich in der Medizinethik, um es einmal für diesen Bereich zu sagen, durchzieht» (256). Es gibt keine überzeugenden, vernünftigen Gründe dafür, anzunehmen, dass die technische Entwicklung aus sich selbst dem Wohle der Menschen dient und dienen wird.

Solcher latenter Zweifel, solche Kritik an Wissenschaft und Technik können allerdings «die Professionalisierung und Verwissenschaftlichung der Praxis» in der Gegenwart nicht aufhalten. Diese Veränderung ist von besonderer Bedeutung. Sie zeichnet den aktuellen Wandel aus und macht ihn unterscheidbar vom «längeren Prozess», in dessen Verlauf sich ganz allgemein «Traditionen auflösen», und der «seit dem 19. Jahrhundert» im Gange ist. «Ob wir wirklich so einmalig sagen können, jetzt gerade haben wir da nochmal einen ganz besonderen Schub, da bin ich eher in Zweifel». Typisch ist hingegen ist, dass auch moralisch-ethische Fragen nun an die Wissenschaft delegiert werden. Die Verwissenschaftlichung muss nämlich, «gerade wenn sie in die Praxis eingeht, sich irgendwann den normativen Fragen stellen». Wissenschaft ist zwar zunächst «auflösend», sie « dekonstruiert», muss aber, «wenn sie Praxis werden will, doch wieder konstruieren», womit «sich ethische Fragen stellen». (266)

1b. Fragen, die in den sogenannten «sozialmoralischen Milieus» nicht beantwortet werden können und Konkurrenz in ethisch-moralischen Fragen durch die Wissenschaft sind Gründe, die zur Auflösung der «sozialmoralischen Milieus» beitrugen. Sie «brechen seit Mitte, Ende der 60er Jahre auf», eben weil seit dieser Zeit «ein erhöhter auch ethischer Verständigungsbedarf da ist» rund um die «naturwissenschaftliche, medizinische Forschung» und der von ihr neu hervorgebrachten Möglichkeiten und ebenso rund um Überlegungen zu «Grenzen des Wachstums». Fragen in diesen Feldern muss man «jetzt neu stellen und neu beantworten» (92).

2. Zu Beginn dieses Prozesses hatte die Kirche noch eine herausragende gesellschaftliche Stellung, gerade wenn sie sich zu solchen Fragen äusserte. «Die Kirchen waren noch eine intakte Grösse – und wollten etwas; wollten etwas bewegen im sozialen Bereich. Und schafften auch die nötigen Instrumente. Dazu kommt, dass es eine Nouveauté war, es war ein Primeur, dass die Kirche begann, in diese Themen hineinzureden. Es war schon interessant, dass die Kirche

überhaupt zu diesen Sachen sprach. Sie musste noch nicht einmal gescheit reden, sie musste einfach bellen» (124).

«Ein gewisser Höhepunkt war noch, in allen gesellschaftlichen Fragen, 1997, das Wort, das Kirchenpapier beider Kirchen. [...] Im konservativen Trend nach dem zweiten Weltkrieg war die Soziallehre quasi die offiziöse Sozialphilsophie des Staates. Und das ist natürlich vorbei. Gemessen daran ist der Einfluss natürlich viel, viel geringer. [...] Heute ist man durchaus wer im pluralen Gefüge, der Träger von Ethos-Tradition, wird angefragt, wird auch befragt» (234). Noch bis in die 70er-Jahre war die «Wahrnehmung» verbreitet, dass man, wenn «die Kirche etwas sagt, aufpassen» müsse und «politisch» sowie in den «Medien» aufmerksam aufgenommen wurde, was sie sagt (210). So waren die Kirchen eine Art «exogene» (279) Steuerung für Wirtschaft, Technik und Wissenschaft, die in Ausläufern bis ans Ende des letzten Jahrhunderts wirkte.

Bald zeigt sich allerdings ein zunehmender «Verlust des Einflusses von Institutionen, welche diese Moral getragen haben. Die katholische Kirche ist da ein exzellentes Beispiel» (6). Nun ist «die Kirche und auch die kirchliche Ethik nur noch ein Faktor unter anderen. Wir haben nicht mehr das Monopol auf wert-theoretisch orientierte Politik. Da redet die Philosophie, heute vor allem die Philosophie, da redet die Ökonomie mit.» Vor allem aber, wird betont, sei auch die Initiative der Kirche zurückgegangen: «Die Kirche redet schon gar nicht mehr mit, höchstens noch die Sozialethik.» Den Grund dafür sieht der Experte so: «Die Kirche ist beschäftigt mit dem eigenen Überleben» (56).[1]

3. Früher gegenüber der Ökonomie «exogene», moralisch und kirchlich vorgegebene Normen werden nun neu zu endogenen Mechanismen innerhalb der Marktwirtschaft: «Was früher exogen ethisch gesteuert wurde, wird heute stärker über neue gesellschaftliche Wirklichkeiten gesteuert: Öffentlichkeit, Moralisierung, Risikobewusstsein, Protest, Empörung. Quasi: Ethische Dimensionen werden neu zu Elementen der Marktlogik» (279).

Nach der Diskreditierung bzw. Marginalisierung der «exogenen» religiösen und der politischen Orientierung scheint Regulation nur noch innerhalb der Ökonomie möglich. «Das, was damals aus der kirchlichen Küche theoretisch kam, kommt heute aus Ökonomie oder

---

[1] Eine Expertin hebt hervor, dass dies kein historisch einmaliges Ereignis ist: «Im 19. Jahrhundert haben wir das Gleiche. Da gab es starke wirtschaftsethische Bewegungen. Aber alles ausserhalb der Kirche. Die Kirche involvierte sich erst wieder mit Wichern um 1850, aber dann mehr diakonisch, später im religiösen Sozialismus wieder politisch und nachher über Barth und Rich dann wieder» (185). Redet die Kirche wirklich nicht mit? «Das würde ich so insgesamt nicht sagen. Wenn irgendein grösseres Problem da ist, sind die ersten beiden, die dazu Stellung nehmen, R. und D. D. als Vertreter der EKD und R. als Bischof. Von daher habe ich bisher nicht den Eindruck von Rückzug. Es ist keine der grossen Akademien geschlossen worden. Sie sind natürlich nicht nur kirchlich finanziert» (235). Im letzten Satz ist, wieder nebenbei, die offenbar durchschlagende Macht der Ökonomie angesprochen. Auch ist «die Kirche in den Ethikkommissionen vertreten» (208).

Die Differenz in der Einschätzung, ob die Kirche mitredet oder nicht, dürfte mit länderspezifischen Unterschieden zusammenhängen, wie an anderer Stelle erwähnt. Die besondere Position der Kirche und ihre Bedeutung scheinen insgesamt zurückzugehen, wobei sich Gelegenheiten für eine neue Form der Präsenz einstellen: «Ich verfolge jetzt mit unserem religionssoziologischen Hintergrund einmal die Bedeutung öffentlicher Religion.» Ein Resultat ist: «Moral ist der primäre Ort und Ethik ist der zivilgesellschaftliche Diskurs. [...] Der Ort der öffentlichen Religion ist eben auch sozusagen der zivilgesellschaftliche Diskurs.» Vor allem «ist zu beobachten, dass die Religion in den öffentlichen Raum zurückkehrt» (78). «Man ist sicher nicht frömmer geworden, aber sozusagen das Reden über Religion, das Reden über Ethik ist öffentlich wieder anschlussfähiger und [man] kann es thematisieren, kann die Fragen eben auch ethisch artikulieren» (236). «Die öffentliche Thematisierung hat schon [...] an Bedeutung gewonnen. Ein Beispiel wäre dieses Sozialwort der Kirche, da gehören auch diese ganzen medialen Geschichten dazu. Ob sie dann der Ethik tatsächlich eine Chance bieten, das ist sicher höchst umstritten» (284).

allenfalls noch Philosophie» (56). Zugleich findet auch eine «Ökonomisierung der akademischen Organisationen» statt (28, vgl. oben Seite 198). Man geht davon aus, «Probleme, die sich aufwerfen, sozusagen systemkonform lösen zu können.» Man kann auch «die Krankenhaus-Ethikräte» verstehen als Versuch, in einem institutionellen, «regulierbaren Verfahren zu lösen» und so über die Möglichkeiten der «Professionsethik», die offenbar nicht mehr ausreicht, hinauszugehen, weil es systeminterner, «prozeduraler Formen einer Lösung bedarf» (284). Ökonomiekonform werden ethische Probleme folgendermassen reformuliert: «Novartis zahlt Empörungskosten». Ähnlich werden ethische Fragen in das ökonomische Paradigma integriert, wenn ein «höheres Risikobewusstsein der Leute» in Folge von «Terror» und «Klima» primär als Mangel an Investitionen wahrgenommen wird oder in diesem Zusammenhang von einem «Anwachsen des Protestpotenziales» (Stichwort «WEF», Davos) gesprochen wird (55).

4. Drei Stellen in den Interviews stellen in Frage, ob die Auflösung vorgegebener Normen in der oben dargestellten Art als kontinuierlicher Prozess zu verstehen ist und differenzieren: «Aber es stimmt, gerade bei den jüngeren evangelischen Theologen beobachte ich das mit Bauchschmerzen, wie stark sie individualethisch und mit steiler Theologie und ohne Vermittlung sozusagen eines Strukturdenkens [...] [an die Dinge herangehen]» (63). Offenbar versuchen sie, kirchlich-moralische Orientierungen zu reetablieren. Ethisch-moralische Appelle kommen allerdings schlecht an, sogar wenn sie säkulare Themen wie Umweltschutz betreffen: «Oder sagen wir einmal, der ganze Bereich Umweltökologie und Naturschutz und so weiter, hat ja auch eine ganz stark ethische Komponente. Das ist auch ein Bereich, von dem ich sagen würde, der ist einmal ganz revolutionär neu gewesen, und der hat sich jetzt abgenutzt. In der Presse ist das – entweder durch eine neue Generation oder durch die Abnützung des Themas – ein extrem unattraktives Gebiet geworden. Es ist eigentlich wahnsinnig wichtig, aber man hat das Gefühl, man hat alle Argumente gehört. Die Realität ist: Es passiert doch nichts, es fahren doch alle Auto. Die meisten Menschen wollen nicht verzichten, freiwillig» (269). Repetition von moralischen Imperativen ist offenbar nicht die Methode der Wahl, auch wenn dieser Weg nicht selten beschritten wird. Dazu wurde oben einiges unter dem Kriterium der «Moralisierung» (Seite 255 und folgende) und unter der Unterkategorie des «Erscheinungsbilds» (Seite 202 und folgende) gesagt.

Aber lösen sich tatsächlich fundamentale Normen auf, wie das oben dargestellte 3-Phasen-Schema suggeriert? Brauchen wir wirklich neue Grundnormen? «Ich bin nicht der Meinung, dass es ein Manko an normativen Überzeugungen ist. Im ersten Satz steht das bei ihnen so (das könnte auch jemand anderes gesagt haben): ‹Der Verlust normativer Vergangenheit›, das sagen sie von Honecker her, habe ein neues Tempo erreicht. Jetzt: Ich habe Mühe mit dem. Etwas, das ich immer zu zeigen versuche, ist, dass wir, in der ethischen Reflexion, wenn wir auf die Grundsätze zurückgehen, die gleichen Grundsätze haben wie eh und je» (167). Tatsächlich kann man überlegen, ob die Prozesse, die oben als «Auflösung» traditionaler Normen beschrieben wurden, zumindest zum Teil auch als Durchsetzung basaler und an sich alter Normen, wie sie heute etwa in den Menschenrechten verbrieft sind, verstanden werden können.

Bedingungen von Bedarf nach praktischer Umsetzung ethischer Reflexion

Die andere Gruppe der Textabschnitte in der offenen, achten Kategorie thematisieren alle die Frage, wann bzw. unter welchen Bedingungen es zu konkreten Umsetzungsprozessen kommt und welche Gegebenheiten in einem Handlungsfeld diese befördern bzw. hemmen.[1] Zwei gegensätzliche Aussagen, eine längere zunächst und eine sehr kurze als Gegenpol, illustrieren die Spannung in der grundsätzlichen Einschätzung des aktuellen Bedarfs nach praktischen Umsetzungen:

> «Ich würde mal sagen: Es gibt wirklich einen ganz rasanten neuen Ruf von Ethik. Der hängt von mir aus gesehen zusammen einerseits mit dem Zusammenbruch von bisherigen Steuerungsmodellen von Ethik in Wirtschaft und Wissenschaft. Der Nationalstaat hat weniger Bedeutung, Traditionen haben auch weniger Bedeutung, Familie hat weniger Bedeutung. Es wird ein Steuerungsdefizit wahrgenommen, auch ein Orientierungsdefizit. Da sind Umweltfragen, man fragt sich: Wo geht es hin mit dem Klima? Wo geht es hin mit der Wissenschaft, mit der Gentechnologie? Wo geht es hin mit der Wirtschaft? Und jetzt hatten wir 15 Jahre freie Marktwirtschaft, wo wir irgendwie in unerklärlicher Weise geglaubt haben, der Markt könne ohne ethische Rahmenbedingungen funktionieren.
>
> Wir können es auch auf die Formel der Banker bringen: Das Vertrauen ist weg. [...] Es will niemand mehr investieren, weil man niemandem mehr etwas glaubt [...] Ich habe gestern mit Bankern Sitzung gehabt. Die sind immer wieder an die Börse gerannt. Die haben gesagt: Jetzt habe ich Leute am Apparat, die sagen ‹Verkaufen sie mir alle Aktien von Novartis. Ich will keine Aktien von einer Firma, wo der oberste Chef mir als Aktionär 20 Millionen herausnimmt.›
>
> Wir haben heute einen ganz rasanten Ruf nach ethischer Orientierung, weil die Modelle ethischer Orientierung zusammengebrochen sind und wir heute die Folgen schon sehen. Wir merken, dass eine Wirtschaft, eine Wissenschaft, eine Umwelt ohne Ethik, desaströs ist. Und von da her, denke ich jetzt, kommt ein neuer Ethikbedarf» (312).

Man kann diesem Plädoyer den folgenden lakonischen Satz gegenüberstellen:

> «Aber dass direkt jemand sagt: ‹Hier habe ich den Ethikbedarf, jetzt komme ich auf Sie [eine Professorin/einen Professor] zu›, da könnte ich keinen konkreten Fall nennen» (115).

Zwischen den beiden Extrempositionen – totaler Bedarf versus kein Bedarf – lassen sich nun Bedingungen des Bedarfs und der Realisierung konkreter Umsetzungen bedenken. Aus den Interviews lassen sich neun Faktoren herausdestillieren, welche das Auftreten von Umsetzung ethischer Reflexionen befördern:

1. *Offensichtlich hängt das Zustandekommen von Umsetzungsprojekten «sehr stark von persönlichen Initiativen ab»* (275), welche seitens der wissenschaftlichen Ethik unternommen werden, oder auch von Unternehmen ausgehen können: «Ein gutes Beispiel ist sicher SwissRe. Ich

---

[1] Aussagen zu diesen Fragen, die sich auf bestimmte Handlungsfelder beziehen, wurden im Rahmen der Unterkategorien bereits aufgenommen. Nun sind diejenigen Textabschnitte zu thematisieren, die diese Fragen generell behandeln.

meine, dass man eigene Veranstaltungen macht, dass man Veranstaltungen Gastrecht gibt, dass man auch Stäbe unterhält – die haben einen Stab Nachhaltigkeit, die haben eine Stelle ‹Taten statt Worte›, die sich mit der Gleichstellung von Frauen befasst, noch anderes mehr, und damit auch Gesprächspartner für Ethiker. Migros wäre ein anderes Beispiel. Mir scheint, es zeigt auch, dass Firmen, die das machen, weniger Negativschlagzeilen machen. Vielleicht weniger eklatante Fehltritte machen, augenfällig unethische Verhaltensweisen an den Tag legen [...] Gut, für einen Rückversicherungskonzern ist es natürlich relativ einfach einzusehen, dass auch die ökologische Nachhaltigkeit wichtig ist – wenn das Geschäftsergebnis unmittelbar von den Naturkatastrophen abhängig ist. Insofern sind sie ein bisschen privilegiert in Bezug auf die Chancen, das einzusehen»(283).

2. *Damit Ethiktransfer heute zustande kommen kann, muss es in vielen Fällen «eine positive Korrelation von Ethik und Marktfähigkeit» geben.* «Wobei ich diese Forderung auch nicht im luftleeren Raum erhebe. Sondern ich sage, diese Forderung erheben wir auf dem Hintergrund der neuen gesellschaftlichen Veränderungen von heute: Zusammenbruch der alten Systeme, höhere Bedeutung der Öffentlichkeit, neue Moralisierung der Gesellschaft, was wir ja heute haben. Mit Empörungskosten für Firmen» (163, siehe oben).

3. *Der Bedarf seitens der Unternehmen ist quantitativ insgesamt zunehmend, aber qualitativ eher oberflächlich*: «Was uns noch ein bisschen fehlt, [...] ist die von vornherein bestehende Nachfrage nach mehr als einem Vortrag. Da muss man die Unternehmen in der Regel rüberschubsen über diese Schwelle. [...] Zunahme von Nachfrage und nicht Vertiefung, würde ich symptomatisch sagen» (76). «Aber dieses Unverbindliche, so würde ich das jetzt mal aus der Gegenseite formulieren wollen, die Ethiker die reden so um den heissen Brei rum, sagen nie, wie ich es wirklich machen soll, die reden: ‹man muss es bedenken› und: ‹nach der Methode›, das ist noch sehr schwer fassbar für die meisten. Das ist sozusagen die Schwelle, über die man 'rüber muss. Wenn das mal begriffen ist, dann akzeptieren einen die Leute auch als Mit-Reflektierer, als Mitdenker, dessen Stärke es ist, eine andere Vorgeschichte zu haben, andere Bilder im Kopf zu haben, that's it. Zuerst einmal erwarten die aber mal Problemlösung» (285). Der Weg von den quantitativ zunehmenden Anfragen zu den tiefergehenden Prozessen muss offenbar gebahnt werden.

Zwei Möglichkeiten, diesen Weg vorzubereiten, werden genannt: «Wenn es keine funktionierende Bildungs- und Weiterbildungsangebote gibt auf dem Themengebiet, wird Beratung in Sachen Ethik nicht funktionieren. Wenn ich als Student [...] lerne, Ethik ist irgendwas für ein paar Spinner nebendran, aber es hat [mit dem Leben] nichts zu tun, wird es [...] lang dauern, bis ich mich als Funktionsträger, als konkreter Nachfrager entpuppe» (15). Und: «Solange bewusst oder unbewusst in den Köpfen noch so diese Idee rumspukt, ja, jeder hat so seine Wertvorstellungen und das ist auch gut so, dass jeder diese für sich persönlich hat und im Prinzip kann ich da auch nicht hineinreden, sondern vielleicht mal eine Anregung geben, mit einem Vortrag z.B. Aber es gibt auch keine Notwendigkeit, da verbindliche Massstäbe zu diskutieren oder sonst irgendwie was. Solange das jetzt in den Köpfen bewusst oder unbewusst rumspukt, gibt [es] auch keinen Grund, sich jetzt da beraten zu lassen» (255). Moral- bzw. Ethikpädagogik, welche a) die tiefer gehenden Möglichkeiten von Ethik überhaupt allgemein bekannt macht und b) deutlich machen kann, dass Werte kein primär privates Thema sind, ist offenbar geradezu eine Voraussetzung von strukturellem Ethikbedarf.

4. *Mit einem moralisch konnotierten Problemdruck wächst in einem Handlungsfeld die Neigung, sich für Ethik zu interessieren.* Zwei Beispiele: «Stichwort Korruption. [...] Das ist eines der ersten Themen, [...] die auch wirklich angefasst worden sind. Wenn ich sage, bei uns gibt es keine Korruption, wir machen das nicht, aber Anreize habe, die denjenigen, der für die arabische Welt zuständig ist, rauswerfen würden, würde er es nicht machen – [...] wir reden nicht drüber, offiziell ist es zwar verboten – [...], dann muss man eben das Anreizsystem ändern. Dann wird eben über ein Reportingsystem immer eine Bemerkung dazu gemacht, wer von der Konkurrenz wie viel bestochen hat und warum man dort rausgeflogen ist, sag ich jetzt mal ganz banal. Und wenn das dann so ist, kann [...] man dem das nicht für sein Profitcenter sozusagen negativ ankreiden, also steht er auch nicht schlechter da als seine anderen Kollegen in Ländern, wo das nicht so ein Problem ist» (67). Als zweites Beispiel kann ein «Tabakkonzern» gelten, der eine ethische Studie in Auftrag gab und «da nebendran eine gewisse PR mitverfolgt» (109). Korruption sowie Produktion von und Handel mit Suchtmitteln sind zwei stark moralisch konnotierte Themen, die offenbar Bedarf nach ethischer Reflexion auslösen.

5. *Im Wissenschaftsteil, der von einem Experten als drittbest-gelesener Teil einer grösseren Zeitung bezeichnet wurde (118), ist die wissenschaftliche Ethik kaum vertreten, denn «man hat in der Presse in den letzten Jahren das Gefühl, dass die so genannte Gutmenschenhaltung langweilig ist» (254).* «Der ganze Bereich Umweltökologie und Naturschutz und so weiter, hat ja auch eine ganz stark ethische Komponente. Das ist auch so ein Bereich, von dem ich sagen würde, der ist einmal ganz revolutionär neu gewesen, und der sich jetzt abgenutzt hat. Jetzt ist das so ein bestimmtes Segment, das sich Mühe gibt, da nach den ethischen Regeln alles korrekt zu machen» (269). Es ist auch «sehr viel erreicht worden. [...] Dann will man die alte Kritik nicht mehr hören» (165). Wie könnte dieses Image vom langweiligen Gutmenschentum geändert werden? Als der Interviewer am Rande eines vorangegangenen Gesprächsteils erwog, dass ein Rating von Staaten in Bezug auf Kriegsführung nützlich sein könnte, antwortete der Experte: «Ich denke, solche Ideen wären wieder interessant. Also *wenn etwas neu ist und wirklich einen neuen Ausweg zeigt*, dann ist es viel interessanter, als eben auf einer gewissen fundamentalistischen Ethik beharren, die in der Realität von den Menschen nicht befolgt wird, sagen wir im Reproduktionsbereich, in der pränatalen Diagnostik oder so» (113).

6. *Ethikbedarf entsteht, wenn «Konfrontationen» um eine bestimmte Thematik «verstanden werden als auf einer bestimmten Ebene: es sind jetzt moralische Überzeugungen, die da aufeinander prallen»* (251).

7. *Während unter 6. wertebezogene Konflikte zwischen Menschen auslösendes Moment sind, sind nun auch innerpersonale, wertebezogene Konflikte anzusprechen, wie sie sich typischerweise im medizinischen Umfeld finden, als eigenes «Aktionsfeld. Es ist das der Betroffenheit, des Dilemmas, des unmittelbar in einer Situation Handelnmüssens.* Ein Unternehmen, das eine Strategie macht, ist in einer ganz anderen Situation, ist nie in dieser Enge drin. Es ist nur in politischen und rechtlichen Engen drin, aber ethisch nicht. Dort gelten die Zäune, die man selbst aufstellt, und als Zaun akzeptiert, das ist ja das, was Ethik und Moral auszeichnet» (216). Inter- (6.) und inner- (7.) personale, wertebezogene Konflikte verstärken den Bedarf nach Ethiktransfer.

8. *Ethikbedarf kann nur entstehen, wenn die wissenschaftliche Ethik als potenziell verständlich eingeschätzt wird*: «Die Öffentlichkeit [...] erwartet, dass *Wissenschaftler fähig sind, mit einer breiten Öffentlichkeit zu kommunizieren* über ihre Forschungsziele, ihre Mittel, die sie dafür

einsetzen, die Erwartung, die sie an ihre eigene Forschung haben. [...] man [...] erwartet, dass Wissenschaftler das können und machen. [...] Und noch viel höher ist die Erwartung an einen Ethiker. [...] Wenn er das nicht vermitteln kann, dann hat er irgendwie seinen Sinn und Zweck verfehlt» (25, vgl. oben 234).

9. *Eine weitere Form von Ethiktransfer liegt darin, die Ethik nicht (nur) in Strukturen einfliessen zu lassen, sondern als eigene Struktur wirksam sehen zu wollen. Dies entspricht dem Bedarf, der durch die Grenzen der Wirksamkeit des Rechts entsteht:*

«Man wird sehr bescheiden als Jurist in Bezug auf den Glauben an das gesellschaftliche Steuerungsvermögen des Rechts und des Rechtsstaates. Ich nehme ein Beispiel: Man hat einsehen müssen, dass man im Bereich Schwangerschaftsabbruch, dass man im Bereich Drogenprohibition, eigentlich mit den Verwaltungsjuristen und Richtern wenig Gescheites zustande bringt. Dass man, im Grunde genommen, nur die Verhaltensweisen in die Illegalität drängt und damit jede Menge Nachteile produziert. D.h. der Jurist entwickelt ein Bedürfnis nach einer *Aufwertung eines komplementären Regelwerkes namens Ethik*. Oder er wird sogar, wenn man es noch bescheidener sagt, sagen, das Primäre ist eigentlich die Ethik. Das Recht kann nur einen Minimalstandard durchsetzen und sanktionieren. Jetzt wissen sie, dass es ja zwischen dem Recht und der Ethik noch den Bereich des Softlaw gibt. Softlaw, das sind so Standesnormen, die z.T. gerichtlich nicht erzwingbar sind. Das ist ein rechter Teil des Völkerrechtes, N. sagt das auch, ein Teil des Völkerrechtes entsteht via Softlaw, gerichtlich nicht erzwingbar, die ganzen Sozialziele in den Verfassungen, die man nur deshalb mehrheitsfähig gemacht hat bei unseren bürgerlichen Mehrheiten, weil man keine gerichtliche Durchsetzung herbeigeführt hat. Das wäre auch noch ins Auge zu fassen, als Übergangsphase, dass man vom Staat her sagt, wir schreiben das in die Verfassung hinein, wir schreiben das in ein Regelwerk, aber wir verzichten auf eine absolute Erzwingbarkeit bis hin zum Polizisten, bis hin zum Betreibungsbeamten und zum Gefängnis. [...] Ich beobachte, dass auch Staatsrechtler so denken, auch Strafrechtler [...] . Das ist auch eine relativ gängige Auffassung. Also, die Idee, dass man wirklich mit dem Gesetz und mit dem Staatszwang die wesentlichen gesellschaftlichen Probleme lösen kann oder auch nur wesentlich lindern, die hat man nicht mehr. Und von daher ist augenfällig, dass man die Ethik sehr ernst nimmt als ein selbständiges Regelwerk.» (303)

Eine Bedingung von Ethiktransfer ist daher, *dass man ethisch reflektierten Werten eine gewisse integrative Kraft zutraut*. Dies ist nicht denkbar ohne die Annahme, dass die Pluralität nicht Beliebigkeit sei, sondern über gewisse Orientierungen Konsens herstellbar sei oder sogar schon bestehe: «Ich bin nicht der Meinung, dass es ein Manko an normativen Überzeugungen ist. [...] Wir haben die gleichen Grundsätze wie eh und je» (167, s.o.). Ethikbedarf kann also nicht aus einem Verlust *aller* Orientierung resultieren, sondern aus dem Verlust bestimmter Orientierungen bei bleibender Annahme, dass intersubjektive Orientierungen gefunden werden können bzw. in nuce bestehen.

2.7.2 Theoriebildende Zusammenfassung der Hauptkategorie 8

Ein gänzlich neuer Gesichtspunkt zur Thematik ist der historische Blick auf die Thematik des Ethiktransfers. Schon wenn man nur die Aussagen der Expertinnen und Experten zugrunde legt, kann man drei zeitliche Phasen als Hintergrund der heutigen Situation festmachen: Eine Phase intakter sozialmoralischer Milieus bis in die 1960er Jahre hinein. Ihre Möglichkeiten begründeter moralischer Orientierung wird gesprengt durch den Verlust des Vertrauens in den Staat und überhaupt in die Institutionen im Gefolge der beiden Weltkriege sowie durch das Ende des Glaubens an den technischen Fortschritt per se. Vielmehr gewinnen Staat (auch als Demokratie) wie Technik (Wissenschaft) ein Doppelgesicht. Während in der ersten Phase der Auflösung der sozialmoralischen Milieus die Kirchen als Institutionen noch *zentral* präsent sind und gehört werden, sind sie am Ende des Jahrhunderts zwar noch präsent, aber als Akteure *unter vielen anderen* in einem pluralen Gebilde. Der Prozess schliesst sich zur Zeit ab mit einer Ökonomisierung der akademischen Welt, wie überhaupt der meisten Institutionen. Diese Entwicklung bildet den Hintergrund für den aktuellen Rahmen, in dem Umsetzungsprozesse von Ethik allgemein und Ethiktransfer im Speziellen heute stattfinden.

Wie viel Bedarf nach Umsetzung heute besteht, darüber zeigt sich mehr Dissens als über die historische Entwicklung. Zwischen den Extrempositionen, welche einerseits mit einem massiven Bedarf und andererseits mit einer kaum vorhandenen Nachfrage rechnen, lässt sich die spezifischere Frage stellen, wovon es abhängt, ob sich ein solcher Bedarf meldet. Auch zu dieser Frage finden sich eine ganze Anzahl von Aussagen in den Interviews. Es lassen sich neun Faktoren aufweisen, welche Ethikbedarf befördern:

1) «persönliche Initiativen» seitens der wissenschaftlichen Ethik oder seitens der «Praxis»
2) «positive Korrelation von Ethik und Marktfähigkeit» in der konkreten Situation
3) «funktionierende Bildungs- und Weiterbildungsangebote» in Ethik
4) moralisch beladener Problemdruck
5) neue Transferformen, die «wirklich einen neuen Ausweg» zeigen
6) wertebezogene Konflikte zwischen Menschen
7) wertebezogene Konflikte in Individuen, persönliche «Dilemmata»
8) die Fähigkeit der wissenschaftlichen Ethikerinnen und Ethiker, «mit einer breiten Öffentlichkeit zu kommunizieren»
9) Die Erwartung, dass ethische Reflexion zu einer Verständigung über «Grundsätze» führen kann.

Eine letzte Aussage in dieser Kategorie sei ganz zum Schluss erwähnt, weil sie auf einer Metaebene zur Bedarfsfrage steht und das Wort «Bedarf» in diesem Zusammenhang kritisiert, «weil mir das zu sehr nach der Logik des Marktes [tönt], also, man muss den Bedarf auch wecken und all diese Vorstellungen [...]. Vielleicht durchaus angemessen dem gegenwärtigen Sprachspiel. Aber auf der wissenschaftlichen Ebene halte ich also dieses Modell, zu sagen, es gibt einen Ethikbedarf und jetzt müssen wir die Nachfrage erfüllen, halte ich nicht für sehr angemessen.» Gefragt, ob er eher von «einer neuen Gelegenheit» reden würde, antwortet der Experte: «Ja. Es gibt neue Chancen der Thematisierung im öffentlichen Raum» (137). Dieser Experte möchte offenbar konkrete Umsetzungsprozesse stärker aus dem dominierenden ökonomischen Paradigma herauslösen und bringt damit ein zweifellos wesentliches Moment zum Ausdruck. In seinen Begrifflichkeiten bleibt aber die Aktivität in der Sache primär bei der wissenschaftlichen Ethik. Von der anderen Seite werden im besten Fall «Gelegenheiten» geboten. Dies hat eine einseitige Konzeption von Transferprozessen zur Folge, welche aus einer Mehrzahl genannter Gründe nicht sinnvoll erscheint. Dennoch sollte das Anliegen, Ethiktransfer nicht als Teil des ökonomischen Paradigmas zu verstehen, in seiner Bedeutung nicht unterschätzt werden. Dementsprechend soll «Bedarf» an dieser Stelle nicht ökonomisch als «Zahlungsbereitschaft», sondern inhaltlich als Interesse an ethischer Reflexion und als Einsicht in die Notwendigkeit ihrer konkreten Umsetzung verstanden werden.

3 Resultat der Exploration III

Der grosse Ertrag der Expertinnen- und Experteninterviews wurde je in den Zusammenfassungen zu den einzelnen Kategorien bereits komprimiert dargestellt. An dieser Stelle seien einige besonders auffallende Einsichten hervorgehoben:

- Eine interessante Bestimmung von Ethiktransferprozessen generell wurde angestossen: *Ethiktransfer ist ein Handlungs-, Reflexions- und Kommunikationsprozess, in dessen Verlauf Sätze aus der wissenschaftlichen Ethik so reformuliert werden, dass sie seitens der Handlungsfelder als relevant und hilfreich für die Gestaltung gesellschaftlicher Strukturen erkannt werden können. Dies führt im Verlauf dieses Transferprozesses zu Um- oder Neugestaltungen gesellschaftlicher Strukturen, in denen seitens der wissenschaftlichen Ethik die Intention ethischer Reflexionen wiedererkannt werden kann.*
- Diese Bestimmung impliziert zugleich intensive Interaktionen und «Idiolokalität» (Abgrenzung) im Verhältnis zwischen der wissenschaftlichen Ethik und den Handlungsfeldern.
- Der strukturell ausgerichtete Ethiktransfer und die individuell ausgerichtete Moral- bzw. Ethikpädagogik verhalten sich synergetisch zueinander, insbesondere dann, wenn Strukturenethik (mit) zum Thema von Moral- bzw. Ethikpädagogik gemacht wird.
- Ethiktransfer kann unterschiedliche Funktionen für gesellschaftliche Strukturen übernehmen. Dazu gehört beispielsweise die Funktion der Legitimation, welche hilfreich oder problematisch sein kann, je nach Fall und Perspektive.
- Die zu transferierenden Inhalte lassen sich im Begriff «ethische Reflexion» fassen. Dazu gehören unterschiedliche ethische Beiträge zu Problemlösungen wie z.B. die Klärung des Dilemmas, die Gewährleistung eines tendenziell fairen Diskurses, kritische Fragen, Modelle usw. Wichtig ist dabei die Einsicht, dass in der Regel keine fertigen Lösungen bzw. Entscheidungen transferiert werden können. Ebenso ist damit zu rechnen, dass gerade besonders wichtige Inhalte öfter nicht transferiert werden können, gerade *weil* sie wichtig sind und eben aus diesem Grund die Betroffenheit *zu* gross ist.
- In der wissenschaftlichen Ethik gibt es ein komplexes Netz mit positiven und negativen Transferanreizen. Während die Universitäten – teils aus ökonomischen Gründen – Transfer in allen Disziplinen prinzipiell als «Output» fördern, bergen praxisbezogene Themen oft karrierepolitische Risiken.

- Strukturenethik war eine gewisse Zeit lang durch normative Versuche in der Soziologie besetzt. Diese gelten heute als problematisch. Dennoch hat die Ethik diese Leerstelle noch nicht wirklich gefüllt. Insbesondere hat sie die soziologische Theorie nicht soweit rezipiert, wie das für die Aufgabe der Strukturenethik nützlich wäre. Dies dürfte eine wesentliche Behinderung von Ethiktransfer sein.
- Die akademische Konkurrenz wie die Konkurrenz in der Praxisorientierung scheint nicht immer so organisiert zu sein, dass sie zur Verbesserung der Resultate beiträgt. Die praxisorientierten Ethikerinnen und Ethiker scheinen sich tendenziell in (eher weniger zahlreiche?) «industrie- und forschungsfreundliche» und «industrie- und forschungskritische» aufzuteilen.
- Die Ergebnisse über die Qualitätskriterien werden im nächsten Kapitel ausführlich thematisiert werden. Insgesamt scheint dem Kriterium, dass Reflexionen und Ergebnisse aus konkreten Ethiktransferprozessen zurück in den wissenschaftlichen Diskurs fliessen sollen, eine zentrale Bedeutung zuzukommen.
- Die Einsicht in die besonderen historischen Hintergründe der aktuellen Situation des Ethiktransfers – insbesondere in die Ökonomisierung als Rahmenbedingung – erklärt Möglichkeiten und Grenzen, regt aber auch zu deren Infragestellung an: Wenn sich die Ökonomie schon faktisch zum dominanten Funktionssystem entwickelt hat, muss man das im theoretischen Denken durchaus nicht zum Dogma erheben. Der Ökonomismus wird weder der Weisheit letzter Schluss noch das Ende der Geschichte sein.

E Ein Theorievorschlag

Die Untersuchung über Ethiktransfer hat, wie eingangs festgehalten, eine doppelte Adressatenschaft:
- Für den wissenschaftlichen ethischen Diskurs soll Ethiktransfer als Untersuchungsgegenstand konstituiert werden.
- Für die Praxis des Ethiktransfers soll die Theorie Grundlagen bieten, die eigenen Transferanstrengungen zu reflektieren und Grundlagen für die Entwicklung pragmatischer Konzepte liefern.

Für Ersteres soll die Reflexionstiefe gross genug sein, dass Ethiktransfer als Gegenstand wissenschaftlicher Untersuchung a) bereichsübergreifend und b) jenseits pragmatischer Verwertung etabliert werden kann. Für zweiteres soll die Theoriebildung die Formen von Ethiktransfer in ihrer Vielfalt möglichst konkret abbilden. Das reflexive Selbstverständnis derjenigen, welche Ethiktransfer leisten, ist mitaufzunehmen, um auch seine Weiterentwicklung anzuregen. Die Reflexionstiefe soll der Pragmatik ihren Raum lassen.

Diese doppelte Zielsetzung ist spannungsvoll, aber nicht widersprüchlich. Denn distante Reflexion ist gerade für die Weiterentwicklung des Selbstverständnisses nützlich, und umgekehrt ist die möglichst präzise Abbildung einer vielfältigen Realität auch ein Qualitätsmerkmal wissenschaftlicher Theoriebildung.

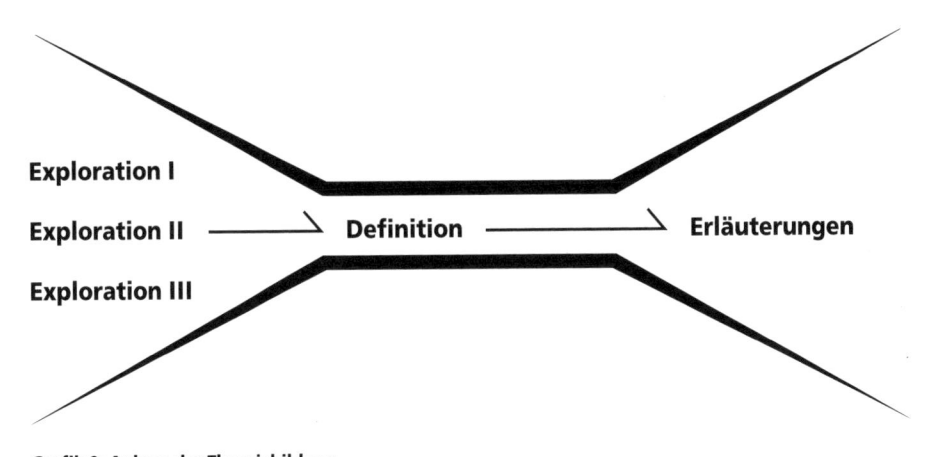

Grafik 9: Anlage der Theoriebildung

Die Entfaltung des Theorievorschlags geschieht in Form eines Doppeltrichters. Das in den drei Explorationen gesammelte Wissen und die damit entstandenen neuen Überlegungen werden auf den Punkt einer kürzestmöglichen Definition zusammengeführt. Diese wird anschliessend durch Erklärungen der einzelnen Begriffe wieder verbreitert. Definition und Erläuterungen zusammen bilden die Theorie.

E Ein Theorievorschlag

1 Definition des Gegenstands «Ethiktransfer»

Unter «Ethiktransfer» werden
- Austauschprozesse zwischen dem wissenschaftlichen ethischen Diskurs und einem jeweils bestimmten Handlungsfeld verstanden,
- in deren Verlauf Reflexionen aus dem wissenschaftlichen ethischen Diskurs Wirkung auf Strukturen in diesem Handlungsfeld entfalten.

Im Begriff «Autauschprozess» kondensiert die Einsicht, dass Transfer kein Transport einer Sache von hier nach da sein kann, sondern ein komplexer Prozess von Interaktionen ist, wie es sich in allen drei Explorationen und in den verschiedensten Kontexten mehrfach bestätigt hat. In der Festlegung auf die wissenschaftliche Ethik als (systematischen, nicht fallweise historischen) Ausgangspunkt verdichtet sich die Einsicht, dass genau dieser Anschluss in möglichst grosser Intensität und Breite die Etikettierung von Anstrengungen mit «Ethik» legitimiert. Ein Verzicht auf diese Festlegung würde bedeuten, die ebenfalls in allen drei Explorationen und in verschiedenen Kontexten beschriebene Funktionalisierung bzw. Instrumentalisierung von «Ethik» in so gut wie allen Varianten zuzulassen. Da aber Ethik, wird sie instrumentalisiert, keine Ethik mehr ist, wäre kaum mehr sicherzustellen, dass Ethiktransfer noch *Ethik*transfer ist.

Der Begriff «Handlungsfeld» ist mit Bedacht weit gefasst. Ethiktransfer kann prinzipiell überall hin führen, in jedes Feld eben, in dem gehandelt wird.[1] Eng gefasst ist hingegen der Begriff der «Wirkung», welche durch Ethiktransfer in diesem Feld zu erzielen ist. Die erwirkte Veränderung muss sich auf konkrete Strukturen in diesem Handlungsfeld erstrecken. Damit wird die Unterscheidung der drei möglichen systematischen Orte von Ethik – Individuum, Organisation und Rahmenordnung – konsequent aufgenommen. Diese Differenzierung dreier systematischer Orte der Ethik bestätigte sich als fundamentale Einsicht in allen drei Explorationen: in verschiedenen Bereichsethiken, in soziologischen Vertiefungen und in unterschiedlichen Interviews. Ethiktransfer wird, dieser Einteilung entsprechend, eingeschränkt auf Wirkungen auf der Ebene der Organisation und auf derjenigen der Rahmenordnung. Das Verhältnis solcher Wirkungen zu Wirkungen auf der Ebene des Individuums wird ein besonders wichtiges Thema in den nun folgenden Erläuterungen sein.

2 Übersicht über die Elemente der Theorie

Aus dem Wortlaut der Definition wird hergeleitet, welche Begriffe weiterer Erläuterung bedürfen, um die mit ihnen verbundenen Konzepte in Hinblick auf ihre Bedeutung als Teil einer Theorie des Ethiktransfers hinreichend zu klären. So ergibt sich aus der Definition, welche Konzepte – im weiteren als «Elemente» einer Theorie des Ethiktransfers bezeichnet – notwendigerweise ausgeführt werden müssen (2.1). Über diese «basalen Elemente» hinaus kann eine solche Theorie «ergänzende Elemente» umfassen. Darauf ist anschliessend einzugehen (2.2).

---

[1] Selbst ins Feld der Ethik, sobald man das, was dort getan wird, unter dem Aspekt des Handelns betrachtet.

2.1 Basale Theorieelemente

Eine Theorie des so definierten Gegenstands muss mindestens diejenigen Begriffe klären, welche in der Definition des Gegenstands genannt sind. Sie sind in der folgenden Wiederholung der Definition mit Buchstaben gekennzeichnet:
Unter «Ethiktransfer» werden
- *Austauschprozesse (a)* zwischen dem *wissenschaftlichen ethischen Diskurs (b)* und einem jeweils bestimmten *Handlungsfeld (c)* verstanden,
- in deren Verlauf Reflexionen aus dem wissenschaftlichen ethischen Diskurses *Wirkung (e)* auf *Strukturen (f)* in diesem Handlungsfeld entfalten.

Die mit Buchstaben bezeichneten Begriffe werden als Elemente eines Theorievorschlags in der folgenden Reihenfolge erläutert:

> i) Zunächst wird geklärt, welche Grösse mit der Wendung «wissenschaftlicher ethischer Diskurs» (b) bezeichnet wird (3.1).
> ii) Dasselbe wird anschliessend für den Ausdruck «Handlungsfeld» (c) unternommen, wobei auch dargestellt wird, wie die Wirkung (e) auf deren Strukturen (f) näher zu bestimmen ist und warum die Strukturen fokussiert werden (3.2).
> iii) Nun kann ausgeführt werden, wie die Austauschprozesse (a) in diesem Zusammenhang beschaffen und organisiert sein müssen, damit Ethiktransfer stattfindet (3.3).

Dabei sollen die mit diesen Begriffen verbundenen Konzepte nicht allgemein oder gar umfassend vertieft werden, sondern gezielt in Hinblick auf deren Bedeutung für den Ethiktransfer

2.2 Ein ergänzendes Theorieelement

Damit sind die minimalen Elemente für einen Vorschlag einer Theorie des Ethiktransfers auf dem Hintergrund der genannten Definition genannt. Eine solche Theorie kann nun – prinzipiell beliebig – erweitert werden um weitere Perspektiven, unter denen der Gegenstand bedacht werden kann. Im Rahmen dieser Untersuchung soll jedoch nur eine einzige solche Erweiterung vorgenommen werden: Die Erweiterung besteht in einem theoretischen Vorschlag, wie konkrete Formen von Ethiktransfer aus der Perspektive positioneller Ethik bewertet werden können.
Um Missverständnisse von vornherein auszuschliessen, ist zu klären, was genau bewertet werden soll, denn es liessen sich unterschiedliche Momente von Ethiktransfer bewerten. Drei seien genannt, die zwar in der Realität und teilweise auch in der Reflexion nur tendenziell zu trennen sind, jedenfalls aber systematisch unterschieden werden sollen.
- Man kann erstens die Resultate von Ethiktransfer normativ beurteilen: Wird mit Ethiktransfer «Gutes» bewirkt? «Gutes» im Sinne normativer Ethik, d.h. einer zu beziehenden und zu begründenden moralischen Position? Genauer: Unter welchen Bedingungen wird in diesem Sinn «Gutes» bewirkt?

- Eine zweite Möglichkeit wäre, den wertenden Blick auf die dem jeweiligen Ethiktransfer zugrunde liegenden Werte und Normen zu richten: Was für Werte und Normen werden da inhaltlich transportiert? Kann man diesen angesichts einer zu beziehenden und zu begründenden moralischen Position zustimmen? Genauer: Wo geschieht inwiefern Ethiktransfer, dessen Werte und Normen mit der gewählten positionellen Ethik übereinstimmen?
- Eine dritte Variante besteht darin, die Organisation des Transferprozesses zu beurteilen. In diesem Fall werden die Austauschprozesse selbst normativ reflektiert. Man könnte von einer reinen «Verfahrensethik» sprechen.

Die Wahl fällt für dieses ergänzende Theorieelement auf das dritte Moment, wohl wissend, dass diese Entscheidung nur *eine* mögliche Wahl ist. Sie impliziert, dass so weder die Resultate noch die zugrundeliegenden Werte umfassend beurteilt werden – wenn auch bereits an dieser Stelle darauf hinzuweisen ist, dass die Organisation des Austauschprozesses auf beides, Resultate und zugrundeliegende Werte, massgeblichen Einfluss hat.

Für diese Wahl spricht zweierlei: Da es die *Austauschprozesse* sind, die unter bestimmten Bedingungen als Ethiktransfer definiert werden, so liegt es nahe, genau diese als Prozesse bzw. genau deren Organisation als solche auch der Beurteilung zugrunde zu legen. Zweitens ist damit eine quasi neutralere, da formalere und allgemeinere Beurteilung möglich, deren Chancen auf breite intersubjektive Anerkennung grösser, deren potenzielle Korrekturwirkung auf Resultate und Wertegrundlagen jedoch nicht unbedingt kleiner ist.

> iv) Die basalen Elemente einer Theorie werden um ein weiteres Element ergänzt, indem eine Variante einer systematischen Bewertung konkreter Formen von Ethiktransfer entwickelt wird.

Dieses ergänzende Theorieelement wird in einem separaten Teil (Kapitel F) entfaltet werden. Es wird damit von der aus den basalen Elementen bestehenden Kerntheorie als der eigentlichen Theorie unterschieden. Als Theorie des Ethiktransfers wird im Weiteren diese Kerntheorie bezeichnet, welche zusammen mit den anschliessend separat zusammengestellten «Dimensionen von Qualität» eine um ein erstes «Modul» erweiterte Theorie über Ethiktransfer bildet.

3 Erläuterung der Theorieelemente

3.1 Wissenschaftlicher ethischer Diskurs

In den Expertinnen- und Experteninterviews zeigte sich, dass es im wissenschaftlichen ethischen Diskurs innere Dynamiken gibt, die zu beachten wesentlich ist für Ethiktransfer. Dazu gehört
- die Wahrnehmung, dass die stark transferaktiven Ethikerinnen und Ethiker «doch noch mal sozusagen eine eigene community» (siehe oben Seite 252) bilden,

- dass die Anreize hinsichtlich des Transfers widersprüchlich sind: Es gibt sowohl einen Druck, in den Universtitäten «output» (siehe oben Seite 198) zu generieren und einen wahrnehmbaren Beitrag zur Lösung anstehender Probleme zu leisten, als auch eine Ablehnung praxisnahen Arbeitens als unwissenschaftlich und eine Gefährdung universitärer Karrieren derjenigen, welche ihre Arbeit mit einer Involvierung in das Geschehen in Handlungsfeldern verschränken,
- dass mehrere Expertinnen bzw. Experten der Ansicht sind, dass sich die Ethikerinnen und Ethiker relativ deutlich in wissenschaftsfreundliche und wissenschaftskritische einteilen lassen und
- dass es eine Konkurrenz unter Ethikerinnen und Ethikern gibt, die aus einer Aussenperspektive einen etwas eigenartigen Eindruck hinterlässt.

Diese Ergebnisse der Expertinnen- und Experteninterviews machen deutlich, dass man Ethiktransfer nicht verstehen kann, ohne sich mit der Funktionsweise des wissenschaftlichen Diskurses in Hinblick auf Transferaktivitäten zu beschäftigen. In dieselbe Richtung deuten Ergebnisse der zweiten Exploration über die Möglichkeiten und Grenzen der Kommunikation zwischen Systemen: Transfer als Interaktion von Systemen ist nur auf dem Hintergrund der Systemlogik der beteiligten Systeme selbst zu verstehen.

Daher soll im Folgenden der wissenschaftliche ethische Diskurs aus einem wissenschaftssoziologischen Blickwinkel betrachtet werden (3.1.2). Dieser Betrachtung wird eine inhaltliche Definition von «Ethik» vorausgeschickt, um beim Selbstverständnis der ethischen Disziplin zu beginnen (3.1.1). Darauf aufbauend werden die angesprochenen inneren Dynamiken thematisiert (3.1.3). Ohne eine Sensibilität für diese Dynamiken wäre eine Theorie des Ethiktransfers hinsichtlich ihres pragmatischen Nutzens naiv und hinsichtlich ihrer wissenschaftlich-theoretischen Leistung unvollständig. Abschliessend wird die Art und Weise, wie Transferaktivitäten an den wissenschaftlichen ethischen Diskurs anschliessen, geklärt (3.1.4).

3.1.1 Inhaltliche Bestimmung der Ethik als Disziplin und ihre Abgrenzung von Transferaktivitäten

> Der wissenschaftliche, ethische Diskurs kann erstens durch sein Thema bestimmt werden: Reflexion moralischer Überzeugungen als normative Grundlagen individuellen Handelns und sozialer Strukturen. «Moralische Überzeugungen» sind dabei synonym mit «normativen Aussagen» und werden prinzipiell von Personen, die von ihnen «überzeugt» sind, abstrahiert. Untersucht wird die *Begründbarkeit normativer Aussagen*. Daraus ergibt sich die Aufgabe normativer wie analytischer Ethik, der Bereichsethiken wie der Metaethik (im Sinne von Fundamentalethik).

Diese Abstraktion von Trägerinnen und Trägern moralischer Überzeugungen macht es möglich, normative Implikationen nicht nur von Handlungen und Haltungen, sondern auch von sozialen Strukturen zu untersuchen. Dieselbe Abstraktion bringt jedoch auch eine ausgesprochene Distanz zur Praxis mit sich.

> Wissenschaft, ja Reflexion ganz allgemein, hat einen Eigenwert und ist zunächst zweckfrei – was auch heisst: nicht praxisbezogen.[1] Diese Feststellung ist für alles Weitere zentral. Die Tatsache, dass es wissenschaftliche Ethik als nicht praxisbezogene Ethik gibt, ist vielmehr überhaupt eine Voraussetzung der Möglichkeit von Ethiktransfer.

Dieses Paradox – Nicht-Praxisbezug ist Bedingung der Möglichkeit von Transfer – soll nun erläutert werden. Das Paradox wird dabei am Verhältnis zwischen Sozialethik (als Strukturenethik) und Ethiktransfer ausgeführt, könnte jedoch genauso am Verhältnis zwischen Individualethik und Moral- bzw. Ethikpädagogik illustriert werden.

Sozialethik ist Reflexion von Gesellschaft in normativer Hinsicht. Reflexion bedeutet Distanznahme. Würden wir diese Reflexionsarbeit handlungsorientiert abzwecken, würden wir beispielsweise die Verbesserung der Gesellschaft als Zweck der Sozialethik festlegen, so würde diese Einbindung der Ethik in die Gesellschaft die distante Reflexion der Gesellschaft stark erschweren, wenn nicht verunmöglichen.

Die Ethik muss aus den Zwecken entlassen werden, damit sie über Zwecke nachdenken kann. Zweckfreiheit und damit Nicht-Transfer ist somit Bedingung der Möglichkeit von Ethik überhaupt. Ethik wiederum ist die Bedingung der Möglichkeit von Ethiktransfer.

Diese Schwierigkeit lässt sich konkretisieren, indem sie als Rollenkonflikt beschrieben wird: Das Handwerk der Ethikerin bzw. des Ethikers ist die unparteiliche Reflexion der argumentierbaren Wünschbarkeit von Handlungen – im Falle der Sozialethik die unparteiliche Reflexion der Wünschbarkeit gesellschaftlicher Strukturen bzw. deren Veränderungen. Beteiligt sich eine Ethikerin bzw. ein Ethiker am Ethiktransfer, wird sie bzw. er zur Akteurin bzw. zum Akteur in Prozessen der Veränderung gesellschaftlicher Strukturen. Das ist nicht nur eine andere, sondern eine konfligierende Rolle. Denn im Allgemeinen ist anzunehmen, Veränderungen, an denen eine Person sich aktiv beteilige, könne diese nicht gleichermassen unparteilich reflektieren, wie solche, an denen sie nicht beteiligt sei.

Dasselbe paradoxe Problem stellt sich auch aus der Perspektive der Praxis, der Handlungsfelder: Möglichst neutral und möglichst fachkompetent reflektierende Personen scheinen die prädestinierten Beraterinnen und Berater zu sein, wenn Entscheidungen zu treffen sind. Möchte jedoch, um ein Beispiel zu nennen, eine bestimmte Unternehmung eine neutrale ethische Beratung in Anspruch nehmen und zieht sie eine Ethikerin heran, wird diese damit aktiver Bestandteil eines Veränderungsprozesses in dieser Unternehmung. Sie wird also Teil dessen, was sie zu reflektieren hat und kann je länger desto weniger als neutral bezeichnet werden. Wer also Neutralität konkret zu Hilfe holt für praktische Entscheidungen, vernichtet damit Neutralität.

Diese Überlegungen werden von den Einsichten zur Funktionalisierung bzw. Instrumentalisierung der Ethik aus allen drei Explorationen gestützt, ausserdem von den Ergebnissen aus den Interviews in der Unterkategorie der Idiolokalität und der systemischen Konzepte über die Autopoiese aus der zweiten Exploration. Dennoch ist relativierend zu bemerken, dass die

---

[1] Wils (2006, 190) möchte eine «Ethik, die sich als anwendungfeindlich erweist», nicht als Ethik gelten lassen. Diese Aussage ist zumindest notwendig angesichts überbordender «Abstraktionsgrade» (a.a.O.). Umgekehrt wäre die anwendungsdistante Ethik, auch die radikal distante, sehr klärend, hilfreich und also unbedingt Glied der ethischen Diszplin, würde sich dieses Distanz nicht in einer Erhebung über die Praxis äussern.

Zweckfreiheit als Bedingung von Wissenschaftlichkeit auch aus wissenschaftsinhärenten Gründen nicht (mehr) absolut gesehen wird. Das Konzept der reinen Wissenschaft mit ihrer neutralen Objektivität ist aus guten Gründen relativiert worden. Neutralität bzw. Objektivität ist vom absoluten zum regulativen Ziel geworden, welches ergänzt wurde um die Forderung nach einer *Reflexion des erkenntnisleitenden Interesses* und anderer «versteckter Wertungen» (Maring 2002, 151). Diese Selbstreflexion der wissenschaftliche Reflexion betreibenden Person begrenzt die Problematik der – wie erkannt wurde – letztlich unvermeidlichen und möglicherweise unter bestimmten Bedingungen sogar für den Erkenntnisgewinn förderlichen Involvierung der Reflektierenden in das Reflektierte. Dies gilt auch für das Verhältnis von (Sozial-) Ethik und Ethiktransfer: Aus der Tatsache, dass Involvierung in der Forschung unvermeidlich ist und dass in der Selbstreflexion ein Mittel zu einer gewissen Kontrolle der entstehenden Problematiken gegeben ist, folgt, dass nicht jede Involvierung sozialethischer Reflexion in den Prozess der Gestaltung von Gesellschaft die Wissenschaftlichkeit der Ethik in Frage stellen muss. Dennoch: Über die unvermeidliche Involvierung hinauszugehen – und das tut Ethiktransfer – ist ein Risiko, das Wissenschaft nur mit guten Gründen eingehen darf.

Ist aber die Entscheidung, keine ethische Beratung einzuholen, für eine Institution, welche ethisch sensible Entscheidungen treffen muss, besser? Analog lässt sich die Frage auch an die Ethik stellen: Ist hier das Nicht-Eingehen der Risiken des Ethiktransfers wirklich das kleinere Risiko? Diese Rückfragen an den Einwand legen es nahe, die optimale Lösung nicht in einer völligen Ablehnung, aber auch nicht in einer generellen Befürwortung von Ethiktransfer zu sehen.

> Daraus ergibt sich zweierlei[1]: Erstens soll Ethiktransfer als Aktivität klar von der Reflexion normativer Grundlagen als der eigentlichen Arbeit der Ethik unterschieden werden. Es handelt sich um zwei verschiedene Tätigkeiten, die allerdings so organisiert werden können – und sollen –, dass sie einander befruchten. Es ist zweitens nach Kriterien dieser Organisation zu suchen, durch deren Einhaltung sowohl die Unterscheidung der beiden Tätigkeiten als auch die optimale gegenseitige Befruchtung befördert werden kann. In der hier vorgeschlagenen Theorie wird der erste Punkt dadurch realisiert, dass die Austauschprozesse als der Ort der Praktizierung von Ethiktransfer definiert und damit vom Ort der eigenen wissenschaftlichen Reflexion normativer Aussagen unterschieden werden. Die Suche nach den als zweiten Punkt genannten 4Kriterien wird weiter unten im Rahmen der Zusammenstellung von Qualitätskriterien wieder aufgenommen.

Definiert man Ethik im dargestellten Sinn als «Reflexionstheorie der Moral»[2], so kommt man nicht umhin festzustellen, dass Reflexion dieser Art – sowohl prinzipielle als auch solche angesichts konkreter Entscheidungen – kein Proprium universitärer Ethik darstellen. Fasst man

---

[1] Ein dritter Schluss kann daraus gezogen werden: Eine Person oder Institution, welche sich primär auf Ethiktransfer, also auf Handeln in der Praxis, konzentrieren würde, würde den Boden der Neutralität so sehr verlassen haben, dass sie schwerlich noch das Handwerk der Ethik betreiben könnte. Ethiktransfer kann logischerweise immer nur eine Mittätigkeit einer Ethikerin bzw. eines Ethikers oder einer Ethik-Institution sein.

[2] Düwell/Hübental/Werner (2002, 3) definieren dem allgemein vorausgesetzten Konsens entsprechend «Ethik als Reflexion auf Moral». Diesem Konsens folgt auch Luhmann (1993a, 371).

den Begriff «wertebezogener Reflexionen» genügend weit, lassen sich viele alltäglich Denkprozesse darunter subsumieren. Damit ist der universitäre ethische Diskurs wertebezogener Reflexionen, also die Arbeit der «scientific community», von alltäglichen Gesprächen etwa über Prioritätensetzungen und andere wertebezogene Entscheidungen nicht prinzipiell, sondern graduell zu unterscheiden (Düwell/Hübenthal/Werner 2002, 3):

> «Moralische Alltagsdiskurse sind insofern nicht strukturell, sondern nur graduell verschieden von denjenigen *ethischen* Diskursen, die in moralphilosophischen Seminaren und Fachzeitschriften geführt werden. Es gibt also fliessende Grenzen zwischen moralischer Alltagskommunikation und ethischem Argumentieren, wobei Letzteres sich nur durch strengere Argumentationsstandards von Ersterem unterscheidet sowie durch den Versuch, die im moralischen Alltagsdiskurs stillschweigend vorausgesetzten lebensweltlichen Alltagsgewissheiten zu rekonstruieren und explizit zu machen. In dieser Hinsicht kommt die Ethik freilich mit anderen Geistes- und Kulturwissenschaften überein.»

> Als systematischer Ausgangspunkt von Ethiktransfer wird diese «Ethik im engeren Sinne», die Arbeit der «scientific community» der Ethik (philosophischer und bzw. oder theologische Provenienz) definiert. Sie unterscheidet sich von der «Ethik im weiteren Sinne» nicht prinzipiell, sondern graduell durch den Anspruch an Wissenschaftlichkeit in ihren verschiedenen Aspekten wie Methodenreflexion und -transparenz, Bezugnahme auf den aktuellen Stand der Forschung, argumentatives und sich um Objektivität bemühendes bzw. die Subjektivität reflektierendes Vorgehen.
> Die Ethik im weiteren Sinn, welche sich im Handlungsfeld findet, ist als eine für Ethiktransfer wichtige Grösse zu beachten[1] und durchaus nicht geringer zu schätzen als die Ethik im engeren Sinn.

Wenn also die *wissenschaftliche Ethik als systematischer Ausgangspunkt des Ethiktransfers* definiert wird, so ist das nicht in einem hierarchischen Sinn zu verstehen. Ebenso wenig ist es so zu verstehen, dass die Initiative für den Ethiktransfer von ihr ausgehen muss. Systematischer Ausgangspunkt ist die wissenschaftliche Ethik insofern, als dass der Prozess insgesamt angestrengt wird, um einen Informationsfluss und eine Wirkung von der wissenschaftlichen Ethik her in das bzw. im Handlungsfeld zu installieren. Von diesem Ziel wird ausgegangen, auch wenn, wie mehrfach festgestellt wurde und unten bei den Austauschprozessen weiter ausgeführt wird, Einigkeit darüber besteht, dass gerade dafür ein Informationsfluss in beide Richtungen notwendig ist.

Die wissenschaftliche Ethik ist gewohnt, sich über ihre Inhalte zu definieren: als Disziplin, die sich mit der Reflexion von Normen befasst und dabei bestimmte «Argumentationsstandards» einhält. Diese Standards beziehen sich auf den spezifisch ethischen, wissenschaftlichen Diskurs. Die Bezugnahme auf die in dieser «community» anerkannten Methoden und den darin erreichten Stand der Diskussion sowie die auf diese «community» wieder ausgerichtete und als Beitrag für sie gedachte Publikation gewonnener Einsichten ist geradezu *das* Kriterium dieser

---

[1] Vgl. unten die Kriterien zum Anschluss an das Handlungsfeld.

Standards. Damit wird deutlich, dass die wissenschaftliche Ethik sich nicht nur durch Gegenstand und Methode, sondern auch als soziale Grösse verstehen lässt. Dies kommt dem Faktum entgegen, dass eine rein sachlich-methodische Bestimmung wissenschaftlicher Ethik als Grundlage, um Ethiktransfer als vorfindlichen Prozess theoretisch fassen zu können, nicht ausreichen würde. Definiert man Ethiktransfer als faktischen, d.h. sozial-strukturellen Austauschprozess, muss man die wissenschaftliche Ethik auch als konkrete soziale Grösse begreifen, damit man ihre Beteiligung an solchen Austauschprozessen beschreiben kann.

> Die für eine Theorie des Ethiktransfer wesentliche, nun gleich folgende Beschreibung der wissenschaftlichen Ethik als *sozialer* Grösse präziert ausserdem ihre Unterscheidung von alltäglichen Reflexionen des Werte- und Normenbezugs und komplettiert damit die Unterscheidung der Ethik im engeren von derjenigen im weiteren Sinne.

Man kann diese Frage nach der wissenschaftlichen Ethik als einer sozialen Grösse konkretisieren, indem man sich überlegt, wohin sich eine Person oder eine Organisation, die von der wissenschaftlichen Ethik profitieren, d.h. Wissen aus der wissenschaftlichen Ethik in seine bzw. ihre Entscheidungen einbeziehen möchte, konkret wenden kann. Oder man kann sich dazu vorab die Frage stellen: Wie kann sich diese Person bzw. Organisation die «wissenschaftliche Ethik» vorstellen? Oder wieder anders gefragt: Wie würde sich die wissenschaftliche Ethik selbst dieser Person oder Organisation gegenüber *als Ansprechpartnerin* definieren können?

3.1.2 Wissenschaftssoziologische Verortung der Disziplin der Ethik

Um die wissenschaftliche Ethik als systematischen Ausgangspunkt zu verstehen, ist es sinnvoll, kurz einen Blick auf das sie umgebende Wissenschaftssystem insgesamt zu werfen (s.u. «Wissenschaft als Teil der Gesellschaft»). Die Ethik als interfakultärer Teil dieses Systems hat nun einige Besonderheiten, die für Ethiktransfer relevant sind (s.u. «Ethik als Teil der Wissenschaft»). Die damit angelegte Vielfalt bildet sich auch in der Organisation von Kommunikation und Forschung und in der Ausgestaltung teilweise widersprüchlicher Anreizmechanismen ab (s.u. «Kommunikation und Anreizmechanismen in der wissenschaftlichen Ethik»).

Wissenschaft als Teil der Gesellschaft

In der Wissenschaftssoziologie scheint sich als Konsens zu bewähren, dass *Wissenschaft als eine Kommunikationsgemeinschaft mit einem gemeinsamen Thema und bestimmten Regeln zu verstehen* ist. Dieser Konsens hat auch dann noch Bestand, wenn man die Perspektiven der Wissenssoziologie und der Erkenntnistheorie, welche sich mit der Wissenschaftssoziologie nur teilweise überschneiden, hinzunimmt (Weingart 2003, 32):

> «Das Wissenschaftssystem ist ein Kommunikationssystem, in dem die Ergebnisse der Forschung zwischen den Mitgliedern der jeweiligen *scientific communities* kommuniziert und der kollegialen Kritik unterworfen werden.»

Weingart referiert eine Vielzahl von Thesen und Ergebnissen wissenschaftssoziologischer Forschung, die für alle Disziplinen, damit auch für die Ethik, relevant sind. Genannt seien:

- die Feststellung, dass «wissenschaftliches Wissen in der gleichen Weise den Status fraglos akzeptierter Fakten einnimmt, wie einst traditionales oder religiöses Wissen» (a.a.O., 9);
- die Thematik des wissenschaftlichen Ethos, welches nach Merton mit den Stichworten Universalismus, Kommunismus, Uneigennützigkeit und organisierter Skeptizismus bestimmt (a.a.O., 17) werden kann;
- die prinzipielle Egalitarität des wissenschaftlichen Diskurses, die allerdings verschiedenen Störungen unterworfen ist (a.a.O., 22–30) und in der Regel einen universitären Grad als Eintrittsbedingung voraussetzt (a.a.O., 33);
- Autonomie als Stichwort: Die Wissenschaft «entscheidet letztlich selbst darüber, welche Fragen es wert sind, durch Forschung beantwortet zu werden» (a.a.O., 33), obwohl es durchaus eine Reihe wirksamer «äusserer» Einflüsse auf Themenwahl und sogar auf Forschungsresultate gibt, wie man sich denken kann (a.a.O., 45–66);
- die Beobachtung, dass das Wissen sich nicht mehr oder weniger linear entwickelt, sondern im Besonderen durch Sprünge, die nach Kuhn (1973) als «Paradigmenwechsel» bezeichnet werden können;
- das Stichwort Wachstum: Die Erfassung der Anzahl der wissenschaftlichen Publikationen bzw. der Anzahl der Wissenschafter zeigt, «dass sich das moderne Wissenschaftssystem seit seinen Anfängen im 17. Jahrhundert etwa alle 15 Jahre verdoppelt» (a.a.O., 35). Inzwischen «ist die Zahl der wissenschaftlichen Journale auf die nur noch ungefähr geschätzte Grössenordnung von 40'000 bis 100'000 angewachsen» (a.a.O., 36);
- das Stichwort Spezialisierung: Die Angaben zum Wachstum machen evident, dass auch die Wissenschaftlerin bzw. der Wissenschaftler in Bezug auf beinahe alles wissenschaftliche Wissen Laie ist. Selektive Aufmerksamkeit und die Bildung von Disziplinen werden wichtig. Mit der Spezialisierung geht eine Zunahme der Distanz zur Alltagserfahrung einher, weil das Vorgefundene sich nicht an die Grenzen der Disziplinen halten kann, also selbst quasi «interdisziplinärer» Art ist;
- Korrektiv dazu: In jüngerer Zeit nimmt die Interdisziplinarität an Bedeutung zu und es werden verstärkt Annäherungen der Wissenschaft an Politik, Wissenschaft und Medien gefordert (a.a.O., 81–125). Dies bringt u.a. neue Ansprüche an Transparenz, Verständlichkeit und Nützlichkeit der Wissenschaft – die u.a. letztlich durch diese Gesellschaft finanziert ist – mit sich (a.a.O., 136–141).

Die Ethik ist als Disziplin von den beiden letztgenannten Entwicklungen stark betroffen. Sie hat einerseits eine starke Spezialisierung in Subthemen erfahren (dazu gehört auch die Ausbildung einer Strukturenethik als Teilthematik der Ethik) und trotz ihrer «Mehrfachverwurzelung» in unterschiedlichen Fakultäten ein klares Profil als Fach entwickelt. Andererseits verstärkt sie zugleich im Rahmen des «turn to applied ethics» seit einiger Zeit ihre Interdisziplinarität und ihre Praxisorientierung.

In diesem Sinn zeigen sich Spezialisierung, die in der Regel mit einer Erhöhung der Distanz zu Alltag und Praxis verbunden ist, und stärkere Zuwendung zur Praxis in der Ethik in derselben Art, wie das für die Wissenschaft insgesamt festgestellt wird. Dies deckt sich mit den Ergebnissen der Expertinnen- und Experteninterviews in der Subkategorie «positive und negative Transferanreize». Daraus folgt weiter, dass im Interesse qualitativ guten Ethiktransfers eine zugleich aktive Nutzung von Transferanreizen in der Wissenschaft und ein dezidiert kritischer Umgang damit gefordert ist.[1]

Ethik als Teil der Wissenschaft

«Aristoteles war der erste, der Ethik als eine eigenständige philosophische Disziplin behandelt [...] hat» (Pieper 2000, 24). Seither hat sie ihren Platz als Teil der praktischen Philosophie. Sie hat ihren Gegenstand über den Verlauf dieser langen Zeit seit dem 4. Jahrhundert v. Chr. weitgehend konstant gehalten im Sinne der Reflexion des «guten Handelns», der «Werte» und «Normen».

Obwohl natürlich ethische Fragen im Christentum immer eine grosse Rolle spielten, ist die Entstehung «einer theologischen Ethik im Sinne systematischer Reflexion auf moralische Praxis» wesentlich «der Aristoteles-Rezeption im 13. Jahrhundert» (Mandry 2002, 505) zu verdanken. Sie ist «institutionell mit der mittelalterlichen Universität verbunden» (a.a.O.). Die Ethik wird zu einem integralen Teil der christlichen Theologie verarbeitet und «wird erst dann wieder zum Teil einer allein auf den Menschen reflektierenden Philosophie, als durch F. Bacon, R. Descartes, Th. Hobbes u.a. Philosophie sich von ihrer Verschränkung mit der Theologie löst» (Höffe 1992a, 88). Seither bestehen in der Wissensordnung der Universität nun zwei Beheimatungen der Disziplin der Ethik nebeneinander: die Philosophie und die Theologie.

Wegen der Reformation wurde die zweite Beheimatung noch einmal geteilt. Während in der katholischen Theologie weitgehend Konsens darüber besteht, dass Ethik materialiter mit der philosphischen Ethik übereinstimmt und die Rezeption philosophischer Ethik entsprechend stark ist, wird in der evangelischen Theologie die Ethik auch inhaltlich oft stark an die Dogmatik gebunden. Die Konzentration der reformatorischen Theologie auf das individuelle Heil[2] bildet sich in einer Konzentration auf die Individualethik ab, während Themen gesellschaftlicher Natur bisher eher in Nebenströmungen (z.B. im «religiösen Sozialismus» und seinen Ausläufern) zu finden sind.

Ethik ist aus diesen historischen Gründen keine Disziplin, die einer Fakultät oder Studienrichtung alleine zugeordnet werden könnte. Ethik wird in relativer Unabhängigkeit voneinander an philosophischen, an evangelisch-theologischen und an katholisch-theologischen Fakultäten betrieben.[3]

Wie verschiedene andere Disziplinen wird der ethische Diskurs seit einiger Zeit von der feministischen Forschung belebt, innerhalb derer sich eine kleine «Abteilung» feministischer Ethik herausbildet[4]. Ihrer Vertreterinnen (und Vertreter) sind in allen drei genannten Fakultäten zu finden, bilden aber neben dieser Einbindung wiederum eine eigene, relativ abgegrenzte Kommunikationsgemeinschaft. Man kann in diesem Prozess den Anfang einer vierten Verwurzelung der Disziplin der Ethik sehen und darin eine logische Konsequenz der genuinen Affinität der feministischen Forschung beispielsweise zu Gerechtigkeitsfragen bzw. generell zu Normativitäten sehen.

---

[1] Vgl. unten das Kriterium «QAEDanreiz».
[2] Vgl. oben Seite 168 und folgende unter «6 Ethik, Machbarkeit und Pelagianismus – eine Randbemerkung».
[3] Zu erwähnen ist ausserdem, dass ethische Professuren auch an ökonomischen, juristischen und anderen Fakultäten eingerichtet werden.
[4] Vgl. Pieper 1993; Degen 1994; Kramer 1994 und beispielsweise die «Projektgruppe Ethik im Feminismus» (Kontakt: www.gutesleben.org), welche vor allem mit verschiedenen Tagungen und Publikationen präsent ist.

Trotz der zunehmenden interdisziplinären Vernetzung und trotz der Tatsache, dass die Ethik wegen ihrer universitären Mehrfach-Beheimatung schon dann interdisziplinär kommuniziert, wenn sie unter sich kommuniziert, ist von einer «Autonomie der Ethik» (Pieper 2000, 92) zu reden, die sich aus der Thematik ergibt: Der gemeinsame Gegenstand führt dazu, dass die Kommunikation prinzipiell über die Grenzen des philosophischen bzw. theologischen Kontextes hinaus ausgelegt wird. Dies verstärkt sich, je mehr das Gewicht auf Sachfragen liegt – handle es sich um allgemeine (z.b. metaethische) oder konkrete Fragestellungen (z.B. Fragen der angewandten Ethik) – und je weniger die eigene Tradition zu einem Thema von proprietärer Bedeutung gemacht wird. Zu solchen Sachfragen werden Forschungsgruppen öfter über Fakultätsgrenzen hinaus zusammengesetzt, da das ethische Fachwissen in Bezug auf den Gegenstand wichtiger ist als eine gemeinsame Fakultätstradition.

3.1.3 Kommunikation und Anreizmechanismen in der wissenschaftlichen Ethik

Die wissenschaftliche Ethik ist somit
a) Teil des Kommunikationssystems «Wissenschaft» (mit seiner oben umrissenen, besonderen Funktionsweise),
b) darin als Disziplin abgegrenzt durch ihren Gegenstand (Reflexion des Normativen im Unterschied zum Deskriptiven) und
c) «mehrfach verwurzelt» in dem Sinn, dass sie in drei verschiedenen Fakultäten je unabhängig und doch teilweise in gemeinsamer Kommunikation betrieben wird.

Der Prozess der Generierung von Wissen verläuft auch in der Disziplin der Ethik auf zwei Ebenen: einerseits des «Labors»[1] und andererseits der «Kommunikation» in der scientific community. Beide Ebenen bedingen einander: Die Teilnahme an der Kommunikation ist die Voraussetzung dafür, überhaupt anschlussfähige Forschungsfragen stellen zu können. Ergebnisse aus den «Labors» sind Voraussetzung dafür, dass stets neues Diskussionsmaterial zur Fortsetzung der Kommunikation zur Verfügung steht.

Für die Kommunikation in der Disziplin der Ethik sind die Monographien, vielleicht stärker noch die Reihen und Periodika von hauptsächlicher Bedeutung.[2]

---

[1] Zum Labor vgl. Weingart 2003, 67–71. Die Bezeichnung mag andere Assoziationen als ein Arbeitspult als das typische Arbeitsgerät ethischer Forschung wecken und auch mit seiner Bedeutung als lateinisches Wort nicht in jeder Hinsicht als passend erscheinen. Cum grano salis trifft der Begriff die Sache dennoch recht gut.

[2] Die «Forschungsstelle für Ethik und Wissenschaft im Dialog» (www.univie.ac.at/ethik) am Philosophischen Institut der Universität Wien (www.univie.ac.at/ethik/) zählt aktuell (Entnahmedatum 12.9.2005) die folgenden deutschsprachigen Zeitschriften auf:
- ALTEX (www.altex.ch/index.htm): Ein Periodikum für neue Wege in den biomedizinischen Wissenschaften (die jeweils vierte Quartalsausgabe widmet sich schwerpunktmässig ethischen Fragen)
- Arbeitsblätter (Website im Aufbau): Gesellschaft zur Förderung der ethischen Forschung-Zürich
- Archiv für Rechts- und Sozialphilosophie (ARSP) (www.steiner-verlag.de/ARSP/): die bedeutendste deutsche Zeitschrift für Rechtsphilosophie
- ETHICA (http://info.uibk.ac.at/c/cb/cb26/07zeit.html): die erste interdisziplinäre Zeitschrift für Verantwortung in Wissenschaft, Forschung, Lehre und Verhalten im deutschen Sprachraum
- Ethik in der Medizin (http://link.springer.de/link/service/journals/00481/index.htm) die wichtigste deutschsprachige Medizinethikzeitschrift
- Ethik und Sozialwissenschaften (http://iug.uni-paderborn.de/eus/): Streitforum für Erwägungskultur
- Internationale Zeitschrift für Geschichte und Ethik der Naturwissenschaften, Technik und Medizin/International Journal of History and Ethics of Natural Sciences, Technology and Medicine (http://www.birkhauser.ch/journals/4800/4800_tit.htm)
- Jahrbuch für Recht und Ethik (http://www.rrze.uni-erlangen.de/JRE/): Annual Review of Law and Ethics

Weitere Medien der Kommunikation sind Tagungen unterschiedlicher Art, die den Austausch von noch nicht publikationsreifem Wissen erlauben und so die Wissensproduktion in besonderem Mass beschleunigen können. Sie dienen aber auch der «peer review» als dem entscheidenden Kontrollmechanismus in der Wissenschaft (Weingart 2003, 25).

Von zunehmender Bedeutung sind internetbasierte Formen der Kommunikation. Diese werden an Institute, Publikationen, Tagungen o. ä. angebunden, können aber auch, wie z.B. die als «ethics resource center» konzipierte Site www.ethics.org oder die Übersicht über universitär-ethische Institute unter www.ethiknet.de, eigenständige Plattformen des ethischen Diskurses sein.

Bei allen diesen Kommunikationsmedien, wie schon bei den Periodika, ist in der Mehrzahl der Fälle eine eindeutige Zuweisung zu einer der drei bzw. vier Verwurzelungen der Ethik möglich. Andererseits gibt es eine Reihe von Kommunikationsmedien, bei denen eine solche Zuordnung nicht im Zentrum steht. Ausserdem erscheinen auch in eindeutig zuzuordnenden Medien oft, wenn auch nicht immer, «fakultätsfremde» Autorinnen und Autoren.

Auch Verbände und andere übergreifende Organisationen dienen dem Austausch, aber auch der gemeinsamen Interessenvertretung.[1] Sie ermöglichen gemeinsame Verlautbarungen zu aktuellen ethischen Fragen, die Lancierung bestimmter Themen sowie den Anstoss von Forschungsprojekten. Zu ihren Aufgaben gehört nicht selten auch die konkrete Annäherung an die Praxis.[2]

«Labors» im wissenschaftssoziologischen Sinne sind primär die ethischen Professuren und Institute an Universitäten. Sie bilden den primären Ort der Produktion von Wissen, über dessen Gültigkeit und Bedeutung der wissenschaftliche Diskurs im Rahmen der genannten Medien und Strukturen entscheidet. Sie sind in aller Regel Teil der philosophischen, der katholisch-theologischen oder der evangelisch-theologischen Fakultät[3], doch sind auch ethische Institute, die auf eine Bereichsethik spezialisiert und an der dem Handlungsfeld entsprechenden Fa-

---

- Jahrbuch für Wissenschaft und Ethik (http://www.uni-bonn.de/iwe/f_jahrbu.htm): Institut für Wissenschaft und Ethik, Universität Bonn
- Natur und Kultur (http://www.univie.ac.at/ethik/natur/): transdisziplinäre Zeitschrift für ökologische Nachhaltigkeit von der Gesellschaft für ökologisch-nachhaltige Entwicklung
- Zeitschrift für Evangelische Ethik (http://www.zee.de/)
- Zeitschrift für Medizinische Ethik (http://www.schwabenverlag.de/4zeitsch/f4d_zme.htm): vormals "Arzt und Christ"
- Zeitschrift für Wirtschafts- und Unternehmensethik (http://www.zfwu.de/)

Zu ergänzen wären verschiedene andere, wie etwa das Jahrbuch für Christliche Sozialwissenschaften (http://www.uni-muenster.de/ChristSozialwiss/jahrbuch.html). Die Liste des Philosophischen Instituts der Universität Wien gibt in ihrer Auswahl dennoch einen guten Einblick in die Vielfalt der Periodika zur Ethik.

[1] Exemplarisch können für den deutschsprachigen Raum Organisationen aufgezählt werden wie der Fachverband ETHIK e.V. (www.fv-ethik.de), der den allgemeinen Zweck hat, die ethische Bildung in der Bundesrepublik zu fördern, die internationale Vereinigung deutschsprachiger Moraltheologen und Sozialethiker (www.wsk-aachen.de/archiv/moraltheologen-99.html), die Internationale Vereinigung für Moraltheologie und Sozialethik (Kontakt: Katholische Fachhochschule Berlin) oder die europäische Organisation Societas Ethica (www.societasethica.org).

[2] Das gilt z.B. für das European Business Ethics Network (EBEN) (www.eben.org), das laut Selbstbeschreibung «the only international network dedicated wholly to the promotion of business ethics in European private industry, public sector, voluntary organizations and academia» ist, für das Deutsche Netzwerk Wirtschaftsethik (DNWE) (http://www.dnwe.de), das den offenen Diskurs und die konkrete Umsetzung ins Zentrum stellt oder für das Netzwerk für sozial verantwortliche Wirtschaft (NSW/RSE) (www.nsw-rse.ch), eine Vereinigung von Bürgerinnen und Bürgern, Unternehmen und gemeinnützigen Organisationen.

[3] Eine umfangreiche Zusammenstellung der universitär-theologischen ethischen Institute (und der kirchlichen Institutionen zur Ethik, total 66 Institute, Schwerpunkt katholische Theologie, Deutschland) für den deutschsprachigen Raum findet sich unter www.helmut-zenz.de/links51.htm.

kultät angesiedelt sind (bisher vor allem in der Ökonomie, dem Recht und in der Medizin), von nicht zu unterschätzender Bedeutung.
Weiter gibt es (wenige) Institutionen, welche Ethik betreiben und nicht den Universitäten angegliedert, sondern entweder an die katholische oder an die evangelische Kirche angebunden sind. Typisch dafür sind in der Schweiz das Institut für Sozialethik des Schweizerischen Evangelischen Kirchenbundes und, in etwas anderer Form, die Schweizerische Nationalkommission «justitia et pax» der Schweizer Bischofskonferenz. Ausserdem werden zunehmend Versuche mit (kleinen) «Ethikunternehmen» unternommen. Sie können, wie «civis» (www.i-we.unisg.ch/org/iwe/web.nsf) in St. Gallen, eng an eine Universität angebunden oder aber weitgehend unabhängig sein, wie beispielsweise die «ethik im diskurs GmbH» in Zürich oder das seit etwa 10 Jahren aktive, unabhängige «Institut Dialog Ethik», ebenfalls Zürich. Ethikunternehmen betätigen sich jedoch mehrheitlich eher im Ethiktransfer als in der Ethikforschung.
Schliesslich sind auch die ganz oder teilweise freischaffenden Ethikerinnen und Ethiker als quasi Ein-Personen-«Labors» zu erwähnen. Im Zentrum der Tätigkeit stehen je nach Schwerpunktsetzung eigene Forschungsprojekte, Verfassen von Gutachten, Bildungsarbeit, Publikationstätigkeit und weitere Projektarbeiten. Diese Existenzform scheint gegenwärtig sich vom Post-Doc-Zustand in eine mögliche definitive Berufstätigkeit zu wandeln.[1]
Welches sind nun die Anreizmechanismen, die das Zusammenspiel von «Labors» und Kommunikationsstrukturen in dieser drei- bzw. vierfach verwurzelten Disziplin der Ethik regulieren und damit auch eine Rahmenbedingung für Ethiktransfer bilden?
Der Transferanreiz bzw. -druck kommt prinzipiell von aussen an die Universitäten. Darin stimmen Expertinnen- und Experteninterviews mit den zitierten wissenschaftssoziologischen Untersuchungen überein. Jared Diamond von der University of California in Los Angeles illustriert dies in einem Interview[2] mit einer persönlichen Stellungnahme:

> «Es ist kein Zufall, dass wir Kommunikatoren – Leute wie Daniel Dennett, Richard Dawkins und ich – erst dann für ein breites Publikum zu schreiben begannen, als unsere wissenschaftliche Karriere etabliert war.»

Transfer entspricht nicht der eigenen Logik der Wissenschaft, sondern der Spezialisierung. Dennoch gibt es punktuell ein Eigeninteresse an Transfer, beispielsweise, weil man sich Impulse erhofft, weiter weil es für ausgewählte Themen (z.B. Medizinethik) in bestimmten Teil-Communities (z.B. theologische Ethik) als legitim gilt – oder einfach aus persönlichem Engagement. Der Druck von aussen stützt zwar Ethiktransferaktivitäten prinzipiell, bringt sie jedoch bereits von Anbeginn an in eine Funktionalisierungs- bzw. Instrumentalisierungssituation, nur in eine andere, als bisher angesprochen: Ethiktransfer wird dann nicht vom Handlungsfeld, sondern von Universitäten zu bestimmten Zwecken eingesetzt. Sieht man das, so kann man damit auch transparent und konstruktiv umgehen, wenn ein solcher Umgang von der Transferanreiz ausübenden Seite prinzipiell respektiert wird.[3]

---

[1] Ob Förderinstitutionen wie etwa der Schweizerische Nationalfonds eher eine politische oder eine wissenschaftliche Organisation sind, ist schwer zu entscheiden. Sie scheinen durch die Mittlerfunktion zwischen diesen Bereichen definiert zu sein und sind somit gerade nicht und eben doch Teil der scientific community.
[2] Interview von Kathrin Meier-Rust, in Die Weltwoche, Nr. 53, 31. Dezember 1998, Seite 67.
[3] Vgl. unten Seite 326 das Kriterium QBÖAakt.

Die in den Expertinnen- und Experteninterviews mehrfach angesprochene Spaltung in wirtschafts- bzw. wissenschaftsnahe und wissenschaftskritische Ethikerinnen könnte vom Problem dieser widersprüchlichen Anreize überlagert sein. Angenommen, der wissenschaftliche, ethische Diskurs neige aus sich selbst eher zur Spezialisierung als zum Transfer, so wäre das der tatsächliche Grund, dass transferaktive Ethikerinnen und Ethiker tendenziell aus der scientific community an den Rand gedrängt werden. Ihnen im Rahmen dieser Dynamik mangelnde «Distanz» (gemeint ist damit übermässige Forschungs- und Technikfreundlichkeit) nachzusagen, wäre nur vordergründig eine Kritik an drohender Instrumentalisierung von Ethik, im Grunde aber ein Versuch, transferaktive Ethikerinnen und Ethiker wieder in das Prinzip «Spezialisierung, nicht Transfer» zu zwingen.

Da aber in der vordergründig geäusserten Kritik, das Prinzip «Spezialisierung, nicht Transfer» gerade nicht angesprochen wird, sondern tabu bleibt, reagieren die Betroffenen auf die Kritik an drohender Instrumentalisierung mit der Gegenkritik, die scientific community sei praxisfern. Zugleich werden sie unterschwellig wahrnehmen, dass der Konflikt auf einem Nebenschauplatz ausgetragen wird. Weiter angenommen, diese Hypothesen würden stimmen, dann wäre damit zu rechnen, dass transferaktive Ethikerinnen und Ethiker, da sie ihre «Beheimatung» in der scientific community verlieren, diese im Handlungsfeld suchen und nun endgültig tendenziell wirtschafts- bzw. wissenschaftsfreundlich werden. Dies würde auch die Aussage eines Experten erklären, dass die transferaktiven Ethikerinnen und Ethiker «doch noch mal sozusagen eine eigene community» (siehe oben) bilden. Doch so sehr solche Überlegungen nahe liegen und plausibel sind (gerade angesichts der Expertinnen- und Experteninterviews), sie bleiben ungesichert. Es wäre ein soziologisch-psychologisch-ethisches Forschungsdesiderat, diese Dynamiken zu untersuchen.

Unabhängig von der Frage, wie man sich zu solchen Hypothesen verhalten möchte, wird deutlich, wie relevant es ist, die Anreizwirkungen in der Disziplin der Ethik für das Verständnis von Ethiktransfer heranzuziehen und zu beobachten. Denn an der damit angesprochenen Problematik bestätigt sich exakt das Problem der Systemgrenzen, welches oben in der zweiten Exploration im Rahmen der Thematik der strukturellen Kopplung ausführlich behandelt wurde. *Ein System bleibt primär seinem eigenen Prinzip verpflichtet, und Ethiktransfer gehört nicht zum primären Prinzip der wissenschaftlichen Ethik, so wie generell Transfer nicht zum Prinzip der Wissenschaft gehört.*

Das bedeutet jedoch nicht, dass Ethiktransfer dem Prinzip der Wissenschaft, d.h. der Reflexion und dem Wissenszuwachs, nicht dienlich sein könnte. Doch offensichtlich ergibt sich Ethiktransfer im Allgemeinen gerade nicht von selbst, sondern bedarf der gezielten Anstrengung, offensichtlich nicht selten auch gegen herrschende Anreizmechanismen. Die verschiedenen existierenden, Ethiktransfer leistenden Organisationen zeigen, dass dies durchaus möglich ist und für alle Beteiligten ein Gewinn sein kann.

3.1.4 Azentrik und pars-pro-toto-Transferanschluss

Die Disziplin der Ethik ist ausgesprochen azentral organisiert, durch die Verteilung auf drei Fakultäten noch azentraler als andere Disziplinen. Wie alle scientific communities bildet die Ethik ein relativ engmaschiges Netz mit vielen Kommunikationen, die aber gerade nicht auf ein Zentrum hin organisiert sind. Es gibt kein dominantes Einzelmedium und kein dominantes «Labor». Nicht nur die Medien im engeren Sinn und die universitären Institute, sondern auch die Verbände sind zumeist thematisch spezialisiert oder zumindest auf eine bestimmte Verwurzelung der Ethik fokussiert, so dass keine dieser Institutionen alleine repräsentativ für die wissenschaftliche Ethik sein könnte.

> Die Disziplin der Ethik ist keine Organisation, sondern ein thematisch abgegrenzter Teil des Funktionssystems «Wissenschaft».
> Wie jedes Funktionssystem hat «die wissenschaftliche Ethik» als Teil eines solchen keine Adresse. Sie kann ebenso wenig wie jedes Funktionssystem «als solche», d.h. «als ganze» handeln. Denn «handeln» können nur Individuen und Organisationen, nicht aber Funktionssysteme.[1] Lässt sich aber das Fach der «Ethik im engeren Sinn», der institutionalisierte, wissenschaftliche-ethische Diskurs als *soziale Grösse* überhaupt konkret fassen – von aussen für an ethischem Fachwissen Interessierte, von innen als Selbstdefinition der scientific community der Ethik? Für Ethiktransfer sind die beiden Fragen zentral: Wie kann man überhaupt von aussen mit der wissenschaftlichen Ethik in Kontakt treten? Und: Wie kann *die* scientific community als solche, d.h. als ganze nach aussen kommunizieren?

Diese Fragen können nur so beantwortet werden, dass man weder mit der wissenschaftlichen Ethik als Gesamtheit, als «Totum» in Kontakt treten, noch diese insgesamt nach aussen kommunizieren kann, dass man aber von aussen «in» die wissenschaftliche Ethik «hinein»-kommunizieren kann, indem man sich beispielsweise an die Adresse einer bestimmten forschenden Institutionen wendet und dass aus ihr heraus kommuniziert wird, wenn etwa allgemein zugängliche Publikationen (und andere Medien) ausserhalb der scientific community der Ethik wahrgenommen werden.

Dabei steht jede Institution und jede Publikation, insofern sie sich mannigfach auf den Diskurs insgesamt bezieht und wieder auf ihn verweist, *pars pro toto*: Wer eine bestimmte Information sucht oder einen bestimmten Impuls in den ethischen Diskurs einbringen möchte, kann prinzipiell an jeder geeignet erscheinenden Stelle mit dem Aufbau einer Kommunikation ansetzen. Man darf erwarten, von dieser Stelle entweder bereits das Gewünschte zu erhalten, oder zumindest einen Teil davon, so dass man nun unter besseren Voraussetzungen weiter suchen kann – oder dass man sinnvoll weiter verwiesen wird, bis die gewünschte inhaltliche Kommunikation am geeigneten Ort stattfinden kann. Das nun erreichte Gegenüber kommuniziert pars pro toto für die wissenschaftliche Ethik – wenn alles richtig läuft.[2] Der Prozess ist vergleichbar der Kontaktaufnahme mit der wissenschaftlichen Medizin, welche bei Bedarf an einen passenden Spezialisten weiter verweist. Diese Azentralität ist nicht nur von aussen wahrzunehmen. Sie entspricht dem wissenschaftlichen Selbstverständnis eines egalitären Diskurses und ist dessen zwingende Konsequenz.

---

[1] Vgl. dazu oben Seite 163.
[2] Der Erfolg der Sache bleibt auch bei optimalem Verlauf unsicher, weil nicht jedes wünschbare Wissen jederzeit überhaupt verfügbar ist. Anfragen nach gerade nicht vorhandenem Wissen können allerdings bewirken, dass der Mangel als Desiderat wahrgenommen und eine entsprechende Forschungsfrage eher aufgenommen wird.

Für den Ethiktransfer hat diese azentrale Struktur der ethischen Disziplin Vor- und Nachteile. Als Vorteil kann man sehen, dass pars pro toto jeder Teil des institutionalisierten, wissenschaftlichen ethischen Diskurses als Ausgangspunkt des Ethiktransfers stehen kann. Wenn also beispielsweise die dem Institut für Wirtschaftsethik der Universität St. Gallen verbundene Organisation «civis» Unternehmen aus ethischer Perspektive berät, wird damit Wissen aus der wissenschaftlichen Ethik insgesamt in ein Anwendungs- bzw. Handlungsfeld transferiert. Es braucht keinen Umweg über eine «Zentrale». Ebenso gut kann jeder andere Teil des wissenschaftlichen ethischen Diskurses Ausgangspunkt von Ethiktransfer sein.

Ein Nachteil ist eindeutig, dass die Anmeldung von Informationsbedarf von aussen schwieriger ist. Eine politische Partei beispielsweise, eine Firma oder eine andere Institution ist, wenn sie auch nur eine relativ bescheidene Information oder Beratung sucht, in aller Regel von vornherein überfordert. Würde man, um Ethiktransfer anzuregen (bzw. weniger zu behindern), für dieses Problem eine geeignete Lösung suchen, müsste diese die azentrale Struktur der Disziplin der Ethik respektieren.[1]

Ein zweiter Nachteil besteht darin, dass jeder pars zwar pro toto steht, aber nicht totum ist. Je nachdem, mit welchem pars man kommuniziert, wird «die» wissenschaftliche Ethik sich von einer anderen Seite – was eben auch heissen kann: als eine andere – zeigen. Um an dieser Stelle Willkür und Fehlkommunikationen zu begrenzen, wird eines der Kriterien im nächsten Kapitel Gewicht darauf legen, dass der Anschluss von Ethiktransferaktivitäten an den wissenschaftlichen Diskurs möglichst breit gestaltet wird: Ein Transferprojekt soll mit möglichst vielen *partes* pro toto in einem kontinuierlichen Kontakt stehen.

3.1.5 Fazit

Ausgangspunkt von Ethiktransfer kann pars pro toto jedes Element sein, das dem wissenschaftlichen ethischen Diskurs angehört: eine ethische Professur, ein ethisches Institut an einer Fakultät, ein unabhängiges Institut, das sich mit diesem Diskurs verbindet, eine Ethikerin bzw. ein Ethiker, welche bzw. welcher in die scientific community eingebunden ist.[2]

Eine Transfertätigkeit dieser «pars» der wissenschaftlichen Ethik entspricht nicht, zumindest nicht ohne weiteres, der Systemlogik des wissenschaftlichen Diskurses. Konflikte wie Synergien sind möglich.

Dass die Ethik «dreifach verwurzelt» in verschiedenen Fakultäten beheimatet, damit quasi in sich interdisziplinär ist, dass sie in ihrer Geschichte unterschiedliche Formen der Praxisverbundenheiten kennt, dass es einen «weiten Begriff» von Ethik gibt und damit einen Anschluss an alltägliche bzw. in den Handlungsfeldern bereits vorgefundene Normenreflexion «in nuce» gibt, ist für Ethiktransferanstrengungen förderlich. Die Doppelrolle transferaktiver Ethikerinnen und Ethiker, insofern sie, sobald sie in einem Handlungsfeld aktiv werden, zugleich Reflektierende und Teil des Reflektierten sind, bleibt schwierig und wird als grundsätzlicher Kritikpunkt stets bewusst bleiben müssen.

---

[1] Eine Lösung des Problems sollte also keinerlei Versuch unternehmen, selbst eine Verteil-«Zentrale» zu bilden, sondern versuchen, Interessierten in einfacher Art und Weise die Kompetenz zu vermitteln, mit dieser azentralen Struktur von aussen her effizient umzugehen.

[2] Je stärker die Verbindung ist, desto besser. Dies wird in den Kriterien zum Anschluss an diesen Diskurs ausgesagt werden.

3.2 Handlungsfelder

Die Handlungsfelder haben in der Definition von Ethiktransfer eine Doppelfunktion. Einerseits soll Wirkung auf ihre Strukturen entfaltet werden. Andererseits bilden sie den einen Pol in den Austauschprozessen, aus denen diese Wirkung hervorgeht, wie weiter unten genauer beschrieben wird.

Im Folgenden wird nun zunächst der Begriff der Strukturen für diesen Kontext präzisiert und konkretisiert (3.2.1), um anschliessend die Wirkung (3.2.2) auf diese Strukturen definieren zu können. Dann wird diese Wirkung auf Strukturen präzise unterschieden von der Wirkung auf Individuen (3.2.3), um zugleich auch die fundamentale Synergie unter ihnen, somit zwischen Ethiktransfer und Moral- bzw. Ethikpädagogik zu erläutern (3.2.4). Anschliessend werden die Handlungsfelder in ihrer Funktion als Partner in den Austauschprozessen des Ethiktransfer beschrieben (3.2.5).

3.2.1 Strukturen in Handlungsfeldern

In grosser Übereinstimmung zeigen die drei Explorationen, dass es drei Ebenen bzw. systematische Orte von Ethik gibt: Es gibt die Ebene des Individuums und diejenige der Strukturen[1], wobei sich die Ebene der Strukturen nochmals unterteilen lässt in die Ebene der Organisationen und diejenige der Funktionssysteme bzw. Rahmenordnungen[2].

Der Begriff der Strukturen lässt sich somit für den Kontext einer Theorie des Ethiktransfers präzisieren, erstens indem man diese abgrenzt gegenüber der Ebene der Individuen,[3] zweitens indem man den Begriff differenziert in organisationale und (gesamt-) gesellschaftliche Strukturen.

Die Unterteilung in diese drei Ebenen lässt sich mit unterschiedlichen soziologischen Gesellschaftstheorien nachvollziehen, wie dies auch verschiedene genannte Autorinnen und Autoren[4], die sich mit Sozialethik oder mit Wissens- bzw. Technologietransfer befassen, mehr oder weniger ausführlich tun. Typisch ist diese Unterscheidung der Ebenen bei Luhmann, welcher dafür die Begriffe Funktionssystem, Organisation und Individuum gebraucht, wobei für ihn, wie für die Thematik des Ethiktransfers, besonders die ersten beiden relevant sind.

---

[1] Vgl. oben in der ersten Exploration zur Umweltethik und in den Interviews.
[2] Vgl. oben in der ersten Exploration bei der Wirtschafts- und Unternehmensethik sowie in der zweiten Exploration zur Sozialethik als Strukturenethik, insbesondere die Bezugnahmen auf Maring und auf Schramm.
[3] Vgl. unten zur Abgrenzung zwischen Ethiktransfer und Moral- bzw. Ethikpädagogik.
[4] Vgl. unter anderen Maring, weiter Schramm und Willke a.a.O.

Luhmann nennt zumeist sechs *Funktionssysteme*: Wirtschaft, Recht, Politik, Erziehung, Religion und Wissenschaft. Diese Liste[1] ist nicht abgeschlossen gedacht, er kann auch die Kleinfamilien als «Funktionsbereich» nennen (Luhmann 1997b, 730) und erwägt dies auch für die Protestbewegungen (a.a.O., 847–865). In der Übersicht unten sind Gesundheitssystem und Öffentlichkeit als Funktionssysteme hinzugenommen, da sie zunehmend eigendynamisch an Bedeutung gewinnen und zugleich für Ethiktransfer eine wichtige Rolle spielen.[2] Die Unabhängigkeit der Funktionssysteme voneinander ist das Kennzeichen der modernen, «ausdifferenzierten» Gesellschaft.[3] Diese dementsprechend *je eigenlogisch* operierenden Systeme machen den Unterschied aus zu traditionalen Gesellschaften, welche *einer* gemeinsamen, zentralen Logik folgen.

Folgende Eigenschaften kennzeichnen Funktionssysteme: Sie können als solche nicht handeln, d.h. keine Entscheidungen treffen. Sie haben keine speziellen Mitglieder, sondern durchdringen alle Teile der Gesellschaft.[4] Sie setzen den Rahmen für Organisationen (und Interaktionen).

Organisationen hingegen haben konkrete Mitglieder (andere Organisationen und bzw. oder Personen) und können handeln (im Sinne von Entscheidungen treffen). Beispiele für Organisationen sind Firmen, Schulen, Vereine, Staaten usw.

Jede Organisation funktioniert, wie die Funktionssysteme, nach einer *Eigenlogik*. Ein System kann nicht anders funktioneren, als dadurch, dass es seine Eigenlogik aufrecht erhält. Dies wird in der Systemtheorie mit Begriffen wie Autopoiese oder Prozessieren von Codes gefasst. Luhmann geht davon aus, dass die Funktionssysteme bzw. deren Funktionsweise weitestgehend gegeben sind (wenn auch nicht gerade axiomatisch). Man kann damit die Frage, ob sie gut sind bzw. wie sie gut sein können, also die Frage, welche seitens der Ethik zu stellen ist (s.u.), nicht auf die Funktionssysteme anwenden. Strikt genommen würde Luhmanns Position daher vom (allgemeiner gerichteten) Vorwurf Mieths (2002, 503) getroffen, «die meisten Bewusstseinseinstellungen gegenüber den grossen Motoren der gesellschaftlichen Entwicklungen» seien «deskriptiv, defätistisch oder strategisch».

Eine Theorie gesellschaftlicher Strukturen muss nun, um in der ethischen Disziplin Verwendung finden zu können, mehr Gewicht auf die historische Wandelbarkeit von Funktionssystemen – entweder von Funktionssystemen als ganzen oder zumindest von ihrer konkreten inneren Organisiertheit – legen. Die Annahme einer solche Wandelbarkeit steht teilweise gegen Luhmann, ist jedoch zumindest anschlussfähig an den Begriff der Evolution[5] von Systemen in der Systemtheorie.[6]

---

[1] Willke 2000b, 204 stellt auch die vier Teilsysteme nach Parsons zusammen. Zwei dieser vier Teilsysteme tauchen bei Luhmann wieder auf. In diesem Sinn liesse sich auch eine «Evolution der Systemtheorie» verfolgen.
[2] Becker und Reinhardt-Becker (2001) beispielsweise kommen auf acht, indem sie Liebe und Kunst ergänzen.
[3] Luhmann 1997, 742–743 und passim.
[4] Vgl. oben in der zweiten Exploration zur Systemtheorie.
[5] Krieger 1996, 30.
[6] Was an Funktionssystemen konkret veränderlich ist und somit Gegenstand ethisch-normativer Beurteilung sein kann (s.u.), wird im Einzelnen auszuweisen sein. Unbestritten dürfte sein, dass es über- oder zumindest inter-organisationelle Strukturen gibt, welche veränderbar sind. Insbesondere die Frage, wie nahe diese veränderlichen Strukturen bei den basalen Strukturen der Funktionssysteme selbst liegen, wird weiter zu klären sein. Wichtig scheint etwa, dass ein Funktionssystem die Gesellschaft als Ganzes dominiert und sich die anderen Funktionssysteme damit einverleibt bzw. unterwirft (etwa das Wirtschaftssystem oder das Rechtssystem durch Korruption in unterschiedlichen Varianten). Mit dieser Aussage impliziert man allerdings, dass es Möglichkeiten geben könnte, gegen eine solche Dominanz und damit auf der Ebene der Funktionssysteme zu wirken.

E Ein Theorievorschlag

Die *Organisationen sind oft*, aber nicht immer *einem bestimmten Funktionssystem zuzuordnen*, obwohl sie nie Teil ausschliesslich eines Funktionssystems sind. Viel mehr sind sie in der Regel von der Logik beinahe aller Funktionssysteme mehr oder weniger betroffen, was auch bedeutet, dass sie meist in allen Funktionssystemen agieren.

Rahmenordnungen auf der Ebene der Funktionssysteme haben eine einfache ethische Relevanz, Organisationen eine doppelte:[1] Organisationen haben sich sowohl nach innen als Rahmenbedingung menschlichen Handelns wie auch nach aussen als «handelnde» (verlautbarende oder schweigende, kaufende oder nicht kaufende usw.) Organisationen zu verantworten. Funktionssysteme bzw. deren Struktur(-en) sind ausschliesslich Rahmenbedingungen, da sie nicht handeln und müssen «nur» als solche verantwortet werden.

Die Unterscheidung sozialer Strukturen in solche auf der Ebene von «Funktionssystemen» und solche auf der Ebene von Organisationen bildet die Grundlage für die folgende Tabelle. In ihr systemtheoretisches Grundgerüst fliessen weiter einschlägige Überlegungen von Korff (1999a, 1999b, 1999c) und Vogt (1999a) ein.

Diese Tabelle ist in der Vertikalen unabgeschlossen zu denken. Wenn, wie erwähnt, schon bei Luhmann die Aufzählung der Funktionssysteme als vorläufig zu verstehen ist, so gilt das in noch ganz anderer Art und in ganz anderem Mass für die Auflistung von Organisationen, welche in dieser Tabelle exemplarisch stehen.

Die Spalte «Primärgestalt der Funktionssysteme» wurde eingeführt, um der Tatsache Rechnung zu tragen, dass strittig ist, ob und wenn ja, inwiefern Funktionssysteme gestaltbar sind. Unabhängig davon, wie man diese Frage beantwortet, deutet die jeweils in dieser Spalte benannte «Primärgestalt» des Funktionssystems an, dass und inwiefern es auf der Ebene der Funktionssysteme gestaltbare Strukturen gibt: Es gibt unterschiedliche Wirtschaftsformen, unterschiedliche Rechtsprinzipien usw. und deren Unterschiedlichkeit zeigt, dass Strukturen auf der Funktionssystemebene – wenn auch vielleicht nicht die basalsten Grundstrukturen – veränderlich (und das heisst auch: zu verantworten) sind.

Die folgende strukturierte tabellarische Kartographierung gesellschaftlicher Strukturen hat zwei Funktionen für eine Theorie des Ethiktransfers: Erstens können so die verschiedenen existierenden Ethiktransfers auf dieser Landkarte verortet und geordnet werden. Zweitens kann eine Karte, auch wenn sie immer vorläufig bleibt, bereits Leerstellen aufzeigen, also Strukturen unserer Gesellschaft lokalisieren, zu denen hin (noch) kein oder wenig Ethiktransfer stattfindet.

Funktionssysteme	Primärgestalt der Funktionssysteme	Organisationen
Ökonomie	Wirtschaftsform	Betriebe
		Berufsorganisationen
		Branchenorganisationen
		...
Recht	Rechtsprinzip	Gerichte
		Anwaltskanzleien

[1] Vgl. oben die Ausführungen zur Strukturenethik.

3 Erläuterung der Theorieelemente

Funktionssysteme	Primärgestalt der Funktionssysteme	Organisationen
		...
Gesundheitssystem	Konzept der Gesundheitsproduktion	**Spitäler**
		Praxen
		Spitexorganisationen
		Heime
		...
Wissenschaft	Wissenschaftsprinzip/-anreiz	**Universitäten**
		Forschungsfinanzierung
		Diskursmedien (Periodika...)
		...
Religion	Pluralitäts- und Religionsverständnis	**Kirchen/Religionsgemeinschaften**
		Esoterik/schwach institutionalisierte Formen von Religion
		...
Politik	politisches System	**Parteien**
		Legislative
		NGOs
		...
Öffentlichkeit/Medien	Mechanik der Medienlandschaft	**Printmedien**
		TV
		Internet
		Radio
		...
Erziehung/Bildung	Bildungskonzept	**Volksschule**
		Mittelschulen
		Universität
		Berufsbildung
		Fachhochschulen
		Weiterbildung/Erwachsenenbildung
		...
Sitte/Moral/	[quer zu den anderen	Familienerziehung
Institutionen erster Ordnung	Funktionssystemen]	schulische Sozialisation
		Peer Groups
		Medien
		...

E Ein Theorievorschlag

Funktionssysteme	Primärgestalt der Funktionssysteme	Organisationen
Konstituiert durch die Frage: In welchem Verhältnis stehen die Funktionssysteme zueinander? Gibt es Dominanzen? Soll es sie geben?	«Disembedding»	–

Tabelle 7: Übersicht über die gesellschaftlichen Strukturen

Die in grauem Text gehaltenen beiden Zeilen repräsentieren Felder, welche ebenfalls Räume für Ethiktransfer eröffnen, die jedoch nicht oder nicht umfassend den eigentlichen Funktionssystemen zugeordnet werden können.

Die Einfügung von Sitte bzw. Moral und anderen Institutionen erster Ordnung verdankt sich wesentlich dem Hinweis in einem Experteninterview, wonach beispielsweise das Recht – doch gilt dies auch für alle anderen Funktionssysteme – zu bestimmten Aufgaben (der Experte nannte den Umgang mit Schwangerschaftsabbruch und die Drogenprohibition) in ihrem Funktionsbereich «wenig Gescheites zustande bringt» (sondern vor allem «die Verhaltensweisen in die Illegalität drängt und damit jede Menge Nachteile produziert»). Man «entwickelt ein Bedürfnis nach einer Aufwertung eines komplementären Regelwerkes namens Ethik». Zwischen diesem Regelwerk und den Gesetzen etabliert sich im Funktionssystem des Rechts zunehmend das «Softlaw, das sind so Standesnormen, die z.T. gerichtlich nicht erzwingbar sind. Das ist ein rechter Teil des Völkerrechtes [...] Und von daher ist augenfällig, dass man die Ethik sehr ernst nimmt als ein selbständiges Regelwerk.»[1] Sitte, Moral und generell Institutionen erster Ordnung sind ein eigenes Regelungssystem, eine eigene soziale Struktur, welche sich quer durch die verschiedenen Funktionssysteme zieht. Dies dürfte für die Systemtheorie selbst weniger relevant sein als für eine Theorie des Ethiktransfers, in der diese Strukturen ebenfalls als Handlungsregulationen, als gestaltbar und als möglicher Zielort von Ethiktransfer explizit zu erwähnen sind.

Die letzte Ergänzung in der Tabelle berücksichtigt die im Kontext der strukturellen Kopplung in der zweiten Exploration ausführlicher besprochene Thematik einer Desintegration der Gesellschaft durch die Ausdifferenzierung von Funktionssystemen und einem Mangel an der Fähigkeit «den Möglichkeitsreichtum der Teile zu bündeln, abzustimmen und einer kontinuierlichen, zukunftsorientierten Zielmatrix unterzuordnen» (Willke 2000b, 192):

> «Etwas salopp könnte man formulieren, dass entwickelte kapitalistische Gesellschaften mangels verbindlicher gesamtgesellschaftlicher Zielvorstellungen nicht wissen, was sie mit ihrer Potenz anfangen sollen.»

Just diese Problematik anzugehen, könnte als Aufgabe von Ethiktransfer verstanden werden. Sie wäre sogar eine Kandidatin für deren Kardinalfunktion, für ein «Reembedding» (vgl. oben Seite 146 und folgende).

Eine solche Tabelle eignet sich als Basis für die Klärung der Frage, mit welchen Funktionssystemen und Organisationen die wissenschaftliche Ethik aktuell stärker kommuniziert und mit

---

[1] Zu dieser Aussage im Interview genauer vgl. oben Seite 262 und folgende unter «2.7.1 Bedingungen von Bedarf nach praktischer Umsetzung ethischer Reflexion».

welchen (prima vista die Funktionssysteme der Religion und der Erziehung) weniger Verbindungen bestehen. In dieser Art kann eine solche Übersicht helfen, Desiderate an Ethiktransfer zu lokalisieren.

3.2.2 Wirksamkeit

Ethiktransfer ist definiert als *Wirksamkeit* des wissenschaftlichen Diskurses auf soziale Strukturen, welche durch Austauschprozesse zustande kommt. Wirksamkeit im Sinne (linearer) Kausalität ist eine ebenso problematische wie unverzichtbare Kategorie menschlichen Denkens. Kausale Bezüge können in der komplexen Wirklichkeit letztlich kaum bewiesen, oft aber an Indizien festgemacht werden. Wirksamkeit wird daher über bestimmte Indikatoren definiert und dann als gegeben gesehen, wenn a) Veränderung, b) ein faktisch vorhandener Austauschprozess mit thematischem Bezug zu dieser Veränderung und c) beidseitige Wahrnehmung eines kausalen Zusammenhangs gegeben sind:

a) Wo keine Veränderung von Strukturen – sondern insbesondere bloss eine Legitimation bestehender Gegebenheiten oder Trends mit Sätzen aus dem wissenschaftlichen ethischen Diskurs – stattfindet, ist die Wahrscheinlichkeit von Wirksamkeit nicht gegeben. Allerdings ist zu bedenken, dass auch das Halten eines Zustands gegen Veränderungsdruck eine Wirkung sein könnte. Dann muss allerdings der Veränderungsdruck deutlich und einseitig (d.h. ohne vergleichbaren Gegendruck) sein.

b) Ein thematisch mit dieser Veränderung zumindest nahe verwandter Austauschprozess begann zeitlich vor dieser Veränderung und begleitet sie.

c) Die Wahrscheinlichkeit eines kausalen Zusammenhangs setzt voraus, dass
- seitens des wissenschaftlichen ethischen Diskurses eigene Intentionen, die in den Austauschprozess eingebracht wurden, in der (quasi erzielten) Veränderung von Strukturen wiedererkannt werden können und umgekehrt
- seitens des Handlungsfeldes die praktische Problemstellung und die in Reaktion auf diese gemeinsam entwickelten Veränderungen von Strukturen in den thematisierten[1] ethischen Reflexionen wiedererkannt werden können.[2]

> Dann, wenn sowohl seitens der Ethik als auch seitens des Handlungsfeldes eine strukturelle Veränderung als Wirkung des gemeinsamen Austauschprozesses und insbesondere der darin prozessierten ethischen Reflexionen gesehen werden kann, sei Wirksamkeit gegeben.

3.2.3 Unterscheidung von Ethiktransfer und Moral- bzw. Ethikpädagogik

Ethische Reflexion kann nicht nur, wie im Konzept des Ethiktransfers vorgesehen, auf die Gestaltung von Strukturen Einfluss nehmen, sondern auch in den einzelnen Individuen Wirksamkeit entfalten. Diese individuelle Ebene ist nun zu thematisieren, erstens, um ihr Verhältnis zur strukturellen Ebene zu klären, und zweitens, weil im ethischen Diskurs ein,

---

[1] ... oder sogar gemeinsam «produzierten» ethischen Reflexionen: Zur Produktion ethischer Reflexion in den Austauschprozessen vgl. unten Seite 300.
[2] Diese thetische, indizienorientierte Bestimmung von Wirksamkeit berücksichtigt die in der zweiten Exploration im Anschluss an die Systemtheorie dargestellte Unterschiedlichkeit der «Sprachen» verschiedener Systeme.

wenn auch schmaler, Teildiskurs über diese Ebene der Umsetzung existiert, im Unterschied zur Umsetzung auf der strukturellen Ebene.

Dieser Teildiskurs figuriert im Handbuch Ethik unter dem Begriff Moralpädagogigik[1]. An anderen Stellen kann der Begriff «Moralpragmatik» auftauchen, auch von «moralischer Erziehung» ist die Rede. Hierbei ist etwa an die zahlreichen Publikationen von Oser (grundlegend 1992) zu erinnern. Dietrich (2002, 423) versteht den Begriff der Moralpädagogik in einem weiten Sinn:

> «Die Moralpädagogik hat die Aufgabe, Moralerziehung in schulischen und ausserschulischen Kontexten zu beschreiben, zu reflektieren und begründet anzuleiten. Der Begriff der Moralerziehung kann dabei in einem engen Sinne die Erziehung zur Anerkennung und Umsetzung bestimmter Normen und Werte meinen. In einem weiten Sinn umschliesst er moralische und ethische Erziehung bzw. Bildung und dient als Oberbegriff für ein Begriffsfeld aus Werte- und Tugenderziehung, Charakter- und Gewissensbildung, ethischer Erziehung, Ethikdidaktik usw. Im Folgenden wird Moralerziehung und entsprechend -pädagogik in diesem weiten Sinne verstanden.»

Dietrich erweitert damit den Doppelbegriff «Moral-Pädagogik» in Hinsicht auf seine beiden Wortteile. Erstens wird der Begriff der Moral auf Ethik und zweitens der Begriff der Pädagogik auf Bildung ausgedehnt. Dietrich begründet Ersteres damit, dass ein Begriff wie «Ethikpädagogik» nicht etabliert sei (a.a.O., 424). Um Missverständnisse zu vermeiden, könnte es jedoch sinnvoll sein, einen Doppelbegriff wie «Moral- und Ethikpädagogik» zu verwenden. Die Erweiterung des Pädagogikbegriffs liegt insofern nahe, als heute Pädagogik durchaus nicht nur Schulpädagogik meint, sondern auch Erwachsenenpädagogik, somit Bildung insgesamt, einschliesst.

Dietrich (a.a.O., 424) bestimmt die Kernfrage der Moralpädagogik folgendermassen:

> «Als didaktische Kernfrage der Moralpädagogik kann die interdisziplinäre Frage formuliert werden, wer, was, wie und warum in Bezug auf Moralerziehung lehren und lernen kann, darf bzw. soll.»

Diese Frage ist weitgehend analog zur Fragestellung, welche eingangs der Untersuchung (vgl. oben Seite 13) als Aufgabenstellung einer Reflexion zu Ethiktransfer folgendermassen formuliert wurde:

> «Inwieweit und wie können und sollen Reflexionen aus dem wissenschaftlichen ethischen Diskurs Wirksamkeit in der Gestaltung der Strukturen der verschiedenen Handlungsfelder unserer Gesellschaft entfalten?»

Die Nähe der beiden Fragestellungen verdeutlicht, dass sich Moralpädagogik und Ethiktransfer zwar systematisch unterscheiden, aber in der Realität nicht trennen lassen. Dies lässt sich an jedem Beispiel von Ethiktransfer zeigen. Bedenkt man z.B., dass die Aufgabe von Ethikgremien der verschiedensten Art (vgl. oben Seite 69 und folgende) auf der strukturellen Ebene liegt und nicht darin, Ethikbildung zu betreiben, wird sofort deutlich, dass aber Ethikbildung

---

[1] Dietrich 2002 mit weiteren Literaturangaben.

zumindest für die Gremiumsmitglieder geschieht und ausserdem die strukturelle Wirkung an verschiedenen anderen Stellen ein gewisses persönliches Verständnis und eine prinzipielle individuelle Unterstützung der Intention voraussetzt. Um dieses synergetische Verhältnis nun genauer fassen zu können, ist zunächst die systematische Unterscheidung zu präzisieren. Diese Unterscheidung besteht in der Zuteilung auf die individuelle bzw. strukturelle Ebene und wird in der folgenden Tabelle verdeutlicht.

Ethiktransfer	Moral- bzw. Ethikpädagogik
verändert	verändert
• Dinge, die Personenwechsel überdauern	• Dinge, die System- bzw. Strukturenwechsel überdauern
• die Grenzen individueller Handlungsspielräume	• die Nutzung individueller Handlungsspielräume

Tabelle 8: Unterscheidung von Ethiktransfer und Moral- bzw. Ethikpädagogik

Ethiktransfer entfaltet Wirkung auf Strukturen, Moral- bzw. Ethikpädagogik auf Individuen. Diese beiden Wirkungen spielen, wie am Beispiel der Ethikgremien gezeigt, faktisch stets zusammen. Der Unterschied liegt nicht im Ereignis, sondern darin, was in einem konkreten Austauschprozess fokussiert wird: Interessieren die Veränderungen bei den Individuen, somit pädagogische Prozesse im weitesten Sinn, oder Veränderungen der Strukturen? Die Unterscheidung liegt zunächst weniger in den beobachteten bzw. gedachten Prozessen als in der Selektion der Betrachtenden bzw. Reflektierenden.

Allerdings gibt es Prozesse, welche primär auf Moral- bzw. Ethikpädagogik hin angelegt sind und sich zum beobachteten Zeitpunkt wenig auf Strukturen auswirken. Ebenso gibt es Prozesse, welche auf strukturelle Wirksamkeit hin angelegt sind und sich primär auf Strukturen auswirken.

Von der Sache her wäre es wertvoll, Ethiktransfer und Moral- bzw. Ethikpädagogik gemeinsam zum Untersuchungsgegenstand zu machen. Da aber Ersterer im Unterschied zu Letzterer erst noch als (bereichsübergreifender) Forschungsgegenstand zu etablieren ist, und weil in der ethischen Auseinandersetzung mit gesellschaftlichen Strukturen eine besondere Herausforderung der Gegenwart liegt[1], soll in dieser Untersuchung die strukturelle Ebene, der Ethiktransfer, fokussiert werden. Zumindest einige Grundüberlegungen zum Verhältnis zur individuellen Ebene, der Moral- bzw. Ethikpädagogik, sollen nun dennoch angestellt werden.

3.2.4 Synergie von Ethiktransfer und Moral- bzw. Ethikpädagogik[2]

Man kann, um diese Synergie zu beschreiben, bei einem Einwand gegen die Fokussierung von Ethiktransfer neben Moral- bzw. Ethikpädagogik beginnen: Nur wenn bei einer genügend grossen Anzahl von Individuen entsprechend veränderte Werthaltungen vorlägen, liessen sich strukturelle Veränderungen durchsetzen. Strukturelle Veränderungen wären also ausschliesslich über Moral- bzw. Ethikpädagogik zu erreichen. Würde man diesem Einwand völlig zu-

---

[1] Mieth (2002, 503) schreibt: «Ob die Ethik sich als spezifischer Prozess der Selbstreflexion von Gesellschaften behaupten und entfalten kann, hängt wesentlich davon ab, ob ihre Charakteristik als Sozialethik verstanden wird.»
[2] Das folgende Modell ist wesentlich während einem Gespräch mit Prof. Beat Sitter-Liver entstanden.

stimmen, hätte dies die Konsequenz, dass sich Reflexionen zur Einflussnahme seitens des wissenschaftlichen ethischen Diskurses auf die Strukturen erübrigen würden. Das ganze Gewicht läge auf der Beschäftigung mit der Moral- bzw. Ethikpädagogik.

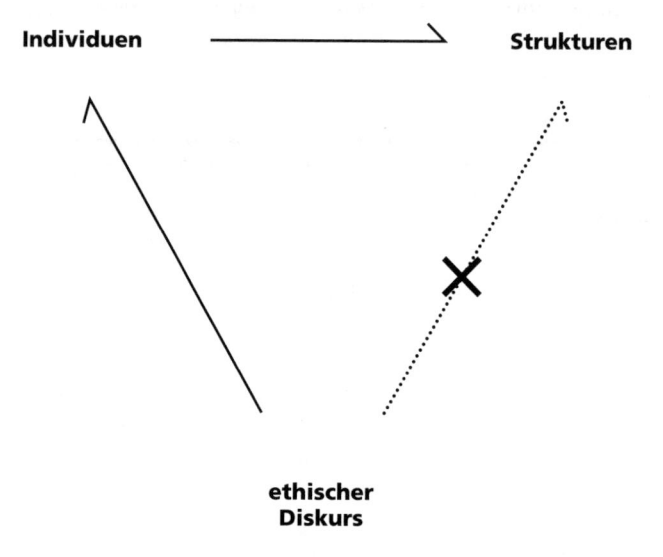

Grafik 10: Modell ohne direkten Einfluss auf Strukturen

Eine Wirkung auf Strukturen führt nach diesem Modell immer und nur über Wirkung auf Individuen.
Ohne die Bedeutung dieser Art der indirekten Einflussnahme wissenschaftlicher Ethik auf Strukturen in Frage stellen zu wollen, ist festzuhalten, dass nicht nur die Individuen Werte in die Strukturen einbringen können, sondern auch die Strukturen Werte an die Individuen vermitteln: Strukturen «erziehen» Individuen.

Grafik 11: Teilmodell: Gegenseitige Wirkungen zwischen Strukturen und Individuen

Strukturen können Individuen Werte nahelegen, welche moralpädagogische Anstrengungen unterlaufen. Dietrich (a.a.O., 425) beschreibt dieses Problem am Beispiel der Schule, an der nicht selten die gegebene Moral der Schulorganisation «als heimlicher Lehrplan explizite Lern- und Lehrziele perfomativ konterkariert». Dies ist selbstredend nur ein Beispiel für das allgemeine Prinzip, dass wir alle auf vielfältigste Weise geradezu konditioniert werden von organisationalen wie von (gesamt-)gesellschaftlichen Strukturen.

Wenn die Strukturen so beschaffen sind, dass individuelle Umsetzung ethischer Einsichten für diese Individuen starke Nachteile mit sich bringt bzw. individuelles Engagement ins Leere läuft, steht die Moral- bzw. Ethikpädagogik tendenziell auf verlorenem Posten. Dies bedeutet, dass eine theoretisch sachadäquate und funktional hilfreiche Untersuchung von Ethiktransfer wie von Moral- bzw. Ethikpädagogik symmetrische Wirkungen und Abhängigkeiten erfassen muss:

Individuen ⇌ **Strukturen**

ethischer Diskurs

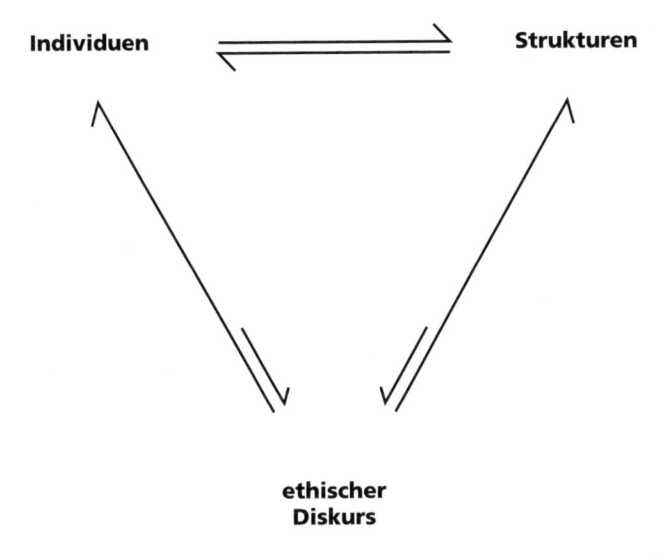

Grafik 12: Realistisches Modell: Synergien und Abhängigkeiten zwischen Ethiktransfer und Moral- bzw. Ethikpädagogik

Dieses Schema ist geeignet, sowohl die jeweilige Bedeutung der Moral- bzw. Ethikpädagogik wie des Ethiktransfers in ihrer Unterschiedlichkeit zu zeigen als auch die Wechselwirkungen und damit das Synergiepotential zu veranschaulichen.[1]

> Es ist nicht nur möglich, via Individuen auf Strukturen Einfluss zu nehmen, sondern auch durch Einflussnahme auf Strukturen moralpädagogisch zu wirken. Entscheidend ist, weder die Wirksamkeit von Individuen auf Strukturen auszublenden noch die Wirksamkeit von Strukturen auf die Individuen zu unterschätzen.

---

[1] In diesem Schema ist ausserdem mitbedacht, dass es auch eine (Rück-)Wirkung und Kommunikation seitens der Individuen zur wissenschaftlichen Ethik ebenso wie seitens der Strukturen zur wissenschaftlichen Ethik gibt, ja geben muss. Dies wird jedoch weiter unten bei den Austauschprozessen genauer betrachtet werden.

3.2.5 Handlungsfelder als Involvierte in den Austauschprozessen

Eine konkrete Ethiktransferaktivität zielt auf bestimmte strukturelle Veränderungen. Diese Umgestaltungen spielen in einem Handlungsfeld und werden von dessen Regeln mitbestimmt. Dies ist der letztlich zwingende Grund, warum eine Kommunikation mit dem Handlungsfeld unumgänglich ist. Das Handlungsfeld muss die strukturelle Veränderung zulassen und sich mehr oder weniger damit anfreunden. Nicht selten kommt jedoch Ethiktransfer auf Initiative des Handlungsfelds hin zustande, weil man dort selbst nach Umgestaltungen sucht. In jedem Fall ist das Handlungsfeld eine entscheidende Informationsquelle für den Entwurf neuer Strukturen und insbesondere für die dafür entscheidende abwägende Antizipation der Auswirkungen solcher Veränderungen.

> Als Handlungsfeld wird die für die strukturelle Veränderung systemisch relevante – d.h. sowohl die betroffene als auch die entscheidungsmächtige – Umgebung verstanden.

Doch ist zu Beginn eines Transferprozesses oft nur teilweise klar, wo welche Struktur sinnvollerweise zu verändern ist. Aber nicht nur das. Oft zeigt sich erst im Verlauf des Transferprozesses, wer alles von den anvisierten Strukturen betroffen ist und wer alles auf sie Einfluss nehmen kann. Nicht selten wird sich somit erst im Verlauf von Ethiktransferanstrengungen ergeben, was genau als das Handlungsfeld zu verstehen ist.
Im Verlauf klärt sich beispielsweise, wenn Unternehmensstrukturen verändert werden sollen, ob das Handlungsfeld die betreffende Abteilung, die Firma als Ganzes, die Branche oder die Rahmenordnung der Wirtschaft insgesamt ist bzw. welches dieser Felder für das ins Auge gefasste Ziel im Zentrum steht und welche eher von peripherer Bedeutung sind. Letztlich ergibt sich die Abgrenzung im Einzelfall aus dem konkreten Transferprozess. Sie kann sich somit im Verlauf der Zeit auch wieder ändern.
In diesem Handlungsfeld gibt es in aller Regel eine bestimmte Institution, Personengruppe oder – selten – Einzelperson, welche pars pro toto Kommunikationspartner für die im Folgenden zu beschreibenden Austauschprozesse ist. Prinzipiell können, wie das auch für den Anschluss an den ethischen Diskurs gilt, verschiedene Institutionen oder Personengruppen aus dem Handlungsfeld dazu geeignet sein. Die Auswahl kann im Verlauf der Austauschprozesse modifiziert werden. Auch hier gilt: Je stärker diese Institution oder Personengruppe im Handlungsfeld verankert ist, desto besser.
Beides nun, die bereits erwähnte Abgrenzung des Handlungsfelds als auch die Auswahl der Personen und Organisationen, mit denen konkret kommuniziert wird, hängen entscheidend davon ab, auf welche Struktur bzw. Strukturen Wirkung entfaltet werden soll. Ausgehend davon lässt sich nicht nur klären, welches das Handlungsfeld ist, sondern auch, welche Organisation bzw. Personengruppe aus diesem Handlungsfeld besonders geeignet sind für eine Mitarbeit in den Austauschprozessen.
Jedes Handlungsfeld unterliegt als solches seinen typischen, spezifischen Anreizen. Zu diesen gehört – wie sich in allen drei Explorationen gezeigt hat – die Berücksichtigung ethischer Reflexion oft gerade nicht. Die Systemtheorie legt nahe, davon auszugehen, dass einerseits die eigenen Zwecke etwa ökonomischer oder politischer Organisationen stark dominant sind. Andererseits spielen in real existierenden Organisationen und Funktionssystemen in aller

Regel verschiedene, nicht auf deren eigentliche Zielsetzungen und Mechanismen ausgerichtete Orientierungen eine Rolle. Ausserdem ist Ethik «kein Alienum, das wir von aussen hereintragen müssten», wie ein Experte in einem Interview aus seiner Erfahrung sagt (vgl. oben Seite 245). Menschen und damit auch Organisationen stellen regelmässig Fragen nach Sinn und Unsinn eigener Handlungen und existierender Strukturen, wenn auch in unterschiedlicher Intensität. Tradierte und individuelle moralische Überzeugungen spielen eine grössere Rolle, als man zunächst denken könnte, was sowohl aus den Interviews hervorging als auch im Rahmen der hermeneutischen Ethik betont wird (vgl. oben ab Seite 109).

Genauso, wie eine konkrete Ethiktransferaktivität auf eine Initiative seitens der Ethik zurückgehen kann, ist es auch möglich und nicht selten der Fall, dass – wie aus den Interviews ersichtlich – eine Einzelperson aus dem Handlungsfeld den Anstoss dazu gibt. Gerade dies zeigt, dass in den Handlungsfeldern durchaus Sensibilität und Offenheit für ethische Reflexion besteht, die gewinnbringend für alle Beteiligten durch Ethiktransfer verstärkt werden kann.

3.3 Austauschprozesse

3.3.1 Typen und Grundprinzipien

Das methodische Prinzip der Erzielung von Wirksamkeit wissenschaftlicher ethischer Reflexion auf Strukturen in Handlungsfeldern ist die Installation geeigneter organisierter Austauschprozesse. Da sich methodische Entscheidungen immer und überall nur an der zu bewältigenden Aufgabe zu messen haben, hat sich die Gestaltung der Austauschprozesse auf das Ziel der strukturellen Wirksamkeit auszurichten.

Die Austauschprozesse im Rahmen von Ethiktransfer lassen sich in drei Typen gliedern:
1. Austauschprozesse innerhalb der Organisation, die Ethiktransfer leistet
2. Austauschprozesse in den Pars-pro-toto-Anschlüssen a) an den wissenschaftlichen ethischen Diskurs und b) an das Handlungsfeld[1]
3. Austauschprozesse im Umfeld der Organisation, die Ethiktransfer leistet

---

[1] An dieser Stelle könnte die Theorie erweitert werden um den Anschluss an die Öffentlichkeit. Dies wird vorderhand nicht gemacht, da dieser Anschluss sich von den anderen beiden stärker unterscheidet, mehr aber noch, weil mit dieser Erweiterung der Theorie deren Komplexität stark erhöht würde.

E Ein Theorievorschlag

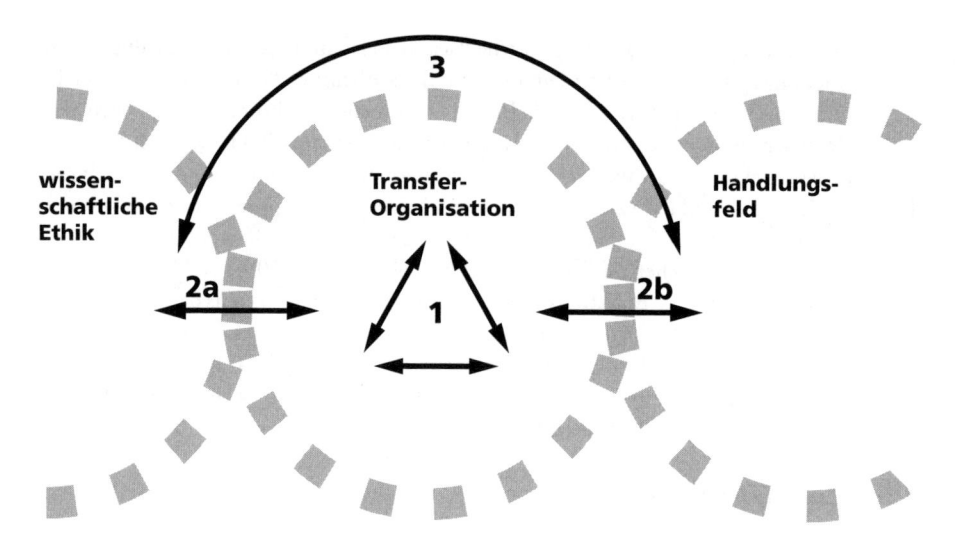

Grafik 13: **Die drei Typen von Austauschprozessen**

Austauschprozesse im Umfeld der Organisation (3) sind diejenigen Kommunikationen (und sonstigen Verbindlichkeiten), welche
- zwischen dem wissenschaftlichen ethischen Diskurs und dem bestimmten Handlungsfeld stattfinden und
- sich dabei auf die Transferorganisation[1] beziehen, von ihr ausgelöst werden oder deren Entstehen bzw. Bestehen sonst in einem Zusammenhang mit der Transferorganisation steht,
- an denen die Transferorganisation aber aktuell nicht beteiligt ist.

Austauschprozesse in den Pars-pro-toto-Anschlüssen (2) sind diejenigen Kommunikationen (und sonstigen Verbindlichkeiten), durch welche die Organisation auf den wissenschaftlichen ethischen Diskurs bzw. auf das Handlungsfeld Bezug und bzw. oder Einfluss nimmt.

Die Austauschprozesse innerhalb der Organisation sind dadurch definiert, dass sie zwischen den (personalen und evtl. organisationalen) Mitgliedern der Transferorganisation spielen. Prinzipiell unterscheiden sie sich von den anderen Kommunikationsprozessen darin, dass sie auf Steuerung und Produktion des Transferprozesses ausgerichtete *Verarbeitungen* darstellen. (Exemplarisch konkretisiert: Hier werden Papiere entwickelt, hier fallen Entscheidungen, hier wird Zielerreichung kontrolliert, usw.)

Für alle diese Austauschprozesse gilt zunächst, dass sie in unterschiedlichem Mass institutionalisiert sein können.

Mit der Entscheidung für Sache und Begriff der «Austauschprozesse» als methodisches Grundprinzip des Transfers ist festgesetzt, dass Transfer – genau so wie das in den meisten Kontexten, in denen der Transferbegriff verwendet wird, der Fall ist, obwohl das lateinische Wort das

---

[1] Die Bezeichnung «Transferorganisation» bzw. «Ethiktransferorganisation» ist eine Bezeichnung für Organisationen, die aus der Perspektive der Reflexion von Ethiktransfer vorgenommen wird. Die Organisationen, die aus dieser Perspektive so benannt werden können, weil sie – eventuell unter anderem – Ethiktransfer tatsächlich leisten, würde sich selber nicht unbedingt so bezeichnen. Die Bezeichnung hängt immer davon ab, unter welchem Aspekt ein Gegenstand betrachtet wird.

nicht unbedingt nahelegen würde – nicht als unidirektionaler Vorgang eines Transports von Inhalten von hier nach da verstanden werden kann und wird.[1]

> Der Begriff des Transfers ist in analoger Art und Weise missverständlich wie derjenige der Anwendung, der im ethischen Diskurs ausführlich diskutiert wurde und wird. Doch scheint man auch den Anwendungsbegriff eher präziser und zugleich offener verstehen zu wollen, als ihn aus dem Vokabular zu streichen.[2] Dasselbe gilt, wie oben ausführlich erläutert, für den Transferbegriff.

Aus dem Ziel, Wirksamkeit zu entfalten, ergeben sich einige Grundprinzipien der Austauschprozesse und ihrer Organisation:

- Mehr oder weniger zufällige Austauschprozesse werden eine mehr oder weniger zufällige Wirkung entfalten. Das spricht durchaus nicht gegen solche zufällige Interaktionen. Gezielte und nachhaltige Wirksamkeit setzt jedoch nachhaltige Austauschprozesse, konkret eine verbindliche Institutionalisierung derselben voraus. Eine solche verbindliche Institutionalisierung leistet zweierlei:
- Da wissenschaftliche Diskurse und Handlungsfelder je eigene Systeme mit eigenen Gesetzen, Anreizen und auch eigenen (Fach-)Sprachen sind, gibt es keine «triviale», wirksame, kontinuierliche Kommunikation zwischen ihnen, kein «selbstverständliches gegenseitiges Verstehen». Vielmehr muss diese Kommunikation aktiv hergestellt werden, beispielsweise durch Mehrsprachigkeit der Beteiligten oder Übersetzung. Eben dies ist nur in einem kontinuierlichen Austauschprozess möglich, in dessen Rahmen gemeinsam Übersetzungen, Komplexitätsreduktionen und Verständigungen über die kommunikativen Grundlagen entstehen und damit und darüber hinaus Inter- und Transdisziplinarität bzw. -professionalität eingeübt wird.[3]
- Ein zweites Element des Austausches neben der Kommunikation (Austausch von Information) ist die Generierung von Abhängigkeiten. Sobald Ethiktransfer durch ein konkretes Transferprojekt sowohl zum Bestandteil des Handelns im Rahmen der wissenschaftlichen Ethik als auch des Handelns im Rahmen eines konkreten Handlungsfeldes gemacht wird, entsteht eine gegenseitige Abhängigkeit. Dies kann im Rahmen der Systemtheorie als eine Form der «strukturellen Kopplung» zweier autopoietischer Systeme beschrieben werden.[4] Durch die freiwillig eingegangene Abhängigkeit entsteht eine vorkommunikative Wirkung beider beteiligten Systeme je aufeinander.
- Damit ist bereits gesagt, dass nicht nur die Austauschprozesse, sondern auch die Wirkungen gegenseitige sind. Zwar ist die Hauptwirkung, an der sich die Methodik misst, die Wirkung seitens wissenschaftlicher ethischer Reflexion auf Strukturen, doch gerade aus diesem Ziel ergibt sich eine Methodik, welche eine Sekundärwirkung seitens dieser Strukturen bzw. seitens des Handlungsfeldes, das diese umgibt, auf die wissenschaftliche ethische Reflexion mit sich bringt – und bestehe diese «nur» darin, dass im ethischen Diskurs die Behandlung neuer Themen (bzw. derselben Themen auf neuen Ebenen) angeregt wird.

---

[1] Ausführlich zum Transferbegriff vgl. oben Seite 104 und folgende.
[2] Düwell 2001, 170–172.
[3] Vgl. die systemtheoretischen Überlegungen oben Seite 132 und folgende.
[4] Vgl. dazu oben Seite 143 und folgende zur strukturellen Kopplung.

- Auf Strukturwirksamkeit angelegte, kontinuierlich institutionalisierte Austauschprozesse schaffen einen «Verantwortungsraum» in dem Sinne, dass ein Ort geschaffen wird, welcher den beteiligten Personen und Institutionen ermöglicht, faktisch, d.h. eben wirksam Verantwortung zu tragen, wie das ohne diese institutionalisierten Austauschprozesse nicht möglich gewesen wäre. Dies ist ein Alternativangebot zu den moralischen Appellen nach mehr individueller (Eigen-)Verantwortung, welche von Einzelpersonen letztlich nur allzuoft sisyphosartige Anstrengungen verlangen (etwa von der Art, die globale Erwärmung mit einer Einschränkung der selbst zu fahrenden Autokilometer zu bekämpfen oder den Pflegenotstand durch eine freiwillige Verkürzung der eigenen Pause als Pflegemitarbeiter oder -mitarbeiterin anzugehen).[1]
- Die Austauschprozesse innerhalb der Transferorganisation (1) führen zu «Produkten». Zu diesen Produkten gehört zunächst die strukturelle Veränderung, die Realität wird, wenn das Ziel dieser Prozesse erreicht wird. Auf dem Weg dahin entstehen jedoch in der Regel eine ganze Anzahl von (Zwischen-)Produkten. Dazu gehören mindestens die Ergebnisse der gemeinsamen Reflexion – inhaltlich wie transfermethodisch –, die sich nicht selten in Protokollen und anderen Papieren niederschlagen. Solche und andere (Zwischen-)Produkte können relevant sein, erstens für den ethischen Diskurs – soweit er sich Transferthemen öffnet –, zweitens für andere Personen und Organisationen, welche Transferprozesse leisten oder planen.
- Damit ist bereits angesprochen, dass, nicht immer, aber grundsätzlich davon auszugehen ist, dass es ein allgemeineres Interesse an allen konkreten Ethiktransferprojekten gibt und diese prinzipiell öffentlichkeitsrelevant sind. Es ist jeweils zu entscheiden, inwieweit diese Produkte allgemein zugänglich gemacht werden dürfen, müssen bzw. sollen.[2]

3.3.2 Formen

Die konkrete Form der Institutionalisierung der Austauschprozesse ist dem jeweiligen Ziel, der jeweils intendierten strukturellen Wirkung anzupassen. Die enorme Vielfalt der Möglichkeiten wurde oben schon für die Ethikgremien in ihren Varianten dargestellt. In der ersten Exploration und darüber hinaus noch stärker in den Interviews wurden weitere Formen festgehalten, wie die gezielte Kombination von Praxis- und Forschungsprojekten, die Installierung von transferorientierten Instituten (einerseits durch die Kirchen, andererseits durch Universitäten), die Bildung spezifischer Koalitionen, die spezifisch ethische Unternehmensberatung, die Einrichtung von Gruppen in Firmen für die Einführung von Ethik-Management-Systemen oder die Entwicklung und Umsetzung von Ethikcodizes, ethisches Labeling usw.

Diese und weitere – existierende wie denkbare – Formen zu typisieren, stellt ein wichtiges Forschungsdesiderat dar. Verschiedene Perspektiven der Systematisierung sind denkbar. Zwei davon seien angesprochen, weil sie für eine Theorie des Ethiktransfers von besonderer Bedeutung sind: Individuelle Austauschprozesse können unterschieden werden am Kriterium,

---

[1] Vgl. oben die Diskussion über den systematischen Ort der Wirtschafts- bzw. Unternehmensethik Seite 35 und folgende sowie dieselbe Thematik in der Unterkategorie der Strukturenethik bei der Auswertung der Expertinnen- und Experteninterviews Seite 192 und folgende.
[2] Vgl. unten Seite 326 und folgende die Kriterien zum Öffentlichkeitsbezug und Düwell, a.a.O., 179–184.

- ob sie als Institution selbst die strukturelle Veränderung sind, somit ihre Existenz eine Rahmenbedingung individuellen (und bzw. oder organisationalen) Handelns *ist* oder (bzw. und)
- ob ihre Aufgabe darin besteht, als Institution strukturelle Veränderungen mit zu *etablieren*.

Ein typisches Beispiel für Ersteres sind Forschungsethikkommissionen in der Medizin, ein typisches für Letzteres Gruppen in Firmen, welche Ethik-Management-Systeme einführen (und nach deren Installation aufgelöst bzw. in eine andere Form übergeführt werden). Bei genauerem Hinsehen wird man entdecken, dass die meisten Formen beides tun: Ein Ethikgremium mit politikberatender Funktion, das einer Legislative und bzw. oder Exekutive angegliedert ist, wirkt einerseits an konkreten Gesetzgebungen oder anderen politischen Entscheiden mit, bildet also Strukturen ausserhalb seiner selbst. Andererseits ist die Existenz eines solchen Gremiums eine veränderte Rahmenbedingung für die betreffende Legislative oder Exekutive. Je nach Thema, Organisation oder auch zeitlicher Phase kann das Gewicht mehr auf der einen oder anderen Funktion liegen. Theoretisch ist zwischen ihnen beiden zu differenzieren und Transferformen, welche beide Funktionen übernehmen, sind getrennt unter diesen beiden Aspekten zu betrachten.

Unterschiedliche Formen von Ethiktransfer können zweitens unter der Perspektive verglichen werden, welches Gewicht die genannten drei Typen von Austauschprozessen (1. innerhalb der Transferorganisation, 2. in den Pars-pro-toto-Anschlüssen und 3. im Umfeld der Transferorganisation) haben. Die drei Fallbeispiele im nächsten Kapitel werden illustrieren, wie sehr sich Transferorganisationen in diesem Punkt unterscheiden können.[1]

3.3.3 Inhalte

Inhalte von Austauschprozessen lassen sich gruppieren nach solchen, die von der einen Seite, solchen, die von der anderen Seite eingebracht, und solchen, die gemeinsam entwickelt werden. Auch hier gilt: Welche Inhalte aus der Fülle der Möglichkeiten im Austauschprozess auftauchen sollen, misst sich am jeweiligen Ziel des Austauschprozesses, d.h. daran, auf welche Strukturen wie eingewirkt werden soll. Einige generelle Vorgaben jedoch sind möglich.

Seitens der Ethik ist notwendigerweise einzubringen, was oben Seite 99 im Kontext von Ethikgremien und Ethikberatung als ethische Expertise definiert wurde, nämlich «methodisches und inhaltliches Wissen um moralische Überzeugungen und deren Begründungen und um den Prozess der Prüfung a) von Handlungen und b) der Gestaltung von Strukturen vor dem Hintergrund ethischer Konzeptionen und Theorien». Mit der Addition von «methodischem» und «inhaltlichem» Wissen im Anschluss an Ruschmann (1999, 489) sind bereits zwei Arten von Inhalten angesprochen worden.

Zum *methodischen* Wissen ist die Kompetenz der Analyse zu rechnen, wie sie in den Expertinnen- und Experteninterviews, etwa in der Unterkategorie der «Rekonstruktion der Ar-

---

[1] Eine dritte Möglichkeit der Typisierung von Formen sei erwähnt: An den Austauschprozessen nehmen, wie bereits ausgeführt, weder die wissenschaftliche Ethik noch das Handlungsfeld als solche, sondern, pars pro toto, bestimmte Personen oder Institutionen aus diesen beiden Bereichen, teil. Die Entscheidung, ob Personen oder Institutionen a) seitens der Ethik und b) seitens des Handlungsfelds in die Austauschprozesse involviert werden und auch welcher Ebene bzw. welchem Teilsystem wiederum a) der Ethik und b) des Handlungsfelds diese Personen bzw. Institutionen angehören, sind weitere Systematisierungsprinzipien (vgl. unten ab Seite 321 die Kriterien zum Anschluss an den wissenschaftlichen Diskurs).

gumentation und der Problemstellung» oder der «Sprachfindung», konkretisiert wurden. Die (kaum umstrittene) Entscheidung, auch «inhaltliches» Wissen zur Expertise der Ethik zu rechnen, hat Folgen für die (strittige) Frage der Zulässigkeit konkreter Empfehlungen[1]. Es ergibt sich daraus, dass seitens der Ethik in einer bestimmten Frage durchaus Stellung zu beziehen ist, wenn das inhaltliche Wissen in einer bestimmten Frage das erlaubt bzw. fordert. Dies darf jedoch nicht mit der Vorwegnahme von Lösungen verwechselt werden (s.u.).

Der *inhaltliche* Beitrag lässt sich nochmals unterteilen in Wissen um den Stand der ethischen Diskussion, das im Sinne eines Überblicks in die Austauschprozesse einzubringen ist, und in die Aufgabe, tangierte, grundlegende Normen und Werte zu benennen. Letzteres ist dann von grösserer Bedeutung, wenn ein Thema im ethischen Diskurs wenig behandelt wird.

> *Methodik normativer Reflexion und Begründung, Stand der ethischen Diskussion* und *«Grundwerte»* sind in jeder Form von Ethiktransfer obligatorische Inhalte, die seitens der wissenschaftlichen Ethik einzubringen sind, da sie strikt der Disziplin der Ethik zugehören. Sie sind für die Gestaltung sozialer Strukturen immer relevant, unabhängig davon, in welchem Handlungsfeld gearbeitet wird.

Die in der zweiten Exploration ausgeführten Überlegungen zur hermeneutischen Ethik und zum Überlegungsgleichgewicht zeigen, dass für diese Austauschprozesse bestimmte Beiträge seitens des jeweiligen Handlungsfelds besonders wichtig sind. Die hermeneutische Ethik betont das Gewicht der Bedeutungen, welche Handlungen in einem solchen Feld haben. Die Logik der darin *existierenden Moral* (und allenfalls existierenden «ethischen» Reflexionen dazu im Sinne eines weiten Begriffs von Ethik) ist daher seitens des Handlungsfeldes einzubringen. Davon kann und muss die gemeinsame Reflexion ausgehen. Weiter ist es wichtig, dass der *Stand der Dinge im Handlungsfeld* deutlich ist, insbesondere, welche Problemlösungen bereits versucht wurden und welches insgesamt die Geschichte der Fragestellung ist. Sie hat in der Regel ihre Hintergründe, deren Kenntnis wesentliche Informationen für eine ethische Reflexion freilegt. Drittens sind die *Grenzen des Entscheidungsspielraums* im konkreten Fall von grosser Bedeutung. Dazu gehört ein Wissen darum, welche «Kosten» und sonstigen «Nebenwirkungen» bestimmte Entscheidungen haben. Davon ausgehend kann die ethische Reflexion beispielsweise auch zur Einsicht führen, dass zunächst Veränderungen an anderen Stellen bzw. auf anderen Ebenen anzustreben sind als an denjenigen, die vorher fokussiert wurden.

> Die Stichworte «existierende Moral», «Geschichte der Fragestellung» und «Grenzen des Entscheidungsspielraums» bezeichnen Themen, zu denen notwendigerweise Informationen seitens des Handlungsfeldes in die Austauschprozesse eingebracht werden müssen.

In aller Regel unverzichtbare Beiträge sind auch kritische Fragen, und zwar von beiden Seiten an die jeweils andere. Fertige Lösungen als faits accomplis sind jedoch als Beiträge unzulässig. Dies gilt für beide Seiten, wobei sich die Diskussion mehr auf die Gefahr eines Moralismus seitens der Ethik als eines Dezisionismus seitens der Praxis richtet. An der Stelle ist die eben be-

---

[1] Vgl. oben Seite 93 zur Neutralität und Seite 216 die Aussagen der befragten Expertinnen und Experten dazu.

reits angesprochene Frage der Zulässigkeit konkreter Empfehlungen seitens der Ethik wieder aufzunehmen. Wie bereits gesagt, muss (unter interdisziplinärer und interprofessioneller Einbeziehung des relevanten handlungsfeldbezogenen Wissens!) von der Ethik offengelegt werden, wie eine Entscheidung ausfällt, welche der Kraft des besseren Arguments folgt – soweit dies beim aktuellen Stand der Überlegungen und des Diskurses deutlich ist. Der Kraft des besseren Arguments im Einzelnen zu folgen und die Ergebnisse der Arbeit auch zu zeigen, ist der spezifische Auftrag der Ethik. Dies offen zu leisten, ist umso mehr zulässig, als ein solches Resultat ethischer Reflexion stets eine Argumentation bleibt, nie ein Dekret ist, und so stets offen bleibt für ein noch besseres Argument. Dieses kann durchaus von anderen, nicht dem ethischen Diskurs zugehörigen Personen, eingebracht werden. Eine Handlungsempfehlung ist somit, gerade wenn es eine ethische ist, keine definitive Wahrheitsaussage und verpflichtet die Ethik, die Argumentation allgemeinverständlich darzustellen, was jedoch (mindestens) im Kontext von Ethiktransfer ohnehin zu fordern ist.

Mit einer Handlungsempfehlung wird allerdings keine Entscheidung getroffen, nur eine solche begründet! Die Entscheidung zu fällen und zu verantworten hat, wer die Macht dazu hat, d.h. wer in einem Handlungsfeld für ebensolche Entscheidungen zuständig ist.[1] Dies bedeutet, dass eben diese Entscheidungen, die umzusetzenden Lösungen weder seitens der Ethik allein noch – im Falle von Ethiktransfer – seitens des Handlungsfeldes allein installiert werden. Entscheidungen bzw. Lösungen gehören somit zu den Inhalten der Austauschprozesse, die gemeinsam entwickelt werden.

In Entscheidungen bzw. strukturellen Veränderungen manifestieren sich immer (auch) normative Überzeugungen. Gelingt es den institutionalisierten Austauschprozessen, Wirkung zu entfalten, legen sich die Beteiligten gemeinsam in bestimmten Punkten auf eine «Moral» fest. Auch dafür zeichnen die seitens der Ethik Involvierten nun nicht alleine, aber mit verantwortlich, genauso wie die seitens des Handlungsfeldes involvierten Personen bzw. Institutionen. Jedoch ist nicht nur die Entscheidung für eine bestimmte Lösung ein gemeinsames Reflexionsprodukt. Schon Auswahl und Definition des Problems, welche sich durchaus im Verlauf der Austauschprozesse verändern können, können nicht von einer Seite allein geliefert werden.

Eine letzte Festlegung über Inhalte von Austauschprozessen im Rahmen von Ethiktransfer sei angebracht: Grössere ethische Theoriekomplexe können nicht zum Inhalt der Kommunikationen gemacht werden. Gerade das, was in Universitäten ausführlich verhandelt wird, kann hier nicht kommuniziert werden, da es nicht darum geht, dass die seitens eines Handlungsfeldes involvierten Personen Ethikerinnen und Ethiker werden. Genausowenig besteht die umgekehrte Möglichkeit. Dies bedeutet jedoch nicht, dass sich die Involvierten nicht entwickeln bzw. «weiterbilden», doch sollte eine tiefergehende Bildungsabsicht deklariert und in aller Regel ausserhalb eines Ethiktransferprojektes realisiert werden.[2]

---

[1] Diese sinnvolle »Gewaltentrennung«, entlastet und entmachtet die Ethik. Die Ethik gewinnt bzw. bewahrt damit eine andere Qualität von Macht im Sinne einer Autorität als diejenige der Entscheidungsmacht.

[2] Weiter wurde in einem Interview darauf hingewiesen, dass Themen, deren Vertiefung besonders viel Betroffenheit und grundlegenderes Umdenken und Anders-Handeln mit sich bringen würde – somit Themen, die besonders relevant sind – typischerweise schwer einzubringen und zu behandeln sind. Es ist folglich damit zu rechnen, dass es Beiträge – von beiden Seiten – gibt, die gerade darum nicht eingebracht werden können, weil sie sehr wichtig sind. Da diese Bestimmung zu den Inhalten von Ethiktransfer jedoch eher der psychologischen Theorie als der ethischen zuzurechnen ist, steht sie in der Fussnote. Für die Praxis des Ethiktransfers ist sie relevant.

Über diese generelle Festlegung der Inhalte der Kommunikationen hinaus ist Ethiktransfer als gegenseitig hermeneutischer Kommunikationsprozess zu verstehen, der im Einzelnen aus sich selbst zeigen wird, welche Inhalte für die gemeinsame Entfaltung von Wirksamkeit von wem einzubringen und welche gemeinsam zu erarbeiten sind.

4 Resultat und Ansatzpunkte für Weiterentwicklungen

Ethiktransfer lässt sich theoretisch nachvollziehen, indem vier Momente präzisiert und aufeinander bezogen werden:
- Der *wissenschaftliche ethische Diskurs* wird als der systematische Ausgangspunkt des Transfers präzise gefasst. Diese Näherbestimmung geschieht durch die Benennung der konstituierenden Thematik dieser Disziplin einerseits und durch ihre Beschreibung als soziale Grösse andererseits.
- Die *sozialen Strukturen* werden als Ort der Entfaltung von Transferwirksamkeit bestimmt und soziologisch verortet.
- Die diese Strukturen umgebenden *Handlungsfelder*, die zusammen mit der wissenschaftlichen Ethik – pars pro toto – in die Austauschprozesse zu involvieren sind, werden in die Theorie eingeschlossen.
- Diese *Austauschprozesse* werden in detaillierteren Aussagen über Prinzip, Form und Inhalte beschrieben. Sie stehen im Zentrum der Aufmerksamkeit.

Zwei weitere Punkte wurden zwar angesprochen, aber vorerst nicht stärker aufgenommen, um diesen ersten Vorschlag einer Theorie nicht bereits wesentlich komplexer zu machen. Der erste betrifft die Wirkungen über Drittorganisationen. Die Expertinnen- und Experteninterviews machten verschiedentlich auf die grosse Bedeutung von «Allianzen», «Konstellationen» usw. aufmerksam. Nicht selten lassen sich bestimmte Wirkungen leichter, besser oder überhaupt nur gemeinsam mit oder sogar über Drittorganisationen erreichen. Integriert man dies in eine Theorie von Ethiktransfer, wird sie wesentlich realistischer und hilfreicher, aber auch viel komplexer, da ja auch mit Viertorganisationen, deren Interferenzen mit Drittorganisationen usw. zu rechnen ist.[1]

Der zweite Punkt betrifft die Öffentlichkeit. Sie spielt eine besondere Rolle als Drittinstitution, wie bereits mehrfach angesprochen. Auch sie wurde, ebenfalls um die Theoriekomplexität zu begrenzen, nicht als eigenes Element in diesem Vorschlag einer Theorie des Ethiktransfers vertieft. Öffentlichkeit wird hingegen im Rahmen der Qualitätskriterien (s.u.) eine eigene Gruppe von Kriterien konstituieren. An diesen beiden Punkte könnten – und sollten – Weiterentwicklungen und Vertiefungen einer Theorie des Ethiktransfers ansetzen.

---

[1] Man kann diese Differenzierung vereinfacht in die Theorie einholen, indem man die Bestimmung der Grenzen des Handlungsfelds so anlegt, dass es alle diese Organisationen umfasst. Dann kann die Frage der «Allianzen» und «Konstellationen» teilweise in der Frage der Organisation der Austauschprozesse abgehandelt werden, indem dabei definiert wird, welche Drittorganisationen in welcher Art in diese Kommunikationsprozesse mit einbezogen, involviert werden.

F Dimensionen der Qualität

Bewertungen sind ebenso schwierig, vorläufig und relativ wie unumgänglich notwendig. Denn Bewertungen sind basal in allen Situationen, in denen man nicht nicht-entscheiden kann. Die Gestaltung der Organisation von Ethiktransfer ist eine solche Situation.

Mit Blick auf den ethischen Diskurs versteht sich das im Folgenden zu entwickelnde Beurteilungssystem als Impuls für eine Diskussion; als Impuls allerdings in Form eines bereits relativ differenzierten Bewertungssystems.

Mit Blick auf die Praxis des Ethiktransfers ist der Anspruch ein anderer: Personen und Organisationen, welche Ethiktransfer gestalten und leisten, stehen vor einer komplexen Aufgabe und haben eine Vielzahl anspruchsvoller Entscheidungen zu treffen. Für sie soll das Bewertungssystem zweierlei bieten: erstens eine Systematisierung der Bewertungshinsichten, auf deren Basis die Praktikerinnen und Praktiker des Ethiktransfers bewusst und unbewusst bereits Entscheidungen getroffen haben bzw. treffen und zweitens Anregungen neuer Hinsichten der Beurteilung.[1]

1   Eingrenzung der Aufgabe und Vorgehen

Oben[2] wurde erläutert und begründet, dass das Beurteilungssystem weder primär Qualitäten des «Normeninputs» noch solche des faktischen «Wirkungsoutputs» fokussiert, sondern eine Bewertung der *Organisation* der Austauschprozesse als Transferprozesse ins Zentrum stellt.

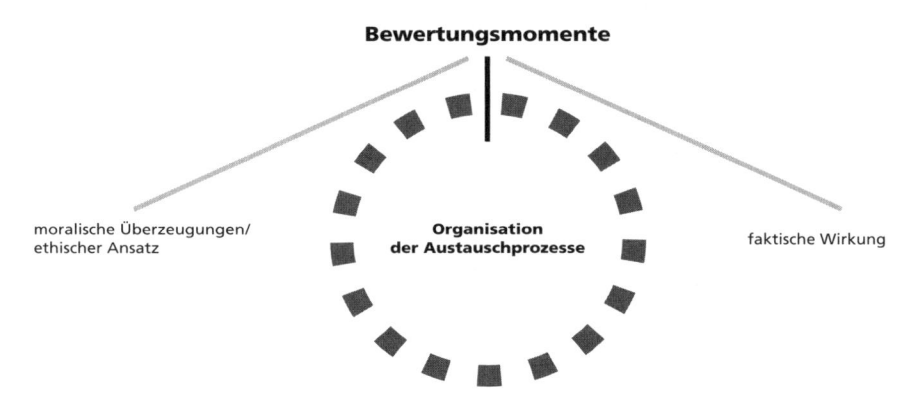

Grafik 14:   **Bewertungsmomente**

---

[1] Prof. Dietmar Mieth vom Interfakultären Zentrum für Ethik in den Wissenschaften (IZEW) hat das Anliegen einer Ethiktransferreflexion anlässlich einer Präsentation des Projekts so kommentiert (Zitat aus der Erinnerung): «Wir haben das immer getan. Aber man kann es natürlich auch reflektieren.»
[2] Vgl. oben Seite 271 und folgende unter «2.2 Ein ergänzendes Theorieelement».

F Dimensionen der Qualität

Bewertungsmomente

moralische Überzeugungen/
ethischer Ansatz

- Organisation der Austauschprozesse
- Bezug zum ethischen Diskurs
- Bezug zum Handlungsfeld
- Verarbeitungsprozesse
- Bezug zur Öffentlichkeit

faktische Wirkung

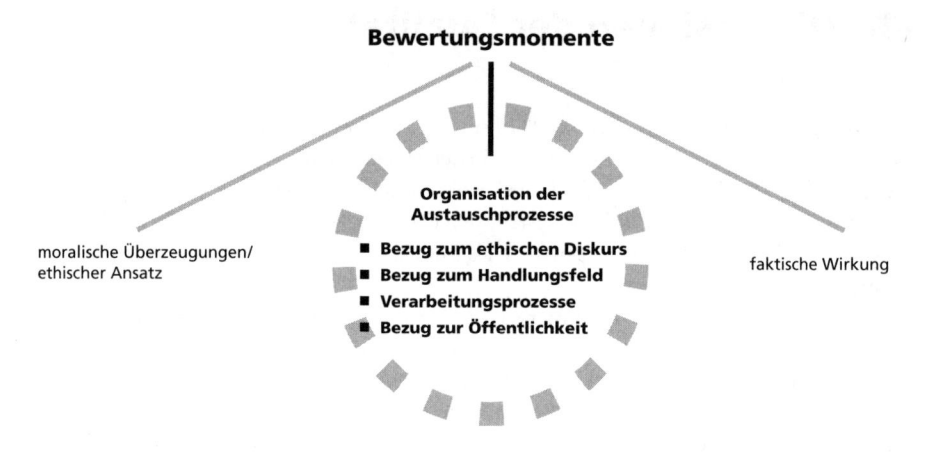

Grafik 15: **Bewertungsmomente**

Interessiert man sich für Bewertung von Ethiktransfer, kommt man in genuin ethische Gefilde: Es geht darum zu bewerten, konkret über einen Gegenstand normative Aussagen zu machen und diese zu begründen. Weil der Gegenstand selbst so gewählt ist, dass er bereits eng mit der wissenschaftlichen Ethik verbunden ist, werden die Aussagen in einem gewissen Mass selbstreferenziell: Man leistet einen Beitrag zu einer «Ethikfolgenethik» (vgl. oben Seite 93).
Im Rahmen einer ausschliesslich deontologischen und deduktiv-prinzipienorientierten Ethik kann es allerdings keine «Ethik*folgen*ethik» geben. Im Rahmen einer solche Ethik gibt es nur das Gebot, diese Prinzipien durchzusetzen, da sich eine strikt deontologische Ethik grundsätzlich nicht fragt, welche Folgen Prinzipien haben. Dies bedeutet, dass schon die Frage und damit die Suche nach differenzierten Kriterien der Qualität von Ethiktransfer einen über deontologische Ansätze hinausgehenden Horizont normativer Begründung voraussetzt. Das für die Entwicklung eines Bewertungssystems gewählte Vorgehen ist folglich primär sowie schwerpunktmässig hermeneutisch-induktiv und sekundär deontologisch-deduktiv.

> Die erste und wichtigste Frage für ein induktives Vorgehen lautet: *Welche Bewertungshinsichten sind vorfindlich? D.h. welche Kriterien der Beurteilung werden in der Fachliteratur und von Fachpersonen genannt bzw. sind implizit in deren Aussagen enthalten?* Dieser Frage wird relativ grossen Raum eingeräumt, um heuristisch-hermeneutisch eine möglichst breite Vielzahl solcher Bewertungshinsichten aufzulisten (vgl. unten Unterkapitel 2).

Über deren Gültigkeit und Gewicht wird dabei keine Aussage gemacht. Angesichts der Kompetenzen derjenigen, von welchen die entsprechenden Aussagen stammen, wird davon ausgegangen, dass diese Kriterien bis zum Erweis des Gegenteils sinnvoll sind.[1]

---

[1] Der Begründungsstatus ethisch reflektierter Bewertungen liegt generell *zwischen* Absolutheitsanspruch und Beliebigkeit. Nach dem jetzigen Stand der Diskussion ist einerseits nicht mit der Plausibilität von zwingenden Letztbegründungen zu rechnen (vgl. oben Seite 127 und folgende zur Letztbegründungsfrage). Andererseits zeigt das «dass» der Argumentation,

Diese Bewertungshinsichten werden anschliessend in dreifacher Art und Weise systematisiert: Zunächst nach Themen, anschliessend nach Wertegrundlagen und schliesslich wird eine Gewichtung nach Reichweite vorgenommen (unten Unterkapitel 3).

Dieser systematisierende Zugang ist ein deduktives Komplement zur induktiven Herleitung. Er dient der Überprüfung der Plausibilität des Gesamtsystems und, im Sinne des Kohärentismus, einer integralen Begründung der einzelnen Kriterien durch die Überprüfung der Schlüssigkeit der Gesamtheit des Kriteriensystems.

Ausserdem zielt die Systematisierung darauf, die Bewertungshinsichten

d) für einen theoretischen Nachvollzug zu einer systematisierenden Gesamtbewertung zu formen und

e) für deren praktische Anwendung in eine handhabbare Ordnung zu bringen.

Die folgenden Überlegungen sollen in diesem Sinn einen Versuch darstellen, *über Qualität von Ethiktransfer nachzudenken*. Dabei werden eine Vielzahl normativer Aussagen riskiert, zumal sich angesichts eines konkreten Versuchs besser entscheiden lassen wird, inwieweit Analysen dieser Art sinnvoll sind. Eine Metareflexion über Möglichkeiten und Grenzen solcher Versuche folgt im letzten Kapitel.[1]

2 Vorfindliche Bewertungshinsichten

Allen weiteren Überlegungen soll eine möglichst umfangreiche und detaillierte Zusammenstellung plausibler Bewertungshinsichten zu Grunde gelegt werden.

Methodisch wird so vorgegangen, dass drei Rekapitulationen die drei Explorationen Revue passieren lassen und dabei zentrale Motive einer Bewertung von Ethiktransfer, die darin angesprochen werden, benennen. Anschliessend wird die Theoriebildung nach normativen Momenten befragt, allerdings nicht vollständig, sondern ergänzend und gewichtend, da die Theoriebildung wesentlich Reflexionen aus den drei Explorationen umfasst, deren normative Implikationen nicht wiederholt werden sollen. Wiederholungen und Überschneidungen werden in diesem Arbeitsschritt zugelassen, da die heuristische Leistung im Zentrum steht.

Eine erste systematische Reduktion von Wiederholungen und Überschneidungen der verschiedenen Bewertungshinsichten geschieht in einer tabellarischen Übersicht über Kriterien (Seite 329 und folgende). In den folgenden Rekapitulationen wird zu jeder Bewertungshinsicht mit einem Kürzel angezeigt, wo in der tabellarischen Kriterienzusammenstellung diese Hinsicht in den Kriterien wieder aufgenommen wird. In Hinsicht auf diese tabellarische Ordnung von

---

dass von Beliebigkeit nicht ausgegangen wird. Auch eine Bewertung verschiedener Formen von Ethiktransfer und deren unterschiedlicher Ausgestaltung bewegt sich in diesem Zwischenraum und zielt darauf, möglichst grosse Plausibilität im aktuellen Stand der Diskussion zu erreichen, wohl wissend, dass damit kein Beschluss gefasst, sondern ein Beitrag zu einem Diskurs geleistet wird, ja im Falle der bereichsübergreifenden Bewertung von Ethiktransfer sogar eher eine Diskussion eröffnet als fortgeführt wird.

[1] Ausserdem wird ein praktischer Plausibilitätstest ausgewählter Kriterien in der Praxis (Teil 3 im nächsten Kapitel) Basis für weitere kritische Überlegungen zu diesem Versuch sein.

F Dimensionen der Qualität

Kriterien wird an einigen Stellen in den nun folgenden Rekapitulationen auch auf Verwandtschaften, mögliche Gruppierungen und Untergruppierungen unter ihnen hingewiesen.
Die Logik der Chiffrierung teilt die Qualitätskriterien (Q) ein in vier Gruppen: Qualitätskriterien zum Anschluss an die wissenschaftliche Ethik (Kürzel mit QAE...), zum Anschluss an das Handlungsfeld (Kürzel mit QAH...), zum Bezug zur Öffentlichkeit (QBÖ...) und zur eigenen Verarbeitung innerhalb der Organisation, die den Transfer leistet (QEV...). Die weiteren Untergruppen und die einzelnen Bezeichnungen sind der tabellarischen Zusammenstellung der Qualitätskriterien unten (Seite 329 und folgende) zu entnehmen.

2.1 Rekapitulation I

Lässt man die Überlegungen zur Umweltethik im Hinblick auf eine Bewertung von Transferaktivitäten revue passieren, treten folgende Punkte hervor:
- In zahlreichen Publikationen wird die Wirksamkeit strukturorientierter Massnahmen mit derjenigen von individuumsorientierten Interventionen verglichen. Dabei zeigt sich, dass strukturelle Veränderungen eher bedeutsamer sind. Allerdings sind faktische Veränderungen individuellen Handelns am besten als Produkt struktureller und pädagogischer Wirkungen nachzuvollziehen. Aus Ersterem ergibt sich, dass der Fokus von Ethiktransferaktivitäten auf Strukturen ein wesentliches Qualitätsmerkmal ist. Zweiteres regt an, Ethiktransfer in der Hinsicht zu beurteilen, wieweit Synergien zwischen Ethiktransfer und Moral- bzw. Ethikpädagogik genutzt werden. [QAEPstrukt] [QAHApäd]
- Die Auseinandersetzung mit dem Projekt «Vorbeugendes Konfliktmanagement», in dessen Rahmen der «Wertebaum» eine wichtige Rolle spielt, zeigt, dass es eine Qualität von Ethiktransfer ist, Transparenz herzustellen. [QAHAtransparenz]
- In der Umweltethik wird differenziert diskutiert, welches der spezifische Beitrag der Ethik zu Problemlösungen in der Praxis ist. Die Überlegungen stimmen mit denjenigen in anderen Bereichsethiken überein: Die spezifische Aufgabe der Ethik besteht in der Reflexion von Normativitäten. Diese Reflexion muss in interdisziplinärer (bzw. transdisziplinärer) Zusammenarbeit für konkrete Problemlösungen fruchtbar gemacht werden.[1] An dieser Vorgabe lassen sich konkrete Organisationsformen von Ethiktransfer messen. [QEVSethikkonz] [QEVPinterdisz]

Folgende Bewertungshinsichten ergeben sich aus den Reflexionen aus der Wirtschaftsethik:
- Wirtschaftsethische Untersuchungen betätigen – bei aller Pluralität der Positionen – die für das Feld der Umweltethik angemerkten Kriterien der *Synergien zwischen Ethiktransfer und Moral- bzw. Ethikpädagogik* [QAHApäd] und die *Bedeutung der Strukturen* [QAEPstrukt].
- Die Diskussion darüber, dass sich Wirtschaftsethik zwischen einer marktgerechten Zurichtung und einer schöngeistigen Bedeutungslosigkeit bewegt, zeigt, dass sich Transferaktivitäten mit der Marktlogik sowohl kritisch als auch kreativ beschäftigen müssen. Diese Einsicht lässt sich über den Bereich der Wirtschaft hinaus auf Ethiktransfer generell anwenden. Beispielsweise muss sich ethische Politikberatung sowohl kritisch als auch kreativ mit der Logik des politischen Systems auseinander setzen. Analoges gilt für die Medizinethik, die Me-

---

[1] Düwell (2001, 169) geht davon aus, dass für angewandte Ethik generell «eine interdisziplinäre Arbeitsweise erforderlich» ist.

dienethik usw.: Ethiktransfer ist daran zu messen, wie bewusst und aktiv er auf die Eigenlogik des Handlungsfeldes Bezug nimmt, einerseits um Abzweckungen des Ethiktransfers zu verhindern, andererseits auch um faktische Wirksamkeit zu erreichen. [QAHDanreiz] [QAHAwirk]

- Lunaus Konzept der Unternehmensethikberatung verwahrt sich dagegen, dass seitens der wissenschaftlichen Ethik für praktische Fragen «eindeutige Vorgaben» geliefert werden. Ethiktransfer soll folglich die Verantwortlichkeit der (personalen oder organisationalen) Entscheidungsträger respektieren, d.h. stärken, nicht sie ihnen abnehmen. [QAHDverantw]
- Die Beispiele, die Steger anführt, um die Schwierigkeit «praxisferner Postulate» darzustellen, weisen darauf hin, dass die Qualität von Ethiktransfer wesentlich davon abhängt, wie viel Energie darauf verwendet wird, Wissen aus der Praxis – beispielsweise über die Grenzen der Handlungsmöglichkeiten – in die Organisation und Arbeit einer Transferaktivität einzubringen. Ethische Beiträge zu konkreten Fragen sind genau dann nicht praxisfern, wenn sie die Möglichkeiten *und* Restriktionen der Praxis wahrnehmen, was zwingend auch bedeutet, diese Informationen nachhaltig in den wissenschaftlichen ethischen Diskurs einzubringen. [QAEAgrenz]
- Die Auseinandersetzung mit der Marktnähe der ethischen Reflexionen – mit «geschäftstüchtigen» Ethik-Consultants (Steger) beispielsweise – weist nochmals auf die Bedeutung einer kritischen Bezugnahme auf die Eigenlogik des Zielfeldes [QAHDanreiz] hin. Der Hinweis auf diese Problematik regt an, den Schwierigkeiten einer «Abzweckung der Ethik» mit einem stärkeren Anschluss von solchen Transferaktivitäten an den wissenschaftlichen ethischen Diskurs entgegenzutreten.[1] Sind Transferaktivitäten dem wissenschaftlichen Diskurs (mit-)verpflichtet, wird eine marktlogische Abzweckung begrenzt. [QAEPpassiv] [QAEAaktiv]
- Die aktive Bezugnahme auf die Eigenlogik des Zielfeldes und die Anbindung an den wissenschaftlichen Diskurs zielen auf Unabhängigkeit im Handlungsfeld. Diese lässt sich aber auch selbst als Kriterium aufstellen, das sich mit weiteren Mitteln (etwa demjenigen finanzieller Selbständigkeit und durch personelle Massnahmen) verfolgen lässt.[2] [QAHDunabhän]
- Seitens der Praxis kann der Ethik Komplexität zum Vorwurf gemacht werden. Die Auseinandersetzung mit dieser Problematik bestätigt zwar, dass Komplexitätsreduktion eine Bedingung von Entscheiden und Handeln, damit eine Bedingung von Ethiktransfer, ist, zeigt jedoch auch, dass sowohl das Wissen der wissenschaftlichen Ethik als auch dasjenige der Praxis selbst komplex sind. Komplexität kann daher als Problem nicht allein der wissenschaftlichen Ethik zugeteilt werden. Komplexität soll folglich nicht als Schwarzer Peter von der einen zur anderen Seite geschoben, sondern gemeinsam reduziert werden. [QAHAkomplred]
- In der Zusammenfassung der wirtschaftsethischen Überlegungen zum Ethiktransfer werden zum Schluss das Kriterium des Anschlusses an den wissenschaftlichen ethischen Diskurs (präzisiert als möglichst aktive Teilnahme), dasjenige der Bezugnahme auf die Eigenlogik des Zielfeldes (nun als Kriterium der Abgrenzung im Sinne des Gewinnens von Unabhängigkeit und im Sinne der gegebenenfalls bewussten Nutzung von Synergiemög-

---

[1] Manchmal fehlt dieser Anschluss völlig. Die Problematik, die dann generell entsteht, spricht Düwell (2001, 176) kurz an einem Beispiel aus der Medizinethik an.
[2] Dazu, über die Wirtschaftsethik hinausgehend, Virt (2001, 449): «Ethik muss [...] gegenüber der Macht und ihren Zielen, Strategien und Taktiken auf Distanz gehen.» Es gilt, «auf der Autonomie der Ethik im Sinne eines Schutzes vor Verfälschungen des Ethischen durch fremde Zwecke zu insistieren.»

lichkeiten) und in diesem Zusammenhang noch einmal die Transparenz betont. [QAHunabh] [QAHDanreiz] [QAEPpassiv] [QAEAaktiv] [QAHAtransparenz]
Betrachtet man die Auseinandersetzung mit dem prinzipiengeleiteten Investment in Hinsicht auf darin deutlich werdende Kriterien, so kreisen die Überlegungen um Selbstbeschränkung und um Verhinderung des Missbrauchs von Ethiktransfer:

- In der Diskussion um prinzipiengeleitetes Investment wird immer wieder darauf hingewiesen, welche Probleme damit nicht gelöst werden können – beispielsweise all diejenigen, welche mit dem Kapitalzinsprinzip an sich zusammenhängen. In diesem Zusammenhang wird auch darauf hingewiesen, dass Massnahmen auf einer «höheren» Ebene wünschenswert wären. Der Aspekt der Bescheidung, welcher damit angesprochen wird, ist quasi die Summe der drei genannten Unterkriterien zur Bescheidung – und deren Kommunikation: *Es ist von Bedeutung, ob die stets begrenzte Wirkmöglichkeit einer bestimmten Transferaktivität gesehen und auch kommuniziert wird.*[1] [QEVSwirkmög] [QEVSgrenzkom]
- Der faktisch vorkommende *Missbrauch* des Labels «Ethik» im Finanzbereich weist darauf hin, dass es Kriterien braucht, welche eben dies verhindern. Am einfachsten sind solche Kriterien aufzufinden, indem der Begriff des «Missbrauchs» in diesem Kontext definiert wird: Missbrauch bedeutet hier die Kombination aus zwei Faktoren: Erstens liegt das Motiv für den Gebrauch eines «ethischen» Vokabulars in der Gewinnsteigerung. Zweitens ist der Gebrauch dieses Vokabulars nicht durch das, was tatsächlich geschieht, gedeckt; d.h. es wird keine ethische Fachlichkeit wirksam zum Einsatz gebracht bzw. nicht in dem Masse, wie es das Etikett «ethisch» bzw. «Ethik» verspricht. Dementsprechend ist das erste Kriterium die relative *Unabhängigkeit der ethischen Arbeit von den monetären (und sonstigen, z.B. machtbezogenen) Interessen*. Das zweite besteht darin, dass die Faktizität wirksamer fachethischer Arbeit sichergestellt werden muss. Die einzige Möglichkeit, darüber Gewissheit zu erlangen, ist die *aktive Integration dieser Arbeit in den wissenschaftlichen ethischen Diskurs*. [QAHunabh] [QAEAaktiv]
- Die Ausführungen zur differenzierten Kritik an vorliegenden Konzepten ethisch-ökologischer Fonds und die Vorschläge insbesondere von Ulrich, Jäger und Waxenberger präzisieren diese beiden Hauptstossrichtungen noch einmal wesentlich:
  - Ethikerinnen und Ethiker sollen nicht bevormunden, sondern mündig machen. Dies operationalisieren die drei Autoren, indem sie als Qualität eines Angebots prinzipiengeleiteten Investments definieren, dass die normativen Grundlagen transparent kommuniziert werden, und dass diejenigen, welche die Bewertung der einzelnen Unternehmen bzw. Wertpapiere konkret vornehmen, Einfluss auf die Bewertungsprinzipien haben. (In der Regel werden die Grundprinzipien für diese Bewertungen «zentral» festgelegt, deren Anwendung ist oft Sache eines grösseren Teams, vgl. das zweite Fallbeispiel unter 1.6). Verallgemeinert man dieses Kriterium, so kann man von der *Vermeidung einer Trennung von Handlung und Verantwortung*[2] sprechen. [QAHDverantw] [QAHApäd]
  - Die für das ethische Investment besonders diskutierte, aber prinzipiell für alle Transferaktivitäten gültige Begrenztheit der Wirkungen macht deutlich, dass nicht eine Form von

---

[1] Diese Kommunikation kann als Unterkriterium der Selbstbeschränkung oder als Unterkriterium der Transparenz (bzw. der Selbstfestlegung) gesehen werden.
[2] Dagegen auch Virt (2001, 1) mit dem Vorschlag, in der Politikberatung seitens der Wissenschaft zwar Vorschläge zu machen, aber «dem Politiker die letzte Entscheidungsfreiheit vorzubehalten».

Transfer die Probleme eines Handlungsfeldes lösen kann. Es ist von vornherein davon auszugehen, dass mehrere, voneinander unabhängige Transferaktivitäten zu etablieren sind, um so insgesamt mit den Grenzen ethisch-ökologischen Investments wie jedes anderen Ethiktransfers aktiv umzugehen. Ein bestimmtes Transferprojekt ist daher umso positiver zu bewerten, je weniger es andere Transfermöglichkeiten (auf anderen Ebenen, in anderer Art usw.) blockiert, sondern vielmehr anregt. [QEVSanschluss]

- Ulrich, Jäger und Waxenberger legen unter der Bezeichnung «Leitideen» Qualitätskriterien für die Organisation von Angeboten ethischen Investments vor. Diese sind offensichtlich über den Finanzbereich hinaus grundsätzlich für alle Formen von Ethiktransfer in allen Handlungsfeldern relevant:
  - Leitidee 1 sieht vor, dass jedes ethische Investment-Angebot ein *Mission-Statement als eine normative Selbstfestlegung formuliert und kommuniziert*, welches unter anderem Missbrauch zu ökonomischen Zwecken begrenzt. Dies lässt sich eins zu eins auf alle Formen von Ethiktransfer übertragen. [QBÖAmista]
  - Leitidee 2 hält unter anderem fest, dass *die normative Grundorientierung* einerseits *dynamisch weiterzuentwickeln*, andererseits auch auf ihre Einhaltung hin zu überprüfen sei. Auch dies gilt für Ethiktransfer generell, da sich das Wissen sowohl in den Handlungsfeldern als auch in der (ethischen) Wissenschaft weiterentwickelt und sich ausserdem die konkreten, praktischen Situationen verändern. [QEVMdyn] [QEVMprüf]
  - Die im Ethiktransfer mitarbeitenden Personen sollen im Sinne der Leitidee 3 ein persönliches Engagement dafür mitbringen. [QEVperseng]
  - *Transparenz* wird in Leitidee 4 betont. [QEVKtranspa]
  - Wesentlich ist das Kriterium der «Wahrung legitimer Ansprüche bewerteter Unternehmen» in der Leitidee 5, welches in ein bestimmtes Mass an «Containment» übersetzt bzw. verallgemeinert werden kann: *Kritik, welche sich an konkreten Unternehmen, Organisationen usw. aus ethischen Überlegungen ergibt, soll direkt an diesem Ort angebracht werden, bevor sie gegebenenfalls zu einem «öffentlichen Anklagepunkt» erhoben wird.* Andernfalls würde man die Kooperation mit denjenigen Organisationen (und Personen) des Handlungsfeldes, auf die man primär Einfluss nehmen möchte, von sich aus verspielen. Auch dies gilt offensichtlich für alle Formen von Ethiktransfer. Dabei wird es allerdings wesentlich sein, dieses Containment mit dem Kriterium der öffentlichen Toleranz in einen guten Ausgleich zu bringen. [QEVcont]
  - Ethiktransferorganisationen sind immer selbst auch «Organisationen», welche sich in ihrer Branche (als Fonds, in Funktion der Diskursklärung, als Beratungsinstanz usw.) *branchenkorrekt verhalten* müssen (oder allenfalls reflektiert und aus kommunizierten Gründen davon abweichen werden). Andernfalls würde man sich in der Branche diskreditieren und zunehmend handlungsunfähig werden. Es wäre aber auch ein Ausdruck von Arroganz, sich über Branchenkodices hinwegzusetzen. [QEVbranch]
  - Die Leitidee 7 ist im Sinne einer «Ressourcenorientierung» zu verallgemeinern: *Ethiktransfer soll Handelnden (Organisationen wie Personen) helfen, Handlungsspielräume a) zu erkennen, b) zu nutzen und c) zu erweitern.* [QAHAspiel]
  - Leitidee 8 ist in der Verallgemeinerung der Leitidee 1 aufgehoben.

- Schliesslich wird das Problem angesprochen, dass ethische Investment-Angebote unter Umständen (z.B. aus Gerechtigkeitsgründen) faktisch die Interessen (benachteiligter) Betroffener vertreten, ohne dass der Anbieter bzw. die Organisation der Anlagemöglichkeit mit diesen «Stakeholdern» in Kontakt stehen. Dieses Problem gilt wiederum für Ethiktransfer generell. Man wird diesen Zustand nicht immer als falsch einstufen, doch kann er einen entmündigenden Charakter haben. *Der reale Einbezug Betroffener dürfte demgegenüber ein generelles, wichtiges Kriterium sein.* Es ist ein Unterkriterium sowohl der Nutzung der Synergien mit Moral- und Ethikpädagogik, als auch eine Frage der Glaubwürdigkeit. Ein solcher Einbezug kann auch verhindern, dass eine Ethiktransferaktivität zwar legitime, aber weitaus zweitrangige Bedürfnisse Betroffener vertritt – oder gar kontraproduktive Fürsorgepositionen einnimmt –, wo es möglich wäre, erstrangigen Bedürfnissen Nachdruck zu verleihen. [QAHPbetr]
- Die Leitidee 10 lässt sich als Kriterium der *Verhinderung des Selbstzwecks der Ethiktransferprojekte* verallgemeinern. Die Aktivität ist am Ziel zu orientieren und muss auch beendet werden können, wenn das Ziel erreicht ist bzw. durch dieses Projekt nicht sinnvoll weiter verfolgt werden kann. Wäre ein Transferprojekt so angelegt, dass man es per se am Leben erhalten will, wäre schon in der Anlage die zentrale Ausrichtung auf die eigentliche Aufgabe in Frage gestellt. [SEVSsinn]
- Die an diese Beschäftigung mit prinzipiengeleitetem Investment anschliessenden Überlegungen zum Labeling legen nahe, der Bewertung der Transparenz ein *Unterkriterium der Einfachheit der Kommunikation* beizufügen. Bei einer gegebenen Informationsflut reicht es nicht aus, differenzierte, aber entsprechend ausführliche Informationen passiv bereitzustellen. Eine aktive Kommunikation von basalen Informationen über geeignete Kanäle ist eine «Bring-Schuld». Labeling ist eine Form ausgesprochen einfach gehaltener Kommunikation, aber nicht die einzige. [QBÖAakt]

Die oben angestellten Überlegungen zur *Medizinethik* kulminieren in der Aussage, dass die medizinische Ethik so alt wie die Medizin, die Bezugnahme auf die philosophische Ethik aber neu sei.[1] Auch heute noch stellen die Ethikerinnen und Ethiker einen minimalen Anteil an Mitgliedern in medizinethischen Gremien, wobei diejenigen philosophischer Provenienz sogar nochmals deutlich seltener sind als diejenigen theologischer Herkunft. So sehr diese Beobachtung nach dem *Kriterium des Anschlusses an den wissenschaftlichen ethischen Diskurs* ruft, so sehr zeigt sich auch, wie leistungsfähig die im Zielfeld selbst vorhandene Moral und Ethik sein kann – und wie bedeutsam dementsprechend der respektvolle *Anschluss an diese Praxis und Reflexion* ist. Ausserdem wird deutlich, dass eine *Bescheidung im Sinne des dritten Unterkriteriums* für die Wirksamkeit des Transfers bedeutsam sein kann: Die Konzentration des «ethischen Fachpersonals» auf die normativen Fragen lässt alle Beteiligten in ihrem Kernbereich arbeiten. Manche Erfahrungen in medizin-ethischen Kommissionen liessen allerdings eine stärkere Vertretung von nicht in die Anreizsysteme des medizinisch-pflegerischen Systems eingebundenen Personen wünschbar erscheinen.[2] [QAEAaktiv] [QAHPpositiv] [QAHPethik] [QEVSethikkonz]

Die *Technikethik* gibt einer differenzierten Auseinandersetzung mit ihrer eigenen Wirksamkeit grossen Raum. Es wird jedoch nicht nur die relativ geringe Wirkung beklagt; es werden auch

---

[1] Beginnend in der 2. Hälfte des 20. Jahrhunderts (Wiesing/Marckmann 2003, 268).
[2] Vgl. Düwell 2001, 176.

Wirkungen auf unterschiedliche Ebenen unterschieden (gesellschaftliche Steuerungen, Unternehmen, Individuen). Vermutlich einzigartig an diesem Diskurs ist eine differenzierte Diskussion über Grade oder Typen von Wirksamkeit, die sich auf eine Palette von Möglichkeiten verteilen, welche sich von einem bekannten Input auf den Prozess bis zu einem messbaren Einfluss auf das Resultat erstrecken. Es ergibt sich daraus nicht nur *eine Differenzierung für das Kriterium der Wirksamkeit im Sinne einer Aufzählung von Varianten von Wirksamkeit*, sondern auch ein weiteres *Unterkriterium zum Kriterium der Selbstbeschränkung*: Eine Transferorganisation kann nicht «Wirkung in jeder Hinsicht» entfalten, sondern muss sich *auf einen bestimmten Typ von Wirkung konzentrieren* (evtl. auf eine kleine Mehrzahl von Typen) [QAHAwirk] [QEVSwirkmög].

Aus den *Reflexionen zu Ethikgremien* ergeben sich zahlreiche Bewertungshinsichten:
- Die Vielfalt der möglichen Ziele und Aufgaben, welche Kettner für medizinisch-ethische Gremien auflistet, rufen die Bedeutung der *Konzentration auf bestimmte Zielsetzungen* in Erinnerung und zeigen, wie wichtig die Übereinstimmung zwischen gewählter Aufgabe und gewählter Transfermethodik ist. [QAHAfeldspez] [QEVMeignweg]
- Auf die Gefahr einer «Verselbstzwecklichung von Ethikgremien» weist Pettit (1999) hin. Das sich daraus ergebende Kriterium der konsequenten Aufgabenorientierung wurde oben in Umsetzung der Leitidee 10 für ethisches Investment bereits genannt. [QEVsinn] [QEVManreiz]
- Wittmann erwähnt die *verbindliche Selbstorganisation von Ethikgremien* – mutatis mutandis auf alle Formen von Ethiktransfer zu übertragen – bis zur Festlegung der grundlegenden Rechte und Pflichten der Mitwirkenden als Voraussetzung für die Begrenzung «strategisch» motivierter Auseinandersetzungen. Das *Kriterium eines definierten Statuts* erscheint hier als Unterkriterium der Unabhängigkeit. [QAHunabh] [QEVmista]
- In der Auseinandersetzung mit Ethikgremien bei Rippe erscheinen die Kriterien der *Unterscheidung von Moral und Ethik in der Transferarbeit* der Ethikgremien, die *Förderung des Diskurses* und die *Verhinderung einer (ethischen) Expertokratie*. Der Vorschlag einer Kombination mit bürgerpartizipativen Gremien wäre die Verwirklichung des bereits genannten Kriteriums, *die Betroffenen direkt in den Diskurs einzubeziehen*, und natürlich auch der *Transparenz gegenüber der Öffentlichkeit*. [QEVmoral] [QBÖAdiskursförd] [QAHApäd] [QAHDverantw] [QAHPbetr] [QBÖAakt]
- Die bei Rippe mit guten Gründen kritisierte Vermischung von «Konsensuskonferenzen» (Kommissionen aus Bürgern), «Clearingkommissionen» (Kommissionen aus Vertretern einflussreicher gesellschaftlicher Gruppen) und «Expertenkommissionen» (Kommissionen aus wissenschaftlich kompetenten Personen) zeigt wiederum, wie bedeutsam *eine präzise Festlegung auf ein bestimmtes Ziel bzw. eine bestimmte Aufgabe* und die *bewusste Wahl einer geeigneten Methode aus der Vielfalt der Transfermöglichkeiten sind*[1]. [QBÖAmista] [QEVMeignweg]
- In Rippes Option für die ethische Expertenkommission spiegeln sich unter anderem die Kriterien *des Anschlusses an die wissenschaftliche Ethik* und die *Argumentebasiertheit* als Unterkriterium der *Transparenz*. [QAEAaktiv] [QEVKargument]
- Die Zusammenfassung zu den Ethikgremien weist auf die Bedeutung folgender Kriterien hin: *Unterscheidung von Ethik und Moral* in der Transferarbeit [QEVmoral], *Konsistenz von*

---

[1] Dies schliesst die passende personelle Zusammensetzung eines Gremiums (Unterkriterien zu QEVP) ein.

Transferaufgabe und -methode [QAEMeign], eine *ausreichende personelle Vertretung ethischen Fachwissens in der Transferorganisation[1]* [QEVPethik], die *Vermeidung einer (ethischen) Expertokratie* [QAHDverantw] (beispielsweise durch *parallele Ethikpädagogik* [QAHApäd] im Sinne einer Sensibilisierung für ethische Fragen und einer Bildung der Kompetenz, mit diesen Fragen selbständig umzugehen und durch *bidirektionale Kommunikation mit der Praxis* [QAHPkennt]), die *Anschlussnahme* nicht nur an die wissenschaftliche Ethik in einer Minimalvariante, sondern *an eine möglichst grosse Breite aus der Pluralität ethischer Ansätze*[2] [QAEPbreit], Beachtung (und Reflexion) der *Qualität des Diskurses in der Transferorganisation* [QEVKthema]. Dieses wie auch das anschliessend genannte *Kriterium der «Neutralisierung von Machtdifferenzen»* [QEVKneut] können als Unterkriterien der Transparenz oder, zusammen mit der Transparenz nach innen, als Unterkriterien der Kommunikationsqualität in der Transferorganisation eingeordnet werden.

- *Ob das ethische Fachwissen beraten oder entscheiden soll*, ist sowohl für die Frage der Ausbildung einer ethischen Expertokratie als auch für die Frage der «Neutralisierung von Machtdifferenzen» bedeutsam: Beide Schwierigkeiten vermindern sich, wenn die Einflussnahme beratend ist, und verstärken sich, wenn Entscheidungskompetenzen gegeben sind. Allerdings scheint (!) damit auch die Wirksamkeit geringer zu werden. [QAHDverantw] [QEVSethikkonz]
- Schliesslich wurde im Kontext der Ethikgremien angesprochen, dass *die Eigendynamik der Transferorganisation (Radikalisierung, Legitimierung usw.) zu reflektieren ist und dass in diesem Zusammenhang auch die Anreize, denen sie selbst unterliegt bzw. die sie selbst in sich ausbildet, offenzulegen seien*. Auf Grund einer solchen Klärung lassen sich «Tendenzen» aktiv gestalten. So soll die Transferorgansation selbst Verantwortung für ihre eigenen «Drifts» übernehmen.[3] [QEVManreiz]

Die Überlegungen zur *ethischen Beratung* liegen nahe bei denjenigen zu den Ethikgremien:

- Es wird noch einmal betont, dass einer Expertokratie entgegen zu wirken ist. Wichtig sind daher Bidirektionalität der Kommunikation und Moral- bzw. Ethikpädagogik im Sinne einer Sensibilisierung für wertebezogene Komponenten anstehender Fragen und ebenso im Sinne einer Stärkung der Fähigkeit zum selbständigen Umgang mit diesen Komponenten (Stichwort z.B. «wordview interpretation»). [QAHverant] [QAHbidir] [QAHApäd]
- Die zunächst nur für den Akt der Beratung notwendigen *Informationen aus der Praxis* werden prinzipiell als für die Theoriebildung in der wissenschaftlichen Ethik relevant betrachtet. Dies bringt mit sich, dass «also die Relation von Theorie und Anwendung keine asymmetrische, sondern grundsätzlich eine symmetrische ist» (Rämer 1995, zitiert nach Badura 2002, 149). Dies legt nahe, Formen von Ethiktransfer, welche diese Informationen aus der

---

[1] Vgl. dazu ergänzend Virt (2001, 448) im Blick auf die Ethikberatergruppe der Europäischen Kommission: «Aber wie viele ausgebildete ethische Fachleute sind darin Mitglied?»
[2] Virt (2001, 447) betont, dass eine Funktionalisierung der Wissenschaft durch die Politik möglich ist «durch gezielte Heranziehung von Wissenschaftlern einer bestimmten Richtung und der Nichtheranziehung von Experten einer anderen Richtung». Vgl. dazu generell die Forderung von Düwell (2001, 177–179, Hervorhebung im Original), dass sich die angewandte Ethik in allen Bereichen «auf den *Streit zwischen den ethischen Theorien* einzulassen» habe. Weiter unten (183) postuliert er: «Die Ethik wird die ganze Spannbreite der wissenschaftlichen Positionen in den Diskurs einbringen, d.h. sie wird streitbar und Dissens-freudig sein müssen.»
[3] Dieses Kriterium liesse sich einem übergeordneten Kriterium der Selbstreflexion subsummieren.

Praxis in den wissenschaftlichen ethischen Diskurs im engeren Sinn weitervermitteln, gegenüber solchen Formen, die das nicht tun, zu bevorzugen. [QAEAfrag] [QAEAsituation] [QAEAgrenz]
- Im Kontext ethischer Beratung treten weiter die *Unterscheidung von Ethik und Moral* (in der Arbeit der Transferorganisation selbst [QEVmoral] und in der Kommunikation gegen aussen [QBÖAmoral]), der *breite Anschluss an die Pluralität ethischer Ansätze in der wissenschaftlichen Ethik* [QAEPbreit] und der *Anschluss an die vorhandene Moral und Ethik* im Handlungsfeld [QAHPethik] hervor. Mit Blick auf die Möglichkeit der Beratung nicht nur von Personen, sondern auch von Institutionen sind ausserdem die *Strukturorientierung* [QAHAwirk] und die *Suche nach Spielräumen* sowie *die Überwindung der Sachzwanglogik* [QAHAspiel] zu ergänzen.
- Lunau thematisiert in seiner «Unternehmensethikberatung» das Spannungsfeld zwischen einem möglichen «Instrumentalismus», im Sinne einer Funktionalisierung von «Ethik» im Handlungsfeld, und einer möglichen «Weltfremdheit» in der Thematisierung der Praxis seitens der Ethik. Dieses Spannungsfeld zeigt sich offensichtlich in der Beratung besonders deutlich, dürfte aber von genereller Bedeutung für alle (bzw. die meisten) Formen von Ethiktransfer sein. Beide Fehlfunktionen dürften sich vorzugsweise durch eine aktive, *bidirektionale Kommunikation* [QAHbidir] bei strikter Beibehaltung des Anschlusses des ethischen Fachwissens an den wissenschaftlichen Fachdiskurs [QAEAaktiv] und einer deklarierten Ansiedelung von Handlungsentscheidung und -verantwortung im Handlungsfeld selbst [QAHDverantw] vermeiden lassen. Dafür wird die *Reflexion der Unterschiedlichkeit der Anreize in diesen beiden Systemen* [QAEDfremd] von grosser Bedeutung sein, die es auch erlaubt, Kommunikationsprobleme von notwendigen(!), d.h. auch kreativen Antagonien zu unterscheiden.

Die folgenden drei Bewertungshinsichten gehen aus der Behandlung des *ethischen Gutachtens* hervor:
- In diesem Kontext wird erwähnt, dass auch die Öffentlichkeit einen Druck auf die ethische Facharbeit ausüben und so die Reflexion einengen kann. Demgegenüber muss (!) *eine zumindest relative Unabhängigkeit der ethischen Facharbeit von «moralischen» Tendenzen der Öffentlichkeit, namentlich der Medien, zum Kriterium der Qualität von Ethiktransfer erhoben werden*[1] [QBÖDunabhängig]. Wünschbar ist, dass die transparente Kommunikation von Ethiktransferprojekten nach aussen und eine aktive Moral- und Ethikpädagogik im Sinne einer Sensibilisierung ein solches Problem gar nicht erst auftreten lassen – sicher ist dies jedoch nicht, da die Macht solcher Kommunikationen begrenzt ist.
- Weiter fällt auf, dass Birnbacher 1999, (279–280) durchaus mit einer «Gefährlichkeit» von Ethik rechnet und im Anschluss an Odo Marquard eine «*Ethikfolgenethik*» für bedeutsam hält. Wer Ethiktransfer betreibt, muss bedenken: «Ob eine bestimmte Auffassung ihrem inhaltlichen Anspruch nach richtig ist, ist eine Sache; ob es richtig ist, sie in der Öffentlichkeit zu äussern, eine andere». Dies gilt nicht nur für die öffentliche Äusserung in Gutachten, sondern auch für alle anderen Formen des Transfers. Diese Forderung impliziert eine ganze Reihe bereits genannter Kriterien, etwa die Warnung vor unmittelbaren Anwendungen individualethischer Einsichten auf die Gestaltung von Strukturen oder die Reflexion der Anreizmechanismen im Zielfeld, geht aber darüber hinaus, *indem eine Reflexion abschätzba-*

---

[1] Vgl. dazu Virt (2001, 449): «Sie [die Ethik] muss auf Distanz gehen zu dem, was gerade als Mehrheitstrend erhoben wird».

rer Wirkungen (speziell abschätzbarer Nebenwirkungen!) zum Qualitätskriterium für Ethiktransfer erhoben wird. [QEVMfolgen]
- Nicht weniger bedeutsam dürfte ausserdem der Hinweis sein, dass die scientific community Transferaktivität nicht unbedingt honoriert – nicht selten verlaufen die Anreize in die Gegenrichtung. Folglich ist es für die Qualität der Arbeit einer Transfersorganisation wesentlich, diese Tendenzen zu reflektieren, um den Anschluss an den wissenschaftlichen ethischen Diskurs entsprechend gestalten zu können. [QAEDanreiz]

Die Notiz zu Bildung und Ethiktransfer betont die Bedeutung der Synergie mit der Moralpädagogik. [QAHApäd]

2.2 Rekapitulation II

Aus den Überlegungen zum *Transferbegriff* ist zu schliessen, dass einem angemessenen «Rücklauf» von Informationen aus der Praxis in den wissenschaftlichen ethischen Diskurs grosses Gewicht beizumessen ist. Nicht nur soll die Transferarbeit den Stand der Diskussion in der wissenschaftlichen Ethik zur Kenntnis nehmen und in Anschlag bringen, sondern die Praxis des Ethiktransfers soll sich in dieser Diskussion zu Wort melden und sie mitprägen. [QAEAaktiv]
Betrifft dieses Kriterium die Kommunikation von Ethiktransferorganisationen zur wissenschaftlichen Ethik, so lässt sich aus den Überlegungen zur *hermeneutischen Ethik* ein Kriterium hinsichtlich der Kommunikation mit dem Handlungsfeld ableiten: Auch an der Stelle ist die Gegenseitigkeit der Kommunikation von fundamentaler Bedeutung. Unter anderem soll die Transferorganisation durch Fragen das Verständnis der realen Dilemmasituationen im Handlungsfeld vertiefen und die in diesem Feld vorhandenen Wertorientierungen und -reflexionen wahrnehmen. [QAHPkennt] [QAHPethik]
Kohärentismus und Überlegungsgleichgewicht sind nun (Begründungs-)Theorien, welche ein Modell bieten, wie die Ergebnisse dieser beiden Kommunikationen – derjenigen mit der wissenschaftlichen Ethik und derjenigen mit dem Handlungsfeld – konzeptuell integriert werden können. Diese Theorien legen nahe, den Praxisbezug, genauer die Praxiskompatibilität zum integralen Bestandteil der Begründung normativer Aussagen zu machen (vgl. unten zur metaethischen Relevanz des Ethiktransfers). Diese Überlegungen bestimmen primär den Ethiktransfer als Qualitätskriterium für ethische Theoriebildungen, sind also Hinsichten, unter denen nicht der Ethiktransfer, sondern die Qualität der wissenschaftlichen Arbeit in der Ethik zu beurteilen ist. Immerhin wird damit auf die Bedeutung hingewiesen, die die Reflexionsarbeit in der Organisation, die Ethiktransfer leistet, hat und wie sie gestaltet werden kann. Einige der genannten Hinsichten, etwa diejenige der Transparenz in den internen Kommunikationen, diejenige der Gültigkeit des besseren Arguments und der Beschränkung von Machteinflüssen, sind dafür dienlich. Kohärentismus und Überlegungsgleichgewicht sind darüber hinausgehende Reflexionsmethoden, die sich ebenfalls im Diskurs in der Transferorganisation einsetzen lassen. Dazu ist es sinnvoll, diese Methodik den Beteiligten zu vermitteln und sie gemeinsam mit ihnen für die Aufgabe der jeweiligen Transferorganisation zu adaptieren. [QEVKtranspa] [QEVKargument] [QEVKneut] [QAHAmeth]

Die *soziologische Systemtheorie* betont die Grenze zwischen verschiedenen Funktionssystemen der Gesellschaft und die Respektierung der Tatsache, dass Kommunikationssprache und Anreizsystem («Code») des Systems der wissenschaftlichen Ethik – mehr oder weniger, meist aber mehr – sich unterscheiden von Sprache und Anreiz des Zielgebietes des Transfers. Daraus ergibt sich das Kriterium, dass Ethiktransfer an Qualität gewinnt, a) umso weniger diese Grenze und Verschiedenheit unterschlagen wird und b) umso aktiver und kreativer mit dieser Grenze und der Notwendigkeit von Übersetzungen umgegangen wird. [QAEDfremd]

Die *soziologische Kritik an der Ethik*, welche insbesondere von und im Anschluss an Luhmann formuliert wurde, macht auf die Bedeutung einer «Strukturenethik» aufmerksam. Ethiktransfer, der definitionsgemäss auf Strukturen wirkt, muss immer auch an die explizit strukturenethischen Reflexionen[1] anschliessen[2]. [QAEPstrukt]

Die Einsichten zu *Machbarkeit und Pelagianismus* betonen die Legitimität einer «Selbstzwecklichkeit» der wissenschaftlichen Ethik jenseits transferorientierter «Verwertung» wie der «Praxis» je unabhängig voneinander und machen darauf aufmerksam, dass es Ethiktransfer auch dort gibt, wo er nicht absichtlich hergestellt wird. Ersteres ist in Kriterien eines konstruktiv-kritisch-anerkennenden Verhältnisses sowohl zur wissenschaftlichen Ethik [QAEpositiv] als auch zum Handlungsfeld zu fassen[QAHpositiv], Letzteres lässt sich als Unterkriterium der Selbstbeschränkung in dem Sinne verstehen, dass die Bedeutung der eigenen Transferaktivitäten nicht überschätzt werden soll, sondern in einem Kontext einer Vielfalt beabsichtiger und «spontaner» Transferprozesse zu sehen ist. Eine solche realistische Selbsteinschätzung hat durchaus Einfluss auf die Qualität der eigenen Arbeit. [QEVSdiff]

Die Überlegungen zum Thema *Motivation* betonen die Notwendigkeit eines aktiven Umgangs mit den unterschiedlichen, aber potenziell durchaus auch synergetischen «Motivlagen» der wissenschaftlichen Ethik und der Handlungsfelder. Dies entspricht dem Kriterium des bewussten und kreativen Umgangs mit der Grenze und Unterschiedlichkeit der Anreizsysteme, welches oben bei der Systemtheorie erläutert wurde. Dafür werden hier wiederum andere, zusätzliche Gründe angebracht. [QAEDfremd]

2.3 Rekapitulation III

In den Expertinnen- und Experteninterviews wurde explizit nach Kriterien der Qualität von Ethiktransfer gefragt. Entsprechend viel Material ergab sich. Dieses ist nicht nur hinsichtlich der Kriterien selbst bedeutsam, sondern ebenso sehr hinsichtlich deren Systematisierung. Denn im Rahmen der codierenden Auswertung galt es ein erstes Mal, ähnliche Bewertungshinsichten nach Möglichkeit in einer Unterkategorie zusammenzufassen. Ausserdem mussten diese Unterkategorien sinnvoll geordnet werden, da aus dem umfangreichen Material vergleichsweise viele Unterkategorien entstanden. Dabei ergab sich induktiv eine Ordnung, die auch Grundlage sein wird für Systematisierung aller Kriterien im nächsten Unterkapitel.

Da die Kriterien aus den Interviews im Rahmen deren Auswertung als solche bereits beschrieben wurden, brauchen sie nun kein weiteres Mal formuliert zu werden. In der folgenden

---

[1] Vgl. oben Seite 154 unter «5 Soziologische Kritik der Ethik und Ethik der sozialen Strukturen».
[2] – und wenn möglich (im Sinne von [QAEAaktiv]) dazu beitragen.

Tabelle werden sie wiederholt und die Kürzel dazu vermerkt, um zu zeigen, wie die Kriterien aus den Interviews in die Systematik der Kriterien eingehen werden.

a Kriterien, welche die gute Organisation in der Transferinstitution selbst betreffen	
(richtige) Vernetzungen	[QEVnetz]
Engagiertheit der Personen	[QEVperseng]
ethische Selbstreflexion	[QEVcont] [QEVbranch] [QEVMfolgen]
Fachlichkeit der Personen	[QEVPethik]
Fehlerkultur	[QEVfehler]
Genderreflexion	[QEVgender]
Interdisziplinarität	[QEVinterdisz]
Kommunikations-Kompetenz	[QAHPkennt]
Bescheidung	[QEVSethikkonz] [QAHAfeldspez] [QEVnetz]

b Kriterien, welche die partnerschaftliche Zusammenarbeit mit und angemessene Unabhängigkeit von dem Handlungsfeld betreffen	
Anschluss an vorhandene Ethik	[QAHPethik]
Begrenzung der Funktionalisierung	[QAHDunabhän] [QAHDanreiz]
Berücksichtigung der Handlungsfeld-Logik	[QAHDanreiz]
Dilemmabezug	[QAHPkennt] [QAEAfrag]
echter Dialog	[QAHPkennt] [QAHbidifekt]
gemeinsame Sprachfindung/Übersetzung	[QAHAkomplred] [QAHPkennt]
Partnerschaftlichkeit	[QAHDverantw] [QAHpositiv] [QAHPethik]
Prozesshaftigkeit/Entwicklungsoffenheit	[QEVMdyn]

c Kriterien, welche die Zusammenarbeit mit der scientific community betreffen	
Pluralität der Zusammensetzung	[QAEPbreit]
Rückfluss in den wissenschaftlichen Diskurs	[QAEAaktiv]
Trennung Reflexion – Empfehlung	[QAHAunterscheid]

d Kriterien, welche das Verhältnis zur Öffentlichkeit betreffen	
relat. Unabhängigkeit von der Öffentlichkeit	[QBÖDunabhängig]
Stärkung Individualverantwortung	[QAHDverantw]
keine Moralisierung	[QAHAnichtmoralin] [QBÖAnichtmoralin]
kommunizierter Werterahmen	[QBÖAmista]
Parteilichkeiten vermeiden oder offenlegen	[QAEDanreiz] [QAEDunabhän] [QAHDanreiz] [QAHDunabhän]

e uneigentliche Kriterien	
Strukturorientierung	[QAHAfeldspez] [QAEPstrukt]
Wirksamkeit	[QAHAwirk]
Markttauglichkeit	-

Tabelle 9: Kriterien aus den Expertinnen- und Experteninterviews

2.4 Rekapitulation der Theoriebildung in Hinsicht auf Qualitätskriterien

Da die Theoriebildung zu einem grossen Teil auf den Explorationen I bis III basiert, werden hier lediglich einige wenige Überlegungen aufgeführt, durch die Kriterien besonders gewichtet werden oder sich neue Aspekte ergeben.

Zu Beginn des Theorievorschlags wurde darauf hingewiesen, dass die moralischen Alltagsdiskurse sich von den wissenschaftlich-ethischen Kommunikationen und Forschungen graduell, nicht prinzipiell unterscheiden. Umso mehr ist es sinnvoll, in Prozessen des Ethiktransfers moralische Alltagsdiskurse im Handlungsfeld und wissenschaftliche Ethik aufeinander zu beziehen. *Ethiktransfer muss an diesen Alltagsdiskursen ansetzen, mit diesen in Kommunikation treten*, da er sonst ausserhalb des Horizonts der Praxis stattfinden würde – und weil in diesen moralischen Alltagsdiskursen wichtiges Wissen gespeichert sein kann. [QAHPethik]

Die Reflexionen zur wissenschaftssoziologischen Verortung der Ethik und zu deren inneren Dynamiken haben gezeigt, dass es auch in der Wissenschaft Bindungen gibt, welche die Offenheit und damit die Sachgerechtigkeit der wissenschaftlichen Reflexion begrenzen. Wissenschaft ist daher, auch wenn sie ökonomisch relativ unabhängig ist, nicht unbedingt neutral. Die Verpflichtung gegenüber wissenschaftlichen «Schulen», um nur ein Beispiel zu nennen, mag im Abnehmen begriffen sein, fehlt jedoch nicht völlig. Auch in der scientific community gibt es (karrierebezogene) Anreizsysteme, welche nicht auf der Kraft des besseren Arguments beruhen. Das Kriteriensystem muss daher sicherstellen, dass *der Anschluss an die Wissenschaft breit* genug ist, oder andere Vorkehrungen treffen, die verhindern, dass Transferaktivitäten durch nicht sachbezogene Mechanismen verzerrt oder verengt werden. [QAEPbreit]

Eine solche weitere Vorkehrung ist eine – zumindest relative – Unabhängigkeit der Transferorganisation gegenüber der wissenschaftlichen Ethik (als sozialer Grösse, nicht als Gebiet). [QAEDunabhän]

Die Unterscheidung von Ethiktransfer und Moral- bzw. Ethikpädagogik und vor allem die Darstellung des unverzichtbaren synergetischen Verhältnisses dieser beiden macht deutlich, dass *moral- und ethikpädagogische Wirkung* als «notwendige Begleiterscheinung» von Ethiktransfer ein wichtiges Qualitätskriterium darstellt. [QAHApäd]

Betrachtet man die tabellarisch dargestellte Vielfalt sozialer Strukturen auf der organisationalen wie auf der Rahmenordnungsebene und damit die Varietät der möglichen Transferzielorte, so wird deutlich, dass eine Spezialisierung, eine Fokussierung auf einen eng umrissenen Teil derselben unabdingbar ist. Die *Konzentration auf einen eng umrissenen Teil der gesellschaftlichen Strukturen* kann als Unterkriterium einer generell bedeutsamen Selbstbeschränkung verstanden werden. [QAHAfeldspez]

Die Präzisierung des ethischen Diskurses als Transferausgangspunkt und der Handlungsfelder als Transferzielorte, mit je eigenen, stark verschiedenen systemlogischen Anreizmechanismen sowie eigenen Sprachen, betont wiederum deren Unterschiedenheit. Als drittes System werden die institutionalisierten Austauschprozesse dazwischen gestellt. Damit wird die Bedeutung und Symmetrie der *Unabhängigkeit von beiden Seiten* deutlich. Klar wird auch, dass eine Verständigung zu allererst zu etablieren ist, um schliesslich zu einer (kritischen) Nutzung von Synergien zu finden. [QAHDunabhän] [QAEDunabhän] [QAEPpassiv] [QAEAaktiv] [QAHPkennt] [QAHPethik] [fremd]

Diese Klärung der Unterschiedlichkeit und Unabhängigkeit ordnet *Handlungs*verantwortung und damit Entscheidung einseitig dem *Handlungs*feld zu. Umgekehrt steht damit fest, dass der ethische Diskurs und die ethische Expertise als Ausgangspunkt des Transfers nicht von Interessenbindungen im Handlungsfeld vereinnahmt werden dürfen, denn darin bestehen wesentlich Eigenheit und Unterschiedenheit der Ethik. [QAHDverantw]

Die Reflexion unterschiedlicher Formen von Ethiktransfer legt nahe, dass auch hier aus der Vielfalt eine Auswahl zu treffen ist. Diese Wahl soll begründet geschehen, d.h. im Wissen um konkrete, andere Möglichkeiten. Daraus ergibt sich ein doppeltes Kriterium: einerseits das bereits genannte der *Spezialisierung* – diesmal nicht in Hinsicht auf das Handlungsfeld, sondern *in Hinsicht auf den Transferweg* –, welches wiederum unter ein Oberkriterium der Selbstbeschränkung gefasst werden kann [QEPMspezweg]; andererseits ein *Kriterium der Adäquatheit der Methode zur Aufgabe*: Die bewusste Wahl des Transferwegs ist aus den spezifischen Transferzielen zu begründen. [QEVMeignweg] Abgesehen von der Adäquatheit ist ein zweites Kriterium zu nennen: Wenn eine bestimmte Transferaufgabe auf zwei Wegen gelöst werden kann, so soll eher derjenige Weg bevorzugt werden, welcher die Handlungsmöglichkeiten der Individuen erweitert als derjenige, welcher Handlungsmöglichkeiten vergleichsweise stärker beschränkt. Unterschiede dieser Art sind nicht so selten, denn individuelles Handeln lässt sich strukturell in der Regel einerseits durch gezielte Restriktionen, andererseits durch gezielte Erleichterungen von Handlungen erreichen. [QEVMfrei]

Aus den Überlegungen zu den Inhalten der Austauschprozesse ergeben sich drei Kriterien:
a) *Handlungsentscheidungen, «Lösungen», dürfen nicht als Transferinhalt gehandelt werden* [QAHDverantw]
b) *im optimalen Fall werden Reflexionsmethode, Stand der ethischen Diskussion und «Grundwerte» in die eine Richtung* [QAHAmeth] [QAHAstand] [QAHAgrund]
c) *offene Fragen, Stand der Dinge und Grenzen in die andere Richtung transferiert* [QAEAfrag] [QAEAsituation] [QAEAgrenz]

Dies sind «Minimalinhalte» für die Austauschprozesse. Deren Aufzählung darf nicht als abschliessend und umfassend verstanden werden. Dies gilt in doppelter Hinsicht: Erstens kann die weitere Diskussion zeigen, dass es weitere Minimalinhalte für alle Formen von Ethiktransfer und alle Handlungsfelder gibt. Zweitens steht fest, dass in konkreten Ethiktransfer-Austauschprozessen weitere Inhalte hinzukommen werden, die transfermethoden- bzw. feldspezifisch sind.

Damit sind alle bisherigen Überlegungen dieser Untersuchung bezüglich möglicher Beurteilungskriterien rekapituliert. Es hat sich daraus eine lange Liste von Qualitätskriterien ergeben, die in einem nächsten Schritt geordnet werden sollen – noch ohne dass über «Legitimität» und Gewicht der einzelnen Kriterien entschieden wird.

3 Systematisierung der Kriterien

Die induktiv erstellte Auflistung von Bewertungshinsichten soll nun systematisiert werden. Dies ist sowohl für deren theoretische Durchdringung als auch für deren praktische Handhabung unverzichtbar und geschieht in dreifacher Perspektive:
- Systematisierung nach Themen (3.1)
- Systematisierung nach normativen Voraussetzungen (3.2)
- Systematisierung nach Reichweite (3.3)

Alle drei Systematisierungen sind aus der Fülle der oben zusammengestellten Bewertungshinsichten erstellt. In dieser Fülle wurden

- induktiv «Themencluster» gebildet,
- jede Bewertungshinsicht auf ihre hauptsächliche normative Voraussetzung befragt,
- die Bewertungshinsichten untereinander auf ihre Reichweite hin verglichen.

Die Resultate dieser heuristischen Prozesse werden im Folgenden dargestellt.

Ziel der Systematisierung nach Themen ist in erster Linie die weitere Reduktion der Redundanz und eine systematische Übersichtlichkeit. Die anschliessende Analyse und Ordnung der normativen Voraussetzung der Kriterien dient der Explizierung der Wertegrundlagen und der Überprüfung der normativ-ethischen Plausibilität des Kriteriensystems ingesamt. Der Vergleich der Reichweite der Kriterien führt zur Absetzung sogenannter Schlüsselkriterien.

Zum Schluss werden die drei Systematisierungen verglichen und zueinander in ein Verhältnis gesetzt werden (Unterkapitel 4).

3.1 Systematisierung nach Themen

Eine Aufzählung von Kriterien in einem Text – wie oben geschehen – lässt als Form eine theoretisch beliebig grosse Komplexität und Differenziertheit zu. Darunter leidet die Übersichtlichkeit. Diese wiederum ermöglicht eine schematische Darstellung, allerdings unter der Voraussetzung einer Reduktion der Differenzierungen: Weitgehend ähnliche Beurteilungshinsichten werden zu einem Kriterium zusammengefasst[1], womit Feinheiten der Unterschiede verloren gehen. Kriterien werden gruppiert, womit die komplexen und vielfältigen Zusammenhänge auf eine einfache Gruppenzugehörigkeit reduziert werden. Übersicht bedingt Vereinfachung.

Eben dies ist nun zu leisten: Während die obige Darstellung der Kriterien in den Rekapitulationen – und noch stärker die ihnen zugrunde liegenden ausführlicheren vorausgehenden Texte – den Differenzierungen und Feinheiten der Zusammenhänge Raum gaben, soll die folgende Schematisierung unter Inkaufnahme der genannten Verluste, aber *unter möglichst vollständiger Aufnahme der heuristisch-hermeneutisch erhobenen vorfindlichen Bewertungshinsichten* eine Übersicht bieten.

Die Grundstruktur der Einteilung der Kriterien geht zurück auf die Bildung von vier Gruppen für die Systematisierung der zahlreichen kriterienbezogenen Textabschnitte aus den Expertinnen- und Experteninterviews. Der induktiv-hermeneutische Prozess der Gruppenbildung war dort bereits zu leisten. Dabei zeigte sich, dass angesichts der vielen Aussagen über das Verhältnis der Transferorganisation zur Öffentlichkeit dafür eine Unterkategorie zu bilden ist. An der Stelle unterscheidet sich das nun graphisch darzustellende Modell der Kriteriengruppen von der oben dargestellten Ethiktransfertheorie, welche das Verhältnis zur Öffentlichkeit und ihre Bedeutung zwar nennt, aber nicht als eigenes Element vertieft.

Der Begriff der «Transferorganisation», der im folgenden Schema im Zentrum steht, ist dabei stets in einem weiten Sinn zu verstehen, was die Bezeichnung «Organisation» betrifft. Es kann sich dabei um eine Personengruppe vorerst ohne spezifische juristische Form, um eine Ein-Personen-Institution, um ein mit detailliertem Statut versehenes Ethikgremium oder eine ganz andere organisierte Struktur handeln. Wesentlich ist, dass diese Struktur auf eine gewisse

---

[1] Die Schematisierung reduziert damit die Überschneidungen, die sich aus der hermeneutisch-induktiven Herleitung der Kriterien ergab. Sie werden weiter reduziert und konzentriert in den Schlüsselkriterien.

Dauer angelegt ist, sich als intermediäre Instanz (vgl. oben Seite 107) versteht und ausschliesslich oder unter anderem die Funktion übernimmt, Reflexionen aus dem wissenschaftlichen ethischen Diskurs in die Gestaltung organisationaler bzw. gesellschaftlicher Strukturen einfliessen zu lassen.

Grafik 16: Kriteriengruppen

Entsprechend diesem Schema *setzt sich die Qualität des Ethiktransfers zusammen* aus
- der Qualität des Anschlusses an den wissenschaftlichen ethischen Diskurs,
- der Qualität des Anschlusses an das Handlungsfeld,
- der Qualität der Bezüge zur Öffentlichkeit und
- der Qualität der eigenen Verarbeitungen in der Ethiktransferorganisation

Damit sind vier inhaltlich noch zu füllende Hauptkriterien für die Qualität des Ethiktransfers festgelegt.[1] Die Kriterien, welche sich erstens aus den Expertinnen- und Experteninterviews und zweitens aus der Relektüre der theoretischen Überlegungen oben ergaben, werden nun als Unterkriterien dieser Hauptkriterien (bzw. als Unter-Unterkriterien) eingeordnet.

Eine wichtige Funktion einer solchen thematischen Systematisierung ist die Lokalisierung von Fehlstellen, denn im Unterschied zu linearen Listen können strukturierte Anordnungen von Inhalten Indizien auf Fehlendes zu Tage fördern. Genau eine Fehlstelle zeigte sich bei der thematischen Systematisierung der Kriterien. Die Explorationen hatten keine Hinweise darauf gegeben, dass eine aktive Gestaltung einer bidirektionalen Kommunikation, d.h. eine auf Re-

---

[1] Ursprünglich wurde eine fünfte «Restgruppe» offengehalten, da damit zu rechnen war, dass sich nicht alle induktivhermeneutisch aufgefundenen Kriterien in dieses vergleichsweise enge Schema einfügen würden. Dies bestätigte sich nicht und die «Restgruppe» wurde wieder fallengelassen. Man darf dies als Indiz dafür werten, dass das Schema die Realität gut abbildet.

aktionen, Nachfragen, kritische Zwischenrufe usw. ausgerichtete Kommunikation zwischen der Transferorganisation und der Öffentlichkeit, eine wichtige Aufgabe und damit ein Qualitätskriterium sein könnte. Dass dies dennoch zu erwägen wäre und letztlich auch ein sinnvolles Kriterium ist, ergibt sich aus den Symmetrien in der obigen Grafik. Die Bedeutung einer solchen Kommunikation war jedoch für das Verhältnis der Transferorganisation sowohl zum ethischen Diskurs als auch zum Handlungsfeld als wichtig beschrieben worden und mit den Konzepten der hermeneutischen bzw. kohärentistischen Ethik auch in Theorien gefasst worden. Als Analogieschluss ergab sich, dass ein vergleichbares Kriterium auch im Verhältnis zur Öffentlichkeit zu ergänzen ist. [QBÖbidir]

Qualität des Ethiktransfers
Qualität des Anschlusses an den wissenschaftlichen ethischen Diskurs
Qualität des passiven Anschlusses an den wissenschaftlichen ethischen Diskurs
Qualität des aktiven Anschlusses an den wissenschaftlichen ethischen Diskurs
Qualität der Differenzierung im Verhältnis zur wissenschaftlichen Ethik
Qualität des Anschlusses an das Handlungsfeld
Qualität des passiven Anschlusses an das Handlungsfeld
Qualität des aktiven Anschlusses an das Handlungsfeld
Qualität der Differenzierung im Verhältnis zum Handlungsfeld
Qualität der Bezüge zur Öffentlichkeit
Qualität der aktiven Gestaltung der Bezüge zur Öffentlichkeit
Qualität der Differenzierung im Verhältnis zur Öffentlichkeit
Qualität der eigenen Verarbeitungen in der Ethiktransferorganisation
Kriterien zur Wahl und Gestaltung der Transfermethode
Kriterien zur personellen Zusammensetzung
Kommunikation in der Transferorganisation
Selbstbeschränkung

Tabelle 10: Thematische Gruppen und Untergruppen der Kriterien

	Kürzel	Wertegrundlagen (vgl. unten Seite 329)
Qualität des Ethiktransfers	QE	

F Dimensionen der Qualität

Qualität des Anschlusses an den wissenschaftlichen ethischen Diskurs	QAE
Die Transferorganisation hat eine (kritisch-)positive Haltung gegenüber der wissenschaftlichen Ethik.	QAEpositiv — NGEM-community

Qualität des passiven Anschlusses an den wissenschaftlichen ethischen Diskurs	QAEP
Die Transferorganisation kennt den Stand der ethischen Forschung hinsichtlich des Handlungsfelds und baut in ihrer Arbeit darauf auf.	QAEPpassiv — NGEM-community
Die Transferorganisation schliesst nicht an eine oder wenige Strömungen bzw. Schulen in der wissenschaftlichen Ethik an, sondern bezieht sich breit auf unterschiedliche Richtungen (z.B. im Sinne eines Kohärentismus).	QAEPbreit — NGENkohärent
Unterschiedliche ethische Prinzipien, Werte, Theorien usw. werden in ihrer Unterschiedlichkeit in Hinblick auf die Fragestellung so aufeinander bezogen, dass ingesamt ein möglichst kohärentes System entsteht. Eine «mengenmässige» Abwägung und damit eine Gleichschaltung wird so vermieden.	QAEPkohä — NGENkohräent
Die Transferorganisation schliesst an die Überlegungen zu einer Strukturenethik (Sozialethik) an (und trägt, wenn möglich, zu deren Weiterentwicklung bei).	QAEPstrukt — NGENsozeth

Qualität des aktiven Anschlusses an den wissenschaftlichen ethischen Diskurs	QAEA
Die Transferorganisation bringt sich aktiv in den wissenschaftlichen ethischen Diskurs ein.	QAEAaktiv — NGEM-community
Offene ethische Fragen, d.h. vorfindliche ethische Dilemmata im Handlungsfeld werden in den wissenschaftlichen ethischen Diskurs, speziell in die betreffenden Bereichsethiken, kommuniziert.	QAEAfrag — NGEM-community
Die Situation im Handlungsfeld, speziell auch die vorfindliche Alltagsmoral und allfällige vorfindliche eigene Reflexionen dazu, werden an den wissenschaftlichen ethischen Diskurs, speziell an die betreffenden Bereichsethiken, kommuniziert.	QAEAsituation — NGEM-community
Die Grenzen der konkreten Handlungsmöglichkeiten im Handlungsfeld werden an den wissenschaftlichen ethischen Diskurs, speziell an die betreffenden Bereichsethiken, kommuniziert.	QAEAgrenz — NGEM-community

Qualität der Differenzierung im Verhältnis zur wissenschaftlichen Ethik	QAED
Die Transferorganisation kennt die Anreizwirkungen in der scientific community der Ethik und geht mit deren Synergien und Antagonien im Verhältnis zu den Zielsetzungen des Ethiktransfers bewusst und aktiv um.	QAEDanreiz — NGTsozw
Die Transferorganisation ist gegenüber den im wissenschaftlichen ethischen Diskurs aktiven Personen und Organisationen unabhängig.	QAEDunabhän — NGEMargument
Die Andersartigkeit der Anreize im System der wissenschaftlichen Ethik im Vergleich zu denjenigen im Handlungsfeld werden a) erkannt und b) kreativ genutzt.	QAEDfremd — NGTsozw

Qualität des Anschlusses an das Handlungsfeld	QAH

3 Systematisierung der Kriterien

Die Transferorganisation hat eine (kritisch-) positive Haltung gegenüber dem Handlungsfeld.	QAHpositiv	NGENbeduet

Qualität des passiven Anschlusses an das Handlungsfeld	QAHP	
Die Transferorganisation pflegt einen intensiven, gegenseitigen Austausch mit dem Handlungsfeld und weiss genau, welches, aus der Perspektive der im Handlungsfeld aktiven Personen und Institutionen gesehen, die schwierigen Entscheidungen und Dilemmasituationen sind.	QAHPkennt	NGENbeduet
Die Transferorganisation kennt die normativen Orientierungen, die diesbezügliche «Kultur» im Praxisfeld, einschliesslich deren Reflexionen gut. Die Transferorganisation schliesst an diese «Kultur», einschliesslich deren Reflexionen, an.	QAHPethik	NGENbeduet
Vom Ethiktransfer betroffene und insbesondere potenziell in ihren Interessen vertretene Personen und Organisationen werden in die Transferprozesse explizit einbezogen, zumindest in die Kommunikation.	QAHPbetr	NGENverantwort

Qualität des aktiven Anschlusses an das Handlungsfeld	QAHA	
Die für Handeln prinzipiell notwendige Reduktion von Komplexität wird als gemeinsame Aufgabe aller Beteiligten verstanden und Komplexität wird nicht als «Schwarzer Peter» der «Ethik» oder der «Praxis» zugeschoben.	QAHAkomplred	NGTsozw; NGENverantwort[1]
Die Transferorganisation unterscheidet in ihrer Aktivität im Handlungsfeld die ethische Reflexion verschiedener möglicher Positionen bzw. Handlungsmöglichkeiten von eigenen Positionsbezügen und Handlungsempfehlungen.	QAHAunterscheid	NGEMethmoral
Die Transferaktivität trägt zu einer Sensibilisierung der Personen und Organisationen im Handlungsfeld für die Thematik bei und steigert die Entscheidungs- und Verantwortungskompetenz im Sinne einer Moral- und Ethikpädagogik.	QAHApäd	NGENverantwort
Die Transferaktivität erhöht die Transparenz und die Zugänglichkeit relevanter Informationen im Handlungsfeld.	QAHAtransparenz	NGEMtransparent
Personen und Organisationen im Handlungsfeld werden darin unterstützt, Handlungsspielräume a) zu erkennen, b) zu nutzen und c) zu erweitern.	QAHAspiel	NGENverantwort
Die Transferorganisation vermeidet moralisierend-abwertende Kommunikationen mit dem Handlungsfeld.	QAHAnichtmoralin	NGTsozw; NGENverantwort[2]
Es werden ethische Reflexionsmethodiken in das Handlungsfeld hineingetragen.	QAHAmeth	NGEMargument; NGEMcommunity
Es wird der Stand der ethischen Diskussion in Bezug auf die zur Debatte stehende Thematik in das Handlungsfeld hineingetragen.	QAHAstand	NGEMargument; NGEMcommunity
Es werden im ethischen Diskurs konsensfähige «Grundwerte» in das Handlungsfeld hineingetragen.	QAHAgrund	NGEMargument; NGEMcommunity

---

[1] Verortet man die Verantwortung für die Handlungsentscheidungen im Handlungsfeld, kann die dafür notwendige Reduktion der Komplexität der Reflexion der normativen Entscheidungsgrundlagen nicht allein der «Ethik» zugeschoben werden.

[2] Gegen moralisierende Kommunikation sprechen einerseits sozialwissenschaftliche Argumente, wie sie Luhmann vorbringt, und andererseits der Respekt vor der Verantwortung derjenigen, welche faktisch nicht nicht-entscheiden können.

F Dimensionen der Qualität

Die Transferaktivität wirkt sich tatsächlich auf Strukturen und damit auf Handlungen von Personen und Organisationen im Handlungsfeld aus.	QAHAwirk	NGTwirk
Die Transferaktivität ist spezialisiert auf eine Wirkung auf bestimmte Strukturen (Organisationen, Branchen, andere gesellschaftliche Subsysteme).	QAHAfeldspez	NGTsozw

Qualität der Differenzierung im Verhältnis zum Handlungsfeld	QAHD	
Die Transferorganisation kennt die Anreizwirkungen im Handlungsfeld und geht mit den Synergien und Antagonien im Verhältnis zu den Zielsetzungen des Ethiktransfers bewusst und aktiv um.	QAHDanreiz	NGENbeduet; NGTsozw
Die Transferorganisation ist gegenüber dem Handlungsfeld, den dort aktiven Personen und Organisationen unabhängig.	QAHDunabhän	NGEMargument
Die Transferorganisation nimmt den Personen und Organisationen im Handlungsfeld die Handlungsentscheidungen und die Verantwortung dafür nicht ab.	QAHDverantw	NGENverantw

Qualität der Bezüge zur Öffentlichkeit	QBÖ	
Die Transferorganisation befindet sich in einer gegenseitigen Kommunikation mit der Öffentlichkeit.	QBÖbidir	NGEMtransparent; NGEMargument

Qualität der aktiven Gestaltung der Bezüge zur Öffentlichkeit	QABA	
Die Transferorganisation nutzt eine Vielfalt von Kommunikationswegen, um über die eigene Arbeit laufend öffentlich zugänglich zu informieren. Dazu gehören im Zeitalter der Informationsüberflutung auch kompakte Minimalinformationen.	QBÖAakt	NGEMtransparent; NGEMargument
Die Transferorganisation hat einen Text im Sinne eines «Mission Statement» formuliert und breit kommuniziert, der leicht rezipierbar mindestens die Aufgabe und die gewählte Art des Transfers, dessen Ziele und speziell auch die primären Wertbezüge dieser Ziele im Sinne einer Selbstfestlegung kommuniziert.	QBÖAmista	NGEMtransparent; NGEMargument
Der Ethiktransfer bringt eine Beförderung (Intensivierung und Klärung) der allgemeinen Diskussion über die betreffende Thematik mit sich.	QBÖAdiskursförd	NGEMargument; NGENverantwort
In der allgemeinen Kommunikation gegen aussen wird Moral und Ethik als (zunächst nicht bewertende) Reflexion von Moral unterschieden.	QBÖAmoral	NGEMethmoral
Die Transferorganisation vermeidet moralisierend-abwertende Kommunikationen in ihren öffentlichen Äusserungen.	QBÖAnichtmoralin	NGTsozw; NGENverantwort[1]

Qualität der Differenzierung im Verhältnis zur Öffentlichkeit	QBÖD	
Die Transferorganisation ist in ihrer ethisch-moralischen Selbst-Positionierung unabhängig von Werte-Trends in der Öffentlichkeit und in den Medien.	QBÖDunabhängig	NGEMargument

Qualität der eigenen Verarbeitungen in der Ethiktransferorganisation	QEV	

---

[1] Zur Begründung vgl. die vorausgehende Fussnote.

3 Systematisierung der Kriterien

Kriterien zur Qualität der Art und Weise des Transfers, der Wahl und Gestaltung der Transfermethode	QEVM	
Die Art und Weise des Transfers, der Transferweg, ist definiert und angemessen spezialisiert.	QEVMspezweg	NGTsozw
Die Art und Weise des Transfers, der Transferweg, ist aus der Vielfalt der Möglichkeiten bewusst ausgewählt und für die Aufgabe dieses Transfers besonders geeignet.	QEVMeignweg	NGTsozw
Die Transferorganisation überprüft laufend, ob die gewählte Form des Tranfers den inhaltlichen Zielen angesichts veränderter Situation und veränderten Wissens weiterhin entspricht und verändert andernfalls die Transferform.	QEVMdyn	NGTsozw
Die Art und Weise des Transfers, der Transferweg, führt dazu, dass der Handlungsspielraum für die Personen und Organisationen im Handlungsfeld mehr erweitert als eingeschränkt wird.[1]	QEVMfrei	NGENverantwort
Die Transferorganisation verfügt über ein Organ bzw. eine andere Struktur, welche überprüft, ob die Zielsetzung eingehalten wird.	QEVMprüf	NGTsozw; NGEMcommunity
Eigendynamiken im Sinne von internen Anreizen in der Transferorganisation werden beobachtet, reflektiert und aktiv gestaltet.	QEVManreiz	NGTsozw
Die Ethiktransferorganisation erwägt nicht nur, ob die von ihr vertretenen Normen und Werte begründet sind, sondern auch, ob deren faktische öffentliche Vertretung und angestrebte Transferierung in ihren Folgen tatsächlich wünschbar ist. [Auch Unterkriterium von QAH]	QEVMfolgen	NGENverantwort
Kriterien zur personellen Zusammensetzung	QEVP	
Die in der Transferorganisation involvierten Personen sind persönlich engagiert und inhaltlich motiviert.	QEVperseng	NGTsowz; NGENverantwort
In der Transferorganisation ist das ethische Fachwissen personell so vertreten, dass eine dem Stand des wissenschaftlichen Diskurses in der Ethik angemessene Gestaltung der Prozesse sichergestellt ist. [Auch Unterkriterium von QAE]	QEVPethik	NGEMcommunity
Entsprechend den Anforderungen des Handlungsfeldes ist in der Transferorganisation interdisziplinäres Fachwissen vertreten. [auch Unterkriterium von QAH]	QEVPinterdisz	[TKNGEN bedeut; NGTsozw
Kommunikation in der Transferorganisation	QEVK	
Die Qualität der Kommunikation in der Transferorganisation ist regelmässig Thema der Selbstreflexion und erhält eine besondere Aufmerksamkeit.	QEVKthema	NGTsozw; NGEMargument
Die Abläufe und Zuständigkeiten sind transparent definiert. Prozesse und Ergebnisse werden protokolliert und den beteiligten Personen offen kommuniziert.	QEVKtranspa	NGEMtransparent
In der internen Kommunikation entscheidet primär das bessere Argument.	QEVKargument	NGEMargument
Machtverhältnisse in der Kommunikation in der Transferorganisation werden explizit gemacht und es wird versucht, die Bedeutung dieser Machtgefälle für die Ergebnisse der Kommunikation zu minimalisieren.	QEVKneut	NGEMargument

---

[1] Dieses Kriterium liegt nahe bei QAHAspiel, wobei jenes sich auf die Kommunikation mit dem Handlungsfeld, dieses sich auf die Gesamtanlage der Transferform bezieht.

F Dimensionen der Qualität

Es gibt in der Transferorganisation eine konstruktive Fehlerkultur. Die moralische Atmosphäre ist so, dass Fehler ohne Umschweife eingestanden werden können und gemeinsam und effizient deren Auswirkungen bekämpft und Wiederholungen vermieden werden.	QEVfehler	NGEMargument[1]; NGTsozw
Die Tatsache, dass Frauen und Männer (sozialisations- und lebenskontextbedingt) auf unterschiedliche ethische relevante Fragen und auf verschiedene Transfermethoden sehr unterschiedlich ansprechen und reagieren können und tendenziell von unterscheidbaren Wertesystemen ausgehen, wird in der Transferorganisation handlungswirksam reflektiert.	QEVgender	NGTsozw; NGENbedeut[2]
Die Transferorganisation geht mit ihr anvertrauten und auch mit von ihr selbst generierten Informationen vorsichtig um. Insbesondere wird Kritik zunächst bilateral kommuniziert, bevor sie öffentlich gemacht wird – was nicht heisst, dass Letzteres unterbleiben soll. [Auch Unterkriterium von QAH und QAÖ]	QEVcont	NGENverantwort[3]
Die Transferorganisation bedenkt, welcher Branche sie als eigene Organisation zuzuordnen ist und hält sich – wenn nicht besondere Gründe dagegen sprechen – an den (geschriebenen oder ungeschriebenen) Branchencodex. [Aauch Unterkriterium von QAH]	QEVbranch	NGENverantwort[4]
In der Arbeit der Ethiktransferorganisation wird Moral von Ethik unterschieden.	QEVmoral	NGEMethmoral
Es wird gezielt mit ausgewählten, anderen Organisationen in unterschiedlicher Art und Weise zusammengearbeitet. Dies schliesst ein, dass bestimmte Kooperationen begründet nicht eingegangen werden.	QEVnetz	NGTsozw; NGENverantwort[5]

Selbstbeschränkung — QEVS

Der Beitrag der ethischen Fachpersonen in der Transferorganisation konzentriert sich auf die Reflexion von Werten und Normen.	QEVSethikkonz	NGTsozw
Es wird davon ausgegangen, dass es auch nicht-organisierten, diffusen Ethiktransfer in dieses Handlungsfeld gibt. Die eigene Ethiktransfer-Aktivität wird nicht dahingehend überschätzt, dass sie den einzigen Transferkanal darstellen würde.[6]	QEVSdiff	NGTsozw; NGEMtransparent
Die Transferorganisation hat ein genaues Bild davon, was mit der gewählten Form des Transfers möglich ist und wo die Grenzen der Wirkmöglichkeiten liegen.	QEVSwirkmög	NGTsozw
Die Transferorganisation kommuniziert diese Grenzen und neigt nicht dazu, überhöhte Erwartungen zu wecken. [Auch Unterkriterium von QAH, in der Nähe von QAHAtransparenz anzusiedeln]	QEVSgrenzkom	NGEMtransparent

---

[1] NGEMargument in Hinsicht auf Fehler in der ethischen Reflexion, NGTsozw in Hinsicht auf Fehler in der geeigneten Wirkungserzielung.
[2] Damit ist angesprochen, dass es sich lohnen würde, hermeneutische Ethik und Geschlechtersoziologie und -psychologie zu verbinden, insofern die Bedeutungen von Handlungen entsprechend der geschlechtsspezifischen Sozialisation für «Frauen» und «Männer» nicht identisch sein müssen.
[3] Dazu kommt NGTsozw, insofern mangelndes Containment rasch die Wirksmöglichkeiten von Ethiktransfer einschränken kann.
[4] Dazu kommt NGTsozw, insofern nicht oder schlecht begründete Vergehen gegen Branchencodizes eine Ethiktransfer leistende Organisation rasch in Misskredit bringen werden und damit die Wirkmöglichkeiten empfindlich schmälern.
[5] Insofern damit weitere Organisationen in Verantwortung eingebunden werden bzw. ihnen Verantwortungsübernahme ermöglicht wird.
[6] Denn die wissenschaftliche Ethik «diffundiert» auf unterschiedlichen Wegen ohnehin in die «Praxis».

Die gewählte Form und Ausprägung des Ethiktransfers tendiert nicht zu einem Monopol, sondern gibt Impulse für andere Formen des Transfers durch andere Personen und Organisationen, insbesondere auch für solche, welche denselben Problembereich auf anderen strukturellen Ebenen beeinflussen können.	QEVSanschluss	NGTsozw; NGENverantwort[1]
Ethiktransfer wird nicht als Selbstzweck betrieben, sondern die Transferorganisation kann aufgelöst werden, wenn das Ziel erreicht oder auf diesem Weg nicht mehr sinnvoll anzustreben ist.	QEVSsinn	NGENverantwort[2]

Tabelle 11: Tabellarische Darstellung der Kriterien in Gruppen und Untergruppen

Diese Kriterien beruhen, wie bereits festgehalten, auf den in den drei Explorationen bzw. auf den in den dort zitierten Texten genannten Argumenten und ihrem Erfahrungs- und Wissenshintergrund. Über deren Gültigkeit wird im nächsten Abschnitt weiter reflektiert werden.

Die lineare Aufzählung könnte eine Gleichwertigkeit der Kriterien suggerieren, obwohl offensichtlich nicht allen dasselbe Gewicht zukommen kann. Dies wird im übernächsten Abschnitt differenziert werden.

3.2 Systematisierung nach Wertegrundlagen

3.2.1 Die Frage nach der Gültigkeit der Kriterien

Die Auflistung und Systematisierung von Kriterien sagen per se noch nichts aus über deren normative Gültigkeit. Zwei Gründe sprechen jedoch dafür, sie vorläufig als angemessen und damit als gültig zu betrachten: Im Sinne hermeneutischer Ethik kann erstens gesagt werden, dass sich diese Kriterien in den Explorationen ja nicht zufällig zeigen, sondern das sie einen Erfahrungshintergrund haben. Hinter ihnen stehen Reflexionen über negative und positive Beispiele von praktischer Umsetzung ethischer Reflexion in unterschiedlichen Handlungsfeldern. Zweitens wurden die Kriterien in der Regel explizit begründet, auch wenn diese Begründungen im Rahmen dieser Untersuchung nicht im Einzelnen diskutiert werden konnten. Die folgende Explikation und Ordnung der Wertegrundlagen der verschiedenen Kriterien leistet auch eine zusätzliche Überprüfung und Fundierung ihrer Plausibilität. Denn eine Analyse der Wertegrundlagen zeigt, worauf sie sich stützen, und ausserdem, wie kohärent die verschiedenen Kriterien sind.

3.2.2 Zehn normative Voraussetzungen

Nun gilt es, die bis hierhin hermeneutisch-induktiv aus den drei Explorationen erhobenen Kriterien daraufhin zu befragen, von welchen normativen Voraussetzungen sie ausgehen. Sol-

---

[1] NGTsozw insofern, als damit die Wirkmöglichkeiten in summa vergrössert werden; NGENverantwort, insofern, dass nicht der Selbstzweck der eigenen Transferorganisation im Zentrum steht, sondern die Verantwortung für gute Strukturen, welche damit übernommen wird.

[2] NGENverantwort, insofern nicht der Selbstzweck der eigenen Transferorganisation im Zentrum steht, sondern die Verantwortung für gute Strukturen, welche damit übernommen wird.

che normativen Voraussetzungen können sehr spezifisch oder sehr allgemein formuliert werden. Sinnvoll ist ein Mittelweg. Sie sollen erstens genügend speziell sein, so dass sie das Grundanliegen des betreffenden Kriteriums gut abbilden. Sie sollen zweitens genügend generalisiert sein, so dass sie die Grundanliegen möglichst vieler Kriterien mit erfassen. Weicht man von der ersten Bedingung stark ab, verliert man das Thema. Erfüllt man die zweite nicht, so reformuliert man lediglich die Kriterien.

Unter den folgenden zehn Titeln werden je eine normative Voraussetzung dargestellt, die einen mittleren Grad ans Spezialisierung bzw. Allgemeinheit anstreben. Die Kürzel, die den Titeln in Klammer beigegebenen sind, finden sich zu jedem Kriterium in der oben (Seite 329 und folgende) stehenden Tabelle in der letzten Spalte. So lässt sich rekonstruieren, in welcher Art diese zehn normativen Voraussetzungen gemeinsam das Total der oben tabellarisch zusammengestellten Kriterien begründen.

Auch hier gilt wieder, was eingangs zu allen drei Systematisierungen gesagt wurde: Systematisierung bedeutet Reduktion von Komplexität und setzt die Bereitschaft voraus, eine gewisse Unschärfe der Typisierung von Wertegrundlagen zuzulassen, soweit diese der Optimierung der genannten beiden Bedingungen dient.

1. Wirkung erzielen (NGTwirk)

Einige Kriterien zielen darauf ab, sicher zu stellen bzw. zu befördern, dass die Aktivitäten auf einen faktischen Einfluss auf Strukturen ausgerichtet sind und nicht auf blosse Legitimation von Strukturen oder aus anderen Gründen vorgesehenen Umgestaltungen von Strukturen[1]. Diese teleologisch orientierte normative Voraussetzung lässt sich im weitesten Sinn utilitaristisch begründen, insofern eine von ethischen Reflexionen mit ausgehende strukturelle Veränderung eine Mehrung des Gesamtglücks mit sich bringen soll. Für diese normative Voraussetzung lässt sich weiter das Wahrheitsargument in einem deontologischen Sinn anführen: Ethiktransfer, der nicht auf einen faktischen Einfluss ausgerichtet ist, wäre ein Etikettenschwindel.

2. Einsatz geeigneter Mittel (NGTsozw)

Die Arbeitsweise einer Transferorganisation soll für die Aufgabenerfüllung geeignete Mittel in Anschlag bringen. Diese normative Voraussetzung schliesst eng an die erste an und legt insbesondere fest, dass bei der Organisation von Ethiktransfer die einschlägigen sozialwissenschaftlichen Erkenntnisse zu berücksichtigen sind, etwa über Kommunikation, strukturelle Kopplung usw. Die normative Implikation ist dabei die Verpflichtung, zur Zielerreichung geeignete Mittel einzusetzen; wo nicht, wären Zweifel an der Ernsthaftigkeit des Ziels legitim.

3. Gültigkeit des besseren Arguments, Suche nach diesem (NGEMargument)

Eine Anzahl von Kriterien legt fest, dass die Organisation von Ethiktransfer darauf ausgelegt sein soll, die Suche nach dem besseren Argument zu befördern und dass sie dessen Gültigkeit anerkennen muss. Dies ist eine Grundregel für die ethische Forschung, die aber durchaus nicht überall (auch in der Ethik nicht immer) dieselbe Anerkennung geniesst. Gerade in Organisationen kommen Machtinteressen einem solchen Prinzip in die Quere. Dies gilt

---

[1] Virt (2001, 447) benennt das Problem der «Nicht-Wirkung» für die ethische Politikberatung: «Wissenschaft kann aber von der Politik rein als Alibi oder Lückenbüsser eingesetzt werden, vor allem dann, wenn sie dazu benutzt wird, politisches Nichthandeln zu entschuldigen.»

prinzipiell auch für Ethiktransferorganisationen. Mit dieser normativen Grundlage wird in Ethiktransferprozessen einerseits eine basale ethische Methodik eingefordert, andererseits handelt es sich dabei um einen machtkritischen Impetus, wie er beispielsweise im Bereich der Diskursethik, aber auch in vielen anderen ethischen Theorien verwurzelt ist.

4. Transparenz der Begründungen (NGEMtransparent)

Transparenz als vierte normative Grundlage führt die dritte fort, indem sie die Suche nach noch besseren Argumenten begünstigt. Sie hat ebenso eine machtbegrenzende Wirkung und dieselben ethischen Argumente sprechen für sie.

5. Unterscheidung von Ethik und Moral (NGEMethmoral)

Ethiktransfer birgt die Versuchung, bestimmte normative Positionen so eng mit der Bezeichnung der Ethik zu verbinden, dass die Unterscheidung zwischen Moral und Moralreflexion, nicht mehr genügend deutlich wird, insbesondere für Nicht-Fachpersonen. Ethik und Moral in den Reflexionen und Kommunikationen zu unterscheiden, ist einerseits ein Gebot der ethischen Methodik, andererseits wiederum eine Frage der redlichen Etikettierung.

6. Anschluss an den Stand der Diskussion in der wissenschaftlichen Ethik (NGEMcommunity)

Der Anschluss an die wissenschaftliche Ethik wird prinzipiell zur Definition von Ethiktransfer gerechnet und graduell zu den Qualitätskriterien. Diese Anforderung – prinzipiell wie graduell – rekurriert ebenfalls auf die Methodik der wissenschaftlichen Ethik und wird von da auf Ethiktransferaktivitäten übertragen. Dahinter steht die Überzeugung, dass dann, wenn man «Ethik»-Transfer ohne Anschluss an den wissenschaftlichen ethischen Diskurs zuliesse, Raum für Binnen-«Ethiken» im Transferbereich entstünde. Damit würden lokale Ethikbegriffe eingeführt und weder für die scientific community noch für die Handlungsfelder noch auch für die Allgemeinheit wäre mehr klar, was Ethik überhaupt bedeutet. Letztlich ist damit auch das Wahrheitsargument angesprochen: Was als Ethik bezeichnet wird, soll keine lokale Binnentheorie sein.

7. Berücksichtigung unterschiedlicher ethischer Theorien und differenzierte Herstellung von Kohärenz unter deren Ansprüchen im konkreten Fall (NGENkohärent)

Diese normative Voraussetzung führt die letztgenannte weiter und stellt sich *gegen eine selektive Bezugnahme auf nur ausgewählte Teile im wissenschaftlichen ethischen Diskurs*. Eine solche selektive Bezugnahme dürfte speziell dann vorliegen, wenn «Ethik» zur Legitimierung von aus anderen Gründen motivierten Entscheidungen herangezogen wird. In solchen Fällen ist damit zu rechnen, dass aus der Pluralität der ethischen Ansätze und Theorien diejenigen ausgewählt werden, welche sich für die funktionale Verwertung in diesem Fall besonders eignen. Diese normative Voraussetzung rekurriert auf das Begründungsprinzip des Kohärentismus (vgl. oben Seite 120 und folgende), wonach gerade in einem differenzierten, integrierenden Ausgleich, der die Pluralität der ethischen Ansätze und Theorien insgesamt umfasst, Plausibilität hergestellt wird.

8. Mitreflexion der Bedeutungen von Handlungen im Handlungsfeld (NGENbedeut)

Verschiedene Kriterien gehen davon aus, dass eine Reflexion der Bedeutungen von Handlungen im Handlungsfeld Teil der Transferprozesse sein soll und wenden sich damit gegen rein deduktive Konzepte von Transfer. Sie schliessen damit an zentrale Postulate der hermeneutischen Ethik und des Kohärentismus, speziell des Überlegungsgleichgewichts an und gehen davon aus, dass sich ein plausibler, stets zu überholender aktueller Stand und relativer Konsens im ethischen Diskurs gerade in der deliberativen Abwägung einer Vielfalt von Positionen, Grundprinzipien wie Axiomen mittlerer Reichweite, plausibler Einzelentscheidungen wie unmittelbarer, mitteilbar-konsensfähiger Intuitionen, Hintergrundtheorien und weiterer Überzeugungen herstellt. Eine Anzahl von Kriterien ist somit gerade dann gültig, wenn man die Annahme teilt, dass überzeugende normative Orientierung gefunden wird, indem auch diejenigen Normen und Normenreflexionen einbezogen werden, die sich im Handlungsfeld selbst ausmachen lassen.

9. Berücksichtigung der sozialethischen Perspektive (NGENsozeth)

Da der Ort der Wirkungsentfaltung von Ethiktransfer auf der strukturellen Ebene liegt, ist es wesentlich, dass auch diejenige ethische Reflexion, die sich explizit mit dieser Ebene befasst, miteinfliesst. Vorschnelle Umschichtungen von der individuellen auf die strukturelle Ebene wären problematisch.[1] Vielmehr müssen Strukturen als solche normativ-ethisch reflektiert werden. Man kann diese Festlegung einerseits in der Methodik der Ethik begründet sehen oder andererseits auch als Teil der bereits genannten siebten normativen Voraussetzung begreifen: Im Rahmen der Bezugnahme auf die unterschiedlichen, relevanten ethischen Theorien ist auch die Sozialethik zu berücksichtigen.

10. Beförderung einer angemessenen Übernahme bzw. Zuordnung von persönlicher Verantwortung (NGENverantwort)

Verantwortung ist wesentlich ein Zuschreibungsbegriff (Werner 2002, 521) und folglich nur sinnvoll denkbar, wenn Verantwortung zugeordnet und übernommen werden kann. Ethiktransferaktivitäten können dies mehr oder weniger fördern. Einige Kriterien beurteilen diesen Punkt und basieren gemeinsam auf der normativen Grundlage, dass es wichtig ist, die angemessene Übernahme bzw. Zuordnung persönlicher Verantwortung zu befördern.

Einige dieser Kriterien gehen über diese allgemeine Beförderung von Verantwortlichkeit hinaus und legen ein spezifisches Prinzip der Zuteilung von Verantwortung fest: Verantwortung für die Handlungen liegt bei denjenigen Personen bzw. Gremien oder Organisationen, welche faktisch die Entscheidungskompetenz haben. So plausibel diese Position an sich ist, so brisant kann sie werden: Diese normative Voraussetzung impliziert, dass die Entscheidungsverantwortung überhaupt nicht delegiert werden kann – auch und gerade nicht an einen Ethiker oder eine Ethikerin, ebenso wenig an ein Ethikgremium.[2] Obwohl diese strikte Festlegung mehr ist als eine allgemeine Beförderung von Verantwortlichkeit, so kann sie dennoch ohne weiteres in diesen Rahmen eingeordnet werden.

Dass die «Ethik» nicht die Entscheidungsverantwortung in Handlungsfeldern übernehmen kann und darf, nimmt ihr nicht jegliche Verantwortung. Die Ethik als Disziplin trägt – abge-

---

[1] Klassisches Beispiel: Wer einen Schwangerschaftsabbruch moralisch ablehnt, musste dessen Kriminalisierung nicht für die bessere Alternative halten. Aus einer individualethischen Norm folgen nicht in simpler Art strukturelle Forderungen.

[2] Wie aber sieht es aus, wenn ein Ethikgremium – deklariert oder auch bloss faktisch – eine bestimmte Entscheidungsmacht erhält, wie zum Beispiel teilweise bei Forschungsethikkommissionen in der Medizin der Fall ist? In diesen Fällen ist zu bezweifeln, dass die Ausübung dieser Entscheidungsmacht qua Ethiker, Ethikerin bzw. Ethikgremium möglich ist. Denn die Aufgabe der Ethik ist Reflexion von Moral, nicht Handeln in Praxisfeldern. Solche Gremien sind immer dann Normdurchsetzungsinstanzen, wenn sie beispielsweise über die Zulässigkeit von Forschungsvorhaben faktisch entscheiden. In diesen Fällen dürfte es sich um einen Etikettenschwindel handeln, wenn sie den Begriff «Ethik» in der Bezeichnung führen.

sehen von der Verantwortung für die Qualität ihres «Kerngeschäfts», der Reflexion von Moral – die Verantwortung dafür, ob, wo und wie sie ihr Wissen im Sinne eines Transfers für die verschiedenen Handlungsfelder anwendbar macht. Dabei ist zwischen einem an sich «richtigen» Wissen und dessen Kommunikation zur «richtigen» Zeit, am «richtigen» Ort und in der «richtigen» Art zu unterscheiden. Seitens der Ethik ist in diesem Sinn zu verantworten, was Ethiktransfer auslöst – einschliesslich aller absehbarer Nebenwirkungen –, aber *auch, was dadurch ausgelöst wird, dass Ethiktransfer an bestimmten (vielen) Stellen unterlassen wird*.[1]

Im Wesentlichen fusst das oben dargestellte Kriteriensystem somit auf diesen zehn – wie man beim gegenwärtigen Stand der Diskussion annehmen darf – weitgehend konsensfähigen, normativen Voraussetzungen.

3.2.3 Systematisierung der normativen Voraussetzungen

Über die Frage der Begründbarkeit der einzelnen normativen Voraussetzungen hinaus kann nach ihrer Kohärenz untereinander gefragt werden. Genau davon hängt ab, ob auch die Qualitätskriterien ihrerseits als normativ kohärent einzuschätzen sind.

Eine Möglichkeit, Kohärenz zu überprüfen, besteht darin, die normativen Voraussetzungen versuchsweise in eine Baumstruktur zu bringen. Wenn alle normativen Voraussetzungen sinnvoll in ein System geordnet werden können, das mit einer «Stammnorm» beginnt, der die anderen normativen Voraussetzungen sinnvoll als «Zweignormen» zugeordnet werden können, dann sind diese normativen Voraussetzungen unter sich kohärent.

Die Stammnorm für die dargestellten zehn normativen Voraussetzungen ist das Formalprinzip, das die Qualität der Tätigkeiten einer «Ethik»-«Transfer» leistenden Organisation dem gerecht werden muss, was mit den Begriffen a) «Ethik» und b) «Transfer» angesprochen wird. Die Stammnorm ist somit die Übereinstimmung von Inhalt und Etikette.

a) Aus dem Anspruch, «Transfer» zu leisten, ergeben sich zwei Kriterien. Das eine besteht darin, faktische Wirkung zu erreichen, das zweite darin, in der Anlage der Aktivitäten sozialwissenschaftliche Erkenntnisse so zu berücksichtigen, dass eine solche Wirkung wahrscheinlich ist bzw. sogar so, dass bei gegebenen Ressourcen möglichst viel an gewünschter Wirkung erzielt wird.

b) Die Etikettierung mit dem Begriff Ethik impliziert je nach Definition dieses Begriffs Unterschiedliches. Folgt man der im Theorievorschlag formulierten Begriffsbestimmung, so folgern daraus einerseits *elementare* methodische Normen, wie diejenige, dass das bessere Argument gilt und dass die Suche nach ihm im Zentrum steht, was seinerseits Transparenz der Argumentation und der Diskussion voraussetzt. Andererseits sind an dieser Stelle verschiedene basale Theorien normativer Ethik zu verorten. Dazu gehört das hermeneutisch-ethische Prinzip, die normativ relevanten «Bedeutungen» im Handlungsfeld wahrzunehmen und in der Refle-

---

[1] Als Beförderung von Verantwortung wird auch gerechnet, wenn die Handlungsspielräume der Individuen eher erweitert als verengt werden. Denn mit den Handlungsmöglichkeiten wachsen oder schrumpfen die Möglichkeiten, Verantwortung zu tragen. Dilemmasituationen, in denen zwischen «schlechten» Alternativen zu wählen ist, nehmen ab, wenn die Handlungsalternativen vermehrt werden. In diesem Sinn ist die Option für die Erweiterung von Handlungsspielräumen Teilprinzip der normativen Voraussetzung der Beförderung von Verantwortlichkeit. Diese Option ist allerdings hier nicht als liberalistisches Generalprinzip, sondern als Sekundärprinzip zu verstehen: Wenn ein Ziel sowohl mit einer strukturellen Schaffung zusätzlicher Handlungsmöglichkeiten als auch mit strukturellen Einschränkungen des Handlungsspielraums erreicht werden kann, ist Ersterem Vorrang zu geben.

xion zu berücksichtigen. Dazu gehören auch das kohärentistische Prinzip des Einbezugs unterschiedlicher ethischer Theorien, weiter die Berücksichtigung der sozialethischen Perspektive und die Beförderung einer angemessenen Übernahme bzw. Zuordnung von Verantwortung. Diese vier Theorieansätze sind voneinander relativ unabhängig, während sie allesamt die basalen methodischen Normen zwingend voraussetzen und sich eben darin von ihnen tendenziell unterscheiden.[1]

	Kürzel
Normative Grundlage: Anspruch, Ethiktransfer zu leisten	NG
Anspruch, Transfer zu leisten	NGT
• Wirkung erzielen	NGTwirk
• geeignete Mittel einsetzen, Berücksichtigung der entsprechenden sozialwissenschaftlichen Erkenntnisse	NGTsozw
Verwendung der Bezeichnung «Ethik» als Anspruch	NGE
elementare Methodik	NGEM
• Gültigkeit des besseren Arguments, Suche nach diesem	NGEMargument
• Transparenz der Begründungen	NGEMtransparent
• Unterscheidung von Ethik und Moral	NGEMethmoral
• Anschluss an den Stand der Diskussion in der wissenschaftlichen Ethik	NGEMcommunity
basale Theorien normativer Ethik	NGEN
• Berücksichtigung unterschiedlicher ethischer Theorien und differenzierte Herstellung von Kohärenz unter deren Ansprüchen im konkreten Fall (Bezug zum Kohärentismus)	NGENkohärent
• Mitreflexion der Bedeutungen von Handlungen im Handlungsfeld (Bezug zur hermeneutischen Ethik)	NGENbedeut
• Berücksichtigung der sozialethischen Perspektive	NGENsozeth
• Beförderung einer angemessenen Übernahme bzw. Zuordnung von persönlicher Verantwortung	NGENverantwort

Tabelle 12: Baumstruktur der normativen Voraussetzungen

3.2.4 Fazit

Dass sich die zehn normativen Grundlagen wie in der obigen Tabelle dargestellt in einer Baumstruktur anordnen lassen, zeigt, dass sie – und damit alle mit ihnen begründeten Kriterien – sich weitgehend kohärent zueinander verhalten. Damit ist keinesfalls gesagt, dass es im Anwendungsfall keine Spannungen und Antagonien zwischen den Kriterien geben würde. Dies ist vielmehr zweifellos der Fall, und es wird kaum je möglich sein, alle Kriterien in einer konkreten, real existierenden Form von Ethiktransfer völlig zu berücksichtigen. Vielmehr wird es darum gehen, in Anlehnung an das Pareto-Prinzip zu optimieren. Doch kommen sol-

---

[1] Selbstredend geht es an dieser Stelle weder darum, eine vollständige Liste elementarer Methoden noch basaler Theorien der Ethik zu präsentieren. Vielmehr werden ethische Methoden und Theorien genannt, insofern sie in den genannten zehn normativen Voraussetzungen auftreten. Auch die Frage, inwiefern sich Methoden und Theorien überhaupt unterscheiden lassen, braucht an dieser Stelle nicht weiter diskutiert zu werden. Das Prinzip der Zuordnung von Verantwortung mag man bei den Methoden oder bei den Theorien einordnen.

che Spannungen und Antagonien nicht wegen Konflikten unter den den Kriterien zugrundeliegenden Werten zustande, sondern in Folge von Restriktionen der Situationen. Diese hohe Kohärenz beeindruckt angesichts der Tatsache, dass die Kriterien, und damit die ihnen zugrunde liegenden normativen Voraussetzungen, ja nicht deduktiv entworfen, sondern induktiv als vorfindliche erhoben wurden. Offenbar drängen sich aus der Erfahrung mit und der Reflexion von Ethiktransfer in den verschiedenen Bereichsethiken und in der Praxis der interviewten Expertinnen und Experten Kriterien auf, die aus der Sache heraus zusammengehalten werden und, wie sich nun zeigt, ein sinnvolles Ganzes ergeben.

Diese hohe Kohärenz und die bescheidene Anzahl normativer Voraussetzungen des Kriteriensystems dürften ausserdem damit zusammenhängen, dass primär die Organisation von Ethiktransfer beurteilt wird. Würden, wie oben als Alternativen dargestellt, entweder die Grundlagen der transferierten Werte oder die Ergebnisse von Ethiktransfer bewertet, wären die Kriterien bzw. die ihnen zugrundeliegenden normativen Voraussetzungen vermutlich strittiger.

Diskussionspunkte zu dieser Baumstruktur dürfen primär die Ableitungen jeweils an den Übergängen von der Stammnorm zu den Hauptzweignormen und von diesen zu den Unterzweignormen sein: beispielsweise die Entscheidung, Anschluss an den ethischen Fachdiskurs liesse sich letztlich nicht rein passiv als Rezeption des Standes der Forschung sicherzustellen, sondern setze in letzter Konsequenz eine aktive Beteiligung voraus.[1]

3.3 Systematisierung nach Reichweite

Die Bewertungshinsichten, wie sie eingangs in den Rekapitulationen dargestellt wurden, finden sich in der obigen tabellarischen Darstellung der Kriterien bereits reduziert und teilweise zusammengefasst wieder. Um sie einerseits theoretisch weiter zu durchdringen und andererseits für den praktischen Einsatz knapper zu fassen, sollen sie gewichtend geordnet werden.

Eine systematische Gewichtung setzt ein tertium comparationis voraus, welches definiert, was unter «Gewicht» zu verstehen ist. Dieses tertium könnte das Thema sein, wenn man, ausgehend von der obigen Systematisierung nach Themen, bestimmte Themen für besonders bedeutsam hält. Oder man könnte, ausgehend von der obigen Systematisierung nach Wertegrundlagen, bestimmen, welche Werte zentraler sind als andere und dann diejenigen Kriterien, welche auf deren Verwirklichung zielen, priorisieren.

Im Folgenden soll weder die eine, noch die andere, sondern eine dritte Möglichkeit gewählt werden, das tertium zu bestimmen. Sie basiert darauf, dass es Überschneidungen und Wirkzusammenhänge zwischen den Kriterien gibt. Manche Kriterien können nicht eingehalten werden, ohne bestimmte andere – ganz oder teilweise – mit zu realisieren. Ausserdem regt die Einhaltung bestimmter Kriterien die Berücksichtigung weiterer mit an. Kriterien, für die das in besonderem Mass gilt, werden als «Schlüsselkriterien» bezeichnet. Sie sind darum besonders bedeutsam, weil die notwendige oder angeregte Miteinhaltung anderer Kriterien ihnen zusätzliches Gewicht gibt.[2]

---

[1] Gewagt ist vielleicht auch die Annahme, dass die Suche nach dem grösseren Handlungsspielraum für die Individuen ein Beitrag zu deren Verantwortlichkeit sei. Nur so lassen sich QAHAspiel und QEVMfrei mit NGENverantwort begründen.

[2] Dieses Gewichtungsprinzip bringt es allerdings mit sich, dass damit eher ein guter «Gradmesser» für die Gesamtqualität der Arbeit einer Ethiktransferorganisation entsteht und eventuell weniger eine pragmatisch hilfreiche Unterlage, aus der

Bei dieser Gewichtung nach Reichweite wird die grundlegende Einteilung der Kriterien in vier thematische Bereiche beibehalten. Denn eine alleinige Berücksichtigung der Reichweite über alle Themenbereich hinweg könnte dazu führen, dass Kriterien aus einem Themenbereich weitgehend oder ganz aus dem Set der Schlüsselkriterien wegfallen. Eine niedrige Qualität in einem dieser vier Bereiche – am wenigsten zwingend allerdings im Bereich des Bezugs zur Öffentlichkeit – würde jedoch zu einer entsprechenden Qualitätseinbusse im Gesamten führen, da die Qualitäten des Anschlusses an die wissenschaftliche Ethik, des Anschlusses an die Praxis und der eigenen Verarbeitung sich nicht additiv, sondern multiplikativ zu einander verhalten. Daher werden Schlüsselkriterien je Bereich festgelegt.

Auch diese Systematisierung setzt Kompromisse an den Rändern voraus. «Mitgemeinte» Kriterien erhalten nicht mehr dasselbe Eigengewicht, und an einzelnen Stellen müssen aus inhaltlichen Gründen marginalere Kriterien aussen vor bleiben.

3.3.1 Schlüsselkriterien zum Anschluss an die wissenschaftliche Ethik

Schlüsselkriterien zum Anschluss an die wissenschaftliche Ethik sind:
- Die Transferorganisation kennt den Stand der Diskussion hinsichtlich ihres Arbeitsgebiets im wissenschaftlichen ethischen Diskurs und baut in ihrer Arbeit darauf auf. [QAEPpassiv]
- Die Transferorganisation bringt sich aktiv in den wissenschaftlichen ethischen Diskurs ein. [QAEAaktiv]
- Die Transferorganisation schliesst nicht an eine oder wenige Strömungen bzw. Schulen in der wissenschaftlichen Ethik an, sondern bezieht sich breit auf unterschiedliche Richtungen. [QAEPbreit]

Die ersten beiden Schlüsselkriterien implizieren ein anderes, wichtiges Kriterium (QAEpositiv) und legen die Beachtung von vier weiteren implizit nahe (QAEDanreiz, QAEAfrag, QAEsituat und QAEAgrenz). Das dritte Schlüsselkriterium bringt tendenziell die Erfüllung zwei weiterer (QAEDunabhän und QAEPstrukt) mit sich.

Damit ist in drei Schlüsselkriterien nur ein einziges (inhaltlich eher sekundäres) Kriterium (QAEDfremd) nicht eingeschlossen, was eine gute Optimierung einer Reduktion darstellt.

3.3.2 Schlüsselkriterien zum Anschluss an das Handlungsfeld

Schlüsselkriterien zum Anschluss an das Handlungsfeld sind:
- Die Transferorganisation pflegt einen intensiven, gegenseitigen Austausch mit dem Handlungsfeld und weiss genau, welches, aus der Perspektive der im Handlungsfeld aktiven Personen und Institutionen gesehen, die schwierigen Entscheidungen und Dilemmasituationen sind. [QAHPkennt]
- Die Transferorganisation kennt die normativen Orientierungen, die diesbezügliche «Kultur» im Handlungsfeld, einschliesslich deren allfälligen, vorfindlichen Reflexionen, gut. Die Transferorganisation schliesst an diese «Kultur», einschliesslich deren allfälligen, vorfindlichen Reflexionen, an. [QAHPethik]

---

sich leicht Handlungsvorschläge zur Verbesserung dieser Qualität entwickeln lassen. Dafür müsste die vollständige Kriterienliste (und auch die zugrundegelegte Theorie) herangezogen werden, um so die einzelnen Schritte hin zu einer hohen Qualität zu eruieren.

- Die Transferorganisation kennt die Anreizwirkungen im Handlungsfeld und geht mit deren Synergien und Antagonien im Verhältnis zu den Zielsetzungen des Ethiktransfers bewusst und aktiv um. [QAHDanreiz]
- Die Transferorganisation ist gegenüber dem Handlungsfeld, den dort aktiven Personen und Organisationen unabhängig. [QAHDunabhän]
- Die Transferorganisation nimmt den Personen und Organisationen im Handlungsfeld die Handlungsentscheidungen und die Verantwortung für diese nicht ab. [QAHDverantw]
- Die Transferaktivität wirkt sich tatsächlich auf Strukturen und damit auf Handlungen von Personen und Organisationen im Handlungsfeld aus. [QAHAwirk]

Mit diesen sechs Kriterien lässt sich ein weiteres wichtiges Kriterium (QAHpositiv) einschliessen. Ausserdem legen sie die Beachtung von zehn weiteren implizit nahe (QAHDverantw provoziert QAHApäd, QAHAunterscheid und QAHAspiel, QAHPkennt dürfte QAHAkomplred, QAHAtransparenz, QAHAnichtmoralin, QAHAmeth, QAHAstand und QAHAgrund mit sich bringen, die Verwirklichung von QAHAwirk dürfte QAHAfeldspez erforderlich machen).

Ebenfalls wichtig, aber von vergleichsweise (!) sekundärer Bedeutung ist das Kriterium:
- Vom Ethiktransfer betroffene und insbesondere potenziell in ihren Interessen vertretene Personen und Organisationen werden in die Transferprozesse explizit einbezogen, zumindest in die Kommunikation. [QAHPbetr]

Damit sind alle Kriterien eingeschlossen. Im Vergleich zu den Kriterien zum Anschluss an die wissenschaftliche Ethik finden sich hier deutlich mehr Schlüsselkriterien, was sich daraus erklärt, dass auch etwa doppelt so viele Kriterien zu «verdichten» sind.

3.3.3 Schlüsselkriterien zum Bezug zur Öffentlichkeit

Schlüsselkriterien zum Bezug zur Öffentlichkeit sind:
- Die Transferorganisation befindet sich in einer gegenseitigen Kommunikation mit der Öffentlichkeit. [QBÖbidir]
- Die Transferorganisation hat einen Text im Sinne eines «Mission Statement» formuliert und breit kommuniziert, der leicht rezipierbar mindestens die Aufgabe und die gewählte Art des Transfers, dessen Ziele und speziell auch die primären Wertbezüge dieser Ziele im Sinne einer Selbstfestlegung kommuniziert. [QBÖAmista]
- Die Transferorganisation ist in ihrer ethisch-moralischen Selbst-Positionierung unabhängig von Werte-Trends in der Öffentlichkeit und in den Medien. [QBÖDunabhängig]

Diese drei Schlüsselkriterien vermögen ein weiteres Kriterium stark anzuregen (QBÖAakt) und weitere Prozesse auszulösen, welche zur Erfüllung anderer Kriterien beitragen (QBÖAdiskursförd, QBÖAnichtmoralin[1]).

Die Erfüllung weiterer (inhaltlich weniger zentrale) Kriterien wird durch andere Kriterien zumindest angeregt (QBÖAmoral durch QBÖAnichtmoralin und QEVmoral, vgl. unten).

---

[1] Es ist zu erwarten, dass die Pflege einer reell gegenseitigen Kommunikation zwischen Transferorganisation und Öffentlichkeit dazu führt, dass abwertende Kommunikationen seitens der Transferorganisation zunehmend unterbleiben, da sie von der Öffentlichkeit tendenziell widerlegt und negativ sanktioniert werden.

3.3.4 Schlüsselkriterien zur eigenen Verarbeitung

Überproportional viele Kriterien betreffen die eigene Verarbeitung, die Prozesse innerhalb der Ethiktransfer leistenden Organisation. Dementsprechend ist es bei dieser Gruppe von Kriterien schwieriger, sie auf eine kleine Anzahl von Schlüsselkriterien zu reduzieren. Der Vorschlag lautet, die Schlüsselkriterien folgendermassen auszuwählen:

- Die Transferorganisation überprüft laufend, ob die gewählte Form des Tranfers den inhaltlichen Zielen angesichts veränderter Situation und veränderten Wissens weiterhin entspricht und verändert andernfalls die Transferform. [QEVMdyn]
- In der Transferorganisation ist das ethische Fachwissen personell so vertreten, dass eine dem Stand des wissenschaftlichen Diskurses in der Ethik angemessene Gestaltung der Prozesse sichergestellt ist. [QEVPethik]
- Entsprechend den Anforderungen des Handlungsfeldes ist in der Transferorganisation interdisziplinäres Fachwissen vertreten. [QEVPinterdisz]
- Die Qualität der Kommunikation in der Transferorganisation ist regelmässig Thema der Selbstreflexion und erhält eine besondere Aufmerksamkeit. [QEVKthema]
- In der Arbeit der Ethiktransferorganisation wird Moral von Ethik unterschieden. [QEVmoral]
- Die gewählte Form und Ausprägung des Ethiktransfers tendiert nicht zu einem Monopol, sondern gibt Impulse für andere Formen des Transfers durch andere Personen und Organisationen, insbesondere auch für solche, welche denselben Problembereich auf anderen strukturellen Ebenen beeinflussen können. [QEVSanschluss]

Mit diesen sechs Kriterien lassen sich drei weitere Kriterien einschliessen (QEVMspezweg, QEVMeignweg und QEVManreiz durch QEVMdyn). Ausserdem legen sie die Beachtung von acht weiteren implizit nahe (QEVKthema provoziert QEVKtranspa und wird tendenziell QEVKargument, QEVNneut, QEVfehler mit sich bringen, QEVmoral und dürfte QEVMfrei anregen und QEVSanschluss dasselbe für QEVSdiff und QEVSwirkmög tun, die Verwirklichung von QEVPinterdisz und QEVKthema dürfte QEVSethikkonz zur Folge haben). Weitere Kriterien dürften dank anderen Kriterien aus den ersten drei Hauptkriterienbereichen mit ausgelöst werden (QEVcont und QEVbranch durch QBÖbidir; QEVnetz durch QAHAwirk).

Ebenfalls wichtig, aber von sekundärer Bedeutung im Vergleich zu den eben mit Spiegelstrichen aufgezählten, sind die folgenden Kriterien:

- Die Transferorganisation verfügt über ein Organ bzw. eine andere Struktur, welche überprüft, ob die Zielsetzung eingehalten wird. [QEVMprüf]
- Die Ethiktransferorganisation erwägt nicht nur, ob die von ihr vertretenen Normen und Werte begründet sind, sondern auch, ob deren faktische öffentliche Vertretung und angestrebte Transferierung in ihren Folgen tatsächlich wünschbar ist. [QEVMfolgen]
- Die in der Transferorganisation involvierten Personen sind persönlich engagiert und inhaltlich motiviert. [QEVperseng]
- Die Tatsache, dass Frauen und Männer (sozialisations- und lebenskontextbedingt) auf unterschiedliche ethisch relevante Fragen und auf verschiedene Transfermethoden sehr unterschiedlich ansprechen und reagieren können und tendenziell von unterscheidbaren Werte-

systemen ausgehen, wird in der Transferorganisation handlungswirksam reflektiert. [QEVgender]
- Die Transferorganisation kommuniziert ihre Grenzen und neigt nicht dazu, höhere Erwartungen zu wecken, als realistisch abgedeckt werden können. [QEVSgrenzkom]
- Ethiktransfer wird nicht als Selbstzweck betrieben, sondern die Transferorganisation kann aufgelöst werden, wenn das Ziel erreicht oder auf diesem Weg nicht mehr sinnvoll anzustreben ist. [QEVSsinn]

4 Resultat

Weil Fragen im Umfeld einer «Ethikfolgenethik» mit sich in Selbstwiderspruch geraten würden, wenn sie geschlossen-deduktiv vorgehen würden, wurde hermeneutisch-induktiv ein Kriteriensystem entwickelt, das anschliessend auf seine normativen Implikationen und auf Kohärenz hin reflektiert wurde.

Den Ausgangspunkt bildete eine Vielzahl von Bewertungshinsichten, die der berücksichtigten Literatur und den Expertinnen- und Experteninterviews entnommen bzw. daraus entwickelt wurden.

> Die *thematische Systematisierung* des erhobenen komplexen Netzes von Beurteilungshinsichten *reduzierte diese Hinsichten auf 62 Kriterien, die in vier Gruppen eingeteilt* wurden. Diese Systematisierung zielte auch auf die Lokalisierung von Fehlstellen. Eine solche wurde ausgemacht und mit einem zusätzlichen Kriterium ausgefüllt.

Die Analyse der normativen Voraussetzungen der verschiedenen Kriterien zeigt, dass sich diese auf zehn (von denen wenige sehr nahe beieinander liegen) beschränken lassen, die unter sich in eine kohärente Baumstruktur gebracht werden können. Als grundlegendes normatives Prinzip lässt sich ausmachen, dass das, was sich als Ethiktransfer versteht und deklariert, den beiden Begriffen «Ethik» und «Transfer» verpflichtet ist.

Die Systematisierung nach Reichweite in Form einer Destillation von Schlüsselkriterien zeigt eine Möglichkeit, wie Kriterien gewichtet werden können, um ihre Anzahl im Interesse der theoretischen Übersichtlichkeit wie der praktischen Handhabbarkeit zu reduzieren und dabei nochmals Redundanz zu vermindern.

> In diesen drei Systematisierungen zeigt sich ein fünfgliedriges Grundprinzip des Kriteriensystems. Die Qualität von Ethiktransfer ergibt sich
> - aus der Qualität der je dialogischen Kommunikationen der Transferinstitution mit a) der wissenschaftlichen Ethik, b) dem Handlungsfeld und c) der Öffentlichkeit und
> - d) aus der Kreativität und Produktivität der Verarbeitung dieser Kommunikationen in der Transferinstitution sowie
> - e) aus der Stärke der Wirksamkeit im Handlungsfeld.

> Die Qualität der dialogischen Kommunikationen wiederum ist das Produkt aus Intensität des Austausches und Unabhängigkeit der Parteien, was eine gewisse Spannung mit sich bringt. Für die Qualität der Verarbeitung in der Transferinstitution sind die ethischen Methodenstandards fruchtbar zu machen, die zusammen mit Agilität im Sinne einer Kombination von Flexibilität und Unnachgiebigkeit bedeutsam sind für Kreativität, Produktivität und Wirksamkeit.
>
> Die normativen Voraussetzungen dieser Qualitätsbestimmung bestehen im Wesentlichen einerseits in den ethischen Methodenstandards im engeren Sinn und in einem weiteren Sinn in der Berücksichtigung speziell der Anliegen eines Kohärentismus, einer hermeneutischen Ethik, der Sozialethik und der Verantwortungsethik sowie andererseits im allgemeinen Prinzip, dass das, was sich als Ethiktransfer versteht und etikettiert, auch den beiden Wortteilen «Ethik» und «Transfer» gerecht werden soll.
>
> Dieses fünfgliedrige Grundprinzip ergibt sich unter der Voraussetzung, dass man, wie oben (Seite 305 und folgende) dargestellt, die Qualität des Transferprozesses und seiner Organisation beurteilen möchte und nicht andere Momente (z.B. die Art der Wirkung oder die moralisch-ethische Grundorientierung) alleine ins Zentrum stellt.

Die *Leistungen* des entwickelten Kriteriensystems lassen sich in fünf Punkten zusammenfassen. Es

- differenziert die allgemeine Vorstellung «guten» bzw. «schlechten» Ethiktransfers in eine Vielzahl von Kriterien,
- klärt und deklariert die normativen Voraussetzungen des unumgänglich positionellen Beurteilungssystems,
- verpflichtet sich, indem diese Voraussetzungen baumförmig systematisiert werden, auf zentrale Normen und vermeidet so die Beliebigkeit linearer Kriterienlisten,[1]
- erweist sich in seiner normativen Ausrichtung als kohärent und schlüssig begründet und
- erlaubt sinnvolle zusätzliche Reduktionen des zunächst hohen Detaillierungsgrades, um damit an Einfachheit der Theorie und Handhabbarkeit für die Praxis zu gewinnen.

Ein solches Kriteriensystem hat eine doppelte *Bedeutung für die wissenschaftliche Ethik*. Erstens eröffnet es eine neue Bereichsethik: Eine Ethik für den Bereich des Ethiktransfers. Zweitens wird damit eine Rekursion ad infinitum gestartet. Eine Ethik des Ethiktransfers ist auch eine ethische Reflexion über die Ethik selbst, sowohl über die kollektive Verantwortung der Disziplin der Ethik als auch über die spezifische Verantwortung der Ethikerinnen und Ethiker.

Die Ethik per se wirft ja die Frage nach der Verantwortung generell auf. Daher muss sie diese auch auf sich selbst beziehen – und zwar nicht nur, wie das bisher in der Regel geschah, im Sinne einer Bestimmung der ethischen Expertise, sondern auch im Sinne einer Bestimmung des verantwortlichen Umgangs damit. Damit aber beginnt die Rekursion erst. Man kann – und muss, weil eben das ethische Postulat der Verantwortung ein generelles ist – nun auch

---

[1] Es erfüllt damit das von Ulrich, Jäger und Waxenberger in den Leitideen 1 und 8 (vgl. oben Seiten 57 und 59) formulierte Anliegen einer Deklaration der eigenen normativen Position. Dieselben Autoren betonen auch, wie problematisch unstrukturierte Kriterienlisten sind (vgl. oben Seite 55).

nach der Ethik der Ethik des Ethiktransfers fragen, sobald es diese Ethik des Ethiktransfers gibt. Damit ist die zweite Stufe der Rekursion erreicht und die nächste hat zu folgen. Auch die *Bedeutung für die Praxis des Ethiktransfers* ist eine zweifache: Das Kriteriensystem kann der «formativen» oder «summativen» Bewertung dienen, wie in der Theorie der Evaluation unterschieden wird. Formative Evaluationen dienen der Verbesserung des Beurteilten. Eine formative Bewertung kann als Selbstevaluation oder Fremdevaluation im Auftrag des jeweiligen Ethiktransferprojektes angelegt sein. Summative Evaluationen dienen kompetitiven Vergleichen bzw. politischen oder unternehmerischen Entscheiden über Unterstützung oder Sistierung des Bewerteten. Summative Evaluation kann nicht als Selbstevaluation durchgeführt werden.

In der jetzigen Form eignet sich das Kriteriensystem besser für formative Evaluationen. Wer weniger Interesse hat, Schwächen der eigenen Institution zu verstecken, als Impulse für deren Optimierung zu entdecken, wird von der Anlage dieses Kriteriensystems gut bedient. Für eine summative Bewertung hingegen müssten die Kriterien strikter formuliert werden und es müsste eine verbindliche Skala zwischen «gar nicht eingehalten» und «gänzlich eingehalten» fixiert werden, die nicht nur die Extreme, sondern auch die Zwischenstufen nachprüfbar definiert. Möglich wäre auch, das Verfahren der Anwendung strikter festzulegen, indem z.B. eine dreifache Anwendung durch unterschiedliche Personen vorgegeben wird, oder, indem die Evaluation im Gruppengespräch erfolgt, wie eines der unten zu besprechenden Feedbacks vorschlägt. Idealerweise wären für eine summative Evaluation mehrere solcher Methoden zur Verstärkung der Reliabilität zu kombinieren.

> Sowohl in Hinblick auf die wissenschaftliche Ethik als auch auf die Praxis des Ethiktransfers ist interessant, dass sich kaum bereichsspezifische Beurteilungsmomente gezeigt haben. Kriterien, die für Ethiktransfer in einem bestimmten Handlungsfeld relevant sind, sind so gut wie immer für alle anderen Handlungsfelder bedeutsam.
> Es würde wenig Sinn machen, wäre vielmehr kontraproduktiv, eine *Ethik des Ethiktransfers* nur für eine Bereichsethik oder nur für eine Transfermethode (z.B. nur für Ethikgremien) zu konzipieren.[1]

Obwohl eingangs dargelegt wurde, dass weder primär Qualitäten des «Normeninput» noch solche des faktischen «Wirkungsoutput» fokussiert werden, sondern eine Bewertung der *Organisation* der Austauschprozesse als Transferprozesse im Zentrum steht, umfasst das Bewertungssystem nun Kriterien, welche «Input» und «Output» tangieren. Als «Normeninput» ist nach diesem Kriteriensystem keine ausgewählte «Moral» zulässig, sondern der Stand der Diskussion in der wissenschaftlichen Ethik in einer gewissen Breite. Dahinter steht insgesamt sehr wohl eine normative Prämisse, welche mit diskursethischen Überlegungen in Verbindung zu bringen ist. Der «Wirkungsoutput» wird insofern mitbeurteilt, als er vorfindlich sein muss, nicht jedoch in einer inhaltlichen, teleologischen Perspektive. Parteilich ist, dass Wirkung als

---

[1] So wenig angebracht Ethiken des Bereichsethiken-Transfers wären, so wahrscheinlich ist, dass für solche der Applaus in der scientific community eher grösser wäre, weil es dann (vermeintlich) einfacher wäre, die einschlägige Literatur zu bewältigen und damit den Stand der Forschung zu würdigen, was, wie dargestellt, für eine allgemeine Ethik des Ethiktransfers schwieriger ist.

Wirkung auf Strukturen definiert ist, was allerdings nicht in der Sache, sondern in der Abgrenzung des Untersuchungsgegenstands begründet ist. Immerhin verbindet sich damit die moralische Überzeugung, dass die Disziplin der Ethik eine spezifische Verantwortung für die Gestaltung der Strukturen trägt.[1]

Die Entscheidung, in der Bewertung auf die Organisation der Transferprozesse zu fokussieren, ist selbst auch eine teilweise normative Entscheidung. Dahinter steckt die Überzeugung, dass es mit prozessbezogenen Argumenten möglich ist, Nachteile bestimmter Formen von Ethiktransfer zu zeigen, gegen die man auch input- oder outputbezogen argumentieren kann. In- und outputbezogene Beurteilungen sind jedoch eher von partikularen Wertegrundlagen abhängig. Kriterien zur Form der Transferprozesse haben – wie die hohe Plausibilität der explizierten normativen Voraussetzungen gezeigt hat – eine grosse Überzeugungskraft.

---

[1] Grosses Gewicht auf die Wirkung legt Virt (2001, 453) für die Politikberatung: «Den Gedanken der Effizienz [theologisch ethischer Politikberatung] überhaupt auszublenden, hiesse auch Verrat zu üben an dem Auftrag, an einer effizienten Sicherung der Personwürde aller Menschen zu arbeiten und die damit verbundenen Grundrechte und Grundgüter zu sichern und weiter zu entfalten.» Weiter unten bezeichnet er ungenutzte Chancen, seitens der Ethik Einfluss zu nehmen, als «unterlassene Hilfeleistung».

G Anwendungsbeispiele als Überprüfung von Theorie und Kriterien

Die Aufgabe jeder Theorie besteht darin, Realität abzubilden, und zwar jeweils
- in einer bestimmten Hinsicht,
- möglichst präzise und
- zugleich möglichst einfach.

Zwischen den letzten beiden Kriterien besteht eine gewisse Spannung, und es gilt, im Rahmen des Möglichen zu optimieren. Wie gut diese Abbildung der entwickelten Theorie und den zusammengestellten Kriterien gelingt, wird nun überprüft. Theorie und Kriteriensystem werden dazu exemplarisch auf konkrete Organisationen angewendet.

Dazu wird zunächst die *Theorie* exemplarisch auf drei konkrete Organisationen angewandt (1) und dargestellt, welche Erkenntnisse sich daraus für die Theorie ergeben (2). Weiter wurden bestimmte Organisationen gebeten, eine Selbstevaluation mit ausgewählten *Kriterien* des entwickelten Systems vorzunehmen und dazu eine Rückmeldung zu geben (3). Aus dieser probeweisen Anwendung ergeben sich wesentliche Einsichten zum Kriteriensystem (4).

1 Überprüfung der Transfertheorie an drei Organisationen

1.1 Einleitung und Vorgehen

> Zunächst wird die Theorie an der Praxis geprüft. Dazu wird exemplarisch die Funktionsweise dreier Organisationen, die Ethiktransfer leisten, *in der Terminologie und mit dem Konzept der vorgeschlagenen Theorie nachvollzogen.*
> Fokussiert wird dabei die Theorie; die drei Beispielorganisationen stehen nicht als solche im Zentrum. Es geht um den Versuch, mit der Theorie Aussagen über die drei Organisationen zu machen und daran die die Tauglichkeit der Theorie zu übeprüfen. Zugleich wird so die Anwendung der Theorie exemplarisch illustriert.

Ausserdem soll die Portraitierung dreier Organisationen, die Ethiktransfer leisten, einen Einblick in die spezifischen Herausforderungen geben, und so eine Vorstellung von den Möglichkeiten und Grenzen solcher Aktivitäten vermitteln. Denn Ethiktransfer wird zwar durch eine sorgfältige definitorische Abgrenzung als Untersuchungsgegenstand fassbar, aber erst durch möglichst konkrete Exemplifizierung als Phänomen greifbar.

Die drei Applikationen der Theorie bestehen je aus den Teilen «Portrait» und «Nachvollzug». Ein Portrait der konkreten Ethiktransferorganisation bildet jeweils die Grundlage. Dieses *Portrait* basiert auf schriftlichen Dokumenten der Organisation sowie auf zusätzlich in einem persönlichen Interview eingeholten Informationen. Das Portrait wurde von der Organisation gegengelesen und stellenweise korrigiert, so dass es – Stand 2004 – auch dem Selbstverständnis der Organisation entspricht.

Die Portraits wurden zeitlich vor der definitiven Fertigstellung der Theorie erstellt. Dies dürfte einerseits im Sinne der Redlichkeit dieser Überprüfung unabdingbar sein, da sonst unwillkürlich mit einer impliziten Anpassung der Portraits an die Theorie zu rechnen wäre. Andererseits hat dies den Nachteil, dass man bei der Anwendung der Theorie auf Informationslücken stossen kann, weil eben die Portraits nicht schon auf die vorgeschlagene Theorie hin angelegt sind und dementsprechend auch die Informationen nicht in dieser Hinsicht selektiert wurden.

Alle Portraits folgen dem Schema:
- Entstehungsgeschichte der Organisation
- Organisationsform
- aktuelle Tätigkeit
- spezielle Erfahrungen
- Dokumentation der Organisation

Jeweils anschliessend an die Portraits wird die Funktionsweise der Organisation im Rahmen der vorgeschlagenen Theorie *nachvollzogen*. Der Reihe nach wird dargestellt,
- inwiefern der wissenschaftliche, ethische Diskurs Kommunikations- und Austauschpartner dieser Organisation ist,
- auf welche strukturelle Wirkung im Handlungsfeld die Transferarbeit zielt,
- in welcher Art das Handlungsfeld Kommunikations- und Austauschpartner der Organisation ist,
- welche Austauschprozesse im Umfeld der Transferorganisation dabei entstehen,
- wie gut die bis dahin applizierten Elemente der vorgeschlagenen Theorie die spezifischen Eigenheiten dieser Organisation abbilden,
- welche neuen Erkenntnisse über konkrete Beispiele von Ethiktransfer mit der Anwendung dieser Theorie gewonnen werden, d.h. inwiefern die vorgeschlagene Theorie konkreten Ethiktransfer erhellt.

Die Ergebnisse der Anwendung der Theorie auf die konkrete Organisation werden abschliessend in einem Fazit zusammengezogen.

1.2 Die Fachstelle Angewandte Medizinethik im Bundesamt für Gesundheit

Im Bundesamt für Gesundheit des Departementes des Innern der schweizerischen Eidgenossenschaft besteht seit dem 1.11.2002 eine «Fachstelle Angewandte Medizinethik». Ihre Aufgabe ist es, ethisches Fachwissen in die Arbeit des Bundesamtes für Gesundheit einfliessen zu lassen.

Die *Entstehung* der Fachstelle hängt damit zusammen, dass seit einigen Jahren der Bedarf nach ethischem Fachwissen im Bundesamt für Gesundheit zunahm. Um diesen zu decken, wurde der Fachstelle eine spezifische *Form* als Teil einer Untereinheit des Bundesamtes gegeben. Die *aktuelle Tätigkeit* der Stelle wird zwar dominiert von den Vorbereitungen für das Gesetz für die Forschung am Menschen, umfasst aber vielfältige Leistungen. Die *Erfahrungen* sind positiv, und die Fachstelle wird im Rahmen der Reorganisation des Bundesamtes für Gesundheit in eine neue Sektion «Forschung am Menschen und Ethik» integriert.

1.2.1 Entstehung

Fortpflanzungsmedizin, Gentechnologie und andere neu anwendbare medizinische Techniken haben Grundsatzfragen aufgeworfen. Die Öffentlichkeit wollte diese Fragen thematisiert wissen. So entstanden seit den 1980er Jahren verschiedene mit ethischen Fragen befasste Gremien bzw. Arbeitsgruppen. 1992 kam es zur Abstimmung über den Verfassungsartikel 24novies zur Fortpflanzungsmedizin und Gentechnologie (jetzt: Art 119 und 120). Dies förderte und erforderte eine Diskussion fundamentaler Fragen in der breiten Öffentlichkeit. Nachdem der neue Artikel angenommen worden war, wurde evident, dass eine ethische Begleitreflexion für die Umsetzung dieser Verfassungsänderung notwendig ist. Doch es stellten sich nicht nur neue Fragen, auch manche «alten» Fragen mit starkem ethischen Reflex, insbesondere der Schwangerschaftsabbruch, waren politisch aktuell geblieben. Zu diesen «alten» Fragen gehört prinzipiell auch das Thema der Forschung am Menschen, welche mit dem Grenzfall der Stammzellforschung um ein spezielles Dilemma erweitert worden war.

In der Folge wurde die Nationale Ethikkommission (NEK) analog zur Eidgenössischen Ethikkommission für die Gentechnik im ausserhumanen Bereich (EKAH) aufgebaut. Da Erstere nicht zu Tagesthemen oder für langfristige Aufträge eingesetzt werden kann, blieben solche spezifische Bedürfnisse des Bundesamtes für Gesundheit (BAG) weiterhin unberücksichtigt. Um dieses Defizit zu decken, entstand, mit Blick auf Vorbilder im Ausland, die Idee, eine Fachstelle einzurichten, um die Ethikkompetenz im Amt direkt und konstant zur Verfügung zu haben. Diese Idee wurde von der Leitung der Koordinationsstelle «Biotechnologie und Heilmittelpolitik», wo ethische Fragen in besonderem Mass akut wurden, weiterverfolgt, gemeinsam mit der Leitung des BAG und mit Unterstützung durch Bundesrätin Ruth Dreifuss, welche damals dem Eidgenössichen Departement des Innern vorstand.

Um die Notwendigkeit und vor allem die mögliche Ausrichtung einer solchen Stelle präziser fassen zu können, wurde 2000 eine Abklärung «Medizinethik in der Schweiz» zuhanden der Koordinationsstelle Heilmittelpolitik und Biotechnologie in Auftrag gegeben. Diese Abklärung sollte einen Überblick geben, einerseits über aktuelle und relevante medizinethische Themen und andererseits über Schweizer Institutionen, welche mit Ethik befasst sind. Darin werden die aktuellen und relevanten medizinethischen Felder eingeteilt in Querschnittfelder (Menschenrechte, Klinische Forschung, Datenschutz, Einwilligung) und in Lebensphasen-Felder (von der Präimplantationsdiagnostik bis zur Sterbehilfe). Als schweizerische «Ressourcen» der Medizinethik werden regionale und überregionale Ethikkommissionen, universitäre und quasiuniversitäre Institutionen, die Ethikkommission der Schweizerischen Akademie der Medizinischen Wissenschaften, die Schweizerische Gesellschaft für biomedizinische Ethik und die Ethikberatung in der pharmazeutischen Industrie aufgelistet. Die Abklärung schliesst mit der konkreten Empfehlung, dass das BAG eine eigene Stelle aufbauen soll. Sie geht davon aus – zu Recht, wie man nur schon in der kurzen Zeit seit ihrer Entstehung sehen kann –, dass die Aktualität dieser Fragen noch zunehmen wird und die vorhandenen

Ressourcen die Bedürfnisse des BAG nicht decken können. Eine Reihe von Hinweisen, was beim Aufbau zu berücksichtigen sei, werden zu bedenken gegeben: Eine Ethik-Stelle solle eine beratende Stabsstelle sein, welche darauf achtet, nicht zum quasi delegierten ethischen Gewissen des BAG zu werden, sondern im Gegenteil die Ethikkompetenz der Mitarbeiterinnen und Mitarbeiter des BAG zu fördern.[1] Ausserdem dürfe die Stelle keine «end of pipe»-Lösung sein und solle, damit sie nicht zum Alibi verkomme, mit klaren Kompetenzen ausgestattet werden.

Als mögliche Aufgaben der Stelle werden u.a. genannt:
- Beratung der Direktion
- Begleitung von Rechtssetzungsprozessen
- Betreuung der Nationalen Ethikkommission NEK
- Monitoring der öffentlichen und politischen Debatte bezüglich medizinethischer Themen
- Monitoring der nationalen und internationalen Fachdiskussion zu bio- und medizinethischen Themen
- Interne Weiterbildung zu bio- und medizinethischen Themen

Ende 2001 fiel der Entscheid, eine solche Stelle einzurichten. Dabei blieb relativ lange unklar, ob sie eine Stabstelle der Direktion oder eine Stelle in einer Facheinheit werden solle. Schliesslich wurde zugunsten der zweiten Alternative entschieden, um die Stelle näher an den laufenden Projekten und konkreten Fragen anzusiedeln. In diesem Punkt wurde von den Empfehlungen der Abklärung abgewichen, in den anderen Punkte folgte man ihr weitestgehend.

Inzwischen war am 3. Juli 2001 die Nationale Ethikkommission NEK eingesetzt worden. Anfangs 2002 wurde nun die neue Stelle ausgeschrieben, mit der die «Fachstelle Angewandte Medizinethik» ihre Arbeit aufnehmen sollte. Es wurde dafür eine Person aus dem theologischen oder philosophischen Bereich gesucht, die über eine Übersicht über die aktuellen medizinethischen Themen verfügt. Eine solche explizite Suche nach einer Ethikerin bzw. einem Ethiker ist ansonsten – noch – sehr selten. Wahrscheinlich handelte es sich um das erste Stelleninserat dieser Art in der Schweiz.

1.2.2 Form

Die «Fachstelle Angewandte Medizinethik» ist heute Teil der Facheinheit Biomedizin (ehemals Stabsstelle Heilmittelpolitik und Biotechnologie und in der neuen Organisation dann «Abteilung» Biomedizin) und deren Leitung unterstellt. Die Facheinheiten wiederum sind der Direktion des BAG untergeordnet. Die Leitungen der Facheinheiten bilden gemeinsam die Amtsleitung, deren Direktor direkt dem Departementschef im Bundesrat unterstellt ist. Die Fachstelle ist somit zunächst innerhalb der Facheinheit Biomedizin tätig. Ihr Wirkungsradius umfasst jedoch das BAG insgesamt, das mit einem Personalbestand von 313 im Jahr 2003 doch eine beachtliche Grösse aufweist. Ein starker personeller Zuwachs ergab sich zudem im Jahr 2004, wie weiter unten ausgeführt werden wird.

---

[1] Das Gutachten teilt offenbar wesentliche Momente des Kriterium der moral- und ethikpädagogischen Wirksamkeit (vgl. «QAHApäd» oben Seite 325) und des angemessenen Umgangs mit Verantwortung (vgl. «QAHDverantw» oben Seite 326).

Die Fachstelle ist mit einer 80%-Anstellung besetzt. Davon sollen ein Fünftel in Führungsaufgaben fliessen, ein Zehntel in Planungs- und Organisationsaufgaben, drei Fünftel in Fachaufgaben und der letzte Zehntel in Sonderaufgaben. Die Fachaufgaben stehen im Zentrum. Da keine Mitarbeiterinnen und Mitarbeiter zu führen sind, bedeutet der Fünftel an Führungsaufgaben, die «Selbstführung» der Stelle: *Die inhaltliche und strategische Führung der Stelle erfolgt durch diese selbst.* Zwar entwirft die Leitung der Facheinheit die übergreifende Strategie der Facheinheit Biomedizin (vor dem Hintergrund der Gesamtstrategie des Bundesamts). Doch bleibt darin ein relativ grosser Spielraum. Die Fachstelle für Angewandte Ethik kann selbst Themen setzen und entscheiden, wie stark sie in bestimmten Projekten mitarbeiten möchte und welche Projekte sie selbst anstossen will. Diese Freiheit wird allerdings dadurch beschränkt, dass viel Arbeitszeit an laufende Aufgaben gebunden wird.

Zur «Selbstführung» gehört auch ein eigenes Budget, das unter anderem für Forschungs- und Rechercheaufträge, Projekte und für den Aufbau von Dokumentationen eingesetzt werden kann. Zwar kommt auch dieses Budget unter Spardruck, aber es besteht weiterhin die Möglichkeit, Innovatives zu unternehmen.

1.2.3 Aktuelle Tätigkeit

Im Jahr 2004 wird mehr als 50% der Arbeitszeit eingesetzt für die Mitarbeit im Team, welches das *Gesetz für die Forschung am Menschen* erarbeitet (Tendenz zunehmend). Dieses Team besteht aus Juristen, Naturwissenschaftlern und der Leiterin der Fachstelle Angewandte Medizinethik. Sie übernimmt ab Herbst 2004 die Leitung dieses Teams. Die Vorbereitung dieses Gesetzes ist recherche- und schreibintensiv.[1]

Ein weiterer Teil des Engagements besteht in *Einsitznahmen in verschiedene Gremien*: Die Fachstelle für Angewandte Medizinethik ist ständiger Gast in der NEK, im Leitungsausschuss der TA-SWISS, dem Zentrum für Technologiefolgenabschätzung des Schweizerischen Wissenschafts- und Technologierates, und übernimmt die Vertretung des BAG in verschiedenen Begleit- und Projektgruppen, z.B. in einer zu bildgebenden Verfahren in der Hirnforschung. *Sonderthemen* wie Sterbehilfe, Klonierung und Patentierung werden bearbeitet, und bestimmte *Bürgerbriefe*, beispielsweise Fragen zum Umgang der Schweiz mit Sterbehilfeorganisationen, landen bei der Fachstelle Angewandte Medizinethik.

---

[1] Der Bundesrat hat im Februar 1999 die Motion von Ständerat Gian-Reto Plattner (Motion Plattner – 98.3543), die auf die gleichlautende Motion von Nationalrätin Rosmarie Dormann (Motion Dormann – 97.3623) im Dezember 1997 verwies, angenommen und damit den Auftrag erhalten, ein eigentliches Bundesgesetz über die medizinische Forschung am Menschen vorzubereiten. Das neue Gesetz solle sich – so die Motionen – an der Biomedizinkonvention und internationalen wie nationalen Richtlinien orientieren. Mit der Schaffung eines Bundesgesetzes über die Forschung am Menschen (Humanforschungsgesetz) wird eine einheitliche und umfassende Regelung in diesem breiten Forschungsgebiet angestrebt. Die Regelung der Humanforschung soll nicht nur übersichtlicher und transparenter werden, sondern es sollen auch bisher nicht geregelte Bereiche erfasst werden, wie z.B. die Forschung an biologischem Material menschlichen Ursprungs,. Zu den Regelungsbereichen gehören die Forschung an Versuchspersonen, die Forschung an biologischem Material und an Personendaten, die zum Zweck der Forschung oder einem anderen Zweck gewonnen bzw. erhoben wurden (insbesondere auch der Umgang mit und der Zugang zu Biobanken), die Forschung mit Föten, Embryonen und Keimbahnzellen, die Forschung mit Verstorbenen. (Lediglich die Forschung an Verstorbenen im engeren Sinn, Obduktion und Lehre, unterliegen heute bereits kantonalen Bestimmungen.) Die Vernehmlassung des Entwurfs des Humanforschungsgesetzes ist für Mitte 2005 geplant. Quelle: http://www.bag.admin.ch/human-forsch/gesetz/d/, Entnahmedatum 25. August 2004.

Auch *interne Anfragen* treffen ein, etwa aus der Abteilung Recht, der Abteilung Epidemiologie und von anderen Stellen, die beispielsweise nachfragen, ob ein bestimmtes Projekt einer Ethikkommission vorgelegt werden müsse, was in einem Forschungsprojekt aus ethischer Sicht zu berücksichtigen sei, wie mit HIV-Testung von AsylbewerberInnen umzugehen sei usw. Papiere zu jeweils aktuellen Themen aus verschiedenen Abteilungen werden zur Kommentierung vorgelegt, wie im Sommer 2004 beispielsweise eines zur Zwangssterilisation. Aktuell wird im BAG ein Internet-Portal zur Organ-Transplantation entwickelt, das auf die Öffentlichkeit und auf Fachpersonen ausgerichtet wird. Hierfür sind Texte, welche von Wissenschaftsjournalistinnen und Wissenschaftsjournalisten verfasst wurden, kritisch zu lesen und zu kommentieren. Auch Textvorlagen für den Bundesrat oder für Leitungspersonen des BAG werden erstellt. Besonders ertragreich ist es, wenn man, wie etwa in einem Projekt zum Thema «Alter und Gesundheit», bereits in der Konzeptionsphase einbezogen wird, sei es in einem Gespräch oder mit einer Bitte um eine Stellungnahme. Insgesamt nehmen die internen Anfragen deutlich zu.

Zukunftsthema ist ein Heilmittelkonzept: Wie soll die gesamte Heilmittelpolitik ausgerichtet werden? Was ist aus der Perspektive Public Health wichtig (etwa betreffend Vorratshaltung, öffentliche Information usw.)?

Vieles, was ausserdem interessieren würde und wichtig wäre, bleibt allerdings liegen. Denn die 80 Stellenprozente sind ein eng begrenztes Kontingent.

1.2.4 Erfahrungen

Die Erfahrungen scheinen weitgehend positiv zu sein. Die Freiheiten, welche die Fachstelle Angewandte Medizinethik hat, werden genutzt. Sie machen die Arbeit für die Stelleninhaberin attraktiv, da eigene Neigungen und Interessen in die Themenwahl einfliessen können. Zugleich bietet die Anstellung eine hohe Stabilität für die Kontinuität des Engagements.

Dieser Spielraum der Stelleninhaberin, welcher in der genannten «Selbstführung» verbrieft ist, scheint den Zielen des BAG gerade nicht zuwider zu laufen.[1] Vielmehr wird die Fachstelle Angewandte Medizinethik zunehmend stärker und breiter in die Prozesse eingebunden. Interessanterweise wird sie im Rahmen einer laufenden Restrukturierung des BAG in eine Sektion, deren Führung nun bei der bisherigen Inhaberin der Fachstelle liegt, integriert.[2]

---

[1] Dies ist auch theoretisch interessant: Zentrale Regulations- und allfällige Machtbedürfnisse stehen nicht notwendigerweise mit Ethiktransfer in Konflikt, wie dieses Beispiel zeigt. Eine mögliche Erklärung dafür wäre, dass langfristig ausgerichtete Organisationen durch Ethiktransfer die Kontinuität der Arbeit optimieren können, während die kurzfristige Gewinnsteigerung bzw. die Effekthascherei eher erschwert werden.

[2] Hintergrund: Seit dem 1. Januar 2004 gehören auch die Facheinheit Kranken- und Unfallversicherung, die vorher dem Bundesamt für Sozialversicherungen eingegliedert waren, zum BAG. 83 Personen kamen dazu. Diese Vergrösserung des Personalbestandes um rund ein Viertel führte zu neuen Überlegungen zur Struktur des BAG und schliesslich zu einer Reform: Es wurde eine neue Hierarchiestufe zwischen den Facheinheitsleitungen und der Direktion eingeschoben, welche «Direktionsbereich» heisst. Die Facheinheit Biomedizin gehört neu zum «Direktionsbereich Öffentliche Gesundheit».
Im Zusammenhang mit dieser Neustrukturierung wurde beschlossen, dass keine «Ein-Personen-Einheiten» mehr bestehen sollen. Die Fachstelle Angewandte Medizinethik war eine solche Ein-Personen-Einheit. Sie hätte daher einer anderen Stelle angeschlossen werden können. Dies passierte nicht, sondern die Fachstelle selbst wurde aufgewertet: Von der «Sektion Transplantation und Forschung am Menschen» wurde der Teil «Forschung am Menschen» zur Fachstelle transferiert, welche neu zur «Sektion Ethik und Forschung am Menschen» wird. Das bereits laufende, starke Engagement der (ehemaligen) Fachstelle Angewandte Ethik im Humanforschungsgesetz (s.o.) legte das nahe. Dabei bringt die neue Bezeichnung der Stelle mit «Ethik und Forschung am Menschen» zum Ausdruck, dass auch andere medizinethische Themen – verstärkt

Die neuen Führungsaufgaben werden der Stelleninhaberin weniger Zeit für die eigene inhaltliche Arbeit lassen. Ausserdem legt die starke Fokussierung auf die Forschung am Menschen die Fachstelle auf eine gewisse Dauer fest. Damit werden die Möglichkeiten, neue Themen zu setzen, noch stärker begrenzt. Andererseits lässt sich diese Fokussierung durchaus als Folge der bereits vorher eigenmotiviert vorgenommenen Schwerpunktsetzung der Fachstelle auf das Humanforschungsgesetz verstehen.

Insgesamt bringen diese Entwicklungen zum Ausdruck, dass die Erfahrung der Stelleninhaberin wie des BAG mit der Fachstelle sehr positiv sind. Die Prognose der genannten Abklärung «Medizinethik in der Schweiz», wonach medizinethische Fragen noch an Bedeutung gewinnen werden, hat sich bereits in dieser kurzen Zeit bewahrheitet. Das BAG hatte dies mit Weitblick erkannt und der Medizinethik gezielt Gewicht und Einfluss in der eigenen Struktur gegeben, welche in der aktuellen Neustrukturierung noch verstärkt werden.

1.2.5 Dokumente

Die Fachstelle erstellt keine Jahresberichte oder anderen Dokumente, welche einen Überblick über ihre Tätigkeit geben würden. Die thematischen Publikationen sind die einzigen Dokumente. Möglicherweise wird sich das durch die Umwandlung in eine Sektion ändern.

1.3 Nachvollzug im Rahmen des Theorievorschlags

1.3.1 Die Theorieelemente in diesem Beispiel

Kommunikationsanschluss an den wissenschaftlichen ethischen Diskurs

Die Fachstelle ist mehrfach an den wissenschaftlichen ethischen Diskurs angeschlossen:
- Bereits im Vorfeld der Einrichtung der Fachstelle wurde eine umfangreiche Abklärung «Medizinethik in der Schweiz» in Auftrag gegeben. Schon die Planung des Versuchs, Anschluss an die wissenschaftliche Disziplin der Ethik zu finden, geriet zu einem kleinen ethischen Forschungsprojekt. Dies illustriert einerseits, dass es nicht trivial ist, den wissenschaftlichen ethischen Diskurs von aussen zu fassen. Zugleich wurde ein solcher Anschluss mit dieser eigenen Forschungsaktivität bereits hergestellt.
- Explizit wurde für diese Stelle eine Ethikerin oder ein Ethiker gesucht und so die Verbindung mit dem wissenschaftlichen ethischen Diskurs sichergestellt.
- Durch aktive Teilnahme an Tagungen[1] und durch Lehrtätigkeit[2] bleibt die angestellte Fachperson in diesen Diskurs integriert.
- Die Leiterin der Fachstelle publiziert regelmässig.[3]

---

wohl wieder nach 2005 – durchaus Sache dieser Stelle sind.
[1] Exemplarisch für die Schweiz in der Ringvorlesung «Medizin und Macht» im Wintersemester 2004/2005 an der Universität Bern, beispielhaft für internationale Aktivitäten kann eine Einladung an die Universität Jena 2005 stehen.
[2] Speziell durch die Lehrtätigkeit zu Medizinethik an der Universität Freiburg CH, welche von der Leiterin der Fachstelle Angewandte Medizinethik wahrgenommen wird.
[3] Allein zu Transplantation und Klonen je zwei bzw. drei Aufsätze im Jahr 2005, Herausgebertätigkeit 2004 usw.

- (Kleine) Forschungsaufträge und Gutachten werden in Auftrag gegeben, womit sich der Anschluss weiter vertieft.

Der Anschluss an die scientific community ist insgesamt intensiv. Reflexionen aus dieser Fachstelle und ihrer Arbeit fliessen kontinuierlich in den wissenschaftlichen Diskurs ein.

Wirkung im Handlungsfeld

Die Wirkungen sind vielfältig:
Der innerste Wirkungsradius der Fachstelle Angewandte Medizinethik ist die Facheinheit Biomedizin, der zweite Radius ist darüber hinaus das gesamte Bundesamt für Gesundheit. Auf das BAG wirkt die Existenz dieser Fachstelle als veränderte Rahmenbedingung: Die Fachstelle Angewandte Medizinethik verändert die Situation des BAG primär, indem damit neue Handlungsmöglichkeiten strukturell ermöglicht werden: Möglich gemacht wurde die Rücksprache mit dieser Fachstelle und so die explizite Reflexion ethischer Gesichtspunkte der eigenen Arbeit. Damit werden auch die Anreize für das Handeln der Mitarbeiterinnen und Mitarbeiter des BAG verschoben. Die Existenz dieser Fachstelle als veränderte Rahmenbedingung des BAG ist ein deutliches Signal, eine positive und negative Sanktion. Sie bewegt die Organisationskultur in die bestimmte Richtung einer bewussten, kritischen Reflexion der eigenen Aktivität vor dem Hintergrund elementarer Werte und Normen.

Der dritte Wirkradius ist das Gesundheitswesen überhaupt. Einflüsse in dieser Breite geschehen einerseits generell über den Einsitz der Fachstelle in verschiedenen nationalen Gremien und speziell nun durch das Engagement in der Entwicklung des Gesetzes für die Forschung am Menschen. Letzteres bedeutet mitten in der Breite dieses dritten Wirkradius' eine Fokussierung auf die Mitwirkung an genau einer Struktur, eben an diesem werdenden Gesetz.[1] Es wird interessant sein zu verfolgen, wie diese Spezialisierung die beachtliche Wirkung dieser Fachstelle insgesamt verändern wird. Wird die thematische Beschränkung durch diese Fokussierung die Impulskraft der Fachstelle auf das Gesundheitswesen insgesamt bremsen oder wird dieser Effekt mehr als wett gemacht werden durch den direkten und auch exemplarischen Einfluss auf dieses eine Gesetz?

Kommunikationsanschluss an das Handlungsfeld

Entsprechend dem primären und dem sekundären Wirkungsfeld ergibt sich ein inneres und ein äusseres Handlungsfeld. Das innere besteht aus dem BAG insgesamt und der Facheinheit Biomedizin darin im Speziellen, das äussere ist das Gesundheitssystem der Schweiz insgesamt. Die Kommunikations- und Austauschprozesse zwischen der Fachstelle und dem inneren Handlungsfeld sind definiert, einerseits durch die Möglichkeit der Fachstelle, selbst Themen zu setzen und damit in Kontakt zu bestimmten Stellen und Personen der Facheinheit und des BAG zu treten, andererseits durch das Angebot der Fachstelle und die Aufgabe, auf Anfragen und Anliegen aus dem BAG zu reagieren. Besonders eng sind die Kommunikations- und Austauschprozesse mit der Stelle, welche das Gesetz zur Forschung am Menschen ausarbeitet.

Die Kommunikationen mit dem äusseren Handlungsfeld sind in Form der genannten Einsitznahmen in Gremien definiert und gestalten sich ausserdem als Teilnahme und Mitwirkung an Fachveranstaltungen.

---

[1] Eine solche Spezialisierung legt das Kriterium QAHAfeldspez oben Seite 326 nahe.

Austauschprozesse in der Transferorganisation und im Umfeld

Wie sind die Kommunikationsprozesse innerhalb der Fachstelle und in ihrem Umfeld beschaffen? Die Situation ist hier insofern speziell, als die Fachstelle Angewandte Medizinethik eine Ein-Personen-Organisation ist. Dies bedeutet, dass die Austauschprozesse innerhalb der Ethiktransfer leistenden Organisation (Typ eins, vgl. oben Seite 297 und folgende), somit die kreativ-produktiven Verarbeitung von Informationen, welche Entscheidungen generiert, in eine einzige Person hinein verlagert werden. Auf diese Eigenheit und deren Bedeutung für die Theoriebildung wird noch zurückzukommen sein.

Die Austauschprozesse Typ zwei (Anschlüsse an den ethischen Diskurs einerseits und an das Handlungsfeld andererseits, vgl. a.a.O.) wurden bereits erwähnt. Austauschprozesse im Umfeld (Typ drei, vgl. a.a.O.) werden beispielsweise durch die geplante Plattform im Internet generiert, aber auch an verschiedenen anderen Stellen.

1.3.2 Abbildung von Eigenheiten des Beispiels

Fragt man sich, wie gut die Anwendung der hier vorgeschlagenen Theorie auf die Fachstelle Angewandte Medizinethik ihre Eigenheiten nachzeichnet, so ist als Erstes die Differenzierung der drei Wirkradien zu nennen. Diese Besonderheit ebenso wie die aktuelle Konzentration auf ein bestimmtes Gesetz bilden nicht nur prinzipielle Spezifika der Fachstelle, sondern auch aktuelle Entwicklungen differenziert ab. Als Besonderheit im Vergleich zu den meisten anderen Formen von Ethiktransfer zeigt sich, wie erwähnt, die «Ein-Personen-Struktur». Deutlich wird auch, dass die Organisation stärker im Handlungsfeld eingebunden ist als in der wissenschaftlichen Ethik, wobei auch der Kontakt zu Letzterer insgesamt doch sehr intensiv ist. Diese Eigenheiten lassen sich, einschliesslich der aktuellen Konzentration auf die Mitarbeit bei der Entwicklung des Gesetzes für die Forschung am Menschen (GFM), folgendermassen grafisch darstellen:

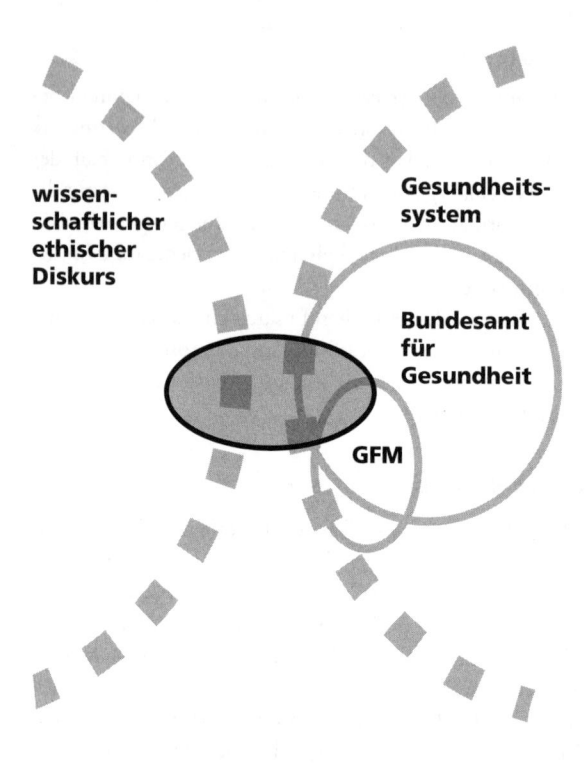

G Anwendungsbeispiele als Überprüfung von Theorie und Kriterien

Grafik 17: Felder der Austauschprozesse im Fallbeispiel «Fachstelle Angewandte Medizinehtik»

Die spezifischen strukturellen Wirkungen (s.o.) lassen sich unterteilen in solche, welche die Facheinheit erzielt, indem sie selbst eine neue Rahmenbedingung für verschiedene Personen und (Sub-) Organisationen darstellt, und solche, welche zu Stande kommen, indem die Facheinheit an weiteren, neuen Strukturen (namentlich Gesetzen) mitarbeitet.[1]

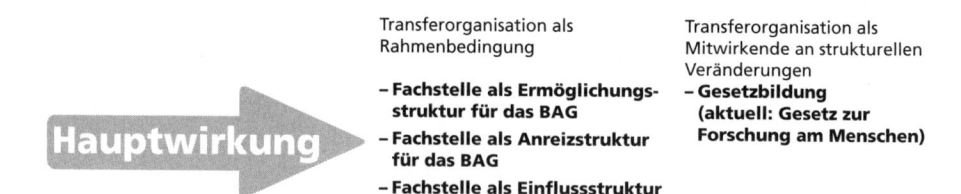

Hauptwirkung	Transferorganisation als Rahmenbedingung – **Fachstelle als Ermöglichungsstruktur für das BAG** – **Fachstelle als Anreizstruktur für das BAG** – **Fachstelle als Einflussstruktur auf das Gesundheitswesen**	Transferorganisation als Mitwirkende an strukturellen Veränderungen – **Gesetzbildung** (aktuell: Gesetz zur Forschung am Menschen)

Tabelle 13: Strukturelle Wirkungen im Fallbeispiel «Fachstelle Angewandte Medizin»

---

[1] Zu dieser Unterscheidung vgl. oben Seite 301.

1.3.3 Erkenntnisse für die Ethiktransferorganisation

Die Theorie konfligiert teilweise mit der Ein-Personen-Organisation. Dies kann man als Anstoss zu Weiterentwicklung der Theorie verstehen (s.u.). Man kann jedoch auch fragen, inwiefern sich darin eine besondere Herausforderung dieser Form von Ethiktransfer widerspiegelt. Inwieweit kann eine Ein-Personen-Organisation in dem Masse einerseits Innovation und Kreativität, andererseits eine dezidierte Eigenlogik als intermediäres System (vgl. oben Seite 107) entwickeln, wie dies notwendig ist, um nicht zwischen den Eigenlogiken der wissenschaftlichen Ethik und des Handlungsfeldes aufgerieben oder in die eine Logik einverleibt zu werden? Die kontinuierliche Arbeit dieser Fachstelle scheint zu zeigen, dass diese Gefahren abgewendet werden können. Vermutlich können Kommunikationen im Rahmen des ersten Wirkradius, d.h. innerhalb der Facheinheit, die fehlenden interpersonalen Kommunikationen innerhalb der Fachstelle teilweise ersetzen. Es kann sich damit jedoch die Gefahr einer zu starken Einbindung in die Eigenlogik des Handlungsfelds ergeben. Um an diesem Punkt ein Gegengewicht zu geben und zugleich die fehlenden Kommunikationen innerhalb der Transferorganisation weiter zu ersetzen, könnte man erwägen, eine kontinuierliche Kooperation der Fachstelle Angewandte Medizinethik mit einem bzw. mehreren geeignet auszuwählenden universitären oder sonstigen stärker wissenschaftlich bzw. unabhängig ausgerichteten Institutionen verbindlich zu definieren.[1]

1.3.4 Fazit für die Theorie

Die Elemente der Theorie lassen sich gut auf dieses Beispiel anwenden. Die Austauschprozesse Typ eins sind dabei als innerpersonale Prozesse zu interpretieren. Sollte sich zeigen, dass in der Praxis Ein-Personen-Organisationen häufig und häufig eine gute Variante sind, wäre eine bessere Integration dieser Form in die Theorie zu prüfen.
Interessanterweise spielt, wie im Portrait dargestellt, schon für die Entstehung der Fachstelle die Öffentlichkeit eine wichtige Rolle. Das Internet-Portal zur Organtransplantation, das entwickelt wird, zeigt, dass der Kontakt zur und die Funktion für die Öffentlichkeit wichtig geblieben ist. Dies bestätigt die bereits mehrfach angesprochene Einschätzung, in einem nächsten Schritt wäre die Öffentlichkeit zu einem eigenen Element der Theorie zu machen.
Zusammenfassend ist festzustellen, dass sich die vorgeschlagene Theorie des Ethiktransfers gut auf die Fachstelle für angewandt Ethik anwenden lässt. Die Praxistauglichkeit der Theorie ist damit exemplarisch ein erstes Mal gezeigt. Impulse aus diesem Test für die Weiterentwicklung beziehen sich auf die Austauschprozesse in der Organisation und auf das Verhältnis zur Öffentlichkeit.

---

[1] Aus der Perspektive der Theorie, mehr noch der Kriterien und des Vergleichs mit den beiden anderen, noch zu besprechenden Beispielen, könnte als Desiderat in dieser Transferform gesehen werden, dass es keine Jahresberichte oder andere Dokumente gibt, welche einen Einblick in die Tätigkeit der Fachstelle geben. Die Einsichtnahme bleibt auf Sachpublikationen, Stellungnahmen usw. beschränkt. Es besteht damit keine proaktive Transparenz bezüglich der Tätigkeit insgesamt.

1.4 Das Institut «Technik – Theologie – Naturwissenschaften»

Das Institut Technik-Theologie-Naturwissenschaften (TTN) arbeitet im Schnittbereich von Universität und Kirche, Forschung und Firmen. Wichtige Arbeitsfelder sind Bio- und Gentechnik in Medizin und Landwirtschaft, weiter Medizinethik allgemein, auch Wirtschaftsethik, Informationsgesellschaft und Energieversorgung. In der Abteilung «Projekt Ethik für die Praxis» (PEP) wird (bzw. wurde, siehe unten) ethisches Fachwissen als Dienstleistung für Unternehmen, Verbände und andere Organisationen angeboten.

Am Anfang der Entstehung des TTN steht interessanterweise weder das Interesse seitens der wissenschaftlichen Ethik an einer Kommunikation mit Naturwissenschaft und Technik, noch eine Nachfrage nach ethischer Reflexion seitens von Naturwissenschaft und Technik, sondern die Initiative aus einer Mittlerposition, die von Theologie bzw. Kirche eingenommen wurde. Die spezifische Form, welche das Institut als An-Institut einer Universität nun erhalten hat, bringt den wechselseitigen Vermittlungs- und Transfercharakter zum Ausdruck. Die *aktuelle Tätigkeit* der Stelle umfasst eine weite Palette von Themen und sie liess beim TTN insbesondere eine spezifische Kommunikationskompetenz und -reflexion entstehen. Die *Erfahrungen* sind insgesamt positiv, zeigen aber auch Grenzen der Transfermöglichkeiten an der doch relativ scharfen Trennungslinie zwischen Wissenschaft und unternehmerischer Aktivität. Eine Reihe von *Dokumenten* gibt einen guten Einblick in die Arbeit des Instituts.

1.4.1 Entstehung

Erhard Ratz wurde 1987 der erste Beauftragte für Naturwissenschaft und Technik (BNT) der Bayerischen Landeskirche. Im Verlauf einer Studienreise in den USA begegnete er kleinen Instituten, die sich mit Ethik beschäftigten. Davon angeregt initiierte er das TTN. Grundlage dieser Initiative waren persönliche und berufliche Verbindungen mit Personen wie Winnacker und Rendtorff, mit verschiedenen Firmen und natürlich mit der Kirche. Erhard Ratz war darin nicht primär der «Wissende», eher der «Fragende». Als Fragender wurde er zum Vermittler und nutzte seine Funktion als BNT für die Arbeiten bis zur Gründung des TTN.

Den Auslöser für die Entstehung des TTN beschreibt Ratz (1997, 59) selbst so:

> «In den Jahren 1990/91 lud mich Professor Rendtorff von der Evangelisch-Theologischen Fakultät der Ludwig-Maximilians-Universität München ein, gemeinsam mit ihm Seminare für Theologiestudierende anzubieten. Diese Seminare hatten eine doppelte Zielrichtung: Bestimmte Fragen der Technikethik bzw. Wirtschaftsethik sollten behandelt werden. Darüber hinaus erhielten die Studierenden die Möglichkeit, mit führenden Vertretern der Wissenschaft und der Wirtschaft direkt zu diskutieren. Diese Begegnungen waren für alle Beteiligten anregend und lehrreich. Gleichzeitig empfanden wir die Notwendigkeit, für den interdisziplinären Dialog eine dauerhafte Institution zu schaffen. Die Idee des Instituts ‹Technik – Theologie – Naturwissenschaften› war geboren. Um aus der Idee Wirklichkeit werden zu lassen, bedurfte es der Unterstützung vieler Frauen und Männer aus zahlreichen Berufen. Es gelang, Landesbischof Johannes Hanselmann und Oberkirchenrat Glaser für diese Idee zu begeistern. Am 12.5.1992 lud der Landesbischof zu einer Gründungsversammlung des Trä-

gervereins ein. Die Resonanz war ausserordentlich gut. Etwa 75 Vertreter wichtiger Einrichtungen des öffentlichen Lebens und viele Einzelpersonen traten dem Trägerverein bei. Die Zusammensetzung des Vorstandes spiegelte gleichzeitig das Programm wider: Professor Dr. Ernst Ludwig Winnacker, einer der führenden Biochemiker unseres Landes und Leiter des Genzentrums München, übernahm den 1. Vorsitz. Professor Dr. Trutz Rendtorff, international angesehener Sozialethiker, wurde sein Stellvertreter. Herr OKR D. Theodor Glaser vertrat die Kirche. Herr Martin Kölsch, Vorstandsmitglied bei der Hypobank, wurde Schatzmeister. Ich übernahm das Amt des Geschäftsführers. Herr Horst Rauck, Vorstandsmitglied der MAN Technologie AG, vertrat die Technik als Vorsitzender des wissenschaftlichen Beirats.»

Die Aufgabe dieses Vereins war und ist, als Trägerverein eines Instituts zu fungieren, das sich mit ethischen Problemstellungen in der Entwicklung von Technologien, in den Naturwissenschaften und in der Wirtschaft befassen soll. Junge Wissenschaftlerinnen und Wissenschaftler aus unterschiedlichsten Disziplinen sollten die Gelegenheit erhalten, an diesem Institut interdisziplinär zu forschen. Auch die Kirchen selbst sollten künftig auf eine wissenschaftlich ausgewiesene Beratungseinrichtung zurückgreifen können, wenn sie sich zu Technologie- und Wissenschaftsfragen äussern wollten.

«Der Senat der Ludwig-Maximilians-Universität München verlieh dem schliesslich gegründeten Institut Technik-Theologie-Naturwissenschaften, TTN, am 17. September 1993 zunächst auf Zeit, am 8. Februar 1996 schliesslich auf Dauer den Status eines An-Instituts der LMU München und damit den offiziellen wissenschaftlichen Status innerhalb der LMU.»[1]

1.4.2 Form

Das TTN ist seither ein An-Institut der Ludwig-Maximilians-Universität München (LMU). Diese Organisationsform ist relativ selten. Es gibt nur sehr wenige weitere An-Institute an der LMU. Diese Verbindung bringt alle Verpflichtungen zur guten wissenschaftlichen Praxis und zur Berichterstattung mit sich – bei völlig freier Organisation: Beispielsweise wird auf eine Zuordnung zu einer Fakultät bewusst verzichtet. Der Gewinn für das TTN liegt in der eindeutigen Positionierung innerhalb der scientific community. Das TTN gehört zu den fünf grössten Ethik-Instituten in Deutschland.

Zum Status eines An-Instituts gehört es aber auch, sich selbst tragen zu müssen. Es erhält keine finanziellen oder infrastrukturellen Zuwendungen seitens der Universität. Das Institut wird ganz vom genannten «Verein zur Förderung des Dialogs zwischen Technik, Theologie und Naturwissenschaften» mit Sitz in München unterhalten (§2 der Statuten). «Finanziert wurde und wird das TTN durch die Beiträge der persönlichen und korporativen Mitglieder des Trägervereins, durch Spenden namhafter Wirtschaftsunternehmen, durch die Evangelisch-Lutherische Kirche in Bayern und zwischenzeitlich auch durch Projektmittel öffentlicher Forschungsförderung, Verbände und Unternehmen» (a.a.O.).

---

[1] Dieses Zitat, das Folgezitat und verschiedene weitere hier wiedergegebene Informationen stammen aus: 10 Jahre Institut Technik-Theologie-Naturwissenschaften an der Ludwig-Maximilians-Universität München. 13seitige Information des Instituts, ohne Jahr, liegt gedruckt und elektronisch (http://www.ttn-institut.de/download/10JahreTTN.PDF) vor.

G Anwendungsbeispiele als Überprüfung von Theorie und Kriterien

Die Verknüpfung mit der Wissenschaft ist damit institutionalisiert. Eine enge Verbindung mit der Bayerischen Landeskirche ergibt sich dadurch, dass der Leiter des TTN in Personalunion auch der Landeskirchliche Beauftragte für Naturwissenschaft und Technik (BNT) ist. Als solcher ist er auch «Dienstleister» für die Kirche. Er wirkt beispielsweise in der Aus- und Fortbildung der Pfarrerinnen und Pfarrer mit und berät kirchenleitende Organe just in den Themenbereichen, in denen das TTN aktiv ist. Dazu gehört auch, gute Kontakte zu Forschung und Wirtschaft zu unterhalten, damit neueste Entwicklungen eher früher als später in der Kirche thematisiert werden können.

Nach diesen Verbindungen zu Wissenschaft und Kirche sind diejenigen zur Wirtschaft zu erwähnen. Zunächst sind Firmen organisatorisch im Trägerverein und dessen Vorstand vertreten. Ausserdem finanzieren manche Unternehmungen das Institut mit (Ratz 1997, 60), wenn auch in abnehmendem Mass (Busch 2004, 4). Zudem bestehen inhaltliche Verbindungen. Um diese zu stärken, wurde eine Unterabteilung «PEP», «Projekt Ethik für die Praxis» gebildet. Hintergrund dieser Gründung war die folgende Einschätzung der gegenwärtigen gesellschaftlichen Situation (Busch 1999b, 5):

> «Komplexe politisch-gesellschaftliche und wirtschaftliche Handlungsumfelder erzeugen bei den unterschiedlichen Akteuren in Politik, Wirtschaft und Interessensverbänden einen erhöhten Reflexions- und Orientierungsbedarf.
> Zugleich ist festzustellen, dass bei den einzelnen Akteuren die zur Bearbeitung der Fragen unverzichtbaren personellen und bzw. oder fachlichen Ressourcen nicht in ausreichendem Masse vorhanden sind.
> Auf universitäre Kooperationspartner wird in diesem Zusammenhang zu wenig zugegriffen, vielleicht auch deshalb, weil die von Seiten der wissenschaftlichen Forschung gelieferten Ergebnisse/Inputs häufig schwer umsetzbar und zu wenig zielführend sind.»

Der Arbeitsbereich PEP definiert sich über seine spezifischen Dienstleistungen, welche auf Unternehmen, Verbände und politische Vereinigungen zugeschnitten sind: PEP nimmt deren Auftragsstellungen entgegen und gliedert sie in einem Workshop gemeinsam mit ihnen in Teilelemente. Für deren Bearbeitung werden in einer Datenbank erfasste, fachlich spezialisierte Partner hinzugezogen. Diese erarbeiten innert einer Frist von 8–12 Wochen qualifizierte Impulse. PEP sichtet diese Detailausarbeitungen und stellt sie in einem Workshop, an dem auch die involvierten Partner und evtl. weitere Wissenschaftler neben dem Auftraggeber vertreten sind, zur Diskussion. Schliesslich wird eine kommentierte Studie erstellt.

Ziel von PEP ist die rasche, den Rhythmen der Praxis realistisch angepasste Arbeitsweise. Umgekehrt richtet sich das Prozessziel nicht nur auf die Praxis, sondern es sollen so auch Wissenschaftlerinnen und Wissenschaftler die Gelegenheit haben, mit Themen in Kontakt zu kommen, welche besondere praktische Aktualität aufweisen. Zwei Beispiele von Themen bisheriger Aufträge sind «Qualitätsmanagement und Informationstechnologie im Sozialbereich» oder «Steuermoral und Berater-Ethik».

1.4.3 Aktuelle Tätigkeit

Beschäftigt man sich näher mit dem TTN, so wird man von der Fülle der Tätigkeiten beeindruckt und möglicherweise auch etwas verwirrt. Denn nicht nur die Themenfelder sind vielfältig, sondern auch die Arbeitsmethoden: Von nahezu rein innerwissenschaftlichen, DFG-geförderten Forschungsprojekten über die Einrichtung von praktischen Hilfestellungen für Demenzkranke bzw. deren Umfeld bis zu Workshops mit Unternehmen ist eine beeindruckende Palette an Arbeitsweisen zu finden. Dies scheint daher zu rühren, dass die Themenwahl von einer Vielzahl von Faktoren – Anfragen, eigenem Interesse der Mitarbeitenden, bereits vorhandenem Wissen, Finanzierbarkeit usw. – abhängt und dass Methoden nicht selten spezifisch gesucht oder sogar aus der Aufgabe neu entwickelt werden. Als roter Faden zieht sich programmgemäss die Kommunikation zwischen «Technik, Theologie und Naturwissenschaften» durch die aktuellen Tätigkeiten. In diese Kommunikationen ist speziell auch die Kirche eingeschlossen.

Der Schwerpunkt der Tätigkeit liegt in der *deutschsprachigen Forschungslandschaft zur Bioethik*, einerseits in der *Landwirtschaft*, andererseits in der *Medizin*. Mit diesen und für diese Themen ist das TTN bekannt geworden. Dabei spielt das «TTN-Verfahren, anwendbare Bewertungsmodelle zu entwickeln, die ihrerseits zu einer persönlichen Urteilsbildung befähigen und den offenen Dialog auf einer gemeinsamen Orientierungsbasis unterstützen»[1], eine wichtige Rolle. Seit 1998 forscht das TTN zur *Gentechnik in der Pflanzenwelt*. 2002 erschien das ethische Bewertungsmodell zum Thema in Buchform. Parallel wurden eine Informations-CD «Grüne Gentechnik und Ethik» und ein interaktives Spiel dazu entwickelt. Doch auch allgemeine Fragen der Agrarentwicklung sind Gegenstand der Forschung am Institut. Ziel ist es, die Vereinbarkeit landwirtschaftlichen Handelns mit dem Leitbild einer nachhaltigen Entwicklung zu klären, welches den Bezugsrahmen der ethischen Bewertung darstellt. Aktuell bearbeitet das TTN das Thema der landwirtschaftlichen Tierhaltung und -nutzung. Das entwickelte Modell zur Bewertung bestimmter Verfahren der Tierhaltung und -nutzung wurde 2004 publiziert (vgl. Busch/Kunzmann 2004). Basierend auf dieser Studie wird ein bundesweites Dialogprojekt bis 2006 durchgeführt. Der Projektauftrag besteht darin, die 180 Seiten der Studie für interessierte Nicht-Ethikerinnen und -ethiker zugänglich zu machen, so dass beispielsweise Landwirtinnen und Landwirte selbst zu einer ethisch möglichst fundierten Entscheidung kommen können. Dafür wird unter anderem ein elektronisch geführter Entscheidungspfad zur Verfügung gestellt.

Auf der Bio- und Gentechnik in der Medizin lag von Anfang an ein weiterer Fokus der TTN-Forschung. «Dissertationen und Habilitationen zur Biotechnologie in der Medizin entstanden. 1997 publizierte ein Arbeitskreis auf Anregung des Wissenschaftlichen Beirats von TTN ein Eskalationsmodell zur ethischen Bewertung der Gentechnik in der Medizin, das 2002 in einer vierten und angesichts neuester Entwicklungen weiter entwickelten Auflage erschien. Studien zur Präimplantationsdiagnostik, zur Stammzellforschung, zum therapeutischen und reproduktiven Klonen und zur Xenotransplantation wurden erarbeitet. Besonderen Stellenwert hat hier auch das DFG-Projekt ‹Menschenwürde als regulatives Prinzip in der Bioethik›, das seit 1998 am TTN bearbeitet wird.»

---

[1] Vgl. Fussnote 1, oben Seite 355.

G Anwendungsbeispiele als Überprüfung von Theorie und Kriterien

1999 hat die Landessynode der Evangelisch-Lutherischen Kirche in Bayern auf ihrer Herbstsynode die Errichtung der bundesweit einzigartigen «Koordinationsstelle Medizinethik» beschlossen. Diese Koordinationsstelle arbeitet eng mit dem TTN zusammen und ist faktisch über die Adresse des TTN zu erreichen. Involviert in diese Kooperation widmet sich das TTN verstärkt auch Problemstellungen, die im medizinischen Alltag erwachsen. Denn durch die Koordinationsstelle sollen die Krankenhausseelsorgerinnen und -seelsorger in ihrer ethischen Kompetenz unterstützt werden, vor allem durch Vernetzung, Information und Weiterbildung. Die Koordinationsstelle entwickelte beispielsweise eine seelsorgerliche Handreichung für den Umgang mit Tot- und Fehlgeburten, wirkt mit an der Schaffung eines Konzepts für die Beratung im Rahmen der pränatalen Diagnostik und befasst sich unter vielem anderen mit der Wirkung prädiktiver Gentests auf Versicherbarkeit. Inzwischen wurde ein Konzept entwickelt für ein «operatives Netzwerk Demenz», das dem Bayerischen Sozialministerium zur Finanzierung vorgelegt wird. «Ziel des Netzwerks ist es, lokale Kooperationen zum Wohle von Patienten und deren Familien zu etablieren, die aktuelle wissenschaftliche Erkenntnisse und praktische Unterstützungen leicht zugänglich machen» (Busch 2004, 12). Die Frühdiagnose dürfte dabei eine wichtige Rolle spielen.

Auch wenn die Selbstbezeichnung des Instituts dies nicht unmittelbar nahe legt, forscht das TTN seit Bestehen des Instituts zu Fragen der *Wirtschaftsethik*. Zum einen geschah und geschieht dies im Rahmen von Promotionsvorhaben, zum andern in konkreten Auftragsprojekten wie z.B. in der bereits erwähnten Arbeit zur Beraterethik, welche als Studie für die Hypo-Vereinsbank AG unter dem Titel «Vom Ethos des Beraters zur Ethik (in) der Beratung» erschien, oder in einem Projekt «Mobilität als gesellschaftliche Herausforderung» mit der BMW AG.

Mit der Einladung, sich an der Konzeption des Themenparks der EXPO 2000 in Hannover wissenschaftlich zu beteiligen, begann die TTN-Forschung zur *Informationsgesellschaft*. Seit dem Abschluss dieses Projekts führte das TTN öffentliche Tagungen zum Thema Informationsgesellschaft durch, die sich mit virtuellen Unternehmen, der Zukunft der Bildung, dem Datenschutz und der open-source-Bewegung befassen. Darüber hinaus veranstaltete das TTN gemeinsam mit dem Unternehmen FAST die Moosacher Software-Gespräche, welche die Gründer von Start-up-Unternehmen ansprechen und mit Vertreterinnen und Vertretern der Kirche ins Gespräch bringen. Die Serie dieser Gespräche wurde inzwischen abgeschlossen. Einem Anstoss eines grossen Energieversorgungsunternehmens entsprechend, wurden ethische Aspekte künftiger *Energieerzeugung* thematisiert. So wurde eine Habilitationsschrift begonnen und ein Studienband zum Thema «Castor und Endlager» publiziert. Auch die Chancen der regenerativen Energieversorgung waren Gegenstand der Forschung. Während das Habilitationsprojekt eingestellt wurde, entstand ein neues Projekt im Rahmen des Innovationsfonds «Regenerative Energien» (IRE). Darin geht es um die Nutzung von Biomasse als Festbrennstoff am Beispiel der Vergasung von Strohballen. Mit diesem Projekt kann das TTN seine Kompetenzen im Bereich der Energieversorgung mit demjenigen im Feld der Landwirtschaft kombinieren.

Parallel zu und quer durch diese thematischen Schwerpunkte und Arbeiten legt das TTN ein eigenes Gewicht auf den *Kontakt zur Öffentlichkeit*. Regelmässig wird in der eigenen Reihe «TTN-Akzente» sowie in der Zeitschrift «Forum TTN» publiziert. Dazu kommen Tagungen, vorzugsweise in der Evangelischen Akademie Tutzing, aber auch andernorts, die sogenannten «TTN-Gespräche» mit namhaften Referenten und öffentliche Vortragsveranstaltungen in Bildungswerken, kirchlichen Einrichtungen, an Schulen und in Wirtschaftsunternehmen und Verbänden. Für die öffentliche und zugleich für die fachliche Kommunikation wird auch das Internet eingesetzt. Neben der eigenen Homepage wurde das Portal www.ethiknet.de eingerichtet. Es informiert über alle Ethik-Institute im deutschsprachigen Raum und deren laufende Forschungsprojekte. Seit Herbst 2002 wurde auch die Informations-CD «Grüne Gentechnik und Ethik» online zugänglich gemacht. Sie bietet insbesondere Schulen ein interaktives Spiel zur grünen Gentechnik und Ethik an. Seither treffen periodisch eine grössere Anzahl von Mails ein mit zusätzlichen Nachfragen (v.a. von Schülerinnen und Schülern), die alle beantwortet werden.

In seiner Arbeit hat sich das TTN, abgesehen von den spezifischen Fachkompetenzen in den jeweiligen Themengebieten, offensichtlich eine *Metakompetenz im Bereich der Kommunikation* angeeignet. Metareflexionen über Kommunikation tauchen immer wieder auf. Themen sind

- ausbleibende Kommunikation,
- Interdisziplinarität als Notwendigkeit,
- Echtheit des Dialogs.

Die *ausbleibende Kommunikation* führt mit einer gewissen Verzögerung zu Fronten, welche Prozesse erstarren lassen. Der gegenwärtige Leiter des TTN, Roger Busch (1999, 16 und passim) stellte dies u.a. am Beispiel der Informationstechnologie dar: Wenn Forschende, Entwicklerinnen und Entwickler bzw. Firmen bestimmte Dimensionen ihrer Ziele in der Keimphase der Entwicklung ausblenden, nicht früh die Wahrnehmungen Aussenstehender berücksichtigen und so einen Dialog pflegen, führen auseinander driftende Visionen, Ziele und Werte nach einer gewissen Zeit zu tendenziell erstarrenden Konflikten: Die (technische) Vision einer Unternehmung bzw. einer Forschungsrichtung gerät in tiefgreifende Konflikte mit der (gesellschaftlichen) Vision eines relevanten Teils der Bevölkerung. Daher möchte das TTN dazu beitragen, dass «gesellschaftliche Akteure in Naturwissenschaften, Technik und Wirtschaft die ethische Reflexion ihrer Projekte und ihres Handelns eher auf die Tagesordnung setzen würden und sich so in die Lage versetzten, Interessenkonflikte mit Kritikern ihres Handelns in einem argumentativen Rahmen auszutragen anstatt sich in gleichsam ritualisierten Streitigkeiten zu verkämpfen.»[1]

Die *Interdisziplinarität* nimmt einen hohen Stellenwert ein. «Ziel ist es, unterschiedliche Rationalitäten fruchtbar aufeinander zu beziehen und gemeinsam Kriterien ethischer Urteilsbildung zu entwickeln. Unverzichtbar sind hierbei die vielfältigen Kontakte des TTN zu Forschungseinrichtungen, zu Verbänden und Wirtschaftsunternehmen, zu politischen Parteien und zu kirchlichen Einrichtungen.» Da das TTN viele solche Kontakte kontinuierlich pflegen kann, können relativ rasch Fachleute verschiedenster Provenienz in die Bearbeitung komplexer Themenstellungen einbezogen werden (vgl. oben zu PEP).

Die *Zentralstellung des Dialog* in der Arbeitsweise des TTN steht damit in einem engen Zusammenhang. Dabei wird das blosse Vorhandensein des Dialogs nicht als ausreichend eingeschätzt, sondern dessen Qualität zum Thema gemacht. Mit Bezug auf Buber wird etwa festge-

---

[1] Vgl. Fussnote 1, oben Seite 355.

halten, dass gerade aktuelle ethische Streitfragen nicht zu einem «dialogisch verkleidetem Monolog» verleiten dürfen, sondern eine «Horizonterweiterung und Perspektivenverschränkung» (Klaus Tanner) möglich machen sollen (a.a.O., 2). Die Fokussierung auf den (ethischen) Dialog führt zu Kompetenzen, welche sich auch die Bayerische Eliteakademie zu Nutze machte, indem Professor Rendtorff und Dr. Busch gebeten wurden, zum Thema «Ethik und Kommunikation» als Tutoren des neuen Stipendiaten-Jahrgangs tätig zu werden.[1]

1.4.4 Erfahrungen

Die Vielzahl abgeschlossener und laufender Projekte zeigt, wie eindeutig positiv die Erfahrungen insgesamt sind, welche das TTN mit seiner Arbeit macht. Die hohe Aktivität gilt auch bezüglich der Kontakte zu den Firmen. Dabei hat sich gezeigt, dass sich diese Kontakte in zwei Typen gliedern lassen: Es gibt – insbesondere in bestimmten Branchen – Firmen oder Verbände, die von sich aus auf das TTN zukommen. Umgekehrt geht das TTN dort, wo es Wissen hat, selbst auf Firmen, noch mehr aber auf Branchen, d.h. auf Verbände zu. Zu Letzteren gehören Pharma, Biotec, und Landwirtschaft/Agrar. Beide Typen von Kontakten bewähren sich.

Eine besondere Erfahrung machte das Institut TTN mit der Abteilung PEP. Sie wird, trotz ihres sachlichen Erfolgs, in dieser Form nicht weitergeführt. Rückblickend kann man sagen, dass nur ein Projekt unter PEP das komplette, vorgesehene Programm durchlaufen hat. Die Beendigung der Aktivität dieser Art hängt aber nicht damit zusammen, dass sich diese Form des Transfers nicht bewähren würde. Hintergrund dieser Entscheidung ist ein für die Thematik des Ethiktransfers besonders interessanter Prozess.

Es entstand nämlich die Befürchtung, man könnte das TTN wegen PEP als auf wirtschaftliche Gewinnerzielung ausgerichtet einstufen, analog einer Unternehmensberatung. Dann wäre damit zu rechnen, dass eine Steuerpflicht entsteht. Damit würden eher zwei als nur ein Problem entstehen: Einerseits darf das TTN als Organisation, die von einem eingetragenen Verein getragen wird, keinen Gewinn erwirtschaften. Andererseits ist unsicher, wie diese Erwirtschaftung von Gewinn mit dem Status als Institut einer Universität zu vereinbaren wäre.

Die Tatsache, dass aus einem juristischen Grund eine spezifische Transferaktivität eingestellt wurde, ist auch für die Frage des Ethiktransfer von speziellem Interesse. Sie zeigt, dass ein sachlich erfolgreicher Transfer an gesetzlichen Rahmenbedingungen scheitern kann, weil eben die Grenze zwischen Forschung und ethischem Engagement einerseits und der Gewinn-Wirtschaft andererseits nicht nur kommunikativ eine Herausforderung darstellt. Diese Grenze wird auch juristisch gezogen (Abgabenordnung §68, besonders Absatz 9, zitiert nach Tipke 1999, 34):

> «Zweckbetriebe sind auch [...] Wissenschafts- und Forschungseinrichtungen, deren Träger sich überwiegend aus Zuwendungen der öffentlichen Hand oder Dritter oder aus der Vermögensverwaltung finanziert. Der Wissenschaft und Forschung dient auch die Auftragsforschung. Nicht zum Zweckbetrieb gehören Tätigkeiten, die sich

---

[1] In der Eliteakademie haben sich 30 Studierende mit Biotechnologie speziell und Live Science generell befasst. Gruppen von etwa 3–5 Personen analysierten je ein Thema wie z.B. «Gesundheitswesen 2050». Diese Themen wurden immer auch in einen Wirtschaftskontext gestellt. Die Tutoren, welche die Studierenden unterstützten, waren für ein bestimmtes Thema zuständig.

auf die Anwendung gesicherter wissenschaftlicher Erkenntnisse beschränken, die Übernahme von Projektträgerschaften sowie wirtschaftliche Tätigkeiten ohne Forschungsbezug.»

Die «Anwendung gesicherter wissenschaftlicher Erkenntnisse» ist just das, was man recht eigentlich als Wissenstransfer bezeichnen kann. Denkt man nicht pragmatisch, sondern strikt im Sinne dieses Gesetzes, müsste man sagen, dass dieses Gesetz nicht nur dem Ethiktransfer, sondern überhaupt dem Wissenstransfer grundsätzlich im Weg steht, ja ihn «Wissenschafts- und Forschungseinrichtungen» explizit verbietet: Es verneint ganz grundsätzlich Aktivitäten der Wissenschaft, welche primär den Transfer und nicht primär den Wissensgewinn im Auge haben. Wenn man die Aktivitäten gesetzlich so regelt, sollte man sich jedoch nicht darüber beklagen, dass die Universitäten zuwenig zu technischen und anderen Innovationen in Wirtschaft und Gesellschaft insgesamt beitragen.

Interessanterweise wird dieses Problem, wie im angemerkten Paragraphen ausdrücklich festgestellt, nicht auf «Auftragsforschung» bezogen. Das TTN kann also durchaus Vorträge und Workshops, auch mit Unternehmen, anbieten, aber alles muss im forschenden Interesse geschehen. Das TTN verbreitet damit seine Wissensbasis, die Unternehmen lernen Kriterien und Beurteilungen kennen. Man kann das als Win-Win-Situation verstehen. Dabei behält sich das TTN immer das Recht der Publikation vor. Eine Geheimhaltung der wissenschaftlichen Erkenntnisse des TTN wird vom Institut grundsätzlich ausgeschlossen. Die Unternehmen sind gezwungen, den Wissensgewinn zumindest mittelfristig potenziell mit anderen Unternehmen zu teilen.

Angesprochen auf die Gefahr der Vermarktung von Ethik und deren Instrumentalisierung durch Unternehmen, wurde hervorgehoben, dass sich dadurch nicht nur das TTN, sondern mittelfristig auch die Unternehmen in Schwierigkeiten bringen würden: Wenn das TTN mit Unternehmen und Verbänden arbeiten würde und dabei primär unkritische Bestätigungs- bzw. Legitimationsinstanz wäre, wäre die Anerkennung des Ethik-Instituts in der Wirtschaft, die sich auf die Unabhängigkeit und die Fähigkeit „quer" zu denken bezieht, schnell verloren. Das TTN vermeidet also schon aus Eigeninteresse jede Verflachung. Dazu kommt, dass eine nur rhetorische Ethik mittelfristig auch für ein Auftrag gebendes Unternehmen keinen Vorteil mehr bringen würde. Denn über kurz oder lang würde der Etikettenschwindel auffliegen.

Wichtig ist es, die Verantwortung des TTN von derjenigen der Unternehmen, die vom TTN beraten werden bzw. Forschung beim TTN in Auftrag geben, zu unterscheiden: Das TTN wird beigezogen, um (argumentative oder sachliche) Schwachstellen in Unternehmen aufzuzeigen. Nur für diese Analyse trägt das TTN die Verantwortung. Mit deren Resultat können die Firmen natürlich zweierlei Zwecke verfolgen: Sie können die aufgezeigten Probleme angehen oder übertünchen. Diese Freiheit bleibt ihnen, und diese Entscheidung verbleibt somit in ihrer eigenen Verantwortung. Unabhängig davon, in welche Richtung Firmen gehen wollen, sind für sie die Schwachstellen interessant. Wollen sie diese in Erfahrung bringen, nützt ihnen eine zwar zugewandte, aber eher kritische Haltung des TTN mehr als eine betont loyale.

Die Akzeptanz des Instituts in der scientific community ist gut. Alle Anträge auf Projektförderung durch die Deutsche Forschungsgemeinschaft (DFG) wurden angenommen. Seit sechs Jahren ist immer mindestens eine Vollzeitstelle am TTN DFG-finanziert. Forschungsprojekte können auch über die Landesgrenzen hinaus organisiert sein: In Kooperation mit der Schweiz wird über Biotechnologie in gesellschaftlicher Deutung gearbeitet.

1.4.5 Dokumente

Das TTN publizierte zu Beginn in der Reihe «Zukunft aktuell» und veröffentlicht Resultate der eigenen Arbeit seit 1994 in der Reihe «TTN-Akzente». Darüber hinaus gibt das Institut halbjährlich die Zeitschrift «Forum TTN» heraus, die Schwerpunktthemen behandelt und über laufende Forschungsprojekte des TTN informiert. Vereinsmitglieder erhalten diese und weitere Informationen, wie z.B. die Jahresberichte, regelmässig. Das Internet vermittelt eine Fülle von Informationen.

1.5 Nachvollzug im Rahmen des Theorievorschlags

1.5.1 Die Theorieelemente im Beispiel des TTN

Kommunikationsanschluss an den wissenschaftlichen ethischen Diskurs

Ursprungsort des TTN war eine Kooperation in einer universitären Veranstaltung, Initiant ein Beauftragter der protestantischen Kirche. Diese Transferinstitution wurde – anders als die Fachstelle Angewandte Medizinethik im BAG – nicht auf Initiative des Handlungsfelds aufgebaut. Beim Aufbau des Instituts spielte neben der Universität die Bayerische Landeskirche eine wichtige Rolle, indem sie die basale Infrastruktur bot und die Aufbauarbeit dadurch finanzierte, dass sie diese als Teil der Aufgaben ihres Beauftragten für Naturwissenschaft und Technik definierte. Führende Wissenschaftler besetzten bald wichtige Funktionen der werdenden Institution, womit zugleich die mit der Begrifflichkeit «Technik – Theologie – Naturwissenschaften» intendierte Interdisziplinarität umgesetzt wurde.

Die ebenso zentrale Intention, jungen Wissenschaftlerinnen und Wissenschaftlern die Gelegenheit zu interdisziplinärer Forschung zu bieten, demonstriert das von Anfang an als aktiv definierte Verhältnis zur scientific community. Die Institutionalisierung als An-Institut der Ludwig-Maximilians-Universität München macht diese Integration in die Wissenschaft zwingend fest. Die regelmässigen Publikationen sind die gelebte Form dieses aktiven Verhältnisses zum wissenschaftlichen Diskurs. Die regelmässige Förderung von Projekten durch die DFG qualifiziert die wissenschaftliche Qualität der Arbeit.

Wirkung im Handlungsfeld

Die Liste der Tätigkeiten des Instituts ist so breit, dass es schwer fällt, ein Handlungsfeld abzugrenzen. Ein thematischer Schwerpunkt lässt sich in der Gentechnologie mit Kern (oder eher Ursprung?) in der Pflanzengentechnologie und starkem Ausläufer in der Medizinethik beobachten. Die Pflanzengentechnologie steht zugleich im weiteren Kontext des Handlungsfelds «Landwirtschaft» insgesamt, in welchem auch Tierhaltung als ein Thema des TTN anzusiedeln ist. Ebenso erweitert ein Thema wie Demenz die Medizinethik über die Gentechnologie hinaus. Doch gesellen sich auch Wirtschaftsethik, Informationsgesellschaft und Energieerzeu-

gung als kleinere Engagements dazu. Ausserdem übernimmt das TTN explizit eine Beratungsfunktion für die Kirche, die damit auch als Handlungsfeld in Erscheinung tritt. Diese Vielfalt und Weite der Zielorte des Transfers scheint für das Selbstverständnis des TTN kein Problem zu sein. Es entspricht der Bezeichnung des Instituts, breit auf die Themenbereiche «Technik», «Theologie» und «Naturwissenschaften» ausgerichtet zu sein.
Für ein Verständnis der Tätigkeit des TTN als Ethiktransfer im Sinne der vorgeschlagenen Theorie ist die Vielfalt und Weite der Zielorte ein Problem. Die Dokumente und Informationen des Instituts zeigen zwar, dass es sich mit diesen Themen befasst, jedoch nicht bzw. kaum, welche Wirkungen im Handlungsfeld erzielt werden, auch nicht, welche dort erzielt werden wollen. Der Schwerpunkt scheint auf der Herstellung und Pflege der Kommunikation zwischen Technik, Theologie und Naturwissenschaften zu liegen. Demgegenüber scheinen Wirkungen auf Strukturen ein Sekundärziel zu sein. Insofern sich das TTN gegenüber den Handlungsfeldern tendenziell als «Dienstleister» versteht, tritt schon im Selbstverständnis eine eigene Intentionalität in den Hintergrund.
Dennoch: Speziell mit PEP, doch auch in anderen, ähnlich gelagerten Engagements, bietet sich das TTN zur Mitwirkung an strukturelle Veränderungen – namentlich an der Justierung von Unternehmenszielen – an. Man könnte auch erwägen, von einer «Struktur der Kommunikationen» zu sprechen. Kommunikationen zwischen Technik, Theologie und Naturwissenschaften, die institutionell stabilisiert sind, stellen als solche eine Rahmenbedingung für das Handeln aller beteiligten Institutionen und Personen dar. In ein solches Verständnis struktureller Wirkung des TTN liessen sich Dienstleistungen, die das Institut zur Optimierung der Kommunikation von Unternehmen, aber auch von anderen Organisationen mit der Öffentlichkeit anbietet, gut integrieren. Dazu würde auch passen, dass das TTN wesentlich mehr als PR-Agenturen auf eine inhaltliche Selbstklärung setzt und so Kommunikationsklärungen potenziell mit faktischen Veränderungen in den beratenen Organisationen einhergehen können. Bewusste Gestaltung von Kommunikation in einem neuen Rahmen wirkt zurück auf das Handeln beteiligter Unternehmen.
Eine eigene Intentionalität des TTN kann darüber hinaus von daher entstehen, dass das Institut zu kommunikationssensiblen Themen, wie etwa Genmanipulation, ethisch forscht. Das TTN bleibt damit nicht Moderator von Kommunikationsprozessen allein, sondern wird selbst zum Akteur in den entsprechenden Diskursen.
Damit ist angesprochen, dass zu den Rahmenbedingungen auf der Ebene der Funktionssysteme nicht nur explizite Anreizstrukturen und Mechanismen gehören, sondern auch implizite Verpflichtungen, Diskurse und indirekte Abhängigkeiten. Auf diese Strukturen wirkt das TTN ein. Darauf wird noch zurückzukommen sein.

Kommunikationsanschluss an das Handlungsfeld

Entsprechend intensiv und breit sind die Kommunikationen des Instituts mit den Handlungsfeldern. Kontakte zu den verschiedensten Personen und Institutionen werden gepflegt. Die Mitfinanzierung durch Unternehmen bringt eine strukturelle Kopplung mit bestimmten Handlungsfeldern mit sich, wobei die gleichzeitige kirchliche Finanzierung und Verbindung sowie die zwingende universitäre Anbindung eine einseitige Abhängigkeit verhindert.

G Anwendungsbeispiele als Überprüfung von Theorie und Kriterien

Das Projekt PEP ist ein interessantes Modell für die Organisation von Austauschprozessen mit Handlungsfeldern: An dem Punkt wird die wissenschaftliche Ethik geradezu idealtypisch adressierbar[1] gemacht für Unternehmen, insofern nicht nur Beratung, sondern auch und gerade Auftragsforschung angeboten wird. Diese wird allerdings zugeschnitten auf die spezifischen jeweiligen Bedürfnisse und zudem in einen Beratungskontext integriert, so dass die typischen Verständigungsprobleme zwischen «Wissenschaft» und (unternehmerischer) «Praxis» weitgehend aufgefangen werden.

Austauschprozesse in der Transferorganisation und im Umfeld

Besonders ausgeprägt ist im TTN die Reflexion über Austauschprozesse. Die Auseinandersetzung mit der Problematik ausbleibender Kommunikation und die Stichworte «Horizonterweiterung» und «Perspektivenverschränkung» zeigen dies an. Das TTN versteht sich als Generator und Moderator von Kommunikationen. Gerade die Austauschprozesse im Umfeld der Transferorganisation (Typ drei[2]) sind offenbar zentral für das Selbstverständnis. Das Internet beispielsweise wird für die Vermittlung von Kommunikationen zwischen Handlungsfeldern und wissenschaftlicher Ethik, die nicht über das Institut laufen müssen, eingesetzt.

Weniger deutlich ist, wie die internen Austauschprozesse (Typ eins) verlaufen und welchen Stellenwert diese haben. Die vorliegenden Dokumente geben dazu keine Hinweise, was wiederum nicht heisst, dass es keine definierten Kommunikationsprozesse gibt. Vielmehr ist es wahrscheinlich, dass es insbesondere einen wissenschaftlichen Austausch unter den verschiedenen Forschenden gibt.

Die Sistierung von PEP lässt sich mit der in der Theorie des Ethiktransfers betonten Eigendynamik der wissenschaftlichen Ethik einerseits und der Handlungsfelder andererseits gut erklären. Die Unterschiedenheit der Forschung wird offensichtlich in Deutschland so verstanden, dass man Umsetzung um der Umsetzung willen sogar explizit gesetzlich verhindern will. Die scientific community soll offenbar anders funktionieren und in einem spezifischen Sinn inkompatibel sein mit der Logik anderer Bereiche unserer Gesellschaft.

1.5.2 Abbildung von Eigenheiten des Beispiels

Von den beiden anderen Beispielen unterscheidet sich das TTN durch seinen starken und ausgeprägt aktiven Anschluss an die wissenschaftliche Ethik. Aber auch der Anschluss an die Handlungsfelder ist relativ intensiv. Er erstreckt sich, was die Wirkung betrifft, allerdings weniger auf explizite organisationale und explizite gesamtgesellschaftliche Strukturen. Im Zentrum stehen implizite Kommunikationsstrukturen und die damit entstehenden Verpflichtungen und indirekten Wirkungen.

---

[1] Zur Adressierbarkeit vgl. oben Seite 283 unter «3.1.4 Azentrik und pars-pro-toto-Transferanschluss».
[2] Zu den drei Typen von Austauschprozessen vgl. oben Seite 297.

1 Überprüfung der Transfertheorie an drei Organisationen

**wissen-
schaftlicher
ethischer
Diskurs**

**Viele
Handlungs-
felder**

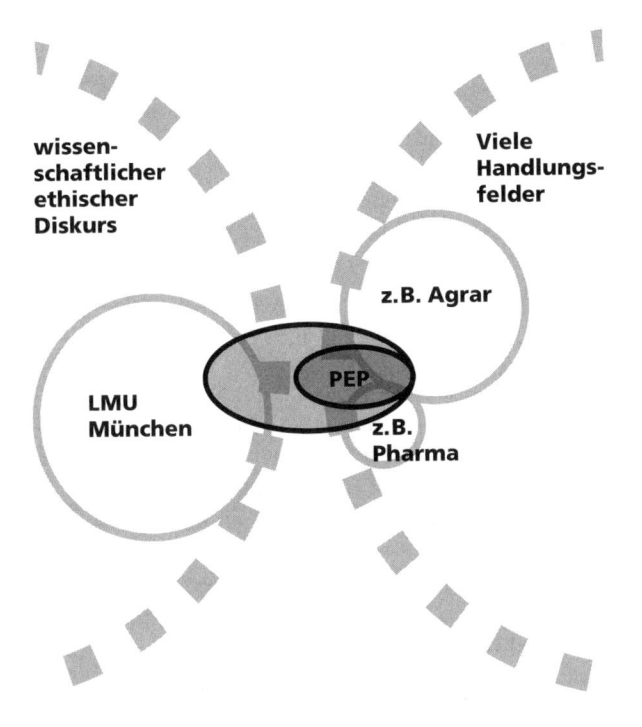

z.B. Agrar

**LMU
München**

PEP

z.B. Pharma

Grafik 18: Austauschprozesse im Fallbeispiel des Instituts «Technik Theologie Naturwissenschaften» (transparent)

Die Grafik verdeutlicht den Schwerpunkt des TTN in der LMU und die Verstärkung des Anschlusses an Handlungsfelder durch PEP.

Hauptwirkung →

Transferorganisation als Rahmenbedingung[1]

– **TTN Ermöglichungs-
struktur für Firmen
(im sinne von PEP)**
– **TTN als Einfluss-
struktur auf Branchen**

Transferorganisation als Mitwirkende an strukturellen Veränderungen[2]

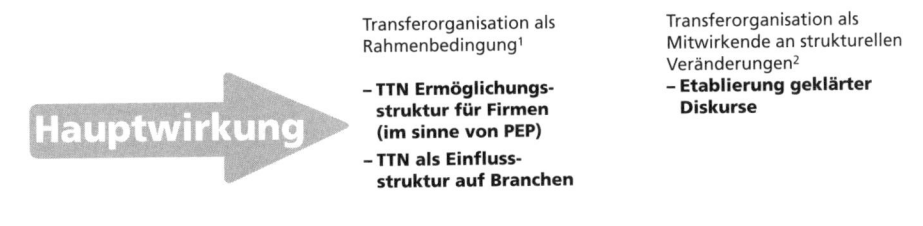

– **Etablierung geklärter Diskurse**

Tabelle 13: Strukturelle Wirkungen im Fallbeispiel des Instituts «Technik Theologie Naturwissenschaften»

1.5.3 Erkenntnisse für die Ethiktransferorganisation

Vollzieht man die Tätigkeit des TTN in der vorgeschlagenen Theorie des Ethiktransfers nach, so fällt am meisten auf, dass eine eigene Ausrichtung auf explizite strukturelle Wirkung in

Handlungsfeldern schwerer zu greifen ist als bei der oben portraitierten Fachstelle und auch als im dritten Beispiel unten. Am deutlichsten wird eine solche Wirkung des TTN in der Zusammenarbeit mit Firmen in und um PEP. Doch eben dieses Projekt wurde sistiert. Eine Wirksamkeit auf explizite Strukturen scheint für die Identität des Instituts nicht essenziell zu sein.

Man wird daraus einerseits den Schluss ziehen, auch Kommunikationsstrukturen als implizite Rahmenbedingungen organisationalen und individuellen Handelns zu sehen. Auf diese Strukturen nimmt das TTN Einfluss.

Andererseits regt diese Beobachtung zur Frage an, ob die Konzentration auf eine Klärung der Kommunikationen nicht die strukturellen Ursachen kommunikativer Schieflagen ausblenden könnte. In verschiedenen Publikationen des TTN wird beschrieben, dass Kommunikationen zwischen technischen und gesellschaftlichen Visionen sich geradezu typischerweise problematisch entwickeln können. An der Stelle wäre es angezeigt, den expliziten Strukturen als möglichen Ursachen stärker auf den Grund zu gehen. Divergente Systemlogiken und (Macht-) Ungleichgewichte wären dann nicht nur eigens zu thematisieren, sondern es wäre auch zu bedenken, auf welchen Wegen man auf solche expliziten Strukturen Einfluss nehmen könnte.

Die Theorie zeigt ausserdem, dass die Einstellung von PEP zwar Folge eines rechtlichen Problems ist, dass dieses rechtliche Problem aber kein Zufall, sondern Konsequenz einer – mehr oder weniger sinnvollen bzw. problematischen – Abgrenzung von Forschung und deren praktischer Umsetzung ist. Diese teilweise schwer zu überschreitende Grenze zeigt sich in den Naturwissenschaften als das Problem, das mit gezielten Technologietransfer-Anstrengungen überwunden werden soll. Dieselbe Schwierigkeit ergibt sich hier offensichtlich auch für die Sozial- und Geisteswissenschaften. Das rechtliche Problem ist daher nicht überraschend, sondern systemlogisch. Eine mögliche Lösung dieses Problems wäre die Ausgliederung einer Transfer-Firma aus TTN heraus, welche nicht mehr Teil des Instituts, sondern prinzipiell unabhängig in der Rechtsform einer GmbH, AG oder ähnlich institutionalisiert wäre. Diese Firma könnte ihr Verhältnis zum TTN vertraglich so definieren, dass ihre Arbeitsweise praktisch identisch wäre mit den Abläufen, die für PEP entwickelt wurden. Überlegungen in diese Richtung sind am TTN tatsächlich angestellt, aber bisher nicht umgesetzt worden. Die vorgeschlagene Theorie des Ethiktransfer bestätigt Notwendigkeit und Sinn eines solchen Vorgehens und könnte helfen, Form und Aufgabe einer zu gründenden Firma und deren Verhältnis zum TTN im Einzelnen zu definieren.

1.5.4 Fazit für die Theorie

Die Theorie kann die gesamte Arbeitsweise des Instituts TTN gut erfassen. Auch und gerade die Sistierung von PEP lässt sich gut nachvollziehen. Ein weiterführender Impuls für die Theoriebildung besteht darin, die Etablierung von Kommunikationsstrukturen besser als Einflussnahme auf strukturelle Rahmenbedingung zu erfassen. Dazu ist allerdings kritisch zu bemerken, dass solche impliziten Strukturen kommunikativer Verpflichtungen an ihren nachweislichen Wirkungen auf das organisationale und individuelle Handeln zu messen sind. Dieser kritische Hinweis ergibt sich zwingend aus der Theorie des Ethiktransfers. Er darf auch als Beleg dafür gewertet werden, dass die vorgeschlagene Theorie des Ethiktransfers zwar hermeneutisch entwickelt wurde, aber doch auch eine reflektiert gewählte, deduktiv mitbegründete, normative Ausrichtung hat, die produktive Konflikte zwischen Ethiktransfer-Theorie und Ethiktransfer-Organisationen möglich macht.

1.6 Der Fonds «Prime Value»

Der Sinn eines Fonds ist es, Gelder zu Anlagezwecken zu bündeln: Spezialistinnen und Spezialisten bilden mit dem Geld anlageinteressierter Personen einen Fonds und investieren das Gesamtkapital in Aktien und andere Wertpapiere. Während die Mehrheit der Fonds, die gegenwärtig angeboten werden, rein ökonomisch orientierte Optimierungen zwischen Risiko und Rendite darstellen, ist es die Eigenheit ethisch-ökologischer Fonds, dass beim Kauf der Wertpapiere ethische Gesichtspunkte eine zentrale Rolle spielen.[1] Gabrio (2001, 10) datiert den ersten ethischen Fonds mit dem «Pax World Found» auf 1971. Seither sind, der Nachfrage folgend, eine Vielzahl ethisch-ökologischer Fonds (neben anderen ethisch-ökologischen Anlagemöglichkeiten) entstanden. Sie unterscheiden sich unter anderem darin, wie die ethischen Gesichtspunkte ins Spiel kommen, konkret 1.) welche Beurteilungskriterien im Rahmen 2.) welcher Beurteilungsprozesse und 3.) wie organisierter Entscheidungskompetenzen über die Beurteilung zu entscheiden. Das folgende Portrait gibt einen exemplarischen Einblick in die Arbeitsweise eines solchen Fonds und zeigt, wie er in diesen drei, aber auch in verschiedenen anderen Hinsichten, funktioniert.

Der ursprüngliche Auslöser für die *Entstehung* des «PRIME VALUE» 1996 war, dass der Anlageberaterin Dr. Elisabeth Höller das Fehlen einer risikoarmen, ethisch ausgerichteten Anlagemöglichkeit auffiel. Sie setzte sich zum Ziel, für Ihre Kundinnen und Kunden eine solche Möglichkeit in der spezifischen *Form* eines Fonds, das heisst eines diversifizierten, börsenorientierten Anlageinstruments, zu schaffen. Die *aktuelle Tätigkeit* besteht in der laufenden ethischen Beurteilung von Aktien und Obligationen bzw. der entsprechenden Unternehmen und Emittenten und einer entsprechenden Zusammensetzung des Fondsportfolios. Die *Erfahrungen* zeigen, dass die ethische Bewertung von Unternehmen bzw. Emittenten für einen solchen Fonds nicht unproblematisch ist, dass sich aber das gewählte, ausgesprochen transparente Vorgehen dieser Bewertung bewährt. Entsprechend der gewählten Transparenz-Strategie besteht eine Vielzahl von *Dokumenten*, die einen guten Einblick in die Prozesse und Entscheidungen innerhalb des «prime value-Investmentprozesses» gibt.

1.6.1 Entstehung

Dr. Elisabeth Höller legte und legt bei ihrer Tätigkeit als Vermögensverwalterin und Anlageberaterin Wert darauf, Feinheiten der Anlagebedürfnisse ihrer Kundinnen und Kunden wahrzunehmen. Denn die Kundinnen und Kunden unterscheiden sich nicht nur punkto Risikofreudigkeit bzw. Sicherheitsbedürfnis. Viele verbinden nicht ausschliesslich Renditeoptimierung mit dem Anlagewunsch, sondern ihre Zufriedenheit steht in einem Zu-

---

[1] Ausführlicher zum Prinzip vgl. oben Seite 51.

G Anwendungsbeispiele als Überprüfung von Theorie und Kriterien

sammenhang mit dem Wissen darum, dass angelegtes Geld dort Wirkungen auslöst, wo es angelegt wird. Der Wunsch, «sinnvoll» anzulegen und mit der Anlage nicht zu «schaden», soll vom Berater bzw. von der Beraterin ebenso sensibel wahrgenommen und ebenso konsequent umgesetzt werden wie beispielsweise der Wunsch, risikofreudig oder defensiv anzulegen.

Daraus ging der Entschluss hervor, einen Fonds zu gründen, der beispielsweise die Anlagebedürfnisse eines «sorgfältigen Familienvaters», der das Familienvermögen anlegt, abbilden sollte. Sie nahm zwei Bedürfnisse wahr: Sicherheit der Anlage – womit nicht nur das Verlustrisiko, sondern auch eine gewisse Sicherheit in der Wertmehrung im Sinne einer Vorsorge angesprochen ist – und vertretbare Wirkung des Investments, besser noch Anlage in «sinnvoll» wirtschaftende Unternehmen, jedenfalls nicht in fragwürdige Unternehmen.

Zu jener Zeit gab es nur Anlagen mit «Öko-Filter», keine mit «Ethik-Filter». Damit ist gemeint, dass nicht rein ökonomisch ausgerichtete Anlagemöglichkeiten umweltsensibel waren, aber beispielsweise Anstellungsbedingungen oder gesellschaftliche Wirkungen nicht berücksichtigten. Der neue Fonds sollte sich also von diesen darin unterscheiden, dass er einen umfassenderen Begriff von «sinnvoller» Anlage in Anschlag bringt. Zugleich sollten die ökonomischen Gesichtspunkte sorgfältig berücksichtigt werden, um eine sichere Kapitalerhaltung zu erreichen.

Vom Entschluss bis zur Realisierung führte kein kurzer Weg, sondern ein hartnäckiges und zugleich flexibles Vorgehen. Um diesen Entstehungsprozess zu verstehen, muss man wissen, dass es für einen Fonds prinzipiell zwei Institutionen braucht: Eine Depot-Bank und eine Fondsleitung, welche institutionell unabhängig von dieser Bank organisiert sein muss, oft aber räumlich und personell eng verbunden ist. Erschwerend kommt hinzu, dass sich das Fondsrecht in Europa relativ stark von demjenigen in Amerika unterscheidet. Aber auch innerhalb Europas bestehen gewisse Unterschiede im nationalen Recht, welche allerdings in den nächsten Jahren zunehmend abgebaut werden sollen.

Die erste Aufgabe bestand für die Dr. Höller Vermögensverwaltung und Analageberatung AG darin, eine Bank als Partnerin zu finden. Nachdem mehrere Schweizer Banken kein wirkliches Interesse zeigten, entstand die Verbindung mit der Bank Gutmann, einer internationalen Bank mit Hauptsitz in Wien. Der seinerzeitige Vorsitzende der Geschäftsleitung, Dr. Walter David, wurde zum bedeutenden Projektpartner und half unter anderem mit bei der Entwicklung der Fonds-Richtlinien. Diese bilden den Kernteil des Emissionsprospekts, der gesetzlich vorgeschriebenen Form der Kunden-Information eines Fonds, quasi sein Statut.

Ein assoziiertes Nebenziel war, zugleich ein taugliches Instrument für die Anlage sogenannter «Mündel-Gelder» zu schaffen. Es bestand, und besteht teilweise noch, unter Vormündern eine Art informeller Konsens, man könne Anlagen in «mündelsichere Papiere» und andere unterteilen. Daher unterlassen es, wie es scheint, die entsprechenden Anwälte, Notare, Amtsvormünde usw. mehrheitlich, sich mit der Börse auseinander zu setzen und legen die ihnen anvertrauten Gelder grossenteils zu unvorteilhaften Konditionen in einer übervorsichtigen Strategie in Kassenobligationen an. Das möglicherweise ursprünglich dahinter stehende Motiv, anvertraute, d.h. fremde Gelder keinem Verlustrisiko aussetzen zu wollen, ist nachvollziehbar. In der Gegenwart dürften mangelndes Engagement oder Spardruck und damit mangelnde Ressourcen in den Vormundschaftsbehörden eher der Grund für die eingleisige «Anlagestrategie» sein, zumal die wenigsten Leute eigenes Vermögen so anlegen würden. Der

Fonds sollte auch hierfür ein Anlagemittel sein: einfach, ethisch sehr gut vertretbar, dennoch mit höherer Rendite und zugleich sicher.

In dieser Phase der Entwicklung war allerdings noch unklar, ob die beiden Restriktionen der Anlagepapiere-Auswahl «ethische Kriterien» und «hohes Sicherheitsbedürfnis» die Rendite des Fonds beeinträchtigen würden. Es war offen, ob die ins Auge gefassten Zielsetzungen zugleich erreicht werden können.

Dr. Walter David beteiligte sich am institutionellen Aufbau der Fondsleitung. Doch war die Entwicklung der ethischen Kriterien und die Beurteilung von Anlagepapieren mit diesen Kriterien nicht ohne Spezialisten zu leisten. Über Professor Ulrich, den St. Galler Wirtschaftsethiker, wurde Professor Ruh, der seinerzeitige Zürcher Sozialethiker gefunden. Mit ihm wurde das sogenannte Ethik-Komitee, auf das später noch genauer einzugehen sein wird, gebildet. Ihm gehörte Professor Ruh von der Gründung bis 2004 an.

Ein eigenes Kriteriensystem wurde in der Praxis des Auswahlprozesses sukzessive entwickelt, 1997 in die unten dargestellte Form der Stakeholder-Analyse gebracht und als systematische Arbeitsweise eingeführt. Anfangs waren die Studien, welche zuhanden des Ethik-Komitees für jedes Unternehmen bzw. jeden Emittenten nach diesem Prinzip erstellt wurden, Skizzen und Notizen. Inzwischen umfassen sie je ca. 20 Seiten.

Die Geschichte der Entstehung ist somit geprägt von der treibenden Kraft einer einzelnen Person – was auch für den älteren ökologischen Fonds «Ökosar» der Bank Sarasin zuzutreffen scheint. Wichtig waren die Allianzen mit Dr. Walter David und Prof. Dr. Hans Ruh. Die Bedeutung der Energie einer einzelnen Person und des Suchens und Findens von institutionell verankerten Partnern, welche zugleich zu persönlich involvierten Mitstreitern werden, zeigt sich in dieser Geschichte exemplarisch und bestätigt die entsprechenden Ergebnisse der Expertinnen- und Experteninterviews.

1.6.2 Form

Für einen Fonds braucht es wie erwähnt ein organisiertes Zusammenspiel von einer Depot-Bank und einer Fondsleitung. Eine Revisionsgesellschaft als Aufsichtsorgan kommt dazu.

Die Depot-Bank ist der Ort, an dem die Transaktionen stattfinden, einerseits mit den Personen und Institutionen, die Geld anlegen, andererseits an der Börse. Im Kontakt zu den Ersteren sind Anlagefonds-Anteile auszugeben und zurückzunehmen sowie der aktuelle Wert, der sich ja laufend ändert, in relativ kurzen Abständen neu zu berechnen. An der Börse und evtl. an anderen Stellen werden die Käufe und Verkäufe von Anlagepapieren im Fondsvermögen vorgenommen, konkret Aktien und andere Wertpapiere gekauft und verkauft.

Alle diese Aktivitäten werden aber nicht von der Bank veranlasst, sondern dafür ist die Fondsleitung zuständig, welche von Gesetzes wegen unabhängig von der Bank zu organisieren ist und eine eigene Rechtspersönlichkeit darstellt. Man kann den Fonds cum grano salis als einen Anlagekunden der Bank verstehen. Prinzipiell hat die Fondsleitung die Aufgabe, für die ordnungsgemässe Abwicklung der Fondsaktivitäten (Wertpapiertransaktionen, Anlagefonds-Anteilswertberechnungen, Ausgabe/Rücknahme von Anteilen) zu sorgen. So ist es auch ihre Aufgabe, allfällige Abwicklungsmängel der Depotbank zu kontrollieren. Diese Tätigkeiten werden als Fondsmanagement bezeichnet. Sie müssen den Fondsrichtlinien entsprechen, welche wiederum Teil des «Emissionsprospekts» (der auch andere Namen haben kann) sein muss. Dieser Prospekt hat eine gesetzlich relativ streng vorgegebene Form, welche sicherstellen soll, dass die Kundinnen und Kunden eines Fonds adäquat informiert werden. Schliesslich gehört auch das Fondsmarketing zur Aufgabe der Fondsleitung.

Die Fondsleitung kann nun alle diese Funktionen selbst ausführen oder sie kann sie teilweise oder ganz auslagern. In jedem Fall bleibt sie letztlich für deren Qualität verantwortlich. Die erste ihr übergeordnete Kontrollinstanz für die ordnungsgemässe Abwicklung dieser Tätigkeiten ist, wie bei einer Aktiengesellschaft, eine Revisionsgesellschaft, welche mit den Kontrollen der Buchführung der Fondsleitung beauftragt wird.

Im Fall des ethisch-ökologischen Fonds «prime value» ist die Depot-Bank die genannte Bank Gutmann. Die Fondsleitung ist ebenfalls in Wien situiert, hat aber das Fondsmanagement delegiert an die «Dr. Höller Vermögensverwaltung und Anlageberatung AG Zürich». Diese delegiert es aus Gründen der lokalen Nähe wiederum an die «Dr. Höller Vermögensverwaltung GmbH Wien»[1].

In Zürich bleibt die sogenannte Investmentberatung, die Festlegung der übergeordneten Strategie des Fondsmanagements. Normalerweise ist die Investmentberatung eine rein ökonomische Thematik. In einem ethisch-ökologischen Fonds tritt nun zur finanziellen Beurteilung der Anlagepapiere die ethische Beurteilung hinzu. Während für Ersteres ein Team, das Portfolio-Management-Team, unterhalten wird, werden für Letzteres sogar zwei Teams eingesetzt: Erstens wird ein Research-Team unterhalten, das dem Fondsmanager unterstellt ist. Es bereitet die Entscheide über die ethische Einstufung der Anlagepapiere vor, indem zu jedem Unternehmen bzw. Emittenten eine kleine Studie erstellt wird. Zweitens findet etwa monatlich eine internationale Telefonkonferenz des davon unabhängigen, interdisziplinär besetzten Ethik-Komitees statt. Dessen definitive Entscheidung über die ethischen Einstufungen können von den Überlegungen des Research-Teams durchaus abweichen und tun das nicht selten. Mit diesen Entscheidungen wird die Anlagestrategie im Sinne der Investmentberatung festgelegt und der Fondsmanager trägt nun die Verantwortung für deren Umsetzung.

Die Fondsleitung in Wien hat auch das Marketing ausgelagert, und zwar an die «Dr. Höller Vermögensberatung GmbH Zürich», Schwestergesellschaft der genannten «Dr. Höller Vermögensverwaltung und Anlageberatung AG Zürich». Zwischen der GmbH, der Fondsleitung und der Depotbank ist vereinbart, dass sie für diesen Fonds im In- und Ausland das Fondsmarketing betreibt. Der Verkauf von Fondsanteilen ist nach Rechtsgebieten (Ländern) organisiert, in denen nach Möglichkeit je eine Vertriebsvertretung besteht. Die Vertriebsvertretung für die Schweiz hat die Fondsleitung ebenfalls der Dr. Höller Vermögensberatung GmbH Zürich übertragen.

Nachdem somit der grösste Teil der inhaltlichen Arbeit ausgelagert ist, beschränkt sich die Eigenaktivität der Fondsleitungauf die Kontrolle dieser Abläufe, auf die Ajourierung des Emissionsprospektes und auf den Umgang mit den Finanzaufsichtsbehörden.

Im Kontext des Ethiktransfers sind die Aktivitäten in Zürich von besonderem Interesse, da hier auch die Anschlüsse an die Ethik gepflegt werden, und zwar mit drei Teams: Das Portfolio-Management Team besteht aus vier Personen, wird von Dr. E. Höller geleitet und übernimmt die Finanzanalyse der Anlagen. Das siebenköpfige Ethik-Research Team untersucht

---

[1] www.dr-hoeller.at/html/pv.htm (Entnahmedatum 19. Okt. 2005).

diese unter der Leitung von Hr. Dr. Gérard nach den ethischen Kriterien. Die Beschlüsse über die ethische Beurteilung werden vom unabhängigen ethischen Beirat, dem Ethik-Komitee, gefällt. Dieses multidisziplinär zusammengesetzte Gremium aus Vertreterinnen und Vertreter verschiedener Disziplinen (Medizinethik, Umweltethik, Wirtschaftsethik, usw.) besteht aus 12 Personen und tagt 11 bis 12 mal pro Jahr, um die ethischen Einstufungen vorzunehmen. Vorsteherin des Ethik-Komitees ist die Ärztin Frau Dr. Gisela Bockenheimer-Lucius.

Die Fonds-Familie besteht aus dem Mischfonds «prime value mix», dem reinen Aktienfonds «prime value Aktien Europa» und dem Rentenfonds «prime value Bond Paneuropa». Das Ethikresearch wird für alle drei Fonds zugleich gemacht. Die Unterschiede der drei Fonds liegen nicht nur im Aktienanteil im Fondsvermögen, sondern auch in der Vertriebszulassung: Der Erste ist in der Schweiz, Deutschland und Österreich zum öffentlichen Vertrieb zugelassen, die Letzteren beiden in Deutschland und Österreich, was mit den genannten innereuropäischen Unterschieden im Recht zusammenhängt.

1.6.3 Aktuelle Tätigkeit

Betrachtet man die laufenden Prozesse durch die Brille des Ethiktransfers, lässt man also die mehr organisatorischen und ökonomischen Abläufe beiseite, so treten als Haupttätigkeiten die Pflege des Portfolios, die Vermarktung der Fonds-Familie und die Weiterentwicklung der Bewertungs-Kriterien und -Prozesse hervor, welche nun je beleuchtet werden.

Pflege des Portfolios[1]

Entsprechend der Funktionsweise eines Fonds besteht die Haupttätigkeit in der Überwachung der in den Fonds gehaltenen Titel. Dafür werden einerseits die vorhandenen Anlagepapiere laufend ökonomisch und ethisch neu beurteilt und gegebenenfalls (teil-)verkauft oder auch zugekauft. Andererseits werden auch neue Anlagen geprüft, um gegebenenfalls das Portfolio entsprechend zu erweitern. Im Unterschied zu anderen Fonds ist das prime-value-Anlageuniversum nicht begrenzt. Jeder Titel kann, falls die ethische Überprüfung positiv resultiert, für den Fonds gekauft werden.

Prinzip

Ausgangspunkt der Wertpapierselektion ist eine Finanzanalyse durch den Portfolio-Manager. Das Ethik-Research-Team prüft anschliessend die Anlagen in zwei Stufen: Zuerst wird das Unternehmen bzw. der Emittent betreffend Verletzung von Ausschlusskriterien geprüft (Negativ-Kriterien). Fällt diese Untersuchung zugunsten des Unternehmens bzw. Emittenten aus, wird es bzw. er hinsichtlich der Qualität der Beziehungen zu den Stakeholdern untersucht und entsprechend bewertet (Positiv-Kriterien).

Verfahren

Der Portfolio-Manager, das Ethik-Komitee oder ein Ethik-Analyst kann jederzeit veranlassen, dass eine neue Anlagemöglichkeit geprüft wird. Durch Auftrag an das Ethik-Research-Team

---

[1] Die folgende Darstellung, einschliesslich Grafiken basiert hauptsächlich auf den Beschreibungen des Prozesses unter http://www.dr-hoeller.at/downloads/PRV-Anlageprozess-mit-Ethikfilter-Juni2004.pdf (Entnahmedatum 19. Okt. 2005). Eine persönliche Teilnahme des Schreibenden an einer Sitzung des Ethik-Komitees, an welcher über die Einstufung verschiedener Anlagemöglichkeiten beschlossen wurde, vermittelte einen Eindruck von der praktischen Durchführung.

> G Anwendungsbeispiele als Überprüfung von Theorie und Kriterien

wird in einem «Ethical Quick Check» kurz geprüft, ob die Anlage grundsätzlich in Frage kommen kann. Wenn ja wird das Verfahren durchlaufen, das nun beschrieben wird. Auch alle Anlagepapiere, welche bereits vorhanden sind, durchlaufen den ethischen Teil dieses Prozesses mindestens alle zwei Jahre, beim Eintreten relevanter Ereignisse, z.B. Fusionen, Neuausrichtungen, Gerichtsprozessen usw. auch öfters.

Nach dem «Ethical Quick Check» beginnt das eigentliche Verfahren: Das Portfolio-Management-Team sortiert gleich zu Beginn Wertpapiere aus, welche voraussichtlich nicht zum angestrebten, guten Ertrag beitragen werden. Die Zusammensetzung des Portfolio nach Anlagetypen und -arten (die Allokation der Asset-Klassen, der Währungen und Länder sowie die Branchen-Allokation) hängt folglich – im Rahmen des aktiven Anlagestils – stark von der aktuellen Einschätzung des Portfolio-Managers ab und variiert deutlich im Zeitverlauf.

Erfassung **ökonomischer Trends** Konjunktur, Währungen	Erfassung globaler Aktien- und Zinstrends	**Anlage-Strategie-Sitzungen** Festlegung Aussichten	Entscheid zur **taktischen Asset-allokation** der Asset-Klassen	Entscheid **Sektor-/Branchengewichtung**
laufend		quartalsweise/monatlich		

Grafik 19: Ablauf der Beurteilung von Anlagepapieren im Fonds «Prime Value» (Quelle vgl. oben Seite 371, Anm. 1)

Diese Asset-Allokation ist «ethisch neutral». Die Anlagen, welche die Ausschlusskriterien und die Asset-Allokation passiert haben, werden nun nach ethischen Kriterien bewertet.
Die ethische Bewertung (im Ablaufschema unten schraffiert) baut somit auf der Titelselektion aufgrund der Finanzanalyse auf:

Titelselektion aufgrund von Finanzanalyse	**Titelselektion Ethik-Analyse nach Stakeholder-Konzept**	**Ethischer Einstufungsentscheid der Titelauswahl durch Ethik-Komitee**	Portfolio-Anpassungen Länder/Sektoren/Titel	Performance-Kontrolle
laufend/monatlich		wöchentlich/täglich		monatlich

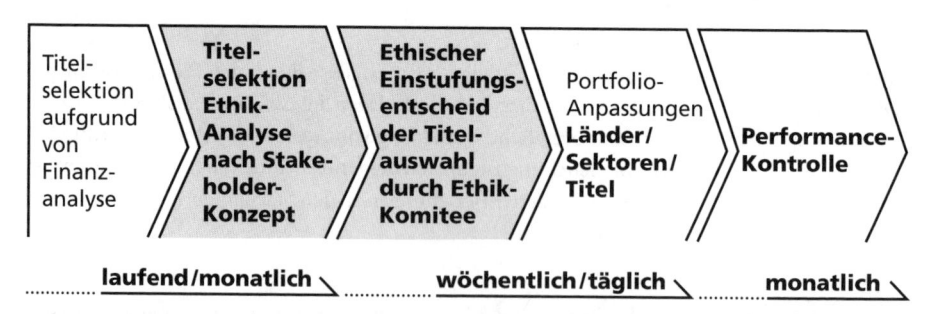

Grafik 20: Position der ethischen Analyse im Ablauf der Beurteilung von Anlagepapieren im Fonds «Prime Value» (Quelle vgl. oben Seite 371, Anm. 1)

Portfolio-Anpassungen nach ökonomischen Gesichtspunkten (Mengenbestimmungen für An- und Verkauf usw.) und Performance-Kontrolle werden dann den Schluss des Verfahrens bilden.

Die ethische Analyse befindet sich somit in der zweiten Hälfte des gesamten Auswahlprozesses. Sie beginnt mit den Ausschlusskriterien. Diese Kriterien werden für potenzielle Neuanlagen im «Ethical Quick Check» zwar bereits vorweg kurz überprüft. Dennoch können sie auch im Rahmen der eingehenden ethischen Prüfung wieder Thema werden. Ausgeschlossen sind Unternehmen und Emittenten, welche

- Menschenrechte missachten,
- in Drogengeschäfte, Prostitution und Menschenhandel involviert sind,
- Kinderarbeit zulassen,
- militärische Güter,
- Nukleartechnologie sowie
- andere gefährliche Produkte und Technologien herstellen, einsetzen oder vertreiben.

Diese Ausschlusskriterien sind exemplarisch, nicht taxativ zu verstehen; die Beurteilung, welche Produkte, Dienstleistungen und Technologien als nicht nachhaltig oder gefährlich anzusehen sind, obliegt dem Ethik-Komitee, denn der rasante gesellschaftliche und technologische Wandel wirft ständig neue Fragen auf (z.B. wurde das Thema Gentechnologie beim Fondsstart 1995 von der Gesellschaft noch nicht so deutlich wahrgenommen).

Der Kern der ethischen Beurteilung besteht aus einer Analyse des Verhältnisses zu den Stakeholdern. Je «besser» – was «besser» heisst, ist nicht für alle Stakeholderbeziehungen dasselbe, wie gleich exemplarisch für die Beziehungen zu den Kundinnen und Kunden im Vergleich zu denjenigen zu den Mitarbeitenden illustriert werden wird – das Verhältnis zu den sechs berücksichtigten Stakeholdergruppen ist, desto höher fällt die ethische Gesamtbewertung aus. Dabei werden die Beziehungen 1. zu den Kunden, 2. zu den Mitarbeitenden, 3. zur Umwelt, 4. zu den Lieferanten, 5. zur Gesellschaft, Öffentlichkeit usw. und 6. zu den Investoren gleich stark gewichtet.

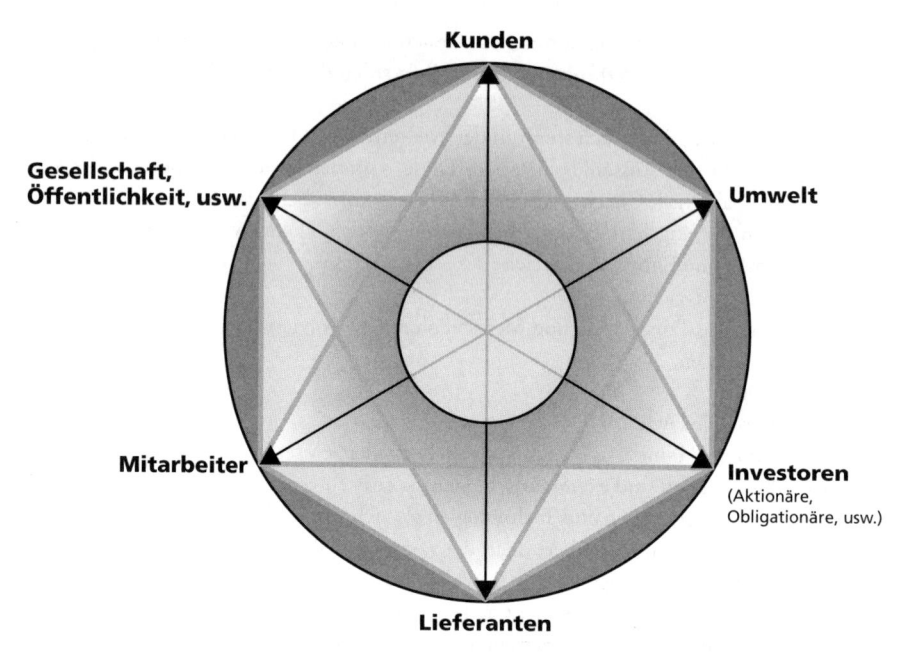

G Anwendungsbeispiele als Überprüfung von Theorie und Kriterien

Grafik 21: Stakeholder-Gruppen als Struktur der ethischen Bewertung von Unternehmungen
(Quelle vgl. oben Seite 371, Anm. 1)

Gleich stark zu gewichten bedeutet nicht, gleichförmig zu beurteilen. Denn jeder Stakeholder hat zu einem grossen Teil andere Bedürfnisse, aus denen sich unterschiedliche ethische Kriterien ergeben. Diese sind anlässlich einer Sitzung des PRIME VALUE-Ethik-Komitees im April 1999 als Leitlinie für die Ethik-Analyse aufgezeichnet worden und werden seither für die ethische Wertpapieranalyse verwendet.

Für die Kundinnen und Kunden werden Stichworte genannt wie Preisgerechtigkeit, Bedürfnisbefriedigung (Existenzsicherung, Lebensqualität, Sinn, Zweckmässigkeit), Qualität (Qualitätsmanagement, Deklaration, Lebensdauer, Sicherheit, Kundenfreundlichkeit und Dienstleistungsbereitschaft, Rücksicht auf Benachteiligte), Marketing und Public Relations (Kommunikation, Datenschutz, Stil, Vertrieb). Für die Mitarbeitenden stehen andere Punkte im Zentrum: Lohngerechtigkeit, Gleichbehandlung hinsichtlich Geschlecht, Rasse, Religion, Alter, Ausbildung und Behinderung, dann Weiterentwicklungsmöglichkeiten (fachlich und persönlich), Arbeitspolitik und Führungsstil (Mitsprachemöglichkeiten integrierend, human, sicher, sinnvoll, gesundheitsfreundlich, flexibel, befriedigend), Respektierung von Individualitäten und Privatsphäre, Koalitions- und Organisationsrecht auf betrieblicher und überbetrieblicher Ebene. Bereits diese beiden Beispiele zeigen, wie sehr sich die Stakeholder-Beziehungen und deren Bewertungen von einander unterscheiden.[1]

---

[1] Aufgrund dieser ganzheitlichen Betrachtungsweise wird auf sogenannte Leader-, Pionier- oder Best-in-Class-Systeme verzichtet. Die Anlagen werden also nicht relativ zu anderen Anlagen gleichen Typs (z.B. in der gleichen Branche), sondern je direkt nach der Qualität dieser sechs Stakeholder-Beziehungen beurteilt.

Die folgenden generellen Qualitäten werden neben diesen Stakeholder-Bezügen fokussiert:
- hohes ethisches Problem- und Verantwortungsbewusstsein
- hohe ethische Innovationskraft
- erkennbares Handeln in positiver ethisch-innovativer Richtung
- wahrnehmbare, glaubwürdige, positive, ethische Fortschritte im Zeitverlauf
- transparentes Reporting über ethisch-innovatorisches Handeln und Fortschritte

Die Beurteilung der Stakeholder-Beziehungen und die übergreifenden, eben genannten Kriterien werden folgendermassen zusammmengefasst: Es werden keine speziellen oder extremen ethischen Massstäbe angelegt. Vielmehr soll ein in unseren geografischen Breiten, in Mitteleuropa, namentlich in der Schweiz, geltendes Mass an rechtlich, gesellschaftlich und moralisch notwendigen Normen angewendet werden; Normen, die bei grosser ethischer und nachhaltiger Sorgfalt und hohem ethischen Verantwortungs- und Problembewusstsein zu gelten haben.

Die Bewertung wird a) auf Grund eines schriftlich begründeten Einstufungsvorschlags zweier Ethik-Analysten b) vom Ethik-Komitee definitiv festgelegt.

a) Jeweils zwei Ethik-Analysten (Autor, Koreferent als Controller) klären ab,
- ob allenfalls durch das Unternehmen/den Emittenten in seiner Geschäftstätigkeit Ausschlusskriterien berührt werden, welche im Einzelnen und in welchem Ausmass und
- wie das Unternehmen/der Emittent die Beziehungen zu den einzelnen Stakeholders gestaltet. Die Resultate zu den Stakeholder-Beurteilungen werden nicht gewichtet, sondern in einer ganzheitlichen Betrachtung gewertet und anschliessend am Schluss der Studie in eine gesamthafte Einstufung aufgenommen.

Grundlagen für diese Abklärungen sind der Geschäftsbericht mit weiteren Berichten wie Umweltreport und CSR-Report (Corporate Social Responsibility) und die Angaben auf der Homepage der Unternehmung. Zudem wird im Laufe einer Analyse das IR-Office (Investor Relation) mit gezielten Fragen konfrontiert und dem CEO ein Fragebogen (basierend auf dem Stakeholder-Modell) zur Selbsteinschätzung zugestellt. Ferner stützen sich die Ethik-Analysten u.a. auf die Informationen von NGOs, Konsumentenschutzorganisationen und weiteren Fachorganisationen.

Die beiden Ethik-Analysten geben zuhanden des Ethik-Komitees einen begründeten ethischen Einstufungsvorschlag einerseits je Stakeholder und andererseits für das Gesamtunternehmen bzw. den Emittenten ab.[1] Dabei finden die folgenden Einstufungen (Ratings) Verwendung:
- ethisch hochwertig (proaktive, ausgezeichnete Ausgestaltung der Stakeholder-Beziehungen)
- ethisch positiv (aktive, überdurchschnittliche Ausgestaltung der Stakeholder-Beziehungen)
- ethisch vertretbar (durchschnittliche Stakeholder-Beziehungen, gesetzeskonform)
- fondspolitisch nicht zielkonform (geringfügige Berührung von Ausschlusskriterien; Produkte oder Dienstleistungen, die für einen Fonds mit ethischer und nachhaltiger Zielsetzung als nicht geeignet bzw. nicht förderungswürdig erachtet werden; ungenügende Ausgestaltung einer Stakeholder-Beziehung oder ungenügende Informationen)
- ethisch nicht vertretbar (scheitert an den Ausschlusskriterien)

---

[1] Mit einem Schreiben an das Unternehmen, im welchem Resultate und Empfehlungen für Verbesserungen vorgeschlagen werden, hofft das Ethik-Research-Team zudem proaktiv auf einen Fortschritt der Corporate Governance, resp. der Stakeholder-Ausrichtung hinzuarbeiten.

b) An der nächstmöglichen Telefon-Konferenz oder Sitzung diskutiert das Ethik-Komitee den Einstufungsvorschlag. Dabei wird versucht, einstimmig zu Einstufungs-Entscheiden zu gelangen. Wenn dies nicht möglich ist, wird eine Studie bisweilen mehrfach solange zurückgestellt, bis sich das Ethik-Komitee zu einer einheitlichen Auffassung durchringt.

Entscheide des Ethik-Komitees werden jeweils von den am Meeting Anwesenden gefällt. Die Nichtanwesenden haben die Möglichkeit, bis zur nächsten Sitzung eine Änderung der getroffenen Entschlüsse zu verlangen. Dieses mehrstufige, teamorientierte Vorgehen ist darauf hin optimiert, «Vergessenes» und «Denkfehler» weitestgehend auszuschliessen.

Das Ethik-Komitee entscheidet auf der Basis der Vorarbeiten und im Rahmen des so definierten Prozesses in letzter Instanz über definitive Einstufung eines Anlagepapiers. Diese Bewertungen gelten wie bereits erwähnt maximal für zwei Jahre, in der Regel für ein Jahr. Danach wird der Prozess erneut durchlaufen.

Vermarktung der Fonds-Familie

Es wurde bereits darauf hingewiesen, dass die Dr. Höller Vermögensberatung GmbH Zürich die Vertriebsvertretung des Fonds innehat. Faktisch werden Fonds oft nicht durch die Vertriebsvertretungen selbst, sondern (auch) über sogenannte Vertriebsträger als Dritte verkauft. In der Schweiz ist z.B. die «Bank Coop» ein solcher Vertriebsträger für den Prime Value. Diese Kooperation ist eines der Ergebnisse der Vermarktungsaktivitäten. Insgesamt nehmen diese jedoch einen verhältnismässig kleinen Raum ein im Vergleich zu den sonstigen Fondsaktivitäten und werden als ausbaufähig, ja ausbaubedürftig eingeschätzt.

Weiterentwicklung der Kriterien, Prozesse und Zuständigkeiten

Der mehrstufige Werdegang der Kriterien wurde bereits erwähnt. Er lässt sich in die Grundlegungsphase, die Explorationsphase und die Konsolidierungsphase gliedern. Zur Ersten gehörte die Feststellung, dass weder die Fondsaufsicht noch die Revisionsgesellschaft bereit waren, ethische Richtlinien zu überwachen, obwohl Dr. Elisabeth Höller und Dr. Walter David solche in die Vorrichtlinien aufgenommen hatten, welche am Anfang bei der Aufsicht in Österreich und später auch in der Schweiz zur Zulassung eingereicht wurden. Denn gesetzlich sind für diese Einreichung nur finanzielle Richtlinien gefordert und nur diese werden überwacht. Daraus resultierte die Einsicht, dass ein Kontrollmechanismus dafür eigens geschaffen werden muss, was in Form des Ethik-Komitees dann in die Tat umgesetzt wurde. Damit wurde die Explorationsphase eingeleitet. Nun gab sich dieses Komitee 1996 Statuten und bestimmten den eigenen Kurs zunehmend selbst. Dabei wurde das erläuterte Konzept der Beurteilung von Stakeholder-Beziehungen entwickelt, welches sich inzwischen offensichtlich in der Konsolidierungsphase befindet: In den Telefonkonferenzen des Komitees geben weitgehend die Inhalte, nicht die Kriterien zu Diskussionen Anlass. Auch die Prozesse scheinen sich gut eingespielt zu haben.

Noch im Übergang zur Konsolidierungsphase scheint sich ein bestimmter Punkt, welcher die Kompetenzen und Prozesse betrifft, zu befinden: die Frage von Unabhängigkeit versus Involvierung und Prozessnähe seitens des Ethik-Komitees gegenüber dem Fondsmanagement. An bestimmten Stellen zeigten sich im Laufe von 2004 Tendenzen und Bedürfnisse, dass das Komitee sich gegenüber dem Fondsmanagement, welches jetzt mit Dr. Elisabeth Höller im

Sinne einer «prominenten Minderheit» mit Sitzungsleitungsfunktion, aber ohne Stimmrecht im Komitee vertreten ist, verselbständigen möchte. Dafür könnte das Argument der Unabhängigkeit sprechen. Zu bedenken wäre, ob das Komitee damit seine «Zweisprachigkeit» als Koppelungsorganisation zwischen Ethik und Ökonomie teilweise verlieren könnte. In diesem Punkt wird in der kommenden Zeit eine Klärung erwartet, während bezüglich der Kriterien und Prozesse die Weiterentwicklungen sich auf Verfeinerungen beschränken dürften.

1.6.4 Erfahrungen

Die auffälligste Erfahrung liegt in der Performance des Fonds, da ursprünglich zweifelhaft war, ob das Ziel einer guten Kapitalerhaltung mit den Restriktionen von Sicherheit und ethischer Auswahl zu erreichen sei. Doch wurde das Ziel sogar übertroffen. Der Fonds hat eine sehr gute Performance und erhält mit grosser Regelmässigkeit renommierte Auszeichnungen.

Auf diesem Hintergrund erstaunt, dass der Fonds nicht eine grössere Verbreitung erhält. Dies könnte daran liegen, dass das Marketing nicht in dem Masse gelingt, wie es wünschenswert wäre. Da und dort entsteht allerdings auch der Eindruck von Behinderungen durch grössere Institutionen, welche später selbst ethisch-ökologische Fonds – typischerweise mit wesentlich weniger Transparenz – geschaffen haben. Beispielsweise scheint die Aufnahme des Fonds in eine Säule 3a (das steuerbegünstigte Vorsorgesparen in der Schweiz) durch solche Mechanismen blockiert zu werden. Die Wahrnehmung solcher Mechanismen kann man jedoch immer auch als indirekte Anerkennung der Qualität der eigenen Arbeit verstehen. Trotz alledem wächst das Fondsvolumen laufend und hat 2004 die 80-Millionen-Grenze überschritten.

1.6.5 Dokumente

Entsprechend der konsequenten Transparenz von Kriterien, Prozessen und Zuständigkeiten im prime value findet man im Internet relativ genaue Informationen: unter www.hoeller.ch die Zusammensetzung des Ethik-Komitees und des Research-Teams, die Verteilung, wie viel Prozent der Wertpapiere im Fonds als ethisch hochwertig, wie viele als ethisch positiv und wie viele als ethisch vertretbar eingestuft sind; unter www.hoellerfonds.de sind darüber hinaus die Jahres- und Halbjahresberichte (aktuelle und vorherige) zu den Fonds einzusehen, die Verkaufsprospekte und Fact-Sheets, vor allem aber auch detaillierte Informationen zum Verfahren der ethischen Beurteilung. Maximale Transparenz kommt dadurch zu Stande, dass auch die genauen Sitzungstermine des Ethik-Komitees im Internet veröffentlicht sind und es prinzipiell – wenn auch nicht generell – möglich ist, als Gast an diesen Sitzungen teilzunehmen. Zahlreiche weitere Informationen und Unterlagen sind über die angegebenen Links oder auch direkt beim Fonds erhältlich, beispielsweise Pressespiegel oder elektronische Präsentationen.

G Anwendungsbeispiele als Überprüfung von Theorie und Kriterien

1.7 Nachvollzug im Rahmen des Theorievorschlags

1.7.1 Die Theorieelemente im Beispiel des Fonds «Prime Value»

Kommunikationsanschluss an den wissenschaftlichen ethischen Diskurs

Die Initiative für die Etablierung von Kommunikations- und Austauschprozessen ging in diesem Fall wie bei der Fachstelle Angewandte Medzinethik im BAG vom Handlungsfeld aus. Zunächst ging die Initiantin davon aus, dass die ins Auge gefasste strukturelle Veränderung ohne Anschluss an die wissenschaftliche Ethik zu leisten wäre. Als sich abzeichnete, dass dem nicht so war, begann die Suche nach der geeigneten Person. Diese fand sich erst indirekt, was bestätigt, dass sich der Anschluss an den wissenschaftlichen Diskurs vom Handlungsfeld aus nicht ohne weiteres ergibt.

Damit wurde allerdings ein Stein ins Rollen gebracht. Es blieb nicht bei der einen Fachperson, sondern es entstand ein ganzes Gremium und ein sowohl ethisch als auch ökonomisch stark reflektiertes System der Bewertung von Anlagepapieren.

Der Anschluss wurde primär über eine Person hergestellt, die ihrerseits in der scientific community aktiv publiziert. Dennoch ist der Anschluss primär passiv. Obwohl in der Transferorganisation interessante Dokumente erarbeitet, anspruchsvolle Reflexionen geleistet und für die ethische Forschung relevante Erfahrungen gesammelt werden, bleiben diese der wissenschaftlichen Ethik vorenthalten. Die Ausnahme, die die Regel b173estätigt, ist die Erwähnung dieses Fonds in der Publikation bei Ulrich, Jäger und Waxenberger (1998). Ansonsten sind die Reflexionsleistungen dieses Fonds im ethischen Diskurs inexistent.

Wirkung im Handlungsfeld

Mit diesem ethisch-ökologischen Fonds wurde eine neue Struktur geschaffen, womit die Rahmenbedingungen einerseits der Anlegerinnen und Anleger, anderseits der Firmen verändert wurden. Die Möglichkeiten der Kapitalanlage wurden erweitert. Das Anreizsystem für Firmen als Kapitalnehmerinnen wird prinzipiell ebenfalls beeinflusst, allerdings wegen des gemessen am Gesamtvolumen des Kapitalmarkts vergleichsweise geringen Umsatzes der ethisch-ökologischen Anlagen (noch) wenig. Die Wirkung übertraf jedoch die Erwartungen. Das Volumen des Fonds steigt kontinuierlich.

Die Begrenztheit der Wirkung, wie sie in der ersten Exploration generell für ethisch-ökologische Fonds erläutert wurde, scheint in den Kommunikationen in dieser Ethiktransfer leistenden Organisation wenig thematisiert zu werden. Dies vermehrt zu tun, könnte Impulse für Weiterentwicklungen bieten.

Kommunikationsanschluss an das Handlungsfeld

Das Handlungsfeld besteht aus
- den Anlegenden,
- den Fonds und allgemein Anlageprodukten als Branche und
- den Firmen, deren Aktien gekauft werden, und den Emittenten weiterer Anlagepapiere.

Die Kommunikation mit den Anlegenden ist breit und langfristig angelegt, da Vermögensverwaltung und Anlageberatung Hauptarbeitsgebiet und Grundkompetenz der Dr. Höller GmbH

und AG sind. Eine Verstärkung der Kommunikation mit potentiellen Anlegerinnen und Anlegern wäre wünschenswert.
Die Kommunikation in der Branche der Fonds und der Anlage allgemein geschieht beispielsweise über die Auszeichnungen, die der Fond erhält, und über Kommunikationen, welche in diesem Zusammenhang zu Stande kommen.
Die Austauschprozesse mit den Firmen sind dicht, was die Rezeption von Informationen über die Firmen betrifft, gelingt aber eher selten, was die Kommunikation zu den Firmen hin betrifft.[1]
Berücksichtigt man die drei Ebenen der Kommunikation mit dem Handlungsfeld, so ergibt sich summa summarum ein intensiver Anschluss an das Handlungsfeld.

Austauschprozesse in der Transferorganisation und im Umfeld

Die Austauschprozesse in der Transferorganisation sind präzise strukturiert. Der Unterschied zur Organisation der Austauschprozesse in der Fachstelle Angewandte Medizinethik und mehr noch im Institut TTN, ist auffällig. Zuständigkeiten, Zusammensetzungen, Kommunikationsform (schriftlich, persönlich) und Abläufe sind detailliert definiert und verlaufen gezielt produktiv. Die Organisation der Austauschprozesse ist dabei nicht fix, sondern ebenfalls Thema in der Organisation und wird flexibel weiterentwickelt, scheint aber zu jedem Zeitpunkt klar definiert zu sein.
Kommunikationen im Umfeld der Transferorganisation werden durch die Transparenz zwar im Prinzip angeregt, sind aber kaum auszumachen. Solche Kommunikation zu initiieren oder zu begleiten, gehört auch nicht zu den Zielen der Organisation. Eventuell steht das Fehlen von Kommunikationen im Umfeld im Zusammenhang damit, dass die wissenschaftliche Ethik sich mit Kapitalanlage generell verhältnismässig wenig befasst (vgl. oben Seite 50).

1.7.2 Abbildung von Eigenheiten des Beispiels

Zwei Punkte fallen auf: erstens die klar strukturelle Wirkung, zweitens die ausgeprägte Konzentration auf Kommunikation innerhalb der Transferorganisation.
Die Organisation verfolgt keinerlei flankierende Wirkungen, und auch kaum Kommunikation im Umfeld. Sie unterscheidet sich darin stark vom ersten Beispiel, der Fachstelle Angewandte Medizienethik, und ebenso vom zweiten Beispiel, dem Institut TTN. Denkbar wäre, dass gezielt Bewusstseinsbildung bei Anlegerinnen und Anlegern bezüglich ihrer Verantwortung angeregt würde – mit dem Verkauf des Fonds, aber auch darüber hinaus. Denkbar wäre auch, ethisch-ökologische Unternehmensberatung mit anzubieten oder sich mit solchen Angeboten zu vernetzen. Möglichkeiten dieser Art werden kaum verfolgt. Die Organisation konzentriert sich auf die eine Wirkung, die Etablierung des Fonds.
Auch die Kommunikation mit der wissenschaftlichen Ethik ist nicht besonders ausgeprägt. Dies erstaunt, zumal beispielsweise die Frage des Verhältnisses von «Ethik und Gewinn» durchaus ein wissenschaftliches Thema sein könnte und teilweise auch ist. Die hohe Performance dieses Fonds wäre ein möglicher Anlass für den Fonds, zu dieser Frage zu publizieren.

---

[1] Aus einer Diskussion, die der Schreibende anlässlich seiner Teilnahme an einer der Sitzungen als Gast mitverfolgen konnte, ging hervor, dass die Rücklaufquote der Fragebogen, welche an die Firmen versandt werden, nicht befriedigt.

G Anwendungsbeispiele als Überprüfung von Theorie und Kriterien

wissen-schaftlicher ethischer Diskurs

Kapitalanlage

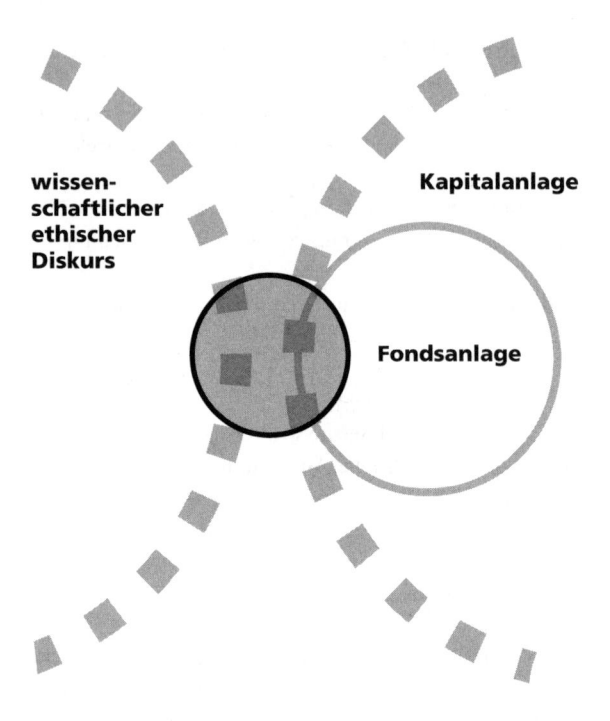

Fondsanlage

Grafik 22: Austauschprozess im Fallbeispiel des Fonds «Prime Value»

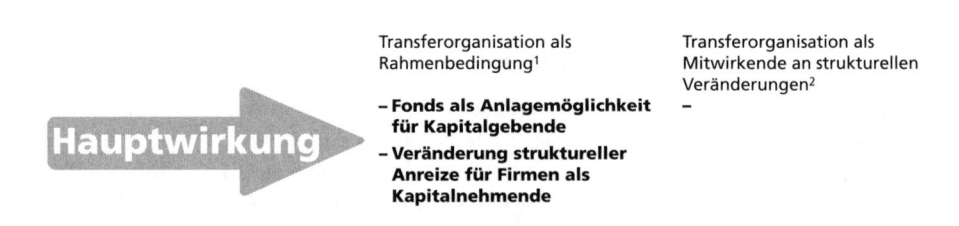

Hauptwirkung	Transferorganisation als Rahmenbedingung[1] – **Fonds als Anlagemöglichkeit für Kapitalgebende** – **Veränderung struktureller Anreize für Firmen als Kapitalnehmende**	Transferorganisation als Mitwirkende an strukturellen Veränderungen[2] –

Tabelle 15: Strukturelle Wirkungen im Fallbeispiel des Fonds «Prime Value»

1.7.3 Erkenntnisse für die Ethiktransferorganisation

Eine Theorie schärft typischerweise den Blick nicht nur für das, was ist, sondern auch für das, was nicht ist. Die Konzentration auf a) die eine strukturelle Wirkung und b) auf die Kommunikationsprozesse innerhalb der Organisation scheinen mit sich zu bringen, dass synergetische, flankierende Wirkungen, namentlich die Anregung von Kommunikation im Umfeld weitgehend fehlen. Der theoretische Nachvollzug des Transfers regt somit an, an diesen Stellen einen Ausbau zu erwägen. Möglicherweise könnten Aktivitäten in diesen Bereichen auch wesentlich zur Verstärkung der relativ zur Qualität des Angebots bescheiden ausgebauten Werbung beitragen.

In der Kommunikation mit der wissenschaftlichen Ethik fehlt das Einbringen der Reflexionen aus den Transferaktivitäten in diesen Diskurs. Er wird kaum informiert über Methoden, Stärken und Grenzen dieser Transferform.

Aus der Perspektive des Fonds scheint sich diese Konzentration auf die Aktivität im Handlungsfeld und dementsprechend das weitgehende Ausbleiben von Publikationen im wissenschaftlichen Diskurs zu bewähren. Die Konzentration der Kräfte kann auch als Gewinn gesehen werden. Es bleibt die Frage, ob nicht mittel- und langfristig die Qualität des Transfers leidet. Aus diesem Grund könnte auch seitens der Vermögensverwaltung und Anlageberatung ein eigenes Interesse an einer aktiven Involvierung in den wissenschaftlichen ethischen Diskurs bestehen. Es wäre zu überlegen, ob sich nicht durch geeignete Herstellung von Synergien zwischen dem Fonds und dem wissenschaftlichen Diskurs Ressourcen dafür finden liessen.

1.7.4 Fazit für die Theorie

Auch dieses Beispiel lässt sich gut im Rahmen der vorgeschlagenen Theorie nachvollziehen, obwohl es sich nach Methode und Handlungsfeld von den beiden anderen Beispielen stark unterscheidet. Damit zeigt sich, dass die Theorie offen genug ist, um die Vielfalt der Möglichkeiten von Ethiktransfer gut zu erfassen. Eigenheiten konkreter Formen, hier beispielsweise die Fehlstellen in den Austauschprozessen mit dem wissenschaftlichen Diskurs, lassen sich präzise abbilden. Die vorgeschlagene Theorie ist somit sowohl breit auf eine Vielzahl unterschiedlicher Formen anwendbar und zugleich im Stande, ihre je spezifischen Konturen differenziert nachzuzeichnen.

Offenbar stehen die ethisch-ökologischen Kriterien der Perfomance des Fonds nicht im Wege. Sie scheinen sich sogar, zumindest teilweise, positiv auf diese auszuwirken. Dies bestätigt die in der Theorie vorausgesetzte Annahme, das sich Ethiktransfer sowohl antagonistisch als auch synergetisch zu den Systemlogiken in Handlungsfeldern verhalten kann.

In den Explorationen und im Theorievorschlag[1] wurde angesprochen, dass umstritten ist, inwieweit Einflussnahmen auf die Funktionsweise von Funktionssystemen möglich sind. Dieses Beispiel illustriert, dass sich übergeordnete Anreizsysteme im Kapitalmarkt prinzipiell verändern lassen, sogar ohne politisch vorzugehen und ohne gesetzliche Veränderungen. Wie weit solche Veränderungen gehen können – die Grenzen des Wirkungsradius eines ethisch-ökologischen Fonds wurden mehrfach angesprochen –, ist eine offene Frage. Doch lassen sich im Moment keine prinzipiellen Gründe erkennen, welche dagegen sprechen würden, dass sich der Wirkungsradius auch wesentlich erweitern liesse. Damit ist prinzipiell belegt, dass Massnahmen im Rahmen eines Funktionssystems (bzw. eben durch die Kopplung von zweien) Einfluss auf die Anreize in einer Rahmenordnung insgesamt nehmen können.

---

[1] Vgl. z.B. Seiten 66 und 288.

2 Resultat

> Die Anwendung auf drei konkrete, stark unterschiedliche Beispiele von Ethiktransfer zeigt, dass die Theorie
> - sich gut auf unterschiedliche Formen von Ethiktransfer anwenden lässt, unterschiedlich sowohl in Hinsicht auf die Handlungsfelder als auch auf die Methode
> - geeignet ist, spezifische Unterschiede detailliert nachzuzeichnen
> - interessante Impulse für die praktische Ethiktransferarbeit zu geben vermag
> - selbst punktuell weiterentwickelt werden kann, wenn sich im Vollzug der Anwendung zeigt, an welchen Stellen die Theorie Schwächen hat. Die Theorie ist entwicklungsoffen.

Evident ist damit auch, dass sich die Theorie auf weitere Formen von Ethiktransfer, speziell auf Ethikkommissionen, anwenden lässt.[1]

An den Beispielen sind auch die Entstehungsgeschichten interessant. Bei allen steht die *Initiative einer einzigen Person am Anfang*, die sich allerdings bald mit weiteren zusammenschliesst, aber weiterhin einen grossen Teil der Energie für den Aufbau einbringt. Ein relativ langer, gemeinsamer Weg führt so schliesslich zur Etablierung von Ethiktransfer. *Diese Beobachtung ist von zentraler Bedeutung für die Frage der strukturellen Verantwortung der Personen als Individuen.* Offenbar kann man als einzelnes Individuum einen starken Impakt auf gesellschaftliche Strukturen ausüben, wenn bestimmte Voraussetzungen gegeben sind. Zu diesen gehören erstens, dass sich eine geeignete Konstellation mit weiteren Personen ergibt, dass die Umstände, speziell der Zeitpunkt, günstig sind, dass also gewisse Zufälle das ihre beitragen. Zu den Voraussetzungen gehört aber offensichtlich auch zweitens die eigene Entschlossenheit, nicht vorschnell aufzugeben, sondern die – wie mehrfach erläutert in der Vermittlung zwischen unterschiedlichen Anreizsystemen notwendigerweise auftretenden – Schwierigkeiten zu überwinden. Es lässt sich somit als Individuum viel bewegen, wobei eine dritte Voraussetzung wesentlich ist: Nicht Moral- bzw. Ethikpädagogik und eigenes Gut-Tun alleine werden als die Möglichkeiten der Übernahme von Verantwortung gesehen, sondern *bewusst, erklärtermassen, gezielt und kreativ wird auf Strukturen Einfluss genommen.* Die Möglichkeiten individueller Wirksamkeit potenzieren sich damit. Dass die Möglickeiten der Wirkung auf Strukturen prinzipiell so gross sind, bedeutet aber auch, dass die Verantwortung der Individuen das bisher angenommene Mass weit überschreitet. *Diese Verantwortung für die Strukturen haben die Individuen (und hat die wissenschaftliche Ethik) auch dann, wenn sie sie nicht wahrnehmen.*

---

[1] Dies gilt allerdings dann nicht, wenn Ethikkommissionen primär eine exekutive Kontrollfunktion haben, also beispielsweise Forschungsprojekte an gegebenen Kriterien prüfen. Ihre Aufgabe besteht dann in der Normanwendung, nicht oder bloss marginal in der Normreflexion. Die Inkompatibilität der vorgeschlagenen Theorie mit Ethikkommissionen dieser Art dürfte jedoch nicht eine Schwäche der Theorie sein, sondern es ist fragwürdig, an einer Stelle von Ethik zu reden, wo keine oder kaum Normreflexion stattfindet.

3 Überprüfung der Beurteilungskriterien in der Praxis

Nachdem die Theorie an drei Fallbeispielen überprüft wurde, sollen nun auch die Kriterien einem solchen Anwendungstest unterworfen werden. Hinsichtlich der *Praxis* soll überprüft werden, wie hilfreich ein solches Kriteriensystem für diejenigen Organisationen ist, die konkret Ethiktransfer leisten. Zugleich soll die Konfrontation mit der Praxis die inhaltliche Konsistenz aus dieser Perspektive überprüfen, allfällige Schwachpunkte aufzeigen und Anregungen für *theoretische* Weiterentwicklungen geben.

> Das entwickelte Kriteriensystem eignet sich, wie oben erläutert, für eine Selbstevaluation besser als für eine Fremdevaluation. Daher wurden verschiedene Organisationen gebeten, selbst vom Kriteriensystem Gebrauch zu machen und eine Rückmeldung zu diesem System zu geben. Die Kriterien wurden also nicht aus Aussenperspektive erprobt, sondern durch Transferorganisationen selbst.

Eine solcher Test durch Organisationen bedingt Folgendes:
1. Die Anzahl der Kriterien muss ein weiteres Mal reduziert werden.
2. Eine Handreichung zur Anwendung des Kriteriensystem ist zu verfassen.
3. Es ist zu organisieren, in welcher Art Rückmeldungen systematisch entgegengenommen werden.

Zu 1.: Mit der neuerlichen Reduktion der Anzahl der Kriterien soll der Aufwand für die befragten Organisationen klein gehalten werden, um so bessere Voraussetzungen für den Rücklauf zu schaffen. Bei dieser Reduktion spielt eine Gewichtung der Kriterien nach Verständlichkeit und Praxisnähe mit eine Rolle. Primär sollen in diesem Pretest gut applizierbare und für die Praxis besonders dienliche Kriterien aufgenommen werden. Neben theoretischen Argumenten sind somit auch Gründe der Praktikabilität und der Dienlichkeit in der Praxis wichtig.

Zu 2.: Die Grundprinzipien des Transferverständnisses und des Kriteriensystems sind zu erläutern. *Diese Handreichung und die nochmals reduzierten Kriterien zusammen bilden einen «Kurzfragebogen zur formativen Selbstevaluation» für Ethiktransfer leistende Organisationen.*

Zu 3.: Diesem Kurzfragebogen, der ausgefüllt werden soll, aber bei den Organisationen selbst bleibt, wird eine zweite Unterlage beigegeben, welche die Rückmeldungen organisiert. Auf diesem *«Rückmeldungsbogen»* werden einige Fragen zur Praktikabilität, zur Auswahl der Kriterien und zur Nützlichkeit gestellt.

Die aus diesen drei Teilen entstehende Einheit wurde an fünf Transferorganisationen versandt, von denen drei den Rückmeldungsbogen ausgefüllt zurücksandten. Da es sich bei diesen drei Institutionen um sehr verschiedene Organisationen in unterschiedlichen Handlungsfeldern handelt und differenzierte Rückmeldungen eingingen, wurde bei den anderen zwei nicht nachgefasst.[1] Dieses Vorgehen ist als Pretest zu qualifizieren, weil mit erstmalig verwendeten Befragungswerkzeugen in einer sehr kleinen Stichprobe gearbeitet wird. Damit werden sowohl die Befragungswerkzeuge erprobt als auch erste interessante Daten erhoben.

---

[1] In beiden Fällen könnte das Ausbleiben der Rückmeldungen damit zu erklären sein, dass die angeschriebene Person sich für eine solche Selbstevaluation nicht zuständig betrachtete. Die Frage, wer einen solchen Selbstevaluationsbogen und den zugehörigen Rückmeldungsbogen ausfüllt, ist bedeutsam und eventuell sensibel. Vgl. dazu auch unten Seite 386 zu «Differenzierungen bezüglich der Position der zu befragenden Person innerhalb der Organisation».

G Anwendungsbeispiele als Überprüfung von Theorie und Kriterien

Im Folgenden werden nun der versandte «Kurzfragebogen zur formativen Selbstevaluation» und der «Rückmeldungsbogen» dargestellt. Anschliessend werden die Rückmeldungen zusammengefasst.

3.1 Die versandten Informationen und Fragen

3.1.1 Begleitbrief

In einem Begleitbrief mit dem Betreff «Pretest ‹Kurzfragebogen zur formativen Selbstevaluation der Organisation von Ethiktransfer›» wurden die angeschriebenen Personen eingeladen
- den «Kurzfragebogen zur formativen Selbstevaluation der Organisation von Ethiktransfer» (weiss) auszufüllen und
- zu diesem Kurzfragebogen auf einem separat beiliegenden Rückmeldungsbogen (rot) ein Feedback zu geben.

Ferner wurde der Kurzfragebogen als Instrument zur formativen *Selbst*evaluation definiert und festgehalten, dass er folglich bei den Befragten bleibt und nicht zurückgesendet werden soll. Damit wird der Eindruck einer Fremdevaluation vermieden.

3.1.2 Kurzfragebogen

Die Handreichung erläutert anhand der folgenden Grafik, was unter Ethiktransfer zu verstehen ist:

wissenschaftlicher ethischer Diskurs ⟷ **Ethiktransfer leistende Organisation** ⟷ **Handlungsfeld**

↕

Öffentlichkeit

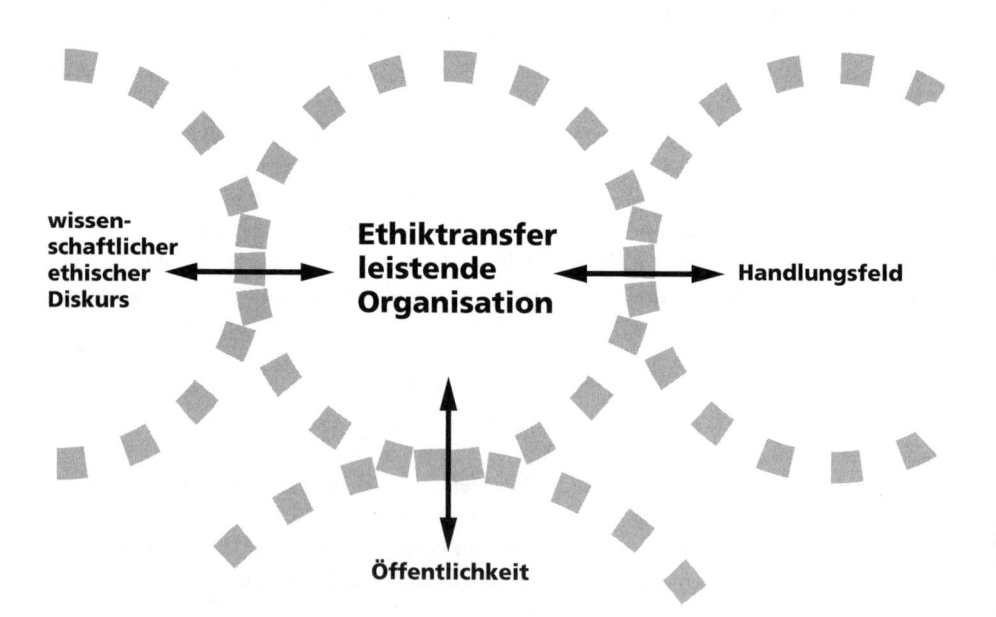

Grafik 23: Stellung der Organisation in Prozessen von Ethiktransfer – Teil des Kurzfragebogens an Organisationen

Die Organisation wird nun aufgefordert zu bestimmen, inwiefern ihre Tätigkeit durch dieses Schema abgebildet wird, welcher Art ihr Bezug zum wissenschaftlichen ethischen Diskurs ist, welches das spezifische Handlungsfeld ist, in dem die Organisation tätig ist, in welcher Art die Kommunikation mit diesem Handlungsfeld stattfindet, sowie wie mit der Öffentlichkeit kommuniziert wird.

Anschliessend werden 16 ausgewählte Qualitätskriterien vorgelegt, verbunden mit der Aufforderung abzuschätzen, wie gut die eigene Organisation diese erfüllt und eine Schätzung auf einer Skala von 1 (keine Erfüllung) bis 9 (maximale Erfüllung) einzutragen.[1]

3.1.3 Rückmeldebogen

In einem Rückmeldebogen wurden die Organisationen um Beantwortung folgender Fragen gebeten:[2]

- **Praktikabilität**
  - Konnten Sie die Beurteilungskriterien gut auf Ihre Tätigkeit anwenden?
  - Welche Kriterien besser, welche weniger gut?
  - Reichten die Erklärungen zum Hintergrund der Kriterien aus?
  - Wie könnte die Praktikabilität verbessert werden?
- **Auswahl der Kriterien**
  - Erfassen diese Beurteilungskriterien die transferbezogenen Qualitäten Ihrer Organisation gut?
  - Empfinden Sie die Zusammenstellung der Kriterien als ausgewogen und flächendeckend oder als einseitig?
  - Welche Stärken, welche Schwächen wurden nicht angesprochen?
- **Nutzen**
  - Wie schätzen Sie den Nutzen eines solchen Fragebogens zur Selbstevaluation ein? Wie gross ist er und worin besteht er für Sie?
  - Hätten Sie Interesse, mit einem ausführlicheren Fragebogen (etwa dreifache Länge) zu arbeiten?
  - Wie liesse sich der Nutzen für Sie vergrössern?
- **Allgemeine Bemerkungen**
  - [Raum für freie Formulierungen]

4 Resultat

4.1 Praktikabilität und Nutzen

> Insgesamt zeigen die Rückmeldungen, dass die Kriterien verständlich und gut anwendbar sind. Alle drei befragten Organisationen konnten gut mit dem Kriteriensystem arbeiten. Sie schätzen es als nützlich für Weiterentwicklungen ihres Engagements ein und würden gerne von einem solchen Kriteriensystem noch stärker profitieren.

Eine Rückmeldung enthält keine explizite Aussage zum Nutzen, eine zweite schätzt ihn ausdrücklich als «hoch» ein: «Man merkt, woran man arbeiten und sich verbessern kann.» Laut dem dritten Rückmeldebogen liege der Gewinn in der «Reflexion der eigenen Situation», im

---

[1] Der fünfseitige Kurzfragebogen findet sich vollständig im Anhang.
[2] Der zweiseitige Rückmeldungsbogen findet sich ebenfalls im Anhang. Der Rückmeldebogen konnte entweder auf Papier oder elektronisch ausgefüllt und per Post bzw. per Mail zurückgesandt werden

«Aufzeigen von Schwächen und Potenzialen, die ausgebaut werden müssen», was mit einem Ausrufezeichen verstärkt wird. Der einhellige Wunsch aller drei befragten Organisationen nach einem ausführlicheren Kriterienbogen (siehe gleich unten) unterstreicht die positive Einschätzung des Ansatzes.

4.2 Kritik, Wünsche und Vorschläge

Hauptkritikpunkt ist die Kürze des Fragebogens: Es sollte «mindestens dreimal so lang sein» und «schärfere Unterpunkte» enthalten. Die Antwort auf die Frage, ob ein ausführlicherer Fragebogen gewünscht wäre, ist einhellig «ja».
In eine ähnliche Richtung geht der Wunsch nach einer «stärkeren Differenzierung». Dafür wird ein Beispiel angeführt: «‹Einbringen in den wissenschaftlichen ethischen Diskurs›: wie geschieht das operativ?».[1] Die Einschätzung, dass die Kriterien (zu) weit gefasst sind, findet sich allerdings in den anderen beiden Rückmeldungen nicht.
Eine Organisation wünscht sich ausdrücklich eine «Fremdevaluation (Spiegelbild)». Eine andere gibt den folgenden methodischen Hinweis: «Alle Kriterien sind in diesem Fragebogen nur dann hilfreich, wenn in der Durchführung der Fragebogenbearbeitung vorgeschrieben wird, den Bogen in einer Arbeitsgruppe zu bearbeiten. Nur dann kommen wohl ehrliche Antworten zustande.»
Das Kriteriensystem wird insgesamt «als ausgewogen und einer gewissen Breite entsprechend» eingeschätzt. Doch wird ein «Kriterium zu positivem Einfluss von Öffentlichkeit auf Organisation» vermisst: «Indirekter Link von Organisation über Öffentlichkeit zu Handlungsfeld fehlt. (Bspw. kann durch Öffentlichkeitsarbeit von unserer Seite Einfluss auf das Handlungsfeld geltend gemacht werden). – Indirekte Zusammenhänge/Einflüsse sollten auch beurteilt werden können.»
An zwei Stellen werden Differenzierungen in der Adressatenschaft des Fragebogens vorgeschlagen: «Vielleicht Unterschiede berücksichtigen zwischen den verschiedenen Organisationsformen (grosse/kleine Gruppen, Einzelne, usw.)». Und: «Eventuell überlegenswert wären Differenzierungen bezüglich der Position der zu befragenden Person innerhalb der Organisation (Perspektive Präsident/Direktor versus Mitglied oder Sekretär)».

> Im Zentrum steht der einhellige Wunsch nach einem längeren, differenzierteren Kriterienbogen.

Der einzige, aber prononcierte Hinweis auf ein Manko im Kriteriensystem richtet sich auf den Bezug zur Öffentlichkeit und der Nutzung derselben für die Ziele des Ethiktransfers. Dieser Hinweis trifft einen bereits mehrfach erwähnten Punkt.[2]

---

[1] Ausdifferenzierung von eher allgemein gehaltenen Kriterien kann auch Verengung bedeuten. Man wird eine Balance zwischen (zu) allgemeinen Kriterien und einem kasuistischen Abfragen von Eigenheiten einer Organisation finden müssen. Die Anregung, in einer Gruppe mit den Kriterien zu arbeiten (siehe unten), könnte jedoch eine geradezu ideale Möglichkeit sein, gemeinsam die eigene Arbeitsweise kreativ auch mit relativ weit gefassten Kriterien messen zu können.

[2] Zu erwägen wäre dazu allerdings, ob nicht mit einer stärkeren Gewichtung von Öffentlichkeit in der Theorie und in den Kriterien die «Bewusstseinsarbeit» ins Zentrum geriete. Theorie und Kriterien des Ethiktransfers könnten dann ihre notwendigerweise zur Moralpädagogik komplementäre Aufgabe nicht mehr erfüllen.

4.3 Ausblick

Auffällig ist, wie sehr die drei Rückmeldungen im Charakter unterschiedlich sind: Eine Rückmeldung legt den Akzent auf den Vorschlag einer Bearbeitung des Fragebogens in einer Gruppe und zeigt die Bedeutung dieser Selbstevaluationsmethode in verschiedenster Hinsicht auf. Eine zweite geht präzise auf Details des Fragebogens ein, erkennt Spannungen zwischen Kriterien[1] und findet sogar einen Fehler im Diagramm[2]. Die dritte Rückmeldung ist sehr knapp, spricht aber einige wichtige Punkte an. Eine Erprobung des Kriteriensystems in weiteren Organisationen wäre gewinnbringend, wie die zahlreichen Ergebnissen vermuten lassen, zu denen bereits dieser Pretest in drei Institutionen geführt hat.

---

[1] «Öffentlichkeit Frage 2 vs. interne Prozesse Frage 1: Für uns unklar, was jetzt besser ist. Evtl. spezifizieren.» Da Spannungen zwischen Kriterien im konkreten Fall gerade nicht aufgelöst werden sollen, wurde dieser Hinweis nicht weiter ausgewertet. Doch wäre es offenbar für manche Organisationen angenehm zu wissen, dass solche Spannungen durchaus vorkommen.

[2] Dort stand in der versandten Fassung zweimal «Handlungsfeld», was jedoch die Darstellung offenbar nicht unverständlich machte.

H Zusammenfassung und Metareflexionen

Rückblickend soll nun der Gang der Untersuchung zusammengefasst (1) werden. Anschliessend ist zu reflektieren, wie sich das methodische Vorgehen bewährt hat (2) und welche Bedeutung die Ergebnisse haben (3–4).

1 Zusammenfassung

Die Untersuchung geht von folgenden Beobachtungen aus aus:
- Es gibt zunehmend mehr und verschiedenartige Organisationen, die Ethiktransfer leisten. Die Palette reicht von umsetzungsorientierten Ethik-Instituten an Universitäten über die weit verbreiteten Ethikgremien unterschiedlichster Art zu spezifischen, anlage-ethischen Implementierungen und bis hin zu eigentlichen Ethik-Firmen.
- Die Theorie-Praxis-Schnittstelle bleibt ein Nadelöhr. Mangelnde Umsetzung wird nicht selten sowohl seitens der Ethik als auch seitens der Handlungsfelder beklagt.
- Auch die Qualität real existierender Transferaktivitäten wird nicht selten als Problem wahrgenommen. Zuweilen stellt sich die Frage, ob es sich im konkreten Fall tatsächlich um eine Umsetzung von Ethik oder nicht eher um Etikettenschwindel, um kommerzielle Instrumentalisierung einer Quasi-Ethik, handelt.
- Umsetzung auf der Ebene der Personen (Moral- und Ethikpädagogik) wird bewusster vorangetrieben als auf der Ebene von Strukturen (Ethiktransfer).

Angesichts dieser Situation wurde die folgende doppelte Forschungsfrage formuliert:
d) Wie *können* Reflexionen aus dem wissenschaftlichen ethischen Diskurs in Prozesse der Gestaltung gesellschaftlicher und organisationaler Strukturen einfliessen?
e) Wie *sollen* Reflexionen aus dem wissenschaftlichen ethischen Diskurs in Prozesse der Gestaltung gesellschaftlicher und organisationaler Strukturen einfliessen?

Die Untersuchung fokussiert somit auf Wirkung auf gesellschaftliche Strukturen, unterscheidet Ethiktransfer präzise von Moral- bzw. Ethikpädagogik, nicht ohne die essenziellen Zusammenhänge des einen mit dem andern einen zu sehen und zu thematisieren.

Der Forschungsstand, von dem die Untersuchung ausgehen kann, ist dispers, daher ebenso schwer in seiner Gesamtheit zu erfassen wie abzugrenzen. Ethiktransfer, *verstanden als Wirkung ethischer Reflexionen aus dem wissenschaftlichen ethischen Diskurs auf soziale (d.h. organisationale oder gesamtgesellschaftliche) Strukturen* scheint als Thema im wissenschaftlichen ethischen Diskurs zunehmend häufiger auf, allerdings zerstreut in den einzelnen Bereichsethiken, ausserdem auch in anderen Teilen des Diskurses. Die Frage nach dem Forschungsstand wird zudem dadurch kompliziert, dass die Thematik eine gewisse Inter- bzw. Transdisziplinarität verlangt. Zumindest einige soziologische Überlegungen müssen mit einbezogen werden. Dieser Forschungslage wird Rechnung getragen, indem die Beantwortung der doppelten Forschungsfrage aufbaut auf

H Zusammenfassung und Metareflexionen

- einer exemplarischen Erhebung von relevanten Reflexionen einerseits in ausgewählten Bereichsethiken (Umweltethik, Wirtschafts- und Unternehmensethik, speziell Anlageethik, ergänzt um einige Überlegungen aus der Medizin- und der Technikethik), andererseits zu ausgewählten Transfermethoden (Ethikgremien, ethische Beratung – insofern diese auf Strukturen wirkt – und ethisches Gutachten) in der Exploration I
- einer Reflexion relevanter Topoi der Soziologie (Systemtheorie), der Ethik (z.B. hermeneutische Ethik) und der Theologie in der Exploration II
- einer exemplarische Erhebung von relevanten Reflexionen in neun Expertinnen- und Experteninterviews in der Exploration III.

Von dieser explorativen Erhebung des Forschungsstandes ausgehend wurde in den auf diese Explorationen folgenden beiden Kapiteln (E–F)

a) der erste Teil der Forschungsfrage in Form eines Vorschlags einer «Theorie des Ethiktransfers»

b) der zweite Teil der Forschungsfrage in Form eines Systems geordneter Kriterien beantwortet.

Für Theorie und Kriterien gilt:

> Ethiktransfer setzt Austauschprozesse zwischen wissenschaftlicher Ethik und dem jeweiligen Handlungsfeld voraus, die auf eine gewisse Dauer institutionalisiert sind. Die mit dieser Institutionalisierung konstituierte (Sub-) Organisation ist charakterisiert
> - durch die Qualität ihrer Bezüge zur wissenschaftlichen Ethik
> - durch die Qualität ihrer Bezüge zum jeweiligen Handlungsfeld
> - in ähnlicher Art, wenn auch weniger zentral, durch die Qualität ihrer Bezüge zur Öffentlichkeit
> - durch Abläufe und Strukturierung der eigenen, kreativen Verarbeitung aller Informationen in der Organisation selber
> - durch Intensität und Art der strukturellen Wirkung im Handlungsfeld.

Für die Theorie wurden die Bezüge der Ethiktransfer leistenden Organisation zum wissenschaftlichen ethischen Diskurs und zum Handlungsfeld (einschliesslich der dort entfalteten Wirkung) sowie die Struktur der eigenen, kreativen Informationsverarbeitung analysiert und beschrieben. Diese Momente des Ethiktransfers bilden die wesentlichen Elemente der vorgeschlagenen Theorie.

Das entwickelte Kriteriensystems bezieht sich ebenfalls auf diese Elemente, berücksichtigt aber zusätzlich eine Beurteilung des Verhältnisses zur Öffentlichkeit.

Theorie wie Kriterien wurden anschliessend auf konkrete, Ethiktransfer leistende Organisationen angewendet und sowohl auf theoretische Sachadäquatheit als auch auf praktische Dienlichkeit geprüft (Kapitel G).

2 Metareflexion der Methodik

Nun gilt es, im Sinne einer Metareflexion der Untersuchung zu klären, wie sich das methodische Vorgehen in dieser Untersuchung im Rückblick präsentiert und wie es sich bewährt hat. Das methodische Vorgehen trägt erstens der Tatsache Rechnung, dass die Thematik zugleich an zahlreichen Stellen des wissenschaftlichen Diskurses präsent und doch als eine die Bereichsethiken übergreifende Thematik bisher nicht behandelt worden ist. So konnte nicht von einem zusammenhängenden Stand der Forschung ausgegangen werden, obwohl prinzipiell die Reflexionen zur Transferthematik in allen Bereichsethiken (und ausserdem in anderen Teilen des wissenschaftlichen, ethischen Diskurses) vorkommen und dementsprechend zu berücksichtigen sind. Daher wurde entschieden, den Stand der Forschung in Form der drei einander ergänzenden Explorationen zu erheben. Die dritte Exploration hat den zusätzlichen Vorteil, vermittels der Expertinnen- und Experteninterviews auch bisher nicht publizierte Erfahrungen und Reflexionen zugänglich machen zu können.

Zweitens ist das methodische Vorgehen geprägt von der spezifischen Praxisnähe des Untersuchungsgegenstandes. Dem wurde Rechnung getragen, indem die Resultate der Untersuchung – die vorgeschlagene Theorie des Ethiktransfers und das Kriteriensystem – abschliessend wieder an der Praxis geprüft wurden. Dieser Zielpunkt der Untersuchung orientierte den gesamten Forschungsprozess. Er trug wesentlich dazu bei, dass der Exploration des gesamten Feldes grossen Raum – gut die Hälfte der Publikation – gewährt werden konnte, ohne sich in der Fülle an Informationen und Überlegungen zu verlaufen. Diese Breite wiederum machte verschiedene entscheidende Einsichten erst möglich. Zu diesen gehört die Erkenntnis, dass Transferfragen erstaunlich wenig bereichsspezifisch sind.

Den dispersen Forschungsstand mittels Explorationen anzugehen, hat sich als sinnvoll erwiesen. Sie boten einen solide Basis, auf der sich eine Theorie und ein Kriteriensystem entwickeln liessen, die den vielfältigen vorhandenen Erkenntnissen gerecht werden und sich auf vorfindlichen Ethiktransfer gut anwenden lassen.

Die besondere methodische Herausforderung lag jedoch in der Zirkularität des Forschens. Denn Theorie und Kriterien klärten sich im Verlauf der Interviews und der Literaturrecherche. Nicht nur die drei Explorationen, sondern prinzipiell alle Kapitel entstanden zeitlich parallel. Logisch setzen nicht die einen die andern, sondern (nahezu) alle einander voraus. Dennoch konnten etwa Fortschritte in der Theoriebildung nicht mehr rückwirkend in den Frageleitfaden der Interviews einfliessen. An dieser und an verschiedenen anderen Stellen waren der Zirkularität Grenzen gesetzt.

3 Ertrag für die Disziplin der Ethik

Der Ertrag für die Ethik besteht
1. in einer Klärung von Funktion und Verantwortung der Ethik, somit dem «Ort» der wissenschaftlichen Ethik in die Gesellschaft,
2. in einem mehrfachen Gewinn für die ethische Reflexion, das Kerngeschäft der Ethik.

H Zusammenfassung und Metareflexionen

1. Die Theorie des Ethiktransfers bestätigt, dass ethische Reflexionen prinzipiell für die Gestaltung gesamtgesellschaftlicher wie organisationaler Strukturen relevant sind. Vor allem aber wird deutlich, wie diese Relevanz faktisch in Anschlag gebracht werden kann: Wirkung wissenschaftlicher ethischer Reflexion auf organisationale und gesellschaftliche Strukturen lässt sich gezielt organisieren. Diese Einsicht erweitert die spezifische *Verantwortung der Ethik*. Denn prinzipiell ist immer Verantwortung für all das zu tragen, was man tun kann, auch und gerade dann, wenn man es unterlässt. Folglich ist die Disziplin der Ethik namentlich dafür verantwortlich, was für Folgen es hat, dass sie es an vielen Stellen unterlässt, Wirkung auf organisationale oder gesamtgesellschaftliche Strukturen auszuüben.

Diese Verantwortungszuordnung definiert jedenfalls in einem Punkt die Stellung, den «Ort» der wissenschaftlichen Ethik in die Gesellschaft. Ob die Funktion, faktisch Verantwortung für die Gestaltung sozialer Strukturen mitzutragen, als eine nebensächliche Funktion, als *eine* Funktion unter anderen oder gar als *die* aktuelle Aufgabe der Ethik einzuschätzen ist, ist eine der Fragen, die der weiteren Diskussion bedürfen. Dabei wird es entscheidend sein, den Verantwortungsbegriff einerseits auf die Ethikerinnen und Ethiker, andererseits auf die Diszplin der Ethik insgesamt sowie auf die Organisationen dieser Disziplin (namentlich die ethischen Institute an den Universitäten und Fachhochschulen) adäquat anzuwenden. Um einem «Verantwortungsversteckspiel» (vgl. oben Seite 167) zu entkommen, gilt es zu bennenen, welche Funktion hinsichtlich der Gestaltung der Strukturen keine andere Instanz als die Disziplin der Ethik sinnvollerweise übernehmen kann.

Mit der Frage nach Funktion, Verantwortung und Ort der wissenschaftlichen Ethik in der Gesellschaft ergibt sich eine neue, rekursive Bereichsethik. Sie umfasst das mit dem bisher noch wenig entfalteten Begriff einer «Ethikfolgenethik»[1] bezeichnete, geht allerdings darüber hinaus, insofern eine solche «Ethiktransfer-Ethik» nicht nur teleologische Argumente umfassen kann, sondern auch deontologische Gründe miteinbeziehen muss.

2. Mit dieser Überlegung beginnt man auf die Frage einzutreten, welche inhaltlichen Beiträge zum wissenschaftlichen ethischen Diskurs eine Reflexion von Ethiktransfer leiste.

Wesentlich neue Beiträge betreffen den laufenden Diskurs über eine nähere Bestimmung des Verhältnisses von Begründung und Anwendung (Schramm 2002). Die entwickelte Theorie des Ethiktransfers schlägt vor, diese Näherbestimmung in den Rahmen einer neuerlichen Erweiterung von Kohärentismus und Überlegungsgleichgewicht zu stellen (vgl. oben Seite 176). Weitegehend neu ist auch die Etablierung von Kriterien für Ethiktransfer. Dieser Impuls dürfte dazu beitragen, in der weiteren Diskussion Grabenkämpfe in der Einschätzung praktischer Umsetzung von Ethik zu vermeiden und so eine differenzierten Auseinandersetzung mit Phänomenen der Annäherung von «Theorie» und «Praxis» befördern.

Zu den eindrücklichsten Resultaten gehört die Erkenntnis, dass die Reflexion von Transfer kaum bereichsspezifische Elemente enthält. Vor und noch während der Laufzeit des Forschungsprojektes wurde mehrfach befürchtet, dass sich die Bereichsethiken bzw. deren Anwendungsfelder so sehr voneinander unterscheiden würden, dass sich die Reflexion von Transferaktivitäten nicht analog, nicht übergreifend, würde vornehmen lassen. Diese Befürchtung ist – überraschenderweise – rückblickend als unbegründet einzustufen. Eher ist es umgekehrt: Es scheint tatsächlich in keiner Bereichsethik eine Einsicht über Transfer zu geben, die

---

[1] Vgl. oben Seite 93.

nicht für alle anderen Bereichsethiken relevant und mit nur geringen Anpassungen auf sie übertragbar ist.

Es bleibt im Rahmen dieser Metareflexionen die Frage zu klären, in welchem Teilgebiet der Ethik die Reflexion von Ethiktransfer anzusiedeln ist. Insofern sich eine solche Reflexion rekursiv auf die Arbeit der wissenschaftlichen Ethik bezieht und sofern sie das Verhältnis von Begründung und Anwendung bedenkt, ist sie der Metaethik (im Sinne von Fundamentalethik) zuzuordnen. Zugleich wurde jedoch ersichtlich, dass und inwiefern dieser Untersuchungsgegenstand eine neue Bereichsethik eröffnet. Es geht auch und gerade um eine Ethik der praktischen Umsetzung, und damit um eine Ethik für einen spezifischen Tätigkeitsbereich. Da offenbar beide Verortungen ihr Recht haben, kann man Ethiktransfer als ethisches Thema sowohl a) als bereichsethik-förmige Abteilung der Metaethik als auch b) als metaethisch bedeutungsvolle Bereichsethik begreifen.

4 Ertrag für die Handlungsfelder

Die vorgeschlagene Theorie des Ethiktransfers bietet den Handlungsfeldern ein Modell, wie sich praktische Umsetzungsarbeit verstehen und gestalten lässt – und zwar sowohl für die Nicht-Ethikerinnen und -Ethikern, die an Ethiktransfer interessiert sind, wie auch für diejenigen Ethikerinnen und Ethikern, die in konkreten Handlungsfeldern bereits ethische Reflexionen konkret umsetzen. Die Theorie bietet verschiedene Anregungen und an manchen Stellen konkrete Bausteine für den Aufbau von Ethiktransfer.

Von besonderer Bedeutung für die Praxis des Ethiktransfers ist das Kriteriensystem. Die vorliegende Untersuchung liefert, was die befragten Ethiktransfer leistenden Organisationen einhellig als wünschenswert bezeichnen: eine ausführliche Zusammenstellung von Qualitätskriterien für diese Arbeit.

Die vorgeschlagene Transfertheorie kann Nicht-Ethikerinnen und -Ethikern aus den Handlungsfeldern auch zeigen, was für die praktische Umsetzung daraus zu schliessen ist, dass Ethik kein Moralkodex, sondern die Wissenschaft der Reflexion über Werte und Normen ist: Ethiktransfer bedeutet, normative Implikationen der Gestaltung organisationaler und gesamtgesellschaftlicher Strukturen zu reflektieren und aus dieser Reflexion wiederum konkrete Konsequenzen für diese Gestaltung zu ziehen.

> Wie die Organisationen, Abläufe und Anreize in unserer Gesellschaft beschaffen sind, ist erstens Ausdruck bestimmter Wertorientierungen und zweitens gestaltbar. Ethiktransfer heisst, auf der Basis ethischer Reflexion zu entscheiden, welche Wertorientierungen im Zentrum stehen sollen, vor allem aber heisst Ethiktransfer, aktiv und kreativ organisationale und gesamtgesellschaftliche Strukturen so zu gestalten, dass darin diese Orientierungen realisiert werden.

H Zusammenfassung und Metareflexionen

Eine solche Gestaltung von Strukturen optimiert das gemeinsame Tragen von Verantwortung, ja schafft dafür oftmals erst Raum.[1]

5 Ausblick

Die Disziplin der Ethik trägt Verantwortung für die Gestaltung unserer organisationalen und gesamtgesellschaftlichen Strukturen. Unterschiedliche Wege, diese Verantwortung ernst zu nehmen, bieten sich an. Diese verschiedenen Formen lassen sich vergleichen und normativ-ethisch bewerten.

Angesichts dessen kann es nicht genügen, diejenigen Ethikerinnen und Ethikern, die sich auf die Herausforderungen praktischer Umsetzung einlassen, auf Fehler im Detail hinzuweisen, oder, was häufiger der Fall ist, deren Aktivitäten gar nicht erst zum Teil des wissenschaftlichen Diskurses zu machen.

Diese Untersuchung formuliert einen hohen Anspruch an die Ethikerinnen und Ethiker sowie an diejenigen Gremien, Zentren, Institute und weiteren Organisationen, welche ihrem sachlichen Anspruch nach Ethiktransfer leisten. Mit den sorgfältig hergeleiteten, begründeten und zu einem System komponierten Qualitätskriterien werden allerdings nicht nur Anforderungen benannt, sondern wird auch ein Orientierungsraster für die konkrete Umsetzungsarbeit geboten. Am brisantesten wird die Forderung sein, dass die Entscheidungen, die bei dieser Arbeit getroffen werden, die erzielten Ergebnisse und die dazu angestellten Reflexionen wieder in den wissenschaftlichen Diskurs eingebracht werden sollen. Hinter dieser Forderung steht die Überzeugung, dass gerade so das Maximum an ethisch-fachlicher Verantwortung für praktische Umsetzungsarbeit getragen werden kann und dass der wissenschaftliche ethische Diskurs entscheidend gewinnt.

Die Benennung der *konkreten* Verantwortung der Disziplin der Ethik für unsere organisationalen und gesamtgesellschaftlichen Strukturen einerseits und die Etablierung begründeter Qualitätskriterien für Ethiktransfer andererseits sind Herausforderungen. Für manche Ethikerinnen und Ethiker, für manche Organisationen handelt es sich dabei allerdings auch um Selbstverständlichkeiten. Dies könnte anzeigen, dass wir vor einem Umbruch in der Selbstdefinition der Disziplin der Ethik stehen, speziell was die Konzepte von Wissenschaftlichkeit und was die Gestaltung von Exklusion und Inklusion der konkreten Umsetzung, der faktischen Anwendung, durch den wissenschaftlichen, ethischen Diskurses betrifft. Vielleicht wird die weitere Entwicklung der Disziplin der Ethik in diese Richtung den «turn to applied ethics» erst auf den Punkt bringen.

---

[1] Am Rande ist zu bemerken, dass sich aus diesen Überlegungen auch ergibt, wie bedeutsam es ist, in den Handlungsfeldern bekannt zu machen, was Ethik «ist», was sie nicht leisten kann, aber eben auch, was sie leisten kann. Ethiktransfer setzt somit eine zumindest minimale Ethikpädagogik voraus.

Anhänge[1]

1 Experteninterviews

Die Expertinnen und Experten erhielten ca. 10 Tage vor dem Interview eine Information zum Projekt auf einer Seite und eine Information zu den Interviews, welche auch die Fragen des Frageleitfadens bereits enthielt. Diese beiden Unterlagen sind im Folgenden abgedruckt.

1.1 Projektinformation

Information zum Projekt «Ethiktransfer»

Situation

Der «Verlust normativer Vergangenheit» (Honecker), welcher sich zwar schon seit längerem abzeichnet, aber in den letzten Jahrzehnten ein neues Tempo erreicht hat, liess den «Ethikbedarf» (Dahm u.v.a.) anwachsen. Eine weitere Annäherung, konkret eine Verstärkung des Wissenstransfers zwischen ethischer Forschung und Praxis findet statt. Ein grosser Schritt in diese Richtung geschah mit der Entstehung und Verbreitung der «angewandten Ethik». Noch einen Schritt weiter gehen gegenwärtig verschiedene Versuche, Ethik in Institutionen bzw. generell gesellschaftlichen Strukturen (Unternehmen, Verwaltung, Politik, Bildungssystem usw.) verbindlich zu verankern. Die Palette reicht von der Integration ethischer Werte in der öffentlichen Verwaltung sowie der Vermittlung von ethischen Reflexionen in Erziehung und Volksschule über Ethikkommissionen (in der Schweiz sollen es gegenwärtig gegen 200 sein) und Unternehmensethik in verschiedenen Varianten bis zu Schnittstellen zwischen Ethik und Recht und der empirisch am besten erforschten Umsetzung von umweltethischen Einsichten. Brennende Fragen stellen sich aktuell auch zwischen Medizin und Ethik, wo der Dialog und Transfer bereits relativ stark ist. Grosse Bedeutung wird voraussichtlich das ethische Investment gewinnen. Weiter zeichnet sich eine Zunahme von Transferprozessen zwischen Ethik und beispielsweise Beratung bzw. Therapie ab, wie auch in verschiedenen anderen Bereichen.

Ziel der Untersuchung

Verschiedene Reflexionen über praxiswirksamen Implementationen liegen vor, beispielsweise im Bereich der Umweltethik, der Unternehmensethik und zu Ethikkommissionen. Darauf und auf weiteren Überlegungen aufbauend zielt das Forschungsprojekt «Ethiktransfer» auf die Bildung einer bereichsübergreifenden Theorie. Sie soll dazu beitragen, Prozesse des institutionalisierten Austausches zwischen dem wissenschaftlichen ethischen

---

[1] Verschiedene ergänzende Informationen und Materialien sind auch unter www.ethiktransfer.ch zu finden.

Diskurs und Organisationen bzw. Subsystemen der Gesellschaft besser zu verstehen. Auch sollen Schwierigkeiten und Schwächen besser analysiert und praktische Konsequenzen gezogen werden können. Ausserdem soll die Relevanz des Ethiktransfers für die Metaethik (i.S.v. Fundamentalethik) bedacht werden.

Projektform

Die Untersuchung im Rahmen des Nationalfonds-Forschungsprojektes Nr. 1115-067718 sieht Expertinnen- und Experteninterviews, Fallstudien und theoretische Arbeit vor. Das Projekt ist situiert am Departement für Moraltheologie und Ethik der Universität Freiburg (Schweiz).

Arbeitsdefinition

«Ethiktransfer ist jeder beabsichtigte Prozess, in dessen Verlauf Wissen aus dem institutionalisierten, wissenschaftlichen ethischen Diskurs in die Gestaltung von Strukturen in unserer Gesellschaft einfliesst.»

1.2 Information zu den Expertinnen und Experteninterviews

Information zu den Interviews mit Expertinnen und Experten

0. Ablauf

Das Interview dauert eine Stunde bis eineinhalb Stunden. Es führt tendenziell von den konkreteren Fragen (1) zu den theoretischeren (2). Die Einhaltung der Reihenfolge der Fragen ist allerdings zweitrangig.
Alle Informationen werden prinzipiell anonym behandelt. Die Hauptpunkte zu den Fragen werden vom Interviewer direkt notiert. Die Aufzeichnung auf Band dient der Präzision und hilft, Dinge zu rekonstruieren, die nicht mitgeschrieben werden konnten. Wenn eine Passage nicht aufgezeichnet werden soll, ist der Interviewpartner bzw. die Interviewpartnerin eingeladen, ein Zeichen zu geben, worauf das Band auf Pause geschaltet wird für die Dauer eines «off the record».

1. Fragen zur eigenen Arbeit bzw. eigenen Institution

– Ist bei Ihnen **Ethikbedarf** von aussen wahrnehmbar? Welcher Art (was wird in welcher Form gewünscht) genau und wie stark? Was wäre prinzipiell zum Ethikbedarf zu sagen?
– Welcher Art ist der **Bezug zu den Praxis-/Anwendungsfeldern**? Wo überall sind diese Felder?
– Wie ist das **Verhältnis** der Ethik als Fach **zur übergeordneten Institution** (Fakultät/Universität)?

– Antizipationsfrage: Was würde mit der Institution passieren, **wenn der Praxisbezug zunähme**?

2. Zum Ethiktransfer allgemein

– Was wäre zur Definition von **Ethiktransfer** zu sagen? Was kann transferiert werden, was nicht?
– Inwieweit ist Ethiktransfer **wünschenswert** – a) für die Ethik und b) für die Praxis? Welches sind die Chancen, welches die Risiken?
– Was sind **Qualitätsmerkmale** für Ethiktransfer?
– Wie schätzen Sie das **Risiko der Vermarktung** (und in diesem Zug inhaltlichen Entleerung, Korrumpierung) von Ethik ein?
– Aktiver Ethiktransfer ist noch nicht häufig (?). Wo sehen Sie **Ansätze**, wo bereits konkrete **Formen**, wo besonderer Bedarf, wo innovative **Möglichkeiten**?
– Um Ethiktransfer möglich zu machen, muss sich die Ethik so ausdrücken, dass sie von Nicht-EthikerInnen verstanden werden kann. In der letzten Ausgabe der Weltwoche 1998 äusserten sich drei berühmte Wissenschaftler dahingehend, dass **allgemeinverständliche** Publikationen die Karriere stark behindern würden. Gibt es ein solches Problem für den Ethiktransfer nach Ihrem Wissen und Ihrer Erfahrung? Wenn ja, wie liesse es sich evtl. angehen?
– An TheologInnen: Ist der Verdacht des Pelagianismus (Selbstrettung durch gute Taten statt aus Gnade) ein latentes Hemmnis für Ethiktransfer?
– Gibt es in der **Theorie ihres Fachs** prinzipielle Gründe gegen (oder für) Ethiktransfer?
– **Offene Frage**: Weitere wichtige Punkte zum Thema?
– **Literatur** von besonderer Bedeutung für die Thematik des Ethiktransfers?

3. Rückblick/Ausblick

Ein kurzer gemeinsamer Blick zurück auf die Hauptergebnisse des Gesprächs und voraus auf den weiteren Gang des Forschungsprojektes.

Fragen, die an eine bestimmte Interviewpartnerin bzw. an einen bestimmten Interviewpartner sinnvollerweise nicht gerichtet werden konnten, wurden vor dem Versand dieser Unterlagen entweder sinngemäss angepasst oder fielen, wenn das nicht möglich war, ganz weg.

2 Befragung von Organisationen

Die schriftliche Befragung von Organisationen in Form eines Pretests erfolgte mit einem «Kurzfragebogen zur formativen Selbstevaluation» und einem Rückmeldebogen. Der Kurzfragebogen blieb bei den Befragten, der Rückmeldebogen enthielt Fragen zum Kurzfragebogen, wurde per e-Mail oder per Post zurückgesandt und ausgewertet.

2.1 Kurzfragebogen zur formativen Selbstevaluation

Bitte zuerst ausfüllen.

Ein Kurzfragebogen zur formativen Selbstevaluation der Organisation von Ethiktransfer

Dieser Fragebogen wird im Rahmen eines Pretests wenigen Organisationen zugestellt. Ich würde mich freuen, wenn Sie Zeit finden könnten, mit diesem Kurzfragebogen probeweise zu arbeiten und möchte Sie bitten, mir anschliessend mittels des separat beiliegenden Rückmeldebogens einige Feedbacks dazu zu geben.

Hintergrund und Ziel des Kurzfragebogens

«Ethiktransfer» ist eine Aktivität von Organisationen, die zugleich sowohl im Feld der wissenschaftlichen Ethik als auch in konkreten Handlungsfeldern tätig sind: Ethikkommissionen, ethische Fachstellen, umweltethische Projekte, ethisch orientierte Unternehmensberatungen usw. Unter «Ethiktransfer» werden

- Austauschprozesse zwischen dem wissenschaftlichen ethischen Diskurs und einem jeweils bestimmten Handlungsfeld verstanden,
- in deren Verlauf Reflexionen aus dem wissenschaftlichen ethischen Diskurs Wirkung auf Strukturen in diesem Handlungsfeld entfalten.

Das Forschungsprojekt unter dem Arbeitstitel «Ethiktransfer» widmet sich diesen strukturwirksamen Austauschprozessen. Auf dem Hintergrund der einschlägigen Literatur und von Expertinnen- und Experteninterviews wurde eine Theorie des Ethiktransfers[1] entwickelt. Ausserdem wurden Beurteilungskriterien zusammengestellt, anhand derer man solche strukturwirksamen Austauschprozesse beurteilen kann. Daraus soll in einer nächsten Phase ein ausführlicher Fragebogen entstehen, mit dem Organisationen, welche Ethiktransfer leisten, dieses Aktivität in gewissen Abständen selbst evaluieren können.

Um einen solchen Fragebogen zu entwickeln, wurden zunächst einige besonders wichtige Beurteilungskriterien in einem Pilot-Fragebogen zusammengestellt. Dieser Pilot-Fragebogen soll von einigen wenigen Organisationen ausgefüllt werden, um so die Praktikabilität und Ausrichtung in der Praxis zu testen. Die Organisationen werden dann mit separaten Fragen zur Praktikabilität und zur Ausrichtung eingeladen, im Rahmen dieses Pretests Rückmeldungen zum Pilot-Fragebogen zu geben. Diese Rückmeldungen fliessen in die weitere Forschungsarbeit ein.

---

[1] Arn, Christof (2003): Ethiktransfer als Spezialfall von Wissenstransfer: Christliche Sozialethik in der Wissensgesellschaft. In: Filipovic, Alexander; Kunze, Bernd A. (Hg.). Wissensgesellschaft – Herausforderung für die christliche Sozialethik. Lit-Verlag. Münster (ISBN 3-8258-7038-3)

2 Befragung von Organisationen

Vorgehen beim Ausfüllen des Fragebogens

Die Beurteilungskriterien sind in vier Gruppen aufgeteilt:
- Kriterien zur Qualität des Bezugs zum wissenschaftlichen ethischen Diskurs
- Kriterien zur Qualität des Bezugs zum Handlungsfeld
- Kriterien zur Qualität des Bezugs zur Öffentlichkeit
- Kriterien zur Qualität der Prozesse innerhalb der Ethiktransfer leistenden Organisation

Diese Einteilung und die einzelnen Beurteilungskriterien sind auf dem Hintergrund der folgenden Grafik und der mit ihr zusammenhängenden Überlegungen zu verstehen.

Grafik 1: Schema Ethiktransfer

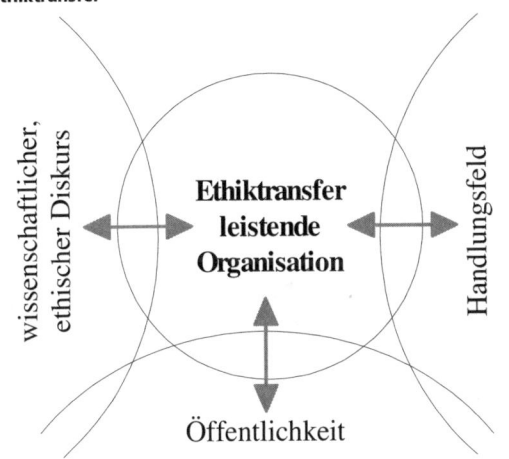

wissenschaftlicher, ethischer Diskurs ⬌ **Ethiktransfer leistende Organisation** ⬌ Handlungsfeld

⬍

Öffentlichkeit

Die Grafik schematisiert, dass Ethiktransfer leistende Organisationen in einem Bezug zum wissenschaftlichen ethischen Diskurs (links) und ebenso in einem Bezug zu einem bestimmten «Handlungsfeld» (rechts) stehen. Es findet ein Austausch in beide Richtungen statt. Die Informationen, die aus diesem Austausch stammen, werden in der Organisation (Mitte) verarbeitet und dabei werden neue Informationen produziert, welche wiederum in die beiden Austauschprozesse einfliessen. Die gesamte Tätigkeit der Organisation ist ausserdem von einem mehr oder weniger grossen öffentlichen Interesse. Von daher entsteht ein dritter Austauschprozess: derjenige zwischen der Ethiktransfer leistenden Organisation und der Öffentlichkeit (unten).

Bitte vergegenwärtigen Sie sich vor dem Ausfüllen des Kurzfragebogens
- inwiefern Ihre Organisation in diesem Sinn Ethiktransfer leistet,
- welcher Art der Bezug zum wissenschaftlichen ethischen Diskurs ist,
- welches das spezifische Handlungsfeld ist, in dem man wirksam ist, und in welcher Art die Kommunikation mit diesem Handlungsfeld stattfindet, sowie
- wie mit der Öffentlichkeit kommuniziert wird.

> Ein Beispiel: Eine medizinethische Forschungskommission kann sich auf den wissenschaftlichen ethischen Diskurs beziehen, indem sie den aktuellen Stand der Diskussion zur Forschungsethik rezipiert und auf die Forschungsgesuche bezieht. Das «Handlungsfeld» einer solchen Kommission ist generell das Gesundheitswesen, und speziell sind es die forschenden Kliniken und Universitäten im geografischen Gebiet, das zu dieser medizinethischen Forschungskommission gehört. Medizinethische Forschungskommissionen kommunizieren in der Regel wenig mit der Öffentlichkeit, können aber z.B. einen öffentlichen Auftritt im Internet haben.

Um in den einzelnen Zeilen der folgenden Tabelle die jeweiligen Selbstbewertungen auf einer Skala von 1 bis 9 vorzunehmen, bitte ich Sie, jeweils drei Vorüberlegungen anzustellen:
- Was müsste der eigenen Meinung nach erfüllt sein, damit man diese Aussage als völlig zutreffend (9 auf der Skala) bezeichnen würde?
- Unter welchen Umständen wäre diese Aussage völlig unzutreffend (1 auf der Skala)?
- Haben Sie in der letzten Zeit konkrete Aktivitäten unternommen bzw. gab es andere Begebenheiten, die zeigen, ob, bzw. inwieweit die betreffende Aussage zutrifft?

Mit den ersten beiden Vorfragen können Sie die Skala für jede Zeile auf Ihre Situation hin adaptieren. Auf dem Hintergrund der vergegenwärtigten Aktivitäten bzw. Begebenheiten lässt sich nun die Selbsteinschätzung auf dieser Skala vornehmen.

Fragenkatalog

Organisation des Ethiktransfers — Skala

Bezug zum wissenschaftlichen ethischen Diskurs

Aussage	Skala
Die Organisation kennt den aktuellen Stand des wissenschaftlich-ethischen Fachdiskurses zu ihrem Arbeitsgebiet und baut in ihrer Arbeit darauf auf.	1 2 3 4 5 6 7 8 9
Die Organisation bringt sich aktiv in den wissenschaftlichen ethischen Diskurs ein.	1 2 3 4 5 6 7 8 9
Die Organisation bezieht sich breit auf unterschiedliche, im ethischen Diskurs vertretene Richtungen.	1 2 3 4 5 6 7 8 9

Bezug zum Handlungsfeld

Aussage	Skala
Die Organisation pflegt einen intensiven Austausch mit dem Handlungsfeld. Dabei bringt sie unter anderem genau in Erfahrung, welches die schwierigen Entscheidungen und Dilemmasituationen der im Handlungsfeld aktiven Personen und Institutionen sind.	1 2 3 4 5 6 7 8 9
Die Organisation ist gegenüber dem Handlungsfeld, den dort aktiven Personen und Organisationen unabhängig.	1 2 3 4 5 6 7 8 9

Die Organisation nimmt den im Handlungsfeld tätigen Personen und Organisationen weder die Handlungsentscheidungen noch die Verantwortung für diese ab. 123456789

Die im Handlungsfeld verbreiteten normativen Orientierungen sind gut bekannt. Die Ethiktransfer-Aktivitäten schliessen konstruktiv an diese an. 123456789

Sowohl Synergien als auch Antagonien zwischen den strukturellen Anreizsystemen im Handlungsfeld einerseits und den Zielsetzungen des Ethiktransfers andererseits werden kritisch wahrgenommen und bewusst gestaltet. 123456789

Bezug zur Öffentlichkeit

Über die eigene Tätigkeit wird transparent und aktiv informiert. Ein echtes Interesse an Rückmeldungen aus der Öffentlichkeit wird signalisiert. Dies bildet die Basis für einen angeregten Diskurs. 123456789

Die vertretene ethisch-moralische Position ist eigenständig und widerständig gegenüber Werte-Trends in der Öffentlichkeit und in den Medien. 123456789

Die Organisation hat ein Grundlagenpapier im Sinne eines «Mission Statement» allgemein verständlich formuliert und breit kommuniziert. Es beschreibt die Aufgabe der Organisation und nennt im Sinne einer Selbstfestlegung die moralischen Überzeugungen, welche den Aktivitäten zugrundegelegt werden. 123456789

Prozesse innerhalb der Ethiktransfer leistenden Organisation

Die Organisation ist offen für Veränderung und reagiert auf neue Entwicklungen im Handlungsfeld und bzw. oder im wissenschaftlichen ethischen Diskurs. Regelmässig wird überprüft, ob die gewählte Form des Tranfers den inhaltlichen Zielen weiterhin entspricht. 123456789

Interdisziplinäres Fachwissen ist so vertreten, dass damit die im Handlungsfeld wichtigen Fachgebiete abgedeckt sind. 123456789

Die Qualität der internen Kommunikation wird regelmässig thematisiert und aufmerksam beobachtet. 123456789

Anhänge 1

Die Organisation sieht die Grenzen der eigenen Möglichkeiten und regt andere Personen und Organisationen an, weitere Formen des Ethiktransfers in demselben Handlungsfeld, eventuell auf anderen Ebenen, zu realisieren.	1 2 3 4 5 6 7 8 9
Ein unabhängiges Organ bzw. eine andere Struktur überprüft, ob die grundlegenden moralischen Überzeugungen und Zielsetzungen der Organisation eingehalten werden.	1 2 3 4 5 6 7 8 9

Das Forschungsprojekt «Ethiktransfer» wird finanziert vom Schweizerischen Nationalfonds und ist situiert am Departement für Moraltheologie und Ethik der Universität Freiburg i.Ü., Schweiz. Es wird durchgeführt von Dr. Christof Arn.

2.2 Rückmeldebogen

Mit dem folgenden Rückmeldebogen wurden nun Feedbacks zu den Kriterien erfragt.

Bitte erst nach dem Kurzfragebogen ausfüllen.

Rückmeldungen zum Kurzfragebogen

Nachdem Sie den Kurzfragebogen zur Organisation von Ethiktransfer ausgefüllt haben, bitte ich Sie um einige Rückmeldungen. Ich habe dazu einige konkrete Fragen formuliert, die für den weiteren Forschungsprozess von besonderer Bedeutung sind. Am Schluss findet sich Raum für zusätzliche Rückmeldungen. Bitte fühlen Sie sich frei, kurze oder lange Antworten zu geben. Die Rückmeldungen werden anonymisiert und vertraulich behandelt.

Sie können die Rückmeldungen auf Papier senden an: ethikprojekte.ch, Postfach 21, CH-7412 Scharans, oder die Antworten mailen an christof.arn@ethikprojekte.ch. (Die Fragen sind auch als Word-Dokument zugänglich unter www.ethikprojekte.ch/EthiktransferRM.doc.)

Praktikabilität

Konnten Sie die Beurteilungskriterien gut auf Ihre Tätigkeit anwenden?

Welche Kriterien besser, welche weniger gut?

Reichten die Erklärungen zum Hintergrund der Kriterien aus?

Wie könnte die Praktikabilität verbessert werden?

Auswahl der Kriterien

Erfassen diese Beurteilungskriterien die transferbezogenen Qualitäten Ihrer Organisation gut?

Empfinden Sie die Zusammenstellung der Kriterien als ausgewogen und flächendeckend oder als einseitig?

Welche Stärken, welche Schwächen wurden nicht angesprochen?

Nutzen

Wie schätzen Sie den Nutzen eines solchen Fragebogens zur Selbstevaluation ein? Wie gross ist er und worin besteht er für Sie?

Hätten Sie Interesse, mit einem ausführlicheren Fragebogen (etwa dreifache Länge) zu arbeiten?

Wie liesse sich der Nutzen für Sie vergrössern?

Allgemeine Bemerkungen

Weitere Rückmeldungen:

Besten Dank für Ihre Rückmeldungen! Gerne informiere ich Sie über den weiteren Verlauf des Forschungsprojektes.

Dr. Christof Arn

Literaturverzeichnis

Altvater, Elmar; Mahnkopf, Birgit (1999): Grenzen der Globalisierung: Ökonomie, Ökologie und Politik in der Weltgesellschaft. Westfälisches Dampfboot, Münster

Anselm, Reiner (2005): Sozialethik! Ein Plädoyer für die Wiederentdeckung eines vernachlässigten Themenbereichs evangelischer Ethik. In: Zeitschrift für Evangelische Ethik, Heft 4, Jg. 49, Seiten 243–247. Gütersloher Verlagshaus, Gütersloh

Antos, Gerd (2001): Transferwissenschaft. Chancen und Barrieren des Zugangs zu Wissen. In: Wissenstransfer zwischen Experten und Laien. Umriss einer Transferwissenschaft (Transferwissenschaften 1), Seiten 3–33. Lang, Frankfurt a.M.

Anzenbacher, Arno (2002): Sozialethik als Naturrechtsethik. In: Gabriel, Karl (Hrsg.): Gesellschaft begreifen – Gesellschaft gestalten. Konzeptionen Christlicher Sozialethik im Dialog (Jahrbuch für christliche Sozialwissenschaften), Seiten 14–32. Regensburg, Münster

Arn, Christof (2000b): HausArbeitsEthik: Strukturelle Probleme und Handlungsmöglichkeiten rund um die Haus- und Familienarbeit in sozialethischer Perspektive. Rüegger, Chur

Arn, Christof (2003): Ethiktransfer als Spezialfall von Wissenstransfer: Christliche Sozialethik in der Wissensgesellschaft. In: Filipovic, Alexander; Kunze, Bernd A. (Hg.). Wissensgesellschaft – Herausforderung für die christliche Sozialethik. Lit-Verlag. Münster (ISBN 3-8258-7038-3)

Badura, Jens (2002): Kohärentismus. In: Düwell, Marcus; Hübental, Christoph; Werner, Micha H. (Hrsg.): Handbuch Ethik. Metzler, Stuttgart

Baumann-Hölzle, Ruth; Arn, Christof (2005): Ethiktransfer in Institutionen des Gesundheitswesens. Verschiedene Formen der Unterstützung für Entscheidungen in ethischen Dilemmasituationen in Medizin und Pflege. Schweizerische Ärztezeitung 2005; 86; Nr. 12. Seiten 735–739

Baumann, Werner (1998a): Beurteilung des Verfahrens aus Sicht der Behörde. In: Renn, Ortwin; Kastenholz, Hans; Schild, Patrik; Wilhelm, Urs (Hrsg.): Abfallpolitik im kooperativen Diskurs. Bürgerbeteiligung bei der Standortsuche für eine Deponie im Kanton Aargau. Polyprojekt Risiko und Sicherheit der Eidgenössischen Technischen Hochschule Zürich. Dokumente Nr. 19. (Hochschulverlag AG an der ETH Zürich 1998), Seiten 203–214. vdf, Hochschulverlag an der ETH, Zürich

Baumann, Werner (1998b): Stand und weitere Entwicklung seit Mitte 1996. In: Renn, Ortwin; Kastenholz, Hans; Schild, Patrik; Wilhelm, Urs (Hrsg.): Abfallpolitik im kooperativen Diskurs. Bürgerbeteiligung bei der Standortsuche für eine Deponie im Kanton Aargau. Polyprojekt Risiko und Sicherheit der Eidgenössischen Technischen Hochschule Zürich. Dokumente Nr. 19. (Hochschulverlag AG an der ETH Zürich 1998), Seiten 231–246. vdf, Hochschulverlag an der ETH, Zürich

Bechmann, Gotthard (1993): Ethische Grenzen der Technik oder technische Grenzen der Ethik? In: Geschichte und Gegenwart. Vierteljahreshefte für Zeitgeschichte, Gesellschaftsanalyse und politische Bildung Jg. 12, Heft 4, Seiten 213–225. Styria, Graz

Becker, Frank; Reinhardt-Becker, Elke (2001): Systemtheorie. Eine Einführung für die Geschichts- und Kulturwissenschaften. Campus, Frankfurt a.M.

Bergmann, B.; Sonntag, Kh. (1999): Transfer: Die Umsetzung und Generalisierung erworbener Kompetenzen in den Arbeitsalltag. In: Sonntag, Kh. (Hrsg.): Personalentwicklung in Organisationen, Seiten 287–312. Hogrefe, Göttingen

Birnbacher, Dieter (1999): Für was ist der Ethik-Experte Experte? In: Rippe, Klaus Peter (Hrsg.): Angewandte Ethik in der pluralistischen Gesellschaft, Seiten 267–283. Universitätsverlag Freiburg Schweiz, Freiburg

Blöbaum, Anke; Matthies, Ellen; Hunedcke, Marcel; Höger, Rainer (2002): Umweltverantwortliche Verkehrsmittelwahl – Ein Projekt mit wechselhafter Praxiserfahrung. In: Umweltpsychologie Heft 1, Jg. 6, Seiten 112–128. Bochum

Boysen, Thies; Breuer, Markus (2003): Ausverkauf der Ethik? In: Widerspruch. Münchner Zeitschrift für Philosophie, Heft 39, Jg. 23, Seiten 91–102. München

Brennecke, Volker M. (1994): Schnittstellen zur Umwelt des Unternehmens – Technikverantwortung als Bestandteil einer umweltbezogenen Unternehmenskultur. In: Zimmerli, Walther Ch./Brennecke, Volker M. (Hrsg.): Technikverantwortung in der Unternehmenskultur: Von theoretischen Konzepten zur praktischen Umsetzung, Seiten 129–139. Poeschel, Stuttgart

Brune, Jens Peter; Gronke, Horst (2005): Dialog im Vollzug. Neosokratische Gespräche mit Inhaftierten der Justizvollzugsanstalt Berlin-Tegel. In: Information Phiolosphie, Heft 2, Juni 2005, Seiten 76–80

Burg, Wibren van der (2000): Reflective equilibrium as a dynamic process. In: Petersson, Bo (Hrsg.): Applied ethics an reflective equilibrium, Seiten 69–82. Centre for Applied Ethics, Linköping

Busch, Roger J. (1999a): Die Organisation des Instituts TTN. In: ForumTTN, Heft 1, 1999, Seiten 2–4 Herbert Utz Verlag, München

Busch, Roger J. (1999b): TTN–PEP: Projekt Ethik für die Praxis. In: ForumTTN, Heft 1, 1999, Seiten 5–6. Herbert Utz Verlag, München

Busch, Roger J. (2004): TTN Jahresbericht Juni 2003 – Juni 2004. Akte des Trägervereins von TTN, München

Carlsson, F. (1989): Die Artusritter. In: Manager Magazin, Heft 6, 1989, Seiten 162–167

Center for Business Ethics (1986): Are Corporations Institutionalizing Ethics? In: Journal of Business Ethics Heft 5, 1986, Seiten 85–91

Center for Business Ethics (1992): Instilling Ethical Values in Large Corporations. In: Journal of Business Ethics, Heft 11, 1992, Seiten 863–867

Chazan, Barry (1985): Contemporary approaches to moral education: Analysing alternative theories. Teachers College Press, New York

Dahm, Karl-Wilhelm (2000): Gesellschaftlicher Ethikbedarf und theologisches «Angebot»: Funktionsprobleme Evangelischer Sozialethik 1950–2000. In: Zeitschrift für Evangelische Ethik, Heft 3, Jg. 44, Seiten 172–181 Gütersloher Verlagshaus, Gütersloh

Daniels, Norman (1996): Justice and justification: reflective equilibrium in theory and practice. Cambridge University Press, Cambridge

De George, R. T. (1990): Business Ethics. New York

Deeke, Axel (1995): Experteninterviews – ein methodologisches und forschungspraktisches Problem. Einleitende Bemerkungen und Fragen zum Workshop. In: Brinkmann, Christian; Deeke, Axel; Völkel, Brigitte (Hrsg.): Experteninterviews in der Arbeitsmarktforschung: Diskussionsbeiträge zu methodischen Fragen und praktischen Erfahrungen (Beiträge zur Arbeitsmarkt- und Berufsforschung 191). Bundesanstalt für Arbeit (IAB), Regensburger Strasse 104, D-90327, Seiten 7–22. Nürnberg, Nürnberg

Degen, Susanne (1994): Kommentierte Bibliographie zur Feministischen Ethik (Frankfurter Arbeitspapiere zur gesellschaftsethischen und sozialwissenschaftlichen Forschung). Oswald von Nell-Breuning Institut, Frankfurt a.M.

Deml, Max; May, Hanne (2002): Grünes Geld. Jahrbuch für ethisch-ökologische Geldanlagen 2002/2003. Schäffer Poeschel, Stuttgart

DePaul, Michael R.; Ramsey, William (Hrsg.) (1998): Rethinking Intuition. Rowman & Littlefield Publishers, Lanham

Detzer, Kurt (1995): Wer verantwortet den industriellen Fortschritt? Auf der Suche nach Orientierung im Geflecht von Unternehmen, Gesellschaft und Umwelt. Springer, Berlin

Diekmann, Andreas (1997): Umweltbewusstsein oder Anreizstrukturen? Empirische Befunde zum Umweltverhalten. In: Frech, Siegfried; Halder-Werdon, Erika; Hug, Markus (Hrsg.): Natur – Kultur: Perspektiven ökologischer und politischer Bildung, Seiten 45–73. Wochenschau- Verlag, Schwalbach/Ts.

Diekmann, Andreas; Jaeger, Carlo C. (Hrsg.) (1996): Umweltsoziologie (Kölner Zeitschrift für Soziologie und Sozialpsychologie, Sonderheft 36, 1996). Westdeutscher Verlag, Opladen

Dierkes, Meinholf; Marz, Lutz (1994): Unternehmensverantwortung und leitbildorientierte Technikgestaltung In: Zimmerli, Walther Ch./Brennecke, Volker M. (Hrsg.): Technikverantwortung in der Unternehmenskultur: Von theoretischen Konzepten zur praktischen Umsetzung, Seiten 89–114. Poeschel, Stuttgart

Dietrich, Julia (2002): Moralpädagogik. In: Düwell, Marcus; Hübental, Christoph; Werner, Micha H. (Hrsg.): Handbuch Ethik, Seiten 423–428. Metzler, Stuttgart

Doppelfeld, Elamer (2003): Medizinische Ethik-Kommissionen im Wandel. In: Wiesing, Urban (Hrsg.): Die Ethik-Kommissionen. Neuere Entwicklungen und Richtlinien, Seiten 5–23. Deutscher Ärzte-Verlag, Köln

Dunlap, Riley E.; Catton, William R. (1992): Toward an Ecological Sociology: The Development, Current Status, and Probable Future of Environmental Sociology. In: The Annals of the International Institute of Sociology Heft 3, 1992, Seiten 263–284

Dürr, Anita M. (1986): Die Stellung der Familie innerhalb der Erziehungszieldiskussion: Die Familie und ihre Verflechtung mit den gesellschaftlichen Gegebenheiten: eine Analyse der erziehungsrelevanten Einflüsse auf die Familie und ihre Organisation. Dissertation an der Philosophischen Fakultät I der Universität Zürich. ADAG, Zürich

Düwell, Marcus (2001): Angewandte Ethik. Skizze eines wissenschaftlichen Profils. In: Holderegger, Adrian, Wils, Jean-Pierre (Hrsg.): Interdisziplinäre Ethik. Grundlage, Methoden, Bereiche (Festgabe für Dietmar Mieth zum sechzigsten Geburtstag), Seiten 185–184. Universitätsverlag, Freiburg i. Ue.; Verlag Herder, Freiburg i. Br.

Düwell, Marcus; Hübental, Christoph; Werner, Micha H. (2002): Einleitung. In: Düwell, Marcus; Hübental, Christoph; Werner, Micha H. (Hrsg.): Handbuch Ethik, Seiten 1–23. Metzler, Stuttgart

Ebeling, Gerhard (1995): Theologie in den Gegensätzen des Lebens (Wort und Glaube IV). Mohr, Tübingen

Ellis, Heidi C. (1967): The Transfer of learning. The Macmillan Company, New York

Elsasser, Hans, Boesch, Martin, Thierstein, Alain (2000): Geleitwort. In: Wilhelm, Beate Elsa: Systemversagen im Innovationsprozess: Zur Reorganisation des Wissens- und Technologietransfers, Seiten V–VI. Deutscher Universitätsverlag, Wiesbaden

Enderle, Georges (1991): Annäherungen an eine Unternehmensethik. In: Nutzinger, H. (Hrsg.): Wirtschaft und Ethik, Seiten 145–166. Deutscher Universitätsverlag, Wiesbaden

Engel, Gerhard (1999): Pragmatische Moralskepsis: zum Verhältnis von Moral, Moralphilosophie und Realität. In: Rippe, Klaus Peter (Hrsg.): Angewandte Ethik in der pluralistischen Gesellschaft, Seiten 161–200. Universitätsverlag Freiburg Schweiz, Freiburg

Engelbrecht, Sebastian (2001): Religion ohne Verantwortung? Warum Juden und auch christliche Theologen die lutherische Rechtfertigungslehre kritisieren. In: Zeitzeichen Heft 3, 2001, Seiten 57–59

J Literaturverzeichnis

Engelhardt, Dietrich von (1997): Ethik in der medizinischen Ausbildung – Geschichte und Gegenwart in europäischer Perspektive. In: Reiter-Theil, Stella (Hrsg.): Vermittlung Medizinischer Ethik. Theorie und Praxis in Europa, Seiten 14–36. Nomos, Baden-Baden

Enright, R. D.; Lapsley, Daniel K.; Levy, Victor M. (1983): Moral education strategies. In: Ressley, M; Levin, J. R. (Hrsg.): Cognitive strategy research: Educational Applications. Seiten 43–83. Springer, New York

Ernst, Andreas (1997): Ökologisch-soziale Dilemmata psychologischer Wirkmechanismen des Umweltverhaltens. Beltz

Eser, Uta; Potthast, Thomas (1999): Naturschutzethik. Eine Einführung für die Praxis. Nomos, Baden-Baden

Fackeldey, Hubert G. (1992): Norm und Begründung: Zur Logik normativer Argumentierens. Peter Lang, Bern

Fischer, Johannes (2001): Die Begründungsfalle: Plädoyer für eine hermeneutisch ausgerichtete theologische Ethik. In: Zeitschrift für Evangelische Ethik, Heft 3, Jg. 45, Seiten 163–167. Gütersloher Verlagshaus, Gütersloh

Fischer, Johannes (1998): Handlungsfelder angewandter Ethik: eine theologische Orientierung. Kohlhammer, Stuttgart

Flammer, August (1970): Transfer und Korrelation. Beltz, Weinheim

Flick, Uwe (2002): Qualitative Sozialforschung. Eine Einführung. Rowohlt Taschenbuch, Reinbek

Frech, Siegfried; Halder-Werdon, Erika; Hug, Markus (Hrsg.) (1997): Natur – Kultur: Perspektiven ökologischer und politischer Bildung. Wochenschau-Verlag, Schwalbach/Ts.

Frey, Christofer; Dabrock, Peter; Knauf, Stephanie (1997): Repetitorium der Ethik. Hartmut Spenner, Waltrop

Frey, Christofer; Schwemmer, Oswald (1982): Einführung. In: Zeitschrift für evangelische Ethik, Heft 26, 1982, Seiten 1–3. Gütersloher Verlagshaus Mohn, Gütersloh

Fuchs, Michael (2002): Ethikkommissionen und Ethikräte im internationalen Vergleich. In: Forum TTN, Heft 7, Mai 2002, Seiten 2–13. Herbert Utz Verlag, München

Gabriel, Karl (Hrsg.) (2002): Gesellschaft begreifen – Gesellschaft gestalten. Konzeptionen Christlicher Sozialethik im Dialog (Jahrbuch für christliche Sozialwissenschaften). Regensberg, Münster

Gabrio, Dagmar (2001): Ethisches Investment. Rendite mit gutem Gewissen. Verbraucher-Zentrale Hessen e.V, Hannover

Gerecke, Uwi; Suchanek, Andreas (1999): Puralismus und seine Folgen für die Ethik der modernen Gesellschaft. In: Rippe, Klaus Peter (Hrsg.): Angewandte Ethik in der pluralistischen Gesellschaft, Seiten 109–126. Universitätsverlag Freiburg Schweiz, Freiburg

Glaser, Barney; Strauss, Anselm L. (1967): The discovery of grounded theory. Aldine, Chicago

Grieble, Peter (2001): Ethisch-ökologische Geldanlage. Einflussmöglichkeiten durch Beachtung von ethisch-ökologischen Gesichtspunkten bei der Anlage von Geld. IKO Verlag, Frankfurt a.M.

Gruber, H; Mandl, H; Renkl, A. (2000): Was lernen wir in Schule und Hochschule: Träges Wissen? In: Mandel, H; Gerstenmaier, J. (Hrsg.): Die Kluft zwischen Wissen und Handeln, Seiten 139–156. Hogrefe, Göttingen

Grunwald, Armin (2002): Technikethik. In: Düwell, Marcus; Hübental, Christoph; Werner, Micha H. (Hrsg.): Handbuch Ethik, Seiten 277–281. Metzler, Stuttgart

Grunwald, Armin (1999): Ethische Grenzen der Technik? Reflexionen zum Verhältnis von Ethik und Praxis. In: ders; Saupe, Stephan (Hrsg.): Ethik in der Technikgestaltung. Praktische Relevanz und Legitimation, Seiten 221–251. Springer, Berlin

Grunwald, Armin (1996): Ethik der Technik – Systematisierung und Kritik vorliegender Entwürfe. In: Ethik und Sozialwissenschaften: Streitforum für Erwägungskultur, Heft 2/3, Jg. 7, Seiten 191–204. Lucius & Lucius, Stuttgart

Hasselhorn, Marcus.; Mähler, Claudia (2000): Transfer: Theorien, Technologien und empirische Erfassung. In: Hager, Willi; Patry, Jean-Luc; Brezing, Hermann (Hrsg.): Evaluation psychologischer Interventionsmassnahmen: Standards und Kriterien. Ein Handbuch, Seiten 86–101. Huber, Bern

Hausmanninger, Thomas (2002): Grundlegungsfragen der Christlichen Sozialethik als Strukturenethik auf der Schwelle zum 21. Jahrhundert. In: Gabriel, Karl (Hrsg.): Gesellschaft begreifen – Gesellschaft gestalten. Konzeptionen Christlicher Sozialethik im Dialog (Jahrbuch für christliche Sozialwissenschaften), Seiten 185–203. Regensberg, Münster

Heimbach-Steins, Marianne (2002): Sozialethik als kontextuelle theologische Ethik – eine programmatische Skizze. In: Gabriel, Karl (Hrsg.): Gesellschaft begreifen – Gesellschaft gestalten. Konzeptionen Christlicher Sozialethik im Dialog (Jahrbuch für christliche Sozialwissenschaften), Seiten 46–64. Regensberg, Münster

Heintel, Peter (2000): Gibt es eine philosophische Systemberatung? In: Ethik und Sozialwissenschaften: Streitforum für Erwägungskultur, Heft 4, Jg. 10, Seiten 516–518. Lucius & Lucius, Stuttgart

Hellbrück, Jürgen; Fischer, Manfred (1999): Umweltpsychologie: ein Lehrbuch. Hogrefe, Göttingen

Hessinger, Philipp (2001): Vernetzte Wirtschaft und ökonomische Entwicklung: organisatorischer Wandel, institutionelle Einbettung, zivilgesellschaftliche Perspektiven. Westdeutscher Verlag, Wiesbaden

Hirsch, Gertrude (1993): Wieso ist ökologisches Handeln mehr als eine Anwendung ökologischen Wissens? In: Gaia: Ecological Perspectives in Science, Humanities, and Economics. Heft 2(3), 1993, Seiten 142–151. Spektrum, Heidelberg

Höffe, Otfried (Hrsg.) (1992a): Lexikon der Ethik. Beck, München

Hodel, Thomas B.; Holderegger, Adrian; Lüthi, Ambros (1995): Ethische Komponenten menschengerechter Organisationsstrukturen. In: Schatz, R. (Hrsg.): Strategien für eine Mitarbeitergerechte Organisationsstruktur, Seiten 61–74. InnoVatio, Ostrava

Literaturverzeichnis

Holderegger, Adrian (1999): Die ethische Dimension der Medienwirklichkeit. Ansätze zu einer Medienethik. In: Ders.: Kommunikations- und Medienethik. Interdisziplinäre Perspektiven. Seiten 218–233. Universitätsverlag, Freiburg Schweiz, Freiburg

Holderegger, Adrian (Hrsg.) (1997): Ökologische Ethik als Orientierungswissenschaft: von der Illusion zur Realität. Universitätsverlag Freiburg Schweiz, Freiburg

Holderegger, Adrian (1997a): Einleitung. In: Holderegger, Adrian (Hrsg.): Ökologische Ethik als Orientierungswissenschaft: von der Illusion zur Realität. Universitätsverlag Freiburg Schweiz, Freiburg

Homann, Karl; Blome-Drees, Franz (1992): Wirtschafts- und Unternehmensethik. Vandenhoeck & Ruprecht, Göttingen

Homburg, A. & Matthies, E. (1998): Umweltpsychologie. Umweltkrise, Gesellschaft und Individuum. Juventa, Weinheim

Honecker, Martin (1999): Von der Dreiständelehre zur Bereichsethik. Zu den Grundlagen der Sozialethik. In: Zeitschrift für Evangelische Ethik, Jg. 43, Seiten 262–276. Gütersloher Verlagshaus, Gütersloh

Honecker, Martin (1995): Grundriss der Sozialethik. De Gruyter, Berlin

Honecker, Martin (1990): Einführung in die Theologische Ethik. De Gruyter, Berlin

Huonker, Thomas (2000): Zur Vermarktung von Ethik. In: Der Arbeitsmarkt. Die Fachzeitschrift für Arbeit und Beschäftigung (AM Agenda), Heft Nr. 6, 2000, Seiten 25–27. Mitherausgegeben vom Staatsekretariat für Wirtschaft, Zürich

Irrgang, Bernhard (1998): Praktische Ethik aus hermeneutischer Sicht. Schöningh, Paderborn

Kaiser, Florian (1996): Zur Sozialpsychologie des Verantwortlichkeitserlebens: Drei Konzepte mit gesellschaftlichen Folgen. In: Zeitschrift für politische Psychologie, Jg. 4, Seiten 43–52

Kaiser, Florian G.; Weber, Olaf (1999): Umwelteinstellung und ökologisches Verhalten: Wie gross ist der Einfluss wirklich? In: Gaia, Heft 8, 1999, Seiten 197–201. Verein Gaia, Basel

Kals, Elisabeth; Becker, Ralf; Russell, Yvonne; Ittner, Heidi; Montada, Leo (2002): Wie lassen sich umweltpsychologische Befunde für die Praxis nutzbar machen? In: Umweltpsychologie Heft 1, Jg. 6, Seiten 144–155. Bochum

Kassner, Karsten; Wassermannm, Petra (2002): Nicht überall, wo Methode draufsteht, ist auch Methode drin. Zur Problematik der Fundierung von ExpertInneninterviews. In: Bogner, Alexander; Littig, Beate; Menz, Wolfgang (Hrsg.): Das Experteninterview. Theorie, Methode, Anwendung, Seiten 95–111. Leske & Budrich, Opladen

Kaufmann, Jean-Claude (1999): Das verstehende Interview. Theorie und Praxis. UVK, Konstanz

Kesseler, Hansjoachim (2004): Didaktische Strategien beim Wissenstransfer im Spannungsfeld von bildungsdidaktischen und kommunikationswissenschaftlichen Ansprüchen (elektronisch publizierte Dissertation an der Fakultät für Psychologie und Pädagogik der Ludwig-Maximilian-Universität München). München

Kettner, Matthias (1999): Zur moralischen Qualität klinischer Ethik-Komitees: Eine diskursethische Perspektive. In: Rippe, Klaus Peter (Hrsg.): Angewandte Ethik in der pluralistischen Gesellschaft, Seiten 335–357. Universitätsverlag Freiburg Schweiz, Freiburg

Kettner, Matthias (2002): Überlegungen zu einer integrierten Theorie von Ethik-Kommissionen und Ethik-Komitees. In: Honnefelder, L.; Streffer, C. (Hrsg.): Jahrbuch für Wissenschaft und Ethik 7, Seiten 53–71. Walter de Gruyter, Berlin

Kettner, Matthias; May, Arnd (2002): Ethik-Komitees in der Klinik. Zur Moral einer neuen Institution. In: Forum TTN, Heft 7, Mai 2002, Seiten 27–41. Herbert Utz Verlag, München

Klauer, K.J. (1975): Intelligenztraining im Kindesalter. Beltz, Weinheim

Knoll, Thomas (2003): Wissenschaft und Wirtschaft als Partner. Konzeption einer virtuellen Infrastruktur für Forschung und Lehre an der Technischen Universität Chemnitz, 2003 (ungedruckte Staatsexamensarbeit, Technische Universität Chemnitz, http://archiv.tu-chemnitz.de/pub/2003/0146/data/arbeit.pdf, Entnahmedatum 30.7.2005.)

Koch, Lene; Zahle, Henrik (2000): Ethik für das Volk: Dänemarks Ethischer Rat und sein Ort in der Bürgergesellschaft. In: Kettner, Matthias (Hrsg.): Angewandte Ethik als Politikum, Seiten 117–139. Suhrkamp, Frankfurt a.M.

Konopka, Melitta (1999): Akteure und Systeme. Ein Vergleich der Beiträge handlungs- und systemtheoretischer Ansätze zur Analyse zentraler sozialtheoretischer Fragestellungen unter besonderer Berücksichtigung der Luhmannschen und der post-Luhmannschen Systemtheorie. Lang, Frankfurt a.M.

Korff, Wilhelm u.a. (Hrsg.) (1999): Handbuch der Wirtschaftsethik, Bd. I–IV. Gütersloher Verlagshaus, Gütersloh

Korff, Wilhelm (1999a): Sozialethik als Strukturenethik, In: Korff, Wilhelm (Hrsg): Handbuch der Wirtschaftsethik, Bd. I, Seiten 207–212. Gütersloher Verlagshaus, Gütersloh

Korff, Wilhelm (1999b): Der sozialethische Paradigmenwechsel: Voraussetzungen und Konsequenzen, In: Korff, Wilhelm (Hrsg): Handbuch der Wirtschaftsethik, Bd. I, Seiten 213–225. Gütersloher Verlagshaus, Gütersloh

Korff, Wilhelm (1999c): Die grundlegenden Strukturelemente gesellschaftlicher Interaktion, In: Korff, Wilhelm (Hrsg): Handbuch der Wirtschaftsethik, Bd. I, Seiten 257–268. Gütersloher Verlagshaus, Gütersloh

Kornwachs, Klaus (1997a): Technisierung der Ethik. In: Holderegger, Adrian (Hrsg.): Ökologische Ethik als Orientierungswissenschaft: von der Illusion zur Realität, Seiten 15–33. Universitätsverlag Freiburg Schweiz, Freiburg

Körtner, Ulrich H.J. (1999): Evangelische Sozialethik. Vandenhoeck & Ruprecht, Göttingen

Kramer, Nicole; Menzel, Brigit; Möller, Birgit; Standhartinger, Angela (Hrsg.) (1994): Sei wie das Veilchen im Moose. Aspekte feministischer Ethik. Fischer, Frankfurt a.M.

Krieger, David. J. (1996): Einführung in die allgemeine Systemtheorie. Fink, München

J   Literaturverzeichnis

Krings, Hermann (1991): Norm und Praxis. Zum Problem der Vermittlung moralischer Gebote. In: Herder Korrespondenz Heft 45, 1991, Seiten 228–233. Herder, Freiburg i.Br.

Kuhn, Thomas (1993): Unternehmerische Verantwortung in der ökologischen Krise als "Ethik der gestaltbaren Zahlen". Unternehmensethische Leitlinien für umwelt- und erfolgsbewusstes Management. Verlag Paul Haupt, Bern

Kynast, Sascha; Schmidt, Peter; Bamberg, Sebastian (2002): Verkehr am Abgrund – oder die Story des Giessener Semestertickets. Erfahrungsbericht zur Einführung und Evaluierung verkehrspolitischer Massnahmen in Giessen. In: Umweltpsychologie Heft 1, Jg. 6, Seiten 112–121. Bochum

Langner, Albrecht (1998): Katholische und evangelische Sozialethik im 19. und 20. Jahrhundert. Beiträge zu ideengeschichtlichen Entwicklungen im Spannungsfeld von Konfession, Politik und Ökumene. Schöningh, Paderborn

Lenk, Hans (1994): Hat die bloss individuelle Verantwortung noch eine Zukunft? In: Zimmerli, Walther Ch./Brennecke, Volker M. (Hrsg.): Technikverantwortung in der Unternehmenskultur. Von theoretischen Konzepten zur praktischen Umsetzung, Seiten 115–127. Poeschel, Stuttgart

Lenk, Hans; Maring, Matthias (Hrsg.) (1998): Technikethik und Wirtschaftsethik. Leske & Budrich, Opladen

Lesch, Walter (2002): Hermeneutische Ethik/Narrative Ethik. In: Düwell, Marcus; Hübental, Christoph; Werner, Micha H. (Hrsg.): Handbuch Ethik, Seiten 231–242. Metzler, Stuttgart

Lieckweg, Tania (2001): Strukturelle Kopplung von Funktionssystemen "über" Organisationen. In: Soziale Systeme. Zeitschrift für soziologische Theorie, Heft 27, Jg. 7, Seiten 267–289. Lucius & Lucius, Stuttgart

Linder, Willy (2000): Ethik und Wirtschaft. Von der schwindenden Tuchfühlung zweier Fakultäten. In: Ethik als Handlungsmaxime: Beiträge einer interdisziplinären Symposium als Festgabe zum 70. Geburtstag von Professor Dr. iur. Dr. phil. Hans Giger, Universität Zürich, Seiten 51–82. Stämpfli, Bern

Lobin, Günter (2002): Ein Sprachmodell für den Fremdsprachenunterricht. Der propädeutische Wert einer Plansprache in der Fremdsprachpädagogik. Shaker Verlag, Aachen

Löhnert, Bettina (1998): Die kulturellen Grundlagen amerikanischer Unternehmensethikprogramme. Eine interkulturelle Analyse. In: Ulrich, Peter; Wieland, Josef (Hrsg.): Unternehmensethik in der Praxis. Impulse aus den USA, Deutschland und der Schweiz, Seiten 91–118. Haupt, Bern

Ludewig, Kurt (1995): Systemische Therapie. Grundlagen klinischer Theorie und Praxis. Klett-Cotta, Stuttgart

Ludwig, Heiner (2002): Aus dem Diesseits der Katholischen Soziallehre. In: Gabriel, Karl (Hrsg.): Gesellschaft begreifen – Gesellschaft gestalten. Konzeptionen Christlicher Sozialethik im Dialog (Jahrbuch für christliche Sozialwissenschaften), Seiten 46–64. Regensberg, Münster

Luhmann, Niklas; Pfürtner, Stephan H. (Hrsg.) (1997a): Die Gesellschaft der Gesellschaft 1. Suhrkamp, Frankfurt a. M.

Luhmann, Niklas; Pfürtner, Stephan H. (Hrsg.) (1997b): Die Gesellschaft der Gesellschaft 2. Suhrkamp, Frankfurt a. M.

Luhmann, Niklas (1993b): Wirtschaftsethik – als Ethik? In: Wieland, Josef (Hrsg.): Wirtschaftsethik und Theorie der Gesellschaft. Suhrkamp, Frankfurt a.M.

Luhmann, Niklas (1993a): Gesellschaftsstruktur und Semantik (Studien zur Wissenssoziologie der modernen Gesellschaft 3). Suhrkamp, Frankfurt a.M.

Luhmann, Niklas (1990a): Paradigm lost: Über die ethische Relfexion der Moral. Suhrkamp, Frankfurt a.M.

Luhmann, Niklas (1990c): Ökologische Kommunikation. Kann die moderne Gesellschaft sich auf ökologische Gefährdungen einstellen?. Suhrkamp, Frankfurt a.M.

Luhmann, Niklas (1990b): Die Wissenschaft der Gesellschaft. Suhrkamp, Frankfurt a.M.

Luhmann, Niklas; Pfürtner, Stephan H. (Hrsg.) (1978): Theorietechnik und Moral. Suhrkamp, Frankfurt a. M.

Lunau, York (2000): Unternehmensethikberatung. Methodischer Weg zu einem praktikablen Konzept (St. Galler Beiträge zur Wirtschaftsethik. Haupt, Bern

Lütz, Dietmar (2000): Betroffene Bemerkungen eines Nichtbetroffenen. Die Gemeinsame Erklärung aus der Perspektive eines freikirchlichen Zaungastes. In: Rechtfertigung Kontrovers. Die Gemeinsame Erklärung zur Rechtfertigungslehre im Gespräch der Konfessionen. WDL-Verlag, Berlin

Mandl, Heinz; Prenzel, Manfred; Gräsel, Cornelia (1992): Das Problem des Lerntransfers in der betrieblichen Weiterbildung. Unterrichtswissenschaft, Heft 20, Jg. 2, Seiten 126–143

Mandry, Christof (2002): Theologie und Ethik (kath. Sicht). In: Düwell, Marcus; Hübental, Christoph; Werner, Micha H. (Hrsg.): Handbuch Ethik, Seiten 504–508. Metzler, Stuttgart

Maring, Matthias (2001): Kollektive und korporative Verantwortung. Begriffs- und Fallstudien aus Wirtschaft, Technik und Alltag (Forum Humanität und Ethik 2). Lit, Münster

Maring, Matthias (2002): Werturteilsfreiheit in den Sozialwissenschaften. Relationalität der Werte und methodologisches Postulat. In: Ethica, Heft 2, Jg. 10, Seiten 135–157. Resch, Innsbruck

Marz, Lutz, Meinolf Dierkes (1998): Schlechte Zeiten für gutes Gewissen? Zur Karriere, Krise und Zukunft anwendungsorientierter Wirtschafts- und Technikethik. In: Lenk, Hans; Maring, Matthias (Hrsg.): Technikethik und Wirtschaftsethik. Seiten 21–52. Leske & Budrich, Opladen

Maurice, Marc; Sorge, Arndt (2000a): General introduction. In: Maurice, Marc; Sorge, Arndt (Hrsg.): Embedding Organizations: Societal Analysis of Actors, Organizations and Socio-Economic Context. Phila. Amsterdam

Maurice, Marc; Sorge, Arndt (Hrsg.) (2000): Embedding Organizations: Societal Analysis of Actors, Organizations and Socio-Economic Context. John Benjamins Publishing Company, Phila. Amsterdam

Literaturverzeichnis

Megone, Christopher (2000): Demokratie, Liberalismus, Kommunitarismus: Bezüge zu lokalen forschungsethischen Komitees. In: Kettner, Matthias (Hrsg.): Angewandte Ethik als Politikum, Seiten 165–192. Suhrkamp, Frankfurt a.M.

Meili, Matthias; Schärli, Jacqueline (2001): Das schlechte Gewissen der Nation. In: Die Weltwoche vom 30.8.2001, Seite 9. Zürich

Meuser, Michael; Nagel, Ulrike (2002): ExpertInneninterviews – vielfach erprobt, wenig bedacht. Ein Beitrag zur qualitativen Methodendiskussion. In: Bogner, Alexander; Littig, Beate; Menz, Wolfgang (Hrsg.): Das Experteninterview. Theorie, Methode, Anwendung, Seiten 71–93. Leske & Budrich, Opladen

Mieth, Dietmar 2005): Ethik in Entscheidungsprozessen von Gremien (unpublizierter Aufsatz)

Mieth, Dietmar (2002): Sozialethik. In: Düwell, Marcus; Hübental, Christoph; Werner, Micha H. (Hrsg.): Handbuch Ethik. Metzler, Stuttgart

Mittelstrass, Jürgen (1992): Ethik in einer Leonardo-Welt. In: Ders.: Leonardo-Welt. Über Wissenschaft, Forschung und Verantwortung, Seiten 105–119. Suhrkamp, Frankfurt a.M.

Mittelstrass, Jürgen (1982): Was heisst: sich im Denken orientieren? In: Ders.: Wissenschaft als Lebensform Seiten, 162–184. Suhrkamp, Frankfurt a.M.

Moltmann-Wendel, Elisabeth (2000): Gibt es eine feministische Rechtfertigungslehre? In: Evangelische Theologie, 60. Jg. 5/2000, Seiten 348–359. Kaiser, Gütersloh

Morgenthaler, Christoph (1999): Systemische Seelsorge. Impulse der Familien- und Systemtherapie für die kirchliche Praxis. Kohlhammer, Stuttgart

Müller, Denis (2001): Begleitung und Widerspruch. Die neue Rolle der Theologen und Theologinnen in den Ethikkommissionen. In: Zeitschrift für Evangelische Ethik, 45. Jg., Seiten 285–301. Gütersloher Verlagshaus, Gütersloh

Neitzke, Gerald (2003): Über die personelle Zusammensetzung von Ethik-Kommissionen. In: Wiesing, Urban (Hrsg.): Die Ethik-Kommissionen. Neuere Entwicklungen und Richtlinien, Seiten 104–123. Deutscher Ärzte-Verlag, Köln

Nida-Rümelin, Julian (1999): Zur Rolle ethischer Expertise in Projekten der Technikfolgenabschätzung. In: Rippe, Klaus Peter (Hrsg.): Angewandte Ethik in der pluralistischen Gesellschaft, Seiten 245–266. Universitätsverlag Freiburg Schweiz, Freiburg

Nida-Rümelin, Julian (Hrsg.) (1996a): Angewandte Ethik. Die Bereichsethiken und ihre theoretische Fundierung. Ein Handbuch. Kröner, Stuttgart

Nida-Rümelin, Julian (1996b): Theoretische und angewandte Ethik: Paradigmen, Begründungen, Bereiche. In: Ders. (Hrsg.): Angewandte Ethik: Die Bereichsethiken und ihre theoretische Fundierung. Ein Handbuch. Kröner, Stuttgart

Nutzinger, Hans G. (1996): Zum Verhältnis von Ökonomie und Ethik. Versuch einer vorläufigen Klärung. In: Ders. (Hrsg.): Naturschutz – Ethik – Ökonomie. Theoretische Begründungen und praktische Konsequenzen, Seiten 171–197. Metropolis-Verlag, Marburg

Ortwin Renn (1997): Die Wertbaumanalyse. Ein diskursives Verfahren zur Bildung und Begründung kollektiv verbindlicher Bewertungskriterien. In: Holderegger, Adrian (Hrsg.): Ökologische Ethik als Orientierungswissenschaft. Von der Illusion zur Realität, Seiten 34–67. Universitätsverlag Freiburg Schweiz, Freiburg

Oser, Fritz; Althof, Wolfgang (1992): Moralische Selbstbestimmung. Modelle der Entwicklung und Erziehung im Wertebereich. Klett-Cotta, Stuttgart

Ott, Konrad (1997): Erläuterungen zum ethischen Status und zur Methodik des Frankfurt-Hohenheimer Leitfadens. In: Hoffmann/Ott/Scherhorn (Hrsg.): Ethische Kriterien für die Bewertung von Unternehmen. Frankfurt-Hohenheimer Leitfaden (Arbeitspapier), Frankfurt

Peter, Hans-Balz (1997): Markt und Umwelt: Ethische Konfliktfelder ökonomischer Theorie und Praxis. In: Holderegger, Adrian (Hrsg.): Ökologische Ethik als Orientierungswissenschaft. Von der Illusion zur Realität, Seiten 71–99. Universitätsverlag Freiburg Schweiz, Freiburg

Pettit, Philip (1999): Zur Institutionalisierung der Forschungsethik. Abschreckende und warnende Geschichten. In: Rippe, Klaus Peter (Hrsg.): Angewandte Ethik in der pluralistischen Gesellschaft, Seiten 309–333. Universitätsverlag Freiburg Schweiz, Freiburg

Pfadenhauer, Michaela (2002): Auf gleicher Augenhöhe reden. Das Experteninterview – ein Gespräch zwischen Experte und Quasi-Experte. In: Bogner, Alexander; Littig, Beate; Menz, Wolfgang (Hrsg.): Das Experteninterview. Theorie, Methode, Anwendung, Seiten 113–130. Leske & Budrich, Opladen

Pfafferott, Gerhard (1981): Ethik und Hermeneutik. Mensch und Moral im Gefüge der Lebensform. Forum Academicum, Königstein

Pieper, Annemarie (1993): Aufstand des stillgelegten Geschlechts. Einführung in die feministische Ethik. Herder, Freiburg i.Br.

Pieper, Annemarie (2000): Einführung in die Ethik. Francke, Tübingen

Potthast, Thomas (2002): Umweltethik. In: Düwell, Marcus; Hübental, Christoph; Werner, Micha H. (Hrsg.): Handbuch Ethik, Seiten 286–290. Metzler, Stuttgart

Praetorius, Ina (1993): Anthropologie und Frauenbild in der deutschsprachigen Ethik seit 1949. Gerd Mohn, Gütersloh

Prenzl, Manfred; Mandl, Heinz (1993): Lerntransfer aus einer konstruktivistischen Perspektive. In: Montada, L. (Hrsg.): Bericht über den 38. Kongress der Deutschen Gesellschaft für Psychologie in Trier, 1992, Seiten 702–709. Hogrefe, Göttingen

Prokop, Ulrike (1976): Weiblicher Lebenszusammenhang. Von der Beschränktheit der Strategien und Unangemessenheit der Wünsche. Suhrkamp, Frankfurt a.M.

Ratz, Erhard (1997): Der interdisziplinäre Dialog. Die gemeinsame Verantwortung von Theologie und Naturwissenschaften (Akzente 8 – Sonderband Erfahrungsbericht). Herbert Utz Verlag Wissenschaft, München

Rawls, John (1998): Eine Theorie der Gerechtigkeit. Suhrkamp, Frankfurt a.M.

Rawls, John (1971): A Theorie of Justice. Cambridge/Mass.

Rehmann-Sutter, Christoph (2002): Bioethik In: Düwell, Marcus; Hübental, Christoph; Werner, Micha H. (Hrsg.): Handbuch Ethik, Seiten 247–252. Metzler, Stuttgart

Reiter-Theil Stella (2000): Ethics consultation on demand. Concepts, practical experiences and a case study. Journal of Medical Ethics Heft 26, Seiten 198–203

Reiter-Theil, Stella (1997): Wie lehrt man Ethik in den Heilberufen? "Teachers' Training Cours". Ein Fortbildungsangebot für Lehrende. In: Reiter-Theil, Stella (Hrsg.): Vermittlung Medizinischer Ethik. Theorie und Praxis in Europa, Seiten 113–119. Nomos, Baden-Baden

Renkl, Alexander (1996): Träges Wissen. Wenn Erlerntes nicht genutzt wird. Psychologische Rundschau, Heft 47, Seiten 78–92

Richter, Rudolf (1999): Ethische Aspekte der Institutionalisierung wirtschaftlicher Prozesse. In: Korff, Wilhelm (Hrsg): Handbuch der Wirtschaftsethik, Bd. II, Seiten 17–38. Gütersloher Verlagshaus, Gütersloh

Rippe, Klaus Peter (2000): Ethikkommissionen in der deliberativen Demokratie. In: Kettner, Matthias (Hrsg.): Angewandte Ethik als Politikum, Seiten 140–164. Suhrkamp, Frankfurt a.M.

Rippe, Klaus Peter (1999b): Einleitung. In: Rippe, Klaus Peter (Hrsg.): Angewandte Ethik in der pluralistischen Gesellschaft, Seiten 11–14. Universitätsverlag Freiburg Schweiz, Freiburg

Rippe, Klaus Peter (1999a): Ethikkommissionen als Expertengremien? Das Beispiel der Eidgenössischen Ethikkommission. In: Rippe, Klaus Peter (Hrsg.): Angewandte Ethik in der pluralistischen Gesellschaft, Seiten 359–370. Universitätsverlag Freiburg Schweiz, Freiburg

Rippe, Klaus Peter (o.J.): Ethik durch Kommissionen? (unveröffentlichtes Manuskript)

Rombach, H. (Hrsg.) (1977): Wörterbuch der Pädagogik. Herder, Freiburg

Ropohl, Günter (1996): Ethik und Technikbewertung. Suhrkamp, Frankfurt a.M.

Rudolph, Bernd (1999): Finanzmärkte. In: Korff, W. Handbuch der Wirtschaftsethik, Bd. I, Seiten 274–292. Gütersloher Verlagshaus, Gütersloh

Ruh, Hans (2000): Ethik als Gewinn, In: Alpha, Teil der Neuen Zürcher Zeitung, letzte Ausgabe 2000.

Ruschmann, Eckart (1999): Philosophische Beratung. In: Ethik und Sozialwissenschaften: Streitforum für Erwägungskultur, Heft 4, Jg 10, Seiten 483–492. Lucius & Lucius, Stuttgart

Schanze, Erich (1999): Die Entwicklung von Institutionen. In: Korff, Wilhelm (Hrsg): Handbuch der Wirtschaftsethik, Bd. 2, Seiten 95–104. Gütersloher Verlagshaus, Gütersloh

Schild, Patrick; Wilhelm, Urs (1998): Die Einschätzung der Kommissionsteilnehmer. Befragungsergebnisse im Überblick. In: Renn, Ortwin; Kastenholz, Hans; Schild, Patrik; Wilhelm, Urs (Hrsg.): Abfallpolitik im kooperativen Diskurs. Bürgerbeteiligung bei der Standortsuche für eine Deponie im Kanton Aargau. Polyprojekt Risiko und Sicherheit der Eidgenössischen Technischen Hochschule Zürich. Dokumente Nr. 19. (Hochschulverlag AG an der ETH Zürich 1998), Seiten 135–155. vdf, Hochschulverlag an der ETH, Zürich

Schild, Patrick; Wilhelm, Urs; Renn, Ortwin (1998): Bewertung des Verfahrens nach den Kriterien Fairness, Kompetenz, Legitimation und Lerneffekte. In: Renn, Ortwin; Kastenholz, Hans; Schild, Patrik; Wilhelm, Urs (Hrsg.): Abfallpolitik im kooperativen Diskurs. Bürgerbeteiligung bei der Standortsuche für eine Deponie im Kanton Aargau. Polyprojekt Risiko und Sicherheit der Eidgenössischen Technischen Hochschule Zürich. Dokumente Nr. 19. (Hochschulverlag AG an der ETH Zürich 1998), Seiten 157–183. vdf, Hochschulverlag an der ETH, Zürich

Schlaudraff, Udo (2003): Anwalt der Öffentlichkeit? Zur Rolle eines Theologen in der Ethik-Kommission. In: Wiesing, Urban (Hrsg.): Die Ethik-Kommissionen. Neuere Entwicklungen und Richtlinien, Seiten 131–141. Deutscher Ärzte-Verlag, Köln

Schmittel, Wolfram (1999): Institutionalisierung. In: Bröchler, Stephan et al. (Hrsg.): Handbuch Technikfolgenabschätzung, Seiten 495–502. Sigma, Berlin

Schmitz, Wolfgang (1999): Johannes Messner – ein Pionier der Institutionen- und Systemethik (Sozialwissenschaftliche Schriften 37). Duncker und Humblot, Berlin

Scholtz, Gunter (1995): Ethik und Hermeneutik. Schleiermachers Grundlegung der Geisteswissenschaften. Suhrkamp, Frankfurt a.M.

Schramm, Michael (2003): Strukturelle Kopplung im moralökonomischen KontingenzManagement. Zum Ethikkonzept der Governanceethik. Hohenheimer Working Papers zur Wirtschafts- und Unternehmensethik, Stuttgart-Hohenheim

Schramm, Michael (2002): Begründung oder Anwendung: Methodische Anmerkungen zur Differenz zweier Diskurse. In: Gesundheit – Ethik – Ökonomik. Wirtschaftsethik und moralökonomische Perspektiven des Gesundheitswesens, Seiten 131–144. Duncker und Humblot, Berlin

Schramm, Michael (2001): Systemtheorie und Sozialethik. Methodologische Überlegungen zum Ruf nach Verantwortung. In: Merks, Karl-Wilhelm (Hrsg.): Verantwortung – Ende oder Wandlung einer Vorstellung. Orte und Funktionen

Literaturverzeichnis

der Ethik in unserer Gesellschaft (29. Internationaler Fachkongress für Moraltheologie und Sozialethik, September 1999/Tilburg), Seiten 105–132. Lit, Münster

Schroten, Egbert (1997): Die Ethik der Vermittlung von Ethik in der Medizin. In: Reiter-Theil, Stella (Hrsg.): Vermittlung Medizinischer Ethik. Theorie und Praxis in Europa, Seiten 44–50. Nomos, Baden-Baden

Siep, Ludwig (2003): Probleme der Ethik-Kommissionen aus der Sicht des Philosophen. In: Wiesing, Urban (Hrsg.): Die Ethik-Kommissionen. Neuere Entwickllungen und Richtlinien, Seiten 124–130. Deutscher Ärzte-Verlag, Köln

Simsa, Ruth (2002): Strukturelle Kopplung: Die Antwort der Theorie auf die Geschlossenheit sozialer Systeme und ihre Bedeutung für die Politik. In: Hellmann, Kai-Uwe; Schmalz-Bruns, Rainer (Hrsg.): Theorie der Politik. Niklas Luhmanns politische Soziologie, Seiten 149–170. Suhrkamp, Frankfurt a.M.

Spiro, Rand J.; Feltovich, Paul J.; Jacobson, Michael J.; Coulson, Richard L. (1991): Cognitive flexibility, constructivism and hypertext: Random access instruction for advanced knowledge acquisition in ill-structured domains. Educational Technology, Heft 31, Jg. 5, Seiten 24–33

Staffelbach, Bruno (1991): Ethik und Management: Ergebnisse einer Befragung bei den grössten Schweizer Unternehmungen (Diskussionsbeitrag 6). Institut für betriebswirtschaftliche Forschung, Plattenstrasse 14, 8032 Zürich, Zürich

Staffelbach, Bruno (1994): Management-Ethik. Ansätze und Konzepte aus betriebswirtschaftlicher Sicht. Haupt, Bern

Stangl, Werner (o.J./2005): Lerntransfer. http://www.stangl-taller.at/ARBEITSBLAETTER/LERNEN/Lerntransfer.shtml (Entnahmedatum 30.7.2005)

Steger, Ulrich (1994): Am Ende der Debatte über Unternehmensethik: Pädoyer für eine Konzeption der «leistbaren Verantwortung». In: Zimmerli, Walter Ch.; Brennecke, Volker M. (Hrsg.): Technikverantwortung in der Unternehmenskultur. Von theoretischen Konzepten zur praktischen Umsetzung, Seiten 17–28. Schäffer Poeschel, Stuttgart

Stegmaier, Ralf. (2000): Kompetenzentwicklung durch arbeitsintegriertes Lernen in der Berufsbildung (ungedruckte Dissertation). (Faktulät für Sozial- und Verhaltenswissenschaften der Universität Heidelberg) 2000 (http://archiv.ub.uni-heidelberg.de/volltextserver/volltexte/2000/1091/pdf/dissertation.pdf, Entnahmedatum 30.7.2005

Steinmann, Horst; Löhr, Albert (Hrsg.) (1994): Unternehmensethik – Ein republikanisches Programm in der Kritik. In: Forum für Philosohie, Bad Homburg (Hrsg.): Markt und Moral. Die Diskussion um die Unternehmensethik, Seiten 145–180. Haupt, Bern

Steinmann, Horst; Löhr, Albert (Hrsg.) (1991): Unternehmensethik. Schaeffer Poeschel, Stuttgart

Strauss, Anselm; Corbin, Juliet (1995): Grounded theory: Grundlagen qualitativer Sozialforschung. Psychologie Verlags Union, Weinheim

Theobald, Werner (1998): Umwelt und Ethik. Sinn und Unsinn bereichsspezifischer Ethiken für eine integrative Umweltbewertung. In: Daschkeit, Achim; Schröder, Winfried: Umweltforschung quergedacht. Perspektiven integrativer Umweltforschung und -lehre. Seiten 383–393. Springer, Berlin

Theunert, Markus (1998): Psychologie und Ethik: die gesellschaftliche Perspektive fehlt. (Interview mit Plasch Spescha) In: Psychoscope Heft 10, Seiten 4–5, 1998

Thielemann, Ulrich (2000): Angewandte, funktionale oder integrative Wirtschaftsethik? In: Kettner, Matthias (Hrsg.): Angewandte Ethik als Politikum, Seiten 342–364. Suhrkamp, Frankfurt a.M.

Toellner, Richard (Hrsg.) (1990): Die Ethik-Kommission in der Medizin. Fischer, Stuttgart

Trinczek, Rainer (2002): Wie befrage ich Manager? Methodische und methodologische Aspekte des Experteninterviews als qualitativer Methode empirischer Sozialforschung. In: Bogner, Alexander; Littig, Beate; Menz, Wolfgang (Hrsg.): Das Experteninterview. Theorie, Methode, Anwendung, Seiten 7–29. Leske & Budrich, Opladen

Ulrich, Hans G. (2000): Rechtfertigung und Ethik. In: Berliner theologische zeitschrift Heft 17, 2000, Seiten 48–64. Wichern, Berlin

Ulrich, Peter (1997a): Integrative Wirtschaftsethik: Grundlagen einer lebensdienlichen Ökonomie. Haupt, Bern

Ulrich, Peter (1997b): Nachhaltiges Wirtschaften und Unternehmensethik. Ein sozialökologischer Ansatz. In: Holderegger, Adrian (Hrsg.): Ökologische Ethik als Orientierungswissenschaft: von der Illusion zur Realität, Seiten 100–116. Universitätsverlag Freiburg Schweiz, Freiburg

Ulrich, Peter; Jäger, Urs; Waxenberger, Berhard (1998): Prinzipiengeleitetes Investment I. Kritische Analyse der gegenwärtigen Praxis bei "ethisch-ökologischen" Geldanlagen (Beiträge und Berichte der IWE, HSG, NR. 83). St. Gallen

Ulrich, Peter; Lunau, York; Weber, Theo (1996): Ethikmassnahmen in der Unternehmenspraxis. Zum Stand der Wahrnehmung und Institutionalisierung von Unternehmensethik in schweizerischen und deutschen Firmen. Ergebnisse einer Befragung (Beiträge und Berichte des Instituts für Wirtschaftsethik 73). Institut für Wirtschaftsethik der Universität St. Gallen, St. Gallen

Ulrich, Peter; Thielemann, Ulrich (1992): Ethik und Erfolg. Unternehmerische Denkmuster von Führungskräften. Eine empirische Studie. (Beiträge und Berichte des Instituts für Wirtschaftsethik 6). Haupt, Bern

Ulrich, Peter; Waxenberger, Berhard; Jäger, Urs (1999): Prinzipiengeleitetes Investment II. Gestaltungsorientierte Leitideen einer wirtschaftsethisch fundierten Unternehmensbewertung (Beiträge und Berichte des Instituts für Wirtschaftsethik 84). St. Gallen

Van Willigenburg, Theo (1998): Morally Relevant Facts: Particularism and Intuitionist Rationality. In: Wibren van der Burg, Theo van Willigenburg. Reflective Equilibrium. Kluwer, Dordrecht

Van Willigenburg, Theo; Heeger, F.Robert (1991): Rechtfertigung moralischer Urteile: Ein Netzmodell. In: Zeitschrift für Evangelische Ethik, Jg. 35, Seiten 88–95. Gütersloher Verlagshaus, Gütersloh

Virt, Günter (2001): Theologische Ethik – in der Politikberatung gefragt? In: Holderegger, Adrian, Wils, Jean-Pierre (Hrsg.): Interdisziplinäre Ethik. Grundlage, Methoden, Bereiche (Festgabe für Dietmar Mieth zum 60. Geburtstag), Seiten 445–457. Universitätsverlag, Freiburg i. Ue.; Herder, Freiburg i.Br.

Voelzkow, Helmut (1995): Iterative Expertenintervies: Forschungspraktische Erfahrungen mit einem Erhebungsinstrument. In: Brinkmann, Christian; Deeke, Axel; Völkel, Brigitte (Hrsg.): Experteninterviews in der Arbeitsmarktforschung. Diskussionsbeiträge zu methodischen Fragen und praktischen Erfahrungen (Beiträge zur Arbeitsmarkt- und Berufsforschung 191), Seiten 51–58. Bundesanstalt für Arbeit (IAB), Regensburger Strasse 104, D-90327 Nürnberg, Nürnberg

Vogt, Markus (2002): Warum sollen wir die Umwelt schützen? Zur Rolle der Ethik in der Umweltkommunikation. In: Brickwedde, Fritz; Peters, Ulrike: Umweltkommunikation. Vom Wissen zum Handeln (7. Internationale Sommerakademie St. Marienthal), Seiten 67–80. Erich Schmidt Verlag, Berlin

Vogt, Markus (1999a): Institutionen als Organisationsformen menschlichen Handelns. In: Korff, Wilhelm (Hrsg): Handbuch der Wirtschaftsethik, Bd. I, Seiten 268–284. Gütersloher Verlagshaus, Gütersloh

Vogt, Markus (1999b): Das neue Sozialprinzip "Nachhaltigkeit" als Antwort auf die ökologische Herausforderung. In: Korff, Wilhelm (Hrsg): Handbuch der Wirtschaftsethik, Bd. 1, Seiten 237–257. Gütersloher Verlagshaus, Gütersloh

Wartenberg-Potter, Bärbel (2000): Der Gerechtigkeit Gottes begegnen, in: Evangelische Theologie, Heft 5, Jg. 60, Seiten 360–370. Kaiser, Gütersloh

Weingart, Peter (2003): Wissenschaftssoziologie. transcript, Bielefeld

Weltner K. (1970): Informationstheorie und Erziehungswissenschaft. Schnelle, Quickborn

Werner, Micha H. (2002): Verantwortung. In: Düwell, Marcus; Hübental, Christoph; Werner, Micha H. (Hrsg.): Handbuch Ethik, Seiten 521–527. Metzler, Stuttgart

Werner, Micha H. (1999): «Anwendungsprobleme» in der normativen Ethik? Vorbereitende Bemerkungen im Hinblick auf die Anwendungskontroverse in der Diskursethik. Institut für Wirtschaftsethik der Universität St. Gallen, St. Gallen

Whitehead, A. N. (1942): The aims of education and other essays. Williams and Norgate, London

Wichter, Sigurd; Antos, Gerd (Hrsg.) (2001): Wissenstransfer zwischen Experten und Laien. Umriss einer Transferwissenschaft (Transferwissenschaften 1). Lang, Frankfurt a.M.

Wieland, Josef (1998): Wie kann Unternehmensethik praktiziert werden. In: Wieland, Josef, Ulrich, Peter (Hrsg.): Unternehmensethik in der Praxis, Seiten 29–46. Haupt, Bern

Wieland, Wolfgang (Hrsg.) (2001): Die moralische Verantwortung kollektiver Akteure. Physica, Heidelberg

Wilhelm, Beate Elsa (2000): Systemversagen im Innovationsprozess. Zur Reorganisation des Wissens- und Technologietransfers. Deutscher Universitätsverlag, Wiesbaden

Willke, Helmut (2000a): Die Gesellschaft der Systemtheorie. In: Ethik und Sozialwissenschaften: Streitforum für Erwägungskultur, Heft 2, Jg. 11, Seiten 195–209. Lucius & Lucius, Stuttgart

Willke, Helmut (2000b): Systemtheorie I: Grundlagen. Lucius & Lucius, Stuttgart

Wils, Jean-Pierre (2001a): Handlungen und Bedeutungen: Reflexionen über eine hermeneutische Ethik. Universitätsverlag, Freiburg i. Ue.; Herder, Freiburg i.Br.

Wils, Jean-Pierre (2001b): Hermeneutische Ethik: Zur Theorie moralischen Verstehens im kulturellen Kontext. In: Holderegger, Adrian, Wils, Jean-Pierre (Hrsg.): Interdisziplinäre Ethik. Grundlage, Methoden, Bereiche (Festgabe für Dietmar Mieth zum 60. Geburtstag), Seiten 11–31. Universitätsverlag, Freiburg i. Ue.; Herder, Freiburg i.Br.

Wils, Jean-Pierre (2006): Nachsicht. Studien zu einer ethisch-hermeneutischen Basiskategorie. Schöningh, Paderborn

Wittmann, Stephan (1995): Ethik-Kodex und Ethik-Kommission. Ansätze zur Institutionalisierung von Unternehmensethik (Berichte des Instituts für Wirtschaftsethik der Universität St. Gallen Nr. 69). St. Gallen

Wolf, Ernst (1954): Sozialethik bei Luther. In: Karrenberg, Friedrich (Hrsg.): Evangelisches Sozialexikon, Spalten 684–687. Kreuz-Verlag, Stuttgart

Zimmerli, Walther Ch; Brennecke, Volker M. (Hrsg.) (1994a): Technikverantwortung in der Unternehmenskultur: Von theoretischen Konzepten zur praktischen Umsetzung. Schäffer Poeschel, Stuttgart

Zimmerli, Walther Ch. (1994b): Unternehmenskultur – Neues Denken in alten Begriffen. In: Zimmerli, Walther Ch; Brennecke, Volker M. (Hrsg.): Technikverantwortung in der Unternehmenskultur: Von theoretischen Konzepten zur praktischen Umsetzung, Seiten 3–15. Schäffer-Poeschel, Stuttgart